Fidèle à sa volonté de maintenir vivant l'ensemble du catalogue et de continuer à rendre accessible à tous la richesse de son contenu, Les marques du groupe L'Harmattan proposent les ouvrages, même s'ils sont épuisés dans leur premier tirage, et les impriment à la demande.
Au vu de l'ancienneté de ce titre, un exemplaire original a été numérisé pour être réimprimé, ce qui pourrait altérer légèrement la qualité de certains passages.

D'un monde à l'autre...

*Journal d'un intellectuel jurassien au Québec
(1939-1949)*

Volume 2
novembre 1942 – août 1945

/F/A/R/B/
Fondation Anne et Robert Bloch pour la promotion
de la création culturelle dans le Jura
3, rue de Fer – CH-2800 Delémont
Tél. 032 423.45.85 • Fax 032 423.45.86
farb@bluewin.ch.
Internet :www.jura.ch/farb

Auguste Viatte

D'un monde à l'autre...

Journal d'un intellectuel jurassien au Québec
(1939-1949)

Volume 2
novembre 1942 – août 1945

Édité et présenté par
Claude Hauser

Avec une postface pour la période août 1945-1949

Les Presses de l'Université Laval   L'Harmattan
Éditions Communication Jurassienne et Européenne (CJE)

Les Presses de l'Université Laval reçoivent chaque année du Conseil des Arts du Canada et de la Société de développement des entreprises culturelles du Québec une aide financière pour l'ensemble de leur programme de publication.

Nous reconnaissons l'aide financière du gouvernement du Canada par l'entremise de son Programme d'aide au développement de l'industrie de l'édition (PADIÉ) pour nos activités d'édition.

Crédits photographiques

Archives de la République et Canton du Jura, Fonds Auguste Viatte, Porrentruy : 1, 2, 6, 9, 10, 12, 13, 14, 15, 16, 17, 18, 20, 21, 22, 23.

Collection privée Jean-Claude Viatte : 4, 5, 7, 8, 11, 19, 24, 25, 26, 27.

Collection du journal *Le Devoir* : 3.

En page couverture : Auguste Viatte à l'écritoire.

Au dos : Trois générations de la famille Viatte se retrouvent à Porrentruy à l'automne 1946 : Marie Viatte, Auguste et ses trois enfants, Bernadette, Germain et Jean-Claude (de g. à dr.).

Pages manuscrites reproduites dans cet ouvrage : Archives de la République et Canton du Jura, Porrentruy.

Mise en pages : Diane Trottier
Maquette de couverture : Chantal Santerre

© Éditions Communication Jurassienne et Européenne 2003
Tous droits réservés. Imprimé au Canada
Dépôt légal 1er trimestre 2004
ISBN 2-7637-8007-5 (PUL)
ISBN 2-7475-5652-2 (L'Harmattan)
ISBN 2-940112-12-6 (CJE)

CANADA
Distribution de livres Univers
845, rue Marie-Victorin
Saint-Nicolas (Québec)
Canada G7A 3S8
Tél. (418) 831-7474 ou 1 800 859-7474
Téléc. (418) 831-4021
http://www.ulaval.ca/pul

FRANCE
L'Harmattan
5-7, rue de l'École Polytechnique
75005 Paris
Tél. 01 40 46 79 20
Fax 01 43 25 82 03

SUISSE
Éditions Communication Jurassienne et Européenne (CJE)
Case postale 140
2830 Courrendlin – Suisse
Tél. 41 32 435.50.30 – Courriel : rennwald@bluewin.ch

Avant-propos

Il est d'autant plus agréable de rédiger un avant-propos que, généralement, cet exercice clôt une période assez longue de recherche et de rédaction, et qu'il permet de remercier tous ceux et celles qui ont contribué, d'une manière ou d'une autre, à la bonne réalisation d'un ouvrage.

Ce second volume des « Cahiers » d'Auguste Viatte n'échappe pas à la règle. Il marque l'achèvement d'un travail de recherche entamé en 1998 suite à l'obtention du prix d'études post-doctorales de la Fondation Anne et Robert Bloch pour la culture dans le Jura. Je tiens encore une fois à remercier cette Fondation pour son généreux soutien, sans lequel une telle publication n'aurait pu être envisagée.

Entre la parution du premier et du second volume de ce *Journal*, un colloque international consacré à Auguste Viatte et, plus largement, aux rapports culturels entre le Jura, la Suisse romande et le Québec, s'est tenu en juin 2001 à Porrentruy, ville natale du professeur de littérature française. Il a permis de fructueux échanges et réflexions[1] qui ont stimulé la rédaction de ce deuxième tome des « Cahiers » d'Auguste Viatte, et suscité d'autres travaux et recherches autour de cette personnalité du monde des lettres francophones et de ses volumineuses archives. J'ai personnellement pu bénéficier de ces contacts scientifiques et je tiens ici à remercier particulièrement Yvan Lamonde, dont les conseils, remarques critiques et l'appui amical m'ont soutenu pour passer sans encombre « D'un monde à l'autre »… de l'état de projet éditorial à celui de produit fini !

Merci également à Francesco Moine, Bertrand Müller, Francis Python, David Tremblay et Jean-Claude Viatte de leurs diverses contributions à la mise au point finale du manuscrit de cet ouvrage : celui-ci leur doit beaucoup et je tiens à leur dire ma gratitude.

---

1. Publiés dans le volume intitulé : *Regards croisés entre le Jura, la Suisse romande et le Québec*. Québec/Porrentruy, Les Presses de l'Université Laval/Office du Patrimoine et de la Culture, 2002, 344 p.

D'un volume à l'autre, notre famille s'est agrandie: alors à tous les quatre, Gilles, Félicien, Zacharie et Perrine, et à toi Sylvie, ce livre vous est dédié. Avec vous, la vie est belle!

Claude Hauser
Fribourg, mars 2003

Introduction

Nous avions laissé Auguste Viatte, ses réflexions et ses engagements, au seuil d'un tournant décisif du second conflit mondial. Le débarquement allié en Afrique du Nord, début novembre 1942, fait en effet basculer la guerre dans une nouvelle phase. Elle est marquée par les positions résolument conquérantes des Alliés en Europe, alors que les forces de l'Axe se replient sur une attitude essentiellement défensive qu'illustre bien l'occupation totale du territoire français. Déjà, l'après-guerre s'annonce, mais la victoire des démocraties ne se dessine encore qu'à un horizon flou et lointain. Depuis le Québec, tête de pont francophone sur le continent américain, Viatte peut à la fois être rassuré par l'attitude du gouvernement canadien qui a enfin rompu toute relation avec le régime de Vichy, mais ne manque pas de s'inquiéter devant les signes de division politique croissante qui se manifestent entre les diverses factions françaises présentes au Maghreb. Et surtout la montée en puissance de la tendance politique giraudiste, soutenue par le gouvernement de Roosevelt et saluée généralement positivement par une opinion canadienne-française sensible à l'équation « Giraud égale Vichy sans la Collaboration », devient un sujet de préoccupation prioritaire pour le partisan engagé de la France Libre gaulliste qu'il est devenu.

Dès lors, et jusqu'à la fin de la guerre, le miroir de la vie quotidienne et des prises de position publiques du professeur de Laval que nous offre ce second volume des « Cahiers » peut être considéré comme un triptyque ; chaque volet temporel qui le compose reflète des constantes et inflexions diverses, dont l'observation globale permet cependant de dégager une unité de pensée et d'action aux contours suivants : idéal de Résistance spirituelle et engagement pour des valeurs chrétiennes dans le monde à venir, implication culturelle dans une société québécoise en mutation et défense de la pensée française dont la francophonie permet la synthèse.

Rassembler autour de la France Libre (novembre 1942-août 1943)

La première phase court de novembre 1942 à l'automne 1943 et constitue l'acmé de l'engagement d'Auguste Viatte au sein du mouvement de la France Libre. Le manifeste *Devant la crise mondiale* est publié sur le continent américain par les

Éditions de la Maison Française et trouve des échos en Europe principalement dans les revues marquées par la Résistance spirituelle comme *Témoignage chrétien* en France ou *Nova et Vetera* en Suisse romande. La diffusion de ce document d'importance donne également à Viatte l'occasion de faire connaître ses idéaux auprès des plus hautes autorités religieuses du Québec, en remettant le manifeste au cardinal Rodrigue Villeneuve le 9 décembre 1942 ; elle lui confirme que son type d'engagement, ferme dans ses convictions antitotalitaires, modéré dans sa stratégie médiatrice – « je cherche plus à convertir qu'à combattre » (11.7.1943) – n'est pas critiqué que par l'extrême droite maurrassienne : Bernanos estime notamment que le ton du manifeste rédigé en grande partie par le professeur de Laval n'est pas assez incisif politiquement (14.4.1943).

Médiateur et rassembleur, Auguste Viatte l'est particulièrement par les articles qu'il publie dans *L'Action catholique*, dont la rédaction est longtemps marquée par un esprit de soutien à Pétain, et qui n'évolue globalement vers une attitude plus favorable au général de Gaulle que durant la première moitié de l'année 1943. Rédacteur en chef du journal de l'archevêché de Québec, Louis-Philippe Roy confiera même à Viatte avoir « subi des pressions » pour plaider dans son journal en faveur de Vichy et du Maréchal à la fin de la guerre (17.5.1945). Le trait dominant qui caractérise les chroniques politiques du professeur de littérature française durant cette phase du conflit est sans conteste un souci de promouvoir l'unité des Français par-delà les divisions qui risquent d'affaiblir le pays à l'approche de l'issue de la guerre. Très dur vis-à-vis d'un régime de Vichy qu'il n'hésite pas à qualifier de « criminel » dans ses orientations globales (30.1.1943), Viatte estime primordiale la défense de l'unité politique française. C'est pour cela qu'il s'inquiète particulièrement des dissensions apparues entre Giraud et de Gaulle, même si les options politiques du premier perdent assez rapidement leur crédit auprès de l'opinion canadienne-française après sa visite manquée à Montréal à l'été 1943 (22.7.1943). Plus l'issue de la guerre paraît se rapprocher, dans un sens favorable aux Alliés, plus Viatte insiste sur la nécessité pour la France d'éviter une guerre civile ou un retour à l'instabilité politique de la Troisième République. On peut y déceler la crainte, partagée par de nombreux gaullistes canadiens-français, d'une montée en puissance du communisme en France : pour contrer un danger révolutionnaire, Viatte plaide l'intégration des communistes au sein du Comité d'Alger et des futures institutions françaises, plutôt que leur exclusion (1.12.1943).

Cet idéal patriotique de « grandeur de la France » aux accents très gaulliens – le général est jugé comme « l'une des plus grandes figures de l'histoire de France » (12.5.1943) et l'unité des Français n'est possible que sous la bannière gaulliste (17.2.1943) – amène également le diariste et éditorialiste à tempérer ses positions résistantes de considérations pragmatiques : il est par exemple prêt à comprendre l'engagement de cadres du régime de Vichy ou de personnalités politiquement « tièdes » dans les structures administratives à venir de la France libérée (5.10.1943). L'ouverture politique que Viatte manifeste lorsqu'il s'agit de questions personnelles est également perceptible dans l'éclectisme de son réseau de connaissances dans la communauté française en exil à New York. D'un côté le milieu résistant et marqué à gauche des universitaires de l'École libre des hautes études (20.1.1943) qu'il s'efforce de mettre en rapports plus étroits avec l'Université Laval ; de l'autre, les membres de la Société des professeurs français en Amérique que Viatte mobilise autour de la collection de classiques littéraires qu'il dirige aux Éditions de l'Arbre, et dont les positions giraudistes, voire vichystes, l'inquiètent quelque peu (11.6.1943). Ce profil médiateur, s'il peut sembler parfois ambigu, apparaît pourtant de plus en plus utile dans la stratégie de rassemblement et de conquête du pouvoir menée par la France combattante au Canada français durant l'année 1943. Au printemps de cette année, Viatte joue déjà les « bons offices » en offrant à plusieurs reprises son domicile comme lieu de réunion aux comités de la France Libre ; c'est à lui également que Gabriel Bonneau, représentant du général de Gaulle au Canada, demandera d'organiser les festivités du 14 juillet 1943 à Québec, reconnaissant ainsi chez Viatte les qualités de rassembleur dont il s'est toujours prévalu (8.7.1943). Le 6 août 1943, à la veille de son départ en mission pour Haïti, Auguste Viatte signale dans ses notes qu'une grande rencontre interalliée est prévue à Québec. Dans son édition du 11 août, *L'Action catholique*, à l'image de la majorité de la presse canadienne-française, appelle de son souhait une renaissance politique de la France par l'intermédiaire de la reconnaissance du Comité français de libération nationale de la part des Alliés[1]. L'habileté diplomatique canadienne parviendra à lever les réticences des Américains dans ce sens, et le 26 août, l'autorité du CFLN encore coprésidé par de Gaulle et Giraud est admise tant pour l'administration des Territoires français d'outre-mer qui l'ont reconnu que pour la coopération interalliée. Dès lors, la marche vers le pouvoir du général de Gaulle est amorcée : dans son pré carré et comme tant d'autres collaborateurs « qui en France, à Alger, à Londres, à Washington ont travaillé d'arrache-pied pour relayer le message gaulliste »[2], Auguste Viatte a contribué à sa manière au succès politique de la France Libre, et c'est en reconnaissance à son engagement que Marthe Simard lui demandera de coprésider avec son mari le Comité de la France combattante pour la remplacer, suite à son départ pour Alger (26.11.1943).

Jouer la carte francophone pour éviter l'isolement (septembre 1943-août 1944)

À son retour d'Haïti – où il se rend régulièrement – en septembre 1943, le professeur de Laval inscrit son engagement dans une nouvelle phase de la guerre. On peut en fixer le terme à un nouveau séjour aux Antilles, de juin à août 1944, qui coïncide avec le débarquement et la Libération de la France par les forces alliées. Sur un plan personnel, qui englobe celui de l'engagement politique de Viatte et ses choix professionnels à venir, cette seconde phase est marquée par la désagrégation progressive du réseau politico-intellectuel de la France Libre à Québec, qui représentait pour

---
1. PRÉVOST, *La France et le Canada d'une après-guerre à l'autre*, p. 360.
2. AMYOT, *Le Québec entre Pétain et de Gaulle*, p. 285.

lui un refuge des vraies valeurs françaises et presque une famille de substitution. Fin novembre 1943, le père Delos est en effet à son tour appelé à Alger pour œuvrer aux négociations en cours entre le Saint-Siège et l'Assemblée consultative provisoire d'Alger. Si Viatte, comme Gabriel Bonneau, espèrent que le Canada français sortira bénéficiaire de cette double représentation de choix au sein des instances dirigeantes de la France combattante (29.12.1943), ils devront bientôt se rendre à l'évidence : les priorités de la lutte changent progressivement. Au moment où une majorité de l'opinion canadienne-française, jusque dans les rangs des clérico-nationalistes, se rallie avec de plus en plus d'enthousiasme au général de Gaulle, la France Libre militante perd de son rayonnement en même temps qu'elle voit ses principaux inspirateurs quitter le terrain québécois. À Ottawa, les Services d'information sont mis en veilleuse et ne diffusent plus autant de renseignements, à la déception du professeur de Laval, qui voit s'évanouir ses rêves de diriger un grand centre de documentation, projet finalement redimensionné en une sorte de salon de lecture français (6.7.1945).

Le dernier engagement de Viatte marqué du sceau de la France combattante débute durant cette phase et se poursuivra par la suite ; il est lié à la question de l'épuration en France, qui fait resurgir dans l'opinion québécoise l'opposition entre gaullistes et pétainistes. Intransigeant vis-à-vis des collaborationnistes (notamment lors du procès de Pierre Pucheu), Viatte tente dans ses chroniques de presse de faire comprendre aux partisans de Vichy qu'il convient désormais de faire profil bas, tout en se montrant compréhensif vis-à-vis de leurs errances politiques (15.3.1944). Dans les coulisses politico-diplomatiques, il s'efforce de briser l'influence des plus fervents pétainistes qui continuent à vouloir faire jouer leur influence jusque dans l'aide à la reconstruction de la France, en instaurant par exemple un comité France-Canada aux visées très politiques (29.3.1944).

Ce nouvel état de fait, joint à un sentiment croissant d'isolement, déstabilise Viatte, qui réfléchit de plus en plus à l'éventualité de son retour en France. Confiée à son beau-frère Pierre Deffontaines (21.12.1943), cette idée qui est aussi celle d'un retour aux sources et du regroupement familial ne va dès lors plus le quitter, encouragée régulièrement par des messages de soutien reçus de ses amis français influents dans les milieux universitaires. Elle est également alimentée par un climat de tension croissante entre les professeurs de l'Université Laval, principalement dû à la question longuement débattue de l'attribution facultaire des chaires d'histoire. Viatte va s'engager dans cette longue dispute aux côtés de son collègue Maurice Lebel et Mgr Labrie, s'opposant résolument aux abbés Arthur Maheux et Georges Savard, partisans du rattachement de l'histoire et de la géographie à la Faculté des arts, plutôt qu'à celle des lettres. Les enjeux de la querelle sont multiples, révélant à la fois un débat sur la place des clercs et des laïcs dans l'enseignement supérieur québécois, ainsi qu'une crise d'identité universitaire qui déborde sur l'ensemble de la société canadienne-française de l'époque. Faut-il suivre le modèle académique nord-américain, privilégiant le domaine composite des arts, ou affirmer les liens existant entre Laval et les universités françaises pour refuser toute adaptation au milieu anglo-saxon en renforçant la Faculté des lettres, comme le prône Mgr Labrie ? On le devine, Viatte se montrera un fervent partisan de cette dernière perspective, n'hésitant pas à jouer de son influence auprès de ses collègues (14.1.1944) ou à tirer des parallèles avec l'organisation des universités suisses pour argumenter son choix (25.11.1944). Mais ce combat académique à fleurets mouchetés est usant et, plus d'une fois, le professeur de Laval laisse transparaître dans ses notes quotidiennes le souhait de rejoindre un milieu universitaire français, qu'il imagine de loin pétri d'idéal scientifique et prêt à de nouveaux élans culturels une fois la paix revenue.

La fin de la guerre devient en effet une préoccupation omniprésente durant cette deuxième phase où Viatte s'interroge sur les possibilités de l'extension du modèle démocratique occidental au reste du monde. L'idée d'une coopération renforcée entre des États européens tels que la France et la Grande-Bretagne recueille son assentiment (28.1.1944). Mais surtout, il souhaite l'émergence d'une «troisième voie» francophone qui tire parti du grand mouvement de décolonisation à venir. La bipolarisation du monde est menaçante pour cet intellectuel chrétien qui estime que les «petits États du vieux et du Nouveau-Monde», particulièrement les minorités non anglo-saxonnes, peuvent et doivent constituer un facteur d'équilibre entre la puissance de la civilisation machiniste américaine et les velléités croissantes d'expansion de l'Union soviétique vers l'Europe occidentale (30.9.1943). Viatte peut ici s'appuyer sur ses expériences vécues au Québec bien sûr, mais aussi lors de ses longs séjours haïtiens et de ses voyages d'étude chez les Franco-Américains de Nouvelle-Angleterre. La coopération culturelle et économique entre le Canada et Haïti est ainsi pour lui un contrepoids intéressant à la mainmise des États-Unis sur l'ensemble du continent américain, qu'il juge néfaste. C'est dans ce sens qu'il s'engage pleinement dans les missions d'enseignement en Haïti, travaille à l'obtention de bourses pour les étudiants haïtiens qui souhaitent s'inscrire à Laval, ou joue un rôle de premier plan lors de la visite du président haïtien Lescot à Québec, à l'automne 1943 (8.10.1943). Il partage d'ailleurs cette vision du monde avec un fonctionnaire américain du Département d'État actif en Amérique latine et en Haïti, son ami Richard Pattee, intellectuel proche du milieu Maritain qui s'engage dès l'été 1943 dans la National Welfare Catholic Association.

L'idéal francophone qui animera la majorité des recherches littéraires entreprises par Auguste Viatte après guerre émerge donc nettement de préoccupations politiques liées au contexte de la Guerre froide qui s'annonce. Il procède également d'une conception de l'influence coloniale française pétrie d'accents paternalistes façon Lyautey, que l'on retrouve également chez un des maîtres-éveilleurs de Viatte, le comparatiste Fernand Baldensperger (22.2.1944) : l'un comme l'autre voudraient que la colonisation française, même indirecte ou fonctionnant selon le principe d'un «fédéralisme impérial associant les citoyens français de toutes races» (21.11.1944), soit de nature humaniste et vaille mieux que toute internationalisation des domaines coloniaux comme celle qui se dessine en Indochine. En cela, le discours de Viatte se situe dans la droite ligne des objectifs de la conférence de Brazzaville, qui vise notamment à affirmer, début 1944, que seule la France est apte à gérer l'avenir de son empire colonial. Les membres de celui-ci, s'ils bénéficient pour «services rendus» durant le conflit d'un élargissement de leur autonomie, ne peuvent encore concevoir leur avenir politique que sous la souveraineté de la métropole, comme le confirmera l'Union française instaurée en 1946. Au retour de son plus long séjour aux Antilles durant la guerre, en septembre 1944, Auguste Viatte se montre convaincu qu'un « autre monde » est possible à l'issue du conflit ; il souhaite également pouvoir prendre un nouveau départ sur le plan professionnel et personnel, et ses efforts dans ce sens vont occuper une bonne part de la dernière période de son « Journal de guerre ».

Passer d'un monde à l'autre : les choix difficiles de l'après-guerre (septembre 1944-août 1945)

Déjà présent lors du débarquement de juin et de la Libération de la France à l'été 1944, le thème de l'après-guerre domine les notations personnelles et les chroniques internationales de Viatte dès le début de cette année décisive. Elle ne prend pourtant pleinement sa signification que lors de son retour de mission d'Haïti. Grâce à son réseau d'amis et de proches vivant en Europe, le professeur de Laval a pu bénéficier d'échos directs de la Libération, et il en fait largement bénéficier les lecteurs de ses billets d'actualité dans *L'Action catholique*. Cette dernière période est aussi marquée par la volonté croissante de Viatte de promouvoir les idéaux chrétiens dans la reconstruction de l'Europe et du monde. Comme beaucoup d'autres intellectuels catholiques engagés dans la Résistance spirituelle durant le conflit, Viatte n'apparaît pas soutenir le regroupement de ses coreligionnaires autour d'un parti politique tel que le Mouvement républicain populaire, qui prend son essor en France[3]. Tenté parfois par l'expérience gaulliste, il l'admire essentiellement pour son esprit non partisan. Informé et encouragé par son correspondant et ami à Rome, le père Delos, Viatte se félicite de la percée du milieu catholique français sur les chantiers sociaux, culturels, voire politiques de la paix, et en appelle à la mobilisation de nouvelles énergies, de valeurs plus morales, issues de l'expérience concrète de la Résistance (31.12.1944 et 18.1.1945).

S'il perçoit la signature des accords de Yalta positivement, dans l'esprit euphorique qui empreint la victoire (28.2.1945), Auguste Viatte n'en demeure pas moins inquiet de la bipolarisation du monde qui se dessine. On a vu ses craintes devant la montée en puissance états-unienne sur le continent américain, dans le domaine culturel surtout. On pourrait imaginer un anticommunisme croissant vis-à-vis de l'URSS, tel qu'il est de mise au sortir de la guerre dans son entourage. Il n'en est rien, car les solidarités antinazies nouées durant le conflit prennent longtemps le pas sur les divergences idéologiques. En remontant jusqu'au début de l'année 1943, on découvre Viatte très prudent par rapport à l'État qu'il préfère nommer la Russie : il en appelle à respecter ces « compagnons d'armes » en tant qu'alliés, car la vraie paix sera

---

3. FOUILLOUX, *Les chrétiens français entre crise et libération*, pp. 140-142.

possible uniquement avec eux (28.2.1943 et 20.4.1943). Dans le même sens, à l'automne 1943, il met en évidence le fait que les victoires soviétiques sont plus dues au patriotisme russe qu'à l'idéologie marxiste et au communisme (29.10.1943). Les premières craintes face aux velléités impérialistes de Staline sur l'Europe centrale et orientale se font pourtant jour durant l'année 1943 (7.5.1943 et 26.5.1943), et s'accentuent nettement au printemps de l'année suivante, lorsque Viatte pense que seule l'affirmation de la force et l'ouverture rapide d'un front à l'Ouest peuvent contrer l'expansion de l'URSS (10.2.1944).

Malgré tout, Viatte se refuse à sombrer dans un anticommunisme primaire et s'efforce de convaincre son entourage canadien-français de la nécessité d'entretenir des relations avec les Soviétiques. Dans ce sens, il est aussi sollicité par certains de ses amis, comme le philosophe Charles De Koninck, pour donner un point de vue original et apporter une critique positive des idées marxistes dans les revues intellectuelles québécoises d'après-guerre, tout en encourageant les intellectuels à ne pas démobiliser leur vigilance contre l'extrême droite et le nazisme. (26.1.1945 et 16.2.1945). Le professeur de Laval va jusqu'à estimer qu'il n'est pas chrétien de vouer une haine au communisme et à la Russie telle que celle qui s'étale dans les colonnes de *L'Action catholique* (13.1.1945); il encourage donc son collègue et ami De Koninck à intervenir auprès du cardinal Villeneuve pour essayer de tempérer ce qu'il perçoit comme une véritable campagne de propagande (18.1.1945). Ces positions relativement ouvertes à des rapprochements avec la gauche, à l'image de celles des personnalistes français groupés autour de la revue *Esprit*, lui vaudront d'ailleurs certaines remontrances de la part d'un entourage universitaire généralement anticommuniste et hostile au mouvement ouvrier: c'est le recteur de l'Université en personne, Mgr Gagnon, qui exigera de Viatte qu'il corrige l'expression « socialisme acceptable » apparue dans un article consacré au travaillisme. Docile, le professeur de littérature s'exécute, tout en faisant remarquer dans ses notes personnelles que le vocabulaire politique évolue et que le socialisme peut parfois prendre ses distances d'avec le marxisme (2.8.1945).

Ce petit élément de censure préalable s'ajoute à d'autres épisodes du même genre qui surviennent dans le cadre universitaire où l'abbé Aubert, bibliothécaire, se fait le champion d'une morale étriquée qui agace Viatte (24.5.1943). Ils sont le signe d'une certaine détérioration de la situation socio-professionnelle de Viatte à l'approche de la fin de la guerre. Certaines critiques se font jour à son encontre, liées à son action de rapprochement avec l'École libre des hautes études, pas toujours bien perçue à Laval, ainsi qu'à ses fréquentes absences dues à des missions à l'étranger après la guerre. De son côté, le professeur franco-suisse ressent un malaise croissant à évoluer dans une université qu'il estime trop perméable à l'américanisation par certains aspects « technocratiques », d'autre part immobilisée par les pesanteurs d'un cléricalisme revigoré par le retour au pouvoir de Duplessis en 1944. En lutte contre la persistance de la mainmise du Séminaire de Québec sur l'Université, Viatte se heurte de plus en plus à un clergé qu'il estime incompétent dans ses fonctions enseignantes. L'émancipation difficile de l'intellectuel catholique et laïc se reflète ici parfaitement dans les réflexions parfois amères d'un professeur qui en devient pour le coup presque anticlérical (24.1.1945).

Manifestement, le clergé garde encore à ce moment un pouvoir important sur la société québécoise[4]. Viatte le déplore d'autant plus qu'il est souvent choqué par l'attitude de certains ecclésiastiques vis-à-vis des questions touchant à l'épuration, qui occupent le devant de la scène au tournant 1944/45 ; en catholique respectueux de la hiérarchie, il espère sans trop y croire que le cardinal Villeneuve saura dénoncer les dangers réels du nazisme et du maurrassisme avec autant de zèle qu'il pourfend le « péril inexistant du communisme » (27.2.1945). Dans ses chroniques de presse, Viatte se montre intransigeant face aux collaborationnistes français, cette Cinquième colonne qu'il a combattue durant tout le conflit. S'adressant principalement aux lecteurs canadiens-français de *L'Action catholique*, longtemps partisans de Vichy et peu convaincus des nécessités de l'épuration, Viatte comprend les raisons qui ont pu les pousser à longtemps se tromper politiquement, mais leur recommande de faire à présent profil bas, en ne cherchant pas à défendre les collaborateurs. (15.3.1944). C'est dans ce sens aussi qu'il joue un rôle d'informateur auprès des dirigeants de la France Libre en dénonçant les menées des groupes ex-vichystes au Québec, notamment au travers du comité France-Canada (31.3.1944). Le débat rebondit et s'approfondit après la Libération, notamment lors des procès de Maurras et Brasillach, en janvier 1945. Si Viatte estime que les catholiques doivent se montrer moins intransigeants que les communistes par esprit de charité, il prêche tout de même la plus grande fermeté et souhaite surtout que les esprits qui se sont fourvoyés reconnaissent lucidement leurs erreurs et en tirent les leçons pour l'avenir (31.1.1945).

Attentif à mettre en garde ses lecteurs contre l'influence néfaste du maître de *L'Action française* et de ses disciples (17.4.1945), le chroniqueur sait aussi se muer en professeur pour analyser les racines du mal dans des articles sans complaisance sur « les précurseurs du nazisme en France, Taine, Renan, Gobineau » (19.11.1944). Ceux-ci lui vaudront d'ailleurs de longues polémiques avec Louis Rougier, intellectuel français aux engagements politiques ambigus qui, dans *Le Devoir*, défend l'idée d'une origine essentiellement allemande du nazisme (10.1.1945, 1er et 2.2.1945, 15.2.1945). Viatte craint d'ailleurs qu'à la suite de Rougier, le Québec n'accueille d'autres fugitifs et ne devienne un refuge de « pécheurs vichyssois » (8.1.1945). Il est lui-même confronté directement à ce problème lorsque le professeur de littérature française André Chérel, qui « croyait en Pétain alors qu'il était devenu inadmissible d'y croire », lui demande de l'appuyer pour trouver un poste au Québec (14.12.1944). Viatte hésite sur l'attitude à adopter, et renonce finalement à toute démarche en faveur de son ancien maître de Fribourg, après s'être renseigné auprès du Comité d'épuration concerné (20.3.1945). Sur le terrain, il n'est ainsi pas toujours facile de faire la part des choses entre vieilles amitiés, attirances littéraires ou

---

4. HÉBERT, « Quand le clergé a-t-il perdu son pouvoir ? », contribution au colloque *Histoire du livre, de l'édition et des bibliothèques au Canada*, Sherbrooke, 11.6.1999.

mondaines et lucidité politique : le professeur de Laval est notamment mis en garde par ses amis de la France Libre des dangers d'une fréquentation trop étroite de l'académicien Jacques de Lacretelle, en tournée de conférences au Québec sous la houlette du maurassien Jean Bruchési (24 et 25.4.1945)...

Parfois en porte-à-faux avec son environnement universitaire, souvent enclin au pessimisme face à l'inertie politique des milieux clérico-nationalistes qu'il fréquente, Auguste Viatte se sent de plus en plus nettement à la croisée des chemins alors que l'armistice approche. Quel destin choisir ? La poursuite de l'expérience du Nouveau Monde le tente encore, avec l'espoir de contribuer de l'intérieur à la mutation progressive de la société québécoise qu'il perçoit et appelle de ses vœux. C'est dans ses domaines de prédilection, la critique et l'histoire littéraire, que Viatte s'engage le plus ardemment, avec l'idée que la culture peut jouer au Québec une carte modernisatrice intéressante en poursuivant le renouveau entamé par les œuvres de Félix-Antoine Savard, Roger Lemelin et autres Gabrielle Roy. Optimiste sur l'avenir de la littérature canadienne-française, Viatte l'est aussi parce qu'il croit encore à la poursuite de l'essor de son support éditorial constaté durant le conflit. Les premiers signes d'un essoufflement et des difficultés inhérentes à ce champ de production se manifestent pourtant déjà. Durant le premier semestre de 1945, les notes personnelles du professeur de Laval sont émaillées de plaintes provenant de différents auteurs ayant publié aux Éditions de l'Arbre, mécontents du suivi éditorial assuré par la maison montréalaise. (23.4.1945, 1.8.1945). Dans ce contexte, Viatte joue une fois de plus un rôle de médiateur culturel, tente de retarder l'abandon de la collection des classiques de l'Arbre, et estime de manière trop optimiste que la concurrence de l'édition française n'est pas pour tout de suite (4.5.1945). Acteur de cette histoire en marche, il ne peut percevoir que l'effort éditorial méritoire produit par Robert Charbonneau et Claude Hurtubise ne sera pas suivi d'effets positifs : dans un marché qui a tendance à se contracter, la stratégie d'expansion et de conquêtes de nouveaux débouchés menée par l'Arbre va se heurter dès la fin de l'année au retour du livre français sur le continent américain[5].

En juin 1945, Viatte reçoit du consul de France à Montréal un ordre de mission pour notamment partir à la rencontre des éditeurs et écrivains français en tant que représentant des Éditions de l'Arbre (6.6.1945). Une telle perspective plaît d'autant plus à Viatte qu'elle va lui permettre au cours de l'après-guerre de reprendre contact avec la France et ses milieux intellectuels en pleine effervescence. Le projet d'un retour prochain à l'Ancien Monde et à la France chérie quitte le domaine flou de l'utopie. Quelques mois plus tôt, lors d'un séjour à New York, Viatte a rencontré Jacques Maritain qui lui a demandé s'il ne souhaitait pas retourner en France, celle-ci manquant de forces vives (10.3.1945). Encouragé par ce philosophe dont le poids politico-culturel compte dans la France libérée, Viatte commence à s'informer régulièrement auprès de son collègue Pierre Moreau sur la situation des chaires de

---

5. MICHON, « Les Éditions de l'Arbre », *Éditeurs transatlantiques*, p. 31.

littérature disponibles dans l'Hexagone (19.3.1945). L'attrait d'une nouvelle vie sur le territoire français est alors d'autant plus fort qu'il correspond chez Viatte à des projets de carrière ambitieux (22 et 23.3.1945), ainsi qu'à un désir personnel croissant de faire coïncider le regroupement familial avec la possibilité d'une éducation «française», idéalisée, pour ses trois enfants. Le jour de la capitulation de l'Allemagne, les jumeaux Bernadette et Jean-Claude s'écrient: «Nous allons pouvoir rentrer [en France] l'été prochain?» (28.4.1945). La question enfantine relaie ainsi une interrogation profonde du père, pour un temps refoulée par la guerre, à nouveau imaginable grâce à la paix...

Mes cahiers.

26 novembre 1942. Bibliothèque ; recherches plus longues que je ne le pensais.

Écrit à maman.

Emplettes en ville ; je porte à l'Action catholique mon article sur la France après l'avoir remis au P. Delos, et j'y rencontre Elisabeth que j'accompagne un instant. Passé ensuite à la Bibliothèque du Parlement, où je vois Bonenfant et le chanoine Maheux, juste avant qu'elle ne ferme ; de retour, je téléphone encore à Elisabeth au sujet de l'École des Hautes Études. Dressé ensuite ma liste pour l'envoi du Manifeste, et travaillé à Rabelais.

Le soir, visite de Tudor-Hart à qui je raconte l'activité de Philip à Washington, et qui me relate sa propre visite au Département d'État ; il m'était apparu des intrigues de Montréal et de leur effet possible sur le Département d'État lui-même. Mais sans être allé au fond, j'avais que Philip a réglé la question.

27 novembre.

Lettre de G. Cohen et de l'École libre me demandant mon programme et m'annonçant $50ᵒᵒ pour mes frais.

Préparé mon cours. Porté le manifeste à Mgr Roy et à l'abbé Talbot pour le Canada français. Mon article paru ce matin dans l'Action catholique impressionne ces lecteurs pour ce qu'apportant.

Réunion de l'Institut des Études internationales pour entendre un Américain sur l'Extrême-Orient et la paix : utopiques et abstrait (point de vue de l'égalité des peuples et de ~~~~ la non-intervention totale dans leurs affaires intérieures).

Mes Cahiers VI

26 novembre 1942 – 6 août 1943

26 novembre 1942

Bibliothèque ; recherches plus longues que je ne le pensais.

Écrit à maman.

Emplettes en ville ; je porte à l'*Action Catholique* mon article sur la France après l'avoir soumis au P. Delos, et j'y rencontre Élisabeth que j'accompagne un instant. Passé ensuite à la Bibliothèque du Parlement, où je vois Bonenfant et le colonel Marquis, juste avant qu'elle ferme ; de retour, je téléphone encore à Élisabeth au sujet de l'École des Hautes Études. Donné ensuite ma liste pour l'envoi du Manifeste, et travaillé à Rabelais.

Le soir, visite de Tudor-Hart à qui je raconte l'activité de Philip à Washington, et qui me relate sa propre visite au Département d'État ; il restait inquiet des intrigues de Montréal et de leur effet possible sur le Département d'État lui-même. Mais sans être allé au fond, je crois que Philip a réglé la question.

27 novembre

Lettre de G. Cohen et de l'École Libre me demandant mon programme et m'assurant $ 50.00 pour mes frais[1].

---

1. Gustave Cohen a fait pression sur le comité national de Londres pour que Viatte obtienne ses charges de cours à l'École libre. Commentant les événements, il confie à son ami : « Ils se précipitent à une allure telle qu'on en arrive à avoir presque peur d'une victoire prématurée ». ARCJ, 118 J 220, Corr. gén., G. Cohen à Viatte, 24.11.1942.

Préparé mes cours. Porté le manifeste à Mgr Roy et à l'abbé Talbot pour le *Canada français*. Mon article paru ce matin dans l'*Action Catholique* impressionne mes lecteurs pour son opportunité[2].

Réunion de l'Institut des Études internationales pour entendre un Américain sur l'Extrême-Orient et la paix : utopique et abstrait (point de vue de l'égalité des peuples et de la non-intervention totale dans les affaires intérieures).

28 novembre

Écrit à mamé.

Préparé mes cours.

Visite à l'abbé Labrie à qui je remets les exemplaires du manifeste pour l'Université.

Soirée avec Labouret, Tudor-Hart, Mme Lahaye ; Labouret très heureux de mon intervention ; nombreux points de contact et de sympathie avec nos interlocuteurs. Il me parle du langage « allemand » que lui tiennent les curés de campagne, empoisonnés par le *Devoir*. On s'accorde à espérer la victoire prochaine...

29 novembre

Continué à préparer mes cours.

Après-midi, promenade au Musée ; puis je m'amuse avec les enfants. Comme Jean-Claude reste immobile et un peu grognon, je le tance, et il finit par me dire : « Tu sais bien pourquoi je suis triste, parce que maman est morte. » J'en ai les larmes aux yeux ; et Bernadette, en larmes elle aussi, court dans sa chambre, et me dit à travers ses pleurs : « Pourquoi est-ce que maman est morte si jeune, à 36 ans ? » Pauvres petits, est-ce que je puis à moi seul remplacer pour eux cette tendresse intuitive, cette douceur d'une mère ? Et d'autre part ils ont peur d'une marâtre, ils me demandent de la choisir elle-même « semblable à maman – il n'y a pas beaucoup de femmes comme était maman. »

Oh ! Leur rendre un foyer ! Leur rendre au moins leur petit frère, et leur famille !

30 novembre

Travaillé à mes cours. Le matin, Sillery.

Après-midi, je passe pour remettre mes épreuves à l'abbé Bégin (qui n'est pas là), et je les remets à l'abbé Talbot, et m'arrête chez l'abbé Maheux.

Je ne sors pas le soir, pour achever mon cours public de demain.

---

2. « Le dénouement du drame français » *AC* du 27.11.1942. Voir le premier volume du *Journal*, p. 492.

1er décembre

Préparé mes cours. Puis préparé mon plan de travail pour l'École des Hautes Études.

Conférence au Rotary-Club[3]. Y assistent l'abbé Maheux et Tudor-Hart. Je lis des extraits des lettres reçues de France depuis deux ans. Auparavant un digne Anglais avait proposé de chanter la *Marseillaise* en l'honneur des marins de Toulon ; elle est entonnée par tous d'une manière touchante.

Le P. Delos, rencontré au retour (il vient chez moi chercher mes journaux) me dit que l'évêque de Sherbrooke vient de sévir contre les Rotary-Club, associations « neutres »...

Je fais le soir mon cours public

Téléphone de Mme Simard, qui m'annonce la venue d'André Philip demain, et qui m'invite à un cherry chez les Vanier à 6 heures, puis à dîner chez elle à 8 heures. – De Koninck va partir dix jours aux États-Unis, mais est aux prises avec des difficultés de visa[4].

2 décembre

Forte tempête de neige toute la journée.

Écrit à Cohen au secrétariat de l'École, au P. Brand dont je corrige le travail.

Soirée avec Philip, d'abord chez le général Vanier où l'on reçoit beaucoup de monde, ensuite chez Mme Simard dans l'intimité (les Vanier, Élisabeth, Mme Lahaye, les Valmont Bienvenue, le P. Delos). Constaté une fois de plus chez les Valmont Bienvenue l'amoralité politique des Canadiens, qui assimilent le cas Darlan à leurs combinaisons électorales. Philip est plutôt satisfait de la formation d'un « gouvernement Darlan » (« c'est la première gaffe envers Washington ») mais n'en est pas moins inquiet sur la possibilité que la France se présente désunie à la conférence de paix, et même que les États-Unis ne fassent naître un « autonomisme nord-africain ». Entre eux et la France : l'opposition fédération-unité nationale ; l'opposition droit coutumier (expédients) – droit romain (principes).

---

3. Dans le cadre des « mardis universitaires », Viatte traite de l'opinion publique en France après l'armistice, en illustrant sa conférence de nombreuses citations de ses correspondances personnelles. Défendant l'idée que le peuple français est de moins en moins favorable au gouvernement de Vichy, même si « le respect envers la personne du Maréchal continue d'occuper les esprits », Viatte conclut en « exprimant un émouvant hommage à la bravoure et au courage de la France combattante ». « La France conserve la volonté de se relever, dit M. Viatte » *Le Soleil* et *L'Événement-Journal* du 2.12.1942.
4. Il semble que le consul américain Winslow soit réticent à lui accorder un visa vu que plusieurs de ses proches parents vivent dans un pays – la Belgique – occupé par l'ennemi. DELISLE, *Mythes, mémoire et mensonges*, p. 50.

3 décembre

Lettre injurieuse de dom Jamet[5] : il n'y a qu'à hausser les épaules ; mais pas le ton. C'est exactement la lettre d'un *mauvais prêtre*, elle traduit une fureur et un désir puéril de blesser, tel que je vois la fureur des damnés.

Un mot du maire Lucien Borne me demandant où se procurer le manifeste pour distribution.

Bibliothèque ce matin. Écrit à maman, répondu à Borne. Travaillé à Rabelais. On me dit à la poste que le service avec la Suisse est désormais coupé... J'adresse ma lettre à Barcelone, espérant qu'on pourra la transmettre.

Visite à Chalifoux qui voudrait me faire prendre une assurance pour Bernadette et me félicite sur celle que j'ai contractée à la Sun Life.

4 décembre

Préparé un cours.

Rencontré le P. Delos à qui je parle de la lettre de dom Jamet, et du manifeste. Tudor-Hart m'invite pour demain avec Labouret.

Rencontré aussi l'abbé Grenier qui me remercie du « manifeste » et va l'étudier sérieusement pour en parler au besoin dans le *Canada français*.

Le plombier vient inspecter notre chaudière qui perdait de l'eau – ennui qui remonte à plusieurs jours – et j'espère qu'enfin demain tout va être arrangé comme il faut.

5 décembre

Corrigé une dissertation.

Déjeuner chez Tudor-Hart avec Labouret : cette prise de contact des deux artistes n'est pas une prise de bec, loin de là ; ils se racontent leurs farces d'atelier de jeunesse ; se trouvent des amis communs ; et Labouret est enchanté d'apprendre que Tudor-Hart se fabrique lui-même ses couleurs, comme les anciens. Je découvre que Labouret a été au lycée d'Amiens un condisciple de mon beau-père Charles Claro, « déjà sérieux et ayant déjà de l'autorité sur ses camarades ».

Lettre d'un « vieux missionnaire français », qui me dit des sottises genre dom Jamet – plus poliment – et que je lis le soir à l'abbé De Smet venu me voir, qui la trouve ridicule. – L'abbé Parent, à qui je porte quelques exemplaires du manifeste, m'apprend que De Koninck n'a pu partir pour les États-Unis, faute de papiers, et doit attendre à février.

---

5. Il s'agit de la suite des polémiques idéologiques qui ont opposé Viatte à dom Jamet en août-septembre 1942 (voir le premier volume).

6 décembre

Corrigé mes copies.

Après-midi, je vais chercher les enfants chez Mme Lahaye, et j'y reste une heure avec le P. Delos, à cause de toute l'actualité; le P. Delos s'est disputé avec Ferland en lui disant franchement son point de vue sur Pétain, Vichy, etc.; Onésime Gagnon, chez qui il dînait l'autre jour, lui disait avoir été « ému jusqu'aux larmes » par mon topo au Rotary-Club.

7 décembre

Mot de Désilets en réponse au manifeste; un autre de Bruchési, qui en profite pour me faire une profession de foi qui le montre parvenu au stade « Pétain-de Gaulle » : mais poli, lui, et il me fait mépriser d'autant plus dom Jamet.

Achevé mes préparations de devoirs; écrit à Élisabeth[6], à Gérard Morin[7], à Teilhac.

Société du Parler français.

Bernadette écrit une lettre amusante à « saint Nicolas ».

8 décembre

Travaillé à Rabelais. J'hésitais à écrire un article pour l'*Action Catholique*, — « Perdre la paix ? » — mais ne suis pas encore assez sûr de mon fait[8]. — Écrit aux Éditions de l'Arbre, et aux divers Centres d'Information, pour notre Centre de Documentation.

Déjeuner au Séminaire. Je suis à la même table que le P. Delos, Lacourcière, Lebel, et à côté de Mme Lacerte; celle-ci parle de nous faire rencontrer bientôt la femme du consul d'Argentine, qui est un Français. Mgr Roy, dans son allocution, mentionne élogieusement notre manifeste; il parle aussi des velléités de supprimer les enseignements « non essentiels à l'effort de guerre », et je sens qu'il maintiendra la position de défense de l'esprit.

Écrit à Anne Crevoiserat, intermédiaire possible avec Porrentruy.

---

6. Viatte répond à la demande d'Élisabeth de Miribel de solliciter l'Université Laval pour qu'elle fournisse, de même que les libraires de la province de Québec, des livres, des revues ou « toute sorte de littérature légère » destinés aux Forces françaises combattantes, qui manquent de livres français pour se détendre entre les heures de combat. ARCJ, 118 J 215, Corr. de Miribel, É. de Miribel à Viatte, 30.11.1942.
7. Au sujet de la distribution du « Manifeste »; le responsable de l'Information en temps de guerre à Ottawa lui répond que ce document a été remis aux membres du gouvernement provincial, aux évêques et à « bon nombre de prêtres », ainsi qu'aux journalistes de Montréal, Québec, Ottawa, etc. ARCJ, 118 J 220, Corr. gén., G. Morin à Viatte, 8.12.1942.
8. Viatte ne concrétisera pas cette idée.

9 décembre

Nous allons ce matin porter notre manifeste au Cardinal. Il nous retient longuement, nous interroge sur divers sujets, et nous annonce la nomination de l'abbé G.-L. Pelletier[9], aumônier des étudiants, comme évêque auxiliaire de Québec. J'en suis inquiet : l'abbé Pelletier, selon Lebel, est violemment antisémite, a fait ce qu'il a pu pour empêcher la venue de Cohen, et s'est opposé à ce que le *Carabin-Laval* reproduise mes articles. Il est vrai qu'il me salue toujours gentiment lorsque je le croise avec mes enfants.

Commencé un article pour l'*Action Catholique*, sur la politique américaine ; mais peut-être, d'après les explications de ce soir sur Darlan, y aura-t-il lieu de l'abandonner[10]. De toute façon il me faudra d'abord corriger les devoirs de Sillery qui m'arrivent ce soir, puis écrire ma deuxième chronique du *Canada français*.

Lettre de Londres : c'est Pierre Viatte, dont j'étais sans nouvelles depuis juin 1940 ; il a lu un de mes articles dans la *Nouvelle Relève*, et se dit heureux que nous soyons « du même bord » ; d'après sa lettre – et bien qu'il ne le dise pas clairement – je le suppose dans l'armée de Gaulle, peut-être dans ses services administratifs.

10 décembre

Visite à Mgr Roy, à qui je remets mon article de la *Revue Dominicaine*[11], et avec qui je m'entretiens des problèmes qui s'y rapportent. Je vais ensuite à la Bibliothèque, puis acheter des jouets aux enfants pour Noël.

Corrigé mes dissertations de Sillery ; et commencé une lettre à Pierre Viatte.

Lettre de Cohen, m'annonçant sa visite en janvier, je téléphone à Risi au sujet de la conférence à l'ACFAS qu'il voudrait combiner avec le cercle des Dames canadiennes.

Je devais aller ce soir à une conférence d'un Polonais ; mais je me sens casanier – il fait assez froid, ou du moins un froid assez pénétrant – et j'y renonce.

Visite de Bernadette Poulin qui espère le prompt retour de son mari, et qui doit venir en janvier pour subir l'ablation d'un ovaire. Elle est un peu obsédée par le cas de Marie-Louise…

---

9. Georges-Léon Pelletier (1904-1987). Professeur au Grand et au Petit Séminaire de Québec de 1935 à 1942, il est également vicaire dominical à la paroisse Saint-François-d'Assise de Québec depuis 1936 et se montre très actif dans la direction des mouvements de jeunesse étudiante à l'Université Laval. Il est élu évêque auxiliaire de Québec le 5 décembre 1942 et deviendra par la suite évêque du diocèse de Trois-Rivières. Site internet du diocèse de Rimouski.
10. Ce que fera finalement Viatte.
11. L'article s'intitule « Les relations intellectuelles du Canada-français », et est paru dans la livraison de décembre 1942 de cette revue, tome II, pp. 286-291.

11 décembre

Acheté ce matin les cadeaux de Noël pour les enfants ; et passé à la banque pour un abonnement au *Statesman*.

Préparé mes cours. Téléphoné au P. Delos.

M. Chalifoux vient me proposer une assurance réduite pour Bernadette ; mais décidément cette forme d'épargne ne me dit rien, en dehors de la protection qu'elle apporte, et à cet égard je trouve mes enfants assez couverts ; j'aime mieux partager les risques.

12 décembre

Ce matin, correction de devoirs. Écrit à mamé. (Mes deux lettres à maman sont revenues avec la mention : service suspendu.)

Préparé mes cours.

Un faire-part de Sillery m'apprend la mort de Mère St-Charles Borromée.

13 décembre, dimanche

Continué la préparation de mes cours.

Mme Lahaye n'étant pas libre, je me contente d'une promenade en ville avec les enfants – je me sens frileux cet hiver, pourquoi ? Il faudra que je me remette aux skis... – et ensuite nous nous amusons ensemble à la maison. Visite au P. Delos, inquiet (à tort, j'espère) de son sort au cas où fermerait l'École des Sciences sociales ; nous envisageons d'examiner avec Élisabeth et Tudor-Hart les moyens de garder Després après l'été. – Visite de garde ; et, ce soir, de Lacourcière, qui m'expose ses projets de cours d'été en vue de préparer au certificat de licence, et avec qui j'étudie les programmes et les professeurs (possibilité, aussi, de trois conférences par un professeur de l'École des Hautes Études).

Rencontré le pilote Bouffard qui fait encore des voyages en mer, malgré la saison, jusqu'à Margaree[12].

14 décembre

Cours à Sillery. La religieuse qui dirige les classes de mes élèves me dit que Mlle Bonier lui a écrit de St Pierre et Miquelon : « J'espère que vous ne croyez pas les calomnies du *Devoir* sur nos îles ». J'en profite pour lui parler des falsifications du *Devoir* ; on en vient à dom Jamet, et elle me dit que les élèves sont venus indignés de son article au mois d'août... Décidément ma position est la bonne ; elle est telle que les attaques s'émoussent contre elle, et ceci dans un pays spécialement difficile

---

12. Port situé sur l'île du Cap-Breton, en Nouvelle-Écosse.

à cet égard ; c'est avec du calme et de l'impartialité que l'on fait admettre son point de vue.

Achevé mon cours public. Écrit mon certificat pour Lacourcière.

Commencé ma chronique du *Canada français*. J'avais des craintes sur la publication de la précédente, le P. Delos me disant qu'il ne l'avait pas trouvée dans le numéro paru récemment ; un téléphone à l'abbé Talbot me rassure.

Lettre de Cohen m'annonçant sa visite à Québec pour la mi-janvier et me demandant de faire deux ou trois cours à l'Université.

15 décembre

Messe pour les marins de Toulon[13].

Visite du P. Gaudron, qui s'occupe de la revue *Culture*[14], et vient m'interroger sur les relations possibles de cette revue avec Haïti, l'Amérique latine, etc.

Travaillé à ma chronique du *Canada français*. La grève des distributeurs new-yorkais me prive des journaux américains ; je sens la privation.

Cours du soir, où je ne puis m'empêcher de dire que les États-Unis seront autorisés à parler colonies quand ils auront amélioré le sort de leurs Noirs et autorisé l'immigration jaune, ou quand ils auront des ministres nègres... À la radio, le ministre belge Balthazar[15] adresse une mise en garde émouvante sur la paix et contre la thèse des deux Allemagnes.

Lettre de l'abbé Lemaître, qui me dit que sans la maison à soutenir, plusieurs d'entre eux partiraient <u>illico</u> se battre, « pour être là ».

16 décembre

Travaillé à ma chronique du *Canada français*. Parlant du cas Darlan, je tâche de me « désincarner » autant que possible...

Lettre de Pattee à propos de mon article de la *Revue Dominicaine*[16] ; et de Dartigue qui m'invite à faire un cours en Haïti durant le mois d'août, frais payés par le gouvernement haïtien. Ce n'est encore qu'une hypothèse, mais elle me tente énormément (téléphoné à Mgr Roy, qui accepte d'enthousiasme de me déléguer) : je croyais avoir fait mon deuil des voyages lointains pour le reste de la guerre... Mais

---

13. Le 27 novembre 1942, la flotte française de Toulon, commandée par l'amiral de Laborde, s'est sabordée pour ne pas tomber aux mains de l'occupant, tout en refusant de rejoindre le camp des Alliés.
14. Revue québécoise de recherche sur les sciences religieuses et profanes.
15. A. Balthazar est le ministre socialiste des travaux publics et des communications dans le gouvernement belge dirigé par Pierlot.
16. Il s'agit de l'article sur les relations intellectuelles du Canada français, que Pattee estime être très précis et « d'une actualité tout à fait notable ». Il pense comme Viatte que le Canada se trouve à présent dans une position privilégiée pour accroître son rayonnement sur le continent américain et verrait d'un bon œil la création d'un « centre pour la diffusion de la connaissance de la culture canadienne française ». ARCJ, 118 J 220, Corr. gén., R. Pattee à Viatte, 14.12.1942.

j'aurai vu cette année, en ce cas, Québec par les grands froids, et Haïti par les grandes chaleurs... Jean-Claude voudrait m'accompagner : il y a longtemps qu'on est au même endroit... Sera-t-il aussi voyageur que son père ? Si c'est au mois d'août, j'aurai le temps de faire au moins 15 jours à nos cours d'été.

17 décembre

Continué ma chronique.

Soirée chez Hughes, le professeur de Chicago qui enseigne à l'École des Sciences sociales[17], avec Belleau et Mlle Jobin, qui est de ces personnes avec qui maman et mamé s'entendraient bien...

18 décembre

Enfin j'achève ma chronique, qui n'est pas facile, à cause de l'affaire Darlan[18].

Téléphone de Mme Simard, m'annonçant le prochain voyage d'Élisabeth à New York, de mardi à dimanche ; Philip est rentré, de Gaulle va venir. Impressions sur Mgr Pelletier, qui, dit-elle, subit l'influence de Mordret... Vanier est malade d'une pneumonie.

19 décembre

Écrit à Élisabeth et à mamé ; à la poste, on m'explique que les courriers aériens pour l'Europe seront suspendus, vu leur surabondance, mais non les courriers ordinaires en ce qui regarde la Grande-Bretagne, l'Espagne et le Portugal.

Mon article paraît dans le *Canada français* ; je porte la nouvelle chronique à l'abbé Talbot, avec qui je discute les événements. Préparé mes cours.

Visite de Cantave, qui me dit la situation d'Haïti, et les menaces contre la culture française et le catholicisme. Il est heureusement surpris de la lettre de Dartigue que je lui montre, et me conseille d'accepter ; il croit la chose pour ainsi dire

---

17. Everett C. Hugues enseigne à Chicago, d'où le fait venir à l'occasion le père Lévesque pour renforcer la recherche sociologique à l'Université Laval. HAMELIN, *Histoire de l'Université Laval*, pp. 179-180.
18. « Chronique internationale » *Le Canada français*, XXX, n° 5, janvier 1943, pp. 371-379. Viatte fait le tour des différents fronts en se montrant assez prudent dans ses interprétations stratégiques. Il estime seulement que, selon toute vraisemblance, la guerre contre le Japon durera deux ans de plus que celle en cours en Europe, et ceci pour deux raisons : d'une part la volonté des Alliés d'en finir d'abord avec le nazisme, puis de concentrer leurs forces en Extrême-Orient ; d'autre part la nécessité de plus en plus évidente de prévoir un long armistice, si l'on veut parvenir à un désarmement complet de l'Allemagne et préparer la réunion d'un « Congrès où il ne s'agira rien de moins que de la réfection totale du monde ». Par ailleurs, on sent Viatte gêné de l'accord qui est intervenu entre Eisenhower et Darlan. Il essaie d'expliquer ce qui n'a pas manqué d'influencer le geste des États-Unis – l'amiral représente selon lui une version « modérée » et « isolationniste » de la politique de Collaboration ; mais le militant de la France Libre à Québec se sent plus proche de De Gaulle, qui réussit peu à peu à unifier les mouvements de résistance en France ; reprenant les idées discutées avec André Philip, il estime que son leadership fondé sur des principes s'accorde certainement mal avec un certain empirisme américain.

faite, Dartigue étant le plus influent des ministres, et très écouté du président Lescot. – L'ancien président Sténio Vincent est à Montréal et m'envoie ses salutations. J'envoie Cantave chez l'abbé Parent pour lui exposer ses vues sur la venue d'étudiants haïtiens, et je lui dis moi-même mon avis.

Reçu les premiers exemplaires de mon livre sur Victor Hugo[19].

20 décembre

Travaillé à mes cours.

Il fait extrêmement froid : 32° centigrades au-dessous de zéro ce matin. Je ne sors que pour la messe et pour aller chercher mon journal. Les gens, dans la rue, échangent leurs impressions sur ce froid anormal qui consume rapidement les provisions de combustible...

Ce soir, à 10 heures, réunion chez Roland Gingras avec Philippe Cantave.

21 décembre

Préparé toute la journée mon dernier cours. Je ne vais pas à la Société du Parler français. Les rumeurs d'immigrés refoulés aux États-Unis me flanquent toujours un peu le cafard : mais j'espère que mes papiers sont bien en règle...

Incendies à Québec. M. Chalifoux vient ce soir me soutirer une assurance-incendie ; mais cela en vaut la peine, bien que l'éventualité de la perte de mes papiers soit irréparable...

22 décembre

Lettre de miss Lincoln, inquiète d'une amie française[20]. Achevé la préparation de mes cours ; et commencé ma correspondance : quelques cartes de Noël ; lettre à l'École libre ; lettre à Dartigue. Acheté des jouets aux petits amis des enfants.

En sortant de mon cours du soir, conversation avec Antoine Roy, l'ancien élève de Gustave Cohen, qui se propose de l'inviter à son domicile durant son séjour.

23 décembre

Dépêche de Cohen à qui je réponds.

Visite d'un jeune homme de 19 ans, Ouelette, qui suit mes cours en auditeur libre (il fait sa philosophie au Séminaire) et me fait excellente impression. Il se

---

19. Il s'agit de l'ouvrage *Victor Hugo et les illuminés de son temps*.
20. Miss Lincoln craint que Geneviève d'Harcourt, qu'elle a connue à Harvard, ne soit dans une situation très difficile en France vu ses opinions politiques gaullistes, peut-être même internée dans un camp de concentration. Elle demande à Viatte s'il peut la renseigner à ce propos – ARCJ, 118 J 220, Corr. gén., M. Lincoln à Viatte, 19.12.1942.

propose de passer une licence en lettres et en philosophie simultanément, puis un doctorat, peut-être sur *Alphonse Daudet*; il a beaucoup lu et se fait une riche bibliothèque. Américain de nationalité, habitant un appartement sur la Grande Allée, apparemment très à son aise...

Je vais ensuite porter mon Victor Hugo à Mgr Roy, discuter avec lui la proposition d'Haïti, lui dire un mot d'Ouelette.

Après-midi je finis ma lettre à Dartigue; puis je vais à la réunion du Petit Lycée – arbre de Noël pour les enfants pauvres – où Jean-Claude est un St François-Xavier impressionnant dans une comédie; et Bernadette une petite fille dans une autre (parlant un peu trop vite et trop bas). Causé avec Mme Lahaye, et avec Hughes qui lit en ce moment Kérillis avec intérêt.

Téléphoné à maman et à mamé.

24 décembre

Je passe à la Basilique où l'on me promet des places pour la messe de minuit ce soir; puis à la bibliothèque, qui est fermée. Rencontré ensuite Lebel à l'École normale; causé avec lui. Il m'apprend que Lacourcière n'ira pas à New York, le congrès de Noël étant supprimé.

Écrit à Baldenne, à miss Lincoln, à Pattee[21]. Téléphone du P. Delos. – Acheté des bas aux enfants.

25 décembre

Messe de minuit. Les enfants restent sagement aussi à la messe de l'aurore. Je sens toute la douceur de cette venue du Christ; j'éprouve toute l'élévation que peut apporter à l'âme une vocation contemplative – et je sens que si les contemplatifs deviennent infidèles à leur vocation il n'y a pas de partage possible pour eux entre le Christ et Satan. Corruptio optimi pessima.

La radio d'hier soir annonçait l'assassinat de l'amiral Darlan[22]. Je jette sur le papier un plan là-dessus; et je devrai de toute façon apporter un complément à mes chroniques.

Les enfants sont ravis de leurs cadeaux, et le P. Delos vient leur en apporter d'autres dans la journée.

Écrit à Albert Racine, à Mlle Thibault, à Sœur Georges. Vu la bibliographie et le plan de la thèse de Sœur Marie-Carmen.

---

21. Viatte s'enquiert auprès de son ami des possibilités d'un séjour prolongé à New York. ARCJ, 118 J 235, Corr. gén., Pattee à Viatte, 9.1.1943.
22. Darlan a été assassiné le 24 décembre à Alger par un jeune royaliste.

26 décembre

Lettres de Cohen[23] et de Mère Marie-Valérie, à qui je réponds.

Après-midi autour de mon arbre de Noël, avec les familles Lahaye, De Koninck, et le P. Delos.

27 décembre

Commencé à préparer mon cours de New York.

Déjeuner avec le P. Delos. Il m'apprend la nomination du général Giraud et nous nous réjouissons du changement que cela apporte à la situation de tous nos amis « condamnés à mort ».

Brève promenade avec les enfants : il ne fait pas très froid, mais un froid assez pénétrant. Nous allons à l'église voir la crèche ; je dépose mon *Victor Hugo* chez le Cardinal et un livre que Poznanski m'avait prêté, chez Poznanski. Puis je m'amuse avec les enfants jusqu'au souper.

28 décembre

Travaillé à mes cours de New York. Matinée à la Bibliothèque.

Bonnes nouvelles du rapprochement de Gaulle-Darlan et de la prochaine unité française.

29 décembre

Dépêche de mamé m'annonçant qu'elle a reçu huit lettres à la fois. J'attends les miennes...

Passé à la Banque pour avoir de l'argent américain et au C.P.R. où je prends mes billets. Après-midi, coiffeur. Préparé mes cours. Soirée chez De Koninck avec le P. Delos : c'est De Koninck qui représente l'Université, le 9 janvier, à la conférence d'Ottawa où se décidera le sort des Facultés de Lettres et de Philosophie.

---

23. Gustave Cohen annonce sa venue à Québec les 12 et 13 janvier 1943, où il tiendra deux conférences d'explication littéraire française, en réponse à l'invitation de Mgr Roy. ARCJ, 118 J 220, Corr. gén., G. Cohen à Viatte, 24.12.1942.

30 décembre

Continué à préparer mes cours de New York ; et passé à la Bibliothèque. Écrit aussi pour un complément à ma chronique, sur Darlan[24]. Écrit aux Éditions de l'Arbre. Lettre de Baldenne.

Grosse tempête de neige, ce soir.

31 décembre

Écrit à Pierre[25], et à un Père du St-Esprit, qui me demandait un avis sur les chances du P. Braud à l'examen.

Achevé la préparation de mes cours. Je vais à la réception du corps universitaire par le Cardinal ; causé à Mordret, qui me paraît bien « dans le noir » sur les événements d'Afrique. Causé aussi au P. Delos. Passé chez Vivès pour me faire tirer des photographies. Remis à l'abbé Talbot un paragraphe complémentaire sur Darlan. Et commencé un article pour la *Nouvelle Relève*.

1er janvier 1943

Premier jour de cette nouvelle année qui nous rapproche enfin de la victoire, espérons-le, et du revoir en famille. Un pas de plus aussi vers l'au-delà. Combien ai-je parcouru de ma vie ? Et que j'ai cédé aux tentations du Séducteur ! Mon Dieu, faites-moi miséricorde. Accordez-moi d'être votre serviteur, non plus seulement en paroles, mais du fond du cœur. Éloignez de moi l'esprit du mal, fortifiez ma volonté.

Téléphoné à Mme Simard et à Mme Lahaye pour leur offrir mes vœux.

Continué mon article de la *Nouvelle Relève*.

2 janvier

Achevé mon article, que j'envoie à la *Nouvelle Relève*[26].

Lettre de miss O'Donovan, bien arrivée au Pérou : à la lire, on la croirait plus débrouillée qu'elle n'est...

---

24. « L'assassinat de l'amiral Darlan a donné à la controverse un épilogue tragique. Nous nous contenterons pour l'instant de le mentionner. Les lignes qui précèdent étaient écrites auparavant ; il vaut mieux, croyons-nous, fixer chaque mois, dans ces chroniques, l'état des choses à une date donnée, sans anticiper sur ce qui aura suivi. Disons simplement qu'un chapitre se ferme, et que sa conclusion brutale, en soulignant encore une anarchie qui menaçait de rappeler les temps de Jean sans Peur ou de Henri le Balafré, semble avoir enfin déterminé de sérieux efforts pour y remédier – 25 décembre ». « Chronique internationale » *Le Canada français*, XXX, n° 5, janvier 1943, p. 379.
25. Auguste Viatte envoie aussi à son beau-frère les ouvrages d'Henri de Kérillis, notamment le « très intéressant *Français, voici la vérité* ». Livre de raison Deffontaines, 20.1.1943.
26. « Les problèmes de l'Orient » *La Nouvelle Relève*, II, n° 4, janvier 1943, pp. 159-164. Spécialiste des questions orientales, Auguste Viatte développe successivement et pédagogiquement le passé et le présent de la Chine, du Japon et de l'Inde. S'il reconnaît à la Chine une proche parenté avec la culture occidentale, qui l'a amenée à soutenir le camp des Alliés durant la guerre, il considère au contraire la civilisation japonaise, marquée par le « culte païen de la nation et de l'Empereur », très éloignée des

Déjeuner avec le P. Delos. Je reçois ensuite la visite de Sœur Marie-Carmen ; celle de Labouret, qui continue à projeter son retour, et qui va d'abord se rendre à New York ; et je vais chercher les enfants qui passaient l'après-midi chez Mme Lahaye. Causé, naturellement, des événements, vœux pour l'unité française.

3 janvier

Commencé un article sur l'unité française que je compte achever en voyage.

Après-midi avec les enfants ; parti pour Montréal par un train encombré, sans wagon-restaurant, à moitié sans lumière, et qui arrive à 11 h. du soir, avec plus d'une heure de retard...

4 janvier

Me voici à New York, sans aucune difficulté. Maintenant il s'agira d'en revenir. Bon voyage – c'est la première fois depuis longtemps que je refais de jour ce voyage – mais avec encore du retard. Je ne serai installé que vers 10 heures.

5 janvier

Je termine d'abord les formalités pour le visa de sortie : ce qui me prend la journée presque entière. Je vais au Berg Office (South Ferry) pour les formulaires ; puis à Custom House ; et de là chez Dupont, dont la secrétaire miss Freggett recopie le texte et m'accompagne chez le « notary public » très aimablement. Mais après il n'est que temps de me rendre à l'École libre des Hautes Études ou Cohen m'attend à 5 h. Mon cours est écourté par une séance de photographies destinée à *Life* ; et l'atmosphère surchauffée me met mal à l'aise, je sens la fatigue du voyage, et je crains de n'avoir pas été si brillant que je l'aurais dû. Je me rattrape à l'explication de textes, où je n'ai cependant que deux élèves, dont le P. Bouffard, Canadien.

Dîné avec Dupont. Longue conversation. Il me dit le « Vichysme » insensé de certains Français d'ici, notamment la majorité du Conseil de la Société des Professeurs français en Amérique, où les « gaullistes » sont 5 contre 7 ; et d'autre part la violence excessive de certains gaullistes, Mirkine réclamant l'exécution d'un million de Français... La tendance « de gauche » que mène Laugier, les militaires étant au

---

valeurs de l'Europe chrétienne et par là-même réceptive à l'idéologie nazie. Quant à l'Inde, ou plutôt les Indes, morcelées et marquées par un « polythéisme en décomposition, grouillant de sectes », malgré l'influence des Gandhi et autres Nehru, elle n'est selon Viatte pas prête de pouvoir accéder avec bénéfice à l'indépendance. Celle-ci serait une injustice envers des minorités « grandes comme des peuples » et pourrait provoquer le chaos. Des réflexions qui amènent finalement le professeur de Laval à exprimer des vues très occidentales sur l'avenir des démocraties et le probable processus de décolonisation : « La démocratie peut-elle s'introduire, en fait, dans les pays où elle ne s'est pas répandue, je ne dis pas le dogme, mais au moins la morale issue du christianisme ? (...) À le méconnaître, à généraliser la Charte de l'Atlantique autrement que dans son esprit, sans tenir compte des abîmes entre les niveaux culturels des peuples, ne courra-t-on pas à de durs mécomptes ? »

contraire « de droite ». Dupont aurait voulu s'engager, mais de Gaulle ne prend des engagements que pour la durée totale de la guerre, et les États-Unis ne regardent pas les Français Libres comme « co-belligérants » et ne leur prêteraient pas leurs recrues : or Dupont dit songer garder sa situation pour l'après-guerre ; et il a 48 ans, ce qui ne lui permet plus une longue activité militaire...

6 janvier

Porté mes textes à copier à l'École libre.

Déjeuner avec Cohen, André Spire toujours candide (cette candeur des poètes et des artistes, celle d'un Labouret), Mme Spire, et Hadamard toujours charmant.

Après-midi à la Bibliothèque, à préparer mes cours.

Téléphoné à Mlle Monnier qui m'avait fait demander un rendez-vous par l'École libre ; et ce soir à Mlle Arnaud.

7 janvier

Écrit à mamé ; à miss O'Donovan ; à Schérer pour prendre rendez-vous. Après-midi chez les Neff : je trouve Mme Neff beaucoup mieux. Je prends rendez-vous avec M. Neff pour mercredi ; il aimerait me faire connaître Reifenacht, un Alsacien expatrié, homme d'affaires, ami de Siegfried.

8 janvier

Ce matin, visite à Halecki. Il m'invite à une conférence sur le *Problème des Nationalités au Canada*, à l'Institut polonais, mais la seule date possible serait le 20, ce qui m'obligerait à retarder mon départ d'un jour ; ou bien à une causerie en petit comité. J'écris à Pattee pour savoir si cet ajournement d'un jour est possible. – Il m'invite d'autre part à une réunion pour la formation d'une entente catholique internationale, où Van Cauwelaert devrait prendre part samedi prochain ; mais c'est après mon cours, et je me demande si je pourrai.

Déjeuner avec Mlle Monnier que je retrouve sous les traits d'une vieille demoiselle à cheveux blancs ; elle me trouve à l'âge où l'on ne change point. De fait l'autre jour, en prenant l'auto pour monter chez les Neff, une jeune fille m'a salué, que je n'ai pas reconnue, et qui doit être une de mes anciennes élèves de Hunter. Mlle Monnier me dit que les livres français publiés en Amérique inondent maintenant l'Afrique du Nord, et que selon les éditeurs de la Maison française ils auront la grande faveur en France après la guerre... Je l'accompagne à la Maison française où elle me dédicace son livre et m'achète les miens.

Commencé un article pour l'*Action Catholique* sur l'unité française. Puis travaillé à la Bibliothèque.

Je vais le soir au cours du P. Ducattillon et je sens tout ce qu'a d'épatant ce centre de culture française où l'on peut entendre en français des conférences sur les sujets les plus divers (et non pas seulement sur la littérature française). Causé ensuite avec le P. Ducattillon, tout en faisant quelques pas. Parlé d'Haïti, du mouvement violent contre la France et le catholicisme (dont Mgr Le Gouaze l'a mis au courant par une lettre secrète), des empoisonnements, etc. Singulier arrière-plan à mon invitation. À côté de cela il reste vrai que l'on cherche des professeurs français libres. Causé aussi du manifeste : je lui fais observer que l'appendice seul n'est plus de raison ; « oui, me dit-il, Maritain s'est buté là-dessus, c'est la différence d'un exilé et d'un émigré, qui se met au service d'une puissance étrangère... »[27].

Times Square est un peu sinistre sous le black-out ; aussi noir qu'autrefois reluisant de lumière.

Ce qui sauvera les États-Unis, c'est leur plasticité. Quel pays totalement différent de celui que je détestais tant en 1925 ! et combien différent même de l'Amérique nonchalante de 1939 !

9 janvier

Terminé mon article pour l'*Action Catholique*[28] ; préparé mes cours.

Je vais le soir à un dîner de la Société d'histoire de la Révolution française, dont m'avait parlé le P. Ducattillon : rencontré beaucoup de figures de connaissances, anciens participants de Pontigny : Hadamard, Spire, Grundt, Mendizabal : beaucoup d'épaves du Front populaire ; je comprends mieux les réactions de Wencélius et j'excuse un peu dom Jamet, il est certain que dans ce centre de l'émigration politique, qu'est New York, trop de réfugiés cherchent à tirer « à gauche » la France combattante... Derrière moi un monsieur rageait à un discours très raisonnable de Marlio[29], qu'il traitait de « fasciste » et de « salaud », et il applaudissait frénétiquement l'Italien Venturi, qui disait des sottises...

---

27. Jacques Maritain avait en effet insisté pour que le manifeste soit doté d'un appendice clairement engagé qui souligne la solidarité des signataires avec les États-Unis, tout juste attaqués par les forces japonaises. Voir notamment le premier volume, pp. 359-364.
28. « Vers l'unité française » *AC* du 10.1.1943. Viatte plaide pour la recherche d'une unité rapide et complète entre les partisans de Giraud et de Gaulle, se situant ainsi complètement dans la ligne politique du gouvernement canadien. Dans ce but, il estime que les divergences de politique intérieure n'ont pas lieu d'être, la gauche et la droite comprenant toutes deux des partisans de la Résistance et de la Collaboration. Viatte situe ainsi le pôle collaborationniste à l'extrême-gauche (Doriot, Déat, Marquet, ...) et « chez les irréconciliables d'extrême-droite, tels Charles Maurras et ses amis ». Estimant que les parlementaires, professionnels de la politique, donnent de celle-ci une impression de décomposition, il ancre le pôle résistant « dans le bon peuple de France, dans les groupements ouvriers et confessionnels surtout ». De même, Viatte récuse le procès de l'épuration à venir comme facteur de division entre Français : ceux-ci doivent être menés, en frappant les auteurs « d'actes bien définis » ; par conséquent, c'est uniquement la position vis-à-vis de l'Allemagne (pour ou contre) que les diverses tendances politico-militaires françaises devraient prendre en compte : ainsi l'unité française sera recouvrée, et le rang de la France assuré au conseil des Alliés et à la conférence de la paix.
29. Né en 1878 et résidant à Washington, travaillant pour le compte de la Brookings Institution, Louis Marlio est l'auteur d'un ouvrage intitulé *La Révolution d'hier, d'aujourd'hui et de demain* chez Brentano. En 1940, il a également publié chez Flammarion, dans la collection « Bibliothèque de philosophie scientifique », le livre *Dictature ou liberté*.

10 janvier

Achevé le remaniement de mon cours public.
Je vais après-midi voir Huguenin, mais il est absent.
Le soir, un peu de bibliothèque.

11 janvier

Préparé mon explication de textes.

Déjeuner avec Vial. Point de vue des Vichystes qui n'aiment pas les groupes de gauche, l'École libre, etc. Il me raconte son aventure de Detroit avec De Koninck. Causé de son *Voltaire*; des cours d'été, pour lesquels il ne saura rien de clair avant la fin du mois. Dommage qu'il soit si «Vichy», s'il y a échange...

Téléphone de Wencélius qui vient me voir de 7 à 8. Lui n'adhère pas à *France forever*, en partie parce qu'à ses yeux sa qualité d'Alsacien lui donne des lettres de noblesse antinazies, en partie à cause de son royalisme, et aussi parce qu'il craint la «tentation cathare». Je dîne le soir chez Saint-Exupéry, qui va partir bientôt pour l'Afrique du Nord; et lui-même voudrait le rejoindre. Il a vu les représentants de Giraud, Lemaigre-Dubreuil[30] et Béthouart[31], qui lui ont dit leur déception d'être reçus «en concurrents», alors qu'ils étaient prêts à embrasser le premier Français libre qu'ils rencontreraient; ils appartenaient à des organisations clandestines qui avaient envoyé des factionnaires à la porte de Noguès, Juin, etc. pour les arrêter au débarquement des Américains: mais ceux-ci, attendus à 2 h. du matin, n'ont débarqué qu'à 8 h., et au lieu de débarquer aux endroits convenus, ils sont allés ailleurs, où on les a reçus à coups de fusils... Wencélius voudrait lancer une section spéciale de l'organisation Lehmann pour la reconstruction de l'Alsace, et faire administrer l'Allemagne occupée, après-guerre, par les Alsaciens...

Vu aussi Halecki, qui fixe ma causerie à lundi 5 h., en comité réduit, la soirée du mercredi étant prise (une lettre de Pattee, ce matin, me disait que mes papiers étaient en ordre et que je pourrais ajourner mon départ d'un jour si bon me semblait). – Halecki serait disposé à venir au Canada trois mois comme professeur d'histoire.

Dîner au Steak de Paris que me recommandait Wencélius. Atmosphère étonnamment française. Une jolie serveuse débarquée de Juan-les-Pins en septembre. Une petite dame, à la table voisine de la mienne, arrivée depuis six mois, et disant que si

---

30. Lemaigne-Dubreuil fait partie du «groupe des cinq» qui, autour de Giraud, préparent à Alger en 1942 le réarmement de l'Afrique du Nord. Directeur général des huiles Lesieur, cet homme d'extrême droite a présidé avant-guerre une fasciste Ligue des contribuables et aurait été membre de la société secrète La Cagoule. CRÉMIEUX-BRILHAC, *La France Libre*, p. 402.
31. Le général Béthouart, commandant de la division Casablanca, est un ancien condisciple de De Gaulle à Saint-Cyr. Il l'a aidé à Londres en juin 1940, sans pour autant se rallier à lui. C'est un des hommes d'action de Lemaigre-Dubreuil.

elle en avait l'occasion elle repartirait demain pour Paris, malgré les Allemands...
« Croyez-vous qu'ils auront le temps de tout détruire, les Allemands, avant la fin ? »

12 janvier

Commencé ma chronique pour l'*Action Catholique*.

Déjeuner avec le P. Ducattillon et Wencélius au Restaurant tchécoslovaque de la 73ᵉ rue. Causé de la situation; le P. Ducattillon expose avec conviction la thèse « gaulliste ». D'après Wencélius, Giraud envisagerait une action en mars seulement, avec débarquement simultané en Afrique, près de Marseille et dans le Nord, et complicité de l'armée de l'armistice, noyautée : d'où l'affaire de Lattre de Tassigny[32]. Qu'a-t-il manqué aux Alliés ? de l'initiative ou des bateaux ?

À mon cours – pleinement réussi cette fois – je vois M. et Mme Vignaux, qui m'invitent à dîner. Dîner ensuite avec Dupont. Wencélius m'avait invité à déjeuner pour le mardi suivant avec Louis Rougier – ce qui m'embête – et lui-même; comme il n'y veut pas venir, je ne tiens guère à rencontrer Louis Rougier seul...

D'après Dupont, l'immigration new-yorkaise a compris d'une part de gros capitalistes qui avaient placé des dollars et qui sont Vichystes; de l'autre, des politiciens de gauche et des Juifs rendus amers par les événements. Le gros de la population française qui a passé la mer n'est pas allé plus loin que l'Angleterre, où l'atmosphère est tout autre.

13 janvier

Travaillé dans ma chambre à ma chronique mensuelle.

Déjeuner avec Neff, son ami alsacien Reifenacht (cousin de Siegfried) et le chef de son département, au Faculty Club de l'Université de Columbia.

Visite à Huguenin qui se trouve passablement malade de l'estomac, et voudrait prendre sa retraite l'année prochaine.

Dîner chez les André Spire, qui sont charmants. Mais la boisson prise lors de mes trois visites s'accumule outre mesure dans mon estomac, et j'ai une indigestion en rentrant. Il faudra décidément que je refuse désormais du vin.

14 janvier

Achevé ma chronique[33].

Déjeuner au « Steak de Paris ». Réactions des garçons (dont l'un était à Casablanca il y a huit mois) : « Tout le monde est pro-américain... On a tiré sur les

---

32. Allusion au fait que le 8 novembre 1942, prévoyant le débarquement des troupes d'occupation sur la zone libre, le général Jean de Lattre de Tassigny (1889-1952) part en dissidence avec quelques troupes au sud de la France. Arrêté et condamné à dix ans de prison, il s'évadera le 2 septembre 1943 de la prison de Riom, prendra le maquis et rejoindra Londres, puis Alger. *Encyclopedia Universalis*.

33. « Chronique internationale » *Le Canada français*, XXX, n° 6, février 1943, pp. 439-445. Insistant sur les succès des armées russes qui ont pour elles de « défendre leurs foyers » alors que les soldats allemands sont

Américains parce qu'on en a reçu l'ordre, mais après on les a bien accueillis... Voilà que nous avons trois gouvernements, comment y comprendre quelque chose ? L'autre jour nous avions ici les premiers marins de Giraud, venus escorter un convoi ; eux dans un coin de la salle, les marins "gaullistes" dans l'autre... – Et comment s'entendaient-ils ? – Eh ! Ce sont tous des Français. »

Soirée chez Brodin ; dîner avec lui seul, puis soirée avec plusieurs professeurs, Boorsch, Bégin, etc. Il a vu récemment un prisonnier évadé : moral excellent, propagande fasciste de la mission Scapini[34] sans effet ; mais deux officiers envoyés par Pétain et leur parlant hors de la présence des Allemands, les persuadaient que le maréchal joue double jeu. En France, unanimité pour la résistance, mais en dehors de toute politique, et contre Vichy ; situation moins bonne en « zone libre ». Mais en arrivant ici, la violence du groupe extrémiste l'a rendu « Vichyste ». – Philip a été très démonté d'abord par l'affaire Giraud et traitait partout le général de « fasciste ».

15 janvier

Envoyé mon article à l'abbé Talbot ; écrit à mamé.

Déjeuner avec les Vignaux. Il est étonnant de voir comment chaque Français diffère d'opinion. Pour Vignaux, la politique du Département d'État n'a rien de sinistre, et il ne faut pas la voir à travers Berle[35] ; c'est une politique de bureaux, comme celle du Quai d'Orsay, découvrant trop tard les problèmes... Vignaux espère passer l'été en France, ou tout au moins en Afrique du Nord...

Cours très intéressant de Hadamard sur la psychologie de l'invention mathématique (en fait la psychologie de l'invention tout court). Rencontré Mme Hadamard, qui attend avec impatience la rencontre de Gaulle-Giraud ; les Benoît-Levy, les de Saussure, etc. – J'aime vraiment beaucoup ce vieux Hadamard ; et je suis heureux d'avoir encore pu connaître ce grand savant dans sa vieillesse...

« lancés dans une aventure incompréhensible et sans fin », Auguste Viatte donne quelques clés de décryptage des dépêches qui sont diffusées dans la presse : ce sont les vainqueurs qui donnent des détails sur les opérations et mentionnent les noms propres des lieux conquis ; l' « entrée » dans les grandes villes est très rapidement proclamée par les assaillants, même si une avant-garde seule a réussi une percée ; les belligérants pratiquent le bluff systématiquement en annonçant à l'avance les conséquences même lointaines de leurs succès présents, une pratique qui remonte selon Viatte à la guerre civile espagnole. De façon générale, il estime que le mois qui s'achève a été marqué par un certain creux, mis à part les opérations en Russie, et termine comme souvent par une note positive estimant que « les Alliés gardent l'initiative qu'ils ont reprise » et que « l'usure agit moins sur eux que sur l'ennemi ».

34. Georges Scapini (1893-1976). Cet homme politique de droite pencha dès les années trente pour un rapprochement avec l'Allemagne nazie ; il fut nommé en août 1940, par Pétain, ambassadeur chargé des prisonniers de guerre. La « mission Scapini » – dont les émissaires étaient surveillés par les Allemands – tenta de développer dans les stalags et les oflags l'idéologie de la révolution nationale et le mythe Pétain, et même une propagande favorable à la collaboration. Elle n'empêcha pas l'aggravation des conditions d'existence des prisonniers, ni les exactions nazies dans les camps de représailles. *Encyclopedia Universalis*.

35. Adolf Berle, sous-secrétaire d'État adjoint américain, a notamment négocié très durement avec de Gaulle, au printemps 1942, sur des questions politico-stratégiques comme la mise à disposition de bases pour les avions américains à Pointe-Noire, au Congo français, en échange d'une reconnaissance de l'Afrique française libre de la part des États-Unis. CRÉMIEUX-BRILHAC, *op.cit.*, pp. 296-297.

En y songeant, c'est nous qui sommes l'aristocratie d'aujourd'hui : travaillant uniquement de l'esprit, à ce qui nous plaît ; à l'abri des soucis matériels ; et pouvant connaître qui nous voulons. Qu'y ajouterait la fortune ? et que l'homme d'argent a un sort moins enviable !

16 janvier

Je n'ai toujours pas mon « exit permit » ; je calcule que je le recevrai probablement demain. Ce n'est pas que je sois très pressé cette fois-ci, mais une fois mes cours terminés, j'aurais l'impression de perdre mon temps.

Déjeuné avec Schérer dont le *Beaumarchais* est presque achevé.

Confession à St-Vincent de Paul.

Je devais dîner avec Grundt, mais je le trouve grippé ; je passe néanmoins une bonne heure avec lui. C'est un professeur de lycée, et il a bien connu le P. Béchaux[36] : « si tous les propagandistes du catholicisme étaient comme lui, le monde serait bientôt catholique ». Il connaît bien aussi Sigrid Undset. Au moment de la guerre, il travaillait à Paris, au comité de coopération intellectuelle[37], et il n'a quitté la ville que par le dernier train. Reçu très chicment en Angleterre et ne tarissant pas d'éloges sur l'« efficiency » et la gentillesse britannique envers les Français en particulier.

17 janvier, dimanche

Écrit à Baldensperger

Visite aux Huguenin. Puis, avec le P. Ducattillon qui croit couver une grippe je vais souper « en civilisation », à la ville chinoise, et nous assistons à un peu de théâtre chinois – si semblable, scène et public, à celui de Bangkok ou de Shangaï !

18 janvier

Pluie.

Reçu ce matin mon visa de sortie, valable jusqu'au 31, ce qui me laisse de la liberté. – Commencé mon article *Abdication de la chrétienté ?* sur le problème colonial.

Causerie à l'Institut polonais sur le *Problème des nationalités au Canada*, en présence d'une dizaine de personnes dont l'ancien premier ministre Kucharzewski[38],

---

36. Henri-Dominique Béchaux o.p. (1882-1965). Responsable de la mission dominicaine à Oslo de 1924 à 1938, ce prédicateur réputé poursuit ses activités à Paris après 1938, tout d'abord au couvent du Faubourg Saint-Honoré, puis à celui de Saint-Jacques, rue de la Glacière. Renseignement aimablement transmis par Jean-Claude Viatte et Jacques Béchaux.
37. Institution internationale de coopération culturelle fondée par la Société des Nations.
38. Jan Kucharzewski (1876-1952). Historien et homme politique, premier ministre polonais à deux reprises entre 1917 et 1918.

et l'abbé Grzezinski de Cracovie, qui a passé un an et demi en Extrême-Orient pour étudier les philosophies orientales, et qui me dit être nommé à la Faculté de philosophie de l'Université Laval. Je prends un café avec lui, avant de redescendre « la civilisation » à la ville chinoise.

Note de Hadamard m'invitant pour après-demain soir, ou à défaut, demain. Je me demande si je vais retarder mon départ pour être moins bousculé demain.

19 janvier

Un téléphone me convoque chez l'éditeur Didier qui me demande mon avis sur l'édition d'une revue trimestrielle française, rédigée par des personnalités de premier plan, dont il confierait la distribution canadienne aux Éditions de l'Arbre. Je leur en parlerai. Il les prendrait aussi volontiers comme distributeur aux É.U.

Demain cours à l'École libre. Koyré vient m'y chercher, me fait rencontrer Grégoire, et nous prenons rendez-vous pour déjeuner demain ; décidément je ne partirai qu'après-demain, je n'ai rien qui me presse, et ces rendez-vous sont plus intéressants que mon activité possible à Québec. – À mon cours assiste aussi l'ancien président Sténio Vincent d'Haïti, qui m'emmène ensuite dîner avec lui à l'hôtel Lafayette : très réticent sur son pays, bien entendu, et passablement amoché physiquement (une jambe cassée à Montréal, et surtout le cœur). Mais toujours cette même finesse toute française. Grégoire, à qui je le présentais, a cru que c'était une blague !

Dans l'après-midi, visite au musée d'Art moderne – des Picasso, des Matisse, des S. Dali, etc. – assez belle collection. Deux dames françaises, devant moi, se récrient et ne comprennent pas. Je ne leur donne pas entièrement tort...

Où l'on rencontre les Français de New York : aux cours, aux musées, et c'est pourquoi cette émigration qui reste comme l'autre une émigration de gens cultivés, aura son influence sur la culture, même à défaut de la politique...

20 janvier

Déjeuner avec Cohen, Lévi-Strauss, Koyré ; je manque décidément Grégoire, ce qui m'ennuie, car la politesse m'imposerait de le saluer, et je l'ai tout à fait perdu de vue... Cohen enchanté de son voyage à Québec, où il a été présenté comme doyen par Mgr Roy, reçu chez le Dr Berger, chez les Amyot, etc. Je raconte en détail à Koyré nos tractations avec Ottawa pour l'École et je suis décidé à me passer d'Ottawa si l'obstruction continue ; je fais part aussi de l'invitation à un « littéraire » et j'écrirai directement à Peyre une fois que je me serai remis en mémoire les conditions. Je tâcherai aussi de faire inviter Hadamard et Vignaux.

L'abbé Lemoine va passer à l'École, dans quinze jours, la thèse qu'il destinait à la Sorbonne.

Dîner avec Dupont et sa femme – un peu détraquée ; puis soirée chez les Hadamard. Toujours bien sympathiques : et je ne puis en vouloir à ces bons vieux de rester figés sur les positions de toute leur vie. Je leur propose de servir d'intermédiaire pour donner de leurs nouvelles à leurs enfants[39].

21 janvier

Voyage New York-Montréal, sans incident, passage de la frontière sans anicroche, et arrivée par un froid glacial. Si j'avais pu rejoindre Hurtubise ce soir, je serais parti dès demain matin; on n'a pas envie de circuler par une température pareille. Mais il est absent.

Je m'étonne de la propagande soviétique qui accompagne l'exposition de caricatures russes à la gare de Montréal.

22 janvier

Visite à mes éditeurs de l'Arbre. Causé de nos divers projets.

Voyage interminable dans un train qui arrive à Lévis à 7 h.1/2 au lieu de 5 h. 1/2 – le froid intense empêchant la vapeur de bien tirer. Beaucoup de soldats, qui se prennent de gueule et se battent dans le train... Je dois redescendre au bateau prendre mes valises qui, enregistrées, sont arrivées par le bateau suivant.

Courrier volumineux à mon retour. Des lettres qui me reviennent – écrites pour la France en mai et en août. Des réclamations d'impôts qui, elles, ne manquent pas leur adresse... Et des lettres à répondre, sur toutes sortes de sujets.

23 janvier

Je vais ce matin à la Bibliothèque rapporter les livres pris en voyage et me servir de ceux dont j'ai besoin pour la semaine.

Téléphoné au P. Delos, et ce soir à Mme Simard: elle m'apprend qu'Élisabeth s'est cassé le poignet, et, très fatiguée, se repose au Royal Victoria Hospital, à Montréal. Gounouilhou[40] n'est ici que comme agent de liaison en attendant Bonneau[41] qui vient de Londres. – Vivès, chez qui je passe après-midi, est ravi de l'avoir vu, et a combiné une entrevue entre lui et les indécis – Van Houtte, Berger, etc. qui lui exposeront leur griefs.

---

39. Les Hadamard sont inquiets à propos du sort de leur fille Cécile, mariée à René Picard et vivant à Paris. Ils pensent que ni elle ni son mari n'ont eu à faire de déclaration suite à la promulgation des décrets contre les Juifs. Viatte espère entrer en contact avec eux par l'intermédiaire de son frère Gérard. ARCJ, 118 J 235, Corr. gén., J. Hadamard à Viatte, 10.3.1943.
40. Le colonel Gounouilhou, d'origine bordelaise, est envoyé en tournée de conférence au Québec par Londres début 1943. Reçu par Élisabeth de Miribel et Marthe Simard, il conquiert ses publics estudiantins et les comités locaux France Libre, et est reçu par le cardinal Villeneuve. DE MIRIBEL, *La liberté souffre violence*, p. 113.
41. Gabriel Bonneau, diplomate français né en 1904, spécialiste des langues du Moyen-Orient, quitte l'Afghanistan où il est en poste pour rejoindre la France libre le jour même de l'armistice de Rethondes. En décembre 1941, il est affecté à l'état-major du général de Gaulle et nommé administrateur du secteur Afrique-Levant en mai 1942. Il est nommé officiellement délégué de la France combattante à Ottawa le 2 février 1943. AMYOT, *Le Québec entre Pétain et de Gaulle*, pp. 286-289.

24 janvier

Préparé mes cours.

Visites du Nouvel-An : chez Mme Adam, que je ne trouve pas, mais où je trouve sa sœur et son fils l'abbé Adam (ce dernier tout à fait de la tendance Vichy-Pétain) ; chez Bernadette Poulin, remise de son opération (appendicite et ablation d'un kyste à l'ovaire ; on a constaté que son autre ovaire était atrophié) ; chez Mme Magnan. Garde Blais vient me voir à 7 h. : sa maison a brûlé, elle est de nouveau chez Mme Harvey. – Soirée chez De Koninck avec l'abbé de Smet et l'abbé Parent. Il me donne ses impressions du congrès universitaire d'Ottawa, – très défavorables du fait que les présidents de McGill, de Queens et de Toronto University College ont préconisé la fin de l'enseignement désintéressé en se basant uniquement sur les campagnes des journaux ; mais ils ont été isolés, et les délégués de Toronto ou de Halifax se sont exprimés énergiquement dans l'autre sens. Causé de la venue des professeurs de l'École libre, notamment de Hadamard ou de Vignaux (Mme Berger m'avait téléphoné pour me demander des noms pour les conférences aux Dames Canadiennes). L'abbé Parent me dit que la santé de Mgr Roy est de plus en plus inquiétante et qu'il faut se hâter de conclure avec lui des affaires comme l'affaire Halecki si l'on veut aboutir.

25 janvier

Cours à Sillery.

Continué la préparation de mes cours.

Téléphoné à L. Ph. Roy, qui me dit la mauvaise impression produite par le ralliement des communistes à de Gaulle sur les « irréconciliables ». Vu l'abbé Labrie qui me remet mon chèque du mois. Vu Lebel qui a démissionné de l'Institut canadien pour protester contre la conférence fixée par Langlais le soir même de la visite de Cohen ; il y a eu de vives altercations entre lui et ses collègues du bureau, Désilets le traitant d'imbécile. C'est le Dr Blanchet qui devrait être président, juge Lebel.

Acheté deux poissons rouges minuscules à Bernadette.

26 janvier

Préparé mes cours.

Le P. Delos me demande conseil sur la demande que lui font les Dominicains de prêcher le carême chez eux ; il se trouve déjà chargé d'ouvrage, et je le conseille plutôt négativement, sans voir d'argument décisif ni dans un sens ni dans l'autre. Il est invité au Club Canadien pour entendre le colonel Gounouilhou ; moi de mon côté je suis invité par Mme Simard, et je sens qu'elle y tient. Il faudra donc y aller. On me placera à la table du comité de France libre : le P. Delos n'y voit pas d'inconvénient, la situation ayant changé. D'ailleurs on annonce l'accord de Gaulle-Giraud.

On attend aussi avec curiosité la « grande nouvelle » annoncée pour le soir. Tout le monde en discute. L'article de L. Ph. Roy, au courant depuis hier, évoque « le martyre de saint Bézuquet qui savait quelque chose et ne voulait pas le dire[42] ». J'en parle avec Pâquet, que je trouve maigri, et à qui je vais payer mon loyer. Mon hypothèse : paix séparée de la Bulgarie ou plutôt intervention de la Turquie. Se vérifiera-t-elle ?

27 janvier

Déçu de la prétendue « grande nouvelle » d'hier, qui ne décide rien – même pas une entente concrète de Gaulle-Giraud.

Vu Mlle Jobin, que je paie, au Petit Lycée. Ensuite assisté au dîner Gounouilhou ; j'arbore pour la circonstance une croix de Lorraine, c'est bien l'occasion. Impression excellente. Entrevu les Ferdinand Roy, les Berger, Bruchési, etc. Mme Simard me téléphone pour me demander mon impression ce soir. Mais je reste inquiet des intrigues politiciennes, de part et d'autre.

Préparé mes cours. Écrit à Élisabeth. Travaillé à Rabelais.

28 janvier

Vu Mgr Roy. Je lui parle de Halecki ; l'idée l'intéresse, mais c'est toujours la question d'argent qui fait obstacle...

Le P. Delos vient déjeuner avec moi. Très décidé à travailler dans le sens de l'union, inquiet des possibilités de guerre civile ou de tutelle sur la France. Parlé du Centre de Documentation et de la combinaison de la Maison française ; écrit là-dessus au P. Ducattillon. Écrit aussi à Gustave Cohen, et commencé un article pour l'*Action catholique*.

Élisabeth va venir se reposer une quinzaine chez Tudor-Hart, et Mme Lahaye attend son mari lundi.

29 janvier

Achevé mon article. Vu le chapitre de thèse que m'envoie Sœur Joseph-Arthur. Commencé à préparer mes cours.

Je mène Jean-Claude chez l'oculiste, qui ne lui trouve rien d'anormal – il faudrait du moins un examen plus précis après immobilisation par l'atropine – mais qui recommande l'opération des végétations pour Bernadette. De fait elle reste en retard pour sa taille, et au printemps ce sera sans doute le moment d'intervenir.

---

42. Allusion probable à l'œuvre d'Alphonse Daudet, *Tartarin de Tarascon*.

Lettre de Baldensperger[43], de Brodin[44].

Visite de J.-P. Després qui vient me débarrasser de mes paperasses. Il me dit qu'Élisabeth attribue l'attitude de *Pour la victoire* à ses 15 000 abonnés. J'en suis privé. Ces déformations de sectarisme finiront par rabaisser la France combattante aux dimensions d'un parti.

30 janvier

Préparé mes cours. Écrit à mamé, à Baldenne. Il fait humide et cru ; je n'en vais pas moins à la poste de la Basse-Ville, remettre mon envoi à Sœur Joseph-Arthur, à l'*Action catholique* déposer mon article[45], et au Palais Montcalm.

Toujours inquiet des possibilités de guerre civile en France. Vichy a jusqu'au bout fait l'inverse de ce qu'il promettait : l'Empire colonial sous quatre obédiences, au lieu de son unité ; pas de gouvernement français au moment le plus critique de l'histoire de France ; une menace de guerre civile et de revanche du Front populaire. Et quand je pense que si le gouvernement n'avait pas choisi l'armistice, rien de tout cela ne se serait produit... Ce mot de « criminel » que l'on a prononcé, je ne l'applique pas aux hommes – il ne faut pas juger les hommes – mais on peut bien l'appliquer à l'acte commis.

31 janvier

Déjà un mois de cette année « décisive » 1943...

Écrit aux Éditions de l'Arbre. Préparé mes cours.

Après-midi, je vais rendre visite au juge Rivard, mais il est sorti. Rencontré sa nièce Mme Casgrain – la mère de Suzanne – avec ses deux fillettes, et Mme Adam.

Jeté sur le papier le plan d'un article sur la menace de guerre civile en France.

---

43. Il informe Viatte du bon avancement de son volume sur Balzac, et lui donne des nouvelles des autres auteurs des « classiques de l'Arbre » établis en Amérique. Se montrant gentiment critique sur la présentation de *Victor Hugo et les illuminés de son temps*, il émet des doutes quant à la « muscade occultiste » trop largement répandue à son goût par Viatte sur différents auteurs, dont Vigny. Pour Baldensperger, en temps de guerre, mieux vaut ne pas relever les hétérodoxies des valeurs françaises, et il convient plutôt d'insister sur les conciliations urgentes à faire, par exemple en éditant aux côtés de Vigny un volume sur Shakespeare aux Éditions de l'Arbre. ARCJ, 118 J 235, Corr. gén., F. Baldensperger à Viatte, 7.1.1943.
44. Le président de la Société des professeurs français en Amérique sollicite Viatte d'intervenir auprès du Secrétariat de la Province afin de faciliter son séjour au Québec à l'été 1943, ainsi que l'obtention d'une bourse d'études pour le lauréat annuel de la Société. ARCJ, 118 J 235, Corr. gén., Brodin à Viatte, 25.1.1943.
45. « L'union des Alliés » *AC* du 2.2.1943. Commentant les résultats de la conférence interalliée qui s'est tenue à Anfa, au Maroc, du 14 au 26 janvier, et a marqué une rupture entre de Gaulle et Giraud, Viatte insiste sur les principes fondamentaux qui doivent selon lui conduire la politique des Alliés : méfiance face aux manœuvres de division de la propagande allemande tout d'abord, et le professeur de Laval adresse ici un message indirect aux Canadiens français en affirmant : « Si tel Français se dit antiallemand, mais aussi anglophobe et antisémite, cela signifie qu'il est tombé dans le piège. S'il donne la priorité, en ce moment, à la politique intérieure, fût-il l'ennemi juré du nazisme, il sert ses fins. » Quant à l'union entre les Alliés, elle devrait intégrer de plein droit une représentation française, exiger une capitulation inconditionnelle de l'Allemagne et se concrétiser après guerre dans une collaboration internationale durable.

1er février

Cours à Sillery.

Continué la préparation de mes cours.

Vu l'abbé Bégin, toujours irrité contre les « Vichystes » du Séminaire ; il me dit que l'abbé Talbot et l'abbé Benoît, comme lui, sont enchantés de mes chroniques, et que personne n'a jamais réclamé contre elles. – Vu aussi l'abbé Maheux qui se prépare à une tournée de conférences dans l'Ouest, en anglais, puisque chez les Canadiens français on le « regarde comme un hérétique ».

Téléphoné à Giroux pour la bourse des Professeurs français en Amérique : elle est déjà accordée depuis vendredi.

2 février

Écrit à Mlle Monnier ; envoyé un abonnement au Centre Pro Deo ; écrit à Hadamard. (J'avais téléphoné à Pouliot qui le regarde comme « un des grands mathématiciens vivants » et s'occupera de le faire inviter par l'ACFAS, sa seule inquiétude ayant été le caractère technique de ses sujets.) – De Koninck, chez qui je vais chercher les enfants, me dit en revanche que la causerie de Cohen à l'ACFAS lui a paru « dégoûtante » de sensualité (à propos de la *Jeune Parque*) et qu'il lui évoquait les vieillards de Suzanne... Il serait regrettable que de tels écarts vinssent compromettre la liaison avec l'École. Mme Simard m'a téléphoné d'ailleurs qu'Élisabeth relançait les officiels d'Ottawa. Le nouveau représentant officiel du Général de Gaulle, Bonneau, fait excellente impression ; une nouvelle que je crois un canard affirme que de son côté Giraud enverrait le général Bergeret[46] : ce serait bien compliquer la situation.

Mme Boivin insiste pour que jeudi j'assiste à son « gala artistique » avec Cantave et Woolley ; c'est bien assommant ; je cherche un prétexte pour me défiler.

Travaillé à un cours, et corrigé mes dissertations de Sillery.

3 février

Téléphoné au P. Delos, qui assistait à la conférence Cohen, et ne partage pas du tout les réactions de De Koninck. Réactions flamandes...

Corrigé mes dissertations. Écrit à Marcel Raymond. Continué un peu mon article sur le problème colonial ; et travaillé à Rabelais.

Le commandant Lahaye ne vient pas encore : il va d'abord en Floride, et sa femme ira le rejoindre prochainement aux États-Unis.

---

46. Jean Bergeret (1894-1956). Militaire de carrière, il est désigné comme ministre plénipotentiaire de la délégation chargée de signer l'armistice en juin 1940. Secrétaire d'État à l'Air du gouvernement de Vichy, il passe en Afrique du Nord lors du débarquement allié et y assure les fonctions d'adjoint de l'amiral Darlan, puis entre dans le comité de guerre du général Giraud. CRÉMIEUX-BRILHAC, *op.cit.*, p. 431, et site internet du ministère de la Défense français.

4 février

Lettres de maman et de mamé (octobre et novembre).

Bibliothèque – Travaillé à mon article. Passé au consulat américain qui n'a pas encore reçu mon visa, mais d'après lequel il n'y aura pas de formalités difficiles à l'avenir.

Le soir, gala des Jeudis littéraires de Mme Boivin : je me suis décidé à y aller, pour ne point contrister les artistes invités, – Woolley et Cantave. Fait la connaissance de l'abbé Dumond, curé de Valcartier, qui m'invite à une promenade chez lui l'été prochain. Je suis à la table d'honneur à côté de Mme Simard. Mais que cette réunion se prolonge tard !

5 février

Achevé mon article.

Nouvelle lettre de mamé (octobre) et de Marie Viatte pour Bernadette. Je me décide à câbler à Porrentruy, en attendant mieux.

Brodin m'envoie son manuscrit, et Baldensperger, déjà son Balzac !

Visite de Philippe Cantave. Il m'encourage vivement à insister pour mon voyage en Haïti, ajoutant que l'on assiste en ce moment à une réaction en faveur du catholicisme. Il me charge de demander des bourses à l'Université de Laval pour trois étudiants haïtiens, dont Blanchet, que j'ai vu à New York.

Retour de la Sœur Bénédictine du Minnesota qui prépare une thèse sur Huysmans.

6 février

Revu mon article que j'envoie aux Éditions de l'Arbre avec les manuscrits de Baldenne et de Brodin. Écrit à ce dernier. Téléphoné au P. Lévesque à propos de la bourse sollicitée par le Haïtien Blanchet ; il recommande beaucoup, pour ce genre de travaux, son École, qui donnerait accès aux bureaux du gouvernement. Et il croit que ce dernier accorderait facilement la bourse. Téléphoné aussi à Mme Lahaye qui part demain, laissant ses fillettes pensionnaires au Petit Lycée.

Commencé la préparation de mes cours de la semaine.

7 février

Travaillé à mon cours. Téléphoné à De Koninck au sujet du chapitre de Montesquieu sur l'esclavage ; il est en train de s'engouer de Feuerbach. Il avait ce soir chez lui l'abbé Peter Mommersteeg[47], j'hésitais à m'y rendre, l'abbé ne parlant pas

---

47. Un ecclésiastique néerlandais.

français, mais Marguerite ayant combiné une soirée depuis plusieurs jours, je me décide à rester à domicile.

Après-midi, promenade à ski avec les enfants : nous voulions aller à Sillery, mais l'autobus ne prenant pas les skis, nous sommes obligés de nous rabattre sur le St-Sacrement et les environs de la prison des femmes, qui se sont prodigieusement bâtis depuis quelques années, et sont donc moins intéressants.

Visite de garde Blais, qui s'éternise un peu.

Téléphoné à Mgr Roy au sujet des bourses pour les Haïtiens : il me conseille de solliciter une entrevue avec Perrier, je téléphonerai d'abord au bureau de Bruchési. Pour le neveu de Bellegarde qui prépare l'électricité[48], il me conseille d'en parler à Dupuis.

Écrit à Mirkine-Guetzevitch, à Lemelin[49], à Savioz (du Caire)[50].

8 février

Enfin des lettres très intéressantes de mamé, la dernière du 21 décembre. « Vous aviez raison », me dit-on : ce qui ne peut se rapporter qu'à Pétain. Et je lis entre les lignes de Pierre qu'il se tient en contact avec la résistance, aide les fugitifs à s'évader, maintient le moral[51]... Il a distribué autour de lui une brochure sur la France. – Lettre de Cohen. Je n'aurai pas à donner d'autres cours cette année scolaire.

Cours à Sillery. – Préparé mes cours.

Rencontré l'abbé Grenier à qui je parle de son manuel[52].

Soirée à la Société du Parler français.

---

48. Il s'agit de René W. Bellegarde, neveu de Dantès, qui obtiendra une bourse d'un an pour étudier l'électricité et la téléphonie à Laval. ARCJ, 118 J 235, Corr. gén., Note du recteur Camille Roy, sans date.
49. Il répond positivement à la demande de relecture formelle du manuscrit *Vie à Saint-Sauveur* faite par Roger Lemelin. ARCJ, 118 J 235, Corr. gén., R. Lemelin à Viatte, 3.2.1943.
50. La lettre de Viatte mettra six mois pour parvenir à Raymond Savioz, doctorant en littérature française d'origine suisse, spécialiste de Bossuet, qui vient d'être engagé comme professeur de latin et de littérature à l'Université d'Alexandrie.
51. Pierre Deffontaines ne cache pas à son beau-frère que sa situation est délicate, politiquement et financièrement, mais qu'il n'a pas la possibilité de quitter son poste, par exemple pour rejoindre le Brésil. Il explique : « Je tiens ici un poste important, qu'on n'abandonne pas sans être un lâcheur, je le tiens au nom d'une France traditionnelle. Je suis en relation avec différents côtés qui comprennent très bien l'intérêt primordial de conserver le poste et sont d'accord. Actuellement nous avons pas mal d'amis qui passent, et c'est très important. Tu peux écrire beaucoup plus librement que moi et je ne puis tout te dire, mais le travail est très utile ici et spécialement pour les idées que tu défends. Nous sommes en pleine transition, le point est de réussir la transition sans histoire et en conservant l'accord de tous autour de soi. Voilà mon but et cela ne va pas mal. » Dans une lettre de Geneviève Deffontaines, l'allusion au passage de réfugiés dans les locaux de l'Institut français de Barcelone est encore plus évidente : « La bibliothèque entre autres a une activité accrue : il y vient de plus en plus de nombreux jeunes lecteurs pour lesquels elle devient l'occupation principale en attendant leurs examens dont la date est difficile à fixer à cause de la difficulté des voyages, tu comprends... » ARCJ, 118 J 213, Corr. Deffontaines, P. Deffontaines à Viatte, 17.12.1942 et G. Deffontaines à Viatte, 20.2.1943.
52. Albert Grenier (1878-1961) est l'auteur d'un *Manuel d'archéologie gallo-romaine* paru en plusieurs volumes à Paris entre 1931 et 1960.

9 février

Transmis aux Éditions de l'Arbre la lettre de Cohen.

Téléphoné à Risi, à qui je donne pour l'ACFAS les noms de Vignaux, de Grundt et de Jansé : « ce sera plutôt pour l'automne, car notre programme est rempli » ; – à Dupuis, et à Bruchési, sur les boursiers haïtiens : mais le gouvernement provincial n'a pas l'air d'aller au delà des bourses déjà accordées, dont le renouvellement, en revanche, ne fera pas de difficultés. – Le P. Delos vient déjeuner : je lui montre les lettres de Pierre, il m'en communique une du P. Ducattillon. Projets de lui faire rencontrer le P. Ledit que j'ai vu à la Bibliothèque. – Corrigé mes dissertations, travaillé à Rabelais. Et ce soir, téléphoné à Élisabeth, qui est chez Tudor-Hart depuis deux jours, dormant toute la journée, heureuse cependant de m'entendre, et très satisfaite de Bonneau, le nouveau représentant de De Gaulle, qui est venu l'autre jour incognito déjeuner chez Vanier et rencontrer le P. Delos.

10 février

Mes éditeurs de l'Arbre me renvoient mon dernier article, dont ils craignent que le passage sur l'Empire britannique ne choque certains de leur amis[53]. Par sévérité ? par indulgence ?

Lettre de maman, 16 octobre, et de mamé, 5 janvier. Dépêche de maman en réponse à la mienne.

Déjeuner au château Frontenac, pour entendre le ministre belge Balthazar. Rencontré Tudor-Hart, Raymond Parent[54], Després, Pierre Chaloult, Roberge, etc.

Écrit à H.G. Craig ; préparé mes corrections de devoirs ; commencé un article pour l'*Action catholique*.

Lettre de Hadamard qui accepte l'invitation de l'ACFAS, et au sujet de qui je téléphone à Mme Berger.

11 février

Bibliothèque. Vue auparavant Mgr Roy à qui je parle des étudiants haïtiens. Il me conseille d'en parler avec M. Perrier.

Écrit à maman, enfin ! – Aux Éditions de l'Arbre, à Baldenne.

Achevé mon article de l'*Action catholique*.

---

53. Il s'agit de l'article intitulé « Les problèmes de l'Orient », qui paraîtra dans la livraison de février 1943 de *La Nouvelle Relève*. Viatte y souligne que l'Inde a été « créée administrativement par les Anglais » et met en doute que son accession à l'indépendance soit une bonne chose, vu les divisions internes de son peuple. Selon Viatte, cette indépendance engendrerait le chaos, « et s'il est possible à l'Angleterre, après la guerre, de s'en laver les mains – ce qui ne serait pas nécessairement un acte de générosité – comme je l'approuve de ne pas ajouter en ce moment, ce risque pour elle à la certitude d'une faute envers les autres ! » *La Nouvelle Relève*, n° 4, février 1943, pp. 163-164.

54. À la suite de cette rencontre, Raymond Parent tiendra à rejoindre formellement le mouvement de la France Libre à Québec, qu'il affirme avoir approuvé et soutenu dès le début. Il semble aussi que l'article de Viatte « Péril de guerre civile en France » ait poussé l'archiviste du ministère du Travail à rejoindre la France combattante. ARCJ, 118 J 235, Corr. gén., R. Parent à Viatte, 19.2.1943.

12 février

Corrigé et porté mon article à l'Action catholique. Écrit à Bruneau, à Cohen. Commencé la préparation de mes cours.

De Koninck m'invite, comme « professeur à la Faculté de Philosophie », à une réunion du corps professoral, qui a lieu ce soir, et où l'abbé Dionne fait un exposé sur les arts libéraux.

Le froid est revenu, après un dégel précoce.

13 février

Écrit à mamé. Terminé mes préparations de cours. Commencé ma chronique du *Canada français*. Travaillé à Rabelais.

Lettre de Mirkine-Guetzevitch me demandant pour l'année prochaine une conférence sur la Révolution.

Visite de Roger Lemelin qui m'apporte la deuxième rédaction de son roman.

14 février

Dimanche. Continué ma chronique du *Canada français*.

Il neige, puis il fait froid. Je me contente d'une promenade en ville avec les enfants (à la Basilique, où je me procure de l'eau bénite, puis à la patinoire du Château Frontenac) et je rentre m'amuser avec eux à la maison jusqu'à la fin de l'après-midi. Pris quelques photos.

15 février

Il fait un froid de loup : 28° Fahrenheit au-dessous de zéro à 10 heures, 40 ° à Valcartier me dit-on ; après mon cours de Sillery, je passe ma journée à écrire mes chroniques – Société du Parler français.

Légère indisposition de Jean-Claude ce soir.

16 février

Jean-Claude continue à avoir une forte fièvre – 38°8 ce matin, 39°8 ce soir. On me dit qu'il y a une épidémie de grippe en ville, et qu'il a fallu fermer plusieurs écoles.

Continué ma chronique, toute la journée.

Visite de l'assureur, M. Chalifoux, qui me fait la bringue pour assurer Bernadette ; de Garde, qui a été grippée elle-même, et que Jean-Claude écoutait peu gentiment ; téléphoné à Élisabeth qui reste fatiguée et dont je me demande si elle ne ferait pas mieux de prolonger son repos ; téléphone de Mme Simard.

Lettre de maman (26 novembre), la première censurée par les Allemands.

17 février

Jean-Claude est beaucoup mieux : 37°1 ce matin, 37°3 le soir. Bernadette, très fière d'aller à l'école toute seule.

Achevé ma chronique, que je porte à l'abbé Talbot[55]. Mon article sur le « Péril de guerre civile en France » est paru dans l'*Action catholique*[56].

Le soir, je reçois à la maison mes élèves ecclésiastiques.

18 février

Jean-Claude est guéri.

À la Bibliothèque, ce matin, causé avec le P. Ledit : c'est non seulement un compatriote, mais un « pays », étant né à Montbéliard, élevé près de Baume-les-Dames, et connaissant très bien Cusance. Je le ferai rencontrer demain avec le P. Delos.

Écrit à maman ; à Lemieux (de Nicolet), Trudel, Neff, l'abbé Lemaître (pour le remercier de son compte-rendu).

J.-P. Després vient prendre chez moi des journaux. Il se marie le 1er mars. Causé un instant, notamment de J. Bruchési qui s'est fait attaquer dans le *Jour* pour une lettre de félicitations à *The Voice of Austria*, de Valiquette et de ses spéculations, etc.

Société de Philosophie, où De Koninck nous parle de son nouveau dada : Feuerbach.

---

55. « Chronique internationale » *Le Canada français*, XXX, n° 7, mars 1943, pp. 521-530. Viatte place le lecteur de sa chronique en situation de « participant » à la récente conférence interalliée au Maroc, afin de souligner le tournant que semble prendre à présent le conflit. Victoire décisive des Russes à Stalingrad, qu'il compare à Verdun dans le sens où le commandement allemand y a « saigné son armée » et « brisé les meilleurs de ses rouages » ; succès alliés en Afrique, même si Rommel demeure un adversaire redoutable et que tout y est possible ; nouvelles encourageantes du front d'Orient. Optimiste de nature et aussi par esprit propagandiste, Viatte minimise les divisions internes entre Français – Giraud/de Gaulle – et Alliés, et les contrebalance par les « symptômes de troubles qui se multiplient chez les associés de l'Allemagne ». Mais ses conclusions demeurent pourtant nuancées : la guerre sous-marine représente toujours une grave menace, la Chine traverse une crise économique et militaire sérieuse et surtout, les Alliés vont se retrouver devant des situations chaotiques au fur et à mesure qu'ils libéreront l'Europe. Ce dernier phénomène doit amener les adversaires de l'Axe à réfléchir dès maintenant sur l'après-guerre et les « principes qui forment pour nous l'enjeu de cette guerre et sur lesquels on ne saurait transiger », d'autant que la Russie semble, conformément à sa tradition historique, vouloir faire cavalier seul et se méfier de ses alliés de circonstance.
56. « Le péril de la guerre civile en France » *AC* du 17.2.1943. Viatte y met en garde contre une guerre civile qui menace et serait désastreuse pour la France. Peu de craintes sur le plan religieux, où le professeur catholique souligne avec force l'évolution de l'Église de France, d'un « concours empressé » envers le régime de Vichy à une réserve qui, « dans certaines affaires comme les lois antisémites ou le projet de syndicat unique, devint une opposition déterminée et courageuse ». Plus de souci par contre à se faire sur le terrain politique, où Viatte reproche aux partisans de Pétain de s'embarquer en masse sur le bateau de Giraud, au risque de le faire couler. Et le chroniqueur de conclure par un appel à la concorde et à l'abnégation dans les idées qui seules peuvent réconcilier les Français désunis pour l'avenir.

19 février

Au tour de Bernadette d'avoir une forte fièvre (39°5) avec mal à la tête ; Mlle Jobin me téléphone qu'une de ses compagnes a la scarlatine ; heureusement, vérification faite, le cas est douteux. – Jean-Claude reste assez fatigué et j'ai peut-être eu tort de l'envoyer en classe.

Préparé mes cours.

Dîné chez Kerhulu avec le P. Delos et le P. Ledit : ce dernier, aussi antinazi et antifasciste qu'on peut le souhaiter, mais anticommuniste au point d'attribuer au communisme beaucoup de troubles dont il me paraît innocent.

20 février

Écrit à Roger Picard, à Cantave à Baldenne, à Readers (pour leur envoyer les contrats des Éditions de l'Arbre) ; à Dartigue (j'ajourne à lundi l'expédition de la lettre, si à ce moment je n'ai pas de nouvelles du projet d'Haïti). Écrit aussi à mamé.

Préparé mes cours.

Élisabeth vient dîner ce soir : toujours aussi fraternelle, et d'un bon sens qui fait plaisir, qui la déprend très vite des mauvaises influences, qui aide à me rassurer sur le mouvement France combattante en général. – Passé en revue toutes les questions actuelles. Nous allons ensemble voir « L'Annonce faite à Marie », où Mme Pitoëff est sublime, sa fille Violaine inégale (bonne dans la scène du miracle, mauvaise dans les scènes de dureté), la troupe dissemblable ; magnifique spectacle au total. Rencontré les Tudor-Hart ; Mlle Amyot ; et Mme Lahaye qui est rentrée des États-Unis où elle a fait visite à Alice Angst ; rayonnante de sérénité dans son couvent. – Je dois remercier Dieu de m'avoir donné dans mon exil tant d'âmes riches et profondes, où ne manque pas le côté affection féminine.

Bernadette n'a plus que 38°1, matin et soir, et est toute guillerette.

21 février

Bernadette est remise. Elle se lève, sans aller à l'école cependant, où Jean-Claude est pris de nausée au moment où il allait communier ; mais l'après-midi je leur permets de s'amuser un peu dans la cour à se bâtir une muraille de neige avec Rita la sœur de Marguerite.

Ce matin j'ai continué mes préparations de cours (*Atala*[57]). Téléphone des Pères Assomptionnistes qui sont passés par Barcelone et dont je m'étais enquis hier : ils me verront bientôt, m'apporteront des lettres et des photos.

Après-midi je m'amuse avec les enfants – Jean-Claude étant d'ailleurs d'une humeur exécrable. Le *N.Y. Times* du dimanche m'est arrivé ; mais les deux numéros précédents manquent définitivement. J'écrirai sans doute pour réclamer.

Journée de printemps – huit jours après les 30° au dessous de zéro...

---

57. Œuvre de Châteaubriand.

22 février

Cours à Sillery, sur Athalie : je savoure toute l'actualité d'Abner, le soldat collaborationniste. – En chemin, je fais route avec l'abbé Dolbec[58], qui ne reçoit plus de nouvelles de France, et se demande s'il ne va pas récrire une autre thèse...

Achevé ma préparation de cours. Mon cours de 5h. n'a pas lieu, les étudiants rencontrant Mgr Pelletier ; je n'étais pas prévenu. Rencontré le P. Delos. À la bibliothèque, je retire des Claudel pour Élisabeth, mais lorsque je téléphone, on me dit qu'elle est de nouveau malade et couchée.

23 février

Téléphoné à Élisabeth qui va mieux après une rechute. Je lui envoie les livres empruntés pour elle à l'Université.

Les enfants ont encore un peu de température et je ne les envoie pas à l'école ; l'abbé de Smet, rencontré hier, me dit que son école est fermée jusqu'au 15 mars comme toutes celles qui dépendent de la commission scolaire.

Corrigé mes dissertations de Sillery jusque vers 6 h. ; puis travaillé à Rabelais. Lettre de Baldenne, qui s'inquiète du retard de son *Vigny*, vraiment inexplicable en effet.

24 février

Congé, pour le sacre de Mgr Pelletier. Cela va réduire mon travail de cette semaine.

Écrit aux Éditions de l'Arbre, à Hadamard. Travaillé à Rabelais.

Le P. Delos vient me voir, et je lui fais lire mon article sur les colonies, qui a choqué Robert Charbonneau, et dont il estime qu'il peut en effet éveiller des réflexes instinctifs désagréables chez les Canadiens[59].

Les enfants ont ce soir encore un peu de température. Élisabeth m'annonce sa visite pour demain.

25 février

Bernadette est encore fiévreuse.

Brève visite à la Bibliothèque. Écrit à maman.

---

58. Robert Dolbec, biologiste, directeur du Département de biologie de l'Université Laval après la fin de la guerre.
59. Il s'agit certainement de l'article intitulé « Abdication de la chrétienté ? » (voir en date du 18 janvier 1943) à propos duquel Charbonneau lui a écrit : « Vous pouvez croire que nous sommes très susceptibles sur ces questions de colonies, nous, les Canadiens français, et je crois que c'est un défaut. Mais nous en avons bien d'autres à corriger avant celui-là ». ARCJ, 118 J 235, Corr. gén., R. Charbonneau à Viatte, 23.2.1943.

Commencé mon article sur les Français d'Amérique. Longue visite d'Élisabeth, à qui je remets mon article sur la colonisation pour sa revue France-Canada. Elle redoute l'influence de Laugier sur les jeunes de l'Arbre. Causé un peu de tout. Je suis toujours content de retrouver en Élisabeth le même bon sens et de me retrouver d'accord avec elle sur les points essentiels, alors que l'on pourrait, à distance, imaginer quelquefois le contraire...

26 février

Visite d'un des Pères Assomptionnistes qui ont vu Pierre à Barcelone. Il me raconte son évasion – facilitée par la gendarmerie –, son séjour en Espagne, les inquiétudes budgétaires de Pierre, qui s'occupe, comme je le devinais entre les lignes, de faire passer la frontière à des fugitifs[60]. Il me raconte l'évolution des esprits en France – très montés contre l'Angleterre, après l'armistice, par Mers-el-Kébir, Dakar, et les attaques contre Pétain ; puis se retournant contre l'Allemagne et devenus totalement anti-collaborationnistes. Cependant on continue à faire circuler des bruits sur Pétain qui serait parti pour l'Afrique avec Darlan si les Allemands ne l'avaient devancé, etc. ; et à dépeindre le gaullisme comme lié au Front populaire. Ces Pères sont rentrés rapidement et à très bon marché ($ 90.00 en première) sur l'Express of Asia, via l'Angleterre (alors que les bateaux de Lisbonne coûtent de $ 600.00 à $ 1000.00).

Visite du Frère Mizaël qui m'entretient de sa thèse[61] ; Sœur Marie-Carmen également, cette après-midi me parle de la sienne.

Travaillé à un article de *L'Action catholique*, et commencé la préparation de mes cours. – Les enfants n'ont plus de fièvre.

Cette guerre nous rend à nous-mêmes, en nous dépouillant de tout ce qui n'est pas nous-mêmes : nous apparaissons ce que nous sommes, arrivistes ou désintéressés, patriotes ou tièdes, humbles ou violents... Sujet de méditations (peut-être d'article ?)

27 février

Écrit à mamé, à Cantave (dont j'ai une lettre ce matin).

Je travaille à mes cours et je continue mon article de l'*Action catholique*.

Marguerite est malade à son tour.

---

60. On peut lire notamment dans les notes prises par Pierre Deffontaines au cours des mois de février-mars 1943 : « 9 février : toujours beaucoup de Français fuyards, essayant de passer en Afrique du Nord ; beaucoup sont faits prisonniers. Je vais visiter la prison de Gérone, quatre cents Français prisonniers. (...) À l'Institut, nous avons une quinzaine de jeunes réfugiés que nous recevons gratuitement. (...) 21 février : Les Français prisonniers continuent à affluer ; le gouvernement espagnol en libère beaucoup ; heureusement car ils étaient très mal. (...) Le Lycée s'est rempli de nouveaux élèves réfugiés. Beaucoup de juifs, au point que cela peut devenir excessif. (...) 5 mars : L'Institut a vraiment une physionomie tout à fait spéciale. La Bibliothèque est remplie de tous les Français qui ont passé la frontière et sont sortis de prison. Ils sont heureux de trouver notre " Île de France ". » Livre de raison Deffontaines, février-mars 1943.

61. Le frère Mizaël a achevé sa thèse en littérature anglaise à l'Université Laval en 1942, sous le titre *The Art of Thomas Hardy in the Return of the Native*.

28 février

Dimanche. Achevé mon article de *L'Action catholique*[62].

L'après-midi, je veux faire une promenade en ville avec les enfants (il neigeait : à quand les beaux dimanches, sans neige et pas trop froids, favorables au ski ?) Mais le vent balaie la Terrasse au point de nous faire rebrousser chemin.

Visite du colonel Pierrené, qui va partir pour Londres, et vient revoir ses amis. Je l'invite à dîner pour demain ; mais, ensuite, Tudor-Hart m'invite moi-même à déjeuner avec lui. Élisabeth est encore chez lui, sur sa demande pressante, le colonel Bonneau s'autorisant à rester ; je crois qu'elle fait bien de ne pas se fatiguer trop vite. – Pierrené, tout à fait de mon avis sur le groupe « gaulliste-Front populaire », etc. dont un film sur la France combattante présente cette dernière comme la suite de « la gauche ».

On dit ce soir dans le *N.Y. Times* que les Alliés étudient un plan d'unité, de Gaulle chef politique, Giraud chef militaire.

Téléphoné à Mme Lahaye.

1er mars

Écrit, pour ma collection de classiques, à Dalbernet, à Strowski[63], à Horatio Smith[64].

Déjeuner chez les Tudor-Hart avec Élisabeth et le colonel Pierrené. Les Tudor-Hart, Mme Simard, ont organisé la « conspiration de la raison » pour retenir Élisabeth quelques jours de plus. Bonne causerie. De retour, je trouve le P. Delos qui m'invite pour dimanche ; et le colonel Pierrené vient dîner chez moi. Adieux à ce bon colonel qui s'embarque pour l'Angleterre. À quand la grande réunion d'amis en France ?

Antonio Langlais m'a téléphoné : il me désirait à la Société du Parler français pour le vocabulaire des chemins de fer ; mais, une fois Pierrené parti, après 9h 1/2, je cherche vainement à entrer à l'Université, par trois portes différentes, toutes fermées...

---

62. « Riposte à Casablanca » AC du 5.3.1943. La chronique revient sur les conséquences de la réunion marocaine entre les Alliés et insiste sur quelques lignes de force à suivre : ne pas diaboliser un danger russe immédiat et maintenir le second front, ne pas sous-estimer Rommel en Tunisie, se méfier de la propagande de Goebbels en particulier et surtout préparer une vraie paix basée sur le principe de la sécurité collective. Appuyant ses réflexions sur la lecture du *New York Times*, Viatte répète en particulier qu'il faut surmonter l'obstacle psycho-idéologique soviétique si l'on veut une vraie paix...

63. Fortunat Strowski, critique littéraire, est professeur adjoint à l'Université de Bordeaux durant l'entre-deux-guerres. Spécialiste de l'œuvre de Montaigne, il émigre au Brésil dans les années trente, où il enseigne.

64. Horatio Elwin Smith (1886-1946). Critique littéraire, auteur notamment du livre *Masters of French Literature* paru à New York en 1937.

2 mars

Lettre de Cantave qui me demande à faire une conférence à l'Université[65]. Je lui réponds après un téléphone à Mgr Roy qui lui offre un mardi universitaire. Cela me donne aussi l'occasion de téléphoner à Risi, par qui j'apprends que Laugier vient le 25 à l'ACFAS, Hadamard le 30 (et il donne un cours à la faculté des sciences le 29). Je retéléphone à Élisabeth ces bonnes nouvelles, mais elle est sortie, et je ne l'atteins que le soir. Elle se sent encore assez fatiguée et appréhende son travail de bureau...

Travaillé à mon article sur les Français d'Amérique.

3 mars

Lettre de Baldensperger, à qui je réponds. Écrit également à Mirkine-Guetzevitch pour lui proposer une conférence sur Chateaubriand. Et téléphoné à Mgr Roy pour commander Vigny dans la collection Nelson, mes éditeurs m'ayant dit que leur édition ne sera pas prête avant un mois.

Après-midi, je travaille à mon article de la *Nouvelle Relève*.

Vu après mon cours l'abbé Bégin. Il m'apprend l'état très grave de Mgr Roy, atteint d'une anémie qui vient peut-être d'un cancer, et s'accrochant héroïquement à son travail; on craint qu'il n'en ait que pour quelques semaines. Préoccupations pour sa succession, comme recteur, comme doyen. Qui nous donnera-t-on? Danger d'une pression en faveur de la pédagogie à outrance; rumeurs de Schwartz suivant lesquelles la Faculté dispense un enseignement « païen ». Nous donnera-t-on quelqu'un du dehors? L'abbé Maheux, dont « personne ne veut » ? L'abbé Labrie ? « Ce qu'il faudrait, c'est qu'on s'arrange pour vous donner le poste. »

Cette ouverture m'impressionne, et je vais en parler à De Koninck, qui s'informera, et agira si c'est nécessaire, avant qu'on ne prenne d'autres positions. Que dois-je désirer? Je souhaite avant tout le retour en France: mais cela ne peut y nuire, au contraire. – Je me laisserai faire, si l'on vient me chercher; je n'intriguerai certes pas pour avoir le poste; à moins que ce ne soit une façon de barrer la route à des tendances fâcheuses.

Écrit là-dessus à Élisabeth; et téléphoné au P. Delos.

---

[65]. Le thème en serait: « Deux grands Français, amis du Canada (Le Cardinal Baudrillart et Georges Goyau) » et Cantave le traiterait ainsi : « Je ne parlerai que des œuvres et de la personnalité de ces écrivains catholiques et je terminerai ma conférence en affirmant notre foi en la France éternelle et je citerai les télégrammes échangés entre le Président Lescot et le général de Gaulle et les paroles du Chef d'État d'Haïti à l'égard de la France en rompant nos relations diplomatiques avec Vichy et celles qu'il a prononcées, au nom des pays de langue française de cet hémisphère. » ARCJ, 118 J 235, Corr. gén., P. Cantave à Viatte, 28.2.1943.

4 mars

Bibliothèque.

Écrit à maman. Lettre de Cantave me demandant de le présenter à l'Université[66]. Travaillé à mon article, et à Rabelais. Société de Philosophie, sur Pic de la Mirandole.

Simard l'appariteur, me dit ce soir que Mgr Roy serait condamné, d'ici huit ou neuf mois; il souffre d'un cancer au rectum, comme son frère l'archevêque et a refusé de se laisser opérer. Enfin cela me donne un peu plus le temps de réfléchir. Deux considérations : mon intérêt et celui de l'Université. Pour le second : est-ce que le fait pour moi, d'avoir des relations internationales étendues et une certaine assiette, de pouvoir ainsi travailler à un rayonnement efficace, les fera passer outre à ma qualité d'étranger et de laïc? À eux d'en décider. Pour le premier : cela m'engagerait-il à ne pas rentrer en France? il me semble que non, et que cela m'aiderait même à rentrer par la grande porte si les circonstances s'y prêtent. Bref, j'en reste à mes conclusions d'hier : me laisser porter, faire au besoin les démarches utiles – mais ne pas m'exciter pour une affaire où je ne sais en définitive ce qui est le mieux pour moi.

5 mars

Lettres d'Élisabeth[67] et de Brodin[68], à qui je réponds.
Préparé mes cours.

6 mars

Téléphoné à De Koninck, qui ne sait rien de neuf sur l'Université, et qui est ennuyé des divergences doctrinales que les étudiants croient relever entre le P. Delos et lui. Et téléphoné à l'abbé Parent au sujet des cours d'été.

Écrit à maman. Préparé mes cours.

Acheté aux enfants un album de timbres, et un jeu de Monopoly.

Tempête de neige qui balaie les rues ce soir.

---

66. Sur le conseil de Viatte, Cantave supprime de son titre de causerie le nom du cardinal Baudrillart, qui a versé dans la Collaboration. Il souhaite tout de même évoquer sa personne lorsqu'il traitera de l'Institut catholique de Paris. ARCJ, 118 J 235, Corr. gén., P. Cantave à Viatte, 3.3.1943.
67. Élisabeth de Miribel remercie Viatte de son accueil et de son attention lors de son séjour à Québec. Elle lui recommande de veiller sur Mme Lahaye qui se sent seule, et de prendre contact avec le père André Albert, père du Sacré-Cœur venu prêcher au Québec. Celui-ci est « dérouté par le milieu anti-britannique, anti-démocratisme " sectaire " dans lequel il se trouve » et a besoin d'appuis. Il rencontre également des difficultés avec les Éditeurs de l'Arbre, ceux-ci souhaitant qu'il supprime la dédicace à de Gaulle qui orne le manuscrit de son ouvrage à paraître sous le titre *Au Cameroun français*; de plus, la préface de Georges Goyau qu'il souhaitait pour son livre ne rencontre pas l'assentiment d'Henri Laugier, et il songe au cardinal Villeneuve comme autre préfacier. ARCJ, 118 J 215, Corr. de Miribel, E. de Miribel à Viatte, 4.3.1943.
68. Celui-ci s'occupe de la publication du second volume de ses « Écrivains de l'entre-deux-guerres ». Il hésite à le faire paraître, comme le premier, chez l'éditeur Valiquette, qu'un directeur des Éditions Brentano qualifie de « sauteur » et dont les affaires iraient mal. Il songe aux Éditions de l'Arbre comme éditeur de substitution pour ce volume au « ton objectif » sur « Péguy, Maurras, Alain, Benda, Larbaud, Morand, Maurois, Bernanos, Giono, Chamson ». ARCJ, 118 J 235, Corr. gén., P. Brodin à Viatte, 4.3.1943.

7 mars

Achevé de préparer mes cours.

La tempête de neige continue ; j'ai peine à tenir contre les bourrasques au moment de prendre le tram pour déjeuner chez les Dominicains. J'y rencontre De Koninck et le chanoine Labrie (l'ami de dom Jamet). Causé avec le P. Delos de la succession de Mgr Roy (pour laquelle il me conseille de n'en pas trop parler, tant que l'intéressé n'aura pas pris sa retraite) ; et aussi de Jean-Claude, pour lequel il recommande la détente physique, et le scoutisme. Causé aussi du P. Allard.

De retour, les enfants jouent avec enthousiasme au Monopoly que je leur ai acheté hier.

8 mars

Pas de cours à Sillery ce matin. Corrigé mes dissertations du mois.

Le froid reste intense. Quel hiver !

Ce soir, à la Société du Parler français, je me trouve en tête à tête avec Antonio Langlais et un jeune architecte. Nous avons quelque peine à sortir des labyrinthes obscurs du Po-Ta-La[69] après 10 h. du soir : Antonio Langlais se vante de connaître une sortie secrète ; il nous introduit au Palais Cardinalice, par une petite porte entre deux haies de neige ; mais la porte correspondante est fermée. Il nous faut frapper chez l'abbé Bégin, que nous trouvons en uniforme avec les abbés Abel et Grenier ; celui-ci nous ouvre la porte.

9 mars

Lettre de Bernadette Racine ; une autre d'Élisabeth de Miribel[70]. Je passe toute la journée à un article de la *Nouvelle Relève*.

Téléphoné à De Koninck, au sujet du bois de menuiserie que je voudrais acheter pour occuper Jean-Claude. Il m'invite avec Hughes pour jeudi.

La Journée universitaire nous vaut un congé ; mais comme je l'ignorais, je vais à l'E.N. où je rencontre le F. Robert, auprès de qui je sonde l'opinion des étudiants : ils croient Lebel en assez mauvais termes avec Mgr Roy ; ils me voient doyen – mais

---

69. Allusion comparative probable au palais tibétain du Potala, à Lhassa, immense bâtiment religieux et administratif, symbole du bouddhisme tibétain.
70. D'Ottawa, Élisabeth lui demande des renseignements sur le professeur Olivier Lacombe, qui se trouve à Ankara et songe à venir enseigner au Canada. C'est un philosophe « de l'École Maritain, mais plus " à droite ", dit-on ». De Miribel demande aussi à Viatte son avis sur le projet d'avoir à Ottawa un aumônier attitré qui « pourrait faire de temps à autre le tour des camps d'aviateurs et de marins, qui parlerait peu mais serait beaucoup vu et qui serait attaché à la Délégation. Ceci pour combattre les injures de " juifs " et " francs-maçons " qui nous sont encore adressées. » Elle songe à un Dominicain pour cela et demande à Viatte d'en parler au père Delos. Le cardinal Villeneuve et Vanier ont été sondés à ce propos par le commandant Bonneau, qu'Élisabeth de Miribel apprécie malgré le caractère assez impersonnel de sa gestion dû à sa formation « quai d'Orsay ». ARCJ, 118 J 215, Corr. de Miribel, É. de Miribel à Viatte, 8.3.1943.

le bruit court parmi eux qu'après la guerre j'irai immédiatement à la Sorbonne sur l'invitation de P. Hazard... Ils se réjouissent qu'il n'en soit rien, me jugeant « difficilement remplaçable »...

10 mars

Continué de travailler à mon article. Je ne l'achève pas tout à fait, ce qui me déçoit. Visite de l'abbé Krzezinsky, rencontré au Centre polonais de New York, et qui vient ici enseigner jusqu'en mai l'histoire de la philosophie orientale qu'il professait à l'Université de Cracovie. Brave type mais très « curé Europe centrale ».

Lettres de Mirkine-Guetzevitch[71] et de Halecki[72]. Mme Simard me fait téléphoner pour un courrier France-Libre à la Radio. En toute autre circonstance il n'y aurait plus d'objection : mais sur le conseil du P. Delos j'irai lui conter confidentiellement ce qui regarde la question « doyen de la Faculté ».

11 mars

Achevé mon article. Écrit à maman.

Soirée avec De Koninck et l'abbé Parent, pour dire au revoir à Hughes qui repart pour Chicago ; puis chez le reporter Morin, qui m'avait invité à une conférence de Dupong le premier ministre du Luxembourg[73] (je n'ai pu y aller, ma soirée étant retenue chez De Koninck) : j'arrive tard mais un des premiers ; conversation avec L'Heureux, Guy Roberge, le Dr Blanchet, Antoine Roy, etc. Antoine Roy et sa femme me content l'affolement de G. Cohen à propos des tempêtes de neige, qui l'empêchent même d'aller prendre le thé chez eux ; G. Cohen compte revenir en été pour visiter la Gaspésie.

12 mars

Lettre de Dartigue m'apprenant que le voyage d'Haïti est décidé pour cet été ; j'aurai les détails la semaine prochaine. Une autre lettre, de Dantès Bellegarde, me dit que j'aurai pour compagnon de voyage un professeur de Teachers College et Pattee : au moins avec ce dernier je m'entendrai, et peut-être pourrai-je l'influencer utilement...[74] – Lettre d'Yves Simon.

---

71. Le président de la Société d'histoire de la Révolution française à New York prend acte de la proposition de conférence de Viatte sur Joseph de Maistre. ARCJ, 118 J 235, Corr. gén., B. Mirkine-Guetzevitch à Viatte, 9.3.1943.
72. Il souhaite publier la conférence de Viatte sur le « Problème des nationalités au Canada » dans le bulletin du Polish Institute de New York. ARCJ, 118 J 235, Corr. gén., O. Halecki à Viatte, 8.3.1943.
73. Dupong-Bech, premier ministre, s'était rallié aux Alliés et avait choisi l'exil à Londres, puis à Washington. *Encyclopedia Universalis*.
74. Bellegarde a apprécié le *Victor Hugo* de Viatte, qui lui a fait penser à cette phrase du critique André Thérive dans *Le Temps* : « Quand donc M. Viatte voudra-t-il nous donner le livre définitif que nous attendons de lui sur les mystiques français. » ARCJ, 118 J 235, Corr. gén., D. Bellegarde à Viatte, 9.3.1943.

Revu mon article; écrit aux Éditions de l'Arbre, à Roger Picard, au P. Albert. Préparé mes cours.

Conversation avec Lebel d'après qui Mgr Pelletier le jeune[75] se vante de nommer le futur recteur; quant au Doyen, c'est l'inconnue, on parle de l'abbé Labrie qui ne serait pas mauvais... – La Sœur qui prépare une thèse sur Huysmans vient m'en parler.

Après dîner, soirée à l'Institut des Affaires Internationales, où le conférencier, Reves, attaque intelligemment la Charte de l'Atlantique, et le principe de la souveraineté nationale; il préconise la distinction de l'indépendance et de la souveraineté, celle-ci étant attribuée pour les questions militaires et économiques à un organisme supranational; ne pas supprimer la guerre mais légaliser la guerre en l'employant à la répression de crimes internationaux bien définis. Discussion intéressante, ainsi que sur les problèmes du jour (Onésime Gagnon, Antonio Langlais, Cyrias Ouellet, Guy Roberge etc.)

13 mars

Préparé mes cours.

J'ai à déjeuner le P. Delos et l'abbé Krzezinsky. Longue conversation. Ce dernier est antirusse au point d'en être pro-japonais.

Je vais ensuite rechercher les enfants chez Mme Lahaye, qu'une course ce matin a suffi à fatiguer. Son mari lui parle, dans une lettre, du divorce entre les officiers et les marins du *Richelieu*; même son de cloche dans une lettre du P. Ducattillon.

En rentrant, visite à Mme Simard, à qui je parle de la question Université: pour le rectorat, le chanoine Garant[76] serait le candidat de Mgr Pelletier, et l'abbé Labrie celui de Mgr Roy; elle doute que l'on prenne en ce moment un étranger comme doyen de la Faculté des Lettres, et aussi qu'un courrier à Radio-Canada modifie beaucoup mes chances...

14 mars

Préparé mes cours. Écrit à Dantès Bellegarde.

Jean-Claude se taille ce matin un porte-plume dans un morceau de bois. Ce genre de travaux manuels lui plaît décidément.

Achevé de revoir le manuscrit du prochain ouvrage de De Koninck, qu'il m'avait soumis pour la langue.

Les enfants se livrent toute l'après-midi à une longue partie de Monopoly avec moi.

---

75. Probablement Mgr François Pelletier.
76. Charles-Omer Garant enseigne dans le cadre de l'École des sciences sociales. HAMELIN, *Histoire de l'Université Laval*, p. 167.

15 mars

Cours à Sillery.

Téléphoné à De Koninck; au P. Delos qui jugerait souhaitable pour moi le titre de Doyen, mais qui réflexion faite, est de l'avis de Mme Simard sur l'innocuité d'un courrier à la Radio en ce moment; à Mme Berger, à propos de la conférence Hadamard. – Écrit à Pakstas, à Yves Simon. Commencé ma chronique de *Canada français*.

Le soir, Société du Parler français.

16 mars

Écrit à Élisabeth, à Hadamard; j'exprime à Élisabeth l'étonnement de n'avoir rien reçu depuis longtemps pour le Centre de Documentation, mais précisément cet après-midi je reçois quelque chose.

Travaillé à ma chronique.

Ce soir, je présente Philippe Cantave à une conférence des mardis universitaires, après laquelle il reçoit les félicitations des groupes pseudo-littéraires (Mlle Boivin, Mme Malouin) et des jeunes filles. Il parle mieux qu'autrefois, c'est incontestable, mais sa conférence est faite de morceaux. – Avant, je l'avais à dîner, et nous avons causé de la situation en Haïti.

17 mars

Travaillé toute la journée à ma Chronique du *Canada français*.

La tempête est calmée – après une nuit où les Djinns ont grincé des ongles contre une fenêtre – mais les chemins rendent la marche pénible.

Téléphoné ce soir à Mme Simard pour accepter un courrier à la radio.

Je suis frappé, ce matin, je ne sais comment, de la façon dont mon travail – ce travail solitaire, à domicile, aux heures que je choisis moi-même – me crée une existence différente de celle des autres hommes qui travaillent en groupe dans un bureau, ou par équipes. Voilà bien ce qui est la caractéristique des « professions libérales » et ce qui fait une aristocratie dans la vie.

18 mars

Bibliothèque. Écrit à maman. Continué ma chronique bien qu'avec assez peu d'entrain (Jean-Claude m'avait réveillé pendant la nuit).

Rencontré Lebel, avec qui je parle des manuels scolaires que demande le P. Albert; et le Dr Turcot, qui me parle de la guerre, très « anti-Vichy ».

19 mars

Achevé ma chronique. J'y passe toute la journée, hormis mes cours.

20 mars

Porté ma chronique à l'abbé Talbot[77]. Préparé mes cours, corrigé des travaux pour Sillery.

21 mars

Corrigé mes dissertations de Sillery. Écrit à Dalbernet au sujet de ma collection de classiques. Lettre de Mlle Mespoulet, de Columbia, qui dépense 35 ct. pour une lettre « urgente » par livraison spéciale pour me demander des détails d'histoire littéraire que malheureusement je ne puis lui fournir[78]! Peut-être a-t-elle simplement voulu éviter que sa lettre ne traîne dans un tiroir chez l'éditeur, ou bien suppose-t-elle que je puis être au loin...

Dépêche de maman, me remerciant de « ma lettre » (celle du 11 février sans doute); et me disant qu'elle « va mieux ». A-t-elle été malade ?

Promenade avec les enfants, au-dessus de L'Ange-Gardien : j'avais pris les skis de Marie-Louise, sans me rappeler que l'un d'eux était détérioré ; mais j'avance à pieds sur une neige où le jeu combiné du soleil et du vent ont établi une croûte de glace très consistante. Ivresse du grand air, des grands espaces, sous cet immense ciel bleu : à mesure qu'on monte, le regard embrasse tout l'horizon, du cap Tourmente à Québec, et par-dessus l'île d'Orléans, jusqu'aux monts Notre-Dame. J'ai été trop casanier cet hiver ! Chacune de ces promenades, de ces communions avec un paysage, est une aventure, qui meuble la vie. C'est ainsi qu'elle est longue à récapituler, cette vie si courte. – Bernadette se fâche de ramasser trop souvent des « pelles ». Jean-Claude, lui, est dans l'enthousiasme d'entendre le chant du coq, qui lui rappelle la Beauce ; il me dit combien il aime la campagne, en été comme en hiver ; à la maison, il s'active à des travaux de menuiserie depuis que je lui ai acheté quelques planches dans ce but. – Ses goûts ne le portent pas, pour l'instant, vers les occupations intellectuelles. Que sera-t-il ? un paysan ? un marin (son autre joie étant les bateaux) ?

---

77. « Chronique internationale » *Le Canada français*, XXX, n° 8, avril 1943, pp. 603-610. Le point principal de cette chronique est l'appel constant que veut lancer Viatte à l'ouverture d'un second front en Europe : les bombardements alliés sur l'Allemagne sont une étape, mais insuffisante pour mettre l'ennemi à genoux ; on est loin d'une vague rouge qui submergerait l'Europe, et Staline a besoin de l'appui de ses alliés militaires ; les Français qui se révoltent et « prennent le bois ou forment des guérillas » pour échapper au Service du travail obligatoire devront être secourus bientôt par les Alliés au risque d'aller vers un « magnifique suicide » tel celui de Toulon. En bref, le chroniqueur ne se fait guère d'illusions sur les difficultés liées à l'armistice et l'après-guerre qui s'annoncent, en particulier pour ce qui est des divergences de vues Giraud-de Gaulle sur la refonte des institutions françaises, mais en appelle instamment à des liens plus étroits entre les Alliés, afin de « tracer l'esquisse générale d'un nouvel ordre international ».

78. Il s'agit de questions très pointues sur de potentielles interprétations occultistes de la poésie de Rimbaud, dont cette professeure associée est une spécialiste. ARCJ, 118 J 235, Corr. gén., M. Mespoulet à Viatte, 21.3.1943.

Saurai-je l'élever, déraciner ses tendances à répliquer, sans froisser cette sensibilité si vite irritable? Mon Dieu, faites que jamais je ne perde sa confiance. Marie-Louise, aide-moi.

22 mars

Cours à Sillery. Écrit à Mlle Mespoulet. Travaillé à Rabelais.

De Koninck me téléphone la naissance d'un fils. Il me dit que Mgr Roy cherche un professeur de pédagogie, qui, selon la rumeur, deviendrait ensuite doyen de la Faculté. En fait d'ailleurs Mgr Roy ne dit rien à ce dernier sujet et songe peut-être à garder le poste quelque temps encore. Il songeait, pour la chaire de pédagogie, à l'abbé Laliberté, directeur de la maison des Étudiants, qui n'y tient pas; l'abbé Parent l'a dissuadé. Bien des incertitudes aussi au sujet du rectorat: mais le Cardinal tiendra à nommer lui-même le recteur, quoi qu'en pense Mgr Pelletier.

Je raconte cela à Maurice Lebel qui s'indigne et me dit, lui aussi, spontanément «Mais c'est vous qui devriez être doyen.»

Lettre d'Élisabeth dans ce même sens[79]. Je téléphone à De Koninck pour savoir s'il n'y a pas d'inconvénient à parler sous les auspices de France libre; il ne croit pas.

23 mars

Préparé le compte-rendu de ma conférence pour Halecki. Écrit à Sœur Marie-Georges au sujet de sa thèse.

Le P. Delos me signale un entrefilet du *Devoir* (ou plutôt une «lettre d'un lecteur») au sujet de mon article de la *Nouvelle Relève*[80]. Enterré soigneusement en cinquième page, il me semble traduire la hargne et la mauvaise foi de dom Jamet. J'écris une brève réfutation – pour me soulager; mais cela vaut-il la peine de l'envoyer[81]?

---

79. «Je comprends vos hésitations pour la chaire de Mgr Roy. Mais j'espère qu'elle vous sera offerte et que vous accepterez. Vous ferez ainsi un beau travail pour la France, dans un milieu que vous ne pourriez atteindre autrement.» ARCJ 118 J 215, Corr. de Miribel, É. de Miribel à Viatte, 20.3.1943.
80. «L'opinion publique en France durant l'armistice» *La Nouvelle Relève*, II, n° 4, février 1943, pp. 211-217. Cet article est construit à partir des correspondances reçues par Viatte entre juin 1940 et la fin de l'année 1942. Suivant une méthode proche de celle de l'historien, il choisit des extraits de ces missives diverses pour illustrer l'évolution des esprits en France durant ces deux années et demie. Utilisant les témoignages de Roger Pons, Pierre Deffontaines, son frère Gérard et bien d'autres, il prend le lecteur par la main pour en arriver à une conclusion très optimiste, qui apparaît aussi comme un souhait et un appel en faveur d'une France unie par la Résistance: «Ils nous montrent surtout à quel point l'ensemble de la nation est resté tendu vers la lutte, est remonté vers elle, à travers la nuit, à quel point la façade " collaborationniste " exprimait peu le fond des cœurs: la France combattante, répétons-le, c'est toute la France, qui est aussi la France souffrante...»
81. Le texte en est le suivant: «Sous le titre " M. Viatte erre ", un lecteur incrimine dans *Le Devoir* d'hier un article de la *Nouvelle Relève* où je signale l'interdiction momentanée, en France, de l'Encyclique " Mit brennender Sorge " en 1940 et 1942.
 Le document que je reproduis dit textuellement: « Mein Kampf figure à l'Index tout comme l'Encyclique Mit brennender Sorge ou les ouvrages de Rivaud ». il est clair d'après le texte qu'il s'agit d'ouvrages déjà publiés antérieurement. Je constate ensuite qu'à la fin de la même année une traduction du P. Doncœur a été enfin autorisée. Tout le monde sait que dans la France d'avant-guerre les documents pontificaux

Vu Mgr Roy au sujet du jeune Bellegarde, que Ph. Cantave me recommande. Il me conseille de relancer Perrier. Mgr Roy a la mine de plus en plus défaite; il me dit avoir la fièvre chaque soir.

24 mars

J'envoie ma réponse au *Devoir*, après avoir consulté le P. Delos; et De Koninck, consulté, me dit que je fais bien.

Achevé le compte-rendu de ma conférence pour Halecki. Écrit pour Bonneau un rapport sur le Centre de Documentation.

On me remet à l'école un billet de confirmation pour les enfants; il s'agit de choisir parrain et marraine. Jean-Claude voudrait Thomas De Koninck, ce qui ne serait pas si bête : mais l'âge de six ans est exigé; et Bernadette voudrait Marguerite. Je prendrai Ch. De Koninck, et peut-être Mme Lahaye? ou Élisabeth, mais pourra-t-elle venir?

Mgr Pelletier fait sa visite aux étudiants en lettres. Il a des paroles très aimables pour moi – et un petit discours très « rigoriste » d'esprit.

Je vais voir De Koninck, au sujet de la Confirmation des petits, et pour lui apporter un cadeau de baptême; il me parle de la propagande pro-communiste ou pro-russe en Amérique. – Puis je passe auprès de l'abbé Parent à qui je remets mon programme pour les cours d'été et à qui je recommande Mlle Briggs.

25 mars

Ce matin, bibliothèque.

Lettres d'Anne Crevoiserat, me transmettant une lettre de maman du 15 janvier; du P. Albert[82], de Dalbernet.

Téléphoné au P. Delos au sujet de ma note sur le Centre de Documentation; il me conseille de voir J. P. Després qui s'y intéresse beaucoup et a des idées pour l'avenir. – Téléphoné à De Koninck pour lui demander d'être parrain le 14 avril. Écrit à Élisabeth pour lui demander d'être marraine. Et commencé un rapport sur le Canada français. – Écrit à Maman.

Concert Braïlowski, où je rencontre Maurice Hébert[83] et sa fille.

étaient toujours traduits immédiatement et circulaient sans entraves. Il serait vain de vouloir répandre une " légende " en sens contraire, comme votre lecteur paraît m'en accuser. Mais il s'agit ici de la France de l'armistice. » ARCJ, 118 J 235, Corr. gén., Note manuscrite d'A. Viatte, 23.3.1943.

82. Le Père Albert, missionnaire du Sacré-Cœur passé du Cameroun au Canada, se plaint de l'esprit « sectaire » rencontré au Québec : « Qu'importe que la France – et le monde – soient livrés au nazisme, pourvu que l'Angleterre soit vaincue et humiliée ! C'est dans un raccourci, un peu trop brutal, l'étonnante et scandaleuse mentalité que j'ai rencontrée, ici, chez un bon nombre. » ARCJ, 118 J 235, Corr. gén., A. Albert à Viatte, 23.3.1943.

83. Maurice Hébert (1888-1960). Critique littéraire québécois, auteur notamment d'un ouvrage intitulé *Les Lettres au Canada français* en 1936.

26 mars

Lettre et chèque des éditions de l'Arbre.

Achevé mon rapport sur le Canada français. Préparé mes cours.

Vu ce soir Jean-Pierre Després qui m'apporte des idées intéressantes sur le Centre de Documentation, qu'il voudrait voir éditer un bulletin pour les hebdomadaires ruraux, et sur la propagande de la France combattante qu'il aimerait voir orientée beaucoup plus vers les questions sociales, familiales, etc. Tout à fait d'accord avec moi sur l'impossibilité d'agir par Ottawa.

27 mars

J'achève de préparer mes cours et je commence à recopier mes mémoires pour Bonneau.

Crise de colère et de répliques de Jean-Claude. Je voudrais y remédier. Mais que Marie-Louise me manque quelquefois! Qu'il est dur d'avoir à prendre seul, sans autre conseil, les responsabilités d'une éducation!

28 mars

J'envoie Jean-Claude se confesser à nouveau, ce matin, chez l'abbé Boutin[84]; il est très sage durant la journée.

Par un temps magnifique – quoique encore assez froid – promenade cet après-midi de Ste Foy à Cap Rouge. Autobus encombrés. Mais bonne trotte dans un magnifique paysage, un des endroits où il faudrait mener Pierre pour lui donner une description « géographique » du pays. Chaque colline m'étant maintenant connue avec les villages qui la précèdent ou la suivent. Nous arrivons assez tôt pour goûter dans une petite épicerie et de là nous montons à la gare où je cherche inutilement la vieille tour.

Lorsque je vois comme d'autres ont souffert de cet hiver – Mme Lahaye, le P. Delos, même Mme Simard qui est depuis dix ans au pays – je ne puis m'empêcher de me dire que mes enfants et moi avons vraiment une bonne santé.

29 mars

Cours à Sillery.

Écrit au colonel Bonneau pour lui envoyer mes rapports. Vu l'abbé Bégin.

Porté chez De Koninck des invitations à la séance du Petit Lycée; il était au baptême célébré par le Cardinal. – Fait passer l'examen de miss Howard. Travaillé à Rabelais. Écrit à Maritain pour le Centre de Documentation.

---

84. Desservant l'église Notre-Dame des Victoires en Basse-Ville de Québec.

Ce soir, Institut des Affaires Internationales : Degoumois[85] avait annoncé un exposé sur le rôle des Français d'Amérique ; exposé filandreux, parlant de tout sauf de cela, et concluant à convoquer un congrès international à Québec, « pour exprimer la pensée française », dont je suis bien sûr qu'il n'aboutira jamais... Présents, Fontaine, Bilodeau, Ferland, et Cyrias Ouellet le dégonfleur de nuées... Le P. Delos, qui y était aussi, m'annonce la venue du commandant Lahaye vendredi.

30 mars

Vu Mgr Roy à qui je parle du « doctorat d'honneur » suggéré par Cantave pour le ministre Défly et son sous-ministre. Mais l'Université va décerner cet honneur à lord Halifax, qui doit être seul ; et d'autre part Mgr Roy estime que le doctorat d'Ottawa était moins important pour le président Lescot que ne l'eût été un doctorat de Québec, et que cette accumulation de doctorats par les trois Universités ferait mauvais effet[86]. Écrit à Cantave dans ce sens. Écrit aussi au P. Albert pour qui j'ai demandé l'hospitalité au Séminaire – qui lui est accordée – mais pour qui Mgr Roy conseille encore, de préférence, l'Archevêché. – Causé avec l'abbé Bégin après mon cours.

Écrit en grande partie mon topo à la Radio pour France combattante.

Bonnes nouvelles de Tunisie et l'accord prochain de Gaulle-Giraud.

J'ai un genou douloureux pour avoir glissé hier matin sur ce sol affreux à la suite de dégels suivis de nouveaux froids.

Mot d'enfant de Jean-Claude : « Papa, si l'homme doit retourner en poussière, la femme devrait retourner en côte ? »

31 mars

Achevé mon topo de France combattante. Écrit à Anne Crevoiserat, à Mme Briggs.

Téléphone de Rousseau (Montréal) me disant que Hadamard est fatigué de son voyage nocturne et n'arrivera que par le train de l'après-midi. Je l'invite donc au café où il rejoindra le P. Delos qui viendra d'abord déjeuner. Il devrait repartir le lendemain matin : je trouve tout cela bien juste, car je voudrais qu'il fît une visite de courtoisie au recteur et qu'il vît Mme Simard.

Soirée au Petit Lycée. Mme Lahaye me dit que Mlle Jobin aime beaucoup mes enfants et les trouve très bien élevés, malgré ses appréhensions. Jean-Claude est

---

85. Probablement Léon Degoumois, enseignant à l'Université de Berne et responsable de l'Association suisse des conférenciers de langue française.
86. Cantave a en effet demandé et presque obtenu un doctorat honoris causa pour le président Lescot à l'Université d'Ottawa, et un autre pour Dantès Bellegarde à l'Université de Montréal. Mgr Roy et Viatte vont s'efforcer de dépasser les autres universités canadiennes en proposant de la part de Laval la plus haute distinction honorifique au président Lescot. ARCJ, 118 J 235, Corr. gén., P. Cantave à Viatte, 28.3.1943.

amusant à lui raconter les *Misérables* (la grande lecture « classique » du soir ; à midi, ils ont redemandé *L'Enfer* de Dante). – Le commandant Lahaye vient demain pour 20 jours avant de repartir pour l'Angleterre, c'est la première fois qu'il revoit ses enfants depuis deux ans.

1er avril

Bibliothèque. Déjeuner avec le P. Delos. Il me dit qu'Élisabeth ne pourra venir et me décrit l'effarement de toutes les personnes d'action qui constituent son bureau, devant les méthodes bureaucratiques du nouveau chef. Je lui soumets ma note à Bonneau, qu'il trouve fort bien ; il est sûr qu'il la méditera – pour en tirer peut-être une décision personnelle et à contretemps.

Visite à Hadamard, toujours le meilleur des hommes, avec Risi. – Écrit à maman. Vu Mgr Roy au sujet d'une nouvelle lettre de Cantave sur le doctorat du président Lescot, et répondu à cette lettre en proposant une séance de rentrée.

Dîner avec Pouliot, Risi, Rasetti, Putman, Hadamard. Conférence magistrale de ce dernier. Soirée avec lui au Cercle universitaire. Rencontré Dupuis, qui me demande des nouvelles du candidat boursier haïtien dont je lui ai parlé, Bellegarde.

2 avril

Écrit à Élisabeth. Préparé mes cours. Téléphoné ce matin à Mme Simard, à De Koninck. Hadamard vient déjeuner chez moi et prépare ensuite sa causerie avec le concours de Putman – venu le consulter sur les mathématiques – et de Pouliot. À 4 h. 1/2 il va faire son topo à la radio ; Mme Simard s'y trouve : elle me dit son accord avec mon mémoire ; mais elle pense que Bonneau prend surtout en main le bureau afin d'y faire cesser la pagaille[87] : il viendra à la fin du mois en visite officielle.

3 avril

Écrit à mamé, et à Hadamard pour lui envoyer les coupures de presse sur ses conférences. Corrigé des copies.

Jean-Claude écrit une amusante « Histoire de Mitsi », qui tient de l'autobiographie et de l'examen de conscience. – Je l'envoie à mamé et il la recopie pour maman. Bernadette déclare que pour ne pas aller à la prochaine guerre elle aura de bonne heure trois enfants, – « trois filles : les garçons sont trop tapageurs, au moins quand ils sont petits ; une fois grands, ils sont plus gentils ».

Corrigé des copies.

Discours de Giraud, aussi violent contre Laval que le furent jamais ceux de De Gaulle. Cela me rassure sur le mien.

---

87. Des dissensions sur la position à adopter entre Giraud et de Gaulle notamment. Bonneau fera admettre que seule la France combattante gaulliste est à même d'assurer le redressement français. AMYOT, *op.cit.*, pp. 289-290.

4 avril

Curieux rêve, où un raisonnement commencé en rêve s'achève après l'éveil, suivant la théorie de Hadamard. J'aboutis à cette conclusion, en effet explicative, que la différence d'attitude envers le cléricalisme, au Canada et en France, tient à ce qu'ici l'Église et l'État ont toujours été séparés, et que l'Église a toujours lié partie avec la classe populaire contre leurs oppresseurs.

Écrit à Sœur Francis-Louise au sujet de sa thèse, et achevé une correction de devoirs.

Après-midi, on commence par une partie de Monopoly ; puis on va chez les Lahaye, je cause beaucoup avec le commandant Lahaye – convaincu que le général de Gaulle n'est nullement « de gauche », mais décourageant dans sa peinture des rivalités politiques et dans sa conclusion d'égoïsme national ; inquiétant dans l'idée que la France future sera « de gauche » mais avec une forme de « national-socialisme ». Mme Lahaye accepte d'être marraine de Bernadette pour sa confirmation.

Le P. Delos nous invite à dîner demain – les Lahaye et moi – avec P. Le Roy S.J.

D'après Lahaye – qui a suivi le raid de Dieppe de la salle de l'Amirauté – ce raid a été un succès véritable par les renseignements apportés. Les pertes canadiennes s'expliquent par le fait que les Canadiens français arrivant « chez eux » et prêts à fraterniser avec les civils français, se sont fait mitrailler par des Allemands déguisés en civils. Gare aux vrais civils lors d'une invasion ! – Lahaye approuve l'état-major d'attendre une réussite à 100 %, et il est persuadé que l'on y parviendra malgré la guerre sous-marine, étant donné l'énorme production des États-Unis, qui va bientôt accabler les Allemands sous le nombre. Une forte armée américaine, à ses yeux, est même inutile, et le Japon ne durera guère après l'Allemagne.

5 avril

Lettre de Cantave[88].

Modifié légèrement – par des atténuations – mon texte de la Radio. Je le lis au P. Delos à 3 heures. Vu ensuite l'abbé Talbot, à qui je remets l'article de Cantave, et mon compte-rendu de Dantès Bellegarde. Et vu aussi mon propriétaire M. Pâquet pour la question des tapisseries à renouveler chez moi.

Soirée avec le P. Delos, le P. Le Roy et les Lahaye, chez Kerhulu. Indignation de l'ingérence américaine dans les affaires françaises par le veto d'Eisenhower ajournant la visite de De Gaulle ; récit de la question de Guyane, autre ingérence du même ordre. Le commandant Lahaye est bien intéressant. Il est maintenant commandant

---

88. Il rassure Viatte sur le report d'un an de l'attribution de doctorat honoris causa au président Lescot par l'Université d'Ottawa, et attend une lettre officielle de l'Université Laval, « faisant mention du Cardinal Villeneuve, Oblat de Marie Immaculée, qui est chancelier de l'Université Laval ». ARCJ, 118 J 235, Corr. gén., P. Cantave à Viatte, 4.4.1943.

en chef de l'aéronautique navale française libre. Discuté presque de tous les événements et de toutes les personnalités en vue aujourd'hui. C'est bien intéressant d'entendre raconter les choses par ceux qui les font.

6 avril

Commencé mon article sur « Racine, le totalitarisme et la collaboration ».

Je donne à 6 h. ma causerie à Radio-Canada. De Koninck, qui l'entend et chez qui je vais ensuite chercher les enfants, l'a trouvé très bien. Son visa américain lui est refusé... sans raison, ou simplement parce qu'il n'y a pas de raison « pour » ; Pattee reprend l'affaire. Je vois son nouveau bébé, un beau garçon.

Bon article de L. Ph. Roy sur la question française[89]. Le P. Delos me téléphone pour me dire de le féliciter.

7 avril

Téléphoné à L. Ph. Roy sur son article. Du reste les nouvelles d'aujourd'hui sont plus rassurantes.

Achevé mon article sur Racine.

Lettres de Hadamard, de Readers. – Un mot de Mgr Roy me dit que l'Université sera heureuse d'offrir un doctorat d'honneur au président Lescot, à la rentrée ; je vais le voir à ce sujet, et demain j'écrirai à Cantave.

8 avril

Bibliothèque. Écrit à maman ; à Sœur Joseph-Arthur ; à Cantave (ma lettre officielle sur le président Lescot) ; à Koyré. Travaillé un peu à Rabelais.

J'achète une mantille pour la première communion de Bernadette et je cherche des souliers blancs et des chaussettes blanches pour Jean-Claude, sans les trouver.

9 avril

Téléphone de Mme Simard me racontant son entretien d'Ottawa. Elle a envoyé ma causerie radiophonique à la revue de l'armée *Alouette*, et la trouve très bien. Le commandant Bonneau viendra à Québec le mois prochain et y restera peut-être une quinzaine de jours, pour bien voir tout le monde.

Corrigé mon article, que j'envoie aux Éditions de l'Arbre. Puis préparé mes cours très peu chargés cette semaine.

---

89. Intitulé « Le véritable sentiment des Français », l'article du rédacteur en chef de *L'Action catholique* se veut une réponse à ceux qui s'interrogent sur l'audience dont bénéficie encore le régime de Vichy parmi les Français. En se gardant bien de donner son opinion sur Pétain comme chef du gouvernement – il l'a soutenu même après le retour de Laval aux affaires, au printemps 1942, et n'a soutenu de Gaulle qu'à partir de l'été seulement – Roy extrait de plusieurs journaux collaborationnistes des phrases inquiètes face à la croissance des partisans du gaullisme et d'autres indignations vis-à-vis des Français qui ont applaudi au débarquement américain en Afrique du Nord. Ce qui lui permet de conclure de façon optimiste sur la confiance et la jubilation du peuple français vis-à-vis de sa prochaine délivrance. *AC* du 6.4.1943.

Le journal annonce que Mgr Roy est entré à l'hôpital. À l'école normale est affiché le programme des examens (12 et 21 mai). Mgr Roy compte-t-il rentrer pour cette date? Et sinon, qui nous dirigera?

Mme Simard me dit que les Polonais ont contribué à susciter Giraud, par crainte de l'alliance de Gaulle-Russie: et pourtant, sur ce point, je trouve bien imprudent d'identifier purement et simplement les Russes avec «des alliés» sans préciser les divergences...

J'ai mal au genou depuis ma chute faite il y a plusieurs jours; la durée de ce bobo m'ennuie.

10 avril

J'ai le temps, aujourd'hui, de travailler beaucoup à mon *Rabelais*, après avoir écrit à mamé.

11 avril

Travaillé ce matin à Rabelais. – Téléphoné, pour mes invitations de Confirmation, au P. Delos, à Labouret, à De Koninck: ce dernier vient de lire *Antimoderne*, et est confondu de retrouver dans ce Maritain jeune exactement ses propres positions d'aujourd'hui; en revanche il s'insurge contre un sermon du P. Ducattillon sur «la largeur et l'étroitesse d'esprit», reproduit par le *Devoir*. – Mme Lahaye m'invite à la première communion de sa Nicole mardi prochain.

Après-midi, promenade à pied des Saules à Loretteville: c'est une bonne trotte, dans une neige fondante qui ne laisse pas encore apparaître la végétation – les enfants passent encore la rivière St Charles à pieds secs – et sur un très joli parcours le long de cette rivière St-Charles qui doit être également jolie en été. Un incident: Jean-Claude s'enfonce dans la neige au point de ne pouvoir retirer sa botte; d'où hurlements.

À Loretteville, un autobus complet nous file sous le nez; nous rebroussons chemin jusqu'au terminus; avec un groupe de personnes qui me connaissent, nous pouvons prendre place dans un taxi qui nous ramène en ville à 25 cents par tête, meilleur marché que l'autobus.

Je remarque 1° que mes intimes ne sont pas des Canadiens, mêmes connus de longue date, mais des Français, même récemment arrivés; 2° que parmi les autres j'aurais pour intimes des Européens, Belges par exemple. Cela signifie sans doute des affinités plus grandes avec ces derniers qu'avec les Canadiens: et peut-être aurais-je vu plus de Canadiens du temps de Marie-Louise (parce qu'avec elle je formais une «cellule» et n'avais pas besoin de me compléter par d'autres échanges de vues sur l'extérieur) – mais cette deuxième constatation ne confirme-t-elle pas la précédente?

12 avril

Je fais un rêve « théologique », qu'au Moyen Âge on m'aurait imputé à vision.

Je visite d'abord l'Enfer – souterrains de métro, escaliers descendants, damnés avançant lourdement comme des statues de bronze –.

Puis je suis au Purgatoire, – enfin avec des hommes, ces damnés sont devenus tellement étrangers à notre nature qu'ils ne peuvent éveiller l'émotion. Je prends place à table dans une grande salle au-dessus de laquelle s'élèvent six étages à galeries – pas trop difficiles à monter. À table je prends un morceau de viande ; on m'en avance un autre, je veux refuser, mais il est interdit de refuser. Dans un coin une vieille dame veut passer la première à confesse – je la renvoie à son rang dans la file. Je m'entretiens avec ceux qui seront au Purgatoire lorsque j'y serai, cousin Louis, Hadamard : une dame me demande mes activités professionnelles : « Je ne suis pas ici, que je sache, pour expier des péchés de vanité, et je ne vais donc pas vous parler de moi-même, ce qui me gênerait... » Albert, mon cousin, a dérobé un gâteau à son voisin de table, qui souhaite qu'on l'en punisse par une privation de gâteau : « Je crois plutôt qu'on va l'obliger à manger des gâteaux jusqu'au dégoût, c'est le système d'ici » : corriger les défauts en obligeant à s'en dégoûter.

Une fois les défauts expiés et corrigés, on s'ennuie : et l'on demande à Dieu de sortir de là ; apprendre à bien prier, c'est la dernière chose que l'on apprend au Purgatoire. À un moment donné on nous distribue des tickets de sortie, puis on ouvre les portes toutes grandes : des jeunes gens habillés en grooms d'hôtel nous regardent sortir les larmes aux yeux, je serre la main à l'un qui me dit : « O.K. » Ce sont les plus grands pécheurs, condamnés à servir les autres à table (il n'y a pas d'anges au Purgatoire, ce n'est pas leur place), à s'attacher à eux, et à les voir partir successivement...

Je me trouve ensuite dans une rue montante entre deux rangées de maisons entourées de jardins : il fait noir, un vent froid souffle... « Ce n'est pas là le ciel... Est-ce qu'il n'y a pas de ciel ? » Mais je vois briller les étoiles, si loin, si haut ! Comment y atteindre ? Dans le ciel se montre une image de la Vierge couronnée tenant l'enfant Jésus... Je comprends qu'il faut la prier.

Me voici au Paradis – un jardin de beaux arbres, une fontaine au milieu, des bancs de marbre ; entouré de mes compagnons du Purgatoire. Je renvoie des intrus : « Que venez-vous faire ici ? Êtes-vous baptisés ? Oui, vous avez votre certificat de baptême, mais tout juste... Retournez au Purgatoire, ce n'est pas ici votre place. » Puis un bruit de boîte à musique : et s'avance un petit vieux éclopé, à jambe de bois... « On ne devrait pas le laisser se présenter ainsi... Moi, je suis myope, c'est peu de chose, mais lui ! Qu'on vous donne des corps glorieux ! » Et je comprends que nous ne sommes que dans l'antichambre du ciel.

Après quoi je me réveille, car le Ciel est « ineffable ».

Cours à Sillery. Corrigé mes copies.

Lebel m'apprend que l'abbé Parent est chargé de diriger les cours de pédagogie. Est-ce que mes chances d'être doyen augmenteraient ?

13 avril

Je rêve, cette nuit, de la bibliothèque de Montaigne qui appartient aux Jésuites en son château de La Brède[90]; Montaigne travaillait à la manière des Jésuites, assis par terre, ses livres en désordre... Je trouve dans ses notes la preuve de son catholicisme, par une phrase pieuse sur la Sainte Vierge, par une allusion à Marguerite Bourgeoys[91].

Première communion de la petite Nicole Lahaye. J'y vais, au Petit Lycée, et ensuite je passe la matinée chez les Lahaye, avec les enfants, le P. Delos, la Générale Tremblay. Après-midi j'écris à Élisabeth, je fais un compte-rendu de Picard pour le *Canada français*, je travaille à Rabelais.

Le frère de Mgr Roy a dit au P. Delos la gravité de son état: hémorragies intestinales.

Les vacances de Pâques commencent mercredi: voilà qui rapproche la fin de l'année scolaire; et je sens déjà mon travail diminuer.

14 avril

Travaillé à ma chronique du *Canada français*.

Le soir, les enfants sont confirmés à la Basilique par le Cardinal Villeneuve très paternel: je suis en peu en arrière, mais sur la nef, bien placé pour les voir; après quoi nous redescendons chez moi, où je réunis les Lahaye, Labouret, de Koninck, le P. Delos. – Labouret persiste dans son essai de retour et Lahaye lui suggère de s'entendre avec la mission Béthouart pour passer en Afrique du Nord. Lahaye lui-même va repartir pour Londres, soit à la fin de la semaine, soit la semaine prochaine. Je lui remets le texte de mon discours à la radio, et mes articles; je passe au P. Delos, entre autres, celui où Bernanos égratigne notre manifeste qu'il estime trop pesé et trop incapable d'être mis à l'Index...

Encore de la neige; on en est lassé. Et mon chauffage fonctionne mal.

15 avril

Bibliothèque. Écrit à maman. Travaillé à ma chronique et à Rabelais. Le soir, conférence du P. De Rooy, très intéressante, sur le nouvel ordre nazi. On se rend ensuite au Cercle universitaire (Poznanski, l'abbé Krzezinsky, le P. Lévesque, J. P. Després, les Waddington, le P. Delos, Lahaye, etc.). Lahaye ne s'en va que la semaine prochaine; il s'apitoie sur Labouret, qu'aucun gouvernement ne laissera passer, et qui se ferait boucler le lendemain de son arrivée. – Causé avec l'abbé Dion, qui ne trouve

---

90. Il semble que Viatte fasse ici une confusion avec le lieu de naissance de Montesquieu, soit le château de La Brède, près de Bordeaux.

91. Marguerite Bourgeoys (1620-1700). Née à Troyes, fondatrice de la Congrégation de Notre-Dame de Montréal. Elle s'embarqua pour le Canada en 1653. Les religieuses de sa Congrégation, fondée en 1658, se sont principalement consacrées à l'instruction des jeunes filles.

pas le P. De Rooy assez méfiant du péril communiste: curieuse réaction, alors que ce n'était absolument pas le sujet! De même avec J. P. Després, je me rends compte de tout ce qui fait bouder les Canadiens français même les meilleurs.

16 avril

Achevé ma chronique ; préparé le peu de cours que je dois faire la semaine prochaine ; travaillé à Rabelais.

Soirée chez De Koninck avec les Lahaye et Labouret. De Koninck me dit auparavant que Mgr Roy est vraiment condamné, et le sait depuis six mois: j'admire son héroïsme. Qui sera doyen ? l'abbé Parent ? Excellent, sans doute, mais les philosophes ne le laisseront guère partir, et il est bien chargé de travail. De Koninck va continuer à suivre la question. – Lahaye me dit l'impression d'exiguïté du monde que l'on éprouve en partant de Londres à 7h. et en se trouvant à New York le lendemain à 3 h. de l'après-midi.

17 avril

Achevé quelques préparations de cours. Travaillé à Rabelais.

Lettre de J. Schérer, que je transmets aux Éditions de l'Arbre.

Je vais porter ma chronique à l'abbé Talbot[92]. Vu sœur Joseph-Arthur au sujet de sa thèse. Écrit à mamé.

18 avril

Visite de garde Blais. – Commencé mon article pour *L'Action Catholique*.

Promenade, après-midi, en dessus de Loretteville. On avance dans la neige plus facilement que je ne le croyais. Mais je me suis mépris sur l'endroit où descendre de l'autobus, ce qui prolonge notre randonnée, bien que j'aie pris par le plus court en suivant la ligne de chemin de fer. Rentré par l'autobus de 6 heures.

Téléphoné à De Koninck au sujet du mot «humanisme» et d'un article que je médite sur la *Contre-Renaissance*. Lahaye lui a beaucoup plu ; et il va tenter d'utiliser Labouret à l'université dans les matières de sa compétence.

---

92. «Chronique internationale» *Le Canada français*, XXX, n° 9, mai 1943, pp. 695-700. Les succès des Alliés en Tunisie, où Rommel est de plus en plus acculé, incitent Viatte à s'interroger sur les enjeux de l'après-guerre. Côté français, s'il constate plutôt un rapprochement entre de Gaulle et Giraud, soutenu par les Américains, il estime que «par la force des choses, à dater de l'occupation totale, il semble s'être constitué en France un "mythe de Gaulle" égal à celui que fut il y a deux ans le "mythe Pétain"». Établissant un parallèle entre la guerre de 1914-1918 et l'actuelle, il les juge assez semblables dans leur rythme, avec cependant plus d'ampleur pour le second conflit ; ce qui l'amène à conclure sous forme d'avertissement, en brandissant le spectre d'une troisième guerre mondiale qui risquerait de naître de la liquidation incomplète de la seconde...

19 avril

Achevé mon article, que je porte à L. Ph. Roy avec qui j'ai une assez longue conversation. Après mon cours, causé de J. Brunhes et de sa fille avec le P. Marion, dont le père l'avait reçu à son voyage au Canada (elle s'intéressait à la culture du tabac dont M. Marion, père, fut un des pionniers).

Mme Simard me téléphone à propos de la venue de Valeur et de Koyré « entre le 20 et le 30 juin », date peu pratique ; j'écris à Élisabeth là-dessus (hier précisément j'avais écrit à Koyré). Un troisième, dit Élisabeth, « n'est pas sûr au point de vue France combattante » : je crains, d'après le nom retenu par Mme Simard, qu'il ne s'agisse de Vignaux, et dans ce cas je déplorerais ce sectarisme...

20 avril

Écrit à Wencélius, à Élisabeth, à Dartigue (je mettrai cette dernière lettre à la poste demain). Travaillé à Rabelais.

Causé, après mon cours, avec Lebel et l'abbé Bégin : on s'entretient de la Faculté des Lettres, des dangers d'un coup de tête de Mgr Roy ; celui-ci sortira sans doute encore de l'hôpital, et alors, quelles décisions prendra-t-il ? Certains prêtres du Séminaire vont encore le voir en contrebande.

De Koninck me téléphone pour me féliciter de mon article de *L'Action catholique* et de ce que j'y dis sur la Russie[93].

Chez le coiffeur, nous entendons Lahaye parler à la radio : bon discours. – Je ne trouve rien à reprendre au mémorandum Giraud que publie ce soir le *N.Y. Times*[94]. On peut en discuter certains détails, mais la marge de discussion me semble désormais très réduite.

21 avril

Au moment où j'allais expédier ma lettre à Dartigue m'arrive sa lettre officielle au sujet des cours d'Haïti. Ils sont fixés du 16 août au 11 septembre : ce qui me

---

93. « À propos d'un discours espagnol » *AC* du 20.4.1943. Viatte y dénonce le discours pacifiant du général espagnol Jordana en faveur d'un arrangement avec Berlin, qui s'inscrit en droite ligne selon lui dans les desseins de la propagande nazie. Pourtant, le chroniqueur fait la différence entre les régimes fascistes et une Espagne « semi-totalitaire », certainement infiltrée par les nazis mais dont l'histoire insurrectionnelle récente est aussi spécifique. Pas question pour autant d'accepter selon Viatte de peindre le diable rouge sur la muraille, à la manière des dirigeants espagnols : « Disons donc simplement que les Russes sont nos compagnons d'armes. Un soldat ne va pas quereller son compagnon d'armes, en pleine bataille, sur ses opinions ou ses croyances. » Et de conclure en prenant le contre-pied du slogan de l'Action française : « Politique après. (...) Les problèmes de régime devront s'étudier, mais en temps utile, quand nous aurons les données de l'après-guerre. Ils ne représenteront jamais un absolu. »

94. L'union entre Giraud et de Gaulle est alors quasiment chose faite, en particulier suite à la « conversion » de Giraud le 14 mars, lors d'un discours où il proclame son ralliement quasi total aux thèses du Comité nationale de la France Libre. Dès lors, Giraud, abandonné par ses collaborateurs les plus pétainistes, reconnaît que le « moment de l'union » avec de Gaulle est venu, et le confirme officiellement au Comité de Londres dans une lettre circonstanciée datée du 1er avril 1943. C'est certainement de ce document-ci que parle Viatte. CRÉMIEUX-BRILHAC, *op.cit.*, pp. 462-464.

permet de faire ici tous mes cours d'été. Mais si j'étais doyen, je n'arriverais guère en temps utile pour la rentrée ; à moins d'être bien secondé, peut-être une autre solution vaudrait-elle mieux...

Téléphone de Mme Simard au sujet de Valeur et de Koyré ; je téléphone à De Koninck pour avoir son avis sur ce dernier. Téléphoné aussi au P. Delos, qui a trouvé fort bien le mémorandum Giraud, et au commandant Lahaye, qui prolonge son séjour jusqu'au milieu de la semaine prochaine, et songe à nous inviter pour lundi ou mardi (De Koninck et moi).

Commencé un article sur la *Nouvelle Relève*. Il paraît que le *Devoir* cite élogieusement le précédent (sous la plume de Roger Duhamel)[95]. Je l'ai porté à Mme Simard.

22 avril

Bonneau m'envoie mon nouveau passeport – que j'avais sollicité il y a quelques jours – et mes frais de voyage à New York. Je constate avec satisfaction que mon passeport aura toujours été libellé au nom de la « République française ». – Lettre de Mlle Monnier, un peu déprimée. Écrit à maman, à Cohen, à Dartigue (je refais ma lettre, l'autre pesant trop lourd). – Travaillé à mon article de la *Nouvelle Relève* et à Rabelais.

Communié ce matin du Jeudi-Saint ; assisté à une partie de l'office après-midi : trop tard pour le lavement des pieds. Le Cardinal est en train d'en expliquer le sens lorsque nous entrons.

De Koninck va tâcher de pressentir Mgr Roy sur sa succession et de lui suggérer une décision. Nous avons peur en effet, à la Faculté, d'une improvisation.

23 avril

Vendredi-Saint. Je vais aux offices, et je prépare mes cours. À la bibliothèque, le soir, je cherche pendant une heure un livre que j'avais emprunté la semaine précédente...

---

95. « Pour comprendre les Français d'Amérique » *La Nouvelle Relève*, II, n° 5, mars 1943, pp. 267-273. Viatte analyse la position particulière face à la guerre des Français exilés sur le continent américain. Il explique leurs sentiments par une « psychologie de l'émigré » qui s'exprime notamment par une propension à ne voir le pays d'origine qu'à travers les souvenirs qu'on en garde, même très lointains. D'où la fixation de certains – à New York surtout – sur l'expérience du Front populaire qu'ils souhaitent voir se réitérer ; d'où l'obsession d'autres – disciples de Maurras ou catholiques marqués par l'anticléricalisme du début du siècle – à vouloir restaurer la monarchie française et fermer la « parenthèse » de la Révolution. Ces réflexions amènent Viatte à évaluer les positions politiques actuelles des Français d'Amérique, gaullistes en pleine expansion, vichystes invétérés de moins en moins nombreux ou reconvertis dans le giraudisme... Par-delà ces divisions inévitables, le professeur de Laval en appelle une fois encore à l'unité de l'âme française, et insiste sur le rôle décisif à jouer par les Français d'outre-mer : « Eux qui peuvent parler, ils en ont le devoir, et non seulement le droit, à la place de ceux que l'ennemi bâillonne ; ils ont le devoir de les défendre ; ils ont celui de recueillir, autant que possible, les échos qui parviennent à leur geôle ; ils ont celui de réfléchir. (...) Et la façon dont ils prendront conscience du fardeau que portent leurs frères, dont ils leur apporteront ne fût-ce qu'une goutte d'eau sur leur route harassante, peut contribuer puissamment à les soulager. » Une façon pour lui-même d'expliciter le rôle qu'il estime être le sien au Québec.

Travaillé à Rabelais.

Les États-Unis ont émis un avis défavorable sur le visa du P. Delos; une «très haute intervention», me dit-il, tâche de le lui obtenir pour lundi. Visiblement on s'efforce de décourager les voyages. Et c'est pourquoi je ferai dès juin l'expérience nécessaire pour mon voyage d'Haïti au mois d'août, sous forme d'une semaine à New York. – Le P. Delos m'encourage d'ailleurs à remettre jusqu'à l'hiver ma conférence à la Société d'histoire de la révolution.

24 avril

À l'entrée de la Basilique après la messe du Samedi-Saint, rencontré l'abbé de Smet, à qui je souhaite de joyeuses Pâques. – Rencontré le P. Delos qui me raconte les démarches de M. Amyot et de St-Laurent en sa faveur; très optimiste sur les rapports Giraud-de Gaulle. Lettre de Brodin me disant le départ de plusieurs collègues, soit dans une de ces armées, soit dans l'autre : Wencélius part le 30 dans l'armée Giraud[96]. Je sens vivement la nécessité de l'union pour que ce ne soient jamais deux armées de guerre civile.

Écrit à maman, aux Éditions de l'Arbre (qui m'envoient un Vigny de Baldenne impossible à présenter sous cette forme, me semble-t-il). Téléphoné à l'abbé Parent et arrangé la question Koyré-Valeur pour les cours d'été.

Rencontré après-midi Labouret qui voudrait s'employer pour tuer le temps. Pour lui aussi je tâche d'arranger quelque chose aux cours d'été.

Travaillé à mon article sur Maistre et Bossuet.

25 avril

Pâques. Joie des enfants à découvrir les œufs de Pâques. Et, comme ce soir il y a une grosse pluie d'orage – la première de l'année – Jean-Claude me dit: «Heureusement que le petit lapin (le lièvre de Pâques) a un endroit où s'abriter, je sais où, dans le clocher au-dessus des cloches, d'où il est venu.»

Écrit à Élisabeth au sujet des visites de l'École libre et téléphoné là-dessus à Mme Simard. – Téléphone ce soir, de Miss Lincoln à Québec pour dix jours.

Travaillé à mon article de la *Nouvelle Relève*. L'après-midi, comme le temps est pluvieux, je reste à jouer avec les enfants.

---

96. Après avoir informé Viatte de la conclusion d'un contrat d'édition chez Valiquette pour son second tome des *Écrivains de l'entre-deux-guerres*, Brodin lui confie : « Ici nous sommes partagés entre le désir de faire quelque chose d'actif et celui de servir où nous sommes. Guitton est parti dans l'armée Giraud. De même Baudet, autre collègue. Notre professeur de maths, Deschamps, partira bientôt. Wencélius part le 30 avril. Seznec, volontaire, a été mis en affectation spéciale (...). Dupont veut partir chez de Gaulle, mais son médecin lui impose des délais. » ARCJ, 118 J 235, Corr. gén., P. Brodin à Viatte, 22.4.1943.

26 avril

Visite de mon ancien élève Jean-Paul Tremblay.
Achevé mon article de la *Nouvelle Relève*[97]. Travaillé à Rabelais.
Vue Sœur Joseph-Arthur au sujet de sa thèse.

27 avril

Travaillé à un article pour *L'Action catholique*. Soirée chez les Lahaye avec De Koninck, Labouret, le P. Delos, le P. Lévesque, miss Lincoln, le professeur Hack de Cincinnati (qui vient faire un cours sur les précurseurs de Socrate). Lahaye part demain, et compte revenir en septembre. Le P. Delos a obtenu son visa pour les États-Unis et va se rendre à la prise d'habit de Mlle Amyot : il est assez vexé d'avoir ainsi « par le favoritisme » ce qu'on lui avait refusé par la voie normale.

L'abbé Bégin a pu voir Mgr Roy ; celui-ci a dit sa messe le jour de Pâques, mais s'est tellement fatigué qu'il ne va pas recommencer. Il comptait sortir de l'hôpital, il y renonce pour l'instant.

Ce pauvre vieux Labouret est tout ragaillardi que je l'aie introduit dans ce milieu français ; au fond il n'était sauvage que faute d'avoir rencontré des gens intéressants.

Rencontré Mme Désilets qui était au courant de mon voyage, son gendre Bonenfant ayant dû faire des cours si j'avais abandonné partie des miens.

28 avril

Achevé mon article.
J'assiste au cours de Hack où je rencontre, entre autres, l'abbé Krzezinski, Rasetti, miss Lincoln, etc.

29 avril

Bibliothèque. Écrit à maman.
Visite de Labouret que je mène à 4 h. à la discussion de la conférence Hack sur Thalès de Milet et les pré-socratiques. Discussion intéressante : on sent un maître. Après quoi, sur l'invitation de miss Lincoln, nous allons prendre des rafraîchissements au Château Frontenac. Je présente Labouret à l'abbé Parent ; Lacourcière dit le voir

---

97. « Racine, le totalitarisme et la collaboration » *La Nouvelle Relève*, II, n° 6, avril 1943, pp. 370-374. Le professeur de littérature de Laval interprète *Athalie* de Racine à la lumière de l'actualité et compare en particulier le général Abner aux représentants de la Résistance au despotisme totalitaire de la reine. C'est cet esprit de résistance qui anime selon lui la majeure partie de la littérature française. « On ne parviendrait à " hitlériser " la France qu'en biffant toute sa littérature. Et si j'étais à Paris, je n'aurais pas besoin, pour me confirmer dans la résistance, d'écouter la radio londonienne : il me suffirait d'aller au théâtre voir représenter *Athalie*. »

prochainement pour les cours d'été. Sont assis là, Putman, Lebel, et tous les professeurs de philosophie. – J'avais rencontré Lebel ce matin et discuté avec lui les questions de la Faculté, notamment les ambitions de Jean Bruchési, que je trouve encombrantes, surtout s'il s'agit de lui confier une chaire d'Histoire générale.

30 avril

Écrit à Brodin, au chanoine Sideleau, à Delattre (qui, de la part de Baldenne me propose un *Vigny*). Préparé ce qui me reste de cours.

Je porte mon article à *L'Action catholique*[98] et je tâche de voir Mgr Roy : mais cette fois, une carte à sa porte interdit les visites.

Lettre du notaire Bachand, de Sherbrooke, qui m'invite à une conférence pour le 10 ou le 13 mai[99]. Je choisis le 13. Ce sera l'occasion d'un petit voyage.

Il pleut et ce temps bas rejette les fumées sur le port, à un tel point qu'entendant les sirènes qui clament l'Emprunt de la Victoire, j'ai cru à un grand incendie.

1er mai

Revu mes derniers cours. Écrit à mamé, aux Éditions de l'Arbre.

Commencé ensuite un article sur la Russie : est-ce opportun ?

Vu Sœur Joseph-Arthur à propos de sa thèse ; l'abbé Bégin à propos des examens (je le relaierai à partir de 10h 1/2) ; et le chanoine Cyrille Gagnon à propos du doctorat honoris causa du président Lescot, sur lequel je reçois une lettre de Cantave l'acceptant pour la rentrée[100]. Mgr Roy n'a plus de fièvre, mais s'affaiblit faute de nourriture ; j'irai le voir lundi ou mardi.

2 mai

Achevé mon article sur la Russie : mais est-il opportun de le publier ? Travaillé à Rabelais.

Promenade avec les enfants à Charny, où les chutes de la Chaudière sont étonnamment majestueuses à cette saison. Il fait encore froid, et pas une fleur. Nous

---

98. « L'entente des combattants » *AC* du 4.5.1943. Viatte se félicite de l'accord qui semble possible entre de Gaulle et Giraud suite au mémorandum proposé par ce dernier. Partageant l'opinion du *Droit* et des autres journaux libéraux québécois, le chroniqueur de *L'Action catholique* souhaite vivement une entente entre les deux généraux, qui rangerait définitivement aux oubliettes le régime de Vichy. Quant au danger d'une révolution communiste, Viatte estime qu'il est moindre en gardant l'extrême-gauche dans les forces combattantes plutôt qu'en l'obligeant à faire bande à part. Il sera moins catégorique dans un article suivant, intitulé « La Russie et ses voisins », où il craint que l'URSS n'étende sa domination à l'est de l'Europe en « imposant à tous les États slaves des gouvernements dociles à Moscou » (*AC* du 7.5.1943).
99. Léonidas Bachand préside l'Alliance française de Sherbrooke. Il connaît Viatte par ses articles du *Canada français*. ARCJ, 118 J 235, Corr. gén., L. Bachand à Viatte, 29.4.1943.
100. Cantave préférerait que le doctorat soit attribué en sciences sociales, économiques et politiques plutôt qu'en droit, cette distinction ayant déjà été décernée en 1937 à Georges Léger, ancien ministre des Relations extérieures d'Haïti. ARCJ, 118 J 235, Corr. gén., P. Cantave à Viatte, 12.4.1943.

allons ensuite jusqu'aux abords du pont, le long de la rivière; et nous rentrons à Québec assez tôt pour que les enfants s'amusent une heure au Petit Lycée avec les petites Lahaye. Conversation avec Mlle Jobin : je la sens, comme tant de Canadiens français, hantée par «l'impérialisme britannique» au point de méconnaître le péril américain; causé aussi des problèmes que me pose le caractère de Jean-Claude, qu'elle juge surtout très sensible et à ne pas brusquer, et qui s'est attaché à son institutrice Mlle Boivin, comme à tout le monde...

3 mai

Cours à Sillery. Tempête de neige ce matin, de pluie ce soir. Et il y a des fleurs et de la verdure à Boston et à Montréal, me disent mes élèves !

Lettre de Cohen[101], lettre officielle de Cantave à propos du doctorat du président d'Haïti, lettre de Bachand sur une conférence de Sherbrooke[102]. Je leur réponds : pour Sherbrooke, je propose «Notre ami Rabelais», non sans hésiter à traiter des sujets qui me demanderont moins de travail, Haïti ou la Chine, par exemple; mais je suis plus dans ce nouveau sujet.

Vu, après-midi, mon ancien élève Yves Simard, qui se dispose à entrer dans la politique (aux côtés du Bloc canadien, hélas!) et qui vient m'interviewer sur mes vues au sujet du rayonnement canadien-français; – et visite à Mgr Roy, bien maigre et affaibli, qui ne cache pas la nature de sa maladie, qui discute encore avec moi à fond la lettre de Cantave, la venue du Président Lescot, le jury de Sœur Joseph-Arthur... Il n'a pas déclaré plus tôt son état pour «garder sa liberté d'action». Je croise l'abbé Parent qui sort de chez lui.

4 mai

Lettre de Blanche Boëtte[103].

Vu ce matin Sœur Joseph-Arthur, et écrit à Sœur Marie-Georges, à propos de leurs thèses. Mackey me parle aussi de ses projets dans ce sens.

Corrigé mes copies de Sillery. Fait mes plans de voyage pour Sherbrooke; je rentrerai certainement via Montréal; cela ne me coûte que 4 dollars de plus.

---

101. Gustave Cohen s'inquiète de l'état de santé de Mgr Roy et sollicite Viatte pour l'annonce de ses cours de vacances à New York. Cohen lui-même traitera du Moyen Âge et de la poésie moderne et contemporaine, Bédé [Jean-Albert, professeur de littératures romanes à Columbia University] se chargeant du romantisme. ARCJ, 118 J 235, Corr. gén., G. Cohen à Viatte, 29.4.1943 et R. Taupin à Viatte, 30.4.1943.
102. Le notaire Bachand précise : « Vous êtes libre de traiter le sujet que vous voulez, pourvu qu'il n'y soit pas question du conflit de Gaulle-Giraud. » ARCJ, 118 J 235, Corr. gén., L. Bachand à Viatte, 1.5.1943.
103. En s'excusant du retard accumulé par le service de presse de France Libre à Ottawa, Blanche Boëtte s'exclame : « Que de changements depuis les temps héroïques où l'on jetait les plans de la fondation du Service d'Information au Canada! Nous serons bientôt 20 à travailler ici, et devenons une vraie administration. » ARCJ, 118 J 235, Corr. gén., B. Boëtte à Viatte, 3.5.1943.

5 mai

Achevé la correction de mes copies.

Téléphone de Mme Simard qui me donne ses places pour la fête de Jeanne d'Arc et avec laquelle je conviens d'une réunion autour de Bruneau chez moi, mardi soir.

Je porte mon article à L.-Ph. Roy qui me montre un nouvel article du *Devoir* contre Hadamard[104]. Téléphoné à De Koninck qui justement écrivait une lettre ouverte au journal établissant les principes chrétiens là-dessus.

J'assiste le soir au film *Assignment to Britain* pour lequel Mme Simard m'a procuré un billet de faveur. Émouvant, surtout parce que l'on songe qu'en effet ces choses se passent chez nous, parmi les nôtres... Quelle vie hors de la réalité je mène ici! Et si peu méritoire, si éloignée du danger!

6 mai

Reçu aujourd'hui, une lettre du général Nemours, d'Haïti[105]; un livre de Strowski du Brésil – qui ne me répond pas au sujet d'un Montaigne –; et une lettre de Pierre Viatte, qui est à Brazzaville, parmi les combattants[106].

Causé avec Lebel à la bibliothèque. Il attribue les articles du *Devoir* au chanoine Chartier, qui agirait par pure xénophobie; et me donne des détails sur les méthodes d'espionnage employées ici jadis par Mgr Pelletier – qui s'était fait montrer le compte en banque du Dr Blanchet –. Sur le discours qu'il a fait à Sillery contre Claudel au grand scandale de Lacourcière et de l'abbé Savard, – sur les méthodes analogues de la J.E.C., de l'Action catholique, etc.

Rencontré le P. Delos, revenu des États-Unis, où Mme Lahaye est restée malade. Il est allé jusqu'à New York, pour 24 heures seulement.

---

104. La polémique contre la présence à Montréal de Jacques Hadamard a été lancée par un article du *Devoir* daté du 6 avril 1943 et signé par « Un universitaire de langue française ». Ce courageux anonyme cherchait à démontrer le caractère anticatholique du professeur Hadamard, vu son appartenance à la Ligue des droits de l'homme, laissait planer le soupçon sur son éventuelle appartenance aux milieux maçonniques et allait jusqu'à mettre en cause sa qualité de « vrai français ». Déplorant l'invitation faite à Hadamard, la conclusion de l'article se passe de commentaires : « Serait-ce à croire qu'il n'est sorti de France, en 1940, que des Juifs, des maçons et autres oiseaux de pareil plumage ? » Une réponse à cet article, signée par Jacques Maritain en personne, sera publiée dans l'édition du *Devoir* du 3 mai 1943. Le journal de Montréal, tout en prenant ses distances face à la réhabilitation d'Hadamard que proposait le philosophe thomiste français, prenait ouvertement parti en publiant immédiatement après une réponse de l' « universitaire de langue française » enfonçant son clou antisémite et antimaçonnique... C'est à ce dernier article que Viatte fait ici allusion.
105. L'auteur de l'*Histoire des relations internationales de Toussaint Louverture* approuve totalement le texte du « Manifeste » qu'il a reçu : « Il n'est pour tout homme de cœur d'espoir que de souhaiter et d'aider la victoire des Nations Unies. Victoire qui à mon sens est prochaine. » ARCJ, 118 J 235, Corr. gén., Nemours à Viatte, 25.4.1943.
106. Le légionnaire Pierre Viatte s'est entraîné au combat en Angleterre et ensuite à Lagos et Brazzaville, d'où il espère pouvoir enfin s'engager sur un front combattant. ARCJ, 118 J 235, Corr. gén., P. Viatte à Viatte, 2.4.1943.

Écrit à maman. Écrit une conférence sur Rabelais. Et travaillé un peu à Rabelais.

7 mai

Causé avec Maurice Lebel à qui j'emprunte un Valéry pour mon article sur la Contre-Renaissance. Il a vu Mgr Roy qui continue à suivre en détail l'activité de la Faculté, et qui certainement persévérera jusqu'au bout.

Répondu à Pierre Viatte, au Général Nemours.

Commencé mon article sur la Contre-Renaissance et travaillé à Rabelais.

8 mai

Écrit d'enthousiasme un article sur la campagne de Tunisie[107]; écrit à mamé.

Le P. Delos vient déjeuner. Je lui montre la lettre de Pierre Viatte, celle des Éditions de la Maison française (nous décidons de laisser la somme aux États-Unis à notre compte)[108], celle de Mme Varney, reçue ce matin, au sujet de l'éducation de son fils[109]. Il me dit les déceptions d'Élisabeth au sujet de son nouveau patron : cela me rappelle les grenouilles qui demandaient un roi ; mais avec tout cela Élisabeth est tentée de partir, pour Brazzaville ou pour ailleurs. On l'en dissuade. Je tâcherai de faire comprendre au Commandant Bonneau la situation.

Travaillé après-midi à Rabelais. Rencontré Pacreau. Visite de Lacourcière qui m'apporte un exemplaire de Valéry.

Je voudrais partir pour l'Afrique ! – Sentiment de dissonance avec le Canada ou du moins les Canadiens type Chaloult, qui ressassent leurs éternelles rengaines au lieu de vibrer avec le monde !

9 mai

Écrit à Mme Varney, aux Éditions de la Maison française, et travaillé à mon article sur la Contre-Renaissance.

Je vais à une heure à la Statue de Jeanne d'Arc, où le Commandant Bonneau dépose une couronne avec une très belle prière. J'y rencontre le P. Delos qui

---

107. « Victoire en Tunisie » *AC* du 11.5.1943. Viatte y répète plusieurs fois les termes de « Victoire stratégique » et de « Victoire morale ». Il analyse la prise de Tunis et Bizerte comme un tournant décisif du conflit, qui montre les faiblesses des armées allemandes et porte un coup fatal au collaborationnisme en Europe. Un signe avant-coureur, selon lui, de la victoire finale qui devrait arriver bientôt, après un débarquement qu'il sent proche…
108. Il s'agit des droits d'auteur obtenus sur les ventes du « Manifeste », soit une somme de 110 dollars américains pour un total de 2067 exemplaires vendus. Ce bénéfice est attribué au Centre de documentation de France Libre dirigé par Viatte. Les Éditions de la Maison française ne souhaitent pas rééditer le « Manifeste » au Canada, vu qu'elles disposent encore de stocks importants sur le premier tirage. ARCJ, 118 J 235, Corr. gén., V. Crespin à Viatte, 28.4.1943.
109. Enseignante au Département de langues romanes de l'Université Columbia à New York, Jeanne Varney cherche à placer son fils dans un collège jésuite québécois « pour des questions d'ordre moral et de discipline ». ARCJ, 118 J 235, Corr. gén., J. Varney à Viatte, 6.5.1943.

m'accompagne à l'autobus. Promenade au Lac Saint-Charles avec les petites Lahaye. La rive gauche du lac est beaucoup plus pittoresque que la rive droite, et très accessible avec les nouveaux autobus. Je repère beaucoup de promenades éventuelles. Mais il y a encore beaucoup de plaques de neige en sous-bois (pas une fleur encore, hormis les cornets puants des ruisseaux); pour éviter la neige, on se lance parfois dans les buissons, au désespoir des petites Lahaye, et l'on n'avance guère de la sorte.

De retour, chez Mme Simard, réunion des Français de Québec autour du Commandant Bonneau. Celui-ci est très gentil. Causé notamment avec le Dr Berger qui s'inquiète auprès du P. Delos du statut légal d'un « gouvernement provisoire »; avec Vivès, avec Pacreau, etc.

10 mai

Dernier cours de l'année à Sillery.

Travaillé après-midi à mon article sur la Contre-Renaissance, et à Rabelais. Je commence à prendre des informations pour mes vacances, et je descends à cette intention à la Compagnie Clark et aux Canadian Steamships Lines; les départs pour Tadoussac ne commencent que le 19 juin.

Lettre de Cantave[110].

Dernier cours de l'année scolaire à l'Université.

Ce soir il fait beau et je sors un peu sur les remparts – majesté du panorama, lumières du bassin Louise se reflétant dans le fleuve, sa rumeur lointaine; puis sur la Terrasse couverte de promeneurs. Québec (Amérique latine): voir Saragosse, voir Santiago de Cuba...

11 mai

Bibliothèque. Travaillé à mon article sur la Contre-Renaissance.

Téléphone d'Ernest Germain qui m'invite à le voir à Sherbrooke.

De 5 à 7, réunion chez moi autour de Bonneau: le P. Delos, le P. Lévesque, J.-P. Després, Raymond Parent, De Koninck, l'abbé de Smet, l'abbé Parent, Labouret, Lacourcière, Lebel... Labouret est dans la joie d'avoir obtenu son visa de sortie américain pour la France. J'apprends que Mgr Roy a été administré samedi, après une hémorragie, et qu'il reste très faible. – Bonneau reste à dîner, il s'intéresse beaucoup aux enfants; Québec lui plaît, il y trouve une atmosphère infiniment plus française qu'ailleurs. J'essaie de le chapitrer sur la nécessité des contacts personnels, au sujet d'Élisabeth; il me dit d'autre part qu'il espère avoir la subvention désirée pour le Centre de Documentation. Discuté la question de l'École libre, et notamment de Vignaux, qui était suspect pour sa participation à *France speaks*, journal mené par un type « à vendre ». – Bonneau se trouve être le frère de Georges Bonneau que j'ai connu au Japon.

---

110. Pour confirmer que le président Lescot accepte la distinction de docteur honoris causa qui lui a été faite par l'Université Laval, et que Dantès Bellegarde a reçu un doctorat similaire de l'Université de Montréal. ARCJ, 118 J 235, Corr. gén., P. Cantave à Viatte, 8.5.1943.

De là je vais avec le commandant à l'Exposition Tudor-Hart ouverte par Rainville et Bruchési. Beaucoup de belles œuvres. J'y retrouve Labouret. Son opinion : « Beaucoup de science et de conscience. J'ai entendu critiquer ceux qui n'aiment pas le fini, c'est la paille et la poutre. Les grands artistes seraient ceux qui savent finir, en liberté ».

Je rentre à pied avec Labouret.

12 mai

Je surveille l'examen écrit de mes élèves, puis, après-midi, je les corrige.

Soirée très intéressante au Château Frontenac autour de Bonneau (entre autres : les Simard, De Koninck, les René Garneau, les Tudor-Hart, le P. Delos, L'Heureux, etc.). Bonneau nous conquiert par son exposé très lucide et très sage des questions en cours. Il y a vraiment une extraordinaire pureté d'âme dans tout ce mouvement ; et je serais porté à juger de Gaulle une des plus grandes figures de l'histoire de France.

13 mai

Parti de bonne heure pour Sherbrooke. Variété de cette province de Québec : après la Beauce 100 % française, le pays de l'amiante, les plateaux stériles, puis les paysages adoucis des environs de Sherbrooke, assez semblables à ceux de France. – Ernest Germain me promène l'après-midi à Magog et me fait rencontrer deux prêtres français, l'abbé Lagrevol et le curé de Magog, le premier tout à fait « dans mes idées », se présentant ainsi lui-même et son confrère, avides d'échanger des points de vue et d'avoir des renseignements sur la France. – Nous visitons deux hôtels pour les vacances, mais plus chers qu'à Tadoussac, et malgré tout dans un pays moins immédiatement varié. Je rentre dîner avec le notaire Bouchard, président de l'Alliance française : causé d'Haïti, des manœuvres américaines contre la France où il voit les ballons d'essais de financiers isolés, de Giraud et de Gaulle ; je vois que Claude Eylan, passée par là et prenant partie violemment, a brouillé les cartes ; sur Haïti, c'est Cantave qui l'a documenté, dans une conférence goûtée.

Je fais ma conférence le soir, après une visite au Chanoine Sidelnau auprès de qui j'insiste sur sa collaboration à mes classiques par un volume sur les Auteurs catholiques du XIXe siècle ; mais il est surchargé de besognes et ne peut accepter que si son évêque l'autorise à se consacrer dans quelques semaines uniquement à l'Université de Montréal (pour l'instant, il est aussi supérieur du séminaire). – J'ai craint que ma conférence n'ait scandalisé, après les remerciements de l'abbé Lagrevol qui se compare à « mon curé chez les riches »[111] ; (Mme Germain m'avait présenté). Mais décidément je ne crois pas. Soirée chez les Germain, où se trouvent entre autres deux Français du Nord, les Rageot.

---

111. La conférence portait sur « Notre ami Rabelais », et démontrait en s'inspirant des travaux d'Étienne Gilson que le grand auteur du XVe siècle était un « homme grave qui s'amuse », impossible à comprendre si l'on ne se met pas dans l'atmosphère de son temps. « Auguste Viatte à l'Alliance française » *Tribune de Sherbrooke* du 14.5.1943.

14 mai

Voyage de Sherbrooke à Montréal. D'abord un pays montagneux, boisé, semé de lacs, assez pittoresque ; à partir de Farnham, la plaine. Quelle sera la carte du Canada qui rendra la nature de ces pays si différents malgré des différences de topographie insignifiantes ?

Passé chez Beauchemin, chez Granger, où je constate la pénurie toujours plus grande de livres classiques. Vu ensuite Hurtubise et Charbonneau. Ils m'apprennent qu'ils vont faire un deuxième tirage de mon *Victor Hugo* qui se vend très vite ; se scandalisent que la Maison française n'ai pas vendu le manifeste à plus de 1300 exemplaires, et l'attribuent à son prix[112] ; me parlent d'un article du *Devoir* attaquant cette fois Rivet ; et comme je leur expose mes vues sur le manque de culture internationale des Canadiens français, me demandent un article là-dessus. J'y verrais la possibilité de faire aussi connaître au-dehors le bien-fondé de certaines positions canadiennes.

Découvert la « petite Chine » de Montréal.

15 mai

Retour de Montréal à Québec. Écrit à mamé. Travaillé à Rabelais.

Rencontré le P. Delos, *Le Devoir*, me dit-il, annonce un article de dom Jamet contre Maritain. Au moins ceux qui ont affecté quelques années de défendre la France ne se cachent plus, aujourd'hui, de cracher sur les gloires françaises : on voit quel était le fond de leurs pensées... Et au moins je constate aussi, par ces attaques, que je ne suis pas tout à fait inutile ici, qu'il reste des positions essentielles à défendre...

Il fait si beau que je vais un moment au Petit Parc avec un livre sur la Civilisation égéenne tandis que les enfants s'amusent.

16 mai

Écrit à Élisabeth, à Lemelin[113] ; travaillé à Rabelais.

Téléphoné à De Koninck qui croit comprendre que le Chanoine Cyrille Gagnon est désigné comme successeur de Mgr Roy : caractère instable, sous l'influence du dernier qui lui a parlé... Apathie totale sur la Faculté des Lettres. N'y a-t-il rien de fait ? Ou Mgr Roy a-t-il pris une décision secrète il y a longtemps ? De

---

112. Viatte souhaitait éditer une version populaire du « Manifeste », à bon marché. Il s'en était ouvert au Père Ducattillon et par son intermédiaire, avait obtenu l'accord de Maritain dans ce sens, ainsi que la promesse du philosophe – détenteur des droits d'auteur du volume puisque signataire du contrat avec la Maison française – que le bénéfice des ventes revienne au Centre de documentation de Québec. ARCJ, 118 J 235, Corr. gén., V. Ducattillon à Viatte, 12.4.1942 et J. Maritain à Viatte, 12.4.1942.
113. Celui-ci lui a réclamé la première partie de son roman dont il achève la seconde et qu'il espère « pouvoir soumettre le plus tôt possible à un éditeur " ouvert " ». ARCJ, 118 J 235, Corr. gén., R. Lemelin à Viatte, 14.5.1943.

Koninck pense que ma nomination serait bien vue au dehors, et il souhaite que ce soit moi, faute de quoi la Faculté végéterait. Mais qui le sait?

Après-midi, temps pluvieux; les petites Lahaye viennent s'amuser au Monopoly, avec un camarade, le petit Michel Gingras.

Jules Simard me dit ce soir l'abdication du roi d'Italie. Fausse nouvelle? Ce serait énorme...

17 mai

Lettre de Cantave qui cherche un spécialiste en assurances sociales pour Haïti[114]; je la porte après-midi au P. Lévesque, qui en est ravi. Rencontré Maurice Lebel à qui je communique mes commandes pour la Faculté.

Travaillé à ma Contre-Renaissance, et à Rabelais.

Je vais après-midi acheter aux enfants des pardessus et costumes d'été.

18 mai

Écrit à Cantave. Achevé mon article sur la Contre-Renaissance, et travaillé à Rabelais.

Mlle Jobin tient à ce que les enfants soient à la distribution des prix le 18 juin; je tâcherai de prendre ma quinzaine de vacances entre cette date et le 5 juillet.

Visite de Roger Lemelin qui vient reprendre son manuscrit dont il a bientôt achevé la seconde partie.

Je vais consulter le Dr Garant sur mon genou, qui me fait mal depuis une chute le mois dernier, mais il s'agit d'une simple foulure; il ne se prononce pas sur les yeux de Jean-Claude, ni sur les végétations de Bernadette; j'irai voir à ce sujet le Dr Painchaud avant les vacances.

Visite, aussi, du jeune Ouellet, qui vient me parler de sa thèse, avant les vacances.

19 mai

L'abbé Bégin vient discuter avec moi les résultats des examens, nous tombons d'accord. Le problème de la succession de Mgr Roy n'est toujours pas réglé: le Conseil universitaire a fait aujourd'hui une fournée de professeurs.

Envoyé mon article sur la Contre-Renaissance, travaillé à Rabelais.

---

114. C'est le président Lescot qui souhaite trouver au Québec ce « spécialiste parlant français, qui aiderait le gouvernement à compiler les lois du travail et à préparer un code haïtien du travail ». Cet organisme d'assurances sociales serait destiné surtout « à offrir une garantie à l'ouvrier en cas de perte d'un membre, à indemniser sa famille si survient sa mort et sur ses vieux jours, en cas d'indigence, à lui assurer le séjour dans une maison de retraite ». ARCJ, 118 J 235, Corr. gén., P. Cantave à Viatte, 16.5.1943.

Le P. Delos me parle d'une attaque contre le P. Ducattillon dans la *Boussole*[115], à propos de son affiliation au Comité de défense républicaine. Il est pessimiste sur la situation internationale, et craint un « vichysme italien », une offensive de paix genre Franco, un déplacement de la lutte contre le Japon, en rapport avec les entretiens Churchill-Roosevelt. J'avoue ne pas partager ces craintes ; et je me rappelle que de même il voyait les Allemands à Alexandrie, croyait à l'anéantissement de la Russie, hier s'imaginait que les Allemands avaient évacué volontairement la Tunisie, etc. C'est un trait de son tempérament.

Mirkine-Guetzevitch me demande de représenter l'École des Hautes Études, avec le Père Ducattillon, aux fêtes de l'Université de Montréal.

20 mai

Une dépêche de Mirkine décommande après-midi sa lettre d'hier, Maritain se rendant à Montréal en personne. Je suis débarrassé d'une corvée. – Lettre d'Élisabeth[116].

Travaillé surtout à Rabelais (j'achève le 2ᵉ livre) ; et commencé vers le soir ma chronique du *Canada français*.

De Koninck vient me montrer la très bonne lettre qu'il envoie au *Devoir* sur « l'affaire Hadamard ».

21 mai

Lettres de Mirkine (à qui je réponds), de Cohen[117], de Brodin[118]. –Téléphone de Mme Simard me demandant mes impressions sur Sherbrooke et sur Bonneau.

Séance de la Faculté pour discuter les examens oraux. L'abbé Bégin me salue plaisamment du titre de « doyen », m'embarrassant un peu.

L'après-midi je fais passer les examens. Jean-Claude vient y assister avec grand intérêt...

Travaillé le matin à ma Chronique internationale.

---

115. Il s'agit d'une petite publication québécoise d'extrême droite, antigaulliste.
116. Élisabeth de Miribel donne des détails sur la tournée de Valeur au Québec en mai et juin, alors que Paul Vignaux et Alexandre Koyré devraient y venir en septembre. Elle confie ensuite à son ami ses doutes et interrogations sur l'avenir du monde et ses craintes de voir les puissances anglo-saxonnes, les États-Unis en particulier, prendre en main seuls l'avenir de la planète. La chance de la France est selon elle de s'allier avec l'Angleterre pour construire une Europe forte et unie : « Nos positions sont faibles matériellement, profondes spirituellement, mais combien menacées. (...) Il faut souhaiter une Europe la plus unie possible. Il faut nous imposer par notre nouvelle conception sociale, mystique, politique, sans nous, sans l'Europe, la richesse américaine est vaine... » ARCJ 118 J 215, Corr. de Miribel, É. de Miribel à Viatte, 18.5.1943.
117. En sus des affaires académiques courantes, Gustave Cohen confie à son ami que sa fille Françoise s'est engagée dans les Forces auxiliaires libres du général de Gaulle en Angleterre. ARCJ, 118 J 235, Corr. gén., G. Cohen à Viatte, 18.5.1943.
118. Il communique à Viatte le nom des deux lauréates du concours de la Société des professeurs français en Amérique, Lucille Jacobson et Gladys Crammer, de Brooklyn College. ARCJ, 118 J 235, Corr. gén., P. Brodin à Viatte, 19.5.1943.

22 mai

Les examens s'achèvent ce matin, et mon année scolaire est terminée, sauf la réunion finale de mardi. Les enfants assistent à la séance, mais s'amusent surtout – avec l'abbé Bégin – à faire des cocottes en papier...

Reçu enfin une lettre de mamé du 20 février (on se passait à Barcelone le livre de Kérillis qui ne chômait pas). Je réponds ; aussi à Brodin, et à Roger Picard qui me sollicitait pour des cours d'été[119]. Téléphoné, à ce propos, à l'abbé Parent. J'espère que cette lettre de mamé n'est qu'une avant-garde, et que le reste du courrier suivra bientôt.

Après-midi, le temps semble beau, je vais avec les enfants sur la Terrasse, puis à l'Esplanade, mais le vent froid me fait rentrer.

Le Devoir publie une nouvelle lettre contre Hadamard (après une réponse de Maritain). Téléphoné à De Koninck qui n'a pas encore envoyé la sienne, ayant attendu ce qu'elles diraient. Je lui demande aussi son avis sur la dissolution de la Troisième Internationale, annoncée ce matin, et qui me paraît une chose énorme, même si elle n'est pas sincère.

Continué ma Chronique internationale.

23 mai

Travaillé le matin à ma chronique.

Avec Claudine et Nicole Lahaye, nous allons cette après-midi au Jardin Zoologique. Autobus nombreux et bondés. Temps extrêmement chaud. Toutes les bêtes sont déjà sorties. – Avant de rentrer, petite promenade sous bois où je rencontre plusieurs fleurs. Érythrone, trille blanc et rouge, fraisier, violette violette et blanche.

Brutalité de la bousculade à la montée dans l'autobus qui redescend ; aucun égard aux enfants.

24 mai

Enfin je n'ai plus du tout mal au genou.

Les petites Lahaye m'annoncent le retour de leur mère, qui est partie immédiatement se reposer à l'île d'Orléans.

À la bibliothèque. Drolet m'annonce que l'abbé Aubert se refuse à communiquer les livres à l'Index durant l'été, « qu'il soit près ou loin ». Je téléphone là-dessus à De Koninck, qui écrit directement au Cardinal.

Travaillé à ma chronique. À 3h., examens de civilisation française.

---

119. Roger Picard souhaite donner quatre à cinq cours sur le « romantisme social », sujet de son ouvrage en voie d'achèvement. ARCJ, 118 J 235, Corr. gén., R. Picard à Viatte, 20.5.1943.

J'accompagne les enfants au Petit Parc de l'Archevêché et j'y rencontre Bruno Lafleur avec qui je m'entretiens. Son dépit au sujet de l'étroitesse actuelle du *Devoir*.

Dîner offert par les étudiants; l'abbé Labrie le préside; on me donne la parole pour répondre au discours de l'abbé Bluteau, je commence assez bien mais je crois que je tourne court. Vive discussion avec l'abbé Labrie sur l'École projetée de pédagogie, à laquelle s'oppose l'ensemble de la Faculté, mais dont le Conseil universitaire vient d'annoncer l'ouverture. – Lebel me demande le programme des mardis universitaires et me suggère « la langue française hors de France ». J'y réfléchirai.

Réponse du Bic où je m'étais informé d'un séjour possible. C'est plus cher qu'à Tadoussac, mais tentant.

Le P. Delos a eu des nouvelles de Barcelone, d'avril; on y dit Geneviève fatiguée.

Il fait très chaud, voilà l'été. Et il y a un mois, nous étions dans la neige.

25 mai

Réunion de la Faculté. On décide les résultats des examens. Vive émotion sur le projet d'École pédagogique; on projette une réunion de la Faculté, jeudi, pour protester là-contre. Mais, après un téléphone à De Koninck et à l'abbé Parent, la réunion sera contremandée, les explications de l'abbé Parent ayant satisfait Lebel.

De Koninck me dit que sa réponse au *Devoir* paraîtra dans la *Semaine religieuse* du diocèse, façon de fermer la bouche aux répliques et aux insinuations. La nouvelle lubie de l'abbé Aubert sur l'Index sera soumise au Vice-Recteur par la direction des cours d'été, et tranchée net.

Continué ma chronique qui sera longue, et acheté divers habits pour Jean-Claude.

Lettre de maman.

26 mai

Achevé ma chronique internationale[120].

Déjeûné avec le P. Delos: il est d'accord sur ses rapports avec Bonneau, sur la demande de subvention, sur les questions posées par Mlle de Miribel, etc. – Il me

---

120. « Chronique internationale » *Le Canada français*, XXX, n° 10, juin 1943, pp. 762-771. Tout en se félicitant de la défaite des armées de Rommel en Tunisie et en pressentant le prochain débarquement anglo-américain en Sicile, Viatte met plutôt l'accent sur les aspects diplomatiques du conflit en cours. Il s'attarde une fois encore sur le cas français, ménageant les susceptibilités de ses lecteurs dans le différend Giraud-de Gaulle qu'il tend à minimiser tout en laissant transparaître sa préférence pour la « force de la mystique de Gaulle » dont il explique très pédagogiquement les choix politiques. Du côté russe, le chroniqueur relève les événements sensationnels que représentent la rupture avec la Pologne, la révélation encore mystérieuse des massacres de Katyn et surtout la dissolution de l'Internationale communiste annoncée par le « dictateur rouge ». Une nouvelle qui ne réjouit pas forcément Viatte, puisqu'il y voit surtout le signe que la Russie « tend à se désintéresser du reste du monde pourvu qu'on lui accorde les mains libres dans son "secteur d'influence" ». Et il ajoute: « ses voisins n'en seront guère rassurés, d'autant que leur cause apparaîtra moins solidaire de l'intérêt universel ».

raconte le retour de Mme Lahaye, arrêtée à la frontière américaine, obligée de descendre du train, libérée le soir par l'intervention du tout-puissant M. Amyot... Il me dit l'indignation du major Benoît, à Ottawa, contre les polémiques du *Devoir* sur Maritain.

Colère de Lechevalier contre l'ajournement de la réunion de la Faculté. Il vient me faire signer une demande de convocation. Mais je conviens avec Lebel qu'on rédigera une résolution platonique – j'en prépare les termes – et que nous irons ensuite la lire à l'abbé Labrie sans qu'elle aille plus loin. Lechevalier se méfie en réalité du P. Alcantara, qui n'y est pour rien.

Écrit à Baldensperger, à Bruno (Lechevalier ayant du goût pour un Montesquieu dans ma collection), aux hôtels de Tadoussac et du Bic où je voudrais passer mes vacances.

Je mets, le soir, De Koninck au courant des affaires de la Faculté. Il vient de faire accepter à la *Semaine religieuse* son article qui paraîtra jeudi prochain et qu'il fera reproduire dans *L'Action catholique*.

27 mai

Écrit à maman.

Le P. Lévesque me communique son choix pour Haïti (M. Beaulieu); je l'écris à Cantave. Il me montre aussi la lettre du major Benoît au sujet de Vignaux, de Valeur et de Koyré; j'écris moi-même au major Benoît.

Rédigé un projet de résolution pour la séance de la Faculté, fixée à lundi; j'en discute par téléphone avec l'abbé Parent, puis avec Lebel.

Écrit aussi à Dartigue pour lui rappeler ma « priorité » sur l'avion.

28 mai

Lettre d'Élisabeth à qui je réponds. Elle m'envoie l'article de Maritain en réponse à dom Jamet[121]. *Le Devoir* le publie, avec une autre réplique acerbe de dom Jamet. Une main inconnue l'a déposé chez De Koninck chez qui je vais chercher les enfants. Il me dit qu'au Séminaire l'opinion est que le doyen de la Faculté doit être un prêtre du Séminaire : on parle de l'abbé Labrie; l'abbé Parent soupçonne des ambitions de l'abbé Bégin, et de Lechevalier (à tort pour ce dernier, je crois). – J'avais téléphoné ce matin à Lebel pour discuter le règlement et lui dire que de toute façon je retirais ma signature à une demande de convocation injurieuse pour Mgr Roy.

---

121. « Je possède tout un dossier au sujet de l'échange de lettres *Devoir*-Maritain (l'article de Dom Jamet). Dès que *Le Devoir* aura publié la réponse de M[aritain] qui est très belle et que j'ai ici, j'enverrai cette réponse à tous les journaux de Québec et vous prierais d'insister auprès de *L'Action catholique* afin qu'elle soit publiée en bonne place. » Élisabeth de Miribel demande également à son ami l'autorisation de faire reproduire dans divers organes de la France Libre son article intitulé « Abdication de la Chrétienté ». ARCJ 118 J 215, Corr. de Miribel, E. de Miribel à Viatte, 26.5.1943.

Je sens que De Koninck fait une campagne discrète pour moi.

Après-midi, j'étais passé prendre des nouvelles de Mgr Roy : sur son lit de mort, il m'a demandé tous les résultats des examens ; mais c'est un mourant, jauni et creusé. Je ne reste que cinq minutes.

Travaillé à Rabelais, et commencé un article pour *L'Action catholique*.

29 mai

Écrit à mamé.

Reçu le *Beaumarchais* de Schérer ; répondu à Schérer, écrit aux Éditions de l'Arbre.

Travaillé, après-midi, à mon article, et à Rabelais.

Visite de Labouret qui ne prévoit plus son départ avant août – il s'est remis à l'agence Cook et a toujours la naïveté de ne pas craindre son retour en France – et qui se laisse tenter par l'idée d'un séjour au Bic avec moi.

Ce soir, réception de lord Halifax à l'Université. Ce type d'aristocrate britannique est vraiment une réussite humaine... S'il pouvait vous dire tout ce qu'il sait, comme il serait intéressant ! Mais probablement lady Halifax elle-même n'en sait rien. Cette dame ennuyeuse sera pour lui un repos... Causé avec Lebel, notamment de l'École de Pédagogie, et des colères de Lechevalier qui n'ont aucune raison d'être. Il me rappelle que l'abbé Laliberté a présidé la thèse de Mlle Michel[122] et j'en conclus que les ambitions de l'abbé Laliberté remontent loin et qu'une possible nomination permettrait toutes les illégalités. À cet égard il faut faire barrage.

30 mai

Téléphoné au P. Delos à propos d'Élisabeth et à De Koninck à propos de l'abbé Laliberté. Travaillé à mon article.

Ce matin le ciel était couvert et faisait craindre la pluie : je renonce donc à une promenade au dehors et vais avec les enfants voir l'exposition Tudor-Hart, que je suis heureux de visiter à la lumière naturelle. Mais le temps se lève ; la vue sur le fleuve est magnifique ; je rentre à pied, avec les enfants, en prenant les sentiers les plus bas du Parc des Champs de Bataille, que je ne connaissais pas, et où je trouve aussi nombre de fleurs inconnues. Beaucoup d'herbe à la puce poussant et déjà luisante au bord des chemins... Mon après-midi n'aura pas été perdue ; c'est une belle promenade ; et j'ai encore le temps de tailler un avion de carton à Jean-Claude et de jouer au binocle avec les enfants.

---

122. Eleanor Michel, du Connecticut, est l'auteure d'une thèse en littérature canadienne-française sur le thème *Les Canadiens français d'après le roman canadien-français contemporain, 1900 à 1940*, soutenue à l'Université Laval en 1942.

31 mai

Terminé mon article que je porte à *L'Action catholique*[123]. Écrit à Élisabeth. Travaillé à Rabelais.

Séance de Faculté, où Lechevalier apporte un projet de résolution dont je fais écarter ce qu'il pouvait y avoir d'offensant pour le Conseil universitaire ou pour le Recteur et où l'on ajoute mes suggestions. Le tout finit par devenir non seulement acceptable, mais très utile pour exprimer une prise de position. Je laisse Lebel le remettre à l'abbé Labrie.

Je téléphone les résultats à De Koninck, qui est grippé. Je lui parle aussi de Fontaine[124] qui me paraît tourner autour de la Faculté, et que je trouve indésirable.

1er juin

Je passe au consulat américain – où j'apprends que ma demande de visa doit être soumise à Washington. Cependant j'ai l'impression que ce n'est qu'une simple formalité, et comme on transmet la demande par avion, j'espère n'être retardé que de quelques jours. Sinon je ne vois pas quand je pourrais faire ce séjour avant l'automne...

Travaillé à Rabelais. Écrit à plusieurs collaborateurs de ma collection, en leur envoyant le catalogue.

Lechevalier va trouver De Koninck pour lui « refiler » l'École de Pédagogie, et de là il passe chez l'abbé Benoît. Vu De Koninck, grippé; il m'apprend que la nouvelle lubie de l'abbé Aubert sur l'Index a été réglée par le Conseil universitaire, et que les clefs, pendant les vacances, seront remises à l'abbé Parent. Le Cardinal est enchanté de son article[125]; l'abbé Dionne lui dit qu'il éveillera des réactions hostiles au Séminaire... Causé des relations possibles de J.-L. Gagnon avec la franc-maçonnerie, que Mme Simard (qui me téléphone ce soir à propos de Valeur) juge très improbables.

Lettre de Bonneau m'ouvrant le crédit de 30 dollars demandé pour le Centre de Documentation. Elle se termine par un mot très gentil[126].

---

123. « Europe ou Extrême-Orient ? » *AC* du 1.6.1943. Viatte y commente les résultats des discussions sur les objectifs de guerre menées à Washington et se félicite de la décision de donner la priorité au front occidental, en évitant de disperser les forces militaires alliées sur le front de l'Extrême-Orient. L'occasion aussi pour le commentateur de rappeler la nécessaire cohésion des ennemis d'Hitler, de mettre en relief le rôle militaire bénéfique tenu dans la lutte par les armées staliniennes, et de souhaiter un engagement successif et méthodique dans le conflit : d'abord abattre Hitler et ses appuis en Europe, ensuite soutenir la Chine et l'Australie sur le front extrême-oriental.

124. Il s'agit certainement d'Henri Fontaine, licencié ès lettres et en philosophie de l'Université Laval, qui participe aux cours d'été de l'Université en donnant des cours sur La Bruyère et le XVIIIe siècle littéraire. *Annuaire des cours d'été de l'Université Laval*, 1942-43, p. 8.

125. Il s'agit d'un article prenant la défense des Juifs persécutés, paru dans *La Semaine religieuse*, l'organe officiel de l'archevêché de Québec.

126. « Je veux à nouveau vous exprimer ma gratitude et mon admiration pour le magnifique travail que vous avez accompli et pour le dévouement avec lequel vous avez servi la France dans les circonstances les plus

Vivès, à qui je porte des photos, est tout « gonflé » de connaître un membre du gouvernement français – Philip.

2 juin

Déjeuner chez Després avec Robert Valeur (le P. Lévesque, le P. Delos, Guimont[127], Bilodeau) ; et le soir, conférence de Valeur à l'Institut des Relations Internationales, où je rencontre les Perron, Mme Simard, Onésime Gagnon, Tudor-Hart, etc. Discussions très intéressantes sur le « gaullisme » en ce moment de crise africaine, et sur la politique générale du monde. Valeur est optimiste – peut-être trop – sur l'avenir d'un « impérialisme américain » qu'il ne croit pas les États-Unis de taille à soutenir ; mais il signale ses menées, les pages injurieuses sur la colonisation française insérées dans le manuel destiné aux troupes, etc. En revanche, je trouve qu'il exagère et confond des choses dissemblables lorsqu'il décrit cette guerre comme la lutte des « libéraux » contre les « autoritaires ».

3 juin

Ascension.

Écrit à maman, à Bonneau. Revu la thèse de Sœur Marie-Carmen.

Promenade au lac Saint-Charles avec les enfants. Rencontré le P. Loew, Jésuite, qui me fait des avances pour les caser durant l'été. Je me méfie.

Soirée chez De Koninck. Nous trouvons un texte admirable de saint Paul sur les Juifs (conclusion de l'Épître aux Romains) à citer si son article de la *Semaine religieuse* cause des polémiques.

Il me passe cet article. Je le porterai ou l'enverrai à Hadamard. Mais je relève dans les pages d'annonce un article de propagande allemande.

De Koninck me montre une lettre d'Yves Simon en réponse à son livre sur le personnalisme[128]. Il me dit que Pattee se lasse de la bureaucratie du Département d'État et envisage de rentrer dans l'enseignement, à Mexico.

---

délicates » Signé : Chef de Bataillon G. Bonneau. ARCJ, 118 J 235, Corr. gén., G. Bonneau à Viatte, 31.5.1943.
127. Paul-Henri Guimont, licencié en sciences commerciales de l'Université de Montréal et en sciences économiques et politiques à Harvard, est chargé de cours en économie politique et finances publiques à la Faculté de philosophie de l'Université de Laval. *Annuaire général de l'Université Laval*, 1942-43, p. 98.
128. Yves Simon développe ses critiques à l'encontre du livre de De Koninck : il estime en substance que De Koninck n'a pas assez désigné ses adversaires dans son livre et qu'il laisse trop planer l'idée que cette polémique est dirigée contre Maritain, grand promoteur de l'idée de bien commun. Il confie ainsi son opinion sur le personnalisme : « (...) dans certains aspects de ce qu'on appelle le personnalisme contemporain, j'ai souvent cru reconnaître de simples variétés d'individualisme pur et simple, avec une forte tendance à compromettre cette primauté du bien commun sans laquelle la vie n'est que désespoir. J'ai une haine contre les personnalistes parce que j'ai cru observer que leur propagande fournissait trop facilement des masques sublimes à l'égoïsme et à l'orgueil (...) Enfin, il m'a semblé, surtout au cours des dernières années, que l'idéologie personnaliste s'accommodait avec trop de complaisance d'interprétations capables de la réduire à zéro, comme garantie des droits de l'homme et du citoyen. Si j'ai bonne mémoire la « Révolution nationale » du Maréchal Pétain n'a pas craint de faire usage de slogans personnalistes. Les vieilles idées françaises de liberté et d'égalité, les vieilles idées américaines de liberté et de justice égale pour

4 juin

Travaillé à Rabelais. Continué mon article sur l'« Éducation internationale des Canadiens français », comme hier.

Téléphoné à De Koninck, qui règle avec le Cardinal et le chanoine Labrecque la question de l'article germanophile paru dans *La Semaine religieuse*[129]. Il est vivement ému par une intrigue de l'abbé Grenier contre lui, et menace de démissionner. Quel guêpier, et comme j'aurais tort de rechercher le poste de doyen !

Je rends ce matin à Sœur Marie-Carmen les chapitres corrigés de sa thèse.

Au consulat américain, j'ai l'agréable surprise d'apprendre que l'autorisation de Washington n'est pas nécessaire pour une entrée limitée, ni pour un visa de transit ; je reçois mes papiers et je compte partir lundi.

5 juin

De Koninck me téléphone qu'au Séminaire on a bien accueilli son article de *La Semaine religieuse*. Il projette un manifeste contre l'antisémitisme.

Dépêche de mamé, expliquant le départ de Pierre – et probablement de ses collaborateurs – devant l'intrusion des « nouveaux venus »[130] : départ pour où ? pour Alger ? ou pour bâtir autre chose en face de l'Institut, à Barcelone même ? Je n'en écris pas moins ce matin, et câble ce soir pour demander des détails.

Travaillé un peu à mon article, et à Rabelais.

Le P. Delos vient me rejoindre au Petit Parc et me raconte son entretien avec le P. Ducattillon et Maritain. Ceux-ci envisagent des Cahiers qui seraient l'expression de la pensée catholique française au moment où les positions se prennent pour l'avenir ; le P. Delos envisage même de reprendre ainsi le travail de *La Vie intellectuelle* et de *Volontaire* en liaison avec l'Afrique. Le Centre de Documentation pourrait y contribuer par une partie documentaire. – D'autre part, Élisabeth annonce au P. Delos qu'elle a reçu un câble chiffré de Philip et Soustelle, la mandant auprès d'eux. Elle est dans la joie. Mais nous y perdons. Le P. Delos va la mettre en garde contre les intrigues politiques, l'engageant à se situer sur le plan intellectuel, et à nous servir d'intermédiaire à cet égard...

6 juin

Écrit à Élisabeth, et au ministre d'Haïti à Washington. Travaillé à Rabelais.

---

tous, sont des remparts beaucoup plus solides contre les tortionnaires de notre temps : il n'y a aucun danger que les nazis catholiques, les demi-nazis ou les demi-fascistes s'en emparent. »

129. C'est le chanoine Cyrille Labrecque qui dirige cette revue, voix officielle de l'archevêché de Québec.
130. Il s'agit essentiellement du nouveau consul de France Héricourt, d'obédience « Action française », qui est arrivé à Barcelone début avril. Sa venue coïncide d'ailleurs avec une prise de distance affirmée de Pierre Deffontaines par rapport au régime de Vichy. De nouvelles positions qui vaudront au beau-frère de Viatte son poste de l'Institut français de Barcelone : il est destitué de la direction par le consul Héricourt au début mai 1943, pour « activités antinationalistes ».

Promenade à Breakeyville où nous nous trouvons par hasard avec Mme Éon, la femme du fleuriste français.

7 juin

Visite de mon ancien élève Marc Perron qui se déplaît à l'île du Prince-Édouard et a posé sa candidature à Winnipeg, où j'apprends qu'est aussi candidat, notamment, Henri Fontaine.

Travaillé un peu à Rabelais; téléphoné au P. Delos; et pris après midi le train de Montréal où j'ai la chance de trouver, sans difficulté, le *New York Times*, une chambre à l'hôtel, et mes éditeurs à qui j'apporte le manuscrit de Schérer. Causé des polémiques du *Devoir* et de dom Jamet. *Le Devoir* a publié un article accusant l'Arbre de publier un livre sur *L'Origine de l'Homme*, par l'incrédule Paul Rivet, et défigurant ainsi *Les Origines de l'homme américain*!

Le P. Ducattillon[131] croyait que le P. Ducattillon était à Montréal ce soir, mais au couvent des Dominicains où je téléphone, on me dit qu'il est parti...

8 juin

Voyage Montréal-New York. Dans le train, un vieux monsieur causeur, voire bavard, et sympathique, mais chez qui je sens combien, en toute bienveillance, on peut avoir de préjugés contre les Canadiens français et contre l'Europe...

Arrivé avec une demi-heure de retard, je suis encore retardé par un black-out au moment de me mettre à table au restaurant chinois, et ne puis dîner qu'à onze heures. Il faut patienter dans l'obscurité.

9 juin

Vu ce matin longuement Gustave Cohen avec qui je discute de toutes les questions en cours : Haïti, la campagne du *Devoir*, etc. La prophétie sur la conversion des Juifs, à laquelle De Koninck fait allusion, me paraît le surprendre. Il interprète la dépêche de Pierre comme son départ pour l'Afrique du Nord, où il aurait peut-être un grand poste administratif. Il craint un noyautage « 5ᵉ colonne » par les évadés de France; d'autre part il m'apprend l'évasion réussie du fils Hadamard. Lui-même ne va pas très bien, il souffre de son ancienne blessure et se demande si le déplacement d'un éclat aurait atteint la moelle épinière, mais il reste très vert.

Après-midi, je vais à la bibliothèque de Columbia pour me faire renouveler l'autorisation d'aller aux rayons, et j'y passe quelque temps. Ensuite je vais retrouver Pakstas – que je n'avais plus vu depuis plus de vingt ans, mais toujours le même. J'apprends ainsi le « point de vue lituanien » : la brutalité de l'Allemagne retournant contre elle un petit peuple qui sans cela l'aurait soutenue par crainte de la Russie;

---

131. Erreur de notation de Viatte : il s'agit probablement d'Hurtubise ou de Charbonneau.

mais la crainte que celle-ci ne veuille exterminer les opposants (exemples concrets : le massacre de la famille de l'ancien président d'Estonie ; la confiscation des biens de sa fille adoptive, à lui Pakstas), le vœu que les Alliés gagnent d'abord la guerre à l'Ouest ; les difficultés d'une fédération européenne, à moins que quelqu'un de fort – l'Angleterre et l'Amérique – ne règle d'abord les contestations ; l'utopie des projets Habsbourg, la prépondérance du français comme langue seconde en Lituanie, depuis Hitler.

10 juin

Travaillé dans les cryptes de l'Université Columbia.

Déjeûné chez Hadamard : je lui remets l'article de De Koninck dont l'avant-dernière phrase l'intrigue et le réjouit – comme Cohen ; nous parlons d'Haïti, de son fils échappé sous un faux nom, etc. Je le trouve toujours charmant, ainsi que sa femme.

11 juin

Le matin, visite de Roger Picard. Le son de cloche « Vichy », ou plutôt Darlan : manque de savoir-vivre de Philip envers Roosevelt, exclusivisme de l'École libre, de Gaulle préparant une « dictature Boulanger ». Je sens que pour de Gaulle le principal ennemi reste peut-être les tenants de la République maçonnique. Et je suis un peu inquiet de constater que par hasard la majorité de mes collaborateurs sont des « Vichyssois » dans ma collection de classiques.

Dejeûner avec Cohen, le P. Ducattillon, les Leblond. Le P. Ducattillon fait faire en ce moment à Françoise Cohen la première communion et la confirmation. Elle va partir comme volontaire chez de Gaulle. Causé d'Haïti, de la crise du vaudou là-bas, de la politique américaine...

De là je passe chez Koyré, très intéressant sur la psychologie des Arabes attribuant la force à la protection divine (il a enseigné plusieurs années en Égypte et est venu aux États-Unis en faisant le tour du monde) ; il me parle du « sacrilège », du « don de soi » de Pétain en termes si chrétiens que je lui demande s'il est catholique. « Non, me dit-il, mais je suis théologien. » Il a été jusqu'ici en bons rapports avec les Bénédictins et les Jésuites plutôt qu'avec les Dominicains, parce qu'il n'est pas thomiste, et attribue une valeur philosophique à Saint Anselme et à Saint Augustin...

Le matin j'avais été chez Stéchert choisir le texte de Rousseau.

12 juin

Je vais chez Crespin qui me remet sans difficulté le chèque destiné au Centre de Documentation. Voilà une affaire réglée.

En me rendant à la banque, rencontré Hertz, le Luxembourgeois, inquiet (à tort, je pense) sur la lenteur mise à prendre Pantelleria, et, avec plus de raison, sur la faiblesse gouvernementale dont témoignent les grèves américaines.

Rencontré à la bibliothèque le P. Ducattillon que j'accompagne à son déjeuner. Je lui remets la part du P. Delos. Nous parlons du projet des *Cahiers de Civilisation*; il me dit aussi que l'Université de Montréal songerait à étoffer sa Faculté des Lettres en y appelant Gustave Cohen, à condition de lui adjoindre un ou deux catholiques reconnus: mon nom a été prononcé. Mais ferais-je ce «trust»? Ne sera-ce pas trop fatigant?

Soirée chez Dupont. J'y rencontre Mlle Arnaud, retournée complètement depuis qu'elle s'aperçoit que de Gaulle tient tête aux Américains, et méprisante au contraire envers Giraud. Dupont va partir en août, d'abord pour le camp de Géorgie destiné aux officiers de liaison, et où se trouve Wencélius dont il me lit une lettre[132]: Wencélius est surtout aigri contre l'École depuis qu'il en a été écarté par 7 voix contre 3, ce qui n'a rien d'étonnant cependant en raison de ses velléités fascistes dans le passé. Singuliers éléments dans ce camp, du côté Giraud: j'y retrouve St-Phalle: je comprends que de Gaulle soit en garde contre le noyautage. – Théorie de Dupont qui aimerait mieux laisser faire une St-Barthélémy de collaborationnistes soulageant les nerfs du peuple au prix d'un minimum de vies, et évitant les divisions résultant de procès interminables, trop sévères aux yeux des uns, trop indulgents aux yeux des autres… Causé aussi de Koyré et de son anticléricalisme agressif, contre lequel le P. Ducattillon m'avait déjà mis en garde.

Mlle Arnaud déplore le départ de Dupont pour l'influence française à Hunter College.

13 juin

Dimanche. Écrit le matin à mamé.

Déjeûné chez Grégoire – un Grégoire que je trouve très nerveux et chez qui je rencontre Koyré.

Visite à Maritain: il rentre chez lui en retard (la chaleur est torride, il tombe une bruine mêlée de vapeur d'eau). Je cause auparavant avec sa femme, je retrouve aussi Mendizabal; rencontré également un géant teutonique qui est Valdémar Gurian. – Causé de son projet de «cahiers» pour quoi la difficulté est de trouver les fonds; il est aussi enchanté de l'article de Koninck et attribue le refroidissement entre eux aux conversations de Monléon, détourné de lui «pour des raisons politiques». Lui aussi me parle de l'anticléricalisme de Koyré.

De là j'arrive très en retard pour dîner chez Brodin où je rencontre Mme Chapman que je me rappelle très bien avoir vue avec Marie-Louise chez les Huard,

---

132. Wencélius se trouve à Fort Benning, en Géorgie, où il côtoie «de chics camarades, ce que la droite a de plus fervent (…). Je voyais beaucoup Pagès, Force, d'Escayrac, des écrivains comme Gontran de Poncins et aussi Jacques Deval… ». ARCJ, 118 J 235, Corr. gén., L. Wencélius à Viatte, 4.7.1943.

au début de notre mariage... Je trouve Brodin beaucoup plus fermement « gaulliste » qu'autrefois ; sa voisine Mme Chapman est ardente dans le mouvement, estime beaucoup Bonneau qu'elle a rencontré à Montréal, me parle d'Allard qui trouve *Le Devoir* un journal excellent...

14 juin

Journée passée surtout à la Bibliothèque. Je cherche en vain à rejoindre Valeur.

Vu Mirkine qui me demande une conférence à l'Histoire de la Révolution, une autre dans une série qu'il voudrait faire sur les systèmes politiques des grands écrivains français. Il voudrait lui aussi, aller au Canada, parler des régimes politiques français de la Révolution à nos jours.

Soirée au « journal parlé » (« newsreal ») : si j'habitais New York, j'y irais plus souvent. Mais quel moyen formidable de propagande ! On s'en sert dans un bon sens, d'ailleurs très « gouvernemental », et le public applaudit Roosevelt contre Joe Lewis.

15 juin

Retour New York-Montréal sans aucun incident. Ces permis limités sont décidément la bonne façon de voyager en ce moment. À la frontière, je lie conversation avec un jeune Américain qui se rend à Montréal, tout ému de voyager « à l'étranger » pour la première fois de sa vie...

À Montréal, orage effroyable, les rues transformées en rivières au moment où je sors du restaurant.

16 juin

Retour Montréal-Québec.

Marguerite me donne lecture d'une dépêche encore plus énigmatique que la précédente reçue de Barcelone par le P. Delos. « Exclu par Philippe, continuons travail ». S'agit-il d'une exclusion d'André Philip ? Et dans quelle mesure peuvent-ils continuer[133] ?

Téléphoné à Mme Simard, qui est grand'mère d'une petite Marie-France ; vu De Koninck au sujet de Koyré et de Maritain ; écrit au Bic, corrigé les épreuves du Vigny que je renvoie aux éditeurs en leur écrivant ; vu Lechevalier au sujet du Montesquieu où persévère Bonno[134] si ce n'est qu'une question de temps. Perdu du temps à chercher des bottes pour Jean-Claude dans les magasins.

---

133. Il s'agit en fait de Philippe Pétain, comme Viatte le comprendra quelques jours plus tard.
134. Probablement Gabriel-Dominique Bonno, critique littéraire français né en 1898, établi aux États-Unis et spécialiste des XVIIe et XVIIIe siècles français.

17 juin

Toute ma matinée se passe en emplettes : banque, achats de vêtements pour les enfants, etc. Rencontré à la poste Mlle Tonone qui va se reposer à St-Benoît-du-Lac.

Après déjeuner, visite de Labouret qui a maintenant maille à partir avec son visa portugais et qui compte passer des vacances au Bic. Il va voir l'abbé Parent pour les cours d'été. Téléphoné à l'abbé Parent au sujet d'une pension pour la boursière de la Société des Professeurs français, miss Jacobson.

Je m'escrime à rédiger ma déclaration d'impôts et je crois constater que pour l'année passée l'État me doit de l'argent... Il paraît que ce peut être vrai, me dit l'abbé Guillemette à qui je téléphone après l'avoir vu à ce sujet.

Vu Mgr Roy, un peu plus creusé peut-être, mais pas très changé depuis quinze jours, et qui écoute avec intérêt mes projets de vacances, notamment au sujet d'Haïti. – Vu ensuite la fille et la petite-fille de Mme Simard. – Et distribution des prix au Petit Lycée : je suis à côté de Mme Lahaye, toute brûlée du soleil, et bien remise.

Le soir, visite de J.-P. Després avec qui je parle du Centre de Documentation. Il me décrit l'anticléricalisme des boursiers haïtiens à Teachers College.

Vu un peu la thèse de Sœur Joseph-Arthur.

18 juin

Je me rappelle à temps que le premier bateau part de Montréal le 18, c'est-à-dire, d'ici, le 19... Il fera d'ailleurs certainement un temps plus agréable demain.

Je profite de ce retard pour corriger la thèse de Sœur Joseph-Arthur, que je lui rends, puis pour écrire des lettres : à maman, à Bonno, au Père de Los Angeles qui me demande un autographe, à Mlle Harvitt... Travaillé un peu à mon article de la *Nouvelle Relève*. Le numéro de juin n'a d'ailleurs rien de moi[135].

Vu le P. Delos qui interprète « Philippe » dans sa dépêche de Barcelone par « Philippe » Pétain. Ainsi tout s'éclaire en effet. Mais il semble que Pierre et ses collaborateurs restent à Barcelone. Le P. Delos rentre de Clermont où il a remplacé l'abbé F.-A. Savard, parti à Jonquière enregistrer des disques de folklore avec Lacourcière. Il paraît que Clermont est un très joli endroit. Parlé de Tucuman où G. Cohen me signalait une chaire à repourvoir : le P. Delos serait parfois tenté de changer ; mais il faut mesurer la plus grande ampleur de son action, et pour le moment,

---

135. Viatte signera un article dans le numéro d'août, sous le titre « Expiation et providence selon Joseph de Maistre et Bossuet » (*La Nouvelle Relève*, II, n° 8, août 1943, pp. 494-499), où il dénonce le dolorisme et les sentiments de culpabilité et d'expiation qui ont envahi tant de chrétiens après la défaite de juin 1940, victimes souvent d'une mauvaise interprétation des thèses de Joseph de Maistre. Au contraire, pour le chrétien engagé qu'est Viatte, il faut continuer « cette lutte concrète pour le bien, faute de laquelle la foi est morte (...) ; en reproduisant la Passion du Christ on se revêt aussi de ses mérites ; il y a des victoires stériles et des humiliations salutaires, la plus ou moins grande quantité de souffrances ou les hauts et les bas de la fortune, ne signifient rigoureusement rien sur la sainteté ou la culpabilité de chacun. »

elle est ici pour moi; indiscutablement; partir d'ailleurs en pays inconnu, perdre sans informations mon « rayonnement de Québec », serait une folie.

19 juin

Voyage Québec-Tadoussac, par bateau. Ce parcours est toujours beau et je trouve Tadoussac toujours aussi grandiose et reposant à la fois. Cette fois nous disposons de trois chambres séparées.

Les enfants font, sur le bateau, par leur gentillesse et leur vivacité, l'admiration de certains passagers. Allons, je ne perds pas tout à fait mes peines, malgré les lacunes de leur éducation au Petit-Lycée – médiocrité des manuels, dangers pour la langue, proportion exagérée de l'enseignement religieux.

20 juin

Pas de courrier. J'en suis un peu inquiet pour mes journaux. Écrit à mamé; à André Turcot dont le fils vient de se tuer par accident, à Mgr Cyrille Gagnon et à l'abbé Labrie qui viennent d'être nommés respectivement recteur et vice-recteur de l'Université Laval.

Ce matin, promenade à la Pointe à l'Islet – nénuphars et rochers. Après-midi, tandis que Bernadette reste une petite fille bien sage à s'amuser avec les petits Gauthier, je grimpe avec Jean-Claude la montagne de l'Anse-à-la-Barque en commençant par l'Anse-à-la-Barque : c'est une escalade où Jean-Claude se comporte en véritable alpiniste; souvent il me tend la main, me débarrasse de mon bocal et de mon Kodak qui m'encombrent, me montre le chemin : je savoure un peu d'avance mes joies futures dans la vie si je parviens à rendre ce garçon, qui a tant de cœur, capable de me conseiller un jour en matière plus sérieuse et de me conserver ma jeunesse d'esprit par le contact avec les jeunes...

21 juin

Matin à la plage avec les enfants, à lire Louis Marlio[136].

Après-midi, grimpade presque jusqu'au sommet de la Montagne de l'Anse à Richard; vaillance des enfants, notamment de Bernadette qui s'était fait une égratignure au côté, un peu auparavant, sur la clôture de la cour à l'hôtel Gauthier. Mais les moustiques sont très désagréables.

---

136. Par l'intermédiaire de Hoffherr, Marlio a sollicité Viatte pour diffuser son ouvrage *La Révolution d'hier, d'aujourd'hui et de demain* au Québec en précisant : « Connaissant le caractère conservateur et catholique de l'immense majorité des Canadiens français, je pense qu'ils seraient peut-être au premier moment effrayés du titre de mon livre. Je pense que cette frayeur disparaîtra facilement s'ils savent qui je suis et s'ils ouvrent le livre. J'appartenais en France aux milieux catholiques et j'étais vice-président de la grande association catholique des Scouts de France. Par ailleurs, j'indique dans mon livre que l'une des causes de la faillite actuelle de la Démocratie a été son caractère matérialiste et j'insiste sur la nécessité de la restauration du sentiment religieux. » ARCJ, 118 J 235, Corr. gén., L. Marlio à Viatte, 4.6.1943.

22 juin

Temps orageux et vent très chaud et très fort. Matinée sur la plage, avec les enfants, à lire le *New York Times*.

Après-midi je secoue ma torpeur et pars avec Jean-Claude – Bernadette restant par crainte du vent – jusque dans la forêt au-dessus du « Désert » où nous rencontrons un jeune siffleux. Retour par le Parc. Encore une bonne trotte, trois heures dans l'après-midi.

Conversé avec les autres pensionnaires – un monsieur de Port-Alfred, et le trésorier du Jeffery Hale Hospital de Québec, type d'Anglais distingué et courtois. Un mot du Bic et une conversation avec Gauthier sur les moyens de s'y rendre règlent la question de la semaine prochaine.

23 juin

Lettres de R. de Messières, et de Dartigue. Les détails du voyage d'Haïti se précisent[137].

Le temps est beau ; je me repose ce matin, et l'après-midi, je prends mon premier bain de soleil authentique. Après-midi, laissant les enfants à l'hôtel, je vais explorer la montagne au sud de l'Aqueduc, je parviens jusqu'en face de la Montagne de l'Écho et du coin le plus sauvage du monde, je gravis le point le plus élevé d'où le sol s'abaisse dans toutes les directions, – et je redescends par le champ de Golf, faisant la preuve que la montagne du champ de Golf est bien celle qui s'étend jusqu'au lac de l'Aqueduc.

Écrit à Dussault, du C.P.R., pour les prix de mon voyage d'Haïti, et à mamé, ainsi qu'à René de Messières.

24 juin

Matinée sur la plage avec les enfants.

Mot de l'abbé Labrie me remerciant de mes félicitations pour son élection de vice-recteur. S'il devenait doyen de la Faculté, il serait de rapports agréables.

Après-midi, j'entreprends avec Jean-Claude l'excursion de la Montagne de l'Écho, en vue de gagner l'affluent du lac de l'Aqueduc et le petit lac supérieur dont me parlait Gauthier l'année dernière. Mais une averse d'orage nous surprend en plein bois et nous trempe jusqu'aux os. Nous regagnons la route par le plus court – ayant heureusement retrouvé le chemin de coupe qui nous avait menés l'année dernière de la « Montagne de Jean-Claude » – et nous avons la chance de pouvoir héler une auto qui nous ramène avant une seconde ondée.

---

137. Viatte devrait voyager par avion de Miami en Haïti à la mi-août. Dartigue tente de lui faire obtenir une priorité de voyage, sans toutefois espérer la priorité maximale, accordée uniquement aux diplomates ou à ceux qui voyagent pour les besoins de guerre. ARCJ, 118 J 235, Corr. gén., M. Dartigue à Viatte, 15.6.1943.

Conversations avec ces dignes Anglais, gérants de l'hôpital Jeffery Hale : ce type d'Anglais cultivés et courtois est vraiment bien sympathique. Ils ont leur fils prisonnier à Hong-Kong ; madame est la « Dears of Women » de l'Université McGill depuis la crise – ayant été alors obligée de gagner sa vie – et ils vivent ainsi séparés sauf durant les vacances.

Écrit à Mirkine-Guetzevitch[138].

25 juin

Départ du sympathique ménage Strong que je reverrai sans doute à Québec.

Le matin, je vais avec Jean-Claude au Petit Lac, et je m'aperçois qu'il reste bien des coins à explorer de ce côté...

L'après-midi nous allons jusqu'au chaos de rochers de la Pointe Rouge, où je n'avais jamais passé que d'un peu plus haut, dans le vent qui y souffle sans cesse ; puis sur la grève jusqu'à la Pointe Verte.

Et voilà que s'achève ainsi mon quatrième séjour à Tadoussac – avec encore des buts inédits de promenade en perspective si le cœur m'en disait...

Journée de chaleur, la première de l'année.

26 juin

Encore un voyage un peu aventureux comme tous ceux de la Côte nord.

Départ de Tadoussac par l'auto de la poste, qui ramasse entre-temps d'autres passagers. Déjeuner aux Escoumins, au même hôtel où nous avons séjourné l'année dernière. Puis un rafiot à pont presque plat nous fait faire en deux heures la traversée Escoumins-Trois Pistoles : on y descend et l'on en grimpe sans passerelle. Nous avons vu filer notre train sous le nez, mais un taxi se charge de nous conduire à destination.

Et nous voici installés dans une « cabine » de trois pièces, tout à fait chez nous à la campagne ; nous pourrions faire la popote mais un restaurant est à notre disposition. Le tricolore et la Croix de Lorraine flottent sur l'ensemble du campement : le propriétaire M. Beaudry est un Français d'Angoulême, aujourd'hui mobilisé dans l'armée canadienne à Rimouski ; sa femme tient la maison.

Promenade sur la plage. Écrit à mamé. Et je contemple la nuit bleue du Canada qui s'installe sur les îles et sur la mer étale.

27 juin

J'apprends la mort de Mgr Camille Roy, jeudi ; à son lit de mort était De Koninck, ce qui ne laisse pas de me surprendre. Écrit mes condoléances à Mgr Cyrille Gagnon ; envoyé des cartes à Élisabeth, aux Ernest Germain.

---

138. À propos des thèmes de deux conférences que Viatte tiendra à New York en janvier 1944. ARCJ, 118 J 235, Corr. gén., B. Mirkine-Guetzevitch à Viatte, 1.7.1943.

Matinée paisible sur la plage : j'ai quatre journaux à lire en ayant trouvé deux ce matin, à mon adresse, en rentrant de la messe. Après-midi, promenade à l'Islet aux Amours, où je trouve des plantes spéciales au Bic, et très rares. – La pluie tombe vers le soir ; je chauffe une cabine ; curieuse impression, cette halte au milieu d'un paysage, comme dans une boîte qu'on aurait posée sur la grève, loin du village. Chant des oiseaux du soir, et leurs pépiements à l'aube. Et les couchers de soleil sur la baie et sur les îlots…

Les enfants s'amusent de bon cœur avec les petits Maurice et Pierrette Beaudry, qui semblent gentils et bien élevés.

28 juin

Matinée sur la plage. Tracé le plan d'un article sur les États-Unis.

Promenade après-midi, au Cap Enragé ; à la recherche d'une plante unique que je ne suis pas sûr d'avoir trouvée : hauteur extraordinaire des falaises verticales ; fourmis rouges sur les rochers. Pluie ce soir, tandis que le jour décline sur cet extraordinaire paysage bleuté des régions boréales que je ne me lasse pas de contempler.

29 juin

Pluie et vent ce matin. Je passe la matinée et le commencement de l'après-midi à ma cabine, où j'écris la moitié de mon article sur les États-Unis. J'attends mes journaux jusque vers 4 heures, puis je fais une promenade que je voulais courte, qui me mène en fait jusqu'à la route du Cap à l'Orignal ; nous rentrons par la grand route, dans un joli paysage qui vaudrait la peine d'être dégusté, si le temps ne nous avait pressés et si la pluie n'était survenue. Nous sommes rejoints et ramenés par l'auto de Mme Beaudry, qui m'apporte enfin mes journaux.

30 juin

Temps froid et brumeux. Écrit à Dartigue.

Promenade après-midi sur la grève et les rochers en direction du village. Paysage fantomatique de l'île.

1er juillet

Écrit ce matin à maman, et à Marguerite pour lui confirmer l'heure de mon retour. Après-midi, promenade en arrière du Cap Enragé : je passe la montagne par un col assez facile, surpris chemin faisant par une ondée heureusement légère et passagère.

2 juillet

Écrit à Gautheron.

Avec Jean-Claude, après-midi, promenade au Cap à l'Orignal. Succession de paysages extraordinaires. D'abord les marais avec leurs trous d'eau ; puis la série des caps et des îlets, décor de théâtre ; la riche ferme qui ne doit guère souffrir du rationnement – vaches, veaux, cochons, moutons, poules et poussins ; – Jean-Claude, au retour, oublie son capuchon, et part courageusement le retrouver ; nous nous engageons dans des chemins de forêt qui se perdent dans des coupes, nous redescendons à travers cette forêt dense qui, avec les rochers abrupts, donne au Bic son caractère propre, différent de Tadoussac et de Québec. Le Bic, dans ma mémoire, cela restera un ensemble d'îles et de caps coupés à la hache, et de sous-bois encombrés de troncs abattus et de sapins hérissés de branches. Pourtant tout cela relève du même type canadien : le Canada, pays des rochers, des forêts, des rapides et des chutes, d'une beauté « grandiose » et sauvage, où l'on rencontre à chaque instant la nature primitive et inspiratrice, contrairement aux États-Unis, pays de villes et de machines.

Nous rentrons en retard et trouvons Bernadette en larmes. Elle a d'ailleurs eu aussi ses aventures, ayant été poursuivie sur la grève par un porc-épic...

3 juillet

Dernière matinée sur la grève. Nous prenons le train local de l'après-midi qui est le bon train, ni encombré ni trop en retard ; nous y rencontrons deux sœurs de St-Paul que j'avais connues à Ste-Anne-des-Monts. Arrivée à 9h. ; nous ne mangeons qu'à la maison, le restaurant où nous descendions en pareil cas à Lévis étant transformé en un bar. – Trouvé dans mon courrier l'avis que j'ai ma priorité sur l'avion Miami – Port-au-Prince.

4 juillet

Dimanche. Téléphoné à De Koninck, au P. Delos, à Mme Lahaye. J'apprends qu'Élisabeth a passé trois jours ici, ayant été prévenue qu'elle pouvait être appelée en Afrique sur préavis de deux jours ; elle a été désolée de ne pas me voir et a paru très triste de nous quitter tous. D'ailleurs « claquée », ayant dû cumuler, avec tous les soins nécessaires avant le départ en pays chaud (piqûres, etc.) ceux qu'elle avait négligés ici, tels ceux du dentiste. À Mme Lahaye elle a même paru éteinte, et n'étant « plus tout à fait la même ». Tout le monde lui a recommandé le repos, mais elle craint Bonneau, curieusement. – Parlé aussi de la mort très rapide de Mgr Roy : l'abbé Parent l'avait vu une demi-heure auparavant, et ne s'y attendait pas ; De Koninck prévenu qu'il ne passerait pas la nuit est arrivé quelques minutes trop tard.

Écrit à mamé, à Élisabeth. Et passé l'après-midi à jouer au Monopoly avec les enfants, sauf une brève promenade à l'Esplanade : je sens tout à coup la fatigue musculaire de mes courses durant ces quinze jours.

5 juillet

Bibliothèque. J'y rencontre Lebel : Mgr Gagnon lui a dit qu'aucun doyen de la Faculté des Lettres ne sera désigné avant le Conseil universitaire de septembre.

Préparé mes cours. Visite de Labouret, à qui je montre la salle où il donnera ses conférences. Rencontré Mme Briggs et ses enfants, et le P. Delos.

Je vais au Consulat américain (mais il est fermé), au C.P.R., chez mon propriétaire M. Pâquet, chez Mme Pruneau acheter des cadeaux à Jean-Claude.

6 juillet

Mes deux premiers cours d'été. J'y retrouve bien des figures connues : sœur Marie-Georges, sœur Francis, Géraldine Mouton, etc., vu aussi sœur Joseph-Arthur qui me parle de sa thèse, toujours geignarde et pressée. Écrit mon rapport sur la thèse de sœur Marie-Georges ; écrit aussi à Dartigue[139], aux Pan American Airways, à la Commission des Changes, pour préparer mon voyage d'Haïti. Le P. Delos vient déjeuner : nous discutons longuement, en particulier de l'activité du Centre de Documentation, ainsi que du Petit Lycée, du voyage d'Haïti, etc. Je veux passer au Consulat des États-Unis, mais il y a trop de monde.

7 juillet

Ce matin, travaillé un peu à mon article sur les États-Unis. Cours d'été.

Après-midi, je veux passer au Consulat américain, mais comme il y a encore trop de monde, je m'assure que mon visa n'offre pas de difficulté, et j'attends la fin du mois.

Vu un instant Mgr Cyrille Gagnon qui avait essayé de me téléphoner au sujet d'Haïti et que je reverrai vendredi ; il m'apprend que la rentrée n'a lieu que le 15 septembre. – Mme Briggs me raconte sa déception de son existence solitaire à Montréal, de l'atmosphère « petite ville » et clans, du matérialisme ambiant ; elle préfère décidément l'Amérique latine.

8 juillet

Lettre de Dartigue et de A.F.B. Clark[140].

Après mon cours, conversation avec Lebel sur les thèses de diverses religieuses. – Vu Lechevalier qui me communique la liste des doubles à renvoyer à la bibliothèque générale.

---

139. Pour le remercier de la prise en charge, par la République d'Haïti, des frais de son futur voyage Québec-New York-Miami-Haïti. ARCJ, 118 J 235, Corr. gén., M. Dartigue à Viatte, 2.7.1943.
140. Clark est un critique de littérature comparée, spécialiste de la réception de Boileau en Angleterre, disciple de Fernand Baldensperger et Paul Hazard. Il enseigne en tant que professeur associé de littérature française à l'Université de Colombie-Britannique.

Téléphone de Bonneau qui me demande d'organiser la célébration du 14 juillet et me lit une dépêche du Comité national, dans un excellent esprit, souhaitant la participation des Français de toute opinion sans égard au passé, et demandant qu'on insiste sur l'importance de l'apport français aux Alliés, militaire, économique et moral par la résistance à l'arrière des lignes allemandes[141]. J'essaie d'atteindre à ce sujet le P. Delos et le Dr Berger, mais ils sont l'un et l'autre absents de Québec. Ristelhueber participera à la cérémonie d'Ottawa, de même qu'à Montréal les présidents de toutes les Sociétés françaises. – Lacourcière me demande de présenter demain Labouret aux étudiants; il vient ce soir me préciser l'essentiel de sa biographie. – Écrit à maman. – Téléphone de Mme Lahaye qui m'invite avec les enfants pour samedi.

9 juillet

Autre lettre de Dartigue, me précisant les conditions de mon enseignement: 18 heures de cours, plus trois conférences. Je réponds ce soir.

Téléphones relatifs au 14 juillet: Bardou, le Dr Berger, Mordret; je vois ce soir Mme Briggs et Mlle Langlois (j'avais passé auparavant chez Vivès) et je vais encore voir Berger. On s'oriente vers 1° une messe; 2° une convocation des Français au Cercle Renaissance, par des signataires individuels (je propose Bardou, le Dr Berger, Mordret, le P. Delos, Mme Lahaye et moi). Le P. Delos prononcerait quelques mots d'introduction précisant le sens de la réunion. Berger exprime le vœu que je devienne en quelque sorte « consul » du Comité national de la libération, pour remplacer le Comité local: consul, ou doyen de la Faculté des Lettres, ou quoi encore? Voilà bien des perspectives différentes.

Bibliothèque. À 4 heures, je présente Labouret qui prononce une causerie intéressante bien qu'un peu décousue. Raymond Parent lui offre – un peu en vain – d'écrire un compte-rendu de ses conférences.

10 juillet

Au cours de multiples téléphones, j'achève de mettre au point la célébration du 14 juillet.

Après-midi, visite de Labouret qui me demande s'il vaut la peine de persévérer dans ses conférences; je l'y encourage, bien entendu. Discussion sur la décadence de l'art et ses affinités littéraires: il me rappelle un peu nos discussions avec de Monléon. – À 4 h. je rejoins chez Mme Lahaye le P. Delos et Mme Briggs, nous discutons surtout du 14 juillet et télégraphions à Mme Simard pour avoir sa signature. – De là je passe chez Mordret qui me remet la liste des Français à atteindre. Et le soir je

---

141. Viatte est sollicité pour cette tâche vu l'absence de Marthe Simard, et est considéré comme la « personne la plus qualifiée pour organiser réunion des Français de Québec sans distinction pour convictions passées ». Bonneau insiste pour que « ces manifestations marquent aux yeux de l'étranger l'unité fondamentale du peuple français ». ARCJ, 118 J 235, Corr. gén., G. Bonneau à Viatte, 8.7.1943.

vois J.-P. Després. Mais je comprends combien les puérilités et la schizophrénie des ex-«Vichystes» peut exaspérer les tempéraments bouillants.

Lettre de maman, de février! – Écrit à mamé.

11 juillet

Écrit à Cantave, à Roger Picard. Vu la thèse d'une religieuse qui voudrait parler de la littérature latine. Et il ne me reste pas le temps de travailler sérieusemment.

La chaleur, du reste, et le soleil, détournent du travail. Je projette de prendre l'autobus de l'île d'Orléans : je le trouve bondé, et deux autobus supplémentaires me laissent sur le carreau avec beaucoup d'autres gens. Rencontré le ménage Mordret qui est dans le même cas et avec qui nous louons un taxi pour Ste-Pétronille. Je descends à une plage qu'ils m'indiquent ; baignade : moi-même, si frileux que je sois, je me trempe jusqu'au cou. Faguet, Français professeur à l'École technique, à qui je raconte l'affaire du 14 juillet, me dit : «Vous avez fait votre général Catroux». J'accepte l'assimilation, ce rôle est utile ; et pour le jouer il faut avoir été indiscutablement «France combattante». Je me dis en outre que parmi les hommes, en faisant abstraction des indifférents et des sceptiques, les convaincus se divisent en deux catégories : ceux qui voient en autrui des adversaires à combattre, et ceux qui visent à convertir ; et ces derniers, pour réussir, doivent comprendre (et écouter) les raisons qu'on a de penser autrement qu'eux, ils doivent pouvoir garder des amis dans l'autre camp. Et c'est une question de tempérament, et l'un et l'autre tempérament a sa raison d'être ; mais cela, les «combatifs» auront peine à le comprendre.

Reçu ce soir Mme Briggs pour la question 14 juillet, et reçu la dépêche attendue de Mme Simard, que nous avions pressentie.

12 juillet

Encore une journée de chaleur accablante. Pas de cours ce matin : on photographie étudiants et professeurs ; le P. Delos, après, me lit sa causerie à la radio du 14.

Après-midi, nous allons nous baigner à la Pointe de Lévis. Des roulements de tonnerre continuels à l'horizon, au-dessus des Laurentides, des nuages d'orage et des éclairs, nous font rentrer d'assez bonne heure, mais l'orage ne vient pas.

J'essaie de travailler à mon article sur les États-Unis : il ne me reste que quelques lignes, mais cette chaleur m'ôte ma lucidité.

Revu aussi la thèse de sœur Marie-Georges, qui passe demain et que me prête Lacourcière. – Téléphones au sujet de la messe du 14 juillet que l'abbé Boutin a fixée par erreur au mardi... Je retéléphone à l'abbé Couture afin de tout arranger.

13 juillet

Cours ce matin.

Après-midi je préside avec Lacourcière à la soutenance de sœur Marie-Georges. Elle n'obtient que la mention « avec distinction », Lacourcière (et l'abbé Bégin absent) ayant trouvé trop de lacunes dans la thèse.

Je vais ensuite exposer à Mgr Gagnon la question d'Haïti et mes démarches au sujet des boursiers éventuels. Il me demande un mémoire à ce sujet et me promet que nous marcherons la main dans la main. J'ai bonne opinion de notre nouveau recteur d'après son attitude.

Mme Briggs me montre la causerie du 14 juillet d'un officier français à la radio; le P. Delos à qui j'en ai parlé ensuite me conseille d'édulcorer la mention de Pétain. Téléphone de Bardou, furibond de ce que l'on a ajouté Mme Simard aux signataires de l'appel du 14 juillet; il téléphone aussi là-dessus à Mordret, qui me rappelle, mais évidemment me donne raison.

14 juillet

Deux lettres de maman (avril) m'annonçant notamment la mort de Paul Viatte[142], à l'Hôpital militaire à Damas.

Quatorze juillet. Le matin, messe à N.-D. des Victoires, dite par le P. Le Floch, avec présence de Mgr Gagnon et du général Tremblay. Je remonte avec Labouret et Mme Briggs.

Après-midi nous allons nous baigner à St-David: un orage menaçant nous fait rentrer vers 5 heures, et cette fois il éclate sur Québec. – J'achève mon « mémoire » à Mgr Gagnon sur Haïti[143].

Soirée du 14 juillet à l'hôtel St-Roch: tout le monde est là, ex-« vichystes » et « gaullistes ». Bardou préside; le P. Delos fait une allocution; on met aux enchères, pour Mme Lahaye, huit exemplaires du livre de Constantin Joffé au profit des prisonniers. Pas de fausse note. Mais il est trop clair que Bardou & Cie couvent leurs rancunes et qu'ils aspirent tout bonnement à supplanter Mme Simard à la direction de la France combattante. Pures questions de personnes.

Participent à la réunion plusieurs aviateurs « gaullistes » en stage de formation à l'Ancienne-Lorette.

---

142. Un des huit enfants de l'oncle Charles Viatte, engagé comme son frère Pierre dans la Légion étrangère et la France combattante. Renseignement aimablement transmis par Jean-Claude Viatte.
143. Dans cette longue lettre de doléances, Viatte plaide pour que l'on octroie trois bourses d'études à l'Université Laval à de brillants étudiants haïtiens, avec cette justification : « Au moment où les États-Unis font un effort très considérable et multiplient les bourses pour attirer chez eux les étudiants haïtiens, où la France ne peut leur fournir le complément d'éducation qu'ils y cherchaient autrefois, il semblerait tout indiqué, dans l'intérêt de la culture française et catholique au Nouveau-Monde, que les universités canadiennes facilitent la venue de ces étudiants. (…) Si les États-Unis peuvent offrir un outillage plus perfectionné et des spécialistes plus éminents dans certains domaines techniques, les Latins d'Amérique, si imprégnés de culture française, se sentiront toujours beaucoup plus à leur aise ici au point de vue de la culture générale. » ASQ, Boîte 293/17, A. Viatte à Mgr Gagnon, 14.7.1943.

15 juillet

Écrit à maman. Après-midi, nous allons nous baigner près de Giffard, sur une grève magnifique ; nous rentrons à 5 heures. Vu ensuite Mgr Gagnon qui tâchera de rencontrer Godbout sur la question des étudiants haïtiens[144]. Commencé ensuite une lettre à maman. Orage et pluie.

Je passe la soirée chez les Johnson, ces personnages qui prétendent reproduire par « radiesthésie » les images du passé et notamment de l'Histoire Sainte, qui les interprètent comme un message résultant de la connaissance angélique. Cela laisse rêveur ; et pourtant on sent évidemment la bonne foi, et les images sont impressionnantes...

16 juillet

Bibliothèque. Puis cours d'été. Après-midi je fais des emplettes ; à 4 h. je vais à la conférence – intéressante – de Labouret sur une gravure de Dürer ; Mme Johnson, qui s'y trouve, m'offre le livre de son mari.

Travaillé à mon article sur les États-Unis. Le soir, Mordret me téléphone une initiative de Van Houtte qui voudrait un télégramme commun des Français de Québec au général Giraud ; j'approuve chaleureusement et je m'assure par téléphone de l'approbation de Mme Briggs et du Comité France combattante.

17 juillet

À mes cours, j'oriente une religieuse vers une thèse sur le Romantisme de Maurice Barrès.

Bardou me téléphone ce matin ; après en avoir conféré avec le P. Delos, je lui communique par téléphone, à midi, le texte de la dépêche à envoyer à Giraud. Mais le P. Delos se rend compte comme moi des rancœurs qui couvent sous cette adhésion au Comité national, et de la nécessité de combattre toute exclusive contre Mme Simard et le Comité local de la France combattante.

Après-midi, conférence Labouret, très intéressante, sur le cubisme. Causé, en sortant, avec Cyrias Ouellet, Lacourcière, Raymond Parent.

Mme Simard, rentrée de l'île du Prince-Édouard, me téléphone ce soir, et je lui raconte les épisodes du 14 juillet et du général Giraud.

---

144. Effectivement, des passages entiers du « mémoire » de Viatte sur la question des boursiers haïtiens sont repris dans la lettre adressée par Mgr Gagnon à Adélard Godbout, premier ministre québécois, le 2 août 1943. C'est finalement Dantès Bellegarde, licencié en droit haïtien, qui bénéficiera de cette bourse provinciale. ASQ, Boîte 293/17, Mgr Gagnon à A. Godbout, 2.8.1943.

18 juillet

Écrit à mamé, à l'ambassade d'Haïti à Washington, au C.P.R.; et à Bonneau sur les développements de la semaine passée.

Après-midi, je fais avec les enfants le tour de la citadelle; je vais voir l'excellent ménage Strong, qui a retrouvé sa tortue après l'avoir perdue; ce sont vraiment des gens charmants – comme les Tudor-Hart, et je suis en train de réviser mes préjugés sur les Anglais; le frère, la fille, ne sont pas moins sympathiques que le ménage. Et nous rentrons jouer au croquet de chambre: Bernadette ne gagne pas, d'où grande colère, et Jean-Claude a peine à garder son attention jusqu'au bout.

Jean-Claude se plaint ce soir d'une douleur au cœur: je le trouve rapide et peu régulier en y mettant la main, n'est-ce qu'une impression?

19 juillet

Bibliothèque. Cours. – Je reçois enfin une lettre de mamé, du 19 mars. Aucune allusion encore à de nouveaux projets.

Je vais après-midi à la banque, au Canadian Pacific, chez le serrurier pour ma valise, à la bibliothèque du Parlement où je vois Bonenfant (rencontré son beau-frère Désilets dans la rue), etc.

Je dis à De Koninck mes inquiétudes sur les Johnson et il les partage, ennuyé d'être lui-même utilisé au profit de ce qui lui paraît du genre « tables tournantes ».

Visite de sœur Marianne qui me met au courant de sa thèse; et de Marcel Trudel qui en fait de même, mais vient à une mauvaise heure, avant mon dîner.

20 juillet

Cours. Bibliothèque. Courses en ville (la poste de la basse-ville; Vallin; Côté, serrurier).

Achevé mon article sur les États-Unis et commencé mon article sur la France.

21 juillet

Achevé mon article sur la France; je me remets à celui que je consacre à la formation internationale des Canadiens français.

Téléphoné au P. Delos à qui je comptais montrer le premier de ces articles; il devait me rejoindre après la conférence de Hammond sur les Noirs, à laquelle j'étais tenté d'assister; mais le beau temps m'incite à une promenade aux bords du St-

---

145. « Je suis heureux de voir qu'en fait la quasi-totalité de nos compatriotes ont accepté de se grouper autour de vous. » Bonneau ajoute que le Comité des Français libres de Québec doit poursuivre sa défense des intérêts français, d'autant plus face à la « campagne de calomnies déchaînée dans la presse des États-Unis et par les agences américaines contre le Général de Gaulle ». Le délégué de France Libre à Ottawa continuera donc de soutenir le Centre de documentation dirigé par Viatte à Québec, à raison de 30 dollars canadiens par mois. ARCJ, 118 J 235, Corr. gén., G. Bonneau à Viatte, 21.7.1943.

Laurent près de Lévis ; la marée est trop basse pour se baigner, mais je rapporte un bouquet d'hémérocalles.

22 juillet

Lettre de Bonneau, me confirmant ses directives d'union[145]. Mme Simard me téléphone que Giraud a produit très mauvaise impression à Montréal (elle le tient de source canadienne « très élevée » : St-Laurent ou Godbout), qu'il a paru très ignorant en politique – interrogeant les assistants sur la question juive, appelant Godbout « gouverneur » – et très insolent, que cette impression serait partagée par Roosevelt.

Je vais au consulat américain où l'on me donne un visa de transit, et à *L'Action catholique* où je remets mon article à L. Ph. Roy (celui-ci a sur son bureau le portrait du général de Gaulle). Une lettre des Pan American Airways m'annonce l'envoi de mon billet. De Koninck, chez qui je vais chercher les enfants, et qui vient de recevoir son permis d'entrée aux États-Unis, me dit que selon Pattee on avait des raisons de le lui refuser : je suis curieux de savoir lesquelles. Il a rencontré hier (fête nationale belge) une vingtaine d'aviateurs belges en séjour à l'Ancienne Lorette : tous pour de Gaulle contre Giraud, sauf un seul qui est « pour de Gaulle et Giraud » ; les Flamands pour Léopold et contre le gouvernement ; les Wallons souhaitent l'abdication de Léopold à cause de son second mariage… Quelles difficultés encore, et quels prétextes aux attaques contre les « gouvernements en exil »…

Le P. Delos me dit par téléphone ses inquiétudes au sujet du général de Gaulle et de l'attitude anglo-américaine envers lui. Il a reçu une lettre de Barcelone, de moi, d'où il résulte que Pierre aurait été rappelé en France, et s'y est refusé. Inquiet du choix de Laugier et du départ de Hardy.

Un dictionnaire biographique américain me demande des renseignements sur ma personne[146].

23 juillet

Déjeuner avec Pattee, toujours très libre d'esprit et peu américain, à l'hôtel Clarendon, avec le P. Delos, De Koninck, l'abbé Parent, Lacourcière, l'abbé Savard. Nous avons le mot de l'énigme au sujet du visa de De Koninck : un rapport de Winslow l'a dénoncé comme « catholique farouche », « thomiste » et « aristotélicien » (*sic*)… Il a fallu à Pattee comparaître devant une commission de cinq personnes qui l'a mis lui-même en posture d'accusé. Les avertissements de Pattee sur la sévérité de la censure à Miami me décident à m'arrêter à Wahington et à prendre copie de mes cours sur un cahier séparé, plutôt que de risquer de voir mes notes arrêtées au retour…

---

146. Il s'agit de la *Biographical Encyclopedia of the World*, éditée à New York, qui souhaite inclure une présentation de Viatte dans sa troisième édition de 1944. ARCJ, 118 J 235, Corr. gén., C. Nichols à Viatte, 19.7.1943.

Après-midi, je vais à la conférence de Pattee sur la littérature espagnole ; je travaille à mon article sur l'éducation internationale des Canadiens français ; je rends à sœur Joseph-Arthur un chapitre de sa thèse.

Soirée avec le P. Delos et le jeune aviateur Helleguen – qui préparait avant la guerre la licence en philo, et s'occupait de scoutisme ; – le P. Delos l'interroge sur les réactions des jeunes combattants, sur leurs vues de l'avenir : tout cela semble assez imprécis. On envisage une enquête – qui pourrait avoir pour effet de préciser les choses – et qui pourrait paraître dans *Volontaire*.

24 juillet

Je vais au Requiem de Mgr Roy, donné par les cours d'été, et auquel assistent aussi De Koninck, Pattee, Hammond[147], Mme Lacerte.

Pattee déjeûne chez moi avec De Koninck. Je tâche de le mettre sur la question française. Il paraît ignorer les raisons de l'attitude officielle envers de Gaulle ; et il affirme que du côté américain aussi, on n'a aucune vue nette de l'avenir. Pattee quitte le Département d'État pour la National Welfare Catholic Association : le milieu « bureaux » lui pèse.

Je vais à sa conférence sur l'Amérique latine. – Mme Briggs m'appelle ce matin pour me dire qu'elle a une lettre de Barcelone ; j'en ai une de maman, mais de mars.

Fait connaissance de Hammond, le Noir qui fait des conférences aux cours d'été : Canadien de naissance, de grand'mère haïtienne, il est professeur à la Nouvelle-Orléans. Je l'inviterai un de ces jours, avant mon départ.

Écrit le plan de deux conférences d'Haïti, et de mon premier cours.

Discuté avec Lacourcière et l'abbé Savard, en sortant de la conférence Pattee, le parallélisme entre le développement de la littérature canadienne et de la littérature hispano-américaine.

25 juillet

Travaillé ce matin à mes cours d'été et à mes cours d'Haïti.

Après-midi, je veux prendre l'autobus de St-Augustin, et la foule me décourage ; je prends celui de Stoneham où nous allons nous baigner « à la plage ».

Nouvelle sensationnelle ce soir : la démission de Mussolini. Voilà donc comme il devait finir. Si on l'avait su en 1922, bien des engouements, bien des équivoques auraient été évités…

Dommage pourtant que les nations catholiques, France et Italie, aient été les moins résistantes dans les deux camps.

---

147. Francis Hammond est un jeune docteur en philosophie de l'Université Laval, dont les recherches ont porté sur *La conception psychologique de la société selon Gabriel Tarde*.

26 juillet

Grande chaleur. Mais, les enfants ayant la visite d'Hubert Briggs, je passe la plus grande partie de la journée à préparer mes cours d'Haïti. Je reçois mon billet d'avion ; écrit à l'ambassadeur Léautaud à ce sujet.

Un téléphone de Mme Simard me dit que Winslow a été nommé à Addis-Abeba. Je le communique à De Koninck, qui s'en ébaudit. « Promoveatur ut amoveatur »…

Si j'avais le temps, j'écrirais sur l'Italie des « Réflexions sur la chute d'un régime ». Les faits démontrent qu'aucun régime de type bonaparto-fasciste n'a duré plus d'une vingtaine d'années, qu'ils se sont tous effondrés dans le sang et devant la résistance de l'Angleterre. Quelle différence avec la stabilité de cette dernière, des États-Unis, de la monarchie française, et même de la IIIe République !

27 juillet

Cours ce matin ; travaillé toute l'après-midi à mes cours d'Haïti. Je reçois un message d'un prisonnier inconnu, Paul Maison, qui me demande un colis ; Mme Simard à qui je téléphone me dit que c'est impossible. – Rencontré le P. Delos devant le *Chronicle Telegraph* et commenté les événements.

Rédigé un bulletin d'information pour un Institut de Biographie qui me demande des renseignements sur moi.

28 juillet

Achevé mes cours de littérature française d'Haïti. Revu mon article sur les États-Unis. Continué mon article sur la formation internationale des Canadiens. Après 4 heures, j'accompagne les enfants au Petit-parc, et j'y relis ma littérature grecque (manuel de Croizet) pour préparer mes cours d'Haïti.

Téléphone du P. Delos, qui va écrire à Kérillis à propos de ses derniers articles ; et de Hammond qui voudrait rencontrer Cantave.

29 juillet

Le P. Delos vient me montrer sa lettre à Kérillis, à laquelle je suggère une addition sur le rôle qu'il pourrait jouer dans les relations franco-américaines.

Écrit à maman ; travaillé à mon article.

30 juillet

Achevé mon article sur la formation intellectuelle des Canadiens français. Je le montre au P. Delos qui le trouve bien, et qui vient me faire ses adieux, assez ému d'une séparation plus longue cette fois ; maintenant que c'est décidé, je ne veux envisager qu'un mois dans ce beau pays, si exotique, qui arrachait des cris d'admiration à Marie-Louise, un mois de détente qui sera peut-être utile aussi à la France.

Lebel m'apprend que l'abbé Parent à décidé l'Université à offrir un doctorat d'honneur au général Giraud ; celui-ci a refusé. Il paraît qu'il a fait très grande impression à Ottawa, et qu'il a eu un entretien d'une heure à Montréal avec Duplessis convoqué spécialement, pourquoi ?

Écrit à Bonneau, et à Mrs Shaw.

J'assiste ce soir à la première du film « Heart of a Nation » : inégal, avec des parties comiques ou même grivoises qui détonnent, mais passent bien en revue, en général, les faits généraux de la vie d'un Français, et son sérieux foncier. Et moi, me voilà déjà au milieu du déroulement d'une existence semblable. J'ai eu ce que ma jeunesse désirait – mais jamais de la façon que j'envisageais. Un excellent mariage – pas celui de mon premier rêve amoureux. Des enfants qui occupent tout mon cœur – mais que je dois élever seul, ayant perdu leur mère. Une carrière de professeur, la renommée – mais pas la France. Que sera demain ? Me ramènera-t-il en France ? Me rendra-t-il pour mes enfants une seconde mère, ou non ? Et ces enfants, vers quoi s'orienteront-ils ?

31 juillet

Visite de Cantave qui repassera lundi et avec qui je discute les problèmes d'Haïti. Il est d'avis que ma présence peut faire grand bien. Va pour cette nouvelles « facette de ma vie ».

Je rencontre Hammond et lui donne rendez-vous pour lundi à 3 heures, avec Cantave.

Écrit à mamé. Je remets à De Koninck mon article sur les États-Unis pour lui demander sa réaction. Revu l'article sur la formation intellectuelle des Canadiens français. Et commencé un article sur la chute du fascisme.

1er août

J'achève ce matin mon article et fait le plan de mon premier cours de civilisation grecque.

Après-midi, promenade au lac St-Augustin, où se développe une agréable cité de villégiature : j'entreprends de passer sur l'autre rive du lac, et les enfants plongent jusqu'à mi-corps dans un marais ; puis ce sont de hautes herbes, jamais coupées apparemment depuis la fondation du Canada, rendues peu praticables par les lianes des clématites ; enfin nous arrivons à la plage, où les enfants peuvent se baigner. Au retour, nous allons prendre l'autobus de Cap Rouge, et nous abrégeons la route en suivant le chemin de fer jusqu'à l'entrée du viaduc, ce qui nous permet d'arriver à temps – à une minute près.

2 août

Travaillé à mes cours d'Haïti.

Après-midi, longue conversation avec Cantave et Hammond, ce dernier très pessimiste sur une reprise de l'impérialisme américain après la guerre, notamment aux Antilles, et sur la psychologie des Américains à l'égard des Noirs. Cantave me dit l'engouement des jeunes pour la culture anglaise en Haïti – engouement contre lequel réagit un peu le président Lescot. Il me prend mon passeport pour le viser et me le renverra pour jeudi.

Je vais avec les enfants à la promenade organisée pour les étudiants par bateau jusqu'au-delà du pont de Québec.

3 août

Sœur Marianne me remet le plan de sa thèse sur Huysmans, que j'examine.

Visite de Mgr Collignon, l'évêque des Cayes, à qui j'avais téléphoné, et avec qui je discute la situation d'Haïti. Il me paraît avoir des idées très justes au point de vue de la culture française et classique ; peut-être que ces idées auront plus de succès, lancées par lui ou Pattee, que par un témoin moins « impartial » comme moi…

Je vais avec les étudiants et les professeurs des cours d'été à la réception du lieutenant-gouverneur, à Spencerwood. Causé avec le désagréable Fontaine ; avec Mgr Gagnon, qui n'a pu voir Godbout, et verra Perrier ; avec Mme Briggs, sur les lacunes de l'éducation canadienne, pour les enfants… Rencontré Bardou, fleuriste, avec qui j'échange quelques mots.

De Koninck me téléphone, à propos de mon article sur les États-Unis, et m'encourage à le faire paraître tel quel, même si cela devait me valoir des inconvénients…

4 août

Lettre de Dartigue me demandant le discours inaugural des cours d'été[148]. Je réponds. Écrit aussi à Charbonneau et Hurtubise.

Vu l'abbé Lelaidier, pour qu'il communique aux journaux la nouvelle de mon voyage. Je m'achète une valise. Je vais avec les enfants au Petit-Parc, où je rencontre Poznanski, et M. Strong frère.

Lemelin vient m'apporter la deuxième version de son roman. Albert Pelletier avait fait les mêmes remarques que moi. Vu aussi J.-P. Després, qui vient me prendre ma documentation pour le Centre. – Poznanski me suggère de faire sceller mes livres par la valise diplomatique haïtienne : ce ne serait peut-être pas une mauvaise idée.

---

148. Il suggère à Viatte le thème suivant : « L'Esprit de la Renaissance et celui de notre temps », ARCJ, 118 J 235, Corr. gén., M. Dartigue à Viatte, 28.7.1943.
149. L'article long et très fouillé présente le livre de Viatte comme le premier qui offre une étude sérieuse des influences illuministes sur l'œuvre du grand homme de lettres français. « Victor Hugo et les illuminés de son temps » *Le Droit* du 31.7.1943.

5 août

Aujourd'hui arrivent des *Journal de Genève* de juin.

Écrit à maman, et à Guy Sylvestre du *Droit* (Ottawa), de qui je reçois ce matin une bonne critique de mon *Victor Hugo*[149].

Visite de Mme Hogue, bien logée aux abords de Sillery (chemin Gomin) dans une vraie maison de campagne. Elle a l'image mortuaire de Marie-Louise dans la chambre de sa petite Louise. Je vois sa nouvelle petite-fille, Madeleine.

6 août

J'achève mes préparatifs de voyage ; je fais passer les examens, écrit à Philippe Cantave ; vu sœur Joseph-Arthur.

Rencontré Mordret qui me dit la façon dont les étudiants, d'après lui, trouvent les cours d'été peu sérieux ; causé des nominations de Fontaine ou de Marc Perron. La rumeur court en ville, selon Mordret, que Lechevalier et moi nous nous démenons pour être nommés doyen... On parle de l'abbé Talbot.

Téléphoné ce soir à De Koninck, toujours grippé, pour lui recommander les enfants durant mon absence, et lui dire les critiques de Mordret sur les cours du soir. Fait aussi mes adieux par téléphone à Mme Simard.

Mme Simard dit que l'entrevue Roosevelt-Churchill, dont on parle, aura lieu à Québec[150] : la Citadelle serait évacuée dans cette intention.

---

150. Il s'agit d'une conférence canado-anglo-américaine pour la préparation d'un débarquement à l'ouest de l'Europe, qui se tiendra en août 1943 à Québec et consacrera également la reconnaissance du Comité français de Libération nationale par les Alliés.

FACULTÉ DES LETTRES

Dissertation française
4 avril 1946

1. "Si resplendissant que soit l'humanisme français, — écrit le critique littéraire André Rousseaux — depuis quatre cents ans que Ronsard et Montaigne l'ont fondé, il a vécu soit avec un aveugle bonheur soit avec une lucide nostalgie dans l'exil de l'éternel, dans l'exil où l'avait jeté son recours aux traditions païennes après la rupture avec la grande civilisation médiévale. Il était réservé à l'aurore du XXe siècle, par l'avènement de Claudel et de Peguy, de faire rentrer la France corps et âme dans la plénitude et l'harmonie de sa vie glorieuse... Renaissance d'autant plus splendide, que tous les enrichissements acquis par l'humanisme au sujet d'Eschyle, de Sophocle ou de Platon, sont les bases et les matériaux des nouvelles cathédrales que Claudel et Peguy auront bâties sous nos yeux."

Cette opinion vous paraît-elle fondée, notamment en ce qui concerne Claudel ;

2. "Tout ce qui s'est fait ne mérite pas d'être écrit."

Discutez cette affirmation de Voltaire et son importance au point de vue du développement des sciences historiques en France.

Auguste Viatte

1. Sujets de dissertation proposés par le professeur Viatte à ses étudiants de Laval, en avril 1946.

DEVANT LA CRISE MONDIALE

*Manifeste de Catholiques Européens
Séjournant en Amérique*

J. A. DE AGUIRRE	RENÉ DE MESSIÈRES
CHARLES BOYER	R.P. THOMAS MICHELS, O.S.B.
F. J. VAN CAUWELAERT	ABBÉ PETER MOMMERSTEEG
R.P. M.A. COUTURIER, O.P.	JOEP NICOLAS
ANDRÉ DAVID	ALFRED NOYES
R.P. J.T. DELOS, O.P.	ABBÉ J. OESTERREICHER
R.P. J.V. DUCATTILLON	L. A. H. PETERS
LADY GAINSBOROUGH	STEFAN DE ROPP
SIR PHILIP GIBBS	EVA J. ROSS
WALDEMAR GURIAN	BAUDOUIN SCHWARZ
OSCAR HALECKI	FRANK SHEED
MGR. EDWARD HAWKS	YVES SIMON
R.P. NICHOLAS HIGGINS, O.F.M. CAP.	ABBÉ CHARLES O. VON SODEN
DIETRICH VON HILDEBRAND	MGR. P.J. DE STRYCKER
E. HULA	DON LUIGI STURZO
HÉLÈNE ISWOLSKY	HUGH S. TAYLOR
HENRI DE KÉRILLIS	GEORGES THEUNIS
OTTO MICHAEL KNAB	SIGRID UNDSET
R.P. H.J.A. KOEVOETS, S.C.J.	AUGUSTE VIATTE
AUREL KOLNAI	PAUL VAN ZEELAND
JACQUES MARITAIN	GUIDO ZERNATTO
RAÏSSA MARITAIN	

emf

ÉDITIONS DE LA MAISON FRANÇAISE, Inc.
NEW YORK, N. Y.

2. En couverture de l'édition originale du Manifeste « Devant la crise mondiale » (1943), la liste de ses signataires.

3. Message de bienvenue paru dans *Le Devoir* de Montréal lors de la visite du général de Gaulle au Québec, en juillet 1944.

4. René Lévesque, premier ministre du Québec, remet l'Ordre des francophones d'Amérique à Auguste Viatte, le 8 septembre 1983.

5. Auguste Viatte reçoit son doctorat d'honneur de l'Université Laval le 29 juillet 1964. À sa gauche, Mgr Alponse-Marie Parent ; à sa droite : Mgr Maurice Roy, archevêque de Québec ; Mgr Vachon, recteur de l'Université ; Henri Peyre ; le doyen Lamontagne.

6. Auguste Viatte dans son bureau, en février 1948.

20 septembre 1943. Après un voyage à Haïti, je recommence ce journal.
Vu hier soir Gustave Cohen ; aujourd'hui, successivement, Hadamard, Koyré, Lévi-Strauss, et l'attaché culturel Seyrig, récemment nommé, à qui je raconte mes impressions. Seyrig est étrange : l'homme qui trouve toujours des objections pour ne rien faire. Ne pas envoyer de boursiers haïtiens à l'École libre, parce que ce n'est pas une Université complète, et qu'ils seraient malheureux à New York ; ne pas fonder d'Institut haïtien avec une équipe aussi nombreuse qu'on l'avait prévu, parce qu'on ne trouvera pas facilement des professeurs nombreux capables de s'expatrier ; inutile d'ailleurs de rien faire si un pays accepte "passivement" l'emprise étrangère ; ne prend précaution nulle de faire inspecter régulièrement les établissements français d'Amérique latine, où l'on a employé beaucoup trop d'argent dilapidé... Le type de l'état d'esprit "fonctionnaire" en vertu duquel rien ne se fera jamais. Alsacien de Mulhouse, agent de propriété près de Neuchâtel ; il sort de Sjrie et connaît très bien Teilhard.

21 septembre.
Voyage et passage de la frontière sans incident. Il y a dans le train un centaine de travailleurs qui s'en vont pour un an construire les routes en Alaska. Je vais coucher à Montréal chez cette sympathique Souvirieux qui tire des chambres près de la gare et qui est très préoccupée des bombardements aériens sur Madras, son pays.

Je viens de traverser moi un continent, pendant la guerre, et je constate que cela se fait sans difficulté lorsqu'on un passage officiel...

22 septembre.
Retour à Québec. Je fais route avec un de mes anciens élèves, Marion, qui entre professeur à l'École des Sciences sociales après un séjour à Washington où il s'est beaucoup occupé de Pax Romana. Très sympathique et très ouvert aux collaborations internationales, notamment avec l'Amérique latine.

A Québec je trouve une volumineuse correspondance. Lettre de maman m'apprenant le décès de la femme de Francis, morte en couches, et de la nomination de Gisard par Mgr de Solages à l'Institut Catholique de Toulouse ; lettre de maman m'apprenant dans lettre de la fille de Hadamard à ses parents, qui vont faire les heureux. Rien n'a pas l'air sûr d'une approbation de ma rupture avec Vichy ; encore une rumeur dire fait trop mal comprendre ! Mais a reçu une lettre méchante de M.

Mes Cahiers VII

20 septembre 1943 – 31 mai 1944

Auguste Viatte a passé les mois d'août et septembre 1943 en Haïti, où il dispense des cours d'été. De retour à Québec, il adresse à Henri Bonnet, Commissaire national à l'information à Alger, un mémoire de quatre pages sur la situation dans ce pays, qu'il fait transmettre par l'intermédiaire du délégué de la France combattante à Ottawa, Gabriel Bonneau. En voici le texte, qui donne un aperçu de cette période durant laquelle Viatte ne rédige pas ses « Cahiers ».

Québec, 18 Rue Ste-Famille
6 octobre 1943

Monsieur le Commissaire,

De retour d'un voyage en Haïti, je crois devoir faire part au Comité national de mes observations sur l'état présent de ce pays, et sur le conseil du Doyen Gustave Cohen c'est à vous que je me permets d'adresser ce mémoire, en vous priant d'en faire part aux autres services intéressés. M. Grousset, que j'ai vu là-bas, vous aura sans doute déjà fait connaître la situation.

C'est la quatrième fois que je me suis rendu en Haïti : j'y ai fait des conférences en 1933, j'ai pris part en 1935 aux fêtes du centenaire des Antilles, et en 1939-40 j'avais été chargé par le Service des Œuvres d'une mission officieuse relative aux accords scolaires qui se préparaient. Je viens maintenant de passer un mois à Port-au-Prince, seul professeur français engagé par le gouvernement haïtien à côté de trois professeurs américains qu'envoyait le Département d'État pour une série de cours d'été – la première du genre – aux professeurs de l'enseignement secondaire. J'ai ainsi pu voir les choses par le dedans.

Il n'est pas besoin de vous rappeler les liens culturels étroits qui unissent la France à la République d'Haïti. Notre ancienne colonie de Saint-Domingue est restée un pays de langue française, et son élite a gardé l'esprit français le plus fin ; l'Église recrute ses prêtres au Séminaire de St-Jacques en Bretagne ; l'enseignement secondaire, réformé par une mission universitaire française vers 1880, s'inspire de nos programmes dans une large mesure ; à la veille de la guerre, le gouvernement d'Haïti s'adressait à nous pour créer l'enseignement supérieur des Lettres et des Sciences, et un accord signé en juin 1940, quelques jours avant l'armistice, prévoyait la fondation d'un Institut français d'Haïti. Les négociateurs haïtiens de cet accord, tels que M. Abel Léger, alors ministre à Paris, me disent considérer qu'il reste juridiquement valable, n'ayant pas été dénoncé, et la force majeure seule ayant empêché de lui donner suite.

Mais nous assistons aujourd'hui à une offensive générale contre l'influence française.

1. Sur le plan religieux, elle se traduit par de vives attaques contre le clergé « breton ». L'origine en remonte à la campagne entreprise par l'Église, il y a deux ou trois ans, contre les superstitions, et à ce moment elle prenait une allure anticléricale, aboutissant à l'expulsion du Nonce apostolique. Depuis lors, on a plutôt essayé de remplacer le clergé français par un clergé américain. Ces efforts ont eu un succès partiel dans la nomination d'un Américain de langue française, Mgr Collignon, au siège épiscopal des Cayes ; on tente ainsi de manœuvrer les Franco-Américains et les Canadiens contre les Français de France, ou des Congrégations telles que les Oblats contre le clergé séculier. Le but ultime paraît être l'élévation d'un ressortissant américain à l'Archevêché de Port-au-Prince. En vertu du Concordat, il appartient au Président de choisir les évêques ; toutefois le Vatican se tient sur ses gardes, et il n'est guère à craindre que les Canadiens se prêtent sciemment à la manœuvre.

2. Sur le plan scolaire, il faut signaler une tentative de substituer dans l'enseignement primaire le dialecte créole au français (méthode du professeur américain Laubach). Dans l'enseignement secondaire, une campagne de presse se déchaîne contre la culture française identifiée avec la culture gréco-latine et à laquelle on oppose la formation « technique » des États-Unis. L'origine de ce mouvement doit se chercher à Teachers College (New York) où l'on envoie de très nombreux boursiers, qui reviennent munis de diplômes acquis en quelques mois, et pleins de suffisance envers leurs prédécesseurs. Leurs excès de langage ont d'ailleurs parfois dépassé le but, et le ministre de l'Éducation, en ouvrant les cours d'été, a cru bon de monter en épingle ma présence pour indiquer que dans sa pensée le concours des Américains et le maintien des relations intellectuelles avec la France ou des Français ne s'excluent point.

3. Tout en m'avouant peu compétent en ce domaine, je dois enfin signaler que sur le plan économique la main-mise américaine est aussi presque totale, et que

sous prétexte de fabrications de guerre (caoutchouc, sisal) de grandes Compagnies sont en train de bouleverser un système fondé jusqu'ici sur de petites exploitations rurales. Il suffit de mentionner que beaucoup d'Haïtiens s'inquiètent de ces échanges à sens unique, et souhaitent pour l'après-guerre une révision des accords commerciaux et des tarifs douaniers permettant de reprendre les relations normales avec le marché français.

Comme tout «collaborationnisme», celui d'Haïti avec les États-Unis, dans la mesure où il implique une renonciation à l'indépendance, est d'ailleurs une politique de désespoir, et reste très impopulaire. Il est surtout le fait de deux hommes : le président Lescot, qui doit à Washington sa fortune politique, et son ministre Maurice Dartigue, ancien élève de Teachers College et marié à une Américaine, que je crois sincère dans son engouement. Mais le préjugé de race crée entre les deux pays une barrière permanente ; même parmi l'équipe au pouvoir, j'ai rencontré très peu d'hommes qui ne s'expriment amèrement là-dessus, lorsqu'ils parlent à cœur ouvert, soit entre eux, soit même avec des Américains qu'ils jugent compréhensifs ; et ce ne sont pas les trois mois ou les six mois que passent aux États-Unis quelques centaines de jeunes gens qui peuvent effacer d'un jour à l'autre l'effet de la formation française très profonde qu'ont reçue les générations antérieures durant les cinq ou les dix ans quelquefois que toute personnalité marquante a passés à Paris.

Il serait sans doute inopportun de rappeler en ce moment le projet d'Institut français. Mais les Haïtiens ne l'ont pas perdu de vue. Plusieurs d'entre eux s'efforcent même de le reprendre sous d'autres formes. Le Dr Maurice Armand, Doyen de la Faculté de Médecine, qui fut un de ses négociateurs, voudrait intéresser les États-Unis à fonder un Institut du même genre avec des professeurs français, ce qui me paraît utopique ; le Dr Lhérisson tente d'obtenir le concours des fondations Rockefeller et Guggenheim pour établir à Port-au-Prince quelques professeurs de l'École libre des Hautes Études. Lévi-Strauss y passera sans doute trois ou quatre mois l'année prochaine. Maritain sera vraisemblablement invité à un Congrès en janvier.

Il nous faut donc continuer à surveiller les événements, maintenir tout ce qu'on peut maintenir, sauter sur la première occasion sérieuse de réaliser les projets laissés en suspens, et ne pas perdre de vue l'importance capitale que peut conférer à Haïti sa situation géographique pour le rayonnement de notre culture en Amérique centrale et aux Antilles.

Veuillez agréer, Monsieur le Commissaire, l'expression de mes sentiments les plus dévoués.

Auguste Viatte
Professeur à l'Université Laval (Québec)
et à l'École libre des Hautes Études[1]

---

1. ARCJ, 118 J 235, Corr. gén., rapport de Viatte, 6.10.1943.

20 septembre 1943

Après mon voyage d'Haïti, je recommence ce journal. Vu hier soir Gustave Cohen; aujourd'hui, successivement, Hadamard, Koyré, Lévi-Strauss, et l'attaché culturel Seyrig, récemment nommé, à qui je raconte mes impressions. Seyrig est décevant: l'homme qui trouve toujours des objections pour ne rien faire. Ne pas envoyer de boursiers haïtiens à l'École libre, parce que ce n'est pas une université complète, et qu'ils seraient malheureux à New York; ne pas fonder d'Institut haïtien avec une équipe aussi nombreuse qu'on ne l'avait prévue, parce qu'on ne trouvera pas facilement de professeurs nombreux capables de s'expatrier; inutile d'ailleurs de rien faire si un pays accepte « passivement » l'emprise étrangère; sa grande préoccupation semble de faire inspecter régulièrement les établissements français d'Amérique latine, où l'on a englouti beaucoup trop d'argent dilapidé... Le type de l'état d'esprit « fonctionnaire » en vertu duquel rien ne se ferait jamais. Alsacien de Mulhouse, ayant des propriétés privées près de Neuchâtel; il vient de Syrie et connaît très bien Teilhac.

21 septembre

Voyage et passage de la frontière sans incidents. Il y a dans le train une centaine de travailleurs qui s'en vont pour un an construire des routes en Alaska. Je vais coucher à Montréal chez cette sympathique Savoisienne qui loue des chambres près de la gare et qui est très préoccupée des bombardements aériens sur Modane, son pays.

Je viens de traverser tout un continent, pendant la guerre, et je constate que cela se fait sans difficulté lorsqu'on est personnage officiel...

22 septembre

Retour à Québec. Je fais route avec un de mes anciens élèves, Marin, qui rentre professer à l'École des Sciences sociales après un séjour à Washington où il s'est beaucoup occupé de Pax Romana. Très sympathique et très ouvert aux collaborations internationales, notamment avec l'Amérique latine.

À Québec je trouve une volumineuse correspondance. Lettres de maman m'apprenant le décès de la femme de François [Joos], morte en couches, et la nomination de Gérard par Mgr de Solages à l'Institut catholique de Toulouse; lettres de mamé renfermant deux lettres de la fille de Hadamard à ses parents, qui vont faire des heureux. Pierre n'a pas l'air sûr de notre approbation de sa rupture avec Vichy: nous nous sommes donc fait trop mal comprendre! Mamé a reçu une lettre touchante de Mme Madelin à mon sujet (Mme Madelin s'étant servie de son intermédiaire pour atteindre Michel au Maroc), mais cette pauvre Mme Madelin reste fidèle au culte de Pétain... Voilà ce que je reproche à Pétain, d'avoir égaré de grandes âmes.

Répondu à L. Allard[2], au doyen de McGill, écrit à Hadamard.

Téléphoné au P. Delos; à De Koninck qui m'apprend le choix de l'abbé Labrie comme doyen de la Faculté des Lettres (Lebel, venu au moment où j'arrivais, me dit que Labrie s'y refuse, mais entre tous les prêtres du Séminaire c'est celui que je préférerais car il nous donnerait carte blanche – il le fait déjà). De Koninck a mis son petit Arthur au Petit Lycée pour en faire façon, il n'y arrivait plus à la maison. Ce soir, téléphoné à Mme Lahaye, et à Mme Simard.

Rencontré Mgr Vachon à qui je parle d'Haïti. Lui non plus n'a pas l'air de bien comprendre.

23 septembre

Vu longuement Mgr Gagnon à qui je parle de la situation religieuse en Haïti. Il en résulte qu'il va modifier son discours et que j'aurai peut-être à en rédiger moi-même la deuxième partie. – Le président Lescot sera piloté par St-Laurent; il aura autour de lui Dartigue, le colonel Armand, Gontran Rouzier, le lieutenant Roger Lescot...

Lebel, rencontré à la bibliothèque, me dit l'obstination de l'abbé Labrie à ne pas vouloir le titre de doyen, il est excédé par les corvées auxquelles l'obligent ses fonctions de vice-recteur. Rencontré aussi à la bibliothèque rapidement le P. Delos. Vu rapidement aussi Mlle Jobin qui me dit les progrès des enfants; Mme Beaulieu, qui s'occupe d'eux, me dit toutefois ses difficultés à stimuler Jean-Claude.

Téléphoné à Roland Gingras qui a pu mesurer les naïvetés de Cantave et ses « erreurs sur les personnes ». – Mgr Gagnon a obtenu une bourse et je télégraphie à ce sujet à Bellegarde.

Courses diverses : cordonnier, M. Pâquet, bouquin, etc.

Ce soir, je vais voir Mme Simard et lui raconte mes impressions d'Haïti. Elle trouve Bonneau décidément très « fonctionnaire ».

24 septembre

Continué ce matin ma correspondance.

Premier cours. Beaucoup d'étudiants : entre autres, un Frère qui revient de Suisse où il étudiait à Fribourg, et une jeune Française qui prépare son M.A. – Lebel me montre une lettre de l'abbé Labrie sollicitant notre autorisation pour passer à la Faculté des Lettres. C'est donc bien lui qui sera notre doyen. Et du moment que l'on doit choisir parmi les prêtres du Séminaire, j'aime mieux cela.

Rencontré à la librairie Garneau le P. Cattala, Jésuite, aumônier du croiseur *Gloire*, fonctions qu'il a prises ayant été arrêté à Dakar dans son voyage pour

---

2. De Montréal, Louis Allard informait Viatte de l'achèvement de son « Lamartine » pour la collection de l'Arbre. Il s'apprête à partir avec sa sœur aux États-Unis, à Fort Benning, où se trouve son neveu, élève-aspirant dans l'armée américaine. ARCJ, 118 J 235, Corr. gén., L. Allard à Viatte, 10.9.1943.

Tananarive où il devait prendre la direction de l'observatoire. Imprévu de cette guerre : on part pour Tananarive, et l'on visite d'abord Québec ! Je l'invite à dîner pour demain soir avec le P. Delos et Mme Lahaye.

Mgr Gagnon me fait passer le texte de son discours en me demandant de l'achever. J'écris à Cantave à ce sujet. Téléphoné à l'abbé Bégin – devenu directeur du *Canada français* – pour lui proposer ma chronique d'octobre.

25 septembre

Achevé la préparation de mes cours. Écrit à mamé. Je reçois d'elle une dépêche en réponse à la mienne d'hier, me parlant de la « merveilleuse mission » qui se poursuit dans leurs nouveaux locaux « avec réussite »[3].

Commencé ma chronique internationale.

Risi me téléphone pour me demander d'accueillir Grundt qui va venir faire une conférence jeudi.

Dîner avec le P. Cattala, le P. Delos, Mme Lahaye. Le point de vue « officier de marine ex-vichyssois » : discipline d'abord. Réflexions sur le péril de guerre civile.

26 septembre

Travaillé à ma chronique. Téléphoné à Marguerite Magnan (Mme Lemieux) qui m'apprend la naissance chez elle d'un petit Michel.

Après-midi chez Mme Lahaye avec le P. Delos. Discuté l'abus de cette notion de discipline transformée en un absolu et supprimant les raisons mêmes en vertu desquelles on a établi la discipline ; discuté aussi l'importance de ces rencontres entre catholiques pour diminuer le péril de guerre civile, étant donné leur terrain d'entente avec leurs coreligionnaires dans les deux camps. Évidemment le P. Cattala n'aurait pas son poste s'il n'avait donné des garanties à Vichy ou à Boisson... Causé aussi beaucoup d'Haïti, et de cette heureuse « blague » qui détend du trop grand sérieux canadien. Mais le Canadien a sa solidité.

Mme De Koninck, vue en sortant de l'église, me dit que son petit Thomas, au Séminaire, a des devoirs jusqu'à 9h. du soir. Il est le plus jeune de sa classe : n'y a-t-il pas inconvénient à forcer ainsi la maturation ?

---

3. Depuis sa révocation de l'Institut français de Barcelone, le 24 avril 1943, pour « activités antinationalistes », Pierre Deffontaines s'active dans l'accueil de réfugiés et l'enseignement dans un autre cadre : « Nous venons de louer, avec Dravet [proviseur du Lycée français de Barcelone, ami de Deffontaines], un grand appartement calle Diputaciòn, pour le futur lycée de garçons, avec au-dessus un autre appartement pour Dravet lui-même. Nous nous sommes aussi entendus avec l'école espagnole Skoda, en face de notre ancien Institut, pour y organiser notre petit lycée et avoir le nom de Skoda qui nous servira de couverture. Dans l'appartement de Diputaciòn, en attendant la rentrée, j'ai décidé d'organiser un foyer de réfugiés. J'ai trouvé un jeune réfugié, Jacques Quillet, ami du père Gérard Viatte, qui me l'avait recommandé, le jeune homme faisant partie d'une organisation qui aidait les jeunes Français qui ont refusé de suivre la réquisition allemande et qui vivent en camps dans les forêts et montagnes. (...) Je lui demande d'être le responsable de notre foyer de réfugiés... » Livre de raison Deffontaines, 23.07.1943.

Lettre de Guy Sylvestre me demandant une collaboration à sa nouvelle revue *Gants du ciel*[4].

27 septembre

Travaillé à ma chronique.

Ce matin, cours à Sillery; causé avec Mère Marie des Anges de mon voyage en Haïti.

Une sœur de Marguerite envoie un petit chien pour les enfants, qui sont ravis.

Mme Simard me demande de faire le 29 septembre une causerie à la radio sur Haïti, j'accepte.

Envoyé la *Crise de l'intelligence française* à Arsène Pompée, de Jérémie. Raconté mon voyage à Lechevalier.

28 septembre

Continué ma chronique. Je vois l'abbé Bégin et la lui promets pour jeudi.

Risi me téléphone pour me demander d'accueillir moi-même Grundt jeudi. Le recteur me téléphone au sujet de la réception du président Lescot; il a reçu lui-même le discours présidentiel. Les journaux publient le programme de sa visite, et j'appelle Maurice Hébert pour lui demander de l'accompagner dans le parcours de la ville.

Vu Mlle Jobin et Mlle Beaulieu au sujet du programme des enfants.

Sœur Marie-Carmen me passe quelques chapitres de sa thèse.

29 septembre

Visite au Cardinal au sujet de la visite du président Lescot. Je lui raconte les inquiétudes de Mgr Le Gouaze.

Risi me téléphone pour me confier Grundt arrivé l'après-midi. Après mon cours, je lui fais faire un tour de ville, et le garde à dîner.

30 septembre

J'achève ma chronique, que je porte à l'abbé Bégin[5], et le discours de Mgr Gagnon, que je vais voir, longuement.

---

4. Critique littéraire, Guy Sylvestre vient de lancer *Gants du ciel*, « cahiers [qui] ne sont politiques en aucune manière et n'abordent les problèmes que sous leur aspect spéculatif ». Cette revue d'inspiration maritanienne « ne se désintéressera pas pour autant du temporel, mais elle ne veut y toucher que sous son aspect éternel ». ARCJ, 118 J 235, Corr. gén., G. Sylvestre à Viatte, 11.8.1943.
5. « Chronique internationale » *Le Canada français*, XXXI, n° 2, octobre 1943, pp. 120-126. Face aux événements qui se précipitent, en particulier avec l'effondrement de l'Italie, Viatte laisse transparaître son enthousiasme : « La " forteresse européenne " est désormais enfoncée. (...) Nous l'avons maintenant, la tête de pont, et quelle tête de pont ! » Et il imagine même une défaite militaire rapide de l'Allemagne par un mouvement tournant à travers les Balkans, conquis par les Alliés, suivi d'une percée foudroyante dans la vallée du Danube... C'est plutôt le versant politico-diplomatique du conflit qui inquiète le chroniqueur. S'il voit d'un bon œil l'autorité croissante du Comité d'Alger et l'esprit d'abnégation qu'il

Après-midi, avec Grundt, visite aux chutes de Montmorency ; dîner au Clarendon avec le P. Delos, Maurice Lebel, le Dr Blanchet, le Dr Perron ; conférence à l'ACFAS (je présente l'orateur) et soirée à la cantine du C.O.T.C. mise très aimablement à notre disposition par l'armée en l'absence d'un Cercle universitaire (l'ancien est fermé, le nouveau, rue d'Auteuil, n'est pas encore ouvert). Je fais la connaissance de Bieler, Suisse, autrefois à la Commission de Coopération intellectuelle à Genève, maintenant à la trésorerie de la province, qui connaît Gorgé, Victor Henry, et ne manque pas de finesse[6]. Après quoi, promenade nocturne le long des remparts avec Grundt.

1er octobre

Dernière visite de Grundt, au moment où je viens de téléphoner à Mme Risi pour le rassurer sur son cachet. Nous nous quittons en nous promettant de nous écrire. Ce Norvégien sentimental et lettré a quelque chose de très attachant.

Après-midi, visite de Cantave. Nous causons de la visite du Président Lescot. J'irai voir ce dernier à son arrivée en gare, avant la réception officielle.

Je vais acheter un complet à Jean-Claude. Visite de J.-P. Després à qui je donne mes impressions d'Haïti. Commencé mon rapport là-dessus au Comité National.

Soirée chez De Koninck, où je rencontre le P. De Rooy et un Bruxellois établi à Toronto, Hymans, préoccupé de l'éducation de ses enfants.

2 octobre

Bibliothèque. Écrit ensuite à mamé. Je vais à la YWCA[7] pour me renseigner sur les leçons de natation que désirent les enfants. Travaillé un peu à Rabelais.

Lettre de Mirkine m'annonçant la prochaine visite de Grégoire[8]. Je téléphone à De Koninck et à Maurice Lebel pour voir si je puis lui assurer des cours à l'Université.

---

décèle chez Giraud, il craint par contre la tendance des Alliés à se répartir « entre deux blocs rivaux : un bloc anglo-saxon centré sur les États-Unis, et le bloc des " Républiques socialistes soviétiques " ». Face à ce monde bipolaire qui se dessine, Viatte estime que les « petits États du Vieux et du Nouveau-Monde » ont un rôle de médiateur à jouer : c'est évidemment francophonie qu'il faut comprendre lorsqu'il évoque en conclusion l'importance des « minorités non anglo-saxonnes » dans le monde de demain.

6. Les connaissances jurassiennes de Bieler sont le diplomate et écrivain Camille Gorgé ainsi que le préfet de Porrentruy Victor Henry.
7. « Young Women Christian Association » ou Association chrétienne de jeunes filles.
8. Henri Grégoire est né en Belgique en 1881. Après un doctorat en philologie classique à l'Université de Liège, il est nommé professeur à l'Université libre de Bruxelles. Spécialisé en byzantinologie, il est professeur invité aux universités de Stanford et Berkeley, en Californie, puis dès 1940, professeur associé à la New School for Social Research qui accueillera l'École libre des hautes études fondée en 1942. Grégoire est l'un des fondateurs principaux de cette École libre, et l'un des premiers animateurs de la revue *Renaissance* qui en est l'organe intellectuel principal. Il est ici invité par quelques sociétés savantes à faire une série de conférences au Canada. Mirkine demande à Viatte de le faire également entrer dans le réseau universitaire. ARCJ, 118 J 235, Corr. gén., B. Mirkine à Viatte, 30.9.1943 et *L'École Libre des Hautes Études 1942-1946*, p. 9.

J'ai rendez-vous avec le premier ministre à 3h., au sujet du voyage du président Lescot.

3 octobre

Écrit à Mirkine, à Grégoire, à R. Picard, et achevé mon mémoire au Comité national sur Haïti, qu'il me reste à recopier.

Après-midi, promenade avec les enfants, de St-Émile à la route de N.-D. des Laurentides : horizons exaltants, forêt panachée de toutes les couleurs ; je rapporte un bouquet de feuilles séchées que je repasse et qui devrait me durer tout l'hiver.

Rencontré Vivès, qui a cru à la bourde américaine sur de Gaulle disant à Giraud : « Vous avez volé ma Corse... »

4 octobre

Cours à Sillery. Écrit à Teilhac.

Lettres de Grégoire et de Mme Robert Le Bray, l'amie de mamé, qui va retourner à Barcelone prochainement. Téléphoné, à propos de la visite du Président Lescot, à Maurice Hébert, et à Risi, et à De Koninck à propos de Grégoire.

5 octobre

Terminé mon mémoire sur Haïti.

Vu Mgr Gagnon sur la bourse de Dantès Bellegarde, et l'abbé Bégin à qui je parle de notre nouveau Doyen. Présenté Bernadette à la piscine où nous rencontrons les De Koninck, mère et enfants, ainsi que Mme Stanislas Germain et ses enfants. Téléphoné à Pouliot au sujet des visiteurs haïtiens, et à Mme Simard qui rentre d'Ottawa, déçue de voir les anciens consuls de Vichy employés par le Comité national (mais c'est inévitable, et la masse des gens mous peut faire un contrepoids efficace au péril de guerre civile), n'aimant pas le choix éventuel de Philippe Barrès pour Ottawa (parce que Bruchési le favorise), ayant eu des nouvelles d'Élisabeth qu'Alger déçoit aussi par son atmosphère d'intrigue et qui vit hors de ville avec Lahaye et un autre.

6 octobre

Corrigé mes dissertations de Sillery. Écrit un compte-rendu de Cohen (*Lettre aux Américains*) pour Guy Sylvestre et sa nouvelle revue *Gants du Ciel*. Lettre de G. Dagenais me demandant un article pour la semaine prochaine[9].

Je vais voir le premier ministre au sujet de la visite du président Lescot ; il semble que son ministère de l'Agriculture puisse assurer au moins une des trois

---

9. Gérard Dagenais, directeur littéraire de *La Revue Moderne* de Montréal, a demandé à Viatte un article sur le fascisme et Mussolini. ARCJ, 118 J 235, Corr. gén., G. Dagenais à Viatte, 25.8.1943.

bourses proposées par Stéphen Alexis. Je passe de chez lui à son chef de cabinet La Rue, qui me montre le détail du programme de la visite ; je suis invité samedi au dîner d'État, et au cocktail de M. Drouin à Boischâtel, ce qui, avec la réception à l'Université, ma bienvenue personnelle au Président Lescot à 9h 1/2, et ma visite de la ville en sa compagnie, est plus que suffisant. J'irai d'ailleurs prendre congé dimanche de lui ou de Dartigue.

Bernadette espère passer en 4e à Noël : Jean-Claude manque toujours totalement d'amour-propre.

7 octobre

Bibliothèque. Écrit à maman.

Bernadette va pour la première fois à la piscine ; Jean-Claude a toujours beaucoup de peine à fixer son attention et à acquérir l'amour du travail. Que faire ? Le mettre en étude le soir, ou en pension, ne me paraît guère une solution.

Mme Lahaye me téléphone les premières impressions de son mari à Alger : mauvais vouloir de la bourgeoisie d'argent ; mais si la droite finit par en pâtir, franchement elle ne l'aura pas volé.

8 octobre

Journée haïtienne. Je vais saluer le Président Lescot dans son wagon, j'accompagne ensuite Dartigue au Château-Frontenac, puis je vais au déjeuner offert par St-Laurent[10] au Club de la Garnison, où je suis assis entre Maurice Hébert et Beaulieu ; je parle à ce dernier de la *Nouvelle Relève* et des retards des Éditions de l'Arbre. Louis Saint-Laurent prononce sur la culture française des paroles très opportunes venant d'un ministre d'Ottawa, et qui amènent le Président Lescot à des déclarations beaucoup plus nettes dans ce sens, que je ne les avais jamais entendues. Après-midi je mène Dartigue chez le Dr Lacerte ; nous nous rendons ensuite à la Citadelle, puis de là à l'Hôtel de Ville, où le maire Borne a aussi quelques excellentes paroles ; et, à travers le Parc des Champs de Bataille, à la Faculté des Sciences dont Pouliot fait les honneurs, et où les démonstrations de Rasetti impressionnent beaucoup les visiteurs. Je retrouve le soir le Président à l'Université : son discours est un beau morceau d'éloquence et tient les assistants sous le charme ; j'y retrouve tout le président Lescot, qualités et défauts, y compris son utopie sur la double culture et son exigence de l'anglais obligatoire, mais avec une allusion au rôle de son pays « phare avancé de la latinité au Nouveau Monde » ; il me couvre aussi de fleurs à propos de mes conférences d'il y a un mois, et je recueille, après, de multiples compliments ; Mme Lahaye que je présente à l'Ambassadeur Léautaud est sidérée par l'esprit dont tous ces gens-là ruissellent. Très bonne journée au total pour l'union des peuples de langue française.

---

10. Louis Saint-Laurent est le ministre canadien de la Justice et depuis l'automne 1941, peut être considéré comme le bras droit de Mackenzie King. AMYOT, *op.cit.*, p. 282.

9 octobre

Le matin, préparé mes cours et corrigé des dissertations. Écrit à mamé.

Déjeuné avec Bellegarde et le P. Delos. – tour de l'île d'Orléans avec l'abbé Gingras et Bellegarde : nous allons ensuite au Club de golf de Boischâtel à une réception du ministre Oscar Drouin, Gontran Rouzier a déjà fait connaissance avec le colonel Légaré, qui rayonne de satisfaction lorsque je le présente à Dartigue et qu'il s'aperçoit que sa réputation de diseur de bons mots l'a précédé. Pouliot fort éméché me raccroche pour que j'obtienne une lettre de Dartigue aidant à financer le voyage qu'il projette en décembre avec Oscar Drouin. Je rentre avec Hector Faber.

Le soir, dîner d'État offert par Godbout : rien que des hommes en habit de soirée. Entrevu Benoît, Bruchési (l'air un peu capot, ces pauvres « Vichyssois ») et Chaloult, ainsi que Philippe Picard, député, qui me félicite de mes articles de *L'Action catholique*. Je suis à table entre Maurice Hébert et l'agent canadien aux Antilles britanniques et aux Guyanes. Je suggère à Dartigue, dans ma conversation avec Bruchési, la concentration des bourses et des boursiers entre ses mains ; il sidère un peu l'abbé Labrie en lui demandant s'il existe au Canada une école de charcuterie.

10 octobre

Je continue la préparation de mes cours.

Accroc à ma chaudière : un tuyau perd de l'eau ; il faut éteindre (et pourtant le temps refroidit) et attendre à demain.

Ensuite je vais mener les enfants chez Mme Lahaye, et je rejoins Dartigue à l'hôtel. Encore une bonne conversation détendante avec lui. Un jeune soldat étant venu s'enquérir d'une correspondante haïtienne, Dartigue et moi faisons intervenir Gontran Rouzier qui explique les démêlés de la censure avec les collectionneurs professionnels. On se rend ensuite à la gare où Lacroix me laisse espérer son prochain retour au Canada ; Dartigue renouvelle son invitation pour l'année prochaine en Haïti ; et le président me dit au revoir sur un ton vraiment bien sympathique.

J'écris derechef à Bonneau pour lui recommander la discrétion au sujet de mon mémoire confidentiel : je crois que je puis agir sur le Président et sur Lescot par le dedans, et une indiscrétion gâcherait tout.

11 octobre

Cours à Sillery. On me demande pour lundi une causerie sur la situation internationale. Encore une semaine chargée.

Une sœur vient me parler d'une thèse ; je lui propose Malègue[11] ou Léon Bloy.

Achevé de corriger mes dissertations.

---

11. Joseph Marie Malègue (1876-1940). Avocat et romancier, il est l'auteur d'*Augustin ou le Maître est là*, paru en 1933, où se révèle sa quête de spiritualité et son goût pour le régionalisme littéraire qu'il exprime dans les évocations de l'Auvergne natale.

12 octobre

Commencé ma causerie à la radio sur Haïti. Écrit à Koyré[12], à Grégoire. Téléphoné à Mme Berger et à Risi à son sujet.

Je m'achète un pardessus, et j'essaie d'acheter un bonnet de bain à Bernadette, mais n'en trouve pas. Il me semble que Jean-Claude travaille avec un peu plus de zèle. Son inattention n'est d'ailleurs pas toute volontaire.

13 octobre

Achevé ma causerie sur Haïti.

Échangé quelques mots avec le P. Delos qui vient chercher ses journaux. Après mon cours, Mgr Gagnon vient parler aux étudiants : mais je suis frappé de voir à quel point il reste ignorant de détails comme l'organisation des mardis universitaires, et aussi à quel point son ton est celui d'un aumônier plutôt que d'un recteur. Lebel partage cette impression.

Téléphone de Roland Gingras à propos du jeune Gérard Wilson, d'Haïti, et de la bourse qu'il sollicite[13]. Je lui recommande une centralisation des bourses auprès de Dartigue.

14 octobre

Bibliothèque. Écrit à maman. Commencé mon article sur Mussolini.

Je vais porter ma causerie à Mlle Langlois et je passe à la Bibliothèque du Parlement où je rencontre Bonenfant et Guy Roberge, ce dernier très content de mon article sur la formation internationale des Canadiens français.

Visite de Roger Lemelin. Un entretien téléphonique avec Charbonneau lui laisse l'espoir que les Éditions de l'Arbre publieront son roman[14]. D'autre part j'ai un mot de Hurtubise répondant à mes questions et m'annonçant enfin le prochain « départ » de ma collection.

15 octobre

Achevé mon article sur Mussolini. Préparé ma causerie de Sillery sur la situation internationale.

---

12. Alexandre Koyré s'inquiète de n'avoir pas reçu d'invitation officielle pour sa venue éventuelle au Québec. Il félicite également Viatte pour son *Victor Hugo* dont il a fait une longue recension dans *Renaissance*, la revue de l'École libre des hautes études. Koyré a particulièrement apprécié la façon dont Viatte cherche à situer Hugo parmi ses contemporains, en mettant l'accent sur la description du milieu occultiste et théosophique dont l'influence littéraire est très importante au cours du XIXe siècle. ARCJ, 118 J 235, Corr. gén., A. Koyré à Viatte, 2.9.1943 et compte rendu de *Victor Hugo et les Illuminés de son temps* dans *Renaissance*, juillet-septembre 1943, pp. 508-512.

13. Gérard Wilson est représentant en Haïti du comité Canada-Haïti de Québec. ARCJ, 118 J 235, Corr. gén., G. Wilson à Viatte, 21.9.1943.

14. Il s'agit très certainement d'*Au pied de la pente douce*, qui paraît en 1944 et révèle véritablement l'écrivain Roger Lemelin.

Je vois l'abbé Labrie au sujet des mardis universitaires et, comme Mgr Gagnon est dans son bureau, j'y passe pour lui dire ma satisfaction de la façon dont s'est orientée la visite du président Lescot. *Le Soleil* publie ce soir ses remerciements au Canada français.

J.-P. Després vient me voir : il a eu deux jumelles – après sept mois de mariage – dont l'une est morte. Il espère sauver l'autre.

16 octobre

Journée de pluie, maussade. Je dois chauffer de nouveau, après ces quelques jours de beau temps doux.

Écrit à mamé. Lectures provençales en vue de mes cours du soir : ce qui me prend toute la journée, avec une correction de devoirs le matin. Vu Lebel et discuté des cours.

Téléphone de Mme Simard : elle a reçu, à son grand étonnement, une aquarelle de Labouret ; confusion avec une homonyme de Ste-Anne-de-Beaupré, chez qui Labouret fréquente ?

Mlle Langlois me renvoie le texte de ma causerie, qu'il me faut abréger de trois pages, la causerie étant limitée à dix minutes.

17 octobre

Encore la pluie. J'invite Mme Lahaye et ses filles, mais elles sont déjà invitées ailleurs. Après avoir passé la matinée à préparer mon cours public, je reste l'après-midi avec les enfants, à jouer au croquet de salon et au monopoly.

Téléphone de garde Blais qui est maintenant à l'Hôpital Laval et va venir jeudi me débarrasser de ses malles.

18 octobre

Conférence à Sillery sur l'actualité.

Je continue à préparer mon cours public. Alerte ce soir, Marguerite m'ayant dit que *Le Soleil* l'annonçait pour le 26 : heureusement l'abbé Labrie, à qui je le téléphone, me rassure. Notre pauvre recteur s'embrouille tellement, et est si peu familier avec sa tâche ! C'est le tort de Mgr Roy de ne s'être pas préparé un successeur.

Téléphone de Risi au sujet de la visite de Grégoire. Cela m'amène à téléphoner à De Koninck et à Lebel : il en résulte qu'on demandera à Grégoire un cours sur l'Espagne musulmane dans l'épopée du Moyen Âge et que les deux Facultés collaboreront au point de vue des frais. Lebel en référera à Labrie, qu'il me tarde de voir doyen, pour que la Faculté ait un porte-parole. – Reçu également aujourd'hui deux lettres de Grégoire[15].

---

15. L'une concerne la fixation des thèmes de conférences de Grégoire lors de sa tournée au Québec, l'autre soulève le début d'une polémique à propos de la revue *Renaissance*, dont Grégoire est le directeur. Celui-ci est en effet « profondément peiné » que l'on ait oublié son nom et mentionné la Belgique de façon

J'ai passablement de monde à mon cours qui avait été annoncé dans les journaux. Un jeune homme qui y assiste est venu me demander un certificat pour le service sélectif. Bizarre !

Première réunion de la Société du Parler français, avec Langlais, l'abbé Beaudry, etc.

19 octobre

Travaillé à mon cours. Puis écrit les lettres que j'avais en retard au P. Albert, aux deux candidats boursiers d'Haïti, à Panneton[16] (de Trois Rivières) sur ma conférence, à Donatien Frémont au sujet des griefs de Grégoire[17], à Mme Robert Le Bray qui va retourner à Barcelone.

Je vais à 6h. moins le quart faire ma causerie à la radio sur Haïti, et j'emmène les enfants, qui sont très sages.

Ce soir, mon premier cours public sur le régionalisme littéraire. Beaucoup de monde. L'abbé Labrie y assiste.

20 octobre

Corrigé les dissertations de Sillery. J'écris une lettre à Jean-Paul Trudel, une autre à Pierre Viatte, et j'ai encore le temps – pour la première fois depuis longtemps – de travailler à Rabelais.

Dîner très intéressant avec le P. Le Roy, le P. Delos, le P. Lévesque, et Mme Lahaye. Échange de réflexions sur les événements. On est d'accord sur le génie politique du Général de Gaulle et sur la valeur de l'appoint russe comme contrepoids aux Américains ; on conjecture l'unité du peuple français grâce à son héroïsme et à son refus de « collaborer ». Et l'on trouve Staline un autre politique d'une sagacité formidable... Danger croissant de guerre Russie – bloc anglo-saxon. Dans la salle voisine, Kerhulu reçoit le P. Arsenault[18]...

21 octobre

À la Bibliothèque, ce matin, je rencontre le P. Ledit, qui est revenu du Mexique enthousiaste des « synarchistes » et en rapporte des impressions tout à fait semblables

---

« dédaigneuse » dans une « réclame officielle canadienne en faveur de *Renaissance* ». Grégoire en fait une affaire politique, craint que ses compatriotes belges n'en soient offusqués et que cette gaffe ne devienne « catastrophique pour la collaboration franco-belge ». Il demande donc à Viatte de faire son possible pour arranger l'affaire. ARCJ, 118 J 235, Corr. gén., H. Grégoire à Viatte, 14.10.1943.

16. Marcel Panneton est responsable de la Société de Conférences « Reflets » à Trois-Rivières.
17. Frémont est un collaborateur de la Commission d'information canadienne en temps de guerre. Il récuse tout oubli prémédité à propos de la Belgique dans l'article paru dans *Renaissance*, ayant selon lui simplement été obligé de faire court suivant les indications de son chef. ARCJ, 118 J 235, Corr. gén., D. Frémont à Viatte, 23.10.1943.
18. Le rédacteur en chef de l'éphémère journal pétainiste *La Droite*.

à mes impressions d'Haïti sur l'influence américaine. – Vu aussi Lebel et causé de la visite de Grégoire; l'abbé Labrie sera peut-être nommé doyen ce soir.

Après-midi, écrit à maman; passé à la bibliothèque du Parlement où je vois Bonenfant; écrit à Brodin (pour lui envoyer le compte-rendu de Shaw) et à Grégoire, après un téléphone à De Koninck et à Risi. Écrit aussi un compte rendu du Moyen Âge de Cohen pour le *Canada français*.

22 octobre

Préparé mes cours.

Causé avec Lebel des thèses en cours. – Sœur Joseph-Hermann, J.-P. Trudel qui a essayé de faire admettre son sujet par Lebel, qui l'a repoussé, et de le faire inscrire auprès du Dr P. E. Gagnon; causé aussi des scrupules du Foyer sur l'assistances des bonnes sœurs aux cours du soir.

23 octobre

Continué les lectures nécessaires à mon cours public. – Écrit à mamé.

Pluie et vent, assez froid. C'est la monotonie du mauvais temps, et l'on se sent casanier, après les promenades d'Haïti: contrastes... Que la vie serait courte si elle s'écoulait ainsi d'un bout à l'autre. Je suis hanté par l'idée que j'en ai peut-être passé les deux tiers, probablement la moitié. Je serais insatiable de la savourer jusqu'au bout dans sa plénitude.

24 octobre

Continué ce matin à préparer mes cours. Il fait froid; on s'achemine vers l'hiver.

Mme Lahaye vient jouer au monopoly avec ses enfants. Elle me dit combien le P. Delos et elle trouvent que le voyage d'Haïti m'a donné bonne mine: je sais qu'un tel voyage est toujours excellent pour ma santé... Causé du Petit Lycée. Et des voyous que sont beaucoup de petits Canadiens; Mme Lahaye a dû initier Marie-France au point de vue sexuel, je me demande si ce ne sera pas bientôt nécessaire pour Jean-Claude... Projets de retour en France: c'est plus automatique pour elle que pour moi; elle se demande si l'été prochain ce ne sera pas déjà possible, tout au moins en Espagne ou en Afrique du Nord: mais le prix? Élisabeth, dont elle a eu des nouvelles par Mme Istel, est, paraît-il, fatiguée et déprimée: elle avait déjà frappé à cet égard ceux qui l'avaient vue à son départ.

25 octobre

Cours à Sillery. Préparé ensuite mes cours. Ces romans sont plus longs à lire que d'autres ouvrages; on ne peut pas les feuilleter en diagonale.

L'évêque de Port-de-Paix est à Québec ; j'espère qu'il aura confirmé au Cardinal et au recteur les positions de Mgr Le Gouaze.

26 octobre

Achevé mon cours. Commencé ma chronique du *Canada français*. Écrit à Trois-Rivières[19], à Dagenais qui me demande un nouvel article[20] ; j'ai déjà un programme d'hiver assez chargé.

Lettre de Brodin qui a vu le président Lescot à New York, et qui envie mon été[21]. J'ai toujours peur que l'année prochaine ce soit quelqu'un d'autre... Mais Mme Lahaye m'a mis en tête l'idée du retour en Europe : j'ai envie de demander à Pierre les conditions du visa pour l'Espagne, à tout hasard ; et si je m'y rendais je ferais un crochet vers l'Afrique...

Beaucoup de monde à mon cours public, ce soir ; mais l'appariteur avait oublié de fermer la porte...

27 octobre

Jours de pluie. Continué ma chronique du *Canada français*. Causé avec le P. Delos qui vient m'apporter des journaux ; il m'apprend la mort de la deuxième petite jumelle de J.-P. Després.

Je rencontre l'abbé de Smet sous la pluie et l'invite pour vendredi soir ; je voudrais inviter Labouret, mais il n'est pas à Québec : à Ste-Anne-de-Beaupré sans doute, me dit-on.

28 octobre

Écrit à ce pauvre Hadamard qui vient de perdre son troisième fils dans un accident d'automobile. À près de 80 ans, et sans les secours de la religion, c'est dur. Belle famille que ces cinq enfants ; belle existence que cette vie de savant, consacrée à sa science ; et il est un de « ceux qui ont faim et soif de la justice ». Ne serait-il pas chrétien sans le savoir ?

Je suis troublé, en feuilletant à la bibliothèque un livre contre la franc-maçonnerie, de voir la mauvaise foi inconsciente de certains catholiques... les bourdes qu'ils ont pu croire, les niaiseries qu'ils ont données comme preuves ! Ceux-là – les pharisiens – n'appartiennent pas à « l'âme de l'Église », et seront dans l'éternité condamnés par tel de leurs adversaires.

---

19. Plus précisément à Marcel Panneton, qui a invité Viatte à donner une conférence sur le thème « Perspectives sur l'avenir intellectuel de la France » en février 1944. ARCJ, 118 J 235, Corr. gén., M. Panneton à Viatte, 11.10.1943 et 22.10.1943..
20. Gérard Dagenais souhaite poursuivre la collaboration avec Viatte et le sollicite pour traiter de la question des Balkans. ARCJ, 118 J 235, Corr. gén., G. Dagenais à Viatte, 18.10.1943 et 25.10.1943.
21. « J'ai eu une excellente impression de la culture française de ces gens-là... » ARCJ, 118 J 235, Corr. gén., P. Brodin à Viatte, 25.10.1943.

Écrit aussi à maman. Et poursuivi ma chronique du *Canada français*. – causé avec Maurice Lebel : il m'apprend l'élévation de l'abbé Labrie au titre de Monseigneur, ce qui me vaut une semaine presque entière de congé, puisqu'il n'y a pas de cours mardi. Mais j'ai mon cours du soir, comme me le dit Mgr Labrie que je vais féliciter à 4 heures.

Pluie et tempête, interrompant même l'électricité vers 8 heures du soir.

29 octobre

J'achève ma Chronique et la porte à l'abbé Bégin[22]. Causé avec lui de diverses choses, notamment d'un mémoire sur la Faculté des lettres qu'a présenté Maurice Lebel (pourquoi est-il si cachottier ?) et qui prévoit des chaires d'histoire et de géographie. J'avais téléphoné ce matin à J.-P. Després, qui « voudrait faire quelque chose » à la suite de mon article sur la formation intellectuelle des Canadiens français. Commencé ensuite à préparer mon cours de mardi soir. Mme Magnan, à qui je téléphone pour un livre qu'elle avait emprunté à la bibliothèque du Parlement, nous invite pour lundi prochain.

Le soir, j'ai la visite de l'abbé De Smet, avec qui je parle d'Haïti, et de la situation internationale.

30 octobre

Marguerite aurait eu envie de partir avec nous pour deux jours dans la Beauce ; mais cela vient trop tard, et je n'ai pas pris mes dispositions.

Préparé mes cours, toute la journée. Écrit à mamé (j'ai reçu hier une lettre de maman).

31 octobre

Continué la préparation de mon cours ce matin.

Après-midi, je devais assister à la réception de Gérald Morisset à la Société royale du Canada ; mais le temps est si beau que je me décide à une promenade, c'est peut-être la dernière avant les grands froids... Nous allons sur la route de Valcartier-

---

22. « Chronique internationale » *Le Canada français*, XXXI, n° 3, novembre 1943, pp. 204-210. Écrit au moment de la conférence interalliée de Moscou, cette chronique se veut balancée dans son ton général : « Un optimiste jugera la victoire prochaine ; mais il faut avouer qu'un Allemand optimiste garderait des raisons de ne pas désespérer. » Viatte voit surtout les difficultés de l'après-guerre se profiler rapidement. Si la Russie a le vent en poupe en Europe, le professeur de Laval tient à préciser la signification exacte qu'il attribue à ces succès : « Il faut noter que ce prestige (...) ne signifie pas le prestige du communisme : au contraire, en Russie même, tout l'accent est mis sur une intensification du patriotisme, et sur un réalisme très compatible sans doute avec le marxisme, mais qui relègue cependant dans l'ombre ses aspects doctrinaux. » Revenant en conclusion sur les facteurs principaux de la victoire qui se dessine (matériel américain, armée russe et « en premier lieu l'héroïque entêtement de l'Angleterre en 1940 »), Viatte rappelle qu'il ne faut pas négliger la résistance des populations envahies par les forces de l'Axe dans les discussions à venir...

village, d'où j'espérais gagner le lac Saint-Charles par les bois : je ne trouve pas le chemin ; après des allées et venues sur une route ennuyeuse, je me résigne à rentrer par le même autobus, ce qui nous ramène à 8h. seulement. Et après 6 heures, la nuit tombe, et il fait cru. Bonne aération cependant.

1er novembre

Achevé la préparation de mes cours ; et écrit à Thorp, de qui j'avais une lettre et des photos ces derniers jours.

Le P. Delos vient m'apporter les clefs du Centre de Documentation, dont j'ai besoin pour un article ; il m'apporte aussi un rapport d'Élisabeth, reçu d'Ottawa, assez pessimiste sur la situation en Afrique du Nord. – J'ai peur qu'en cas de débarquement allié le maréchal Pétain ne s'y rallie : il serait logique avec lui-même, « restant en France » ; il sauverait son régime ou pourrait espérer en sauver quelque chose : il aurait autour de lui tous ceux qui ont à se faire pardonner, sans compter les cadres de l'armée et de la marine par discipline ; et ce serait le plus grand de ses crimes, car il rendrait ainsi la guerre civile inévitable, au moment où il est si important que la France soit une et ferme.

Visite aux Magnan : Gabrielle a épousé un agriculteur, à Cap-Rouge ; leur religieuse, Alice, est partie pour les Cayes, d'où le vif intérêt que ces dames prennent à mes récits d'Haïti ; rencontré une fille de J. Ch. Magnan et une fille de L'Heureux, qui sont déjà de grandes jeunes filles.

2 novembre

Lettre de Godbout, à laquelle je réponds, au sujet des boursiers haïtiens[23]. Commencé un article pour *L'Action catholique* sur les accords de Moscou. – Les journaux annoncent que Mme Simard serait nommée déléguée à l'Assemblée consultative d'Alger ; est-ce vrai[24] ?

Causé longuement avec Lebel de la Faculté et de son développement possible (histoire et géographie). La Faculté des Lettres de Montréal s'est élargie et Houpert[25], de Toronto, y est nommé professeur de littérature française : le chanoine Sideleau d'autre part n'est plus directeur de son Séminaire et se consacre tout à son professorat. Ici l'abbé Potvin[26] brigue une chaire d'histoire du Canada pour le retour de Lacourcière. Mais Perrier enterre ou ajourne le projet d'entrée des laïcs dans l'enseignement secondaire.

---

23. Le premier ministre de la Province de Québec souligne le fait que depuis deux ans déjà, ses services mettent 1 500 dollars à disposition des jeunes Haïtiens qui souhaitent étudier au Canada. Il est prêt à « continuer cet encouragement au Consulat d'Haïti en s'entendant avec le Service culturel haïtien ». ARCJ, 118 J 235, Corr. gén., A. Godbout à Viatte, 29.10.1943.
24. Effectivement, Marthe Simard sera même la première femme à siéger au sein de cette Assemblée.
25. Jean Houpert est professeur à la Faculté des lettres de l'Université de Montréal dès 1943.
26. L'abbé Pascal Potvin, licencié ès lettres et philosophie de l'Université Laval, est sous-archiviste de l'Université, et chargé de cours d'histoire du Canada ainsi que de littérature française aux étudiants de langue anglaise. *Annuaire de la Fac. Lettres de l'Université Laval*, 1943-44, p. 7.

Passé au Centre de Documentation pour y prendre des collections de journaux pour mon prochain article de *La Relève*.

3 novembre

Lettre de Grundt, à qui j'écris.

Téléphoné au P. Delos, qui me confirme la nomination de Mme Simard à Alger par les organisations de résistance. Cela fera sans doute des allées et venues en Algérie, et donnera le moyen d'y porter de nos nouvelles plus récentes. Je lui demanderai aussi de faire qu'on ne m'oublie pas ici pour l'après-guerre. J'accepte de servir au loin ; mais après, il faudrait rentrer.

Après-midi je vais porter mon article à L.-Ph. Roy, avec qui je m'entretiens longuement de la situation[27]. Je passe au Centre de Documentation et j'en retire des journaux en vue de mon article pour *La Nouvelle Relève* sur la France[28].

Mme Lahaye me téléphone une lettre d'Élisabeth et une autre de son mari, qu'elle vient de recevoir. Atmosphère déprimante d'Alger ; action de la propagande de l'Axe et veulerie générale. Élisabeth a presque regretté d'être partie ; elle envisage une autre mission, apparemment une mission secrète en France : ce qui me paraîtrait folie, connue comme elle l'est. Et Lahaye, lui, va probablement quitter bientôt l'aéronautique navale pour prendre un commandement sur mer.

4 novembre

Bibliothèque ce matin. Et cette après-midi, je vais à la bibliothèque du Parlement trouver J. C. Bonenfant. Il me parle de l'écho que Duhamel a donné dans *Le Devoir* à mon article sur la formation internationale des Canadiens français : assez inattendu en effet. Il m'apprend que René Garneau est passé en Angleterre.

---

27. « Accord de grandes puissances ou accord général ? » *AC* du 5.11.1943. À cette question, Auguste Viatte répond en choisissant sans hésiter le second terme de l'alternative. Se félicitant de la bonne coopération des Alliés dans la lutte menée contre les forces de l'Axe, il souhaite surtout que cette entente se poursuive après la fin de la guerre et la capitulation sans conditions de l'Allemagne. Tous les Alliés, y compris les petites et moyennes nations, auront en effet à éviter les risques de l'impérialisme par excès de puissance ou de l'isolationnisme. Et Viatte de conclure en plaidant pour la recherche d'une troisième voie salvatrice, contre le matérialisme économique sous sa forme capitaliste ou sous sa forme marxiste, nécessaire à la construction de la cité chrétienne.

28. Ce long article va occuper Viatte jusqu'en janvier 1944, date de publication dans la revue de la première des trois parties qui le constituent. Auparavant, il aura fait paraître dans *La Nouvelle Relève* trois autres articles : « L'éducation internationale des Canadiens français » (II, n° 9, septembre 1943, pp. 553-557) qui plaide pour un élargissement des sciences humaines – histoire, géographie, littérature – enseignées dans les universités québécoises, nécessaires à l'avenir du pays ; « Les États-Unis devant l'avenir du monde » (II, n° 10, octobre-novembre 1943, pp. 618-623) où Viatte cherche à dépasser les préjugés – qui sont aussi les siens – envers des États-Unis souvent jugés trop matérialistes ou isolationnistes pour plaider en faveur de leur futur engagement nécessaire au service de l'universalisme ; enfin « La Contre-Renaissance » (III, n° 1, décembre 1943, pp. 22-29) qui propose une lecture générale de l'évolution des civilisations contemporaines, dans un monde qui se contracte, et où les chrétiens apparaissent comme les tenants de la pensée rationnelle face aux philosophies de l'instinct en progrès et au sentimentalisme ambiant diffusé par les nouveaux médias.

Lemelin me téléphone que son roman est accepté tel quel par les Éditions de l'Arbre.

Travaillé à mon article documentaire sur la France, pour *La Nouvelle Relève*. Un article de Bernus[29] sur la dépression suivant le manque de nourriture intellectuelle me fait comprendre bien des choses...

Écrit à maman.

5 novembre

Écrit mon article une grande partie de la journée ; j'écris aux Éditions de l'Arbre pour le leur envoyer. Je n'en fais d'ailleurs que la première partie, faute de temps. Ensuite je recommence à préparer mes cours de la semaine. Écrit d'autre part à Dagenais.

Téléphoné à Mme Simard, très fière d'avoir été choisie et d'avoir son dossier à Alger. Le P. Carrière, délégué par les Comités d'Égypte, est un intime du P. Delos. Il paraît que le groupe Roumefort, à Montréal, est furieux, et que Bonneau l'a envoyé promener... Je tâcherai d'envoyer des lettres à Barcelone par Mme Simard.

Ce soir, Lemelin vient reprendre son manuscrit. Hurtubise lui a fait un accueil très flatteur, et lui fait espérer une vente internationale. Un peu content de lui-même, ce brave Lemelin : mais un talent original sans aucun doute. Il me semble dépeindre très bien ce je ne sais quoi d'inachevé et de décevant qui se trouve si souvent dans les existences canadiennes. C'est une note encore rare dans une littérature trop volontiers idyllique.

6 novembre

Vu ce matin Mgr Gagnon, qui consent au cachet de 25 dollars pour Grégoire à son passage ; il m'accorde aussi dix jours à New York en janvier, pourvu que les autres professeurs de la Faculté occupent mes élèves durant ce temps. Mais je me demande si, devant faire le voyage en deux fois, je ne devrais pas profiter plutôt des congés que nous avons au mois de mars...

Écrit à mamé (j'ai une lettre de maman ce matin, avec des détails sur le mariage de Louise, fille de Joseph Joos ; aucune nouvelle du père ; deux des fils sont à la radio, cela ne va-t-il pas leur coûter cher après la libération ?

Après-midi, visite à l'abbé Georges, d'Haïti, et longue conversation avec lui.

---

29. Très probablement Alexander von Bernus (1880-1965), poète et alchimiste, auteur de traités mêlant alchimie et médecine.

7 novembre

Travaillé à mon cours de mardi.

Le temps n'est ni beau ni vilain : je fais le tour de la citadelle avec les enfants. Rencontré le F. Norbert Roy avec son frère inspecteur, qui est comme lui un « ancien de Fribourg » ; et le P. Frappat, des Pères du Sacré-Cœur, avec qui je discute de la situation en France.

Mme Langlois me téléphone que Mme Simard donne une interview radiophonique entre 7h1/2 et 8 heures : et j'oublie l'heure.

Le P. Delos me téléphone de son côté : 1° la présence de Maritain à Montréal ; il est tenté d'aller le voir mercredi, moi aussi ; mais aurai-je le temps ? 2° un article de P. M. accusant Hoppenot de procéder à une « purge de gaullistes », dont serait victime notamment Valeur ; 3° une dépêche reçue d'Élisabeth de Miribel en réponse à une sienne dépêche, et lui disant qu'elle a envoyé plusieurs messages.

8 novembre

Cours à Sillery ce matin. Préparé mes cours après-midi. Le P. Delos me téléphone qu'il se rend demain à Montréal. Il pleut de nouveau toute la journée.

9 novembre

Je passe la journée à préparer mes cours ; ce cours du soir m'absorbe au point que je vais ajourner l'étude de Phèdre, pour m'en tenir à Du Bellay.

L'abbé Bégin a reçu un article de Roger Picard ; je reçois moi-même une lettre de lui, qui m'embarrasse, car dans les circonstances actuelles la venue de ce républicain anti-Vichy mais anti-de Gaulle ne peut que faire du mal[30]. Il vient à l'Institut canadien et aux Dames canadiennes.

10 novembre

Je corrige aujourd'hui des dissertations toute la journée.

Téléphoné au P. Delos, rentré de Montréal, et qui me conseille une bienvenue circonspecte envers Roger Picard (le devancer, afin d'éviter qu'il n'oriente ses conversations dans un mauvais sens).

Visite, ce soir, de Moreux, chef de Kerhulu, qui rêve de s'en aller en Haïti. Il a été chef du gouverneur du Kenya, de l'ambassade britannique à Paris, etc. et ce serait peut-être l'homme dont Dartigue aurait besoin pour l'organisation de l'enseignement culinaire et du tourisme...

---

30. Roger Picard lui propose un déjeuner en compagnie de l'abbé Bégin et du père Delos, et souhaite visiter l'Université Laval avec Viatte. ARCJ, 118 J 235, Corr. gén., R. Picard à Viatte, 6.11.1943.

11 novembre

Bibliothèque; et après-midi, je corrige mes copies.

Une lettre de Baldensperger m'annonce sa présence à Montréal pour cinq semaines[31]; causé avec Lebel des possibilités de le faire inviter : il en discutera avec Mgr Labrie. Causé aussi de la tendance de Mgr Gagnon à ne pas permettre les déplacements de professeurs. « C'est un esprit nouveau », et j'ai peur qu'il ne marque un recul, au moment précis où il ne faudrait pas. J'en suis un peu découragé, et immédiatement me reviennent les occasions que j'ai laissées échapper, – en dernier lieu Tucuman[32] où j'aurais trouvé le soleil, et le charme de l'Espagne... Curieux état d'esprit – si peu justifié, car enfin il me reste tant de possibilités de rayonnement – mais qui me révèle pourtant que le Canada ne m'intéresse pas en soi, mais comme lieu d'une action qui le dépasse...

Répondu à Baldenne; écrit à Taupin qui me demandait des cours à New York en décembre (je lui propose au contraire de couper mon séjour de janvier et de remettre la dernière conférence à mars)[33]; écrit à maman, au P. Albert, à R. Picard.

Long téléphone à Mme Simard, assaillie de félicitations... et déjà de requêtes. Je n'ose encore lui faire la mienne, pourtant bien simple : une place dans la France d'après-guerre, me permettant d'y élever mes enfants, tout en poursuivant si possible mon œuvre actuelle et mes relations avec les Français du Nouveau-Monde.

12 novembre

Ce matin, je passe à la Bibliothèque du Parlement, puis je commence à préparer les cours de la semaine prochaine.

Le P. Delos vient déjeuner. Causé de Mme Simard, de son statut national qui nous laisse perplexe, et du projet de *Cahiers de la civilisation*. Je lui dis mon désir de retourner là-bas, le plus tôt possible, tout en continuant à m'occuper des pays de langue française hors de France. – Maurice Lebel était venu auparavant me dire que Mgr Labrie l'avait encouragé à faire inviter Baldenne pour quelques cours; il écrit à Montpetit. Je suis content de voir que Mgr Labrie a l'esprit moins borné que notre nouveau Recteur.

Mme Simard me téléphone pour me demander le statut présent de la Société française de bienfaisance, à laquelle le Comité national va reprendre sa subvention. Je l'adresse à Van Houtte.

---

31. Baldensperger souhaite voir son ami lors de son séjour à l'Institut scientifique franco-canadien et, ayant lu l'article de Viatte dans la *Nouvelle Relève*, se félicite qu'il soit en accord avec l'abbé Maheux sur les nécessités d'un enseignement humaniste à développer en collaboration entre Montréal et Québec. ARCJ, 118 J 235, Corr. gén., F. Baldensperger à Viatte, 10.11.1943.
32. En Argentine.
33. « Vous savez probablement que Gustave Cohen part pour Londres et qu'il ne fait pas ses cours à l'École. Bédé est le seul qui travaille en ce moment et le public se plaint. » ARCJ, 118 J 235, Corr. gén., R. Taupin à Viatte, 7.11.1943.

Téléphoné à L.-Ph. Roy pour lui dire que le nouveau Comité de la libération me paraît moins « à gauche » qu'on ne l'a prétendu[34]. Capitant, Jacquinot, d'Astier de la Vigerie, si je ne me trompe, sont « de droite », comme Massigli. Les communistes visent au portefeuille de l'Information, ce qui me déplaît, étant donné mon rapport à Bonnet sur Haïti, que je ne voudrais pas voir ébruiter[35].

Rencontré Vivès, qui voudrait me voir « gérer » le Comité local de la France combattante en l'absence de Mme Simard plutôt que de le laisser à des Canadiens, Chaloult ou Mme Langlois : il y a bien quelque chose à dire sur ce dernier point ; mais aurais-je le temps ?

Lettre de maman (25 août) très impressionnée par le bombardement de Sochaux.

13 novembre

Lettre de Baldensperger, à qui je réponds[36]. J'écris aussi à mamé : ce qui, avec ma correction de devoirs, me prend toute la matinée. Mlle Guignet vient me parler de sa dissertation de maîtrise, et j'apprends occasionnellement ainsi que Maeterlinck est un ami de sa famille. Vu J.-P. Després, qui me parle de son voyage d'enquête sur les grèves de Shawinigan[37], et de la méfiance témoignée par certains prêtres du Séminaire envers l'École des Sciences sociales : palinodies de Mgr Gagnon au sujet des membres du Bureau International du Travail, scandale suscité par les conversations du P. Le Roy sur Staline, contrôle des amitiés personnelles (« si J. L. Gagnon était ici, je ne pourrais le voir en ami, comme je le faisais... »). Je crains qu'à la faveur de la faiblesse et de l'incompétence de Mgr Gagnon une réaction des pires éléments ne se dessine. Il est vrai qu'il n'y a qu'à poursuivre son travail sans se soucier du qu'en-dira-t-on... Harvey, paraît-il, regrette d'avoir soutenu la thèse « gaulliste » au point de ne pouvoir faire volte-face en faveur de la thèse américaine...

---

34. Présidé par de Gaulle seul depuis le 2 octobre, le Comité a été remanié le 9 novembre 1943, renforçant l'alliance avec les partis politiques français et la Résistance intérieure. COINTET, *Dictionnaire historique de la France sous l'Occupation*, pp. 178-179.
35. Peut-être parce que Viatte y dénonce notamment les menées anticléricales qui ont cours en Haïti dans le domaine de l'enseignement. Voir le texte du rapport présenté plus haut.
36. Baldensperger se livre à quelques réflexions sur la nécessaire mais difficile union des esprits au sein de la Résistance française : « Je voudrais croire, par exemple, que la reconstitution de l'État français en Afrique est douée d'une " évidence " de ce genre : rien que la désignation d'Henri Laugier (avec qui j'ai polémiqué il y a dix mois) comme recteur à Alger prouverait qu'il n'en est rien. » ARCJ, 118 J 235, Corr. gén., F. Baldensperger à Viatte, 12.11.1943.
37. Ces grèves représentent un sommet dans les tensions qui marquent la société québécoise durant la guerre : le blocage intervient entre des ouvriers qui veulent à tout prix défendre leur salaire face à l'inflation et des employeurs qui sont réticents à accorder la reconnaissance syndicale. Le gouvernement fédéral interviendra en médiateur pour préserver la paix sociale dans une conjoncture de guerre dangereuse pour l'ensemble du pays. LINTEAU-DUROCHER-ROBERT-RICARD, *Histoire du Québec contemporain*, tome II, p. 76.

14 novembre

Je continue à préparer mes cours. Il est certain que la lecture de Barrès réveille en moi chaque fois le sens de ma destinée jurassienne, française en dépit de tous les obstacles, et subordonnant toute politique intérieure au rayonnement extérieur de la France. C'est nous les vrais Français, plus que les Français de l'Ouest ou du Centre avec leurs divisions qui leur font méconnaître leur unité foncière.

Téléphoné à Mme Lahaye qui est fatiguée et qui continue à espérer le retour assez prochain [de son mari]. Tout ce petit groupe intime, qui m'a permis de supporter mon isolement, va se dissoudre après la guerre; il sera bien nécessaire que je rentre moi-même.

Je comptais faire une promenade à L'Ange-gardien; mais il fait beaucoup plus froid que je ne le pensais: je me contente de faire « de l'erratisme » avec les enfants à Limoilou.

15 novembre

Cours à Sillery. Continué la préparation de mon cours.

Téléphone de Mme Langlois, qui me demande, de la part du commandant Bonneau, qui s'occupe du Conseil permanent de la Survivance française. J'atteins à ce sujet Pouliot, qui acceptera volontiers la subvention projetée par le Comité.

Lettres de Dalbernet, de Hadamard.

Ouellet, mon élève, vient me parler de ses projets d'études et de thèse. C'est un garçon actif et sympathique.

Comité de la Langue française ce soir: Mgr Labrie, l'abbé Beaudry, Langlais, le Dr Berger, le Dr Blanchet... C'est dans ce milieu qu'on se sent parfaitement à l'aise entre braves gens, et sans barrière de Français à Canadiens.

16 novembre

Premiers froids sérieux: 20° Farenheit.

Achevé la préparation de mes cours; écrit aux Éditions de l'Arbre, à Marcel Trudel. Lettre amusante de Pattee[38].

J'ai le temps de faire tout un article sur la « Politique extérieure de la France » pour *L'Action catholique*...

Après mon cours sur Barrès, Bernier vient me raconter les longues conversations (plusieurs heures) qu'il a eues avec Philippe Barrès, je lui dis la présence de Baldenne à Montréal.

---

38. Sur un ton enjoué, l'ami américain de Viatte lui relate son séjour au Mexique, où il poursuit des recherches historiques et travaille au développement du système éducatif mexicain dans le cadre des relations culturelles inter-américaines. ARCJ, 118 J 235, Corr. gén., R. Pattee à Viatte, 11.11.1943.

17 novembre

Écrit à Savioz, à Grundt, au Commandant Bonneau ; Lebel vient me communiquer la réponse de l'Institut franco-canadien au sujet de Baldenne, et je lui écris immédiatement pour l'inviter.

Je commence mon deuxième article de *Documents sur la France* et je travaille un peu à Rabelais.

Longue visite des Moreux qui sont toujours plus enthousiastes d'une perspective de séjour en Haïti. – Je vais voir L.-Ph. Roy à qui je porte mon article sur la politique extérieure de la France.

18 novembre

La nomination de Mgr Labrie comme doyen est officielle.

Je passe toute la journée à chercher les livres dont j'ai besoin pour mon prochain cours public : aux deux Bibliothèques, chez Falardeau qui occupe l'appartement de Lacourcière, auprès de l'abbé De Smet qui maigrit à faire peur, de Maurice Lebel avec qui je discute la situation universitaire ; téléphoné à Mme De Koninck dont l'aîné, Thomas, a la scarlatine, cherché inutilement le numéro de Putman...

J'ai pourtant le temps d'écrire à maman, à Dartigue (au sujet de Moreux), et à Pattee. Reçu, enfin, une bonne lettre de mamé (25 août) que je communique au P. Delos.

19 novembre

Réponse de Baldensperger qui viendra pour deux week-ends en décembre : je vais la communiquer à Mgr Labrie – occasion de le féliciter – et j'en discute aussi avec Maurice Lebel. Après-midi, je commence à préparer mes cours.

Mlle Guignet me soumet son projet de mémoire sur Verlaine.

Donatien Frémont, de passage à Québec, me téléphone pour me dire sa satisfaction de mon article paru aujourd'hui dans *L'Action catholique*[39].

Lettre du P. Albert[40]. Téléphone de Mme Simard qui me communique une lettre ridicule de la Société française. Si ce n'était de la bêtise, ces gens-là mériteraient d'être refoulés pour toujours hors de France.

---

39. « La position internationale de la France » AC du 19.11.1943. Au lendemain de la mise sur pied de l'Assemblée consultative d'Alger, qui consacre la prédominance du général de Gaulle sur Giraud, Viatte disserte sur son rôle qui, s'il ne peut être que celui d'un « conseil de gérance », n'en demeure pas moins important puisque l'Assemblée « veille sur les intérêts de la nation » et doit selon lui être traitée à ce titre d'égal à égal par les Alliés. On sent le professeur de Laval agacé par les positions américaines, longtemps giraudistes, et soucieux de l'évolution des événements du Liban qui tendent à priver la France de sa position privilégiée : il y voit encore une fois le résultat de la propagande allemande.

40. Celui-ci s'inquiète du départ de Giraud et du « retour des vieux routiers de la politique au Comité d'Alger », comme des événements insurrectionnels dans divers pays musulmans, au Liban par exemple où l'aspiration à l'indépendance est soutenue par les Britanniques : « On comprend qu'il y ait des anglophobes... » Le missionnaire du Sacré-Cœur a mangé dernièrement avec Maritain qui croit à la fin de la guerre avant Pâques 1944. ARCJ, 118 J 235, Corr. gén., P. Albert à Viatte, 17.11.1943.

20 novembre

Travaillé à mes cours. Écrit à mamé.

Causé avec Drolet de la situation intérieure de la France, que je vois de plus en plus comme un choix entre de Gaulle et le communisme. Le *New York Times* donne des vues attribuées à Pétain une version bien plus vraisemblable que les journaux canadiens. Téléphoné à Mme Simard à propos de cela.

21 novembre

Dimanche. Je continue à préparer mes cours. Il fait couvert, mais pas froid. Promenade avec les enfants jusqu'au-delà de Limoilou, à travers les tristes banlieues du quartier St-François d'Assise. Là c'est l'Amérique qui règne : l'Amérique (les États-Unis), le plus petit des pays que je connaisse, où je ne voudrais pas habiter, en dehors de quelques villes favorisées – peut-être Charleston, Savannah, la Nouvelle-Orléans… Quelle différence avec les quartiers les plus lépreux de nos villes européennes, Besançon par exemple que me suggère un tournant de route, ou ceux d'Amérique tropicale, de Guatemala, de Port-au-Prince !

22 novembre

Cours à Sillery. Achevé la préparation de mes cours. Je n'ai pas de dissertations à corriger pour Sillery cette semaine, ce qui va me laisser du temps libre.

Je vais voir l'abbé Couture dont j'avais manqué la visite pastorale.

Le soir, réunion de la Société du Parler français : Mgr Labrie, Antonio Langlais, le Dr Berger. J'apprends que Roger Picard ne viendra pas, la nouvelle salle de l'Institut canadien n'étant pas encore inaugurée, et qu'en revanche le Dr Berger pousse sa femme à inviter Baldenne.

Écrit à ce dernier.

23 novembre

Encore une lettre de mamé (11 août) ; et une autre de Neff. Répondu à ce dernier.

Ce matin, l'abbé de Smet vient s'excuser de n'avoir pu me trouver des livres d'auteurs belges. Visite de Cantave, qui m'annonce l'arrivée prochaine du jeune Bellegarde ; il me dit le président Lescot et Dartigue absolument enchantés de leur séjour au Canada, et décidés à y envoyer des boursiers.

Le soir, commencé ma chronique internationale. Et c'est aujourd'hui le dernier de mes cours publics.

24 novembre

Travaillé à ma chronique ; mais je n'ai pas très bien dormi, et ne suis pas en train.

Vu cette après-midi sœur Hermann-Joseph, qui m'explique son projet de thèse sur « Louis Bertrand historien » ; je conseille d'ajouter « historien... romanesque ». Si d'ailleurs la thèse prenait une tournure « critique », je n'y verrais pas d'inconvénient.

Lettre de Roger Picard : bien qu'il ne fasse pas de conférence, il viendra dimanche à Québec, et m'invite au thé avec le P. Delos et l'abbé Bégin. Que vient-il fricoter ? Je le trouve un peu « fricoteur ».

L'abbé Bégin seul n'assiste pas au dîner que la Faculté offre à Mgr Labrie, ce soir au Cercle universitaire. Bonne soirée intime. Lechevalier raconte ses souvenirs de « l'autre guerre ». Mgr Labrie donne ses heures de bureau et nous invite à lui soumettre nos suggestions.

25 novembre

Bibliothèque. Causé avec Lebel de la Faculté. Il me dit que l'abbé Bégin et Belleau intriguaient pour devenir doyens, que l'abbé Potvin intrigue pour remplacer Lacourcière, ou pour se faire nommer professeur titulaire d'histoire... Nous en discuterons avec Mgr Labrie.

Écrit ce matin à maman, à Grégoire (dont j'ai une lettre m'informant de son programme), à R. Picard. J'ai une autre lettre de Spire[41]. – Seyrig s'informe de notre situation administrative : est-ce le moment de poser la question de mon entrée dans les cadres ? C'est en tout cas bien le genre de préoccupations de ce super-inspecteur qu'est Seyrig[42]... – Travaillé à ma chronique.

Le soir, dîner avec Emil Ludwig[43] et les écrivains canadiens, notamment L'Heureux, D. Potvin, G. Martin, Belleau, Hébert, Mme Bruchési. – Ludwig me paraît assez plein de lui-même et gaffeur : demandant s'il y avait là des partisans de Pétain – comme si cela regardait un Juif allemand... – répétant des propos de

---

41. André Spire s'informe auprès de Viatte sur la revue *Gants du Ciel*, dont le rédacteur Sylvestre le sollicite pour qu'il y publie un article. Il s'étonne de ce titre étrange, qui lui « fait penser aux mauvais moments du judaïsme, ou au surréalisme tapageur ». ARCJ, 118 J 235, Corr. gén., A. Spire à Viatte, 23.11.1943 et 7.12.1943.
42. Conseiller culturel de la Délégation du CFLN aux États-Unis, Henri Seyrig demande à tous les enseignants de l'École libre des hautes études de « faire connaître avec précision la situation dans laquelle ils se trouvent, s'ils ont été régulièrement détachés par la métropole ou s'ils ont quitté leur poste pour des raisons diverses... ». ARCJ, 118 J 235, Corr. gén., Circulaire de l'École libre signée par A. Koyré, 16.11.1943.
43. Emil Ludwig (1881-1948). Écrivain et journaliste né à Breslau, sous le nom d'Emil Cohn. Ludwig vécut en Suisse dès 1906 et obtint la nationalité helvétique en 1932 ; il émigra ensuite aux États-Unis en 1940 et retourna en Suisse après la guerre. Il est surtout très connu pour ses biographies qui mêlait histoire, fiction et analyse psychologique : par exemple celles de Goethe, Bismarck, Napoléon ou Cléopâtre. Site internet University of Southern California.

Godbout sur la propagande allemande qui serait intense dans la province de Québec, demandant ce que nous pensons de la « philosophie sociale » de Mackenzie King, etc.

Je vais de là à la distribution des prix à Sillery: saynète touchante sur Jeanne d'Arc, avec un texte d'actualité que j'enverrai à Pierre... Causé avec l'abbé Parent, le P. Le Floch, Mère Marie des Anges.

26 novembre

Mme Simard me demande d'être avec son mari co-président du Comité de la France combattante durant son absence. Je ne puis faire autrement que d'accepter, en demandant d'ailleurs que je n'aie pas à « expédier les affaires courantes », ni à trop sortir. Et je saisis l'occasion de lui dire un mot de mon retour en France, des démarches auprès de Vanier pour la Maison des Étudiants canadiens, et peut-être en vue de mon entrée dans les cadres suivant la circulaire de Seyrig.

Lettre de maman (24 septembre). Je réponds à Spire[44]. Et je prépare mes cours, ce qui, sans me pousser, ne me prendra guère qu'une partie de samedi, en plus de cette journée: voilà un changement!

Vu le P. Delos que je mets rapidement au courant en ce qui regarde la proposition de Mme Simard.

Je suis tout de même un des rares hommes qui aient fait exactement ce que j'ai voulu dans ma vie, – non sans doute toujours de la façon que j'envisageais (ce n'est pas la proposition Simard qui m'inspire cette réflexion, mais par exemple ce voyage d'Haïti, qui semble avoir tellement effrayé maman et mamé); j'en arrive au point où je suis au-dessus, non seulement des entraves administratives, mais des périls même de l'heure. J'ai voulu être professeur d'Université, et je l'ai été; j'ai voulu faire une communication à l'Institut, je l'ai faite; voir la Chine, je l'ai vue; être le familier des grands hommes du jour dans les pays où j'ai affaire, c'est le cas; et aussi bien – car je ne veux pas être prisonnier d'une destinée – me passer de déjeuner au besoin, me faire « peuple » avec les gens du peuple, descendre aux hôtels indigènes; aimer, et souffrir. Tant de variété, et tant de stabilité. Tant d'aventure, et tant d'études. O mon Dieu, donnez-moi au moins de vous servir intérieurement, que ces faveurs ne tournent pas à ma condamnation. Que cette vie où je fais ce que je veux, quand je veux, moyennant la rançon de cinq heures de travail fixes par semaine durant huit mois, ne soit pas d'un mauvais exemple pour mes enfants: qu'ils apprennent, au contraire, qu'on l'acquiert par l'amour du travail, et qu'après s'être buté aux obstacles, à un moment donné, si l'on a travaillé, tout fait boule de neige.

---

44. Positivement pour ce qui est d'une collaboration à la revue *Gants du Ciel*. ARCJ, 118 J 235, Corr. gén., A. Spire à Viatte, 7.12.1943.

27 novembre

Écrit à mamé. Terminé la préparation de mes cours. Continué ma chronique. Encore une lettre de maman, de juillet celle-là.

Dépêche de Cantave m'annonçant l'arrivée de René Bellegarde, demain ; il choisit mal son jour ; je communique à ce sujet avec Mgr Labrie et Mgr Gagnon.

Soirée en l'honneur de Mme Simard. J'y rencontre Mme Lahaye et Tudor-Hart, à qui je propose de donner de bonnes nouvelles de France ; content de voir Tudor-Hart, que je n'avais pas rencontré depuis l'été, et qui m'invite d'avance à un arbre de Noël avec les enfants. Le P. Lévesque me parle d'un projet de collaboration entre la Faculté des Lettres et l'École de journalisme, au sujet duquel il aimerait me voir.

28 novembre

Travaillé à ma chronique.

Le P. Delos vient m'annoncer son départ pour Alger, où l'appelle F. de Menthon pour traiter avec le Vatican le statut des écoles libres[45]. Notre groupe se désagrège ainsi de plus en plus, ce groupe qui m'a tant aidé à garder mon moral aux heures tragiques de la guerre ! Mais d'autre part j'aurai là-bas quelqu'un pour plaider la cause de ma rentrée en France.

Déjeuner avec Halecki, Poznanski et le P. Delos, les deux Polonais très inquiets des prétentions russes. Ensuite je reçois le jeune René Bellegarde à son arrivée et je le mène à l'hôtel en attendant de le conduire demain au secrétariat, puis je le laisse à l'abbé Georges. – L'abbé Bégin vient me trouver et nous allons ensemble au Frontenac, où Roger Picard et sa femme nous offrent le thé ainsi qu'au P. Delos. Antigaullisme un peu masqué de ces deux personnages. Ils me définissent bien Seyrig comme je le voyais, très « fonctionnaire ».

Magistrale conférence de Halecki sur le rôle des Universités après la guerre, insistant sur la culture désintéressée. Si nous pouvions le garder ici ! Je suis placé entre L'Heureux et Désilets, et j'ai en rentrant une longue conversation avec Ferland, un peu animé par mon agacement à le voir garder ses positions inébranlables au sujet de Pétain...

29 novembre

Je mène ce matin René Bellegarde au secrétariat ; puis, cours à Sillery. Après-midi, je mène Bellegarde chez le recteur. Je termine ensuite ma chronique. Écrit

---

45. Le lendemain, un congé d'une année est accordé au père Delos qui « s'en va à Alger servir d'intermédiaire entre le Gouvernement de Gaulle et le Saint-Siège ». ASQ, Boîte 110, communication du 29.11.1943.

aussi à Bonneau pour lui envoyer la revue *Fontaine*, dont il me demande communication[46].

Je me trouve seul avec Antonio [Langlais] ce soir à la Société du Parler français, et la réunion n'a pas lieu.

30 novembre

Achevé ma chronique[47] et écrit un article sur la Politique intérieure française.

Téléphoné au P. Delos, ainsi qu'à Lebel, qui voudrait faire inviter Baldensperger à l'Institut des Affaires Internationales ; mais je me méfie de ses tendances actuelles, Bilodeau m'avait téléphoné un peu auparavant au sujet de Grégoire pour le même sujet. – Téléphoné aussi au P. Delos, qui continue ses cours jusqu'à son départ. Lettre de Mme Le Braz, qui part elle aussi, et à qui j'ai bien envie d'envoyer les habits d'enfants.

1ᵉʳ décembre

La Liberté du 8 juillet mentionne la révocation de Pierre « pour menées antinationales »[48].

Achevé mon article de *L'Action catholique*[49]. Je vais faire des emplettes après-midi. Après mon cours, vu sœur Joseph-Arthur, qui rentre achever sa thèse, et Bernier

---

46. Le chef de la Délégation du Comité français de la libération nationale à Ottawa souhaite répondre à Alger qui lui demande si une maison d'édition de Montréal serait prête à entreprendre la réédition de *Fontaine*, publiée en Afrique du Nord depuis 1939, et à quel prix. Il demande donc à Viatte des exemplaires de cette revue. ARCJ, 118 J 235, Corr. gén., H. Bonneau à Viatte, 26.11.1943.
47. « Chronique internationale » *Le Canada français*, XXXI, n° 4, décembre 1943, pp. 284-291. Viatte se félicite des accords de Moscou qui ont davantage soudé les Alliés, mais s'inquiète tout de même du fait que l'on préfère ajourner les questions brûlantes, notamment territoriales – par exemple les frontières de la Pologne – en laissant en quelque sorte les circonstances dicter les solutions. S'il ne peut savoir qu'à Moscou les Occidentaux ont informé leurs alliés russes de leur volonté d'ouvrir un second front en France au printemps 1944, le chroniqueur s'en doute en mettant en relief le caractère de « préliminaires » que comportent les opérations alliées en Italie et dans le Pacifique, le bombardement systématique des villes allemandes et les remaniements politiques d'Alger côté français. Il se félicite enfin de la prise en mains de la destinée politique de la France par de Gaulle, concrétisée par la tenue de l'Assemblée consultative d'Alger où siège notamment une Québécoise, Marthe Simard. Une façon pour Viatte de contrebalancer ou faire taire les critiques venues des milieux gaullistes montréalais depuis longtemps hostiles à la personnalité de l'ancienne présidente du mouvement France Libre à Québec, qui poursuit ainsi une brillante carrière politique.
48. Sous le titre « Des révocations », l'entrefilet du journal catholique de Fribourg, en Suisse, informe : « Vichy, le 8 juillet. M. Guinard, directeur de l'Institut français de Madrid, et M. de Fontaine [*sic*], directeur de l'Institut français de Barcelone, viennent d'être révoqués de leurs fonctions pour menées antinationales. » *La Liberté* du 8.7.1943.
49. « La politique intérieure française » *AC* du 4.12.1943. L'analyse de Viatte peut s'apparenter à une défense et illustration des travaux de l'Assemblée consultative d'Alger auprès du lecteur canadien-français. Répétant une fois de plus qu'analyser la politique française en privilégiant les questions partisanes aux nécessités de la défense nationale reviendrait à faire le jeu de l'ennemi allemand, il justifie la composition de l'Assemblée (« désignation de représentants par les organisations de l'étranger, part restreinte des parlementaires, exclusion de ceux que leurs actes ont montrés tièdes au point de vue du combat ») par la nouveauté radicale d'une vie politique française marquée dorénavant par l'esprit de liberté et celui d'une lutte longtemps clandestine. Ce même esprit de Résistance justifie aussi selon lui la participation

qui me demande à rencontrer Baldenne. Fait une note pour le P. Delos au sujet de mon retour en France, et travaillé à Rabelais.

2 décembre

Bibliothèque. Vu Lebel qui me dit les projets de Mgr Labrie : l'abbé Savard pour les cours d'histoire, des « personnes de la ville » pour des cours de français : je suis déçu par le caractère peu « scientifique » de l'enseignement projeté. Nous discutons de tout cela en séance de Faculté mardi à 5 heures.

Écrit après-midi à maman. Puis je vais à la Bibliothèque du Parlement où je cherche des livres en vue de mon article sur la Yougoslavie.

Visite du P. Ducattillon, venu pour voir le P. Delos à la suite de sa nomination à Alger. Il appréhende un peu l'orientation « politique » du Comité d'Alger et craint qu'elle ne compromette les projets même du Comité. Il voit les États-Unis déterminés à ne pas lui permettre une influence politique, et pareillement à garder la mainmise sur Haïti. Causé beaucoup d'Haïti.

3 décembre

Préparé ce matin mes cours. Vu Mgr Labrie. Je suis content de l'entretien et je sens Mgr Labrie convaincu de la nécessité d'un développement qualitatif. Je lui parle de l'éventualité d'un cours de Halecki.

Baldensperger arrive à 1h. 35. Je suis très content que mes appréhensions sur son attitude politique ne soient pas fondées. Je le mène chez Mgr Labrie, Mgr Gagnon lui passe le F. Mizaël et Jean Bernier pour des directions ; il nous fait un cours magistral et très utile. Après quoi je l'amène un instant chez moi et je l'accompagne au Clarendon où nous dînons ensemble.

4 décembre

Téléphoné ce matin à Mme Simard : elle me rassure sur mon rôle, qui doit être avant tout décoratif et de représentation, selon ses vues.

Cours de Baldensperger. Toujours beaucoup de monde. Après avoir donné une consultation au jeune Mac Key sur un sujet de thèse, Baldenne vient ensuite déjeuner chez moi, avec les Berger (il trouve que le docteur se fait trop le centre de la conversation), le P. Delos, Mme Lahaye ; et Labouret vient nous rejoindre au café (il travaille à une mosaïque à Ste-Anne-de-Beaupré, pour un mois encore). Bonne après-midi. Je raccompagne ensuite Baldenne au train, et il me dit que mon projet de la

---

de communistes au Comité d'Alger, d'autant qu'il s'agit tactiquement de prévenir ainsi tout danger de révolution anarchiste qui pourrait résulter de la mise à l'écart de l'extrême gauche : « L'alternative n'est plus aujourd'hui " de Gaulle ou Vichy " ; elle n'a jamais été " Vichy ou le communisme " ; elle pourrait être " de Gaulle ou le communisme ", la reconstruction pacifique de la France sur un plan neuf après l'intérim du Comité d'Alger, ou la révolution avec ses inconnues. »

Maison des Étudiants Canadiens lui paraît très plausible ; il m'y verrait bien, avec mes enfants, et, hélas ! dit-il, ma seconde femme ; car l'influence de la directrice, en pareil cas, est importante. Pour les enfants aussi, je le sais bien, un remariage peut être nécessaire ; c'est sur Marie-Louise que je compte pour guider mon choix, en temps opportun.

Écrit à mamé.

5 décembre

Bernadette a un malaise à la messe, cette après-midi elle a de la fièvre (une grippe, je pense) ; ce qui fait qu'après avoir corrigé mes devoirs ce matin, je passe l'après-midi à la maison, m'amusant avec les enfants.

Le soir, réunion du Comité Canada-Haïti autour de René Bellegarde. Présents : Faber, Rolland Gingras, Cantin et sa femme. Bonne atmosphère de cordialité – cette atmosphère « entre braves gens » que je savoure lorsque je me trouve en toute confiance entre Canadiens comme à la Société du Parler français par exemple.

6 décembre

Saint-Nicolas. Les enfants sont heureux de leurs jouets, – mais Jean-Claude se dit triste de n'avoir pas obtenu de St-Nicolas ce qu'il lui demandait : la sagesse. Pauvre petit, il souffre le premier de sa faiblesse, et il fait aujourd'hui de gros efforts pour ses devoirs – en pure perte, car ses problèmes d'arithmétique le retardent jusqu'au dîner, moi n'étant pas là pour l'aider…

Bernadette, après une forte fièvre et une mauvaise nuit, n'a plus à midi que 37.9 et le soir 37.8.

Je vais faire ce matin diverses courses, à la banque, chez Mlle Jobin ; après-midi j'achève la correction de mes devoirs. Le soir, à 5h., réunion chez le Dr Simard (Madame étant grippée) où les assistants, Pierre Chaloult, Mlle Langlois, Pacreau, ratifient ma nomination et celle du Dr Simard comme co-présidents de la France combattante. – Le soir, réunion de la Société du Parler français – Mgr Labrie, Pouliot, Antonio Langlais, l'abbé Beaudry, etc. – Pouliot m'a téléphoné au sujet de son voyage en Haïti et des démarches nécessaires.

7 décembre

Bernadette n'a plus guère de fièvre (37°2) mais c'est à mon tour d'avoir 38°2 ce soir.

Fait des lectures en vue de mon article sur la Yougoslavie. Après-midi, réunion de la Faculté des Lettres : Mgr Labrie me fait l'impression d'être entreprenant et pondéré à la fois. On parle beaucoup de créer la licence d'histoire et de géographie ; je suis autorisé à inviter Halecki pour quelques mois.

9 décembre

Deux jours de grippe tenace, accrochée entre 38° et 38°5. Je n'ai fait qu'entrevoir hier le P. Delos, j'ai pourtant aujourd'hui reçu Mac Key, qui recherche consciencieusement un sujet de thèse.

10 décembre

Ce matin, à mon dépit, j'ai encore 37°7. Je me remets au lit, après deux lettres à Mirkine-Guetzevitch et à l'abbé Le Maître (j'écrivais hier à Gustave Cohen[50]) et je m'excuse auprès de Mlle Amyot qui m'invitait ce soir pour rencontrer le P. Delos. – Celui-ci, à qui je téléphone un peu plus tard, m'apprend du reste que le départ du convoi est remis au 29 ; je devrai envoyer mes paquets à Mme Robert-L. Braz par la poste. – Téléphone de Koninck qui est confiné à son domicile et à qui je raconte ce qui s'est passé depuis son départ ; il a vu Yves Simon qu'il a été surpris, voire contrarié, de trouver si peu batailleur de sa personne.

Baldensperger vient me voir « en courant d'air », craignant évidemment pour sa propre santé ; mais à 5 h. je n'ai plus de fièvre. J'écris donc à mamé pour me mettre en avance sur demain, et ensuite je travaille un peu à Rabelais.

C'est Bernadette, ce soir, qui a de nouveau un peu de température – 37°6 – et pour en avoir raison je recours à des inhalations.

Télégramme du Commissariat à l'Information d'Alger, pour me féliciter de mon article sur la « Politique intérieure française »[51] : c'est intéressant, vu les thèses soutenues dans cet article. Un « amicalement » me fait penser qu'il est envoyé par Élisabeth, mais il n'en a pas moins l'allure officielle.

11 décembre

Avec 37°1 ce matin, je me lève pour aller à la conférence de Baldenne – très applaudi par le Recteur – Nous allons ensuite déjeuner chez le Dr Berger, où je retrouve, avec Joe Belleau, le P. Delos, qui a accepté avec reconnaissance le congé d'un an offert par le recteur et qu'il n'aurait pas osé solliciter. Puis conférence de Baldenne à l'Académie commerciale, et conversation avec Mme Bruchési, Mme Perron, et des assistants dont le monarchisme naïf et si utopique m'agace un peu. On retourne prendre des rafraîchissements offerts par Raymond Parent à la terrasse du Clarendon – R. Parent confesse franchement son ancienne ivrognerie dont il est converti depuis un an – et je réaccompagne Baldenne à la gare. Il fait très froid : 0°, et en rentrant je me trouve une rechute de température, 37°6 – comme Jean-Claude, 37°7 après un

---

50. Cohen avait remercié Viatte du compte rendu de la *Grande clarté du Moyen Âge* paru dans le *Canada français*. Il s'inquiétait également de la teneur des cours de son ami à l'École libre, en janvier 1944. ARCJ, 118 J 235, Corr. gén., Cohen à Viatte, 6.12.1943.
51. Voir en date du 1er décembre 1943.

38°5 à midi... On dit que ces grippes bénignes vont vous immuniser contre la grippe espagnole, mortelle : acceptons-en l'augure.

12 décembre

Je n'ai plus de fièvre ce matin ; je vais donc à la messe, et travaille ce matin à mes cours, puis passe l'après-midi à m'amuser avec les enfants. Jean-Claude a encore 37°8 ce soir ; Bernadette paraît débarrassée et je l'envoie à l'école demain.

Téléphone de Mme Lahaye qui m'apprend la prochaine venue de son mari à Washington.

Je suis outré de l'attitude partisane adoptée par *Pour la Victoire*, qui dessert les intérêts français avec une inconscience formidable, et qui n'a même plus de valeur documentaire, ni sur ce qui se passe en France, ni sur les sentiments des Français à l'étranger : ce n'est plus qu'une centaine de mécontents qui ne pardonnent pas aux autres de s'être trompés, eux, en misant sur Lemaigre-Dubreuil[52] et Giraud... Encore leur attitude pouvait-elle se justifier à l'époque, et comportait-elle un aspect positif ; tout est négatif aujourd'hui.

13 décembre

Cours à Sillery.

Après-midi, achevé mon cours sur Phèdre, et sur Guez de Balzac[53]. Téléphone de Koninck qui m'annonce des symptômes de la scarlatine chez deux autres de ses enfants, les deux filles. Téléphoné au P. Delos, à Mme Simard. Téléphone de Risi qui me demande de présenter Grégoire à l'ACFAS.

Grégoire m'annonce son arrivée. Sa fureur contre les intrigues françaises de New York, Kérillis et Cie, et ses inquiétudes quant aux visées américaines sur l'Empire français. Je vais à sa causerie à l'Institut des Affaires Internationales, improvisée mais réussie.

14 décembre

Je vais à 10 heures chercher Grégoire, mais il dort encore, et comme il déjeûne en se levant, je ne puis guère commencer ma journée qu'à 11 h. ; nous avons le temps d'une visite chez le recteur, puis à la bibliothèque, et après-midi nous allons chez Mgr Labrie. Grégoire téléphone de chez moi à De Koninck, dont il a beaucoup aimé l'article sur Hadamard ; De Koninck a quelque espoir que Marie-Charlotte n'est pas atteinte de scarlatine, mais de rubéole.

---

52. Financier français, homme de droite membre de la Cagoule, qui souhaitait que Giraud supplante de Gaulle et apporta dans ce sens son soutien au débarquement allié en Afrique du Nord, fin 1942. PÉAN, *Une jeunesse française*, passim.
53. Jean-Louis Guez de Balzac (1595-1654). Écrivain et philosophe, disciple de Malherbe, connu surtout pour ses abondantes correspondances publiées.

Après mon cours je vais envoyer un colis à Mme Robert-Le Braz, et lui écris ; ce qui ne me laisse le temps que de travailler un tout petit peu à mon article sur la Yougoslavie.

Téléphoné à Mme Lahaye. Elle a une lettre de son mari, frappé par le patriotisme de la gauche, et d'Élisabeth surmenée et rêvant d'héroïsme « ailleurs ». Mme Simard a peur des restrictions en Afrique, qui, paraît-il, sont en effet assez fortes pour donner à réfléchir sur un retour trop prompt...

17 décembre

Très pris hier et avant-hier par les conférences de Grégoire, que je présente à l'Université, et à l'ACFAS. Je dîne, avant la première conférence, avec l'abbé Parent, et le Dr Audet ; avant la seconde, avec Risi, Pouliot, l'abbé Laverdière, Dufrenne... Pouliot va partir pour Haïti avec Oscar Drouin[54]. Le choix de ce dernier est bien critiqué par ceux des Canadiens qui sont soucieux d'une bonne représentation de leur pays... Valence Bienvenue, qui est à la conférence de l'ACFAS et nous accompagne ensuite au Cercle, me fait rougir par son ignorance des questions les plus essentielles... Jeudi j'ai eu à déjeuner, avec Grégoire, les Simard, le P. Delos, Mme Lahaye.

Travaillé aujourd'hui à mes cours. Téléphoné à l'École libre qui m'avait télégraphié hier à cet effet et avec laquelle je conviens que mes cours auront lieu le 4 et le 11 janvier ; 50 dollars me seront remis à l'arrivée, on voit que les subventions marchent mieux ! Et s'il y a quelque difficulté de passeport, Maritain s'occupera de la régler (j'étais allé avant-hier au consulat, qui doit en référer à Washington, mais prévoit une réponse automatique en temps utile).

Adieux de Grégoire. Maurice Lebel me dit après mon cours que Mgr Labrie songerait à confier les cours d'histoire à la Faculté des Arts avec les abbés Savard et Maheux qui intriguent dans ce sens... Cela me paraîtrait désastreux et je téléphone ce soir à De Koninck pour qu'il tâche de détourner le mal. Il s'agit de former des historiens sérieux et précisément pas des Savard ou des Maheux... Halecki accepte en principe de venir l'année prochaine.

18 décembre

Téléphone de Grégoire s'informant d'un livre qu'il a égaré ; j'en profite pour lui parler de la lettre Mirkine que je lui ai transmise hier soir. – Ce matin j'écris à mamé et je corrige les devoirs. Après-midi, je vais à une séance organisée par l'YWCA et où Bernadette devait montrer ses aptitudes en natation, j'y rencontre Mme Lahaye avec Claudine. Mais on perd tant de temps, auparavant, en gymnastique oiseuse, que je renonce à y rester. Rencontré le F. Robert à la bibliothèque, causé d'éducation et

---

54. Oscar Drouin est ministre des Affaires municipales, de l'Industrie et du Commerce de la Province de Québec durant la guerre.

de choses diverses. Et travaillé à mon article sur la Yougoslavie. Téléphoné ce soir à Tudor-Hart qui rentre d'Ottawa.

19 décembre

Je suis très somnolent aujourd'hui. J'avance cependant dans mon article sur la Yougoslavie. Promenade au quartier de St-Sauveur : toujours cette laideur américaine partout dans le bas de la ville ; je dois d'ailleurs accélérer le retour, Jean-Claude ne s'étant pas assez couvert et se plaignant du froid. Et le reste de l'après-midi je m'amuse avec les enfants.

20 décembre

Vu Mgr Labrie. Longue conversation sur les destinées de la Faculté des Lettres et sur les chaires d'histoire et de géographie.

Achevé mon article que j'envoie à Degoumois. Lettre de maman (19 octobre). Écrit à Mlle Boëtte[55], aux Éditions de l'Arbre, commencé une lettre à Peyre. Le soir, réunion de la Société du Parler français. Travaillé un peu à Rabelais.

21 décembre

Achevé ma lettre à Peyre[56], écrit à Mère Marie-Valérie, et à Pierre une lettre que je remets à Mme Simard[57]. Je vais la voir, et la trouve assez « en train » ; elle passera par la Martinique et compte être trois semaines en voyage. Visite du P. Delos qui vient apporter de beaux cadeaux aux enfants – des skis à Jean-Claude, une grande poupée à Bernadette. Il me dit combien notre amitié lui a rendu ces trois années agréables ; et moi, n'est-ce pas le rideau qui se baisse sur une étape de ma vie ? Mais j'espère que bientôt ce sera mon tour de passer la mer... Discuté la « consultation » du P. Forestier en faveur de Pétain, qui nous déçoit par sa confusion d'esprit[58]. – Le

---

55. Viatte lui réclame des documents plus fournis pour son Centre de documentation. La responsable du Service de l'information à Ottawa lui explique que vu le transfert de la majorité des services de France Libre à Alger, la documentation se fait plus rare : « Au Canada, nous n'avons plus que nos rééditions " Lettre de la France au Combat " et les " Cahiers français " et la revue " France-Canada ". D'Angleterre, nous ne recevons que " Volontaire ", " Bulletin de la Marine française " et " Entente ". » ARCJ, 118 J 235, Corr. gén., B. Boëtte à Viatte, 20.1.1944.
56. Viatte lui fait part de sa confiance dans le Comité d'Alger, malgré les nouvelles déformées qui parviennent à ce propos sur le continent américain. Il lui signale également l'évolution idéologique de Pierre Deffontaines, qui a pris ses distances de Vichy. Peyre approuve et lui répond : « Ce que vous m'annoncez de Deffontaines me ravit : j'espère que Garric, à qui me lie une très profonde affection, a compris à temps et a évité de se compromettre avec les mauvais conseillers de Vichy. Je me souviens comme, dès 1937, je le raillais de son indulgence pour Laval et La Rocque ; je ne croyais pas si bien dire ! » ARCJ, 118 J 235, Corr. gén., H. Peyre à Viatte, 6.1.1944.
57. Le destinataire note : « Lettre d'Auguste Viatte, plein de confiance pour le revoir en France cette année. Il parle de venir cet été nous rejoindre en Espagne. Il me paraît bien optimiste. » Livre de raison Deffontaines, 16.1.1944.
58. Dominicain français, le père Marcel-Denys Forestier est aumônier des Scouts de France et aumônier national des Chantiers de jeunesse : il s'affirme comme inconditionnel du maréchal Pétain et de son régime. FOUILLOUX, *Les chrétiens français entre crise et libération 1937-1947*, passim.

Cardinal a fait le meilleur accueil à Mme Simard qui a été aussi très bien reçue à *L'Action catholique*.

Travaillé un peu à Rabelais.

22 décembre

Préparé mon cours sur Rabelais, et mes cours sur Racine pour la rentrée, puis je travaille à mon édition de Rabelais.

Téléphoné au P. Delos pour lui souhaiter bon voyage. Écrit à Albert Racine, à qui j'envoie des cigares. Reçu une boîte de cigarettes de la supérieure de Mary-Mount College.

23 décembre

Bibliothèque. Écrit à maman. Corrigé des devoirs de Sillery.

Lettre de maman, de septembre, censurée (heureusement caviardée — deux lignes — et non coupée) ce qui ne détruit pas le texte. Lettre de Pierre, plein d'entrain : partout les mêmes ralliements d'opportunistes méprisables, et la même lutte, et le même enthousiasme pour le chef. Dépêche de maman avec ses vœux de Noël. Lettre de Grégoire, et plusieurs cartes de Noël, dont celle de Miss Lincoln — Strasbourg — est particulièrement bien choisie.

Téléphoné à Mlle Langlois au sujet de la réclame pour *Renaissance*[59] ; à J.-P. Després à qui je demande de polycopier un chapitre de Rabelais pour mes cours ; et à Mme Lahaye à qui je lis la lettre de Pierre.

24 décembre

Il fait tellement froid que j'ai peine à me réchauffer.

Corrigé mes dissertations de Sillery, vu un peu de la thèse de sœur Joseph-Arthur, et travaillé à Rabelais.

Lettre de maman (9 octobre). Nouvelles de Joseph Joos, qu'on croyait mort.

25 décembre

Écrit à mamé. Commencé ma chronique du *Canada français*.

Bernadette est un peu malade : fatigue, vomissements, mais pas de température ; comme Marguerite est allée cet après-midi à Ste-Anne-de-Beaupré, cela m'oblige à consacrer une partie de cet après-midi à divertir Jean-Claude et aussi Bernadette elle-même.

---

59. Viatte a reçu des papillons publicitaires à diffuser autour de lui de la part des directeurs de la revue, Henri Grégoire et Alexandre Koyré. ARCJ, 118 J 235, Corr. gén., Circulaire de la revue *Renaissance*, 30.11.1943.

26 décembre

Bernadette récidive avec une température telle (39°9) que je téléphone au Dr Garant; je crains toujours la scarlatine, mais ce n'est probablement qu'une amygdalite. Je reste donc à la maison, travaillant à ma chronique, sauf une heure et demie pendant laquelle Jean-Claude s'amuse aux skis à la Citadelle. Beau jour d'hiver, plus trop froid.

27 décembre

Bernadette va mieux (37°5 ce matin, 37°7 ce soir, mais, je pense, encore une bouffée de chaleur à midi). – Je passe au consulat américain qui n'a pas encore mes papiers et je télégraphie à l'École libre en vue d'accélérer les démarches, bien que l'encombrement des trains, la perspective d'une grève aux États-Unis, m'effraient un peu, et que je me résigne aisément à remettre au besoin mes cours en mai...

Téléphoné à Tudor-Hart, qui ajourne sa réunion d'enfants à vendredi, et à Mme Lahaye, dont la petite Nicole est elle-même souffrante. Continué mes chroniques. Mme Berger me téléphone pour inviter les enfants, je dois lui dire aussi que Bernadette est malade...

28 décembre

Encore rien du consulat américain. Je me suis fait du mauvais sang hier soir, rapprochant ce retard de ma lettre à Mme Robert-le Braz (dont je n'ai pas non plus de nouvelles), craignant une dénonciation, que sais-je? Mais, en réfléchissant et en rapprochant les dates, un retard fortuit est bien plus vraisemblable. J'ai encore bien le temps, jusqu'à vendredi. Et si je ne puis faire le voyage, je m'en consolerai facilement, devant les inconvénients de la saison, mais il faudra tout de même que j'aille au moins quelques jours à Montréal.

Bernadette a moins mal à la gorge, mais elle garde 37°7 (ce matin) et 37°6 (ce soir) de fièvre, ce qui m'empêche de l'amener à un arbre de Noël où l'invitent les Berger. J'y vais avec le Dr Berger et Jean-Claude. Critiques du Dr Berger qu'il trouve trop « politique » et prématurément « politique » ; une lettre de l'abbé Le Maître, de Montréal, m'en dit à peu près autant[60].

Achevé de rédiger ma chronique internationale[61].

---

60. Le directeur du collège Stanislas de Montréal considère que vis-à-vis du gouvernement d'Alger, la « critique a décidément trop beau jeu contre cette France " cosmopolite " où elle voit " trop de juifs et de maçons " ». Et l'abbé Lemaître exprime ses inquiétudes de voir à la tête de l'enseignement « Laugier et Cie qui déjà ne se gêne pas pour nous annoncer " l'école unique " ». ARCJ, 118 J 235, Corr. gén., H. Laugier à Viatte, 26.12.1943.
61. « Chronique internationale » *Le Canada français*, XXXI, n° 5, janvier 1944, pp. 375-381. Suite à une nouvelle rencontre des Alliés à Téhéran, Viatte, comme tant d'autres commentateurs, en est réduit à des conjectures qu'il veut plutôt optimistes, par esprit propagandiste. La Russie de Staline est désormais entrée pleinement dans le jeu politique de l'après-guerre qui se dessine et toute idée de paix séparée avec

29 décembre

Une dépêche me dit que la Délégation française à Washington s'occupe de mes papiers ; le Dr Simard me dit que la seule façon d'agir vite serait de faire téléphoner par le consulat, et que le retard est tout à fait normal : mais il me déconseille le voyage en ce moment. Je laisse les choses se faire d'elles-mêmes.

Écrit à maman, à Miss Harwitt, à Bonneau[62] ; corrigé deux chapitres de la thèse de sœur Joseph-Arthur.

Toujours des grands froids. Bernadette va mieux : 37°2 ce matin, 37°5 ce soir.

30 décembre

Bernadette n'a plus de fièvre, mais c'est le tour de Jean-Claude : 37°6 le matin, 38°7 à midi, 38°4 ce soir. Après avoir été ce matin à la bibliothèque et écrit à Wencélius, je suis obligé d'emmener Bernadette seule au spectacle du magicien Dante.

Téléphoné à Mme Lahaye qui a des nouvelles de son mari arrivé à New York après 50 heures d'avion, et le chargera au besoin de négocier la question de mes papiers. Mais elle est du même avis que le Dr Simard, sur le caractère normal du retard, et sur les embarras d'un voyage en ce moment.

Soirée du Comité Canada-Haïti, autour de l'abbé Georges, de Bellegarde et de Roy, étudiant à Oka[63]. Je cause surtout avec J. C. Magnan et l'abbé Malouin ; on parle beaucoup de la démoralisation juvénile à la suite du travail de guerre.

31 décembre

Le consulat américain n'a pas encore mon permis d'entrée : je ne suis pas le seul, me dit-on. Je crains maintenant de le recevoir lundi et de devoir faire le voyage de nuit, dans des conditions inconfortables...

Lettre de mamé, accompagnée d'un avis de la censure qui a cru – à tort – qu'elle transmettait un message des pays occupés.

---

l'Allemagne nazie peut être abandonnée. L'après-guerre se prépare en Espagne, où « le régime a fait trop d'avances à l'Allemagne pour survivre tel quel à sa défaite », ce qui selon Viatte pourrait bien favoriser la restauration d'un régime monarchique. Quant à la France, elle se reconstitue lentement, mais sûrement, autour du gaullisme : « La mystique de Gaulle elle-même, fondée sur l'idée de résistance, comporte une part d'irrationnel, comme toute mystique humaine, et il lui reste à subir l'épreuve de la vie normale ; mais il apparaît peu vraisemblable que les cadres aujourd'hui reconstitués sans bruit ne deviennent les premières bases de la charpente sur laquelle se réédifiera la maison France. »

62. En réponse aux remerciements de Bonneau pour l'envoi des exemplaires de *Fontaine* demandés. En passant, Bonneau relevait : « Comme vous, je compte beaucoup sur la présence à Alger de Mme Simard et du Père Delos dont nous devrons recueillir un double bénéfice, d'une part à Alger où l'on ne connaît sans doute pas assez le Canada (bien qu'un haut fonctionnaire qui revient d'Alger m'a dit avoir été assez surpris de la connaissance qu'avait le Général de Gaulle des affaires canadiennes) et d'autre part au Canada même. ARCJ, 118 J 235, Corr. gén., H. Bonneau à Viatte, 1.12.1943.

63. Localité située près de Montréal où se trouve un collège religieux.

Jean-Claude a ce matin 37°4, à midi 39°5, le soir 38°4 ; je ne puis le mener chez Tudor-Hart où nous avons comme toujours une charmante réception de Noël.

Lu une lettre d'Élisabeth, qui se fatigue toujours, et rêve toujours de se dépenser ailleurs – cette fois à Londres pour la formation de la jeunesse. Tudor-Hart discute avec moi le Centre de Documentation.

Rencontré, ce matin, Lebel à la bibliothèque : il me dit que Mgr Labrie est gagné à nos vues sur les chaires d'histoire ; on passera à la Faculté des Arts, en compensation, l'École de Pédagogie dont nous ne voulons pas. Discuté le jury de sœur Joseph-Arthur, et les candidats possibles à la chaire d'histoire et de géographie du Canada, à l'École libre.

1er janvier

Jean-Claude n'a pas de fièvre, ce matin, mais ce soir, 38°1.

Écrit à T. d'Athaÿde, à mamé, au directeur de la censure ; continué mon article documentaire sur la France, et travaillé à Rabelais.

Le Dr Berger me prête un thermomètre centigrade (j'ai cassé le mien hier) et je souhaite la bonne année à madame en allant le chercher.

Téléphoné à De Koninck, qui vient de rentrer de Chicago, sur la venue de Koyré[64] et sur la question des chaires d'histoire. Il ira au Mexique en avril.

2 janvier

Jean-Claude : 36°6 ce matin ; je le crois guéri et j'invite les petites Lahaye, qui viennent seules, leur mère étant grippée, mais ce soir il a de nouveau 38°7.

Corrigé ce matin un chapitre de sœur Joseph-Arthur ; le soir j'ai le temps d'écrire un peu de mon article documentaire sur la France, pendant que les Lahaye sont là. M. Hogue me téléphone ses vœux.

3 janvier

Le consulat américain a reçu une réponse favorable (non sans enquête sur la nature de mes conférences, sur mes rapports avec la Délégation française, sur ma réadmissibilité au Canada). J'obtiens une couchette du haut dans le train du soir. Je passe à la Banque. Et après une après-midi où j'ai commencé à corriger le dernier chapitre de sœur Joseph-Arthur, je prends le train de 6 heures. J'ai l'impression que ceux qui se plaignent de l'encombrement ne sont pas des voyageurs très expérimentés, car le trajet se fait on ne peut plus normalement... Et je retrouve à la frontière les

---

64. C'est Benoît, chef de la Section française de la Commission d'information en temps de guerre à Ottawa qui a prévenu Viatte de la venue de Koyré, en lui demandant si l'Université Laval pourrait l'accueillir et quels sujets de conférences – d'intérêt général et politique – il pourrait tenir au Canada français. ARCJ, 118 J 235, Corr. gén., G. R. Benoît à Viatte, 29.12.1943.

douaniers américains avec le sourire – pas de ronchonneurs comme souvent en France – comme s'ils réservaient tous les désagréments pour auparavant...

4 janvier

La locomotive a eu un accroc à Rouss Point : ce qui me fait arriver à 10h. avec 2h1/2 de retard : au moins j'ai dormi... Je revois mon cours et descends à l'École libre des Hautes Études où je rencontre Paul Jacob[65], et Émile Buré[66] avec qui je cause un bon moment en attendant Mirkine qui ne vient pas : d'après lui, ce sont des trusts qui inspirent *Pour la Victoire* ; je l'engage beaucoup à faire le service de son journal à *L'Action catholique* et je lui enverrai mes derniers articles.

Je passe deux heures à la Bibliothèque, puis fais mon cours, où me présente Koyré. Seul le P. Bouffard assiste à mon cours fermé. Il se dit très content de ses professeurs qu'il juge éminents, mais trouve qu'on les fait peu travailler : c'est évidemment le principe français du travail personnel, dont Miguel Osorio[67] rappellera tout à l'heure les conséquences au Brésil : les savants rentrés d'Allemagne, où on les a trop aidés, deviennent de bons techniciens, mais ce sont les savants rentrés de France qui poursuivent une carrière scientifique.

Dîné avec Koyré : parlé de son voyage au Canada, de sujets de conférences possibles (je suggère la Culture française dans le Proche-Orient). – Il m'emmène ensuite à une conférence de Miguel Osorio qui se rappelle fort bien m'avoir rencontré chez Pierre et me demande de ses nouvelles. Rencontré là beaucoup de gens : Valeur dont il est faux qu'il ait été « dégommé » ; Vignaux qui viendra au Canada le 26 avril ; Koyré ; Mirkine ; Seyrig surtout qui me dit que mon rapport sur Haïti a beaucoup intéressé Alger, qu'il y a été envoyé à la suite de cela par dépêche à la Martinique, et qu'à Haïti tout le monde lui a parlé avec éloges de moi, notamment le ministre des Affaires Étrangères, Lhérisson, Price-Mars. Lévi-Strauss est aussi là ; la New School ne lui permet pas de se rendre à Haïti avant les vacances, mais il compte bien y aller à cette époque. Et Hadamard, toujours si étonnamment jeune dans son grand chagrin...

5 janvier

Écrit au P. Ducattillon, à R. Picard, à Mlle Monnier. Je vais ensuite porter à l'École libre des textes à polycopier, et m'entretiens avec Paul Jacob de sa revue *La République française*. Je crains, à part moi, qu'elle ne fasse mauvaise impression au Canada, et je redoute cette identification de la France combattante et d'un régime.

---

65. Secrétaire de l'École libre, directeur de la revue *La République française*.
66. Journaliste, il crée avec Henri Torrès la revue gaulliste *France-Amérique* dont le premier numéro, daté du dimanche 23 mai 1943, paraît avec en première page un télégramme du général de Gaulle. *France-Amérique* s'oppose à *Pour la Victoire* de Kérillis, moins favorable à de Gaulle.
67. Miguel Ángel Osorio est un poète postmoderniste colombien connu sous le pseudonyme de Porfirio Barba Jacob. *Encyclopædia Universalis*.

La République, soit, mais à la condition de voir que la République couronne toute la tradition française.

Visite à Grégoire. Je rencontre chez lui un monsieur dont j'ai oublié le nom et qu'il veut prendre comme collaborateur de son volume sur les épopées : assez famélique d'ailleurs. Causé des éditeurs canadiens et des revues.

Après-midi à la Bibliothèque.

6 janvier

Écrit à maman, et à mes éditeurs.

Déjeuné avec Seyrig : causé d'Haïti. Je prends une meilleure impression de cet homme qui n'a pas reculé devant l'initiative et semble avoir amorcé un nouveau projet, visant moins la création d'une Maison française que l'envoi de missions à intervalles réguliers, cet envoi devant permettre aussi le choix de professeurs plus renommés qui s'en iraient réveiller en même temps intellectuellement les Antilles françaises. Mabille, de retour en Haïti, lui a parlé du « vichysme » de Mgr Le Gouaze, et de celui du Dr Armand. Je suis content de voir que le président Lescot marche dans la combinaison, tout en demandant qu'elle dépende de l'Université haïtienne.

Je reviens chez Seyrig dans l'après-midi pour une conversation avec Alabrunne, ancien consul aux États-Unis (encore très jeune) nommé secrétaire d'ambassade là-bas, et assez désemparé de partir pour ce pays qu'il ne connaît pas, et redoute un peu. Je le rassure sur le préjugé de race dont il a peur qu'il ne lui interdise les réceptions et les invitations, et qui en réalité est inexistant. Nous prenons un café ensemble, puis je vais travailler à la Bibliothèque. Au consulat où je l'accompagne – plaisir de retrouver un bureau à la française, même avec ses aspects un peu vétustes et l'allure caractéristique des fonctionnaires ! – je rencontre le chancelier qui a donné le coup de téléphone à Washington en vue de mes démarches ; toute la faute est au consulat de Québec qui n'avait pas indiqué la date.

7 janvier

Déjeuné avec Roger Picard, toujours anti-gaulliste par esprit républicain. Il envisage de séjourner plusieurs années au Nouveau-Monde, plutôt que de rentrer en une France agitée, et me pose sa candidature aux chaires d'histoire de Laval. Mais ce n'est pas un spécialiste, et son attitude politique jetterait la confusion dans les esprits... Les sociétés françaises de Montréal, me dit-il, ont protesté contre la nomination de Mme Simard (ce que publie *Pour la Victoire*) : j'en suis outré, et j'y vois la main de Roumefort.

Après-midi à la Bibliothèque. Dîné avec Neff (sa femme est enrhumée). Rencontré Muller, et Dennis, chef du département d'espagnol à Columbia. Neff partage mon point de vue sur la médiocrité de Teacher College et me dit que l'école sera probablement éliminée de l'Université.

Ensuite, soirée chez Huguenin que je trouve sur le point de se coucher, avec des signes de vieillissement (défaillances de mémoire, répétitions), mais en aussi bon état généralement qu'il y a un an, lorsque sa santé commençait à fléchir. Il est en congé de six mois et songe à prendre sa retraite après. Contre de Gaulle qu'il trouve « mauvais coucheur ».

Rencontré par hasard, 6ᵉ avenue, les archiduchesses Charlotte et Élisabeth, qui m'ont bien reconnu et aimablement salué.

8 janvier

Déjeuné avec Mirkine, à qui j'expose les raisons locales qui m'empêcheront de collaborer à sa *République française*... Parlé aussi de ma conférence sur le « Système politique de Châteaubriand ». Et du Jura, et des problèmes des naturalisés.

De là je vais chez le P. Ducattillon, qui m'a téléphoné le matin. Il me raconte le voyage du P. Delos, encore embouteillé à la Nouvelle-Orléans où il a dû coucher dans un garage et où il restera 15 jours ou trois semaines, les préparatifs d'invasion accaparant les transports de guerre. Le P. Ducattillon se demande si le P. Delos ne pourrait pas mieux remplir ici la tâche qu'il se propose : là-bas il n'y a ni documentation, ni crayon, ni papier... Causé du Centre de Documentation (je lui enverrai la consultation du P. Forestier); le P. Ducattillon est entré au Comité républicain parce qu'en sa présence il ne peut être question d'anticléricalisme.

Nous nous rendons de là à une réunion des collaborateurs de la *République française*, organisée par Mirkine. Rencontré tout le groupe de « Pontigny » : Benoît-Lévy, Gottmann, Mendizabal qui va venir au Canada pour l'ACFAS et avec qui j'ai plaisir à m'entretenir...

Puis conversation avec Vial : Haïti, classiques, cours d'été.

Puis soirée chez Brodin. J'y dîne avec J.-A. Bédé. Sont invités à la soirée, notamment, Mme Chapman qui a joie à me revoir, un étudiant haïtien nommé Donyon qui a entendu mes conférences cet été, et une ressortissante Cubaine Mlle Jamet, qui enseigne l'espagnol au Lycée français et nous charme par les chansons enveloppantes des Îles, à la guitare, – mutine et sentimentale, avec tout le côté séduisant de ses compatriotes.

9 janvier

Écrit à mamé. Rédigé mon deuxième cours.

Déjeuné avec Spire, qui désirerait assez un voyage au Canada; je lui conseille des conférences à l'ACFAS, ou des vacances.

À la Bibliothèque, après-midi, je rencontre Grégoire, avec qui je devais dîner en compagnie du P. Ducattillon; je me rends directement au lieu du rendez-vous auquel prend part aussi Mme Grégoire, puis Seyrig nous rejoint, et nous tenons une première séance de la commission pour les rapports de l'École et du Canada. Je suis chargé : 1° de pressentir le gouvernement de Québec pour savoir s'il subventionnerait ladite chaire ; 2° de faire un rapport sur les candidats éventuels, l'abbé Groulx accepterait-il, et quelles seraient les réactions ? On nomme aussi Guy Frégault, Barbeau pour le folklore, Brouillette pour la géographie, Maurice Hébert pour les lettres, peut-être l'abbé Maheux, Marcel Raymond... Causé ensuite des États-Unis, qui inquiètent, en privant la guerre de son idéal ; on craint une déception entraînant les masses à des réactions violentes ; Seyrig a passé neuf jours sans pain à la Guadeloupe, tandis qu'à côté, à Porto Rico, c'est l'orgie...

10 janvier

Passé ce matin réserver ma place pour demain. Déjeuné ensuite avec Hadamard. Mme Hadamard toujours exquise, si Française dans ses réactions sur la vie de famille américaine. Hadamard me raconte comment Torrès[68] a essayé de s'imposer à l'élection de *France forever*, mais a été rejeté par les associations clandestines qui ne veulent plus de « politiciens d'avant-guerre ».

Après-midi, coup de téléphone de Seyrig : il me propose : de partir l'été prochain trois mois en mission, pour faire passer les examens et donner des conférences à la Martinique et à la Guadeloupe, puis m'arrêter à Haïti. Ce serait évidemment compatible avec un nouveau cours d'été là-bas ; j'y retrouverais Lévi-Strauss, et Maritain qui viendrait en septembre au Congrès de la « Connaissance ». La mission comprendrait Weiller, Gottmann, Lévi-Strauss, il s'agirait d'y adjoindre un catholique incontesté. Mais à quelle date l'Université Laval me laisserait-elle partir ? Et que faire de mes enfants pendant ces trois mois : mon devoir me permet-il de les laisser ? Si je pouvais trouver une Française de confiance...

Je me risque ensuite à faire une visite à Pons-Grundt, que je trouve heureusement chez lui, et avec qui je dîne.

11 janvier

Chose rare, je déjeune seul.

Je revois Mirkine avant mon cours, auquel assiste Koyré ; puis je vais avec lui à un dîner auquel participent Grégoire, Mme Grégoire, Mme Koyré, et de là à une manifestation au sujet de l'Université de Strasbourg martyrisée par les Boches : Seyrig lit à ce sujet des documents saisissants. Et je reprends le train de nuit.

12 janvier

Passage de la frontière, sans encombres. Je vais voir Hurtubise aux Éditions de l'Arbre : les retards proviennent du contingentement du papier, ils vont prendre fin

---

68. Henri Torrès, avocat français qui s'est exilé à New York durant la guerre, est cofondateur de la revue gaulliste *France-Amérique*.

pour les livres scolaires auxquels la collection est assimilable. Pour le manuscrit d'A. Spire, il peut être publié sans droits d'auteur, en vertu de la loi du séquestre. Et quant au livre de Mlle Derkenne[69], la question est celle de son contrat avec de Gigord, et de l'acceptation par le Comité de l'instruction publique s'il entre en concurrence avec des manuels canadiens. – Je vais à la *Revue moderne* où j'apprends que Dagenais n'y travaille plus depuis un mois. – Et je reprends le train de midi qui m'amène à Québec à 6h. par la rive droite. Beaucoup de correspondance au retour : notamment du P. Delos[70], de Mme Robert Le Braz, de Baldenne[71], de Georget, de Dartigue au sujet de Moreux[72], etc.

13 janvier

Téléphone de Mme Lahaye qui m'encourage au voyage des Antilles : le redressement des enfants a moins d'importance à ses yeux, car ce sera la dernière année anormale... Elle croit possible de trouver une jeune Française pour les vacances, et a même l'idée de Mlle Pauly, nièce de Mlle Perrin de la maison d'édition, qui déteste son milieu allemand du Wisconsin et rêve du Canada français[73]... Téléphoné aussi à De Koninck, notamment sur Koyré. Écrit à maman, au P. Delos. Après-midi, téléphoné au Dr Simard qui a fait écrire à *La Presse* une lettre signée par Pacreau et P. Chaloult, indiquant que sa femme a été choisie par des associations groupant 8000 Français et que les protestations de Montréal, écrivant en leur nom personnel, n'en dépassent pas 350... Corrigé un peu la thèse de Sœur Joseph Arthur, qui vient me voir. Vu aussi Després et discuté la question Centre de documentation et la chaire

---

69. Françoise Derkenne, née en 1907, est l'auteure d'un manuel pédagogique intitulé *La vie et la joie au catéchisme : application des méthodes actives au catéchisme, un centre d'intérêt complet en 30 leçons* paru à Paris chez Gigord en 1936 et plusieurs fois réédité.
70. De la Nouvelle-Orléans où il attend de partir pour Alger, le père Delos quelque peu désœuvré fait le point sur les années passées à Québec : « C'est grâce à vous que je me suis trouvé chez moi à Québec, ayant une atmosphère française pour éclairer toute chose, un foyer et une amitié pour réconforter et rassurer. Je suis sûr que nous continuerons à travailler pour le même idéal. » La fréquentation du local de France Forever lui inspire ces réflexions : « Comme je m'y attendais [j'observe] une grande variété de points de vue et d'intérêts ; l'amour de notre pays est commun, les motifs de l'aimer divers. Il ne faut pas trop se laisser engager dans le tourbillon ; conserver paisiblement un idéal qui en émerge. » ARCJ, 118 J 235, Corr. gén., J. Delos à Viatte, 2.1.1944.
71. De retour à Los Angeles après son séjour au Québec, Baldensperger remercie Viatte de son accueil et lui confie ses inquiétudes sur l'avenir du Comité d'Alger, même s'il discerne une évolution positive, plus modérée, dans l'attitude d'Henri Laugier. Il ajoute : « Avec les maîtres du Collège Stanislas, et diverses personnalités plutôt éparses à Montréal, je vous avouerai sans flatterie que l'esprit dans lequel on travaille autour de vous, à Québec, m'a paru plus réconfortant que l'espèce de cote mal taillée qui m'a semblé le résultat de l'affrontement franco-britannique de Montréal. Et je n'offenserai pas votre modestie en vous disant aussi que, jusqu'à Sherbrooke, j'ai rencontré de vos lecteurs assidus, discernant ce mélange de connaissances expérimentales et d'idéalisme qui, à mon sens, est la marque du positivisme salubre que je souhaite voir prendre le dessus. » ARCJ, 118 J 235, Corr. gén., F. Baldensperger à Viatte, 4.1.1944.
72. Maurice Dartigue a des difficultés à trouver du travail au cuisinier Moreux, que lui a recommandé Viatte. Il demande quelles sont ses prétentions salariales et ce qu'il serait disposé à faire en Haïti. ARCJ, 118 J 235, Corr. gén., M. Dartigue à Viatte, 27.12.1943.
73. Marie-Hélène Pauly enseigne au Wellesley College, dans le Massachusetts.

canadienne de l'École libre. Le soir, Société de Philosophie ; discuté avec l'abbé Parent la visite Koyré.

14 janvier

Écrit au major Benoît, à Lévi-Strauss[74]. J'achève la lecture de la thèse de Sœur Joseph-Arthur que je lui rapporte après-midi avec mes observations.

Lebel me demande d'insister auprès de Mgr Labrie au sujet des chaires d'histoire, car il subit une forte pression de l'abbé Savard et de l'abbé Maheux. Il lui a donné des raisons qui l'ont satisfait et qu'il va mettre dans un rapport écrit[75]. Je téléphone cependant ce soir à De Koninck là-dessus.

Mlle Jobin, que j'ai vue à midi, m'a l'air de comprendre le caractère de Jean-Claude, et se dit contente de ses progrès. Elle fait maintenant elle-même les cours de français aux enfants.

Rencontré Poznanski qui me demande où en est le choix de Halecki. Ce dernier vient faire 20 leçons à Montréal, et Ristelhueber va enseigner de son côté l'histoire diplomatique, et deux autres Français d'autres matières historiques. Une manche gagnée sur Québec : mais quelle est la compétence de Ristelhueber comme historien ?

Téléphoné au Dr Simard, qui approchera Godbout, par Bienvenue, sur la question d'une subvention à l'École libre des Hautes Études pour une chaire d'histoire et de géographie du Canada. Sa femme lui a écrit le mécontentement des choix faits aux États-Unis par Alger : « petits camarades » pas authentiquement combattants… Bonneau va donner une interview sévère au *Canada* après publication de la note de *La Presse* sur Mme Simard.

15 janvier

Écrit à mamé ; à Darbelnet[76], à Bonno (pour la collection de classiques).

---

74. Qui lui demande les coordonnées du géologue suisse E. Aubert de la Rue, établi au Canada. ARCJ, 118 J 235, Corr. gén., C. Lévi-Strauss à Viatte, 10.1.1944.
75. Dans ce rapport, Maurice Lebel estime qu'inclure l'histoire et la géographie dans une Faculté des Arts qui s'occupe principalement de la formation à l'enseignement secondaire serait une erreur. Il plaide au contraire pour le rattachement de ces branches à la Faculté des Lettres d'une part parce que c'en est l'usage en Europe, dans les plus grandes universités, et d'autre part parce qu'il conçoit l'enseignement de l'histoire sous un angle national, en lien direct avec les fondements culturels et linguistiques du Québec : « L'histoire générale englobe l'histoire littéraire, qui est le fondement même de l'étude des langues et des lettres (…). À Québec, outre l'histoire politique et militaire, il y a l'histoire des idées, des mœurs ; il y a le folklore, le conte, les légendes, les chansons ; il y a aussi l'histoire de la langue, de la pensée, des sentiments. Or je ne vois pas très bien comment on peut isoler tout cela de notre littérature et de la littérature en général ». ASQ, Boîte 319/26, Mémoire de M. Lebel, 14.1.1944.
76. Directeur du Département de langues romanes à l'Université McGill de Montréal. Il collabore avec Viatte dans divers jurys de baccalauréat.

Téléphoné à Risi et De Koninck au sujet de Mendizabal[77]. Je voudrais rencontrer Mgr Labrie, mais comme il n'est pas à son bureau de doyen à seize heures j'attendrai.

Préparé mes cours, Puis commencé une lettre à Baldensperger.

16 janvier

Achevé ma lettre à Baldenne. Écrit à Georgeot, au P. Ducattillon (j'attendrai pour leur répondre la copie du P. Forestier), à l'École libre (pour préciser la date de mes cours).

Il fait très froid, quoique le thermomètre marque 10° Farenheit : les enfants vont un peu faire du ski à la Citadelle, mais ils en ont vite assez.

Téléphoné à Mme Lahaye, qui part demain.

17 janvier

Lettre de maman (25 novembre). Elle m'apprend que tante Claire a 80 ans : je ne l'aurais jamais cru. – Je lui écris (à tante Claire). Écrit aussi à Dagenais, et terminé mon article pour *L'Action catholique*, commencé à New York[78].

Visite de René Bellegarde ce soir.

18 janvier

Vu Mgr Labrie à qui je parle des questions discutées à New York. J'écris ensuite mon rapport à Grégoire sur la chaire canadienne ; écrit aussi à Buré. – Je vais voir L. Ph. Roy en lui portant mon article et discute des événements.

Ce soir, concert Lotte Lehmann[79]. C'est un peu une déception : une bonne chanteuse, mais pas la merveille attendue. Elle a sans doute dépassé son zénith...

---

77. Celui-ci lui a proposé une longue liste de conférences qu'il pourrait tenir lors de sa venue au Québec, touchant aussi bien la culture politique espagnole que l'histoire des doctrines politiques et leurs résonances actuelles. ARCJ, 118 J 235, Corr. gén., A. Mendizabal à Viatte, 12.1.1944.
78. « Les problèmes d'émigration et l'Europe d'après-guerre » *AC* du 20.1.1944. Cet article est une réponse aux inquiétudes que Viatte perçoit dans la société canadienne-française par rapport aux risques d'un afflux massif d'immigrants immédiatement après la guerre. Replaçant la question à un niveau plus général, il estime que le flux principal se fera d'Ouest en Est, et non l'inverse, l'Europe ayant besoin de toutes ses forces, et d'autres encore, pour entreprendre les gigantesques travaux de reconstruction à venir. La stabilité du monde d'après-guerre passe donc selon lui par des flux migratoires modérés, chaque pays ayant besoin de l'ensemble de ses forces démographiques pour affronter des problèmes socio-économiques que Viatte perçoit comme gigantesques.
79. Lotte Lehmann (1888-1977). Grande soprano allemande, elle se réfugie en 1938 aux États-Unis et poursuit sa carrière au Metropolitan Opera jusqu'en 1945.

19 janvier

Achevé mon article documentaire pour *La Nouvelle Relève*, que j'envoie avec une lettre à Charbonneau et Hurtubise[80]. Écrit à Mme Briggs au sujet de mes vacances. Commencé un article sur Haïti pour le *Bulletin des Études françaises*[81].

Lettre de mamé (18 décembre), avec une lettre de Jean-Pierre pour Jean-Claude, et une autre de Cilette pour Bernadette, dont les enfants sont très fiers. Lettres de Fatton[82], de Krappe[83], de Lévi-Strauss[84].

20 janvier

Rencontré à la Bibliothèque le P. Ledit, avec qui je bavarde un long moment : heureux de savoir le P. Delos à Alger, se demandant si je n'y serai pas appelé, mais inquiet des purges ; il loue la sérénité de mes chroniques. – Vu ensuite Lebel, à qui je parle de la date des examens : les étudiants voudraient les espacer ; je ne crois pas que ce soit bon, pour moi en tout cas, ce que je demande c'est de n'être pas trop retardé cette année. Discuté de Sœur Joseph-Arthur ; je trouve en rentrant un mot de Mgr Labrie relatif à la thèse du P. Deschamps.

---

80. « Documents sur la France » *La Nouvelle Relève*, III, n° 2, janvier-février 1944 ; n° 3, mars-avril 1944 ; n° 6, août-septembre 1944. Sous la forme d'une chronique (« I. À la veille du débarquement en Afrique ; II. Les événements d'Afrique vus de Berlin et de Vichy ; III. L'occupation totale et l'échec final de Vichy »), Auguste Viatte effectue un montage commenté de divers documents publiés dans des journaux suisses – *Le Jura* de Porrentruy, *La Liberté* de Fribourg, *Le Journal de Genève* –, entre l'été 1942 et l'été 1943. Il attire l'attention sur le fait que ces correspondances ou dépêches de France ont été censurées par Vichy et par Berlin et que « les feuilles où elles paraissent, hostiles au Front populaire, ont longtemps sympathisé avec les intentions du maréchal Pétain ». Le chroniqueur essaie de faire parler les documents, les orientant pour démontrer la faillite progressive mais inéluctable du régime de Vichy et le discrédit de Pétain, les quelques actes de protestation posés par la hiérarchie catholique françaises vis-à-vis de la persécution des Juifs et surtout l'unité spirituelle de la France à retrouver au lendemain de l'accord Giraud-de Gaulle signé en juin 1943.
81. « Haïti et la culture française en Amérique tropicale » *Bulletin des études françaises*, mars-avril 1944, pp. 53-60. Viatte prend prétexte du récent voyage du président Lescot au Québec pour présenter Haïti et sa culture de façon élogieuse. L'histoire qui fait de cette République une « fille de l'An II », une littérature trop méconnue qui mérite d'être mise en valeur et reflète l'âme particulière du pays, des élites formées dans les meilleurs établissements de France et à présent du Québec, tout cela fait qu'Haïti représente selon Viatte un élément déterminant de la civilisation française présente au Nouveau-Monde. Et si la guerre a rapproché la République haïtienne des États-Unis, ce mouvement a provoqué parallèlement une prise de conscience de l'identité française spécifique chez bon nombre d'Haïtiens. L'occasion pour Viatte d'en appeler une fois encore à un rapprochement des peuples de langue française du continent américain : « sans perdre leur originalité réciproque, et sans non plus se refuser à s'enrichir au contact d'autrui, ils sauront s'associer pour promouvoir ensemble l'idéal commun qui est notre apport à la civilisation mondiale ».
82. Il s'agit du président du Groupement des Français Libres d'Haïti, auquel Viatte a envoyé une copie de son allocution sur Haïti tenue à Radio-Canada le 19 octobre 1943. ARCJ, 118 J 235, Corr. gén., P. Fatton à Viatte, 12.1.1944.
83. Un docteur ès lettres de Princeton qui fait connaître ses travaux à Viatte. ARCJ, 118 J 235, Corr. gén., A. Krappe à Viatte, 17.1.1944.
84. Les renseignements transmis par Viatte à propos d'Aubert de la Rüe ne sont pas très positifs, puisque Lévi-Strauss hésite à entamer une collaboration scientifique sur des questions anthropologiques américaines avec celui-ci. ARCJ, 118 J 235, Corr. gén., C. Lévi-Strauss à Viatte, 16.1.1944.

Écrit à maman, et à Mme Dr. V. Lepage, de Rimouski, qui me demandait des leçons particulières. Continué mon article du *Bulletin des Études Françaises*, très interrompu par les devoirs des enfants. Vu aussi Mlle Langlois à qui je porte à copier une liste des collèges canadiens pour Grégoire.

Société de Philosophie ce soir. Je reparle à De Koninck des conférences Mendizabal.

21 janvier

Vu ce matin Lebel et Mgr Labrie à propos des examens, de la lettre du P. Deschamps, de la thèse de Sœur Joseph-Arthur. Écrit à Seyrig pour lui confirmer mon acceptation du voyage aux Antilles, et au directeur de la *Revue moderne* à la suite d'une lettre de Dagenais relative à mon article[85].

Commencé la préparation de mes cours. Écrit à J.-A. Bédé[86] sur sa collaboration éventuelle à la collection de classiques.

La lecture des journaux haïtiens, faite ce soir, me révèle une vive réaction contre la SHADA[87] les entreprises américaines, et me fait mieux comprendre le succès de Seyrig dans ses négociations. C'est le moment psychologique où le président Lescot avait besoin d'un contrepoids...

22 janvier

Écrit à mamé. Achevé la préparation de mes cours.

Je voulais aussi écrire à Bonneau, mais j'attends d'avoir vu son interview au *Canada* sur Mme Simard, parue en même temps que l'article de *La Presse*. Le Dr Simard, à qui j'ai téléphoné à ce sujet, pense que sa femme est partie.

Continué ce soir mon article sur Haïti.

---

85. Gérard Dagenais conseille à Viatte de transmettre son article sur la Yougoslavie au nouveau directeur de la *Revue moderne*, M. Beaudry.
86. Jean-Albert Bédé, membre de la Société des Professeurs français en Amérique, est un critique littéraire et traducteur spécialisé sur les textes du XVIIe siècle.
87. Il s'agit de la Société Haïtiano Américaine de Développement Agricole. Cette compagnie d'exploitation agricole mise sur pied à l'été 1941 suite à un accord intergouvernemental américano-haïtien avait été créée grâce à un financement de l'Export-Import Bank. Destinée officiellement à aider le développement économique d'Haïti par l'augmentation de ses ressources agricoles, elle ne servit en fait qu'aux intérêts de la Rubber Development Corporation, société américaine spécialisée dans l'exploitation du caoutchouc. Une gestion désastreuse de la Société, tant financière qu'économique, provoqua dès 1943 de graves problèmes pour les petits exploitants agricoles haïtiens, expropriés et exploités dans des modes de culture pour lesquels ils n'étaient pas formés. Les membres haïtiens de la SHADA tentèrent bien de remédier aux problèmes qui se posaient notamment en intervenant notamment auprès du président Lescot pour dénoncer les agissements de leurs collègues américains et les résultats contre-productifs de cette compagnie pour l'économie rurale haïtienne, mais l'affaire traîna jusqu'à la fin de la guerre. À ce moment, la Rubber Development Corporation se retira du projet en allouant de maigres indemnités au gouvernement haïtien : le désastre était patent pour les agriculteurs locaux dépossédés de leur terre et bouleversés dans leur mode de vie. Des conséquences économiques se firent ensuite sentir dans le développement de l'exode rural en Haïti et, au niveau politique, l'échec de cette coopération fut un des facteurs qui conduisit à la chute du gouvernement Lescot en janvier 1946. DARTIGUE, *Un Haïtien exceptionnel, Maurice Dartigue*, pp. 72-88.

23 janvier

Cette nuit, le thermostat se grippe et la chaudière chauffe sans interruption de 8h. à 3h. du matin... À ce moment je suis réveillé par les gémissements de Jean-Claude qui ne dort pas, j'ai trop chaud moi-même et je descends tout arranger... Mais Jean-Claude a des vomissements, à la même seconde que Bernadette, et celle-ci récidive à l'église pendant la messe. Après quoi c'est fini...

Travaillé ce matin à l'article sur Haïti.

Visite aux Magnan l'après-midi. Avant d'entrer, je rencontre Gabrielle et son jeune mari Hamel, tous deux radieux.

24 janvier

Cours à Sillery. Corrigé après-midi mes dissertations.

Téléphone de Risi m'invitant à présenter chez Mme Boivin une dame française, Mme Vignaux-Roux, qui vient aussi à l'ACFAS. Renseignements pris, il s'agit de la femme d'un consul général actuellement en France, ancienne collaboratrice à *Candide*, collaboratrice à *L'Œil*[88]... Je refuse bien entendu.

Ce soir, visite de J.-P. Després : il me parle du renvoi de L'Heureux que l'on rend responsable des désabonnements qui pleuvent à *L'Action catholique* en raison de son attitude sur la guerre – attitude pourtant dictée par l'Archevêché. Edmond Laurent serait le futur directeur. Després conjecture que Godbout l'emportera encore aux élections, mais que les C.C.F.[89] l'emporteront à Ottawa, et que plus tard ils pourraient triompher dans la province s'ils recrutaient un homme comme le Dr Philippe Hamel, – leur chef actuel Frank Scott, fils du vieux chanoine Scott, étant d'ailleurs très sympathique aux revendications canadiennes-françaises. Le Bloc populaire serait coulé. Et ainsi, loin de tourner au nationalisme étroit, la réaction serait une forme de cette crise révolutionnaire contre le capitalisme, qui se dessine au Nouveau-Monde, qui pourrait être parallèle au « gaullisme » sans l'aspect révolutionnaire de ce dernier...

25 janvier

Écrit à Roger Picard[90], à Bonneau, à Grégoire, à Kérillis, à Buré. Commencé ma chronique du *Canada français*. Téléphoné au Dr Simard pour des renseignements sur Vanier à qui je voudrais consacrer un article dans *France-Amérique*.

---

88. Mensuel canadien-français de droite.
89. La Cooperative Commonwealth Federation, qui regroupe les socialistes, apparaît plutôt comme un parti de tendance socio-démocrate. ROY, *Histoire des idéologies au Québec*, p. 84.
90. Celui-ci pose sa candidature à la chaire d'histoire de l'Université Laval et demande à Viatte de l'appuyer. ARCJ, 118 J 235, Corr. gén., R. Picard à Viatte, 20.1.1944.

Visite prolongée des Moreux qui viennent discuter leurs projets de s'établir en Haïti.

26 janvier

Passé à la Banque. Écrit à Dartigue au sujet de Moreux, avec une allusion à mes projets de l'été prochain.

Travaillé ensuite presque toute la journée à ma chronique, qui du reste me vient bien.

Visite de l'abbé De Smet ce soir. Causé de toutes sortes de choses, et en dernier lieu des programmes scolaires : il m'explique que la surcharge de devoirs tient aux parents, et que d'ailleurs il vaudrait beaucoup mieux les réduire ; est de mon avis sur l'absurdité des programmes d'instruction religieuse et d'histoire sainte, et sur la grave lacune que comporte l'absence de récitations récréatives (fables, etc.).

27 janvier

Bibliothèque. Causé avec Lebel des chaires d'histoire-géographie. Comme je reçois une lettre de Seyrig (qui aurait peut-être quelqu'un sous la main pour les enfants l'été prochain) je lui écris en lui demandant de chercher les candidats possibles...

Continué ma chronique du *Canada français*.

Téléphoné à Mme De Koninck. Arthur est à l'hôpital. De Koninck à Chicoutimi. Causé des écoles et déploré les manuels et l'enseignement canadiens.

28 janvier

Téléphone de l'abbé Parent qui me demande mes plans pour les cours de vacances. Je lui demande un répit de quinze jours encore...

Poznanski, à qui j'avais demandé un renseignement pour ma chronique, vient me plaider la cause polonaise. Achevé ma chronique[91].

Mon élève Mlle Guignet vient me parler de son mémoire de maîtrise.

Le Dr Simard, à qui j'ai téléphoné, me dit que sur la recommandation de Ristelhueber, ont été nommés au Comité France-Canada uniquement des ex-vichyssois :

---

91. « Chronique internationale » *Le Canada français*, XXXI, n° 6, février 1944, pp. 451-457. Une fois de plus, Viatte voit dans les opérations alliées en Italie, au Japon et contre l'Allemagne des préliminaires à une offensive de plus grande envergure qu'il attend avec de plus en plus d'impatience. D'autant que selon lui, les armées rouge et chinoise continuent chacune de progresser, permettant au communisme de s'installer de plus en plus nettement en position de force dans les négociations de paix qui s'annoncent. Jointe à la rupture entre l'Argentine et l'Axe, qui « ferme la dernière brèche dans le front des Alliés au Nouveau-Monde », cette montée en puissance soviétique annonce une certaine bipolarisation du monde d'après-guerre qui inquiète Viatte. Celui-ci préférerait voir un « bloc de puissances moyennes » équilibrer le centre du continent européen, et en appelle pour cela à un rapprochement rapide entre l'Angleterre et la France...

Benoît, Bruchési, Donohue. Il proteste et réclame une majorité de «combattants». Est-ce pour cela, est-ce de voir les Éditions Variétés[92] reproduire scandaleusement les œuvres de presque toute l'école d'Action française – Maurras, Benjamin... – est-ce le problème de l'école pour mes enfants, mais je suis ce soir fatigué de ce pays incorrigible.

29 janvier

Sœur Joseph-Arthur vient me voir pour sa thèse. – Mme Briggs me fait téléphoner qu'elle croit avoir la personne qu'il me faut pour les vacances. – Écrit à mamé, à Bonneau sur l'éventualité d'une candidature Ristelhueber[93], à Max Wilson (d'Haïti) à propos de qui je téléphone à Roland Gingras[94]. – Achevé la préparation de mes cours et travaillé à Rabelais.

30 janvier

Écrit à Krappe. Recommencé mon article sur Haïti, sur un autre plan moins personnel.

Les petites Lahaye passent l'après-midi chez moi. Entre les enfants et elles cela manque de cordialité en ce moment.

31 janvier

Cours à Sillery. Lettre de Mme Briggs qui me propose une personne très bien pour l'été. Autre lettre du commandant Bonneau.

Après téléphone au docteur Simard, j'écris mon article sur Vanier que j'expédie à *France-Amérique*, puis je continue mon article sur Haïti.

Mlle Langlois vient me voir après souper et me fait signer la protestation de la France combattante contre les choix faits pour le nouveau Comité France-Canada de Québec, en majorité «vichyssois» de la plus belle eau.

Téléphoné à Mme De Koninck. Son mari est à Chicoutimi jusqu'à mercredi; il doit se rendre à Mexico dès le 1er mars, pour un mois. Et le propriétaire vient de l'aviser qu'il reprendra la maison pour en céder partie au gouvernement. Tuile.

---

92. Maison d'édition montréalaise fondée au début de la guerre, qui s'est spécialisée dans la publication de classiques français et les livres pour la jeunesse. *Éditeurs transatlantiques*, passim.
93. À la chaire d'histoire de l'Université Laval. Bonneau est d'accord avec Viatte pour couper court à l'influence néfaste des polémiques «engagées par les présidents des sociétés ex-vichystes de Montréal». ARCJ, 118 J 235, Corr. gén., H. Bonneau à Viatte, 27.1.1944.
94. Il s'agit du frère de Gérard Wilson, représentant du Comité Canada-Haïti qui vient de s'engager dans une formation militaire. Max propose donc de le remplacer, y compris pour l'obtention d'une bourse d'études au Canada que son frère visait. ARCJ, 118 J 235, Corr. gén., M. Wilson à Viatte, 16.1.1944.

1ᵉʳ février

Écrit un article pour *L'Action catholique*[95]. Écrit à Mme Briggs, à Bonneau. Continué un peu mon article sur Haïti, et Rabelais.

Le P. Deschamps vient discuter avec moi son sujet de thèse.

Téléphoné au P. Lévesque à propos de Van Sickle[96], que je voudrais faire venir à l'École des Sciences sociales ; il m'apprend que Vignaux ne viendra qu'un seul jour (vendredi) entre deux avions, et nous déplorons l'attitude du Service de l'Information d'Ottawa. – Téléphoné aussi à Giroux qui me confirme l'octroi de la bourse d'études à la Société des professeurs français en Amérique.

2 février

Sœur Joseph-Arthur me fait lire la conclusion de sa thèse, que je l'oblige à recommencer. Je rends aussi à Sœur Marie-Carmen les deux derniers chapitres rédigés de sa thèse. Causé avec Lebel de tout cela.

Continué après-midi mon article sur Haïti.

Dépêche de Mirkine me demandant les conditions d'impression au Canada pour la *République française* ; je téléphone à ce sujet à Thériault, d'Ottawa, mais ne puis le rejoindre[97]. – Lettre de Benoît fixant les dates de passage de Koyré[98] : mais De Koninck est sorti au moment où je téléphone.

Mme Langlois vient me faire signer une lettre ratifiant la formation d'un Comité Central des Comités France Libre, que présidera le P. Carrière, et auquel collaboreront Mme Simard et Mlle de Miribel. Elle m'apprend que le vicomte de Roumefort a été obligé de démissionner du Comité France Libre de Montréal ; c'est par son influence que Radio-Canada n'accorde plus au Comité de Québec que le réseau local.

---

95. « Réflexions sur les activités des Japonais » *AC* du 4.2.1944. Selon Viatte, les « méthodes japonaises », comme l'hitlérisme, sont le signe d'un retour au paganisme qui justifie a posteriori ce qu'a été la colonisation. Transposant la question sur le plan de l'histoire et de la morale, il estime qu'entendue au sens de « prendre en tutelle des peuplades sauvages pour les élever à la moralité chrétienne » est légitime, comme l'ont fait les colonisateurs français en Nouvelle-France. Et le professeur de faire l'apologie d'une colonisation « à la française », humaniste et recherchant le « bien spirituel de l'indigène », en opposition avec le « racisme ou le mercantilisme d'autres systèmes », qu'il attribue plus ou moins explicitement à l'Espagne et aux pays anglo-saxons. Viatte conclut : « Un jour viendra normalement où la colonisation, ayant formé des races adultes, devra s'effacer par sa réussite même, tout comme les Églises missionnaires doivent engendrer les Églises indigènes. »
96. Professeur résidant à Nashville.
97. Viatte proposera finalement aux rédacteurs de *République française* de faire imprimer leur revue par Charles-Auguste Saint-Arnaud, l'imprimeur du *Nouvelliste* de Trois-Rivières : les frais seraient ainsi réduits d'un tiers par rapport à ceux pratiqués aux États-Unis. ARCJ, 118 J 235, Corr. gén., Viatte à B. Mirkine, 2.2.1944.
98. Alexandre Koyré s'exprimera sur « Les origines de la science moderne » et « La doctrine politique de Platon » lors de sa venue au Québec en avril. ARCJ, 118 J 235, Corr. gén., G. Benoît à Viatte, 24.1.1944.

3 février

Téléphone de Thériault me donnant la solution pour la *République française* : c'est le *Nouvelliste de Trois-Rivières* (Després me dit ce soir que *l'Éclaireur de Beauceville* offrirait des conditions encore plus avantageuses, mais le choix était fait). Câblé et écrit immédiatement à New York ; écrit aussi à maman. Téléphoné à De Koninck à propos de Koyré et de Mendizabal ; je vais porter à l'abbé Parent la lettre de Benoît relative à Koyré. Téléphoné aussi au P. Lévesque à propos de Vignaux, et à Mme Moreux pour lui dire le retour de Cantave (j'ai reçu un mot de G. Rouzier par lui). Continué mon article sur Haïti.

Després, qui vient ce soir, me dit les réactions populaires sur la dernière manœuvre de Staline : on l'admire ; « si le système était adopté en Amérique, chaque État ou province aurait ses représentants, et l'État français de Paul Bouchard serait créé ». Quant au discours de lord Halifax[99], les libéraux vont le combattre violemment pour en faire leur cheval de bataille aux élections ; d'ici là, on ne peut plus s'attendre à des réactions sincères.

4 février

Écrit à Cantave, aux Éditions de l'Arbre (pour demander mon compte). Continué un peu mon article sur Haïti, et préparé mes cours.

Mgr Gagnon, que je rencontre ce soir au Cercle universitaire où je suis allé dîner avec le P. Lévesque et les Vignaux, me dit que Cantave est de passage ici et que les rapports entre le Président Lescot et Mgr Le Gouaze, ainsi que l'attitude du Président envers la culture française, se sont fort améliorés depuis son passage ici. – Intéressante conférence de Vignaux sur le syndicalisme chrétien pendant la guerre. Puis, réunion chez le Dr Simard. Vignaux semble croire à un rapprochement Allemagne-Russie : serait-il influencé par Washington ?

5 février

Écrit à mamé, à Mendizabal[100]. Achevé la préparation de mes cours et la correction de mes devoirs.

Les Vignaux viennent déjeuner avec le P. Lévesque. Vignaux est assez frappé de la consultation du P. Forestier et des récentes déclarations des évêques en faveur de la « légitimité » de Vichy ; je me demande en effet si l'on pourra éviter une mise à pied assez étendue, après la libération, comme lors du Concordat. Il y a là quelque chose de grave pour l'avenir de l'Église en France. Vignaux attribue l'hostilité des États-Unis

---

99. Edward Halifax est secrétaire au Foreign Office britannique.
100. Celui-ci donnera deux conférences à Laval en avril sur François de Vitoria, philosophe catholique espagnol du XVIe siècle. ARCJ, 118 J 235, Corr. gén., A. Mendizabal à Viatte, 14.2.1944.

contre de Gaulle, non aux intrigues de Léger ou d'autres[101], mais au fait que les Américains ont pris de Gaulle pour un ennemi ; des gaffes comme l'attitude de Philip envers Roosevelt[102], ou la saisie d'un courrier diplomatique non autorisé qui renfermait des lettres sur le « 4ᵉ terme » y ont aussi contribué. – Mais Vignaux n'a-t-il pas trop tendance lui-même à adopter le point de vue américain ?

Cantave est ici. Je téléphone à R. Gingras à son sujet, et sa visite m'est promise.

6 février

Achevé ce matin mon article sur Haïti. Écrit à Buré au sujet d'articles fâcheux – du point de vue canadien – parus dans *France-Amérique*.

Il fait très beau cette après-midi et je vais faire du ski avec les enfants à N.-D. des Laurentides. Magnifique paysage d'hiver, le ciel bleu intense sur la neige blanche. Mais un de mes skis s'attache mal ; et brusquement, le froid vient, Jean-Claude et Bernadette sont transis, leurs pieds et leurs mains gèlent au point qu'ils pleurent. Moi-même j'ai les mains glacées, étant tombé dans la neige molle.

Visite de Cantave. Il me dit le changement dans l'attitude du président envers la culture française, et la création d'un Comité pour la défense de la langue française, annoncée lors du voyage de Mme Tabouis : c'est un résultat du voyage présidentiel aux États-Unis, et je puis me dire que voilà en partie mon œuvre. Je mets d'ailleurs Cantave en garde contre Mme Tabouis. Il n'a pas entendu parler du projet Seyrig, ce qui à la réflexion n'a rien d'étonnant : de toute façon Dartigue a les mêmes projets pour l'été prochain et très vraisemblablement j'en serai ; mais la Martinique et la Guadeloupe me tentent bien aussi. Pouliot, me dit-il, devrait bientôt s'y rendre, cela ferait un excellent effet.

7 février

Cours à Sillery. J'y arrive avec le P. Lamarche, O.P.[103], qui vient y donner une dissertation philosophique, et me parle du P. Delos.

Après-midi, corrigé la thèse de Sœur Joseph-Arthur, écrit à l'abbé Lemaître, et au président Lescot pour le féliciter de son Comité pour la Défense de la Langue française.

---

101. Alexis Léger, plus connu sous son nom d'écrivain de Saint-John Perse, est en effet un informateur du Département d'État américain, transmettant notamment à Sumner Welles, en été 1942, les options politiques du général de Gaulle pour l'après-guerre, plus favorable à la voie de l'indépendance européenne accompagnée d'accords avec l'URSS qu'à la carte de l'atlantisme. CRÉMIEUX-BRILHAC, *op.cit.*, p. 331.
102. Allusion à la mission manquée d'André Philip, envoyé aux États-Unis en octobre-novembre 1942 par le général de Gaulle pour convaincre Roosevelt de traiter directement avec la France combattante et de laisser tomber Vichy. Ces entretiens sont un échec, la méfiance et l'incompréhension augmentent entre le gouvernement américain et les gaullistes. Seule ouverture : Roosevelt accepte de rencontrer de Gaulle, mais seulement en janvier 1943. CRÉMIEUX-BRILHAC, *op.cit.*, pp. 440-444.
103. Marc-Antonin Lamarche (1876-1950), dominicain.

8 février

Corrigé mes devoirs de Sillery. Lettre de Mme Victor Lepage de Rimouski, qui me demande des leçons particulières, et à qui je réponds. Sœur Joseph-Arthur vient me parler de sa thèse, ainsi que cette jolie Française nommée Géraldine Guignet, et que sans nul doute j'ai plaisir à voir : d'un milieu apparemment distingué, et semi-aristocratique ; son père a rencontré récemment Louis Rougier qui lui a dit grand bien de moi : mais Louis Rougier n'est guère de mon bord ; ni Chautemps, que paraît aussi connaître mon élève…

Je tremble toujours qu'une indiscrétion sur mon rapport ne me ferme Haïti ; je sens maintenant combien je désire y retourner, et dans tous ces pays voluptueux des Antilles.

9 février

Préparé ma conférence des Trois-Rivières. Je m'aperçois que Charpentier doit avoir gardé les revues que je lui ai prêtées, et je lui écris à ce sujet.

En sortant de mon cours, je rencontre Labouret, rentré définitivement de Ste-Anne après un séjour de six mois.

10 février

Je devrais aller à la bibliothèque, mais elle est fermée (fête des recteurs). Causé avec Lebel des thèses en cours (Mlle Guignet, Sœur Joseph-Arthur). On attend la décision de mon voyage pour fixer la date des examens : je me sens un peu réconforté de voir que tout de même je reste un « personnage important ». Causé aussi des cours d'histoire. Pour les cours d'été l'abbé Parent est assez désemparé, Seznec, sur qui il comptait, ne pouvant venir.

Écrit à maman. Préparé ma conférence sur la pensée de Rabelais. Écrit un article sur Staline pour *L'Action catholique*[104].

Toutes sortes d'accrocs à la maison : arrêt du souffleur, fuite de gaz, fuite d'eau… Ils sont réparés assez vite.

Téléphoné à Pacreau pour la pointure de souliers que les postiers vont envoyer à l'un de leurs collègues algériens.

Vu ce soir J.-P. Després qui me montre la nouvelle installation du Centre de Documentation. Il serait disposé à envoyer une chronique canadienne à *France-Amérique* ; mais je lui suggère de poser comme condition qu'il n'y aura pas d'autres échos sur le Canada.

---

104. « Que veut Staline ? » *AC* du 14.2.1944. Viatte constate que l'URSS est en train de « gagner sa guerre » contre l'Allemagne alors que les Alliés piétinent dans l'ouverture d'un second front. Son analyse est que face à Staline, qui prépare déjà les lendemains de la victoire en mettant en place au centre de l'Europe « une ceinture d'États à sa dévotion » pour se protéger, un seul langage est possible : celui du réalisme et de l'affirmation de la force. « On ne discute pas plus avec lui qu'avec Hitler : il faut déployer sa force non pas en ennemis certes, mais en associés qui ne veulent pas être dupes… » D'où la nécessité de plus en plus urgente d'ouvrir un second front réussi à l'Ouest de l'Europe.

11 février

Bibliothèque.

J'invite mes élèves pour mercredi, mais je reçois une invitation ce jour même à une conférence d'André Morize : je tâcherai de remettre.

Porté mon article à *L'Action catholique* ; travaillé à mon cours.

Soirée chez De Koninck, avec l'abbé Hammay, des États-Unis, et Raymond Parent. Je remets à De Koninck les deux livres de Mlle Derkenne en les recommandant à son étude et à sa propagande.

12 février

Écrit à mamé. Achevé la préparation de mes cours.

Les enfants vont cette après-midi chacun chez un petit camarade (Jean-Claude chez Jean Demers, Bernadette chez Julie Laliberté). Ils en reviennent enchantés. Leur timidité au téléphone est amusante.

Vu Mac Key qui vient me parler de sa thèse.

Téléphoné à l'abbé Parent au sujet des cours d'été. Il songe pour l'instant à inviter l'abbé Lemoine, du Collège Stanislas.

13 février

Téléphoné au Dr Simard. Sa femme vient seulement d'arriver à la Martinique ! Écrit à Brodin[105], à Bédé, et préparé ma conférence sur Chateaubriand.

Je téléphone pour inviter les petites Lahaye, mais leur après-midi est déjà retenue : leur mère arrive le 17. Après-midi, comme il fait bon mais très froid, je me contente d'une promenade avec les enfants et Finette – c'est la première sortie du chien, et les enfants s'en amusent beaucoup.

14 février

Cours à Sillery. Après-midi, Mme Lepage vient pour sa première leçon particulière (je l'avais oubliée)… Préparé ma conférence sur Chateaubriand.

Un mot de Vial m'invite à une conférence pour le 3 ou le 10 mars, à Fordham. Je préférerais la première date, mais cela modifierait mes plans de voyage.

Marguerite me dit que si elle n'a pas de congé cet été, elle ne pourra guère prendre les enfants dans la Beauce, ce serait trop fatigant ; elle songe à prendre pour 2 mois une maison avec Yvonne à Loretteville, ou peut-être à Charlesbourg ou à Cap-Rouge. J'y réfléchirai.

---

105. Celui-ci sollicite l'appui de Viatte auprès de l'Université Laval et des autorités québécoises pour l'obtention de bourses en faveur des lauréats de la Société des professeurs français d'Amérique. ARCJ, 118 J 235, Corr. gén., P. Brodin à Viatte, 21.1.1944.

15 février

Je vais au consulat américain, où l'on me confirme que j'aurai sans peine mon permis d'entrée. Écrit à Vial. Téléphoné à L. Ph. Roy qui me demande des renseignements sur Morize et sur une information de *Relations* au sujet de l'enlèvement des crucifix dans les écoles de la Martinique. Écrit à ce propos à la Délégation d'Ottawa. – À la réflexion, il s'agit probablement de l'abrogation d'une mesure arbitraire de l'amiral Robert, puisqu'en France Darlan avait fait supprimer les crucifix introduits dans les écoles par J. Chevalier...

Travaillé à ma conférence sur Chateaubriand. Deuxième leçon à Mme Lepage.

Ce soir, ballets russes, avec les enfants, qui s'en amusent beaucoup.

16 février

Préparé ma conférence sur Chateaubriand.

Lettre de Charpentier à la suite de laquelle je retrouve un des numéros de *Poésie 1941*, à lui prêtés, et qu'il m'avait rendus.

Réception de la thèse de Sœur Joseph-Arthur, que je revois en vue de mon rapport.

Le soir, conférence de Morize, avec qui je m'entretiens ; beaucoup de connaissances, les Berger, les Tremblay (général), Mme Amyot, Pouliot, le Dr Perron et sa femme, etc.

17 février

Lettre du général Vanier qui m'envoie son message radiophonique au peuple français[106].

Ce matin, bibliothèque. Je continue à relire la thèse de Sœur Joseph-Arthur, et à préparer mon Chateaubriand. Écrit à Fulgence Charpentier, et à maman.

Ce soir, Société de Philosophie. – Bernadette a mal aux oreilles, un peu de fièvre, et le Dr Garant conseille, si demain cela ne va pas mieux, d'aller voir un spécialiste. Cela m'ennuie bien un peu. De son côté, Jean-Claude tousse assez pour que Mlle Jobin cette après-midi le dispense de la classe.

18 février

Téléphoné à Mme Langlois à qui j'envoie le message du général Vanier. Écrit à Spire et à Hoffherr pour lui annoncer mon prochain voyage.

Continué à relire la thèse de Sœur Joseph-Arthur. Lebel, à qui j'en parle, a été favorablement impressionné par le 2e chapitre, tout en regrettant les longueurs du

---

106. « Peut-être serez-vous intéressé à lire le message que j'ai radiodiffusé à la France le samedi 15 janvier. Vous y trouverez quelques-unes de mes idées fondamentales sur l'attitude que tout civilisé doit avoir vis-à-vis de la France. » ARCJ, 118 J 235, Corr. gén., G. Vanier à Viatte, 29.1.1944.

premier. Il voudrait que mes conférences de New York soient annoncées dans *Le Canada français*.

Rencontré l'abbé Parent à la bibliothèque. Il a demandé les professeurs du Collège Stanislas pour les cours d'été, ce qui lui permet de me faire un programme que je puis remplir ou non le cas échéant. Me voilà sûr de travailler d'un côté ou de l'autre l'été prochain. L'abbé Parent et l'abbé Dionne seront probablement délégués par l'Université Laval au Congrès de la Connaissance, à Port-au-Prince, en septembre. Décidément ce rapprochement prend corps.

Le Dr Lacerte vient voir Bernadette qui a de la température – et me rassure.

19 février

Bernadette toujours grippée, sans amélioration ni aggravation.

Écrit à maman. Lettre de Jacob qui m'annonce le succès de ses pourparlers pour l'impression de la *République française* aux Trois-Rivières[107]; et d'Y. Simon qui viendra le 3. C'est le jour de ma conférence à Fordham: j'écris à Vial pour tâcher de la remettre au 10, si c'est encore possible.

Lu la thèse de Sœur Joseph-Arthur, et préparé ce qui me restait de mes cours. Ce soir, je groupe mes élèves ecclésiastiques.

20 février

Écrit à Yves Simon: à Panneton des Trois-Rivières; à Guy Sylvestre, pour lui dire que mon article ne sera pas prêt avant le mois prochain.

Je passe l'après-midi avec les enfants (*Hector Servadac*[108] lu jusqu'à 3h., puis le jeu du Monopoly) mais Bernadette – qui n'a plus que 37° le matin, 37° 4 le soir, avec un léger mal d'oreilles – commence à supporter impatiemment la maladie. Elle jette ce soir les bras à mon cou: «Tu es une vraie petite maman».

21 février

Cours à Sillery. J'arrive en retard, l'autobus ayant heurté le chasse-neige.

J'écris, après-midi, mon rapport sur la thèse de Sœur Joseph-Arthur, que je porte à Mgr Labrie; il paraît que l'abbé Beaulieu la trouve bonne. Écrit ensuite ma conférence sur Chateaubriand.

Le soir, dîner avec Mlle Chalufour, du Service d'Information française[109], au Cercle universitaire, en compagnie du Dr Simard, de Raymond Parent, Bilodeau,

---

107. «Votre recommandation et celle de la Représentation de la France Combattante à Ottawa nous ont aidés énormément dans notre entreprise et nous vous prions d'être notre interprète auprès de cette dernière.» ARCJ, 118 J 235, Corr. gén., P. Jacob à Viatte, 16.2.1944.
108. Roman pour la jeunesse écrit par Jules Verne en 1877. *Encyclopædia Universalis*.
109. Aline Chalufour vient d'Ottawa pour donner des conférences à l'Institut canadien d'affaires internationales et à la Société d'études juridiques. Elle connaît Viatte par l'intermédiaire d'Élisabeth de Miribel. ARCJ, 118 J 235, Corr. gén., A. Chalufour à Viatte, 18.2.1944.

Ferland, Antonio Langlais, Lavoie avocat, etc. Conférence, où assistent en outre l'abbé Maheux, Pierre Chaloult, le Dr Perron et sa femme, etc. Poznanski me parle d'un récent numéro de *Renaissance* qui n'aurait pas paru pour avoir pris le parti de la Pologne. Il y aura vendredi à la fois une conférence Lednicki et ma conférence : il va falloir les mettre d'accord, chose difficile surtout si d'autre part nous avons ce même jour la soutenance de Sœur Joseph-Arthur…

Lettre de J.-A. Bédé acceptant un *Stendhal* dans ma collection.

22 février

Écrit à Bédé, aux Éditions de l'Arbre. Lettres de Baldenne[110], de Spire[111]. Corrigé deux dissertations pour l'abbé Parent.

Déjeuner avec Mme Chalufour (Bernadette étant toujours couchée). Je sens malgré tout combien l'atmosphère d'Ottawa peut entraîner de confusions et d'incompréhensions sur Québec ! Causé de Laugier, et de sa tendance à confondre ses opinions politiques personnelles avec la France combattante. J.-P. Després et Labouret viennent au café noir.

Cocktail chez Pierre Chaloult : j'y rencontre Tudor-Hart, entré dans la commission d'embellissement de Québec ; la générale Tremblay, avec qui je cause éducation, et qui m'apprend le retour de Mme Lahaye pour cette semaine, vraiment charmante vieille dame comme sa sœur Mme Amyot ; causé naturellement encore avec Mme Chalufour, le Dr Simard, etc.

Bernadette a encore 37°6 le soir, un mal d'oreilles insignifiant, et s'impatiente de garder le lit.

23 février

Bernadette est presque remise – 37°3 ce soir, plus de mal aux oreilles – mais c'est au tour de Jean-Claude, avec de violentes nausées. 39°4 ce soir, et des maux d'oreilles le matin.

Lettre de mamé (8 janvier).

---

110. Fernand Baldensperger se félicite du fait que Viatte, baptisé du pseudonyme révolutionnaire de « Viala » par la revue *France-Amérique*, soit ainsi protégé des attaques de la gauche française présente à Alger. Il craint que la politique de celle-ci n'attise les discordes entre Français et espère notamment qu'Henri Laugier saura « mettre la collaboration avec le monde arabe parmi les premiers articles de son programme » ; à ce sujet, Baldensperger évoque sa vision de l'Empire français face à une décolonisation en marche : « Si vous lisez le *London Times* vous avez vu combien la solidarité "sacrée" du monde islamique, de l'Inde au Maroc, fait de progrès et donc d'inquiétude : il serait si beau de rendre à la patrie de Lyautey son rôle intégral, et de maintenir au moins le loyalisme de nos musulmans d'Afrique à l'abri de la propagande raciale ou fanatique ! » ARCJ, 118 J 235, Corr. gén., F. Baldensperger à Viatte, 17.2.1944.
111. Celui-ci se plaint des atermoiements des Éditions de l'Arbre, qui refusent semble-t-il de publier son ouvrage de technique poétique, largement remanié après une première version remise en France aux Éditions Corti en avril 1940, et lui réclament un « livre inédit ». ARCJ, 118 J 235, Corr. gén., A. Spire à Viatte, 21.2.1944.

Conseil de Faculté: on a créé une chaire de folklore pour Lacourcière; Mgr Labrie songe au P. Ledit pour organiser les cours d'histoire et géographie, Lechevalier comme moi nous allons chercher des candidats, en tout cas la solution Faculté des Arts paraît écartée. Les cours de pédagogie s'en iront à la Faculté des Arts.

Commencé ma chronique mensuelle du *Canada français*.

Téléphone de De Koninck, qui n'est pas encore sûr de la date de son départ, ni des frais de voyage, les Affaires Extérieures s'étant courroucées de voir *L'Evénement-Journal* en attribuer le mérite à Mme Turcot... Causé de la visite d'Yves Simon, qui fera un cours à la Faculté.

24 février

Jean-Claude a 38°2 le matin, 39°8 le soir: cette fièvre m'inquiète; mais le Dr Lacerte ne trouve rien d'anormal à son oreille; téléphoné aussi au Dr Garant.

Bibliothèque ce matin. Écrit à maman, et à Mme Chalufour, qui est repartie avec ma revue. J.-P. Després rencontré trouve comme moi que d'Ottawa elle ne peut guère se faire une idée juste de la psychologie canadienne; il ajoute que je suis peut-être le seul Français à l'avoir saisie entièrement, encore mieux que le P. Delos, et que Mme J. C. Bonenfant en faisait la remarque.

Le Dr Simard me dit par téléphone que Berger ferait partie du Comité France-Canada, qui ainsi deviendrait le rendez-vous des adversaires locaux de la France combattante... Sur quoi le Dr Simard a proposé mon nom. Continué ma chronique du *Canada français*.

En passant à la librairie Garneau, je suis frappé du nombre d'ouvrages français récemment réédités; j'achète le *Crève-Cœur* d'Aragon.

Téléphoné à De Koninck sur le catéchisme de Mlle Derkenne, qu'il trouve très bien.

25 février

Lettre m'invitant à une conférence à Beauceville.

Préparé mes cours ce matin. Après-midi, je trouve le temps d'ajouter un peu à ma chronique.

Mais l'après-midi est surtout occupée par la soutenance de Sœur Joseph-Arthur, que je préside: on lui donne « grande distinction » sur l'avis des abbés Beaulieu et Bégin soutenus par Mgr Labrie, tandis que le P. Robert, Lebel et moi nous inclinions à plus de sévérité. Cependant j'hésitais assez pour n'avoir pas voulu prendre de position trop déterminée.

Ensuite, conférence Lednicki, un peu terne. Et le soir, causerie de Pavlof, secrétaire d'ambassade russe, à qui l'on pose des questions auxquelles il répond habilement. Dans l'assistance, outre les habitués, J.-P. Després, P. Chaloult, Guy Roberge, Cyrias Ouellet, le Dr Perron et sa femme, le sous-ministre Richard, Raymond Parent, J.-C. Bonenfant, etc. Je fais l'observation que les jeunes de maintenant forment un groupe beaucoup plus sympathique que ceux d'il y a dix ans : moins faussement « émancipés », plus ouverts d'esprit, plus Français, dégagés de l'AF comme de l'anticléricalisme. Ce n'est plus le type Fontaine ni le type René Garneau. Bernadette n'a plus de fièvre : 36°9 ce soir. Et Jean-Claude va mieux : 37°3 le matin, 38°5 le soir. Il se plaint encore de l'oreille cependant.

26 février

Écrit à mamé ; à Hoffherr, Mme Briggs (en prévision de mon voyage), Mlle Chalufour, Mlle Harvitt. Continué ma chronique.

Lettre de l'Haïtien Arsène Pompée qui me demande des renseignements sur les cours de philosophie[112].

Téléphoné à Mme De Koninck dont le mari est toujours en course et se heurte aux difficultés de la dernière heure (immatriculation militaire, etc.).

27 février

Jean-Claude n'a plus ce matin que 36°7, et ce soir 37°4.

Travaillé ce matin à ma chronique.

Après-midi, conférence aux Trois-Rivières : « Perceptions sur l'avenir intellectuel de la France ». Je suis présenté par mon ancien élève l'abbé Tessier et remercié par le président du Comité local de la France combattante (présenté comme tel). Gros public et milieu très sympathique. Revu également l'abbé Plante, Saint-Arnaud qui me reverra à propos de la *République française* (cela marche, mais il n'a pas eu le type de caractères désiré pour les titres). Panneton qui veut aussi me consulter sur son cercle et sa revue. Rentré dans le train de 10h 10.

Jusqu'à Trois-Rivières, je fais voyage avec un jeune Français que me présente Poznanski, étudiant ingénieur, sorti de France en 1941 (mère anglaise), assez anglophobe.

28 février

Jean-Claude : ce matin 37°5 ; à midi et le soir 37°2.

Cours à Sillery.

Reçu enfin le chèque attendu des Éditions de l'Arbre, et l'assurance que les premiers volumes de ma collection de classiques paraîtront avant le printemps.

Écrit à Beauceville au sujet de ma conférence.

Visite de Sœur Marie-Carmen au sujet de sa thèse.

Continué ma chronique.

---

112. Cet avocat et professeur de lycée à Jérémie a suivi les cours d'été 1943 donnés par Viatte en Haïti et souhaite entreprendre des études doctorales à l'Université Laval. ARCJ, 118 J 235, Corr. gén., A. Pompée à Viatte, 15.2.1944.

29 février

Très bonne lettre de mamé (30 janvier) avec photos du petit Germain. Lettres de Mlle Chalufour (intéressante)[113] et de Bédé. Visite de Sœur Joseph-Arthur qui me fait ses adieux et a l'air remise de ses émotions.

Achevé ma chronique que je porte à l'abbé Bégin avec qui je converse un bon moment[114]. Il a reçu un article de Richard Pattee qu'il a dû censurer pour sa violence envers la Russie... Au fait, s'il n'était retenu au Mexique, Pattee ne serait-il pas l'homme indiqué pour une chaire ou un cours d'histoire de l'Amérique latine?

Corrigé des copies à Sillery. Écrit à Spire, à Grégoire, à l'hôtel Flanders.

Concert Piatigorsky[115] ce soir. Rencontré en sortant un P. Dominicain qui me demande des nouvelles du P. Delos. Je n'en ai pas...

1er mars

Je passe au Consulat américain qui m'arrange mes papiers, à la banque et au C.P.R. qui me les préparent.

Achevé la correction de mes devoirs. Écrit à Vanier, à Arsène Pompée, à Mme Guivremont, à la société des Écrivains canadiens (qui me fait demander par Gérard Martin ma bio-bibliographie en vue d'un annuaire).

2 mars

Écrit à Roger Picard, à Baldenne, à maman. Préparé mes cours. Commencé à corriger mes dissertations à l'Université. Travaillé à Rabelais.

Le journal annonce la création d'une chaire de folklore pour Lacourcière, dont Mgr Labrie nous avait fait part.

Jean-Claude n'a plus de fièvre, mais je lui fais grâce de l'école pour demain.

---

113. Viatte avait suggéré à sa correspondante que des démarches soient entreprises pour qu'Alger nomme un agent consulaire à Québec, mais Michel Dumont, nouveau chef de l'Information à Ottawa, ne pense pas que cela soit envisageable. Aline Chalufour se félicite de son séjour à Québec, signale à Viatte que ses articles sont appréciés par de nombreux lecteurs, et lui promet l'envoi d'informations régulières pour son Centre de documentation. ARCJ, 118 J 235, Corr. gén., A. Chalufour à Viatte, 28.2.1944.
114. « Chronique internationale » *Le Canada français*, XXXI, n° 7, mars 1944, pp. 510-516. Malgré le piétinement des Alliés en Italie devant la résistance acharnée des armées d'Hitler, Viatte demeure optimiste pour la suite des opérations en Europe et parle pour la première fois de l'éventualité prochaine d'un « débarquement massif ». Dans le Pacifique, les Américains marquent des points décisifs qui font dire au chroniqueur que « sur ce théâtre de guerre, 1944 représente la contre-épreuve de 1942 ». C'est cependant le conflit russo-finlandais qui inquiète le plus Viatte : la Finlande risque en effet l'isolement et une défaite qui pourrait signifier l'occupation militaire des Soviétiques. Pour éviter cela, elle aurait tout intérêt à rendre service aux Alliés pendant qu'il en est encore temps en signant un armistice avec Moscou. La voie du nord de la Finlande serait ainsi libre pour les troupes de Staline qui pourraient en déloger les divisions allemandes. Mais pour une fois, Viatte apparaît pessimiste sur une telle issue de ce conflit.
115. Gregor Piatigorsky (1903-1976). Violoniste virtuose d'origine russe, établi à Philadelphie durant la guerre.

3 mars

Arrivée d'Yves Simon, toujours excellent camarade, un peu déconcertant dans la violence de sa passion démocratique et dans la facilité de son adaptation à l'Amérique – résigné à ce que ses enfants ne parlent pas français, contractant les habitudes américaines, ne voulant pas qu'ils deviennent des Américains « hyphenated »[116], renonçant au retour en France –. Je vais le chercher à la gare et le retrouve à l'hôtel après mon cours ; il renonce à un tour de ville par crainte de glisser et de se casser la jambe ; dîner au Cercle universitaire avec les Bilodeau, Bruchési, Pierre Chaloult, Mgr Gagnon ; belle conférence qui emballe le public même le plus prévenu en faveur du racisme antisémite par exemple ; on se retrouve ensuite au Cercle universitaire avec notamment le Dr Simard et Raymond Parent. Le Dr Simard a reçu des nouvelles de sa femme arrivée à la Martinique (l'étape précédente était la Guadeloupe).

4 mars

Écrit le matin à Pierre[117], Yves Simon ajoute des nouvelles à l'intention de sa mère. Il vient déjeuner avec moi – trouve mes enfants très bien élevés et en complimente Marguerite – puis viennent au café l'abbé Parent, l'abbé Dionne, Babin, Raymond Parent, et J.-P. Després – j'apprends de celui-ci avec stupéfaction que son grand-père était de race noire ! Pendant qu'Yves Simon va faire visite aux De Koninck, je fais ma valise, et la première partie de mon voyage se fait avec Y. Simon jusqu'à Montréal-Ouest. Causé d'Haïti, et de toutes sortes de choses.

5 mars

Arrivé à New York à l'heure, ou même un peu auparavant, ce qui est tôt. J'assiste à la messe, puis je dois attendre jusqu'à midi avant de m'installer dans ma chambre. Déjeuner et bonne après-midi avec les André Spire, très sympathiques. Ils sont agacés par les dérobades des Éditions de l'Arbre qui en effet manquent un peu de loyauté. Très tentés par le séjour au Canada. – Je passe ensuite chez Pakstas, dont j'apprends qu'il est maintenant professeur d'histoire au Minnesota, puis à la Bibliothèque de la 42e Rue où je rencontre Mirkine.

Écrit à Bédé et à Mlle Cassal[118] (que me recommande Seyrig pour les enfants).

---

116. Littéralement « hybrides ».
117. Deffontaines note dans son « Journal » : « Trois lettres d'Auguste, il parle de son projet d'aller à la Martinique cet été pour des conférences qu'on lui demande, il sent s'éloigner les possibilités d'un retour et se sent plus seul depuis le départ du père Delos et d'autres amis pour Alger, mais il est toujours très intéressé par son travail ; les enfants grandissent et vont bien ; nous avons essayé de leur envoyer deux petits stylos par une famille juive partant au Canada. » Livre de raison Deffontaines, 1er avril 1944.
118. Renée Cassal est « une excellente catholique, sérieuse, intelligente, qui enseigne le français depuis 15 ans à Milton Academy, dans le Massachusetts. ARCJ, 118 J 235, Corr. gén., H. Seyrig à Viatte, 1.3.1944.

6 mars

Passé ce matin à l'École libre ; vu Mlle Demartre, causé de son voyage en Europe (elle débarquera à Bilbao) ; c'est bien elle la camarade de Raymond Parent, qui a fait une soutenance brillante. Pris plusieurs rendez-vous, et passé chez Stechert.

Je rentre après-midi à l'hôtel pour revoir mes notes. Téléphone de M. Guignet, père de mon élève, qui voudrait m'avoir avec les Maeterlinck samedi, et comme je ne puis pas, seul jeudi ; de Mme Aubier qui me recommande avec empressement Mlle Renée Cassal, et va lui écrire pour que nous nous rencontrions vendredi (elle enseigne à Cambridge, mais je ne vois pas comment je trouverais le temps d'aller là-bas). Il semble que Mlle Cassal désire beaucoup profiter de cette occasion pour se rendre au Canada.

Vu à 4h. Seyrig, très chic ; je reviens entièrement sur ma première impression. C'est vraiment un homme d'initiative rapide. Il a demandé, en plus des frais, 400 dollars pour les professeurs en mission aux Antilles, ce qui suffirait à faire que je n'aie pas de « manque à gagner » ; il dicte en ma présence une lettre à Alger au sujet des professeurs d'histoire de Québec.

Avant mon cours, parlé à Koyré de *Renaissance*, et de son voyage au Canada. – À mon explication de textes arrivent le président Sténio Vincent (retour d'Haïti) et mes jeunes Haïtiens, qui s'y intéressent en attendant le cours du Dr Messières. Serré la main de ce dernier en sortant.

Dîner avec le P. Ducattillon à la Ville chinoise. Il m'encourage au projet des Antilles et va de son côté faire une randonnée de 6 mois en Amérique latine. Causé d'Y. Simon ; du P. Ledit, qu'il juge instable personnellement et intellectuellement, et de multiples autres choses...

7 mars

Retenu ma place dans le train pour vendredi. Vu Buré, Torrès, Guerdan[119], à qui je parle de la diffusion de *France-Amérique* au Canada. Guerdan s'y rendra prochainement. Buré me parle de Thomas Greenwood qui est de ses amis.

Après-midi, visite à Halecki, qui, nommé à Fordham, ne pourra venir que pour une série de conférences et non pour un semestre. Ses inquiétudes sur l'impossibilité du retour si la Pologne est dominée par les Russes...

Dîner avec Mme Grégoire et le Dr Claude, de l'Institut Rockefeller, que je me rappelle avoir rencontré en 1932 sur l'*Île de France* ; c'est un ami des Berger. Mme Grégoire, très polonophile, me raconte l'altercation de Grégoire avec les Russes de l'École à propos de son article sur la Pologne ; si la revue paraît sans l'article, il est capable de revenir de Saranac Lake[120] tout exprès.

---

119. Léon Guerdan (1886-1949), essayiste français, auteur notamment d'un ouvrage de biographies politiques françaises de l'entre-deux-guerres intitulé *Je les ai tous connus*, paru chez Brentano à New York en 1942.
120. Localité de l'État de New York, située dans le Parc Adirondack, une réserve naturelle.

Conférence sur Chateaubriand. Il s'y trouve notamment Mendizabal et Vignaux. Je reste ensuite – avec un certain scepticisme – à la discussion Mirkine sur la future constitution française. Constaté l'inquiétude des « républicains » devant l'hétérodoxie du gaullisme ; il y a d'ailleurs beaucoup à dire, sans doute, sur les jugements sommaires que l'on suggère... Intervention de Louis Merlio, qui sonne creux, comme son livre.

8 mars

Je retourne à l'École libre confier à Mlle Demartre une lettre pour Pierre et Élisabeth, puis me décide à passer chez Croft pour y commander un « Musset » pour l'Université.

Déjeuner avec Bédé qui me parle de son Stendhal, des cours d'histoire à Laval (il a été prévenu par Seznec qu'on cherche quelqu'un), de la bibliographie Cabeen qui semble en panne... Nous sommes salués au passage par un soldat français arrivé depuis trois jours et tout content d'entendre parler sa langue.

Je repasse à l'École libre où je touche mon chèque.

Dîner et charmante soirée avec les Hoffherr, lui assez dégoûté de l'action politique, elle enthousiaste du Mexique où elle a passé quatre mois et désireuse de connaître Haïti : Mabille, qui lui en a parlé, s'y ennuie un peu. D'après Hoffherr, Roosevelt combat de Gaulle en espérant bien trouver en Pétain un Badoglio[121]... Sa femme réagit avec une vivacité qui donne à réfléchir contre les protestations du Vatican au sujet de Rome, et me montre les photos de la ville de Blois détruite par les bombardements italiens. « On nous dit d'avoir peur des Russes : les Russes n'ont jamais bombardé nos villes. » Ne serait-ce pas les réactions populaires en Europe ? Causé de *Pour la Victoire* : selon Hoffherr, le grand responsable est Kérillis, qui se dissimule et fait passer la chronique « D'une semaine à l'autre » sous un pseudonyme ; il descend toujours à Montréal chez Roumefort, d'où l'entrefilet contre Mme Simard. Hoffherr désapprouve Laugier qui voulait faire de France forever « l'aile marchante du Front populaire » contre le gré des fondateurs...

9 mars

Composé ma conférence sur Haïti.

Déjeuné chez les parents de Géraldine Guignet : lui, grand industriel, importation de machines agricoles, venu en mission durant l'été 1942, lié avec le ministre actuel de l'Intérieur de Vichy, Lemoine, qu'il dit préparer la collaboration avec les Américains, lié ici avec tous les milieux vichyssois, Maurois, Rougier, Saint-Ex[upéry], qu'il parle de me faire rencontrer ; préconisant une entente de l'Angleterre avec la France et même une Allemagne sans nazis contre la Russie ; type d'homme du

---

121. Pietro Badoglio, maréchal italien qui forma le premier gouvernement de son pays après la chute de Mussolini.

peuple qui étale ses relations (il a mis ses filles à Marrymount dont le pensionnat de Neuilly reçoit « toute l'aristocratie »). Il compte se rendre bientôt en Espagne pour préparer la liaison entre l'Amérique et la France, et il annonce le 2e front au sud de Saint-Nazaire, combiné avec un débarquement en Méditerranée : nous allons bien voir par l'un et par l'autre s'il faut attacher quelque importance à ses prétentions.

D'après lui, Philip aurait surtout offensé Roosevelt en faisant allusion à sa paralysie, après avoir coupé le speech qu'il se préparait à lui faire en français, et lui avoir dit qu'il savait l'anglais...

Visite à l'École après-midi. Vu Koyré qui me remet une lettre pour envoyer au Canada ; Mirkine et Jacob qui me parlent de leurs déboires avec leur imprimeur des Trois-Rivières. Dîner avec Grundt.

10 mars

Vu ce matin le Dr Abadie, en tournée d'études médicales, et qui veut aussi visiter les institutions culturelles françaises. Il a des listes étonnamment périmées sur le Canada : les consuls de France, Lapointe, Dandurand, Vignal, Kerhulu, Bonnafous... Il me demande de lui préparer un programme.

Vu ensuite, rapidement, Roger Picard, qui viendra pour l'Institut franco-canadien et à l'École des Sciences sociales.

Cours à Fordham devant une dizaine de futurs officiers ; Vial m'attend au métro, je suis ensuite avec Guy, qui est un attaché commercial de France, expétainiste mais ayant un fils avec la France combattante. Rencontré l'abbé Maheux qui savait ma présence à New York, s'étant rendu à l'École.

Dans l'après-midi j'avais revu Koyré, Mirkine, Jacob, qui me confient leurs doléances sur leur imprimeur.

Soirée chez Brodin qui me remet un manuscrit pour son éditeur Valiquette, puis chez Mlle Arnaud qui paraît remise et a insisté pour me voir ; elle ne voit plus Rougier depuis son remariage avec une Juive.

11 mars

Journée à Montréal – Visite à Hurtubise qui envoie le *Vigny* cette semaine à l'impression.

Déjeuné chez Mme Briggs avec son amie. Valérie, 13 ans, a beaucoup grandi et est ravissante, jolie comme un cœur ; Hubert, bon petit scout.

Mme Droux, l'amie que Mme Briggs me propose pour les enfants, est une duègne longue, sèche et jeune, avec une vivacité un peu impérieuse, très « institutrice » – et je crains que la réaction des enfants (et de Marguerite) ne soit pas favorable. J'entends d'ici Jean-Claude me dire : « Elle est bien laide ».

Vu ensuite l'abbé Lemaître à Stanislas, et rencontré chez lui l'abbé de Vaumas qui fut un des condisciples de Gérard à St-Sulpice. L'abbé Lemaître me demandait de faire partie de son jury de bachot : « S'il y avait difficulté, Capitant n'aurait qu'à vous nommer professeur honoraire à Alger, et le tour serait joué. » Mais je ne puis être en plusieurs lieux du monde à la fois... Causé d'Alger : il s'est adressé normalement à l'autorité française, c'est-à-dire à Bonneau, pour constituer son jury. Il a les mêmes renseignements défavorables sur Laugier. Et Mme Briggs m'ayant déploré la froideur de Stanislas envers Marie de France, il m'explique la nécessité pour lui de se tenir sur la réserve envers une école fondée par la fille de l'anticlérical Ermont, ayant cherché à profiter de la réputation de Stanislas tout en ayant un personnel de rencontre, alors que Stanislas est tenu à l'écart par le clergé diocésain...

Je veux prendre le train de 7h. mais il n'existe pas le dimanche. Fort heureusement celui de 8h. du C.N.R. a été avancé, et j'arrive à minuit par Lévis.

12 mars

Écrit à mamé.

Promenade avec les enfants, après-midi, près de la Tour Martello au Parc des Champs de Bataille. Rencontré Mordret qui se replie mais paraît heureux de me revoir. Vu ensuite Mme Lahaye : son mari ne prendra pas le commandement d'une corvette, mais reste chef d'État-major de l'aéronautique navale, dont le chef, évadé d'Allemagne, est très chic. Impression de victoire totale sur le plan politique intérieur et parmi les missions militaires ; scandale devant l'incompréhension des Français d'Amérique. Indifférence française envers la reconnaissance par l'Amérique ; optimisme d'Alger sur la situation générale, pessimisme de Londres.

Téléphoné ce soir au Dr Simard. Le Comité France-Canada est constitué avec l'entrée des Français combattants – malgré l'opposition de Donohue, de Benoît, etc. – et Simard espère y avoir une majorité de fait, ceux de l'autre bord résidant en partie à la campagne. Il tâchera surtout de maintenir à l'activité du Comité un caractère non politique.

13 mars

Cours à Sillery.

Achevé mes corrections de devoirs. Écrit à Bonneau[122], à Yves Simon, commencé un article pour *L'Action catholique*.

Rencontré le colonel Légaré qui s'effraie du procès Pucheu et du communisme.

14 mars

Téléphone de Pouliot qui me demande des renseignements pour son voyage en Haïti, fixé à bientôt.

---

122. Viatte lui réclame les volumes destinés au prix de littérature remis par le gouvernement français aux élèves de l'École normale supérieure. Le même jour, celui-ci l'informe d'Ottawa que la réédition de la revue *Fontaine* au Canada ne peut se réaliser pour des raisons commerciales. ARCJ, 118 J 235, Corr. gén., H. Bonneau à Viatte, 13.3.1944 et 23.3.1944.

Vu ensuite Mgr Labrie à qui je parle des cours d'histoire et géographie. Il continue à envisager l'abbé Savard, l'abbé Maheux, ainsi que Raymond Parent, Brouillette et le P. Ledit; j'en suis un peu déçu, et l'abbé Bégin renforce cette déception en me disant que les abbés Savard et Maheux insistent encore pour rattacher les nouveaux cours à la Faculté des Arts, en alléguant que si l'on se modèle sur les Universités américaines on aura plus vite un encouragement de la Fondation Rockefeller[123]... L'abbé Bégin me dit aussi qu'il est inondé d'articles de Mme Roger Picard et de Mme Lignot-Roux, celle-ci nièce de Pétain.

Continué mon article pour *L'Action catholique*. Écrit au P. Delos une lettre que lui portera Lahaye. Sa femme me téléphone pour me dire qu'il ne viendra qu'en fin de semaine et me parle des «listes noires» établies par la résistance, en particulier Maurras, qui est haï, et que l'on «exécutera» s'il n'est condamné par les tribunaux.

15 mars

Téléphone de l'abbé Parent qui me demande où en sont mes projets de vacances; je me décide à considérer mon voyage comme un fait acquis et l'autorise à écrire à Boulizon[124]. Si je suis ici l'on tâchera de me trouver quand même un cours à mon goût. Mme Briggs a écrit à l'abbé Parent son intention de venir enseigner. L'abbé Parent me parle des cours d'histoire : il a convaincu l'abbé Savard, par les programmes de Toronto, que même dans les universités anglo-américaines ils ne sont pas du ressort de la Faculté des Arts mais de l'École des gradués; les synthèses générales de l'abbé Savard et les tendances de l'abbé Maheux ne lui semblent d'ailleurs pas les recommander pour une chaire.

Écrit mon article de *L'Action catholique* que je porte à L. Ph. Roy[125]. Et commencé mon dernier article de commentaires de la *Relève*.

---

123. Dans sa lettre accompagnant un mémorandum sur la nécessité absolue selon lui de rattacher les cours d'histoire à la Faculté des arts, l'abbé Maheux précise : « J'ai été le premier, et le seul, à négocier avec la Fondation Rockefeller, l'obtention de bourses. J'en ai obtenu une pour les Archives, une pour la Bibliothèque, et plusieurs pour des thèses de caractère historique. » ASQ, Boîte 319/18, A. Maheux à Mgr Gagnon, 15.4.1944.
124. Guy Boulizon enseigne la littérature à l'Université Laval lors des cours d'été.
125. « Le péril de l'indulgence envers l'Allemagne » *AC* du 17.3.1944. Auguste Viatte dénonce fermement toute politique visant à épargner à l'Allemagne nazie une défaite et une capitulation sans conditions. Il dissocie le cas de Rome, « Ville sainte de la chrétienté », pour laquelle le Pape a demandé l'indulgence et qui « expie, par l'angoisse, son infidélité à sa vocation, et la souillure que lui a infligée la " Croix qui n'est pas celle du Christ " », des cités allemandes bombardées justement selon lui par les Alliés. Même intransigeance et justice sans concessions dans le cas des traîtres amenés à comparaître devant les tribunaux de l'épuration. Si Viatte ne se permet pas de juger les personnes, il réclame que tout suspect soit déféré en justice « afin qu'on ne puisse nous accuser de réserver notre indulgence pour les assassins après nous être tus tandis qu'ils exécutaient leurs victimes ». Et le professeur de Laval de lancer un appel destiné en premier lieu aux lecteurs canadiens-français concernés : « Il est permis d'avoir été isolationniste avant la guerre ; il est permis d'avoir été " vichyssois ", voire assez longtemps, – tant de choses, surtout au loin, ont pu entretenir l'illusion ! Mais le plus grand service que puissent rendre les anciens isolationnistes et les anciens " vichyssois " dans ces matières, c'est de s'abstenir. (...) Il est nécessaire de priver l'Allemagne, chez elle, de tous ses moyens d'action, et d'anéantir au dehors sa Cinquième Colonne. »

16 mars

Bibliothèque. Écrit à maman. Continué mon article pour la *Relève*.

Vu Mme Berger à qui je porte le thermomètre prêté par le docteur et qui me demande de chercher à faire venir Charles Boyer pour le Club des Dames[126]; elle a écrit deux fois à Grégoire là-dessus, naturellement il n'a pas répondu. Je songe à en dire un mot à Seyrig.

Concert Rubinstein ce soir, remarquable. Au sortir j'échange quelques mots avec Ferland.

17 mars

Téléphone de Mme Berger qui insiste sur la lettre concernant Ch. Boyer.

Préparé mes cours. Achevé mon article de la *Relève*. Écrit à Mlle Boëtte. Travaillé à Rabelais.

J.-P. Després vient me voir et me parle de la composition du Comité France-Canada, désormais en majorité gaulliste : de l'abbé Savard, de son influence au séminaire qui rend difficile de l'écarter, de ses tendances G. de Reynold et antimaçonniques ; du dernier livre de J.-L. Gagnon sur l'Angleterre, qu'il dit très bien écrit. Il en veut beaucoup à R. A. Benoît qui l'a traité de « freluquet ».

18 mars

Écrit à mamé, à Seyrig (à propos de Ch. Boyer), à Mlle Cassal, à Beauceville (sur ma conférence) ; j'attendrai lundi pour mettre cette dernière lettre à la boîte. Travaillé à Rabelais.

Avant-première du film « La Croix de Lorraine », au Capitole, où m'invite le Dr Simard. C'est un beau film, en soi ; et il a l'approbation de trois aviateurs français de passage à Québec, avec qui je cause et qui sont très sympathiques. L'un n'avait que 16 ans au début de la guerre : il vient de Senlis, et a dû s'échapper par-dessus les Pyrénées, puis s'évader des geôles espagnoles, jusqu'au Portugal ; un autre était à Madagascar. Les évasions, me disent-ils, deviennent plus difficiles, car les Allemands contrôlent la côte. Épatants petits gars. Pourquoi ne suis-je pas moi-même physiquement au combat ?

Causé un moment avec Vivès en sortant.

19 mars

Commencé mon article sur la littérature canadienne. J'y travaille aussi l'après-midi, les enfants étant allés chez Mme De Koninck, où je vais les chercher ; son mari

---

126. L'acteur de cinéma français Charles Boyer, célèbre à Hollywood, est invité à se rendre à Québec à l'occasion de son prochain séjour à New York. ARCJ, 118 J 235, Corr. gén., H. Seyrig à Viatte, 25.3.1944.

rentre à Washington le 27 et probablement ici le Mercredi-Saint. Il doit rencontrer l'ambassadeur des Soviets; je suis curieux de ses réactions dans un milieu si différent du sien.

On recommande en chaire l'aide à la France par le Comité Canada-France: c'est en de telles démarches qu'on sent toute la profonde fraternité canadienne malgré les différences de points de vue. Les petits aviateurs d'hier en étaient du reste frappés.

20 mars

Cours à Sillery. Corrigé mes devoirs.

Téléphone de Mme Lahaye qui m'annonce le retour direct de son mari à New York, sans revenir à Québec.

Téléphone de Mlle Langlois au sujet des envois à la France, dont les 20 % n'arrivent pas, et qui vont être supprimés; et du Dr Simard qui me dit ses inquiétudes au sujet du Comité France Libre et de la concurrence des organisations centralisées d'aide à la France.

J'assiste à une conférence de J. Bernier[127] chez les Noélistes; causé, après, avec Mordret et plusieurs de mes anciens élèves, Marc Perron, Mc Key...

Je suis un peu inquiet des nouvelles défavorables sur la reconnaissance du Comité d'Alger. Vraiment, quelle autre solution, sans guerre civile?

21 mars

Je suis un peu dérangé. Écrit cependant à Spire, à Marcel Trudel[128], et travaillé à mon article de la *French Review*[129].

Lettre de maman, et dépêche m'indiquant qu'elle est malade – « c'est long mais pas sérieux ».

---

127. Très certainement Jovette Bernier, romancière québécoise connue notamment pour son ouvrage *La Chair décevante* en 1931. MICHON, *Histoire de l'édition littéraire au Québec*, passim.
128. Celui-ci poursuit la rédaction de sa thèse sur la réception de Voltaire au Canada, dont il confie les principales découvertes à Viatte: les pages entières de Voltaire reprises sans référence dans les livres d'Adèle Bibaud et Garneau, l'absence de toute influence voltairienne dans l'œuvre de l'abbé Casgrain. ARCJ, 118 J 235, Corr. gén., M. Trudel à Viatte, 2.3.1944.
129. Il s'agit de l'article « Tendances de la littérature canadienne-française » publié dans le sixième numéro de la revue des professeurs de français en Amérique, en mai 1944 (pp. 340-344). Viatte y brosse un tableau général de l'évolution de la littérature canadienne-française, qui se veut résolument optimiste. Après des débuts marqués par le militantisme de journalistes et d'historiens dirigé contre la civilisation matérialiste américaine et la culture française révolutionnaire, la littérature québécoise s'est renouvelée au contact de son homologue française, plus particulièrement de Claudel, Gide, Mauriac ou Duhamel. L'occasion pour Viatte de citer longuement celui qu'il considère comme le « premier grand écrivain » du Canada français, l'abbé Félix-Antoine Savard. Il estime que le développement de cette littérature est dû à la fois à un progrès culturel plus global dans le domaine de l'éducation et à l'influence de la guerre, qui a provoqué un « déplacement du centre de gravité littéraire »: l'édition et les revues canadiennes sont en plein essor depuis 1940, les succès commerciaux du livre contribuent à l'éveil du public aux choses littéraires. Viatte salue ce mûrissement qui est selon lui le signe d'un équilibre retrouvé après le temps des provocations à la Jean-Charles Harvey ou de l'impétuosité nationaliste extrémiste, sur le modèle de *L'Action française*, qui a marqué l'entre-deux-guerres. « Et c'est pourquoi l'histoire présente de la littérature canadienne, telle que nous venons d'en esquisser les grandes lignes, ne nous offre encore qu'une préface... »

22 mars

Écrit aux Éditions de l'Arbre (sur la copie de R. Picard), et au P. Roy, Père Blanc, pour le remercier de son article sur l'Afrique. Travaillé simultanément à mon article sur la littérature canadienne, à un article sur la France pour *L'Action catholique*[130], et le soir un peu à Rabelais.

Je préside la réunion de la France combattante où l'on discute la formation du nouveau Comité Canada-France, qui apparaît bien, à Québec et Montréal, une opération de repêchage de personnes compromises avec Vichy. Discussion animée; intervention de Tudor-Hart, de Varennes, de Labouret, de J.-P. Després, de Boisvert, sans compter le Dr Simard et Pierre Chaloult. On fait confiance aux représentants de la France combattante dans le nouveau Comité pour y mener le bon combat. Il est tout de même émouvant de voir l'attachement de tous ces Canadiens pour la France, de se sentir dans cette atmosphère toute française; et d'autre part on s'irrite de l'éternelle hypocrisie et des «combines» qui caractérisent Vichy.

De là je vais chez Mme Turgeon qui m'a demandé de lui corriger un manuscrit. Curieuse bonne vieille qui vit au milieu d'une collection de photos dédicacées et qui me paraît très «vieux Canada», très bonne femme. Elle me trouve «un tout jeune homme», ce qui, passé la quarantaine, fait plaisir. Ah! Ne pas vieillir! Ne pas mourir!

23 mars

Bibliothèque. Écrit à mamé.

Après-midi, écrit un article sur la France. Bibliothèque du Parlement, où je m'entretiens avec Bonenfant et rencontre l'oncle Gaspard. Puis j'écris à Mlle Boëtte à propos des lacunes du Service d'Information (j'en ai reçu une lettre)[131].

24 mars

Des téléphones de Tudor-Hart et du Dr Simard me disent leur mauvaise impression de leur premier contact avec le nouveau comité Canada-France. «Un racket», dit Tudor-Hart. J'insiste pour ma part sur la nécessité de poursuivre <u>toutes</u>

---

130. « Les Alliés et la France » *AC* du 27.3.1944. Peu après que le Conseil national de la Résistance ait établi son « Programme d'action de la Résistance » (15 mars 1944), Viatte plaide pour une reconnaissance accrue du Comité d'Alger par les Alliés, légitimé par les intérêts de millions de Français qu'il représente et par la garantie de sécurité et d'organisation qu'il est seul habilité à fournir au pays. Irrité par les atermoiements alliés au sujet de cette reconnaissance, Viatte défend la position française et conclut sur un souhait : que l'on ne fabrique pas quelqu'un pour supplanter de Gaulle « comme on a voulu " inventer " le rôle politique du général Giraud contrairement à ses propres intentions. »

131. Blanche Boëtte indiquait à Viatte le sommaire de la revue *Les Documents de la France combattante*, qui s'est ensuite fondue dans une publication intitulée *France-Canada*; elle relevait aussi que son Service ne possédait pas les trois derniers numéros de *La Nouvelle Relève*. ARCJ, 118 J 235, Corr. gén., B. Boëtte à Viatte, 22.3.1944.

les activités de France libre, y compris les souscriptions, et sur le fait que toute action contraire donnerait au nouveau Comité une couleur politique anti-France Libre.

Préparé mes cours. Porté mon article à L. Ph. Roy.

Le soir, conférence de R. Picard. Je suis au dîner avec le P. Lévesque, les Guimont, Mgr Labrie. R. Picard est certainement un homme aimable et un économiste distingué ; il n'a pas eu de mot déplacé ; et pourtant je suis sûr que sa présence nuirait à la France combattante, et d'ailleurs ce n'est pas un historien. Je le présente – en termes chaleureux – mais comme un économiste doublé d'un « honnête homme », ce qui est vrai.

25 mars

Écrit à mamé, à Beauceville, à Boulizon.

Roger Picard et sa femme viennent déjeuner ici. Homme aimable et distingué, mais épave désemparée et rejetée par les deux camps. Il se félicite que Mme Tabouis, à New York, ait soustrait le président Lescot aux « gaullistes ». Et de fait, Kérillis écrit son article de cette semaine à Port-au-Prince. Faut-il en tirer quelque augure pour ma visite ? J'en doute.

Lettre de Mlle Cassal.

Préparé mes cours.

Long téléphone de Mme Moreux à propos de ses projets haïtiens. De fait ce serait un peu le moment d'avoir une réponse de Dartigue.

26 mars

Achevé la préparation de mes cours et commencé ma chronique internationale.

Un beau soleil m'engage à une promenade après-midi derrière Lévis : mais un vent violent et froid s'élève, la marche est rendue désagréable par l'état du chemin, la route que je voulais suivre est sous la neige et pour descendre sous Lauzon il faudrait suivre la très longue route que j'ai prise avec Marie-Louise, via Pintendre, l'année avant la naissance des enfants. Nous revenons donc sur nos pas, après avoir goûté dans une épicerie-restaurant à la croisée des routes.

27 mars

Lettre de Mme Aubier[132], à qui je réponds.

Cours à Sillery. Après-midi, je continue ma Chronique. Vu en passant Kerhulu, sympathiquement.

Le soir, Société du Parler français.

---

132. Élisabeth Aubier est une amie de Mlle Cassal.

28 mars

Continué mon article ; je ne me sens pas très en train.

Téléphone de Mme Lahaye, qui me félicite de mon article, et surtout, je crois, s'ennuie. Elle a été très inquiète de son mari et a mis dix jours pour regagner Alger.

Je téléphone au Dr Simard, qui va partir pour Ottawa, le commandant Bonneau ne venant pas immédiatement. Il y a du neuf dans l'affaire de Canada-France : le Comité de Montréal s'est dissous et il s'en est formé un autre pour le ravitaillement immédiat de la France libérée, ce qui nous permet ici de reprendre notre liberté d'action. Je compte envoyer un rapport au Commandant Bonneau

Lettre d'Y. Simon, et du Dr Abadie avec son questionnaire que je dépose chez le Dr Simard.

29 mars

J'achève ma chronique et j'écris un rapport à Bonneau sur le Comité Canada-France et sur le Service d'Information[133].

Téléphoné à Mme Lahaye (je renouvellerai ces bavardages, je la sens isolée), et ce soir à Mme Berger pour lui communiquer une réponse de Seyrig au sujet de Ch. Boyer.

Je vais porter deux journaux suisses à L. Ph. Roy avec qui je m'entretiens un moment (les impressions de Berlin détruit, dans le *Journal de Genève*, et la Chute du fascisme dans *La Liberté*, qui me paraissent à reproduire).

30 mars

Bibliothèque, où je rencontre l'abbé Bégin. Écrit à maman, et répondu à Beauceville, où l'on ajourne ma conférence à demain.

Je revois ma chronique, que je porte à l'abbé Bégin[134], et je travaille à Rabelais.

---

133. Viatte le met en garde contre la fondation du Comité France-Canada, qu'il assimile à une « contre-offensive vichyssoise » menée par Donohue (« adversaire violent de toujours »), Jean Bruchési (« ancien disciple de Mussolini et, encore aujourd'hui, un disciple de Charles Maurras ») et Réal-André Benoît (« resté fidèle au gouvernement de Vichy »). Il s'agit donc de priver de tout soutien ce nouveau comité qui au départ a exclu tous les adhérents de la France combattante, n'est aucunement formé de « ralliés », et dont l'activité prétendue de bienfaisance ne vise qu'à réserver les dons et souscriptions des Québécois à la population civile de la France libérée, au détriment de l'Afrique du Nord et des combattants. À propos du service fait au Centre de documentation qu'il dirige, Viatte se plaint de ne plus recevoir assez de documents de portée générale et réclame des pièces qui dépassent le seul point de vue de la France combattante, afin de rendre son fonds le plus complet possible : « Vous savez que j'en fais bon usage, et ne l'ouvre qu'à bon escient. » ARCJ, 118 J 235, Corr. gén., Viatte à H. Bonneau, 29.3.1944.

134. « Chronique internationale » *Le Canada français*, XXXI, n° 8, avril 1944, pp. 605-612. Les victoires des troupes de Staline sur le front russe et leur percée décisive, « qui rappelle en ampleur celle d'Abbeville en 1940 », rendent propice l'invasion de l'Europe par les Alliés occidentaux. Viatte perçoit en Occident un « calme avant l'orage » doublé de toute une série de manœuvres diplomatiques destinées à assurer les arrières du débarquement. Selon le chroniqueur, le « coup ne tardera pas », et les troupes d'infanterie, y compris donc le maquis, auront un rôle décisif à y jouer, comme le révèlent les combats à Monte Cassino.

Téléphone du Commandant Bonneau, puis de l'abbé Lemaître, pour me demander de préciser le jury du bachot au Collège Stanislas. C'est une corvée – mais ainsi je me vois reconnaître administrativement le rang de professeur de Faculté, au titre de l'École libre des Hautes Études. Toutefois je subordonne mon acceptation à mon départ pour les Antilles et au programme de la licence à Québec. L'écrit pourrait avoir lieu le 18 et le 19 mai (le 17 étant l'Ascension); et l'oral, au plus tôt le 26 ou le 27. Au besoin je pourrais faire passer celui-ci à mon départ.

Conférence de Métraux[135] sur le mystère de l'île de Pâques, très intéressante; elle a duré près de deux heures, et je l'aurais bien écouté une heure de plus...

31 mars

Préparé mes cours.

Un téléphone du commandant Bonneau enregistre mon accord sur le bachot de Montréal, et d'autre part me rassure sur la question du Comité Canada-France, qui n'est pas regardé comme constitué à Ottawa sous sa forme actuelle. D'autre part je reçois une invitation à faire une conférence à Toronto vers la fin de mai. Lebel me dit que la licence, à l'Université, sera probablement avancée aux 24-25 mai, ce qui aura pour effet de ne pas me retarder. Mais que de déplacements en ce mois de mai, où je croyais rester sédentaire!

1er avril

Écrit à mamé; à Mlle Balthazard (qui m'invite à Toronto)[136]; et terminé mon programme pour Lebel. Ensuite je travaille à Rabelais, car je veux attendre d'avoir lu les *Cahiers français* pour écrire ma conférence sur le Communisme et l'Europe, et d'avoir fini cette conférence pour préparer mon article sur la littérature canadienne.

Je suis un peu étonné de n'avoir pas encore de nouvelles précises au sujet de mon voyage à Port-au-Prince, mais en revoyant mes papiers, je vois que l'invitation officielle, à Port-au-Prince, ne m'est arrivée l'année dernière qu'à la fin d'avril.

Hitler est sur ses gardes, va se défendre jusqu'au bout, mais en ce temps de crise, il ne peut bientôt plus compter que sur lui-même : « il doit tout contrôler lui-même, tout diriger lui-même, à Budapest comme à Rome et à Vichy, et son alliance a été pour tous ses collaborateurs une sorte de pacte satanique entraînant en échange d'une satisfaction éphémère un asservissement sans fin ».

135. Alfred Métraux (1902-1963). Ethnologue né à Lausanne, grand voyageur, il prend notamment part à une expédition française dans le Pacifique sud en 1934-35. Il en revient avec la matière d'un ouvrage intitulé *L'Île de Pâques* (1941), dans lequel il affirme le caractère polynésien, et non pas asiatique ni américain, de la civilisation qui s'y est manifestée. *Encyclopædia Universalis*.

136. Isabelle Balthazard est la secrétaire du Cercle littéraire de Toronto, fondé en 1941 sous l'égide du Comité local des Français Libres et sur les cendres de la section de l'Alliance française. Viatte y est invité à parler de la France après une série de conférenciers parmi lesquels Henri Laugier, Jacques Maritain, Henri Bonneau, etc. ARCJ, 118 J 235, Corr. gén., I. Balthazard à Viatte, 28.3.1944.

2 avril

Commencé ma conférence sur le Communisme et l'Europe.

Après-midi, le beau temps nous invite à la promenade, mais de nouveau, un vent violent s'est établi, et je crains, si je sortais de ville, de renouveler l'expérience de dimanche dernier. Je vais donc seulement à travers les rues de la ville jusqu'à la tour de la rue Lavigueur, puis je reviens à la maison. Après 4h. je rencontre le P. Couturier chez Mme Lahaye : très sympathique, – ne désirant guère rencontrer les autres artistes locaux, Labouret ou Tudor-Hart (il considère Labouret comme un « marchand » et non un artiste) ; je le trouve pessimiste sur la déchristianisation de la France et la possibilité d'un mouvement révolutionnaire allant jusqu'à Moscou.

Téléphoné au Dr Simard qui est rentré content d'Ottawa : il est chargé de fournir une liste de membres du Comité Canada-France à proportion égale des deux « partis », et songe à proposer comme président le maire Borne ; Donohue, qui a eu l'idée du Comité, a déjà rétrogradé de la présidence générale et de la présidence provinciale à la vice-présidence du comité local... Très bien impressionné par le nouvel « attaché d'ambassade » Raoul-Duval, un « dur » de Bir-Hakeim[137]. Mme Simard est arrivée, la dépêche de Rabat l'annonçant est parvenue heureusement deux heures avant une dépêche du général de Gaulle exprimant son inquiétude du retard...

3 avril

Achevé ma conférence sur le Communisme et l'Europe, puis travaillé à mon article sur la littérature canadienne. Le soir, travaillé à Rabelais. Il fait beau temps : le printemps, avec ses exaltations.

4 avril

Je vais ce matin vérifier ma déclaration d'impôts chez l'abbé Guilmotte. Travaillé à mon article sur la littérature canadienne ; j'avance passablement.

Vu Sœur Marie-Carmen au sujet de sa thèse.

Une dépêche du commandant Bonneau me demande d'insérer dans les journaux l'annonce du baccalauréat français pour le 19 mai.

5 avril

Et si j'avais vécu en France à l'époque de Robespierre, j'aurais été avec Carnot ; si j'avais vécu en Russie à l'époque de Lénine, j'aurais été avec Broussiloff[138]. En

---

137. Engagé dans les Forces françaises libres lors de la bataille de Bir-Hakeim en mai-juin 1942, Claude Raoul-Duval fit ensuite carrière dans la diplomatie.
138. Général de l'armée russe dont les troupes infligèrent de sévères défaites aux armées austro-allemandes durant l'été 1916, dans le Sud de la Pologne.

d'autres termes je considère qu'il y a dans l'existence d'un peuple des facteurs permanents qui demandent à être défendus contre les envahisseurs, quel que soit le régime politique. À d'autres la politique intérieure : je n'en conteste pas l'utilité (quoique admettant que tout gouvernement est une résultante de l'état social, et tombe lorsqu'il cesse d'y être adapté) ; mais ce n'est pas mon rôle. Ceci ne signifie pas une acceptation de tout gouvernement : j'aurais été contre l'Université de Paris, l'évêque de Thérouanne et Mgr de Beauvais lorsqu'ils prenaient leurs ordres des Anglais ; contre le Sainte-Ligue lorsqu'elle faisait appel aux Espagnols ; et aussi bien contre les huguenots lorsqu'ils appelaient les Anglais à la Rochelle. L'histoire nous enseigne, au demeurant, que les partisans recourant à l'étranger ont toujours tort, qu'avec les meilleures intentions ils n'ont jamais rien bâti que d'éphémère.

Achevé mon article sur la littérature canadienne. Écrit à G. Sylvestre pour lui proposer un ajournement du *St-Ex* jusqu'en décembre, à Y. Simon pour lui envoyer des photos, à Georgeot une carte. Travaillé ensuite à Rabelais, Bernadette me servant vraiment de secrétaire et me dictant le texte...

Mme Lahaye me téléphone qu'une lettre d'une Martiniquaise lui dit le bien qu'ont fait là-bas la « simplicité » de Gustave Cohen (j'aurais cherché un autre mot), et, chez le clergé très « vichyssois », le rayonnement chrétien du P. Delos.

6 avril

Lettre d'un nommé Maurisseau, des Trois-Rivières, critiquant mon article sur le Comité d'Alger, et à laquelle je réponds.

Jeudi-Saint. Nous allons communier, et le matin je passe à la Bibliothèque ; j'apprends que l'abbé Aubert est de nouveau malade, du cœur. Écrit ensuite à maman.

Déjeuner avec Tudor-Hart et J.-P. Després. Nous discutons du Centre de Documentation et du Comité Canada-France ; téléphoné au Dr Simard, et à la suite de ce téléphone Tudor-Hart écrit une lettre dont il se dit lui-même satisfait, pour se désolidariser des réunions faites à son insu tout en réservant sa collaboration pour l'avenir.

Lettre de Grégoire, sur l'incident de son article supprimé à *Renaissance*[139]. J'attends à demain de répondre. Il serait fâcheux que l'incident russo-polonais, joint

---

139. Il s'agissait selon Henri Grégoire d'un article « écrit à la gloire de la France et de la Belgique, pour la liberté et la dignité des Nations Unies ». Le rédacteur belge de *Renaissance* s'indigne devant une suppression qu'il assimile à une censure et une atteinte à la liberté d'écrire de la part de ses collègues Mirkine, Lévi-Strauss et Koyré. Il écrit longuement à Maritain pour protester, et relève notamment que c'est grâce à une subvention initiale de 10 000 dollars du gouvernement belge que l'École libre et la revue *Renaissance* ont pu voir le jour. Une manière pour lui de revendiquer ses droits qu'il estime bafoués à propos de deux articles successifs : rédigé en octobre 1943, le premier a paru, malgré l'opposition initiale de Maritain qui, selon Grégoire, le trouvait « téméraire », dans le troisième numéro de *Renaissance* ; il défendait la thèse gaulliste que « le Comité français de la libération nationale méritait d'être reconnu par les Nations Unies comme le gouvernement de facto de la République ». Le second, écrit en janvier 1944 et intitulé « Où en est-on ? », célébrait l'unité de la Belgique autour de la Résistance et la place à venir

à l'irascibilité de Grégoire, vienne rejaillir sur l'amitié franco-belge et sur les œuvres de culture française en Amérique...

Je passe la soirée à colorier des œufs de Pâques pour les enfants.

7 avril

Écrit à Grégoire[140]. Je téléphone à Mme Berger le post-scriptum qui concerne la venue de Ch. Boyer. Revu mon article sur la littérature canadienne, que j'envoie à Mlle Harvitt; et préparé mes cours.

Le beau-frère de Marguerite propose aux enfants de les mener dans la Beauce jusqu'à mardi. J'y consens, et ils partent à 5h., enchantés; je les retrouverai à Beauceville en rentrant mercredi matin. Nous sommes d'abord allés à l'église faire notre chemin de la Croix, aujourd'hui Vendredi-Saint.

8 avril

Écrit à maman. Écrit un article sur le communisme pour *L'Action catholique*. Commencé mon article sur le panaméricanisme. Travaillé à Rabelais. Je gagne du temps en l'absence des enfants, sur lesquels Finette verse deux grosses larmes...

Il fait très beau.

Hier soir, et ce soir, je travaille à corriger le manuscrit sur « Françoise » que m'a confié la vieille Mme Turgeon.

9 avril

Pâques solitaires : j'ai donné congé à Marguerite qui passe la journée à Ste-Anne-de-Beaupré.

Travaillé à mon article sur le panaméricanisme.

---

d'une France régénérée à la tête d'une « fédération lotharingienne ». Le différend porta cette fois-ci sur la mention des frictions apparues dans le camp allié à propos du conflit russo-polonais. Grégoire prêchait plutôt pour une réconciliation russo-polonaise, ce qui ne fut pas du goût de Mirkine-Guetzevitch, qui souhaitait ajouter à la suite de l'article une mise au point présentant un point de vue « anti-polonais ». L'ensemble de l'article de Grégoire fut finalement retiré de la livraison de *Renaissance*, sans qu'il en soit informé. D'où son courroux exprimé en dix-huit pages adressées à Maritain...! ARCJ, 118 J 235, Corr. gén., Copie d'une lettre d'H. Grégoire à J. Maritain, 11.3.1944.

140. Viatte estime que l'article censuré de Grégoire était très pondéré et franc, à l'image de ce que devrait être la coopération entre Alliés. Il ajoute qu'à son avis Staline est ressorti satisfait de la conférence de Téhéran pour des raisons autant militaires que politiques, et que l'ouverture d'un « front occidental pour une date déterminée n'est plus loin ». Mais Viatte déconseille à son « maître et ami » de porter ce débat au grand jour, de peur d'exposer les divisions entre Européens de culture française, et de nuire ainsi à l'œuvre menée par l'École Libre. Dans ce sens, il se déclare prêt à signer la pétition de soutien à Grégoire si la question peut « se régler à l'intérieur même de l'École ». ARCJ, 118 J 235, Corr. gén., Viatte à H. Grégoire, 7.4.1944.

Téléphoné à Mme Moreux qui a donné gentiment du chocolat pour les enfants et à l'abbé Parent, sur la visite de Koyré; avec De Koninck, à New York, il a vu Van Cauwelaert, qui lui a parlé des entretiens entre catholiques sous sa présidence au sujet de la restauration européenne; il est content de la tournure qu'ils prennent, après l'échec d'une première série de réunions inaugurée par les Polonais.

10 avril

Continué mon article. Écrit à R. Picard dont j'ai eu un mot, et à Mlle Boëtte[141]. Téléphoné à Mme Lahaye, au P. Couturier, à l'abbé de Smet, que j'invite pour mercredi, le père Couturier partant jeudi. J'ai une nouvelle épître fulminante de Grégoire[142]; j'en parle au P. Couturier, qui ignore l'incident, me dit que beaucoup d'autres l'ont précédé, et sur son conseil je prends l'avis du P. Ducattillon.

Les dates des examens sont affichées: pour l'écrit, le 15 mai; pour l'oral, le 23 et le 24; cela me laisserait libre pour une conférence le 18, et peut-être le 25 (les examens de Montréal étant le 18, le 20, le 26 et le 27); j'écrirai dans ce sens à Toronto.

Mme Lahaye me suggère de demander Mlle Pauly pour les enfants: c'est une idée; attendons; il faudra pourtant se décider – aussi sur la question du scoutisme – mais pour cela, des précisions sur mon voyage seraient les bienvenues. J'attendrai encore une semaine ou deux pour en redemander.

11 avril

Retour imprévu des enfants à midi: ils ont eu une occasion de rejoindre la gare en auto, qui ne se serait plus représentée. J'arrive à disposer les œufs de Pâques sans qu'ils s'en aperçoivent et à jouir de leur satisfaction, mais je n'aurai pas le plaisir de leur compagnie en voyage.

Écrit la suite de mon article.

Téléphoné à De Koninck à qui je demande conseil sur la lettre de Grégoire, dont il n'a pas entendu parler à New York. Il me conseille de ne pas hésiter à demander la forte somme pour ma correction de manuscrit.

---

141. Blanche Boëtte rectifie une confusion de Viatte entre la revue *Document de la France Combattante* et les *Cahiers Français* (anciennement *Les Documents*) qu'elle lui envoie avec une série d'écrits clandestins. Elle s'excuse de ne pouvoir lui faire parvenir plus de documentation, « mais actuellement presque tout ce que nous recevons d'Alger nous parvient à un seul spécimen que nous devons conserver ». ARCJ, 118 J 235, Corr. gén., B. Boëtte à Viatte, 8.4.1944.
142. Dans une lettre de près de trois pages, Grégoire précise encore à son ami le déroulement de ce qu'il considère comme une grave atteinte à la liberté d'écrire et de penser de la part de l'École libre, surnommée par lui et ses partisans l'« École illibérale ». Il stigmatise dans toute l'affaire l'attitude d'un « censeur communiste », le « jeune inquisiteur » Lévi-Strauss, soutenu dans ses démarches par Mirkine et Koyré. Et il voit dans l'attitude de Maritain, plutôt favorable aux « chicanes de Lévi et Koyré », la recherche d'une « excellente occasion d'étouffer une bonne fois ma pensée de Gaulliste ». En conséquence, Grégoire informe Viatte d'une pétition de soutien qui circule en sa faveur et lui recommande de « faire le plus de bruit possible au sujet de ce scandale ». ARCJ, 118 J 235, Corr. gén., H. Grégoire à Viatte, 4.4.1944.

Après-midi, voyage à la Beauce. C'est vraiment une jolie vallée, assez « française » d'aspect, comme les environs de Sherbrooke, mais pas encore un symptôme de végétation. Je me sens très « en forme » pour ma conférence et je sens qu'elle a gros succès. Invitation après chez M. Asselin[143]. Mais on se sent en pleine théocratie – c'est le vieux fond canadien où d'ailleurs cette théocratie est saine, étant adaptée. Et l'on sent une somme de préjugés formidables contre l'Angleterre et contre les Soviets! La propagande allemande aurait ici un terrain extrêmement propice à un « retournement d'alliances ».

12 avril

Retour de la Beauce. Je rencontre en voyage l'abbé Veilleux, ancien curé de Ste-Anne-des-Monts, qui y a appelé les Sœurs de St-Paul et reste en correspondance régulière avec elles. J'arrive à 11 heures.

Téléphone de Mme Edmond Chaloult qui me félicite de mon article sur le communisme[144].

Visite de Simard, l'ingénieur qui vient préparer le voyage du Dr Abadie. Je comprends l'objet de sa mission, très important puisqu'il s'agit de mettre sur pied la réfection hygiénique de la France. Il va voir le Dr Grégoire et le Dr Simard demain. Lui-même représente une entreprise spécialisée dans l'exploitation des eaux souterraines.

Nouvelle lettre fulminante de Grégoire. Je la téléphone à De Koninck et j'en discute avec le P. Couturier qui vient dîner chez moi. Il trouve qu'en effet on lui a fait tort, mais que d'autre part on a fait tort ainsi à un homme insupportable depuis longtemps... Certains traits de sa dernière lettre (passages soulignés deux fois, lettres capitales, toute l'insistance, etc.) confinent au dérangement d'esprit. Après dîner, réunion chez moi avec Mme Lahaye et l'abbé de Smet. Celui-ci ne conseille pas une initiation au scoutisme dans ce pays, en mon absence.

Travaillé à mon article sur le Panaméricanisme et à Rabelais.

---

143. Paul-Émile Asselin a invité Viatte à parler à Beauceville du « communisme et de l'Europe », sous les auspices des « Chevaliers de Colomb ». ARCJ, 118 J 235, Corr. gén., P.-E. Asselin à Viatte, 24.2.1944 et 23.3.1944.
144. « La position internationale du communisme » *AC* du 11.4.1944. Viatte s'efforce de démontrer que depuis l'agression allemande de juin 1941, la Russie est devenue un « interlocuteur normal ». La participation des communistes aux responsabilités présentes et futures est donc inévitable, même si l'abîme doctrinal qui sépare le communisme des enseignements chrétiens ne s'est pas forcément réduit. Refusant de réduire les communistes à des « bandits de grand chemin », reconnaissant leur idéalisme et leur patriotisme qui s'exprime dans leur attitude résistante, Viatte s'efforce de prendre le recul nécessaire, non sans accents maritaniens. Il qualifie ainsi la doctrine communiste de pernicieuse, et les régimes politiques défendus par les supporters de Moscou comme un « aspect transitoire de la crise due à la désagrégation de la société bourgeoise capitaliste et à l'inadaptation du monde par rapport aux progrès matériels, en attendant la formule adéquate que personne d'entre nous ne soupçonne encore ».

13 avril

Bibliothèque. Écrit à maman.

Mme Berger m'ayant encore téléphoné au sujet de Ch. Boyer, j'enverrai un mot à Seyrig sur sa venue. Écrit ensuite à Mlle Balthazard (de Toronto) et à Barzin une lettre accompagnant et expliquant ma signature de sa pétition.

Causé avec Lebel des examens. Téléphoné au Dr Simard qui m'apprend la visite de Bonneau pour quatre jours; vu Després, à la veille de son départ pour Philadelphie.

Bernadette me sert de nouveau de « secrétaire » pour Rabelais : elle me dit qu'elle me servira toujours de secrétaire « jusqu'à ce que nous nous séparions ». Alors je lui demande quand nous nous séparerons ? Et elle me répond, en m'embrassant, qu'elle voudrait que je ne meure jamais, ou qu'elle meure avec moi... Pauvre petite fille, c'est vrai qu'elle devient déjà une petite compagne.

14 avril

Commencé ma lettre à Grégoire, que les circonstances rendent inopérante, car il envoie un article à *France-Amérique* qui transporte le débat sur le plan public. Préparé mes cours.

Je vais attendre Koyré à la gare. Rencontré Mme Berger qui va y chercher miss O'Hare Mc Cormick et qui me parle d'une lettre à Ch. Boyer envoyée après dépêche négative de Benoît-Lévy : encore une qui a sa marotte. L'abbé Parent me rejoint et nous accueillons Koyré[145], qui me donne sa version de l'affaire Grégoire : il s'agit avant tout de ne pas exaspérer le Département d'État qui surveille l'École et n'admettrait pas une critique indirecte de la politique américaine.

Cette hostilité des États-Unis, sensible aussi au Mexique (me dit De Koninck) m'inspire encore des doutes sur mon voyage aux Antilles... J'espère toutefois que l'invitation d'Haïti sera indépendante même des tractations éventuelles avec Alger.

Cours intéressant de Koyré, que je présente. Conversation avec De Koninck; je vais ensuite chez lui, où je trouve l'abbé Dionne : il raconte ses impressions du Mexique (d'où il rapporte une mine épatante) et je discute avec lui l'affaire Koyré-Grégoire.

---

145. À noter qu'Alphonse-Marie Parent apparaît mitigé sur cette visite, comme il le confie à son collègue Luc Lacourcière : « Aujourd'hui nous avons reçu M. Alexandre Koyré secrétaire de l'École libre des Hautes Études de New York. Il a parlé à la faculté à 5h. et nous sommes allés souper au Cercle universitaire. Il parlera encore demain à 11 heures. La semaine prochaine ce sera le tour de M. Alfredo Mendizabal qui fera aussi deux conférences à la faculté. Tous ces bons hommes... nous sont amenés par Viatte. Nous n'osons pas refuser, mais j'ai l'impression que c'est du temps perdu. » AUL, BP 2942, P 178-B-4-3, A.-M. Parent à L. Lacourcière, 14.4.1944.

15 avril

Écrit à mamé. Refait une lettre à Grégoire. Entre temps, Koyré et sa femme sont venus déjeuner, De Koninck nous a rejoints, et nous sommes ensuite allés faire un tour de ville : Université, bibliothèque, N.-D. des Victoires, tour de la forteresse (où Mme Koyré patauge dans la neige avec le vertige), rue d'Auteuil, St-Jean, etc.

Ce soir, dîner officiel en l'honneur de Bonneau. Y assistent Mgr Gagnon, Onésime Gagnon, Oscar Drouin, Labouret, Mme Lahaye, les Tudor-Hart, etc. Causé avec Mme Lahaye qui voudrait arranger une conférence pour le P. Couturier ; avec Mme Casgrain, la sœur de Mme Adam, à côté de qui je suis à table, et qui m'apprend que Mme Adam s'est cassé le bras et que sa fille Suzanne songe à partir pour Alger comme secrétaire de Vanier ; avec le major Triquet qui me donne des nouvelles d'Albert Racine.

Lettre de Seyrig qui n'a encore aucune précision d'Alger sur le voyage aux Antilles[146]. Bonneau m'en a transmis une autre qui ne m'est pas encore arrivée, donnant le programme actuel du baccalauréat pour Montréal.

16 avril

Le matin je vais trouver Koyré chez De Koninck et nous faisons ensemble l'excursion Pont de Québec – Cap-Rouge – Ste-Foy. Après-midi, nous allons voir le défilé passé en revue par le major Triquet ; rue St-Louis, près de la porte, nous rencontrons De Koninck avec qui je rentre ensuite. Il est disposé à inviter Koyré l'été prochain (ce serait difficile celui-ci...) d'autant plus qu'à ce moment il sera probablement au Mexique où il est invité pour un semestre avec toute sa famille.

Je rentre avant les enfants et j'écris à Dadette.

17 avril

Cours à Sillery. Achevé la préparation de mes cours, corrigé des dissertations. Le soir, dîner avec Bonneau au Cercle universitaire, et conférence suivie d'une longue discussion à l'Institut des Relations internationales. Gros succès : Onésime Gagnon est dans l'enthousiasme.

18 avril

Je vois, le matin, le commandant Bonneau ; causé surtout des problèmes pratiques qui se posent, notamment au sujet du bachot montréalais (l'abbé Lemaître

---

146. Dans le même temps, Seyrig l'informe qu'Alger ne « voit personne pour le moment qui soit apte à occuper honorablement les chaires d'histoire de l'Université Laval » ; lui-même pense qu'aucun professeur n'est qualifié pour ce poste aux États-Unis ou en Amérique du Sud. ARCJ, 118 J 235, Corr. gén., H. Seyrig à Viatte, 12.4.1944.

m'avait téléphoné la veille). Puis, dentiste : j'y rencontre Mme Lahaye ; il ne me trouve rien à faire. Après-midi, thé au Château autour de Bonneau ; rencontré notamment De Koninck et Labouret. Dîner avec Mendizabal que je présente à l'ACFAS et avec qui nous retournons ensuite au Cercle universitaire en compagnie notamment de Mme Turcot. Journées très chargées, jusqu'à minuit.

19 avril

Encore une lettre de Grégoire ; je lui réponds, mais cette histoire m'empoisonne, à distance. Achevé mes corrections, et écrit un article pour l'*Action catholique* sur la politique américaine et la France[147].

Lettre de mamé, et d'un Dr Biezuner, qui m'apporte des nouvelles de Barcelone.

20 avril

Bibliothèque. Écrit à maman.

Déjeuner avec Mendizabal que j'amène ensuite visiter la ville et que je mène chez le Recteur ; très bon accueil de celui-ci que je trouve décidément ouvert aux questions internationales. Mendizabal déjeune demain chez Mme Lacerte. Ce mouvement des rapports avec l'Amérique latine m'intéresse et je voudrais bien n'en être pas tenu trop à l'écart.

Soirée au Petit Lycée où les enfants donnent une représentation. Je suis à côté de Mme Lahaye.

21 avril

Je passe ce matin à la Bibliothèque du Parlement. Préparé ensuite mes cours. Je rends leurs travaux à Sœur Marie-Carmen et à Sœur Hermann-Joseph.

Circulaire de Maritain sur l'affaire Grégoire[148]. Je la montre à Mendizabal qui vient me voir à 6h. et que je reverrai ce soir chez les André Turcot. J'y rencontre notamment Maurice Hébert et l'ex-Jacqueline Métayer (Mme Pelletier).

---

147. « La politique américaine et la France » *AC* du 24.4.1944. Viatte se félicite de la reconnaissance presque sans réserve du gouvernement provisoire du général de Gaulle par l'administration américaine, au travers d'un discours de Cordell Hull. Il y voit surtout l'avantage pour la France que durant la phase de transition politique qu'y se prépare, les affaires de la France seront remises aux Français, et que l'existence d'un cadre légal et politique préexistant diminuera considérablement les risques d'anarchie pour la période d'après-guerre. Presque sous forme de clin d'œil, il cite longuement, en conclusion, le *Statesman* de Calcutta, qui met en exergue le rôle déterminant qu'auront à jouer les Français dans la libération de leur propre pays... Un point de vue britannique comme le souligne Viatte.
148. La circulaire signée du président du Comité exécutif de l'École Libre demande aux collègues qui ont reçu la pétition d'Henri Grégoire de prendre connaissance du memorandum du Conseil de direction de l'École avant de se positionner en connaissance de cause dans l'affaire. Maritain informe également ses collègues que le Comité de *Renaissance*, réuni le 24 février 1944, a décidé de « ne plus accepter d'articles politiques » pour cette revue, décision confirmée suite à une rencontre avec les responsables du Department of Justice of Washington. ARCJ, 118 J 235, Corr. gén., Circulaire aux enseignants de l'École libre des hautes études, 19.4.1944.

22 avril

Écrit à mamé.

Quoique assez fatigué de m'être couché à 2h. du matin, j'avance passablement dans mon article sur le panaméricanisme.

Travaillé un peu à Rabelais, avec Bernadette comme secrétaire.

23 avril

Continué ce matin mon article sur le panaméricanisme.

Téléphoné à Pouliot, qui me raconte son voyage en Haïti : il a surtout vu Dantès Bellegarde, et regrette que l'Université Laval ait plutôt couronné Dominique Hippolyte ; sa conférence en faveur de l'enseignement secondaire classique a eu, paraît-il, un grand succès, bien que d'autre part il ait conseillé les rapports avec les États-Unis pour le supérieur ; il était sous l'impression qu'on m'attend pour l'été prochain, et « chaque année ».

René Bellegarde m'a également téléphoné.

Après-midi promenade avec les enfants de Ste-Foy à l'Ancienne-Lorette, où nous rattrapons tout juste l'autobus de 5h. Il fait très beau et chaud, mais les premières fleurs ne se montrent pas encore...

24 avril

Cours à Sillery. Achevé mon article sur le panaméricanisme. Et comme c'est le 24, je commence tout de suite ma chronique internationale, en me demandant si l'invasion de l'Europe surviendra avant que je ne l'achève...

Vu deux chapitres de Mlle Guignet. J'ai aussi à me rendre chez Mme Turgeon, mais ce soir la pluie m'en décourage.

Lettre de Toronto, et de maman, qui était grippée le 24 février.

25 avril

Continué ma chronique.

Mme Lepage, de Rimouski, vient pour sa leçon de « poésie française ».

Lettre de l'abbé Lemaître à propos du baccalauréat[149].

Téléphoné au Dr Simard et à Tudor-Hart (pour ce dernier, au sujet des embellissements... et des enlaidissements de Québec. J'ai passé devant le nouveau bâtiment de l'Hôtel Victoria qui gâte la Côte du Palais).

---

149. Il s'agit surtout d'adapter les règlements d'examen selon de nouvelles directives prises par Abadie, premier commissaire à l'Instruction publique du Comité d'Alger. ARCJ, 118 J 235, Corr. gén., H. Lemaître à Viatte, 22.4.1944.

26 avril

Lettre de Cantave, m'apprenant la présence de Dartigue à Philadelphie. Je lui envoie un mot (il parle de venir à Québec incognito) et lui demande des précisions pour l'été. Écrit à l'abbé Lemaître au sujet du bachot.

Lettre de Clark s'inquiétant de la collection de classiques.

Donné une leçon à Mme Lepage. – Vu Mlle Guignet au sujet de sa thèse. Téléphoné à Mme Turgeon, qui est souffrante, ayant effleuré la congestion pulmonaire, et à Mme Lahaye qui me dit la venue du P. Couturier fatigué, et qui paraît à bout de nerfs à cause de l'invasion. Continué ma chronique, et travaillé à Rabelais.

27 avril

Bibliothèque. Causé avec Lebel, notamment des thèses, et des cours d'histoire, au sujet desquels je lui dis la réponse négative d'Alger; il me suggère d'en parler à Mme Simard : bonne idée.

Écrit à maman. Continué ma chronique, et travaillé à Rabelais.

Lettre de Bonneau me renvoyant mon passeport et me communiquant sa dépêche au sujet des examens de Montréal[150]. Il me téléphone ce soir à propos de la visite d'Abadie, qui se trouvera coïncider avec mon absence, puisqu'elle ira du 17 au 20 ; je le verrai peut-être à Montréal où il séjournera jusqu'au 31, et de toute façon je laisserai au Dr Simard le soin d'organiser sa réception.

Téléphone du Dr Simard avec qui je discute cette question et celle des professeurs d'histoire; il sera peut-être absent lui-même, en vacances, à la venue d'Abadie ; il me parle de la dernière séance du Comité Canada-France, où l'on a désigné cinq nouveaux membres « gaullistes » et où j'ai été nommé membre d'un Comité d'honneur, avec les autres présidents des groupes régionaux de France combattante.

28 avril

Achevé ma chronique, qui me paraît bien. Je l'antidate du 30 : l'invasion se produira-t-elle d'ici là pour la rendre périmée[151] ?

---

150. Bonneau et Seyrig proposent au Comité d'Alger de nommer Viatte président de la session du baccalauréat français au Canada. ARCJ, 118 J 235, Corr. gén., Copie de la dépêche de Bonneau à Alger, 22.4.1944.
151. « Chronique internationale » *Le Canada français*, XXXI, n° 9, mai 1944, pp. 674-681. « L'invasion de l'Europe semble commencée. Un débarquement n'a pas encore eu lieu au moment où j'écris, mais on le dirait imminent, et déjà la guerre aérienne et la guerre des nerfs font rage. » Auguste Viatte ne cache pas son impatience de voir le grand combat s'engager et décrit minutieusement tous les signes diplomatiques et militaires qui laissent présager le débarquement. Il voit ce dernier plutôt sous la forme de « coups multipliés », portés en fonction de la résistance qu'ils rencontreront chez l'ennemi. Relevant une fois de plus le rôle décisif que prendront dans la bataille les Résistants en ouvrant des fronts intérieurs, il souligne rétrospectivement « l'importance mémorable de la conférence de Téhéran où l'essentiel de ce synchronisme a sans doute été arrêté ». L'ouverture de ce nouveau front en Europe ne devrait pas prétériter la poursuite des combats en Extrême-Orient, où l'on distingue encore mal si la bataille se livrera plutôt en Chine ou directement sur le territoire japonais ; quant à Staline, il « poursuit avec continuité la politique visant à trouver son influence non dans la révolution internationale, mais dans l'existence respectée d'une forte Russie communiste ».

Lettre de Baldenne[152]. – Écrit aux Éditions de l'Arbre en leur transmettant la lettre de Clark. – Il fait toujours très beau.

29 avril

Toujours le beau temps. La famille Demers, dont le fils est le camarade des enfants au Petit Lycée, les mène à leur camp à Everell ; Jean-Claude revient le cœur gros, ayant déchiré sa blouse, et Mme Demers me téléphone de ne pas le gronder et de l'habiller une autre fois plus simplement, car elle a l'intention de recommencer avec les enfants qu'elle trouve si gentils. Au moins je suis content de cette appréciation...

Écrit à mamé, à Baldenne, à Koyré[153]. Préparé mes cours. Écrit un compte-rendu de Ricour[154].

Mère Marie-des-Anges me téléphone pour savoir quels sont les programmes français – on voudrait allonger les siens d'une année – et je lui conseille de se mettre en relations avec le Collège Stanislas à ce sujet.

30 avril

Commencé un article sur la « faillite de la bourgeoisie ».

Bonne promenade avec les enfants derrière les forts de Lévis – malgré des nuages menaçants, au départ, et même un peu de pluie, qu'ensuite le vent chasse. Au retour nous nous trouvons sur le bateau avec des « guides » scouts charmants dans leur gaîté, et les enfants redemandent avec insistance d'être admis parmi les scouts. J'ai dans l'esprit les conseils de l'abbé de Smet – mais à son âge, peut-on s'y fier ? J'appréhende un peu de n'avoir plus mes gentils compagnons de promenade, mais je ne veux pas être égoïste ; surtout, j'ai peur que mes efforts pour les soustraire à l'ambiance, pour faire qu'ils ne deviennent pas des étrangers en rentrant dans leur pays, ne soient annulés si en dehors de l'école je n'ai pas cette journée du dimanche pour les redresser. Mais je sens qu'en refusant je leur ferais un gros chagrin, peut-être injustifié, car le scoutisme est bon en soi. Ah ! Si j'étais rentré en France et en famille, comme tout cela s'arrangerait !

---

152. En réponse aux réflexions de Viatte à propos de l'« affaire Grégoire », qui déplorait une sorte « d'identité de fond dans les inévitables querelles qui enveniment les exodes », Baldensperger renchérit en constatant : « ... les arrivés de 1930 et années suivantes deviennent les arrivistes de 1944 : ce que j'ai appelé "la foire d'empoigne" a un peu l'air de prétendre se maintenir, à grand renfort de déclarations de " pureté " dont doit s'indigner, dans sa tombe près de la mer, l'ombre de Clémenceau ». Par ailleurs, le professeur de l'University of California poursuit son enquête aux États-Unis pour proposer à Viatte des candidats valables à la chaire d'histoire de l'Université Laval... sans grand succès. ARCJ, 118 J 235, Corr. gén., F. Baldensperger à Viatte, 23.4.1944.

153. En réponse à une lettre de remerciements où Koyré lui confiait : « L'affaire Grégoire ne s'arrange pas. Personne n'y comprend plus rien. Mais cela fait de l'agitation, de l'énervement et de l'entêtement. » ARCJ, 118 J 235, Corr. gén., A. Koyré à Viatte, 25.4.1944.

154. Il s'agit du livre *La conquête de la paix*, publié par Pierre Ricour en 1944 aux Éditions Variétés.

1ᵉʳ mai

Cours à Sillery.

Je porte après-midi à Mgr Labrie les sujets de la licence et téléphone à l'abbé Bégin à ce sujet; il va suggérer à Mgr Labrie de faire surveiller l'examen par des prêtres du Séminaire, ce qui nous permettrait à nous deux de faire nos cours au dehors.

Lettre de Bonneau sur la visite d'Abadie[155], et des Éditions de l'Arbre qui m'annoncent le démarrage de la collection de classiques (le Vigny paraîtra cette semaine). J'écris la chose à Clark; écrit d'autre part au Dr Biezuner qui m'envoie le thermomètre et les revues promises.

Toujours rien de définitif sur le voyage aux Antilles, ni même sur Montréal. Je m'achète cependant un cahier et je choisis des textes à recopier; mais je voudrais avoir une certitude.

Travaillé à Rabelais.

Jean-Claude revient sur son idée des scouts, son ami Jean Demers l'ayant invité avec Bernadette pour toute la journée de samedi. Je voudrais interroger De Koninck à ce sujet, mais il est à Montréal pour la semaine.

2 mai

Toujours rien d'Alger. Je me dis qu'une réponse négative serait déjà là, et je commence à recopier mes cours en vue de mon voyage.

Téléphoné au Dr Simard la lettre de Bonneau à propos du Dr Abadie. Un téléphone de Mme Lahaye me parle d'une dépêche reçue de son mari, à qui elle demandait de rentrer : cette pauvre jeune femme se morfond terriblement.

Travaillé à Rabelais.

L'abbé de Smet vient m'apporter les résultats – négatifs – de son enquête sur le scoutisme : les Dominicains lui ont dit que cela dépendait de l'aumônier, que chez eux la troupe a périclité par suite du remplacement du Père qui s'en occupait; d'ailleurs le scoutisme va sans doute être réorganisé et rattaché à l'Action catholique, et en attendant mieux vaut s'abstenir; de plus, le pays ne se prête pas comme la France ou la Belgique, avec l'été seule saison favorable au campement, – et infestée de moustiques...

---

155. Bonneau donne des précisions sur la visite du médecin responsable de l'Instruction publique pour le Comité français de Libération nationale; Abadie visitera au Québec différents établissements hospitaliers, et devrait pouvoir rencontrer les plus hauts responsables politiques et religieux de la Province : le cardinal Villeneuve, le premier ministre Godbout, le maire de Québec Lucien Borne et le recteur de Laval Mgr Cyrille Gagnon. ARCJ, 118 J 235, Corr. gén., H. Bonneau à Viatte, 27.4.1944.

3 mai

Téléphone de Raoul-Duval, d'Ottawa, à propos de sa prochaine visite. Il m'apprend que ma désignation comme président du jury de Montréal est acquise : j'écris immédiatement à ce sujet à l'abbé Lemaître. Reste celle des Antilles : mais je continue à recopier mes cours, interprétant là aussi le retard dans un sens favorable.

Travaillé à Rabelais ; et le soir, je vais reporter à Mme Turgeon son livre que j'ai corrigé – curieuse silhouette de bonne vieille Canadienne que Mme Turgeon, et Lemelin vient me porter les épreuves de son roman.

4 mai

Une lettre de Seyrig, à propos des examens de Montréal, me dit qu'il a envoyé un télégramme comminatoire à Alger sur la mission aux Antilles, mais que sans doute les délais ne sont dus qu'à la négligence des autorités coloniales.

Écrit à maman. Téléphoné à Mme Lahaye pour l'inviter le 13 avec les Raoul-Duval. Elle est toujours sans assistance chez elle et se fatigue.

Continué la copie de mes cours.

Il fait brusquement une chaleur estivale : 80° ; les tropiques, avec leurs menaces d'orage. Mais cela ne me déplaît pas.

Il reste 5 jours pour faire mentir la prédiction de M. Guignet touchant l'offensive « dans les deux mois ».

5 mai

Téléphone de Bl. Boëtte au sujet « du prix du gouvernement français » à l'Université. – Je trouve ensuite chez moi le jeune Ouellette qui vient me consulter sur la possibilité de préparer son doctorat à l'École libre sous ma direction : il invoque la possibilité de se cultiver plus, de se trouver plus facilement un poste ensuite ; je soupçonne aussi des raisons sentimentales et Mlle Guignet...

Écrit ensuite à Philippon, à l'abbé Lemaître, et à Seyrig, au sujet du bachot ; et voilà pour la matinée.

Après-midi, téléphone de René Gingras au sujet d'une réunion qu'il voudrait faire pour l'ordination de l'abbé Georges ; et de Mlle Langlois pour m'annoncer la visite d'un Père blanc, aviateur dans l'armée française qui vient effectivement à 5h. et à qui je remets enfin la lettre pour le P. Delos que devait prendre Lahaye. Et voilà pour l'après-midi, ou presque : j'ai à peine le temps de travailler à mes cours et un peu à Rabelais. Le soir, réunion de la Société du Parler français.

La vie est trop courte. Penser que j'en ai déjà dépassé la moitié sans doute, peut-être beaucoup plus. Et je n'en ai pas assez ! Je la savoure, à travers toutes les épreuves, plus que jamais ! – La vie est trop courte non en soi, mais parce qu'elle ne laisse pas le temps de s'en fatiguer. Mourir n'ayant plus rien à attendre de la terre –

complètement « dés-espéré » comme dit Gide – aller à l'éternité sans le regret d'avoir écourté cette expérience qui ne reviendra plus telle quelle même après la résurrection glorieuse, sans avoir plus rien d'inédit à regretter...

6 mai

Écrit à mamé, de qui je reçois justement une lettre ce matin; vu les sujets d'examen pour Montréal, que je ferai polycopier par le frère de J.-P. Després, sauf les versions grecque et latine que j'envoie à l'abbé Lemaître et qui seront copiées à Joliette. Je continue ensuite à préparer mes cours et le soir je fais un peu de Rabelais. – Les enfants ont passé l'après-midi à Everell chez leur petit ami Jean Demers.

Mlle Langlois me téléphone, de la part du Dr Simard, pour que je demande que la fête de Jeanne d'Arc soit célébrée cette année « au nom du gouvernement français ». Je téléphone à ce sujet au curé du St Cœur de Marie, puis à Bardou – entretien toujours désagréable avec ce « pauvre type » suffisant et arrogant – et j'apprends que ce dernier a commandé déjà la messe depuis un mois. Je ne puis atteindre le Dr Simard pour en discuter à nouveau: je retéléphone à Mlle Langlois qui me dit avoir appris que la messe a été demandée au nom de la « colonie française ». Ceci rendrait plus facile une manifestation d'ensemble, plutôt qu'une tentative de modifier les choses, ou une brouillerie.

7 mai

Écrit à Grégoire, et continué mes préparations de cours.

Promenade au Saut-à-la-Puce avec les enfants: paysages admirables de chutes, de rapides et de canyons en miniature, que je poursuis au-delà du point atteint jadis par Marie-Louise et moi dans notre promenade d'il y a plusieurs années au même endroit. Premières fleurs; écureuil; les enfants sont ravis.

Téléphone du Dr Simard au sujet de la messe du 14 mai et du programme des Raoul-Duval.

Réflexion: ceux qui admirent Pétain l'admirent malgré ce qu'il a fait récemment; ceux qui admirent de Gaulle l'admirent à cause de ce qu'il a fait: voilà la différence.

Autre: on ne peut pas plus imposer à un peuple entier un régime héroïque qu'un régime monastique.

8 mai

Cours à Sillery, le dernier de cette année scolaire.

Téléphoné au Presbytère du St-Cœur-de-Marie à propos de la fête de Jeanne d'Arc; au Dr Simard à propos du dîner de dimanche; Mme Lahaye me téléphone de son côté, toujours fatiguée. Écrit à Mlle Balthazard (qui me propose d'inviter le

Dr Biezuner[156]; à l'abbé Lemaître (de qui j'ai une longue lettre irritée contre Marie de France)[157] et à Seyrig sur le même sujet. Travaillé un peu à mes conférences et à Rabelais.

Le soir, conférence de Merlio, qui me paraît toujours une solennelle baderne. Causé en sortant avec le P. Lévesque ; et avec J.-P. Després, retour de Philadelphie, où il a essuyé les bourrades de Tixier, a été très déçu par la prétention des Sud-Américains « parvenus de la politique internationale » et a eu l'impression que l'absence de la Russie faussait toutes les discussions ; pour lui les États-Unis « étaient dans la position de cocus ». Causé à Poznanski du Dr Biezuner, qui est Polonais, paraît-il ; à Mgr Gagnon ; à Henri Fontaine...

9 mai

Causé ce matin avec Lebel de mes projets de voyage, et avec Sœur Marie-Carmen l'après-midi. Lettre de Mlle Harvitt à qui je réponds[158].

Je fais aujourd'hui mon dernier cours, et j'avance dans la transcription de mes conférences. Je porte les questions d'examen à l'abbé Bégin ; je vais chercher à la bibliothèque la *Révolution* d'E. Quinet que je dois faire copier à Mlle Fiset pour Roger Picard ; rencontré J.-P. Després encore tout renversé de la conférence Merlio qui lui paraît inepte. Encore une lettre de mamé. Lemelin s'informe de son manuscrit dont il m'a donné les épreuves à revoir.

10 mai

Continué mes copies de cours, et Rabelais.

Téléphoné à De Koninck qui est rentré de Montréal et à qui je parle de l'article Hadamard et de la thèse de Garcia, pour laquelle l'abbé Parent fait pression sur la Faculté des Lettres.

Visite, ce matin, d'un professeur de Bard College (New York)[159], Aranian, qui connaît Mlle Guignet et m'est envoyé par Lebel. – Rencontré après-midi Ouellet qu'il a encouragé à suivre les cours de l'École libre des Hautes Études et à qui je passe un des tableaux horaires de l'École. J.-P. Després vient chercher les papiers accumulés ici. Et presque tout de suite après je reçois la visite de Georgeot et de sa femme, qui sont décidément bien sympathiques, et que je conseille pour leurs plans de vacances.

---

156. Un ressortissant polonais qui a connu Viatte en France avant-guerre.
157. Des tensions très fortes sont décelables entre les directions des collèges Marie de France et Stanislas, à Montréal. L'abbé Lemaître, à la tête du second établissement, reproche au « bloc enfariné » de Marie de France de vouloir se hisser au même niveau que Stanislas et d'amener à son collège des « gens au passé areligieux bien connu et qui se proclament ici spécimens de catholiques français ». Il craint ainsi de s'attirer la défiance des Canadiens face à ces « maudits français ». ARCJ, 118 J 235, Corr. gén., H. Lemaître à Viatte, 7.5.1944.
158. À propos de la publication d'un article de Viatte dans *The French Review*, revue américaine. ARCJ, 118 J 235, Corr. gén., H. Harvitt à Viatte, 7.5.1944.
159. Collège de New York fondé en 1860, lié à l'Episcopal Church.

11 mai

Écrit ce matin à maman, de qui je reçois une lettre cette après-midi, ainsi qu'à Hadamard et à L. Guerdan. Je reçois aussi une lettre de Baldenne, terminant curieusement par la nostalgie de la foi – ou plutôt l'idée qu'il n'en est pas loin – et assez sévère sur le rôle « académiste » de P. Hazard depuis l'armistice, sous l'influence de son mariage[160]. – Après-midi, je promène les Georgeot à travers la ville (Université, N.-D. des Victoires, citadelle, remparts) : il souffre d'une maladie tropicale – un parasite du foie – et aimerait autant trouver du travail ici et ne pas retourner aux pays chauds. Leurs réactions sur les États-Unis seront celles de tous les Européens – une conception de la vie tellement différente qu'elle expose à tous les malentendus. Le soir, André Després me rapporte les questions d'examen pour Montréal, que je relis pour les envoyer demain à l'abbé Lemaître. Mme Briggs me téléphone les inquiétudes de son collège : je la rassure sur les membres du jury. Je suis sorti avec les enfants au Petit Parc, où je copie un peu de mes cours, et j'ai le temps de préparer quelques lignes de Rabelais ; le soir, visite de Roger Lemelin à qui je rends son manuscrit, et qui s'offre en échange à me rendre de menus services – copies de textes, pique-niques... Il me paraît assez sympathique dans sa vocation littéraire incontestable, son goût de la réalisation désintéressée. C'est bien lui qui s'intéresse aussi au parti C.C.F., en artiste surtout me semble-t-il, intéressé par la qualité « humaine » des trotskystes et des « socialistes-français » qu'il connaît à Québec, et des classes populaires en général.

12 mai

Bibliothèque. Envoyé les sujets d'examen à l'abbé Lemaître ; répondu à Soffray[161] qui regrette de ne pouvoir venir à la réunion préliminaire.

Déjeuner avec les Raoul-Duval, Pierre Chaloult et les journalistes (Bernard, L'Heureux, etc.) au Château Frontenac. Je n'en sors qu'à 4 h. et comme je veux travailler un peu, je ne retourne pas au cocktail chez Pierre Chaloult. Recopié un peu de mes cours, et à Rabelais. Dîner et soirée chez moi avec les Georgeot.

---

160. Baldensperger estime que c'est son insatiable curiosité d'esprit qui le maintient en forme et lui donne une constance proche de la sérénité d'esprit qui s'approche de la foi « agissante et non complaisante », telle qu'il dit l'observer chez Viatte. Ami de Paul Hazard récemment disparu, Baldensperger lui a rendu hommage dans *Pour la Victoire*, tout en allant plus loin dans les confidences avec son correspondant : « Ma fille l'avait revu après son retour en 1941 ; je dois dire que le désir chez lui de partager les difficultés françaises n'allait pas sans autres éléments moins avouables, où l'influence de son copain Jacques Chevallier tenait sa place, et aussi sa déférence " idéologique " à un concept d'Europe fort différent de celui qui se trouve défendu par les Alliés. La vie est tellement apte à se compliquer d'elle-même que – chose inattendue mais nullement inexplicable – un mariage que, disait-il, sa maman n'aurait point approuvé a peu à peu incliné ce charmant esprit à des déviations singulières. » ARCJ, 118 J 235, Corr. gén., F. Baldensperger à Viatte, 7.5.1944.
161. L'abbé Soffray enseigne au Séminaire de Joliette et est membre du jury des examens présidés par Viatte au Collège Stanislas. ARCJ, 118 J 235, Corr. gén., M. Soffray à Viatte, 10.5.1944.

13 mai

Téléphoné à Pouliot au sujet des correspondances canado-haïtiennes pour lesquelles Roland Gingras m'avait téléphoné hier. Pouliot m'indique un correspondant, le Dr Morin, et me dit avoir vu récemment Cantave qui croit que je serai normalement réinvité cette année en Haïti, et qu'il a prié d'insister, au nom de l'Université Laval…

Lebel accepte de correspondre avec un autre Haïtien.

Reçu la version polonaise que je renvoie à l'abbé Lemaître, après avoir vainement tâché de savoir par Poznanski ce qu'il en est des conditions spéciales de bachot prévues en 40.

Déjeuner avec les Raoul-Duval et Mme Lahaye. Raoul-Duval charmant, très intéressant dans ses récits de Bir-Hakeim. Nous causons longtemps en tête-à-tête après le déjeuner et je lui donne mes vues sur le Canada : je crois que nous sympathisons beaucoup. Écrit ensuite à mamé ; puis je vais, sous une pluie torrentielle, acheter à Bernadette une corde à sauter, ainsi que deux nouveaux poissons rouges. Ensuite, cocktail au château, offert par les Raoul-Duval, et qui me laisse le temps de travailler un peu à Rabelais en rentrant.

14 mai

Ce jour est dans ma vie le jour de la fête de Jeanne d'Arc et celui d'une promenade au Parc des Champs de Bataille.

Après avoir un peu travaillé à mon cours d'Haïti, je me rends pour 11h. 1/2 au St-Cœur-de-Marie pour la messe de Ste Jeanne d'Arc. Célébration sans dissonance. Dans le sermon, je relève que mes enfants sont nés le jour anniversaire du sacre de Charles VII à Reims – 17 juillet ; et que Jeanne d'Arc aurait volontiers coupé la tête au seul « Bourguignon » de Domrémy, c'est-à-dire au seul collaborationniste. On se rend ensuite à la statue de Jeanne d'Arc (moi avec Raymond Parent) ; j'y rencontre les Georgeot, Mmes Amyot et Tremblay, Mme Lahaye, Pacreau, Moreux, etc. une grande foule. Autre cérémonie sans accroc. Puis déjeuner. R.-Duval me quitte en véritable ami.

Causé avec lui, Guy Roberge, Poznanski, d'un mémoire de l'abbé Kotowski sur le clergé canadien, ébruité par une imprudence de Mlle de Miribel, et qui circule avec une attribution fausse à la France combattante[162]. Je tâche d'en savoir la provenance et le nom de Stanislas Germain me fait téléphoner à De Koninck qui en avait pris

---

162. Le rapport Kotowski, du nom du prêtre polonais chargé en 1942 par le gouvernement fédéral canadien de noter les changements intervenus dans la société québécoise depuis 1939, aurait été déposé en juin 1943 et diffusé au début 1944 par le Comité français de libération nationale. Extrêmement sévère et critique sur la société canadienne-française et son clergé en particulier, ce rapport alarma les milieux religieux et diplomatiques les plus influents au Québec. On frisa l'incident diplomatique et les rapports entre la France gaulliste et le Canada français connurent un net refroidissement au printemps 1944. Sur toute cette affaire, voir AMYOT, *op.cit.*, pp. 307-311

connaissance hier soir (on lui en avait parlé comme d'une chose très connue), le juge très nuisible et souhaite un démenti officiel ou du moins un démenti de bouche à bouche auquel il va s'employer. La source est à Montréal.

De 4 à 6, promenade avec les enfants dans les bois en-dessous du Parc des Champs de Bataille. Ils font beaucoup d'effort pour être sages après une semaine où ils ont été fatigants au point que Marguerite envisageait son départ... Raoul-Duval a l'air particulièrement épris de Jean-Claude.

15 mai

Aujourd'hui journée d'examens, et journée Monléon.

Je suis réveillé à 8h. moins le quart par un téléphone de J. W. Simard, le cornac du Dr Abadie, fort inquiet de n'avoir aucune précision sur son programme. J'alerte Mlle Langlois, Pierre Chaloult, et le soir comme je n'ai pas de nouvelles je rattrape le Dr Simard avec qui son homonyme s'était mis en rapport et qui a arrangé les choses.

Je surveille ensuite les examens, et j'avance dans la copie finale de mes cours. J'ai eu le temps de corriger les copies dans la soirée. Écrit à Pouliot la liste des correspondants haïtiens.

Téléphone de Mme Lahaye pour me dire combien elle a été contente de rencontrer les Raoul-Duval.

Téléphone du P. Morlion qui me signale un article d'Earl Browder dans le *Worker*[163] reproduisant et falsifiant mon avant-dernier article de *L'Action catholique* de manière à me présenter comme un sympathisant du communisme. Morlion vient me voir avec son correspondant canadien le P. Daviault et prépare une mise au point dans son prochain bulletin, et moi-même je compte faire un article pour *L'Action catholique* (sans doute en aurai-je le temps en surveillant les examens vendredi matin).

16 mai

Journée de soleil et de chaleur se terminant cependant par de la pluie.

Je vais le matin porter à l'abbé Bégin le résultat des examens ; je le rencontre dans la rue de l'Université et converse avec lui, puis je passe chez le coiffeur ; après quoi je reçois Sœur Marie-Carmen au sujet de sa thèse...

Après dîner, bibliothèque ; téléphoné au Dr Simard d'après qui « tout va bien » pour la visite Abadie ; je passe à la gare de Montmorency, à la gare principale, à *L'Action catholique* où L.-Ph. Roy, à qui j'ai téléphoné le matin, m'a fait remettre un exemplaire de mon article « communiste » ; rentré, je téléphone à Pouliot, qui me parle de son projet de faire venir Dantès Bellegarde pour des cours, des conférences,

---

163. Earl Russel Browder (1891-1973). Homme politique, leader des communistes américains, qui collabora notamment au journal de Worcester *The Worker*.

un doctorat d'honneur, et je lui promets de voir Mgr Labrie à ce sujet samedi. Garant, le «facteur» de l'Université, se chargera de dédouaner des tirages à part de *Renaissance* qui m'attendent à la poste[164]. Je vais ensuite avec les enfants au Petit Parc, corrigeant le livre de Mme Turgeon; j'ai le temps de travailler un peu à mon cours, à Rabelais; et je réponds à Mlle Côté qui me téléphone à propos du Dr Abadie et du bachot de Montréal.

17 mai

Départ pour Montréal. Je me loge au New Carlton; fais une visite à mes éditeurs de l'Arbre, sans les trouver; une autre aux bureaux de Philippon où j'envoie le colis pour Koyré; et je vais à Stanislas, où se tient la réunion préliminaire du jury, et où je reste à dîner. L'abbé de Vaumas notamment m'intéresse: c'est un évadé d'Allemagne.

18 mai

Voyage Montréal-Toronto. Reçu à la gare par Mlle Balthazard, un peu dans le genre de Mlle Boëtte, et par le professeur Harrison. Avant le dîner, rencontré le Dr Biezuner qui me confirme ce que je devinais de la révocation de Pierre – dénoncé par le consulat allemand pour avoir hébergé les évadés de France; l'Institut rival n'a que 25 élèves pour une vingtaine de professeurs. Le Dr Biezuner s'en tire péniblement avec 100 dollars par mois (pour 4 personnes) dans un hôpital de Toronto. Ma conférence est un succès, et je suis réinvité pour l'année prochaine. Cadre bizarre: une sorte de chapelle presbytérienne ou baptiste. Atmosphère de fraternité française-combattante. Causé après la conférence, notamment avec une vieille Genevoise ravie de m'entendre citer le *Journal de Genève*. Départ à 11h 30.

---

164. Il s'agit certainement de l'article de Viatte intitulé «Le Canada et la guerre», paru dans le numéro d'octobre-décembre 1943 de *Renaissance* (pp. 641-644), la revue trimestrielle de l'École libre des hautes études de New York dirigée par Henri Grégoire. Viatte y explique en profondeur la position des Canadiens français face au conflit, attribuant les réticences à soutenir la cause anglo-américaine à une méfiance viscérale face au colon anglais et à une hostilité fréquente envers la France «moderne et révolutionnaire»: «Cela reste vrai des intellectuels, même de ceux qui se veulent "émancipés", et dont l'anticléricalisme, sauf exceptions, procède de l'Action française beaucoup plus que du père Combes. Aux facteurs d'isolationnisme qui agissent sur la masse se superpose chez eux un nationalisme inspiré, directement ou non, de Charles Maurras.» D'où selon Viatte, après le traumatisme de juin 1940 réellement vécu par les Québécois, leur propension à soutenir le régime de Vichy, même si les «légions du Général de Gaulle» et les événements sur le continent ont contribué à faire évoluer leurs positions. En fin de compte, le professeur de Laval se refuse à dramatiser le refus canadien-français face à la conscription. Il préfère tenter de le comprendre, afin de mieux convaincre le Québec de la nécessité de contribuer à l'effort de guerre. Et Viatte de conclure sur la nécessité d'éviter les dissensions au sein de la communauté canadienne, «parce qu'une telle discorde civile en ce moment ébranlerait tout le Dominion, parce que c'est le type même de discorde dont profite Hitler, parce que le Canada est une pièce maîtresse dans le système de l'Empire Britannique, du continent américain, des Nations Unies».

19 mai

Arrivée à Montréal avec 2h. de retard, sans avoir mangé autre chose qu'une tasse de café noir – les voyageurs survenus après moi au wagon-salon n'en ont même pas eu – et juste à temps pour être photographié avec Bonneau et lui serrer la main avant son départ. Journée de surveillance. Mme Briggs vient me parler du cas de Mme Droux et d'une des jeunes filles qu'elle présente à l'examen. Je surveille de nouveau l'après-midi, écris une lettre à maman, parcours les journaux d'Algérie, intéressants, et je rentre par le train du soir que je prends à la gare J. Talon – assez mauvaise idée car il est encombré et je ne puis trouver une vraiment bonne place assise qu'aux Trois-Rivières.

20 mai

Vu ma correspondance : une lettre de Koyré me parle des difficultés faites à l'École libre par les autorités américaines, et qui m'inquiètent pour mes projets de voyage, car je me demande si des difficultés de ce genre ne contribuent pas au retard de la réponse; mais Seyrig les connaîtrait... Une lettre de Roosevelt, d'Haïti, me demandant des renseignements sur les grands hommes de France nés paysans[165]. Vu Lebel à qui je parle des projets de Pouliot pour Dantès Bellegarde puis Mgr Labrie à qui je parle du même sujet; il me semble que deux cours à la Faculté des Lettres (sur le folklore et la littérature d'Haïti) et deux aux Sciences sociales, feraient l'affaire. Mgr Labrie invitera Bonneau pour la Collation des Diplômes. Téléphone de Mme Lahaye qui n'a pas de nouvelles d'Alger. Écrit à mamé, et aux Éditions de l'Arbre, dont je reçois le premier volume de ma collection, le *Vigny*. Séance de cirque (Radio, Cowboys) l'après-midi avec les enfants. Téléphoné à De Koninck pour avoir son avis sur l'affaire Orlemanski[166]; il a l'impression que l'Église va en profiter pour des négociations concrètes, impression confirmée par un article du *New York Times*. Commencé à corriger les copies de philo pour le bac.

21 mai

Écrit ce matin à Raoul-Duval et corrigé mes copies pour le baccalauréat.

Après-midi, promenade à Stoneham, qui enchante les enfants : paysage de la rivière et de ses rapides; oiseau bleu et rose; grimpade de rochers à pic, avec des grottes et des failles, jusqu'à la hauteur de 1500 pieds; beau contact avec la nature.

---

165. Edouard Roosevelt, un ancien étudiant des cours d'été donnés par Viatte en Haïti.
166. D'après un article de Viatte dans *L'Action catholique* (voir en date du 26 mai 1944), Orlemanski est un religieux américain, curé de Springfield, qui aurait reçu une sanction disciplinaire du Vatican pour avoir affirmé, au retour d'une visite à Rome, que le Pape était prêt à publier une déclaration favorable à la tolérance du communisme.

22 mai

Rien encore sur mon voyage aux Antilles. Cette fois j'écris à Seyrig pour en avoir le cœur net.

Un mot de Maritain me convoque à l'assemblée générale de l'École libre le 4 juin, – conclusion d'une longue et pénible crise. Après-midi une dépêche du P. Daviault me dit d'attendre jusqu'à un nouvel article pour écrire le mien dans *L'Action catholique*.

Examens du cours de civilisation française ce matin : Mlle Guignet me déçoit et réussit moins bien que je ne pensais ; Ouellet se présente inopinément et réussit ; le P. Oligny me scandalise en prétendant n'être interrogé que sur la première moitié du programme. Causé avec Lebel de la nécessité d'être sévère.

Après-midi, soleil, quoique température fraîche ; je vais avec les enfants au Petit Parc, à corriger un peu le manuscrit de Mme Turgeon. J'ai aussi corrigé les dissertations de bachot, et commencé un article de *L'Action catholique*.

23 mai

Montréal ; session de bachot ; on recale presque toutes les élèves de Mme Briggs, qui ne doit pas être contente ; rentré le soir.

24 mai

L'abbé Bluteau[167] vient me trouver pour son examen tandis que je me rase ; je fonctionne toute la journée, seul, l'abbé Bégin étant grippé.

Une dépêche de Seyrig me confirme enfin le voyage aux Antilles ; je lui réponds que je ne puis partir à la fin de la semaine prochaine : il me faut le temps matériel de me retourner. En même temps une lettre de Mlle Cassal me demande quels sont mes projets : il faut me décider ; je consulte Mme Lahaye et De Koninck, après lesquels je pense qu'il vaut mieux la faire venir. – Écrit à Marcel Trudel, à Mlle Balthazard, à Grégoire (de qui j'ai aussi une lettre), etc.

Avec la publication de *Vigny* (j'ai vu hier Charbonneau et Hurtubise qui me disent que les autres vont suivre) voilà encore un de ces moments où mûrissent à la fois beaucoup d'efforts patients, – presque trop : la satisfaction d'être appelé « monsieur le président » au jury du bachot ne vaut pas la fatigue du déplacement.

Georgeot vient me demander des informations sur le Parc National où il compte séjourner ; il paraît aussi pouvoir bientôt s'engager au Canada.

Et voici un monsieur Charbonneau qui vient me demander une conférence à Ottawa pour le 29 octobre – dès la prochaine année scolaire...

---

167. Adrien Bluteau, de Chicoutimi.

25 mai

Je passe ce matin à la banque. Vu Sœur Marie-Carmen qui me remet encore un chapitre de sa thèse. Écrit à maman, à Mlle Cassal[168], à Cantave, à Gauthier (de Tadoussac). Téléphone de Pouliot; de Cyrias Ouellet (correspondance haïtienne); de Bellegarde neveu, ce soir; de Mme Lahaye, qui m'encourage à faire venir Mlle Cassal.

Séance de Faculté de 2 à 4, pour discuter les résultats de la licence; Mgr Labrie se fait entendre, et nous discutons d'abord les questions générales qui nous intéressent. Ensuite je fais passer deux retardataires à l'examen : Mlle Lévine et Sœur Thérèse-Madeleine, qui échoue, ainsi que le P. Oligny. Nous nous montrons sévères pour les amateurs, et Lebel me raconte la jalousie incroyable des Sœurs de Marymount contre Mlle Guignet.

Au Petit Parc, je termine presque les corrections du manuscrit de Mme Turgeon, et ensuite j'achève mon article de *L'Action catholique*. Je puis même travailler quelques minutes à Rabelais.

26 mai

Je vais au Consulat américain, où j'ai la satisfaction de pouvoir obtenir, non seulement mon visa de transit aller, mais celui du retour; comme l'atmosphère a changé depuis le changement de propriétaires! Puis je passe à la Procure pour toucher d'avance mon chèque du 25 juin; puis à la banque; chez Vivès pour les photos relatives à mon autre visa. J'écris à Raoul-Duval, j'achève mes copies en vue de mes cours et conférences.

Après-midi, bibliothèque; bibliothèque du Parlement, *Action catholique*, où je vois L. Ph. Roy en lui remettant mon article[169]; douane, où je m'informe des possibilités de faire censurer mes papiers ici, ce qui n'est pas possible (le douanier est d'ailleurs un homme fort aimable, ami de nos officiers de West Point). – Je retourne au Petit Parc avec les enfants, j'y prépare mes questions de philosophie pour le bachot; j'achève de corriger Mme Turgeon, et ce soir je commence ma Chronique internationale.

---

168. Celle-ci lui demandait s'il avait besoin d'elle pour garder ses enfants pendant son absence. ARCJ, 118 J 235, Corr. gén., R. Cassal à Viatte, 22.5.1944.
169. « La main tendue aux catholiques » *AC* du 29.5.1944. L'article vise à dissiper toute équivoque sur des rumeurs de rapprochement entre catholiques et communistes, entretenues suite à l'affaire Orlemanski ou encore dans la lecture tronquée que fait Earl Browder de l'article publié par Viatte à propos du communisme, assimilant même le professeur de Laval à un « prêtre catholique romain ». L'occasion pour Viatte de rappeler que la hiérarchie prévaut dans l'Église et qu'en la matière, qui n'est pas exclusivement politique mais touche à la question de la liberté religieuse inexistante en Russie, seule prévaut l'opinion du Pape. Il ne saurait donc y avoir de négociation ou de rapprochement entre les catholiques et Moscou.

Mes préparatifs de départ se feront plus vite que je ne le pensais. Lettre de Pierre, intéressante ; avec une photo de famille. Autre, de Bonneau[170].

27 mai

Grande chaleur. Je n'en aurai pas de pire à Haïti.

Je passe au consulat américain, prendre mon visa de retour, puis j'écris à Seyrig, et à Pierre.

J.-P. Després passe cet après-midi et nous réglons la question du Centre de Documentation en mon absence. Les enfants sont allés à Ste-Anne-de-Beaupré avec Marguerite et Jules Simard.

Je continue ma chronique internationale, et le soir je vais reporter à Mme Turgeon son manuscrit.

28 mai

Départ pour Montréal ; je couche au Collège Stanislas où l'abbé Lemoine me donne la chambre de son neveu.

29 mai

Première journée du bachot. Écrit à Bonneau. Déjeuner avec Hurtubise et Charbonneau. Réunion du jury pour la 1ère série. Je dîne le soir chez Mme Briggs. Je passe au consulat haïtien prendre mon visa.

30 mai

Je fonctionne toute la journée à l'examen de philo puis à la réunion du jury, et le soir je repars pour Québec... invité à reprendre ce métier en septembre. À Québec, dépêche de Seyrig : je dois partir dès vendredi soir pour être à New York samedi, et ma place est retenue dans le train mardi pour prendre l'avion à Miami jeudi ; quatre semaines en Haïti, six aux Antilles françaises « ou davantage ».

31 mai

Autre dépêche modifiant l'ordre du voyage : Haïti jusqu'au 20 juin, puis la Guadeloupe pour présider le jury du bachot, et Haïti de nouveau au retour si je le juge bon. Je m'inquiète un peu si dans ces conditions l'auditoire prévu est l'auditoire universitaire que concerneraient mes explications de textes... Et si je dois présider le jury du bachot, cela signifierait-il que les autres membres de la mission ne peuvent partir ?

---

170. Bonneau demande à Viatte de s'armer de patience à propos des nouvelles de son séjour aux Antilles. ARCJ, 118 J 235, Corr. gén., H. Bonneau à Viatte, 24.5.1944.

Dire tout de même que dans huit jours je retrouverai ce merveilleux pays d'Haïti...

Achevé ma chronique internationale que je porte à l'abbé Bégin[171] ; et fait des courses et des achats en vue de mon voyage. Soirée chez De Koninck, avec Mme Lahaye, qui a des lettres du P. Delos conscient de l'ampleur de sa tâche, et apportant des détails très tristes sur les Dominicains morts dans les prisons de la Gestapo ; décidé à conserver sa volonté ferme et sans rage. Mme Lahaye attend un bébé pour octobre... Le P. Delos l'a persuadée de rester au Canada le plus longtemps possible pour le bien de ses enfants. – Sont aussi chez De Koninck, l'abbé De Smet et le Comte d'Ely. Bonne soirée.

Chaleur. C'est la sécheresse : je l'avais annoncé.

Mlle Cassal me téléphone qu'elle est souffrante, mais elle arrivera tout de même au train prévu pour me voir et discuter de vive voix ; bonne indication[172].

---

171. « Chronique internationale » *Le Canada français*, XXXI, n° 10, juin 1944, pp. 779-785. L'attente du débarquement se poursuit, et Viatte répète encore une fois son tour d'horizon des fronts militaires et diplomatiques où il cherche surtout à discerner les signes du combat final, tout proche. Se basant sur l'exemple du front italien enfin enfoncé par les Alliés, Viatte estime que cette guerre a « prononcé la condamnation de toute mystique des zones fortifiées » et il en déduit : « L'augure en est heureux, au moment où il va s'agir d'enfoncer les fortifications européennes, d'autant plus que les Allemands avaient présenté leur résistance italienne comme une manière de test. »
172. Renée Cassal s'occupera effectivement des jumeaux durant le séjour de leur père en Haïti, gérant également le courrier d'Auguste Viatte qui arrive à Québec. ARCJ, 118 J 235, Corr. gén., R. Cassal à Viatte, 5.6.1944.

7. Auguste Viatte entouré de collègues et diplomates en Haïti (août 1944). De g. à dr. : Ernest Léautaud, Pierre Léautaud, Abel Léger, le général Nemours, Viatte, Thorp, un inconnu, Max Rigaud.

8. L'ami de Viatte, Richard Pattee, donnant un cours en Haïti (août 1944).

9. La voiture du président haïtien Estimé, photographiée devant sa résidence par Auguste Viatte lors de son voyage de l'été 1946.

10. Auguste Viatte (avec le chapeau) lors d'une excursion en Haïti (septembre 1945).

11. Les étudiants haïtiens des cours d'été en 1944.

26 septembre 1944

Je recommence ce Cahier après trois mois d'interruption — à cause de la cassure — durant mon voyage aux Antilles. En ai-je bien le piein? Oui — si devant le temps qui doit être notre vie, l'espoir de sentir notre vie limitée à 80 ans au maximum, de sorte que j'en compte déjà 43, j'espère à les savourer de mieux jour par jour, dans leur multiplicité par ailleurs, à donner à chacun son caractère propre, — et si je tâche de leur donner un peu de variété et de couleur, si j'y parviens, si je rends ma vie intéressante. Quoi de mieux pour en perpétuer le souvenir que de noter ainsi leur réalité, minute par minute?

Aujourd'hui je travaille à une chronique internationale, j'écris le matin à la banque Rouchas mon chèque de mois; je rencontre Ouellet (mon italien) qui s'informe des correspondances avec la France; j'ai la visite de Mme Georgeot quelques minutes après déjeuner; je téléphone à L. Ph. Ry et lui porte après-midi cette information qui va travaillerai sur la déportation de Mgr de Solages en Allemagne ("Christianus", qui eut prédit qu'aux serait martyr?); au Dr Lacoste pour lui demander les dernières indications sur le régime de Jean-Claude et Bernadette, guéris des oreillons vendredi dernier. — Jean-Claude vient s'offrir à moi de recopier pour Rabelais, ce qui m'y fait travailler une demi-heure. Le soir, je téléphone à Pajumski — ayant une lettre de Dreyfus avec des photos — et il me dit qu'il rapporte de Monréal les photos prises par M. Abellard.

Donc, journée de travail paisible et de vie familiale avec les enfants qui se remettent peu à peu de leur maladie.

Indignation devant les révélations sur l'assassinat des frères Rosselli: voilà ce qu'étaient les soi-disant sauveurs de l'ordre, des bandits de grand chemin! Et dire que les X. Vallat ou les Ph. Henriot se posent pour de grands catholiques!

Mes Cahiers VIII

26 septembre 1944 – 8 mars 1945

Durant l'été 1944, Auguste Viatte séjourne tout d'abord aux Antilles françaises, successivement à la Martinique et à la Guadeloupe. Il se rend ensuite en Haïti où il dispense un enseignement de littérature française dans le cadre des cours d'été de l'enseignement secondaire à Port-au-Prince, durant tout le mois d'août. C'est dans la capitale haïtienne qu'il apprend la Libération de Paris et participe à la liesse collective des Haïtiens. On peut lire à ce propos dans le livre de raison de Pierre Deffontaines, en date du 4 octobre 1944 : « Lettre d'Auguste Viatte de Haïti ; il raconte l'émotion de la nouvelle de la prise de Paris à Port au Prince, la capitale. Les cloches sonnent, la ville pavoisée. La radio diffusait la Marseillaise et la marche Lorraine sur l'ordre spécial du Président. On aurait cru que pour les Haïtiens, il s'agissait de leur propre pays. »

Les deux rapports (dont l'un, concernant Haïti, est malheureusement incomplet) que Viatte adresse à l'attaché culturel de l'Ambassade de France à New York, Henri Seyrig, permettent d'apprécier quelles ont été ses activités aux Antilles et les impressions qu'il en retire.

Monsieur Henri Seyrig
Attaché culturel de France
New York

Port-au-Prince, le 17 août 1944

Cher Monsieur,

J'ai l'honneur de vous adresser mon rapport sur la mission dont vous m'avez chargé aux Antilles françaises. Mon séjour dans la République d'Haïti fera l'objet d'un rapport ultérieur.

J'ai passé trois semaines à la Guadeloupe et, en raison des difficultés de transport, cinq semaines à la Martinique. Conformément à vos instructions, j'ai présidé le jury du baccalauréat dans les deux îles, pris contact avec les milieux intellectuels, en particulier les universitaires et le Clergé, et fait plusieurs conférences : deux à la Guadeloupe (à Basse-Terre et à Pointe-à-Pitre) et trois à Fort-de-France où j'ai attiré un nombreux public. J'ai également pris la parole deux fois à Radio-Martinique.

Comme vous l'avez constaté, ces îles se ressentent de l'isolement dans lequel elles ont vécu ces dernières années et nous devons remédier à cet isolement en multipliant des contacts aussi divers que possible, la situation étant à cet égard assez différente en Haïti où le maintien de cette influence culturelle dans l'élaboration d'un enseignement supérieur paraît exiger au contraire une certaine continuité de personnes et d'action. Je vais passer en revue les divers problèmes sur lesquels a porté mon attention.

1. Examens. Le niveau ne m'a pas paru inférieur à ce qu'il est à Montréal par exemple. Mais, tandis que le jury de la Guadeloupe incline à la sévérité, j'ai dû lutter à la Martinique contre une tendance générale à l'indulgence. Cela me paraît dû au fait qu'il existe à la Guadeloupe deux lycées différents : les élèves de Pointe-à-Pitre sont examinés par les professeurs de Basse-Terre et réciproquement ; à Fort-de-France au contraire, lors de la discussion, les examinateurs reconnaissent les candidats aux annotations des livrets, et l'anonymat n'est pas pleinement sauvegardé. Il y aurait peut-être lieu de revenir à un échange de jurys entre les deux Colonies, tel qu'il a été organisé il y a quelques années.

M. Monnier, Chef du service de l'enseignement à la Martinique, a dû vous soumettre d'autre part un projet visant à étendre jusqu'à la Guyane la tournée des professeurs chargés de présider les jurys du bachot. Nos trois possessions d'Amérique bénéficieraient ainsi d'un même régime qui remplacerait celui du « certificat d'aptitude colonial ».

2. Préparation de la Licence ès Lettres. M. Monnier m'a signalé le cas de nombreux bacheliers (une quarantaine à la Martinique seulement) qui se trouvent depuis les cinq dernières années dans l'impossibilité de poursuivre leurs études. Pour remédier à cette situation, M. Monnier me demandait s'il ne serait pas possible à l'École Libre des Hautes Études de faire passer à Fort-de-France l'écrit des certificats de licence. Le professeur chargé de présider le jury du bachot pourrait apporter les sujets et les copies seraient ensuite examinées à loisir ; on souhaiterait aussi, afin de réduire les frais, obtenir l'autorisation de passer deux admissibilités sur place avant de se rendre à New York pour l'oral, et l'on invoque à ce propos le cas de l'admissible malade qui peut jouir d'un régime analogue moyennant certificat médical. On sollicite l'envoi des questions au programme dans tous les certificats, ainsi que des bibliographies.

Il ne s'agit pas, on y insiste, d'établir à la Martinique un centre de préparation à la licence, mais simplement un centre provisoire d'examen pour le temps que durera la pénurie des communications avec la métropole ; les étudiants ayant d'ailleurs le droit de choisir leur Faculté, l'École Libre est pour l'instant beaucoup plus accessible qu'Alger ou que les autres Universités récemment libérées.

3. Livres et revues. La bibliothèque Schoelcher à Fort-de-France vient de recevoir un envoi considérable comprenant à peu près tout ce qui est paru en français ces dernières années aux États-Unis et au Canada.

Il n'en est pas ainsi de la Guadeloupe qui reste entièrement privée de ravitaillement intellectuel et il serait souhaitable qu'un envoi analogue fut fait au Lycée Carnot de Pointe-à-Pitre ou à la direction de l'Instruction publique. Dans les deux Colonies, des facilités de change devraient être accordées aux particuliers désireux d'acheter des livres. De très nombreuses personnes m'ont exprimé le vœu de s'abonner à des revues telles que Renaissance, La Nouvelle Relève, etc...

4. Échanges de professeurs. Pour rétablir la circulation après ces quatre ans, on peut se demander s'il n'y a pas lieu d'ajouter aux échanges universitaires normaux entre les Antilles et la France.

La durée de l'engagement aux Colonies – cinq ans – paraît de nature à rebuter beaucoup de jeunes qui partiraient avec enthousiasme pour un an ou deux et apporteraient un élément dynamique aujourd'hui tout à fait inexistant. De même, les professeurs antillais auraient intérêt, surtout dans les circonstances présentes, à se retremper pour quelque temps dans l'atmosphère de la métropole. Des échanges à court terme, même limités à un ou deux postes chaque année dans chaque Colonie, auraient pour effet, à la longue, un renouvellement de l'atmosphère.

5. Observations générales. Je terminerai par quelques observations générales sur l'esprit public.

La Martinique et la Guadeloupe ont vécu en vase clos et tous les problèmes ont tendance à s'y traiter sous un angle purement personnel et administratif. Même les Français venus de la Métropole se laissent assez vite gagner par l'ambiance. À première vue, la Martinique semble plus vivante que la Guadeloupe, et elle a certainement plus de ressources ; en développant son enseignement, sa bibliothèque, sa station de radio, on pourrait arriver dans une certaine mesure à en faire un centre de rayonnement français selon les vues du regretté Gouverneur Ponton, sans oublier cependant qu'à ce point de vue tout est à créer et que le niveau reste bien inférieur à celui de l'élite dans un pays comme Haïti ; la politique locale absorbe les activités et il se peut qu'au total la Guadeloupe manifeste plus de curiosité désintéressée pour les choses de l'esprit. Les professeurs de Pointe-à-Pitre ou de Basse-Terre m'ont posé beaucoup de questions sur le mouvement littéraire ou universitaire, tandis que ceux de Fort-de-France se sont bornés à m'écouter poliment, ou, lorsqu'il s'agissait de Français métropolitains, à me pressentir pour des postes au dehors ; je dois dire pourtant que mes conférences de la Martinique ont fait salle comble, mais la haute bourgeoisie de race blanche brillait par son absence. Cette bourgeoisie, jalouse de ses privilèges de caste et de sa domination économique, a d'ailleurs constitué le principal soutien de l'amiral Robert, et il est frappant de constater à quel point l'idée même de collaboration avec l'Allemagne y a fait des ravages persistants.

Le Clergé, lui aussi, s'était compromis lourdement avec Vichy, et le portrait du maréchal Pétain figure en bonne place dans nombre de presbytères ; par contraste avec l'attitude fermée de la bourgeoisie martiniquaise, j'ai pu néanmoins entretenir dans ce milieu des contacts étendus. Il existe d'ailleurs une minorité qui a toujours été « gaulliste », et l'évêque de la Martinique s'est distingué par son courage sous l'amiral Robert ; à l'autre extrême, certains irréductibles (les curés des cathédrales de Basse-Terre et de Fort-de-France par exemple) se sont tellement identifiés avec le régime disparu et les discussions avec eux révèlent une opposition si radicale de points de vue que la meilleure solution paraîtrait leur remplacement aussitôt que l'on pourra faire appel à des éléments venus de France ; ici encore, une aération semble nécessaire, et je dois signaler que dès à présent certains ecclésiastiques arrivés récemment du dehors (à la Guadeloupe, le R. Nio, venu d'Haïti, à la Martinique, le P. Danis, Canadien) se sont faits mes introducteurs les plus utiles parmi leurs confrères. La grande masse intermédiaire est d'ailleurs en train d'évoluer : elle a eu pour excuse ou pour circonstance atténuante l'absence complète de nouvelles et l'accent mis par la propagande sur les slogans religieux du maréchal Pétain ; elle reste influencée défavorablement par la politique locale, et l'attitude agressivement antireligieuse de certains groupes de politiciens ou d'éducateurs n'est pas sans éveiller de graves inquiétudes chez l'évêque de même que dans l'administration coloniale.

À cet égard comme aux autres, la solution ne peut guère venir que de l'extérieur : les Antilles se modèleront sur les tendances de la France métropolitaine ; elles en recevront l'impulsion qui leur permettra de sortir de l'ornière. Et ce renouvellement est la condition préalable de tout rôle qu'on souhaiterait leur faire jouer dans la diffusion de l'esprit français sur le continent.

Veuillez agréer, Cher Monsieur, l'expression de mes sentiments les plus dévoués et les meilleurs.

Auguste Viatte[1]

---

1. ARCJ, 118 J 235, Corr. gén., rapport de Viatte, 17.8.1944.

Monsieur Henri Seyrig
Conseiller culturel de la Délégation française
New York City

Québec, 18 Rue Ste-Famille,
22 septembre 1944

Cher Monsieur,

Veuillez trouver ci-dessous un rapport sur mon séjour en Haïti et sur les possibilités de rayonnement culturel français dans ce pays.

1. Situation générale. Elle m'a paru s'être nettement améliorée depuis un an. Plusieurs faits nouveaux ont modifié ou compromis l'orientation unilatéralement américaine qui paraissait celle du gouvernement:

Sur le plan économique, échec désastreux des projets d'exploitation du caoutchouc;

Sur le plan politique, froideur des États-Unis à l'égard de la réélection du Président après que celui-ci eut fait modifier la Constitution en vue de se perpétuer immédiatement pour sept ans;

Sur le plan scolaire, opposition passive des Collèges libres (St Louis de Gonzague, St-Martial, etc.) à la réforme esquissée pour modeler l'enseignement secondaire sur les High Schools américaines, et résultats lamentables du baccalauréat en raison du flottement dans les programmes officiels. Les inspirateurs de la réforme comme M. Morisseau Leroy restent cependant à la tête du ministère de l'Éducation.

Ajoutons un facteur positif, le voyage du président Lescot au Canada, qui lui a fait sentir l'importance de la culture française sur le continent. Il vient d'envoyer sa propre fille se perfectionner dans l'étude de la musique à Montréal. Un certain nombre d'étudiants s'acheminent désormais vers les Universités canadiennes plutôt que vers les États-Unis. Vous avez vu l'accueil triomphal fait à la troupe de Louis Jouvet; après l'invitation adressée à Mme Tabouis et à Kérillis, le Président, s'étant rendu compte qu'il avait été circonvenu par un petit groupe, a tenté de rétablir l'équilibre en assistant personnellement à la conférence du général Le Dantec et en invitant Henry Torrès, ainsi d'ailleurs qu'André Maurois (j'ai su par le directeur de la revue officieuse « Cahiers d'Haïti », M. Jacques Antoine, que cette revue a refusé un article de Mme Tabouis contre le général de Gaulle). Ces passages, le vôtre, le mien, celui de Weiller, celui de Maritain lors du Congrès de Philosophie qui va s'ouvrir à Port-au-Prince, contrastent avec l'isolement presque complet où se trouvait encore Haïti il y a une dizaine d'années et constituent à ce point de vue un bénéfice net malgré leur caractère disparate.

D'autre part je vais insister auprès de nos représentants au Canada pour qu'ils facilitent le voyage en France de Mgr Robert, évêque des Gonaïves, actuellement en convalescence à Montréal, qui se propose de travailler à la reprise du recrutement breton pour le clergé d'Haïti et à la réouverture du Petit Séminaire affecté à ce recrutement.

2. Possibilités immédiates. La réforme du ministre Dartigue comportait, à côté du développement de l'enseignement professionnel et technique, des cours d'été destinés aux professeurs de l'enseignement secondaire et où l'on peut voir l'embryon d'un enseignement supérieur. L'année passée j'y étais seul Français à côté de trois Américains venus tout exprès et dont deux au moins étaient fort distingués (MM. Richard Pattee, professeur d'histoire de l'Amérique latine ; Van Sickle, professeur d'économie politique ; Thorp, professeur de pédagogie). Cette année, en dehors de M. Cook, Américain de couleur qui était déjà sur place pour enseigner l'anglais et à qui faisait pendant M. Césaire, les États-Unis n'avaient plus envoyé que deux professeurs de pédagogie, MM. Brouillette et Sonntag, et dont l'un deux, M. Sonntag, était obligé de recourir à un interprète. Il semble que l'on ait quelque difficulté à recruter des maîtres américains à la fois compétents, parlant français, et disposés au voyage.

Il serait facile, dans ces conditions, d'élargir notre participation aux cours d'été...

(...)

Auguste Viatte[2]

26 septembre 1944

Je recommence ces Cahiers après trois mois d'interruption – à cause de la censure – durant mon voyage aux Antilles. En est-ce bien la peine ? Oui – si devant le temps qui dévore notre vie, l'angoisse de sentir notre vie limitée à 80 ans au maximum, de sentir que j'en compte déjà 43, j'aspire à les savourer du moins jour par jour, dans leur multiplicité par milliers, à donner à chacun ses couleurs propres, – et si je tâche de leur donner un peu de variété et de couleur, si j'y parviens, si je rends ma vie intéressante, quoi de mieux pour en perpétuer le souvenir que de noter ainsi leur tonalité, minute par minute ?

Aujourd'hui, je travaille à ma chronique internationale, je vais le matin à la banque toucher mon chèque du mois, je rencontre Ouellet (mon étudiant) qui s'informe des correspondances avec la France ; j'ai la visite de Mme Georgeot quelques minutes après déjeuner ; je téléphone à L. Ph. Roy et lui porte après-midi cette information qui me bouleverse sur la déportation de Mgr de Solages en Allemagne (« Christianus », qui vous eût prédit que vous seriez martyr ?)[3] ; au Dr Lacerte, pour

---

2. ARCJ, 118 J 235, Corr. gén., rapport de Viatte, 22.9.1944.
3. Mgr Bruno de Solages, philosophe et théologien, est recteur de l'Institut catholique de Toulouse depuis 1932. C'est la même année qu'il commence à rédiger dans *La Vie intellectuelle* des billets d'actualité signés « Christianus ». Conseiller et guide spirituel pour de nombreux jeunes intellectuels laïcs, il est également reconnu durant la guerre comme un ami des réfugiés à Toulouse et un proche de la Résistance où il s'engage d'ailleurs directement par plusieurs actions. Cet engagement lui vaudra une déportation à Neuengamme en juin 1944, avec trois autres professeurs de l'Institut catholique. COMTE, *L'honneur et la conscience*, pp. 206-209.

lui demander les dernières indications sur le régime de Jean-Claude et Bernadette, opérés des amygdales vendredi dernier. – Jean-Claude vient s'offrir à servir de secrétaire pour Rabelais, ce qui m'y fait travailler une demi-heure. Le soir, je téléphone à Poznanski – ayant une lettre de Dartigue avec des photos – et il me dit qu'il rapporte de Montréal les photos prises par M. Belloch.

Donc, journée de travail paisible et de vie familiale avec ces enfants qui se remettent peu à peu de leur maladie.

Indignation devant les révélations de l'assassinat des frères Rosselli[4] : voilà ce qu'étaient les soi-disant soutiens de l'ordre, des bandits de grand chemin ! Et dire que les X. Vallat et les Ph. Henriot ont passé pour de grands catholiques !

27 septembre

Journée maussade et froide : journée de rhume et de somnolence ; les enfants aussi n'ont pas d'appétit.

Travaillé presque toute la journée à ma chronique. Le soir, Mgr Gagnon me téléphone pour me faire rencontrer Mgr Gay, l'auxiliaire de la Guadeloupe, au Comité de la Survivance française, où se trouvent aussi notamment Pouliot et Cyrille Delage. Mgr Gay cause beaucoup avec moi ; je suis heureux de le voir dans les mêmes sentiments, en bons rapports avec le gouverneur, et de voir qu'il a une haute estime pour Mlle Trentesaux[5] et en général pour ceux précisément que j'ai trouvés sympathiques.

28 septembre

Bibliothèque ; les enfants m'y accompagnent. Drolet me communique une liste de livres que j'ai demandés à la bibliothèque d'Ottawa ; j'en suis ravi, cela va me permettre de bien préparer mes cours publiés.

Écrit à maman. J'apprends que les cartes postales sont autorisées avec Paris, et j'en profiterai pour écrire à Gérard Deryckère, au P. Rouziès, à Denoyer si possible, car le *New York Times* me révèle qu'il a eu un très beau rôle dans la presse clandestine, et j'en suis enchanté ; c'était le seul de mes amis sur qui j'avais des doutes[6], avec Garric qui est excusable.

Téléphoné à Mme Lahaye, sa petite Nicole a des complications aux oreilles. Elle me met en garde contre une sortie prématurée des enfants, et me dit que l'état

---

4. Les frères Rosselli, militants antifascistes italiens réfugiés en France, furent assassinés en juin 1937. L'enquête révéla les responsabilités de la Cagoule, organisation terroriste d'extrême droite violemment anticommuniste, antiparlementaire et antisémite.
5. Une cousine des Deffontaines que Viatte a rencontrée en Guadeloupe, chargée de la correction des épreuves du baccalauréat et membre du jury présidé par Auguste Viatte.
6. Non sans raisons effectivement : voir le premier volume, p. 83.

d'abattement relatif où se trouve Bernadette est assez normal. Sa mère lui a écrit des lettres amères, après quatre ans d'occupation allemande sous son toit ; le P. Delos se plaint de mon silence, cela m'ennuie, car j'attendais moi-même de ses nouvelles, et cela signifierait qu'une lettre se serait perdue ; or je lui avais confié des commissions importantes.

Téléphone ce soir du consul Moeneclaey, qui est en effet le beau-frère et l'ami d'enfance des Pères Simonin, Dominicains.

Vent et pluie ce soir ; peur nerveuse de Bernadette.

29 septembre

Beau temps doux. Je n'hésite pas à me faire accompagner par les enfants à la Banque, où je vais toucher les 1 000 dollars qui représentent mon traitement des Antilles. Avec mes 300 dollars de New York et les 700 dollars que j'ai en obligations de la victoire, j'arrive maintenant seulement au total de 5 000 dollars que j'avais fait venir en prévision de la guerre et qu'a ébréché la mort de Marie-Louise.

Lettres de Seyrig[7], de Pierre (en réponse déjà à mes lettres de la Guadeloupe)[8] et de mamé, de G. Raoul-Duval. Visite de Poznanski, qui m'apporte des photos d'Haïti ; il a déjeuné à Montréal récemment avec Sténio Vincent, André Lescot, etc. Téléphoné au Dr Simard au sujet des recherches du Dr Biézenne.

Continué ma chronique, qui avance, mais lentement.

---

7. Il remercie Viatte de son rapport sur les Antilles françaises et le félicite en particulier de son idée d'ouvrir une session d'examen écrit de licence aux Antilles françaises, en lien avec l'École libre de New York. ARCJ, 118 J 235, Corr. gén., H. Seyrig à Viatte, 26.9.1944.
8. Deffontaines entame sa lettre dans l'exaltation de la Libération : « Quelle magnifique semaine nous venons de passer, toute pleine d'émotions et l'on pense à ce premier dimanche que Paris et tant de villes de France passent libres pour la première fois depuis quatre ans. » Il se félicite de pouvoir récupérer les anciens locaux de son Institut occupés par les « gangsters » à la solde de Vichy et espère que son beau-frère pourra bientôt venir en Europe, par exemple en mission commanditée par le Service des œuvres français, pour donner des conférences sur le Canada français : l'occasion de retrouver ce « petit Germain qui est délicieux ». Et Pierre Deffontaines de conclure en se réjouissant de la politique menée par de Gaulle, non sans faire part également de ses inquiétudes sur l'évolution intérieure de l'Espagne après la défaite des forces de l'Axe. ARCJ, 118 J 213, Corr. Deffontaines, P. Deffontaines à Viatte, 27.8.1944.

30 septembre

J'achève enfin ma chronique[9]. Puis je mets en ordre un peu ma correspondance en écrivant à Pierre et mamé, à Gérard Deryckère[10], Roger Pons (premières cartes envoyées à Paris)[11], au P. Delos, à Seyrig, à Y. Simon, au Dr. Biézenne.

Le temps reste doux et beau. Je prolonge un peu ma promenade avec les enfants, jusque sur les Remparts. Causé avec le jeune André Patry en entrant au Séminaire, Le soir je commence à préparer mes cours.

1ᵉʳ octobre

Écrit au P. Samson, et à Mlle Cassal. Préparé mes cours.

Après-midi, le temps restant doux en se couvrant, nous allons faire une longue promenade sous bois près de Stoneham, en compagnie de Pacreau que j'ai trouvé à l'autobus. Il n'a pas encore eu de nouvelles de sa grande jeune fille (23 ans) qui il y a 2 ans et demi se trouvait en Ille-et-Vilaine. Mystère de la vie de Pacreau que j'ai longtemps pris pour un vieux garçon et qui est veuf, mais a-t-il été séparé de sa femme ?

2 octobre

Cours à Sillery.

Après-midi j'achève ma lettre à Mlle Cassal ; je vais en ville m'acheter un tapis (j'en ai pour cent dollars, heureusement que j'ai touché mon traitement des Antilles...) et des vêtements pour Jean-Claude ; je corrige des copies.

---

9. « Chronique internationale » *Le Canada français*, XXXII, n° 2, octobre 1944, pp. 135-145. « L'été 1944 restera dans l'histoire une date mémorable. Pendant ces trois mois, le tableau du monde a changé. Le front occidental s'est ouvert ; la France, la Belgique, ont ressuscité libres, tandis qu'à l'Est les satellites de l'Allemagne l'abandonnaient ; et la rapidité foudroyante du succès justifie après coup la stratégie adoptée. (...) La France a vécu des heures épiques, quasi miraculeuses, qui rappellent Jeanne d'Arc » Si le ton est parfois euphorique, le réalisme reprend vite le dessus, et Viatte conseille à ses lecteurs de se méfier de la résistance opiniâtre d'un Hitler qui ne pourra finir que suicidé ou conspirateur de l'ombre. Cette évolution nécessitera selon le chroniqueur « beaucoup de vigilance envers tous les Allemands sans exception » et ceux qui en ont été les complices. L'Allemagne sera donc très vraisemblablement occupée par les vainqueurs, et la France se doit d'en être : elle a évité le chaos, s'est heureusement regroupée autour de De Gaulle « et une direction régulatrice semble assurée ». De quoi lui donner voix au chapitre dans le nouvel ordre mondial qui s'esquisse.
10. Le dominicain du Faubourg Saint-Honoré lui répond : « Quel visage montre-t-on de la France là-bas ? Nous ne savons. La libération a été accompagnée d'une véritable révolution à Paris non sanglante ou très peu, ailleurs pas toujours. (...) Mais tu retrouveras j'espère une France plus pure, plus généreuse, plus vraiment la France, enfin ! Tout ce qui s'est accompli en vrai progrès chrétien, ne peut se voir encore dans sa totalité. » ARCJ, 118 J 235, Corr. gén., G. Deryckère à Viatte, 8.10.1944.
11. Quelques jours auparavant, Roger Pons lui écrivait : « Je saisis la première occasion de rétablir une liaison dont nous avons senti cruellement le manque. (...) Nous avons vécu dans l'Eure-et-Loir depuis D. Day, bombardés plus que de raison, mais bien nourris et très protégés. Libérés le 19 août (une jolie date). Tous en très bon état. Bonne-maman Deffontaines est avec nous, très vaillante. L'épreuve du moment est le silence sur tous les horizons familiaux. Rien du Nord, où les choses ont dû se passer très rapidement. Rien d'Espagne, où l'on doit vivre dans l'allégresse ». ARCJ, 118 J 235, Corr. gén., R. Pons à Viatte, 26.9.1944.

En sortant de mon cours ce soir, causé avec un étudiant « de couleur » nommé Charles, qui arrive de Trinidad, et a beaucoup de mal à se loger. André Després vient me débarrasser de mes journaux, et me dit que son frère ne restera sans doute pas chef de cabinet adjoint du premier ministre ; visite tardive de Bernadette Racine et de son mari (Bernadette va sans doute rentrer dans la Beauce faute de trouver à se loger…) ; Marguerite est à Ste-Anne où on l'a demandé comme marraine.

3 octobre

Corrigé mes travaux de Sillery.

Soirée avec le consul, le Dr Simard et les Pierre Chaloult : malgré tout je trouve P. Chaloult assez étroit d'esprit et sectaire, reprochant à Ristelhueber d'être l'ami du clergé et souhaitant son expulsion, etc. État d'esprit d'autant plus regrettable qu'il y aurait à prendre position entre de vrais ennemis. Il est clair qu'en France Donohue serait sous le coup de poursuites, et Kerhulu aussi, dans un autre genre.

4 octobre

J'achève mes corrections, puis j'écris à Koyré, à Readers, au Dr Armand, à Dartigue. – Lettre de mamé (17 juillet).

Je vais après-midi au Parlement pointer les ouvrages que je n'aurai pas à faire venir d'Ottawa.

L'abbé Bégin me dit que plusieurs journalistes se sont inquiétés de ne pas voir ma chronique dans le numéro de septembre : cela fait toujours plaisir.

5 octobre

Le matin, bibliothèque. Puis j'écris à mamé.

J'ai à déjeuner le consul Moeneclaey et sa femme, à qui je fais rencontrer ensuite J. P. Després et son frère. Il en est heureux, car il se trouve trop peu de relations dans le milieu gouvernemental, du fait des attaches de la famille Simard avec le parti libéral : situation que je prévoyais ; J. P. Després pourra lui faire rencontrer le premier ministre. De là nous allons au Centre de Documentation, puis je lui fais visiter l'Université : le secrétariat, où nous voyons l'abbé Lelaidier à défaut de Mgr Labrie absent ; la bibliothèque ; et nous faisons une assez longue visite à l'abbé Bégin qui en est flatté.

De retour, je corrige quelques copies de dissertations composées ce matin par les étudiants.

6 octobre

Je corrige aujourd'hui les dissertations de l'Université, qui sont faibles, puis je prépare mes cours de la semaine.

Téléphoné à Moeneclaey au sujet d'une lettre que je reçois de Seyrig concernant Mme Leconte[12].

Causé à Lebel des étudiants : il a la même impression que moi ; ceux de Nicolet surtout laissent à désirer.

7 octobre

J'achève de préparer mes cours ; puis j'écris à mamn, à la Commission des Changes, à Seyrig, à Pattee qui m'a écrit pour me demander des adresses utiles aux Antilles où il compte faire une tournée de conférences[13].

Je vais ensuite à la Bibliothèque vérifier une citation de Guillaume de Nangis[14] pour mon Rabelais… et j'y oublie le livre, ce qui fait que je ne travaille pas à Rabelais ce soir, mais que j'écris mon rapport sur le bachot de Montréal, et commence ma conférence à la radio sur les Antilles.

Conférence, ce soir, de Roger Picard sur Dumas père – amusante, ne fût-ce qu'en raison du sujet[15]. Soirée au Cercle universitaire avec les Picard, le colonel Légaré, Cyrille Delage : Mme Picard m'agace fort par son anti-gaullisme, tandis que son mari paraît avoir évolué ou du moins reconnaître l'importance d'une représentation diplomatique de la France.

8 octobre

J'écris ce matin une grande partie de mon topo pour la radio. À midi je vais déjeuner au Château Frontenac avec les Roger Picard : mais qu'ils sont vieux jeu, ces braves gens qui croient encore à la restauration de la Troisième République, pour qui Jeanneney[16] est la seule garantie du Général de Gaulle dont ils se méfient, et pour qui la France « est radicale » ! Ils seront écartés des reconstructions par la force des choses – parce qu'on ne peut pas demander aux hommes du passé de préparer l'avenir – et ils croiront à une malveillance personnelle et s'aigriront ce qui aggravera leur cas et les rendra tout à fait indésirables…

Toute la journée le vent souffle en tempête ; je me contente l'après-midi d'arpenter la rue St-Jean avec les enfants (ils étaient sortis à trottinette toute la matinée)

---

12. Arrivée des Antilles avec son fils, Mme Leconte souhaite placer celui-ci dans une université américaine ou canadienne, et souhaite pour cela pouvoir disposer d'une bourse d'étude. ARCJ, 118 J 235, Corr. gén., H. Seyrig à Viatte, 3.10.1944.
13. « Je voudrais bien savoir, surtout, les éléments catholiques, clergé, laïcs ou intellectuels auxquels je pourrais écrire et peut-être établir un petit contact… » ARCJ, 118 J 235, Corr. gén., R. Pattee à Viatte, 3.10.1944.
14. Moine de l'abbaye de Saint-Denis, chroniqueur, il rédigea vers 1300 pour les Chroniques de Saint-Denis les vies de saint Louis et de Philippe III.
15. Picard est l'invité de l'Alliance française.
16. Jules Jeanneney (1864-1957). Avocat né à Besançon, proche des milieux radicaux, il garde une certaine confiance en Pétain après l'été 1940, mais devient de plus en plus hostile au régime de Vichy avant de rompre avec lui en août 1942. Il se rapproche de De Gaulle et devient ministre d'État dans le gouvernement provisoire en septembre 1944. COINTET, *op.cit.*, p. 390.

puis je retourne à des jeux de cartes. Téléphoné à De Koninck qui avait rencontré Moeneclaey et paraît enchanté de savoir qu'il est le beau-frère des Pères Simonin, qui comptent parmi les lumières de leur ordre, me dit-il.

9 octobre

Cours à Sillery tout doré par l'automne.

Mlle Langlois me téléphone à propos d'un vin d'honneur projeté demain pour les marins du *Châteauroux*; il s'agissait de trouver un local, je songe au mess des officiers mais l'adjudant Lavigne est sorti, aujourd'hui fête officielle; Mlle Langlois se décide à faire la réception chez elle. Je vais la trouver après-midi pour lui remettre le texte de mon allocution par radio, que j'ai terminée; elle m'apprend que Mme Simard sera rentrée jeudi et repartira dès samedi pour prendre l'avion à Baltimore: occasion de remettre des lettres pour la France. Je passe ensuite chez mon propriétaire M. Pâquet. Puis je fais mon cours. Et le soir, je m'occupe de Rabelais. Après dîner, je vais reprendre la lecture de la thèse de Sœur Marie-Carmen. – Je me suis attardé à lire aux enfants le *Songe d'or*, ce conte de Ch. Nodier que je regarde comme un chef-d'œuvre inconnu.

11 octobre

Deux journées chargées: celle d'hier, où j'ai vu Sœur Marie-Carmen qui me met au courant de certains racontars d'après lesquels elle serait mécontente de ma direction; Mgr Labrie lui a proposé un autre patron: j'aviserai, car il ne faut pas que des élèves médiocres travaillent à m'évincer des thèses...

Soirée où j'invite les membres de l'équipage du *Châteauroux* avec des Français combattants, au nom du comité; soirée charmante, une chanteuse professionnelle débite très bien ses couplets, et Labouret y va du sien. Le *Châteauroux* s'offre à prendre des lettres pour la France; je lui en confierai si Mme Simard n'offre pas un moyen plus rapide de les envoyer. – Les enfants sont ravis de prendre part à la soirée: Jean-Claude aurait-il vraiment une vocation de marin? Il attire la sympathie d'un loup de mer breton, et d'un Canaque de Nouvelle-Calédonie, champion poids-lourd de la marine française libre.

Aujourd'hui comme hier je rédige ma conférence « Perspectives sur l'avenir intellectuel de la France »; après-midi je vais au Palais Montcalm rejoindre l'officier qui me proposait de visiter le *Châteauroux* avec les enfants, mais sur le refus de la police, nous essaierons demain de forcer la consigne. Mme Simard est rentrée éreintée, ajourne peut-être son départ de quelques jours, et ne répond pas au téléphone. Téléphoné à De Koninck pour lui signaler l'occasion d'écrire par le *Châteauroux*.

12 octobre

Ce matin je suis à la bibliothèque où je m'approvisionne pour mon premier cours public.

Je cherche à plusieurs reprises à téléphoner à Mme Simard et je finis par atteindre son mari ; elle se chargera volontiers de quelques lettres. En attendant j'écris à Pierre par l'intermédiaire des officiers du *Châteauroux*. Nous allons visiter le bateau avec les enfants, malgré la police : il appareille demain ; Jean-Claude et Bernadette en ont un plaisir fou.

Rentré, je continue ma brochure « Perspectives… » que je n'arrive pas encore à terminer.

13 octobre

L'abbé Savard m'envoie un exemplaire de *Menaud maître Draveur*, revisé, en me demandant la permission de faire reproduire dans *Le Devoir* mon article de la *French Review* sur la littérature canadienne[17] ; je lui réponds[18].

Panneton me téléphone aussi des Trois-Rivières au sujet de mon article « Perspectives sur l'avenir intellectuel de la France », que je lui promets pour très bientôt, et de ma tournée de conférences, qu'il voudrait voir commencer en novembre.

Je commence les nombreuses lectures relatives à mon premier cours du soir. De 4 à 5, je donne à Sœur Marie-Carmen des conseils sur sa thèse.

Long téléphone de Mme Simard : j'enverrai à Ottawa les lettres que je lui destine pour les faire passer dans le courrier diplomatique.

14 octobre

Accumulation de travail au moment où je n'en aurais guère besoin.

Je corrige ce matin les devoirs de l'Université, de 10 à 11, puis j'écris à maman, à Gérard, et à Durry au sujet de ma rentrée en France, et j'envoie les lettres à Bonneau pour qu'il les transmette par voie diplomatique.

Ensuite je continue les lectures en vue de mon cours public, et de 5 à 7 je vais à une réception chez Patry en l'honneur de Philippe Cantave (mais quand j'arrive il est déjà parti) ; je puis du moins causer longuement avec les deux abbés haïtiens, Toussaint et Georges, ainsi qu'avec l'abbé Parent, Poznanski, Turcot, etc. On regrette en général le caractère peu cultivé du clergé d'Haïti, qui lui ôte son emprise sur une élite peu religieuse. Le Président a invité deux professeurs de l'Université Laval pour l'été prochain ; je regrette un peu que l'on ait discuté comme douteux mon propre retour en pensant que je rentrerais plutôt en France, car si ce voyage était encore impossible celui d'Haïti m'agréerait fort…

---

17. Voir en date du 21 mars 1944.
18. La réponse est positive, et Viatte renouvelle son admiration pour l'œuvre de Savard, qui est selon lui bien plus que l'écrivain d'un seul livre (*Menaud*…). AUL, Fonds Savard, BP 2064, 123-4-4-7, Viatte à F.-A. Savard, 13.10.1944.

15 octobre

Je téléphone ce matin à Mlle Côté, et ce soir à Mgr Gagnon, au sujet des mardis universitaires. C'est assommant d'avoir ainsi à s'occuper de tous les détails...

Le reste de la matinée, je prépare mes cours, et l'après-midi malgré le froid commençant (les hauteurs saupoudrées de neige en paraissent plus hautes) je fais avec les enfants une promenade tout près de Château-Richer; je ne découvre pas un «désert» de pâtures dont m'avait parlé Pacreau, mais je rapporte des feuilles rouges que je fais sécher pour en décorer mon salon l'hiver; il me semble que cette année il y en a moins et qu'en général elles tombent avant d'être rouges. Dans le train, au retour, je rencontre Pacreau, et M. Malouin.

16 octobre

Pluie, froid. Ce matin je fais mon cours à Sillery, et après-midi j'achève mes lectures en vue de mon cours public.

En lisant le *Journal* de Gide, je vois tout ce qui manque au mien: je n'ai pas le temps à la fois de noter ce qui m'arrive et de consigner des impressions ou des pensées. Mais ceci n'a pas de prétentions littéraires; c'est un aide-mémoire pour mes enfants peut-être, ou pour mes vieux jours.

Retenir le temps qui fuit. Amour de la vie. Ah! vivre! vivre toujours!

17 octobre

Je travaille presque toute la journée à mon cours; le soir seulement, j'ai le temps d'écrire à Raoul-Duval pour lui annoncer une visite, et de continuer un peu mes «Perspectives sur l'avenir intellectuel de la France».

Rencontré l'abbé De Smet qui me dit l'«anti-gaullisme» incurable du Presbytère de la Basilique. Il semble bien qu'une pression du clergé est cause de la goujaterie du Cardinal refusant de recevoir le Général de Gaulle. Le Canada français a de graves responsabilités: quel ne serait pas son rôle dans la restauration religieuse de la France, s'il avait voulu, au lieu de fournir argument aux adversaires! Je suis lassé de ce pays où à l'examen de conscience de nos pays divisés se substitue la prière du Pharisien.

Et ce soir, Mgr Gagnon m'apparaît comme un bien pauvre homme, bien incapable de s'intéresser à ce qui dépasse son train-train ordinaire.

18 octobre

J'achève aujourd'hui la rédaction de ma conférence après y avoir travaillé toute la journée. Je ne me suis donné que le temps d'aller aux deux bibliothèques chercher les ouvrages de Montherlant; causé à cette occasion avec le sympathique J. Ch. Bonenfant.

Reçu deux lettre de Pierre, dont la dernière, du 10 septembre, renferme son passionnant carnet de voyage à Perpignan le 31 août, que je lis par téléphone à Mme Lahaye[19]. Il me suggère que je pourrais venir en mission du Service des Œuvres parler du Canada français aux Instituts français d'Espagne : voilà qui m'agréerait surtout à la fin de l'année scolaire. J'ai l'impression que ma tâche ici est finie avec la libération et que je devrais maintenant me partager entre la France où je parlerais des pays français d'Amérique, et ceux-ci où je parlerais de la France. Peut-être cela se fera-t-il tout naturellement...

Mais la guerre n'est pas finie non plus : que la France ne l'oublie pas, dans la joie de sa libération ; l'ennemi détient encore l'Alsace-Lorraine ; il y a un danger dans cette lutte contre le gouvernement de Vichy si elle fait perdre de vue la lutte extérieure.

19 octobre

Bibliothèque. Causé à Drolet. J'achève mes « Perspectives » que j'envoie à Panneton, et j'écris à Pierre[20].

Téléphone de Mme Simard qui part demain et à qui je recommande le projet de Pierre, la question des professeurs d'histoire, celle d'Haïti, etc. Elle me dit que Gustave Cohen n'a jamais obtenu son visa pour l'Angleterre et a dû rester en Algérie à ne rien faire au lieu de rendre service à New York ! Il est certain que je ne dois pas brusquer mon retour, mais non moins certain que si je trouvais une formule m'assurant un poste central en France et me permettant de revenir alternativement au Canada et en Haïti quelques mois chaque année, je n'aurais plus rien à demander pour le reste de ma carrière...

Commencé à corriger les travaux de Sillery.

---

19. Pierre Deffontaines relate en effet son voyage en France « après deux ans de séparation, après avoir été presque déchu de la nationalité française ». Il y relate les hauts faits de la Libération de Perpignan, les combats de rue, les victimes et les difficultés de la vie quotidienne dans cette région durant l'Occupation. Ses impressions sont plutôt positives, mêmes si la pénurie alimentaire sévit : les communications postales et routières fonctionnent à nouveau, les FFI contrôlent les voies de communication, l'atmosphère est à la fraternité résistante, dans une « atmosphère Valmy ». Deffontaines constate : « C'est formidable cette libération de la France, département par département, et par l'initiative de chaque coin. » Livre de raison Deffontaines, 31.8.1944.
20. Auguste Viatte remercie son beau-frère de sa proposition de tenir des conférences en Espagne et en est très intéressé. Il se réjouit également de l'évolution des événements en France et de l'attitude de De Gaulle. Livre de raison Deffontaines, 25.11.1944.

20 octobre

Corrigé les devoirs de Sillery.

Longue lettre d'Y. Simon relative à De Koninck, à qui je la communique par téléphone[21]; autre, de Raoul-Duval, et autre, de F. Desrochers relative à ma conférence d'Ottawa.

Visite du P. Albert, le missionnaire d'Afrique : je suis satisfait de voir que ses jugements sur le Collège Marie de France coïncident avec les miens, et, au total, avec ceux de Stanislas... Parlé aussi des préjugés incroyables que le *Devoir* continue à entretenir contre de Gaulle. L'abbé Couture, en tournée pastorale, m'en a donné une idée : il en est encore au « de Gaulle entouré de communistes »... Du moins a-t-il prolongé sa visite et la conversation.

21 octobre

J'achève mes corrections ; puis j'écris à maman, à Yves Simon, à Mirkine (qui me demandait un article)[22], et à Félix Desrochers, et enfin le soir je puis un peu préparer mon mardi universitaire.

J'ai à déjeuner le P. Albert. Le Dr Simard passe un instant avec sa femme, que le cyclone a retardée ; il n'en a pas l'air trop mécontent, et j'en profite pour lui rappeler les abonnements aux journaux, que j'avais oubliés sur mon mémorandum.

Je vais de 5 à 7 à une réunion chez De Koninck en l'honneur de l'ancien recteur de Mexico, M. Brito. Conversé notamment avec Mgr Maurault[23], qui m'interviewe sur le livre de Lemelin, avec Turcot, et avec l'abbé Dionne à qui je demande ses impressions d'Haïti.

---

21. Yves Simon confie à Viatte que son compte rendu du livre de Charles De Koninck intitulé *De la primauté du bien commun contre les personnalistes. Le principe de l'ordre nouveau*, va paraître dans le prochain numéro de la *Review of Politics*. Il justifie : « Cette mise au point a été rendue nécessaire par l'effet diffamatoire de ce livre (je dis bien l'effet, non l'intention). Autant que j'ai pu en juger, tout le monde a cru que la critique de De Koninck était dirigée contre Maritain, et par conséquent qu'il fallait attribuer à ce dernier toutes les idioties et monstruosités que De K. attribue à ses personnalistes anonymes. » Expliquant à Viatte qu'il a vainement tenté de pousser De Koninck à faire lui-même une mise au point à ce propos, le disciple zélé de Maritain ajoute : « Je voudrais que nous restions amis. Toute la question est de savoir s'il acceptera une humiliation rendue nécessaire par sa légèreté. Jusqu'à preuve du contraire, je postule qu'un homme aussi profondément religieux doit être capable de reconnaître ses torts et de recevoir une humiliation. (...) Mon compte rendu ne plaira pas non plus à votre archevêque, mais lui aussi a une humiliation à accepter, car il a agi étourdiment en recommandant comme un " livre tout de sagesse " un livre qui est surtout fait de polémique légère. » À noter que Viatte a certainement passé sous silence les passages parlant d'humiliation dans son téléphone à De Koninck, comme le laisse penser la mise entre parenthèses de ceux-ci au crayon. ARCJ, 118 J 235, Corr. gén., Y. Simon à Viatte, 17.10.1944.
22. Pour sa revue *La République Française*, éditée à New York.
23. Mgr Olivier Maurault (1886-1968). Né à Sorel en 1886, ordonné prêtre en 1910, il part faire son noviciat à Paris en 1912. De retour à Montréal l'année suivante, il est nommé directeur de la Bibliothèque de Saint-Sulpice. Siégeant au Conseil d'administration de l'Université de Montréal, dès les années vingt, il en devient le recteur en 1935. Il se consacre à l'enseignement supérieur et à la diffusion de l'histoire religieuse au Canada français. Site internet des archives de l'Université de Montréal.

22 octobre

J'adopte cette calligraphie qui va me permettre de noter à part mes réflexions, et mon emploi du temps minute par minute, afin d'en reconstituer plus tard toute la saveur[24].

Hier soir, lu le *Journal* de Gide, qui appelle tant de réflexions, sur la nature de l'humanisme antichrétien (compliqué chez lui d'évangélisme persistant) et sur l'importance de poursuivre la vérité dans nos jugements sur nos adversaires, de réfuter par les faits le reproche d'involontaire mauvaise foi.

Ce matin, réveillé un peu tard (8 h mois le quart), j'arrive pourtant à la messe. On m'y voit de 8 h 1/4 à 9 h 3/4 dans cette louis-quatorzienne Basilique de Québec.

Après déjeuner, de 10 à midi, je continue à lire Montherlant pour mon cours public.

De 1 h à 1h1/2 je lis aux enfants les *Aventures d'un Gamin de Paris à travers l'Océanie*, le grand succès du jour pour eux. Promenade ensuite : j'étais indécis sur le but ; je choisis les chutes de la rivière Jacques Cartier ; l'autobus me mène pour la première fois à l'intérieur du camp, où l'on change ; mais avant d'atteindre les chutes, j'oblique par un sentier à droite, qui suit la rivière, jusqu'au delà du champ de tir. Les enfants grimpent aux arbres ; je fais lever trois fois des perdrix (?) ; nous rejetons à l'eau une truite jetée moribonde sur le bord ; pris des photos, Jean-Claude prend aussi la sienne. Il fait beau, assez froid. – Dans le tramway à l'aller, rencontré le consul Moeneclaey et sa femme qui se rendent à l'île d'Orléans : il est enchanté de Monteux rencontré hier, tout à fait des nôtres, et qui juge sévèrement les Français de Montréal ; il est en train de leur faire reconnaître son autorité, après quoi il donnera le tour de vis. Il s'inquiète aussi des motifs qui ont fait révoquer Brito (le recteur de Mexico) et je le rassure sur le fait que l'effort de guerre n'y est pour rien.

Communiqué par téléphone avec De Koninck au sujet de la lettre de Mrs Briggs ; je crois qu'il a ce qu'il faut, un manuel de philo[sophie] rédigé par un prêtre de Nancy, qu'il va lui envoyer.

Rentré, je commence à 6 h la lecture du *NY Times*, que je reprends après l'interlude de Tartarin de Tarascon avec les enfants.

Aurais-je le temps de notations si détaillées chaque jour ? Il le faudrait pour que tout y soit.

23 octobre

Hier soir, et ce matin dans l'autobus, j'achève le *Journal* d'A. Gide. Tout son débat moral autour du communiste est à lire et à méditer.

Comme nous l'avons mal compris ! comme à son tour il méconnaît les chrétiens ! et comme nos incompréhensions expliquent les siennes !

---

24. Viatte soigne dès lors son écriture, détachant soigneusement chaque lettre afin de la rendre plus lisible. Il opte également pour une écriture plus petite dans certaines parties de ses notes, de façon aléatoire : il n'en a pas été tenu compte dans la présente édition.

À Sillery, je corrige les dissertations de mes élèves: elles se sont forcées pour dire pis que pendre de la vie urbaine, et quand je les interroge, deux seulement me disent venir de la campagne. Je leur rappelle que leur vocation, placées par Dieu en ville, est de mettre l'idéal chrétien dans les villes, et non de le nier en le disant impossible. Les religieuses encaissent: je les avais crues responsables de ce qui aurait été un défaut d'éducation, et du style oratoire; il semble que non.

Après-midi: jusqu'à 2 heures moins le quart, je continue à raconter les *Aventures du Gamin de Paris à travers l'Océanie*; à 2 heures je vais à la Bibliothèque où Drolet a reçu d'autres livres, mais non les *Fontaines du Désir* dont j'aurais eu besoin; je continue ensuite à relire Montherlant en vue de mon article. De 4 h à 4 h et demie, courses: le cordonnier, mon journal chez Langlois, des ampoules électriques. De 5 à 6, mon cours de civilisation française, sur l'Empire de Charlemagne et auparavant les Mérovingiens. Je recommence ensuite à lire Montherlant, et comme je dois finir après dîner, je ne vais pas à la Société du Parler français où j'étais convoqué.

Un article dans le *NY Times* d'hier prétend que la maturité intellectuelle va de 40 à 70 ans: je commence donc à peine; et physiquement, une expérience comme celle de la Soufrière ne me montre pas diminué, j'ai des journées de plénitude plus qu'à vingt ans; aussi des assauts sensuels, une avidité de jouir, stimulés par le sentiment que la vie est courte... Le démon de midi? Mais surtout l'amour insatiable de la vie, j'entends de la vie corporelle. L'immortalité se concevrait-elle sans la résurrection des corps? Que leurs plaisirs deviennent sans trouble, j'y consens, comme ceux de l'art, ou du voyage: mais qu'ils subsistent!

24 octobre

Commencé à lire le *Coup d'Alger*.

Tout ce matin, de 10 à 12 h, je rédige mon cours, et copie son résumé pour les journaux de 2 à 3. « Le vieux monsieur » qui me téléphone parfois sur la situation internationale récidive aujourd'hui après déjeuner.

À 3 heures, cours sur Boileau. À 4 h je vais acheter mon journal. À 4 1/2 j'écris à Mme Briggs (et refais ma lettre par crainte de trop insister sur les plaintes de son collège)[25].

À 5 heures, à l'Université, doctorat d'honneur à Brito Foucher, au grand salon. Beaucoup de monde, à l'étonnement de Mgr Labrie qui n'avait invité que la Faculté de Droit. Je me trouve placé à côté de Mme De Koninck, de Mme Moenaclaey, et derrière Mme Turcot, non loin de Victor Doré[26]. Le recteur a des grandes paroles

---

25. Des rumeurs courent selon lesquelles les élèves du collège Stanislas auraient eu vent des sujets d'examen avant ceux-ci. Viatte dément formellement, non sans un certain agacement. ARCJ, 118 J 235, Corr. gén., Viatte à V. Briggs, 24.10.1944.
26. Victor Doré (1890-1954). Docteur ès sciences sociales, économiques et politiques de l'Université de Montréal, il fait carrière dans l'Instruction publique montréalaise, qu'il préside durant la guerre, puis dans la diplomatie.

aimables, inattendues et bien senties au consul sur la reconnaissance du gouvernement français.

De 8 1/2 à 9 1/2, cours public sur Montherlant. Sa misogynie ne manque pas d'amuser. J'ai causé, avant, avec un Frère des Écoles Chrétiennes, et, rentré, avec Albert Racine et sa femme, de passage.

25 octobre

Je vais ce matin d'abord toucher et encaisser mon chèque mensuel.

Téléphonant ensuite à De Koninck au sujet du *Journal* de Gide, que je voudrais lui faire lire, et de l'humanisme antichrétien, ainsi que d'un passage nihiliste de Montherlant qui pourrait être signé Hitler… ou Staline. Il me demande mon avis sur une proposition du CIP[27] qui lui demande de faire à l'Institut canadien des cours de morale politique; de fait, je ne vois que lui de compétent, à Québec.

Revu très rapidement ma conférence sur le régionalisme. Recopié quelques textes caractéristiques de Montherlant dans les ouvrages prêtés par Ottawa que je n'aurai ainsi plus besoin de faire venir si je rédige mes cours; mais j'ai mesuré la difficulté de le faire sans partir de Maurras. Les deux écoles fascistes sont bien parentes, et Maurras est le missing link.

J'achève aussi de copier la lettre de Pierre sur la libération de Perpignan, que je vais porter à *L'Action catholique*, sans entrer car je n'ai pas le temps[28]. Je remonte ensuite au Parlement où je converse avec J.C. Bonenfant qui me passe les livres de P. Dominique et de Drieu La Rochelle; puis au Palais Montcalm où Mlle Langlois a recopié mon rapport sur le bachot, que je signe. J'ai là une longue conversation avec Moenaclaey; je lui ferai rencontrer des jeunes vendredi, et ce soir je téléphone à quelques-uns d'entre eux (Bonenfant, Lebel).

Commencé ma Chronique Internationale.

Souscrit au Septième Emprunt de la Victoire. J'aurai à voter lundi pour un échevin; Bégin, boucher, m'envoie sa candidature.

L'Action catholique, commentant les événements d'Espagne, reste très franquiste[29]. Mais comment un Français pourrait-il avoir à l'égard de Franco des

---

27. Probablement le « Conseil de l'instruction publique ».
28. « Lettre d'Europe » *AC* du 27.10.1944. L'article reproduit les impressions de Pierre Deffontaines lors de son voyage dans le Sud de la France en compagnie de plusieurs consuls généraux alliés et de membres du Comité d'entraide franco-espagnol. Cette lettre décrivant de façon détaillée les péripéties de la Libération à Perpignan est ainsi introduite par Viatte : « Je n'ai pas eu le temps matériel d'envoyer récemment des articles à *L'Action catholique*. Que mes lecteurs veuillent m'en excuser. Du moins puis-je transcrire une lettre qui m'arrive de Barcelone et qui relate une visite à Perpignan dix jours après la libération. L'auteur est un professeur français d'Espagne, au fait, l'anonymat n'est plus nécessaire : il s'agit de mon beau-frère Pierre Deffontaines… »
29. Allusion à un article du rédacteur en chef Louis-Philippe Roy qui affirme : « N'oublions jamais ceci : le gouvernement Franco est un gouvernement légitime. Il est né d'une victoire de la contre-révolution nationale sur les usurpateurs communistes. Nous avons établi ces faits cent fois au cours de la dernière guerre. (…) Les mauvais éléments espagnols relèvent aujourd'hui la tête. Nous espérons bien qu'ils seront tenus en échec et qu'aucun pays étranger ne leur aidera à triompher, la France encore moins que les autres ». *AC* du 25.10.1944.

sentiments plus chauds qu'au mieux une froide réserve? Miaja[30], d'après le *New York Times*, ne voit dans ces rumeurs que « battage ».

26 octobre

Je reçois ce matin une carte de Roger Pons, la première arrivée directement de France, avec le timbre Pétain surchargé R.F.; elle n'a mis qu'un mois, pas plus que les lettres-avion. Je suis heureux que les prisonniers d'hier se montrent ainsi avides de reprendre contact: nous craignions tant une rupture morale!

Autres lettres de Raoul-Duval et de Sœur Joseph-Arthur.

À la bibliothèque, où je trouve toute une moisson de P. Dominique et Drieu La Rochelle, envoyée d'Ottawa, je converse avec le jeune Ouellet, que choquent les arrestations d'écrivains, et qui a très peur du bolchévisme, ainsi qu'avec Drolet, à qui je raconte la conversion de Gustave Cohen et dis mon jugement (complexe) sur les événements d'Espagne. – À l'École normale, je rencontre ensuite Lebel, qui me dit une nouvelle offensive de la Faculté des Arts pour obtenir les chaires d'histoire, couverte au Conseil universitaire par Pouliot qui a déclaré qu'une Université d'Amérique n'a cure des méthodes européennes: comme si cela n'enlevait pas toute raison d'être aux Universités canadiennes-françaises!

Après-midi j'écris à maman; j'achète à la poste des cartes postales pour écrire en France; j'achève mes invitations pour demain (en particulier le P. Deschamps, qui vient de m'envoyer son livre, et était venu pour me voir me demander son avis); André Desprès vient me débarrasser des journaux pour le Centre de documentation; je vais porter à Mme De Koninck, pour son mari, le *Journal* de Gide et le *NY Times Book Review*, je vois Rodolphe déjà grand garçon; je continue ma chronique internationale.

Le soir, conférence de Brito Foucher, qui explique la pauvreté du Mexique d'un point de vue trop exclusivement économique à mon gré (américanisme et marxisme) et avec des références excessives à l'agriculture ou au standard des États-Unis, qui ne sont pas la norme: un petit pays comme la Suisse arrive presque à se suffire; et l'Espagne, également aride, nourrit vingt millions d'âmes sur un territoire dix fois plus petit, avec un niveau de vie sans doute supérieur... J'échange mes réflexions avec De Koninck, mon voisin, et montant avec lui au Cercle universitaire, je l'alerte pour les chaires d'histoire en vue du prochain Conseil; il interviendra tout au moins auprès de Mgr Labrie. Au Cercle, causé surtout avec Victor Doré[31] (les Turcot, Bruchési, le consul américain Kuniholm, etc. sont aussi des participants).

---

30. José Miaja (1878-1958). Général communiste combattant dans les rangs républicains lors de la guerre d'Espagne; il émigra au Mexique après la victoire de Franco.
31. Victor Doré (1880-1954). Né à Montréal, professeur et administrateur scolaire et universitaire. Président du Conseil de l'Instruction publique, il fut aussi président de l'UNESCO de 1947 à 1952 et ambassadeur du Canada en Suisse et en Autriche. Merci à Jean-Claude Viatte et Martin Doré pour les renseignements transmis.

27 octobre

Je reçois une lettre de maman du 20 août, encore via Stuttgart et avec la bande bleue de la censure allemande ; une autre de René Durand, le professeur de la Martinique nommé à Caracas, qui cherche des textes pour ses cours. Je lui réponds : j'écris à ce sujet aux Éditions de l'Arbre, mentionnant aussi le *Goethe* de Baldensperger[32].

Mme Lahaye me téléphone ; elle a reçu des lettres du P. Delos et d'Élisabeth, dont elle me donne connaissance ; elle attend maintenant son bébé d'un jour à l'autre.

À 4 h (les enfants se faisant attendre à cause de la lecture des notes) je fais mes courses seul, à la poste, chez Kerhulu, chez l'horloger pour faire régler ma montre ; *l'Action* publie la lettre de Pierre que je lui ai envoyée. Continué ma chronique.

Le soir, je réunis quelques jeunes autour du consul : je voulais appeler J.-Ch. Falardeau, mais m'étant trompé de numéro, c'est l'abbé Falardeau, l'aumônier des étudiants, qui vient à sa place ; il aura été surpris, mais ce contact avec le Séminaire vaut tout autant. En outre : le P. Deschamps, Maurice Lebel (Lacourcière, à la Malbaie avec B. Foucher, n'a pu venir), P. Henri Guimont, J. Ch. Bonenfant, Ch. Bilodeau, et ce pauvre Raymond Parent qui retombe dans son péché d'ivrognerie... Malgré sa note discordante, très agréable soirée. Bonenfant évoque en partant ses souvenirs de fiançailles dans mon salon...

28 octobre

Écrit ce matin à maman ; choisi des sujets pour Sillery ; et fait mes valises.

Après-midi, je prends le train pour Montréal, et je lis en route Drieu La Rochelle. Montréal le soir en temps de guerre : soldats, marins, filles ; plus d'obscurcissement désormais.

29 octobre

Rêvé que je suis dans un Québec ancien aux maisons blanches ; je descends la Haute-Ville, et me trouve dans une rue Sainte-Famille où, à la place de l'Université, se suivent des maisons à jardins, et de l'autre côté, rien n'est bâti, jusqu'à notre maison et la précédente, d'ailleurs différentes de ce qu'elles sont maintenant, plus

---

32. Baldensperger a mis au point ce manuscrit de deux cents pages lors de l'été 1944. Il confie à Viatte que cet essai a une portée politique et il espère que celle-ci touchera le Canada français : « Pour reprendre une tactique qui ne m'avait pas trop mal réussi aux États-Unis, lors du centenaire [de la mort] de [Goethe en] 1932 : " Laisser les Allemands étaler leur Goethe, mais démontrer sa dette à l'égard de la France, héritière de la Grèce, c'est se servir de la propagande adverse pour mieux établir les faits ". » Il émet enfin des doutes sur la compréhension de cet enjeu par les « jeunes théologiens [des Éditions] de l'Arbre » : « Depuis que la *Nouvelle Relève* a inséré l'incroyable article où G. Cohen affirmait que notre Dieu dans sa bonté avait fait concevoir à Mmes Gide et Valéry mères, des génies à venir [un antisémite et un antidreyfusard] pour compenser les défaites de 1940, je me demande si ces Messieurs conçoivent la portée réelle de leurs publications. » ARCJ, 118 J 235, Corr. gén., F. Baldenperger à Viatte, 4.10.1944 et 18.10.1944.

étroites, avec un grand escalier en bois ; j'y trouve une jeune femme et mes deux enfants. – Puis j'arrive à Montréal par bateau et je raconte qu'à Québec il a déjà neigé sur le sommet des montagnes, et j'explique que la chose est possible vu leur hauteur, 800 mètres au mont Ste-Anne (dans la réalité, effectivement les hauteurs de Laval ont été saupoudrées de neige il y a quelques jours). – Puis je longe une « vallée perdue » au pied de montagnes solitaires et boisées, beaucoup plus loin au cœur de l'Amérique : enfin j'aperçois en haut sur la route deux maisons, d'où descend un cycliste, et un village, dans le fond ; je m'arrête à la première maison, où un enfant en costume ancien me dit son âge : « je suis né en 52 » : oui, mais de quel siècle ? Enfin j'apprends que la maison date de 1715, et ceci me satisfait : nous sommes un peu après 1752, dans l'Amérique du XVIIIe siècle, que tout évoque.

Après la messe à la Basilique, je prends le train pour Ottawa, par la droite de l'Outaouais, que je ne connaissais pas encore : à gauche la plaine, à droite au loin le profil des Laurentides. Sous le soleil et malgré le froid commençant, Ottawa a un air aimable de ville-parc, genre Washington, qu'elle ne m'avait pas offert à mes précédents voyages. Je vais à pied chez Raoul-Duval (en m'égarant d'abord un peu dans la direction du quartier français) ; déjeuné chez eux avec le nouveau consul de France à Washington, un ancien capitaine de la marine marchande, qui garde des souvenirs d'opérette du Haïti d'avant 1914.

À 3 h 1/4, ma conférence[33] : présenté par Séraphin Marion, reçu par Félix Desrochers, homme très spirituel, le Recteur de l'Université, le juge Thibaudeau Rinfret, Charpentier, Guy Sylvestre, etc. Mais on sent le public moins cultivé qu'à Québec. Sœur Joseph-Arthur s'y trouve aussi, d'autant que la conférence a lieu dans un couvent de son Ordre. – À 6 h., je vais à la Légation de France, somptueux édifice ultra-moderne au bout de la rue Sussex, en face de l'Outaouais (assez longue distance, mais que la tramway fait vite) ; Bonneau affligé d'avoir perdu sa belle-mère me rassure sur le sort des professeurs à l'étranger ; causé d'Haïti, de la Martinique, raconté ma dernière entrevue avec le Cardinal (ainsi qu'à Raoul-Duval). Contemplé les fresques inachevées de son vaste bureau.

Retour à 7h. 45 pour Montréal ; j'arrive à 10 h 20, vais prendre un ravioli, et reprends le train de nuit pour Québec.

Raoul-Duval me témoigne une vraie amitié : et elle a son point de départ dans le fait que je l'ai bousculé (et sa délégation) en écrivant à Élisabeth que cette délégation me faisait l'effet d'une vaste machine administrative... Il a été piqué au vif, d'où sa sympathie : psychologie humaine !

30 octobre

Arrivé ce matin. Cours à Sillery : expliqué Tartuffe, chose scabreuse pour ce public ; on parle de l'enlever du programme, mais maintenant que c'est commencé, à mon avis mieux vaut finir.

---

33. Viatte traite du « régionalisme littéraire » devant la Société des Conférences de l'Université d'Ottawa. ARCJ, 118 J 235, Corr. gén., Le président de la Société à Viatte, 7.6.1944.

Visite à 2 h d'un jeune Français, André Blanchet, qui avant guerre collaborait au *Figaro* tout en faisant de l'anglais ; mobilisé dans l'aviation, et envoyé par Peyre. Je lui explique le Canada, l'envoie au secrétariat de l'Université, au P. Poulin, à J.P. Desprès que je félicite sur sa nomination au secrétariat du Travail, chose tout à fait dans sa ligne. Il me parle du patriotisme de J. de Lacretelle, qu'il connaît bien, et de la germanophobie exaltée de Chardonne qui l'a endoctriné trois heures durant.

À 4 h je vais voter pour l'extension des pouvoirs du maire à 3 ans (chose adoptée) et pour l'échevin W. Samson (battu, me dit Marguerite ce soir, mais cela ne me fait ni chaud ni froid). De là je vais payer ma taxe personnelle à l'Hôtel de Ville. À 5h., cours de civilisation française sur la période féodale. À 6 h., je recommence ma chronique, mais comme je me ressens du voyage, j'aime autant me mettre à Rabelais quand Bernadette vient se proposer comme secrétaire à 7 h moins le quart.

Le soir, Société du Parler français, première réunion où j'assiste cette année : je suis content d'y voir Lacourcière, qui sait comment se posent les questions ; il n'y a là que trop d'amateurs. Toujours le défaut canadien : ne pas savoir ce que précisément on devrait savoir pour bien faire. Un pays où les prêtres ne savent pas le catéchisme, où les journalistes ne savent pas l'histoire ni la géographie, où les négociants ne savent pas le commerce...

31 octobre

J'achève aujourd'hui ma chronique internationale, que je vais porter ce soir seulement chez l'abbé Bégin (je n'étais pas très en train)[34].

Reçu un livre de Mme Boivin, avec une invitation pour le 9 novembre, que je déclinerai, étant invité le même jour au Moulin à Vent avec Dantès Bellegarde. Téléphoné à Mme Malouin[35], et à Mme Lahaye, toujours dans l'attente.

À 3h, cours sur Boileau. À 4 h., payé mon terme à M. Pâquet : je lui dis que le consul de France cherche une maison.

Le soir, chez De Koninck, avec Moeneclaey et Mme Moeneclaey ; agréable soirée. Parlé encore des chaires d'histoire, question que surveille l'abbé Parent. En allant, rencontré des auditeurs qui venaient pour les cours du soir : Mgr Gagnon leur fait moins de publicité et renseigne moins que son prédécesseur à leur sujet... Rentré à minuit seulement.

---

34. « Chronique internationale » *Le Canada français*, XXXII, n° 3, novembre 1944, pp. 212-218. Viatte décrit non sans satisfaction la déconfiture progressive d'un « Empire hitlérien [qui] en revient, ou peu s'en faut, à ce qu'il était avant mai 1940 ». Dans les Balkans et sur le front de l'Est, les Alliés progressent rapidement, alors qu'ils rencontrent plus de difficultés en Europe occidentale : une raison suffisante selon le chroniqueur pour maintenir la pression, ne pas se désunir et soigner les communications entre Alliés, qui sont un gage de réussite. Et des inquiétudes demeurent, à commencer par ce qui touche au sort de la Pologne, suspendue aux difficiles négociations entre les gouvernements de Lublin et de Londres, et partant, entre Staline et ses Alliés occidentaux.

35. La directrice du Moulin à Vent l'invite à participer à une causerie de Dantès Bellegarde. ARCJ, 118 J 235, Corr. gén., R. Malouin à Viatte, 29.10.1944.

1ᵉʳ novembre

Temps très doux. Journée passée presque entière à mon bureau. Après la messe, je mets au point ma correspondance, écrivant à Raoul-Duval, à Mlle Cassal[36], à Mme Dupont, à Peyre[37], à Roger Picard, et après-midi à Mme Boivin ; puis, ayant envoyé les enfants passer l'après-midi chez De Koninck (sans quoi ils courraient avec les gamins dans la rue) je commence à corriger les copies de Sillery. Elles sont nombreuses cette année, et longues en Rhétorique, de sorte que je n'ai pas encore fini ce soir.

Rêvé encore une fois que l'on veut me couper la tête par erreur judiciaire : qu'est-ce à dire ?

2 novembre

Ce qui doit me décider au retour en France, c'est qu'une abstention serait définitive : à mon âge, l'occasion ne reprendrait plus ; et la réciproque n'est pas vraie, le monde extérieur me restera toujours ouvert.

Ce matin, Bibliothèque. Causé avec Drolet à qui je donne mes impressions d'Ottawa.

Puis je rencontre Lebel à l'École normale : discuté des cours d'histoire, et de la Société du Parler français, pour laquelle il suggère que la Faculté des Lettres établisse un programme. Il me passe son mémoire sur les cours d'histoire, qui est très bien.

Écrit à mamé ; je reparle à Pierre des cours d'histoire. Après téléphone à Moeneclaey, je lui fais aussi une note là-dessus pour le Service des Œuvres, et la lui porte au Palais Montcalm, où Mlle Langlois me remet le texte dactylographié de mon topo à la radio.

J'achève de corriger mes devoirs de Sillery et j'écris à Savioz ; voilà ma correspondance en ordre, sauf les rappels aux collaborateurs de ma collection. J'ai même le temps de travailler à Rabelais avec Bernadette pour secrétaire.

---

36. Celle-ci demande conseil à Viatte pour son éventuel retour en France : elle souhaiterait s'engager pour son pays, par exemple en Alsace, région d'où elle est originaire, et pour laquelle elle craint un après-guerre assez difficile et des difficultés politico-sociales. ARCJ, 118 J 235, Corr. gén., R. Cassal à Viatte, 17.10.1944.
37. Viatte l'informe de la mort de Paul Hazard et des critiques colportées à son sujet par Fernand Baldensperger ; Henri Peyre estime : « Baldenne est sujet à caution en ces matières. Il est devenu fort aigre pour les autres, et trop prompt à se citer lui-même. » Et le professeur de Yale ajoute, approuvant les vues de Viatte sur l'avenir intellectuel de la France et les collaborateurs : « Giono, Montherlant, Céline ont trop admiré la force. Mais Châteaubriant ? C'est plus étrange. Jouhandeau ? Ed. Jaloux ? Je crois que dans plusieurs cas (Drieu, Ramon Fernandez) ce fut le manque d'axe intérieur, de vraie solidité, de roc interne. Ils ont passé de gauche à droite, communisme à nietschéisme, doriotisme, nazisme. Il y a eu enfin les effets funestes de la logique : sur le papier, l'ordre nouveau paraissait rationnel, l'Europe unie, le retour à la royauté aussi, le Testament de Richelieu. Je souhaite à mes compatriotes plus de bergsonisme : qu'ils écoutent mieux l'instinct du peuple, et le leur. » ARCJ, 118 J 235, Corr. gén., H. Peyre à Viatte, 11.11.1944.

Le soir, le jeune Lacasse vient me vendre des cartes de Noël ; et Lemelin, avec son amie, m'apporte un deuxième exemplaire de son livre. Nous en parlons, et de l'humanisme antichrétien, et de la politique canadienne, où King vient de réussir une manœuvre qui pourrait le maintenir en selle aux élections.

3 novembre

Je prépare ce matin mes cours de la semaine, et reprends après-midi mes lectures en vue de mon cours public. De 3 à 4, cours sur Boileau. Une lettre de Panneton, des Trois-Rivières, me fixe ma première tournée de conférences aux 20-22 janvier ; elle se trouvera coïncider avec mon autre conférence de Montréal le 23. Remercié le Cubain Miguel A. Macan qui m'a envoyé des poésies. De 4 à 5, je vais acheter un poisson rouge, celui de Jean-Claude étant mort hier ; rencontré Mme Boivin. De 6 1/2 à 7 1/4, j'interromps mes lectures pour travailler à Rabelais.

En sortant de mon cours à 4 h, deux étudiantes américaines se sont présentées à moi ; puis Sœur Joseph-Mary, qui me remet un chapitre de sa thèse. Elle aussi me dit la réputation de sévérité que me font des « non-candidats », et se plaint que des jurys clandestins, aux cours d'été, aient fait passer des doctorats de complaisance.

J'ai téléphoné à Poznanski pour savoir l'organisation des cours d'histoire en Pologne, et j'ajoute quelques mots là-dessus au rapport de Lebel, que je lui remets.

Le soir, causerie de Ricour à l'Institut des Relations Internationales, bien utopique, me semble-t-il, sur l'idée de « Super-État », et avec sur la Russie des craintes qui me semblent injustifiables : je n'ai aucune illusion sur elle, mais je crois très dangereux de recueillir les « non-dit » sur son lâchage possible, alors qu'elle fait au contraire de la surenchère. Je crains qu'il n'y ait là un reste de vichysme.

Raymond Parent, Bieler, Cyrias Ouellet, etc. et moi-même nous apportons la contradiction.

4 novembre

Ce matin, je commence par écrire à maman et à Panneton ; puis je reçois le visite de Ricour, de 11 à 12, et je téléphone à Bonenfant pour lui trouver un volume de Jaurès. Il me raconte un peu la visite de l'abbé Le Maître à New York et ses conversations avec Seyrig et Vignaux.

Bernadette et Jean-Claude arrivent en retard pour déjeuner, l'un d'une demi-heure, l'autre d'une heure, après être allés vagabonder avec les gamins de la rue : je me fâche, et leur interdis de sortir sans prévenir ; ils y mettent beaucoup de bonne volonté, ces excellents cœurs, et cet après-midi ils fuiront leurs petits camarades comme la peste ; mais il faut de la discipline. — Comme il fait très doux, et que j'ai pour travail des lectures (Drieu La Rochelle et Pierre Dominique), je les dédommage en les accompagnant au Petit Parc, puis, afin d'éviter les gamins, sur la terrasse. Rentré vers 5 h 1/2 et continué mes lectures jusqu'au soir.

À 8 h je vais faire à la radio ma causerie sur mon voyage aux Antilles ; les enfants m'accompagnent au poste.

De 9 à 10, corrigé dans mon salon un chapitre de la thèse de Sœur Joseph-Mary.

5 novembre

Jour de pluie. Après la messe, je continue à lire P. Dominique.

Après-midi, je vais montrer aux enfants Blanche-Neige en français : une telle queue au Cambrai, vers 2 h., que nous rentrons et jouons un peu ; puis nous repartons à 3 h., et après une attente nous pouvons entrer ; je constate d'ailleurs qu'à la représentation de 4 h 1/2 la salle n'est plus pleine. Je retrouve la gracieuseté des rythmes, et ce curieux mélange de mystère et férocité allemande avec la fantaisie et parfois le mauvais goût américain.

Aurait-il mieux valu ne mener qu'une existence ? J'aurai tout connu, l'étude, l'action, le voyage, les joies de la famille et mêmes des sens... Vie peut-être un peu trop exclusivement masculine : on serait surpris de savoir que c'est un attrait trop vif qui me rend mal à l'aise auprès des jeunes femmes, à l'aise seulement avec les vieillards, les enfants et les hommes.

6 novembre

Achevé hier soir le *Coup d'Alger* ; lu Glarner, *De Montmartre à Tripoli*[38], et commencé Aubert de la Rüe, *St-Pierre-et-Miquelon*[39].

Menus incidents : hier soir, aboi de Finette ; les enfants crient au voleur ; c'est un chat noir introduit entre nos portes. Ce matin, la poubelle est dans la rue, écrasée par un camion.

Rêvé, avant-hier, de Champollion et de la Pierre de Rosette ; hier soir, d'Ève (Mme Patrick Henry Adam...) à qui une place est réservée à une table des grands hommes ; et d'un voyage par bateau dans un canal.

Ce matin, tourbillons de vent ; le temps refroidit. De 10 1/2 à 12, corrections de devoirs à Sillery. Après-midi, j'achève la lecture de Drieu La Rochelle et de P. Dominique : frappé de voir que dès 1938, « les jeux étaient faits », que la coupure s'est faite suivant les lignes de Munich, qu'il y a là une faille entre des inconciliables.

De 5 à 6, cours sur la Renaissance et le triomphe de l'idée de nationalité sur les concepts féodaux.

Le soir, Société du Parler français où vient l'abbé Félix-Antoine Savard.

---

38. André Glarner a publié sous ce titre son journal de correspondant de guerre aux Éditions de l'Arbre, en 1944.
39. Le géographe Edgar Aubert de la Rüe publie cette étude sur l'île également aux Éditions de l'Arbre, en 1944, dans la collection « France Forever ».

7 novembre

Un journaliste de *L'Action* vient me demander ce matin le compte rendu de ma conférence. Je l'écris toute la matinée et au commencement de l'après-midi. Téléphoné à Mme Lahaye, toujours dans l'attente : Mme Vanier lui a écrit la mission française – surtout le manque de vêtements – et la crise de l'épiscopat, notamment du Cardinal Suhard.

De 3 à 4, cours sur Boileau. Puis je remets à Sœur Joseph-Mary le chapitre terminé de sa thèse.

À 8 h cours sur Drieu La Rochelle–Pierre Dominique, dont le nihilisme est vraiment formidable. « Dix fois plus radical que le communisme », dis-je. Lemelin m'attend à la sortie avec Mlle Schink mon ancienne élève de Sillery et Raymond Parent, qui serait volontiers allé avec moi au Cercle universitaire pour recevoir Bellegarde ; mais je vois déjà ces deux prochaines soirées, et je crois pouvoir m'en dispenser aujourd'hui.

Les premiers résultats des élections américaines favorisent Roosevelt. J'en suis heureux : Dewey n'a fait que « de la politique » et a eu une phrase malheureuse sur le plan Morgenthau contre l'Allemagne. Satisfait aussi du discours de Staline sur la nécessité de poursuivre la collaboration entre Alliés.

8 novembre

J'écris ce matin un article pour *L'Action catholique* sur les mensonges des propagandes[40].

À midi je vais payer Mlle Jobin ; j'apprends d'elle la naissance d'une petite fille, Marie-Alice-Dominique, hier à 7 h du soir chez Mme Lahaye. La maman – et le papa donc ! – sera déçue que ce ne soit pas un garçon.

À 4 h je vais porter mon article à *L'Action*, sans entrer (je n'ai pas le temps) ; auparavant, j'ai recopié quelques passages caractéristiques des auteurs dont j'ai parlé hier.

À 5h, cours de Dantès Bellegarde : je le rencontre chez le recteur où il se trouve déjà avec Philippe Cantave et Raymond Parent ; Mgr Labrie et Lebel nous rejoignent. Il débute, entre autres, par le vœu que l'Université Laval me prête à Haïti pour une plus longue durée... Puis, dîner au Cercle Universitaire, avec Onésime Gagnon, Adrien Pouliot, la Faculté des Lettres, et quelques intrus amenés par Mme Malouin.

---

40. « Sur les mensonges des propagandes » *AC* du 9.11.1944. Viatte fait un tour d'horizon des effets néfastes de la propagande dans divers pays, de la France à la Chine en passant par la Pologne. Partout, le même constat s'impose à ses yeux : la propagande se complaît dans les « procès de tendance », traitant sommairement de « fascistes » ou de « communistes » des hommes et des femmes qui ne devraient être jugés que sur les actes qu'ils posent. À titre d'exemple, il relève que « les catholiques baptisés " de gauche " par les païens de l'Action française ne restent-ils pas, aux yeux des Isvestia, les sujets d'un Pape réactionnaire ? »

On retourne à l'ACFAS où Bellegarde tient son public sous le charme. Après quoi, – Cercle Universitaire, cette fois avec Kuniholm, l'abbé Savard, Risi, Lacourcière, Poznanski, Turcot... En chemin le jeune Bellegarde me conte ses amours avec Mlle Pauline Boulet, qu'il pense épouser et mener en Haïti.

9 novembre

Le matin, Bibliothèque ; causé avec Drolet. J'ai fini vers 11 h et en passant à l'École normale chercher mon courrier, je rencontre Lebel, ravi de l'évolution du débat sur les cours d'histoire : on attendra le retour de De Koninck pour l'inscrire à l'ordre du jour, et d'autre part l'hostilité du gouvernement contre l'abbé Maheux compromettrait toute subvention s'il était nommé : ce qui supprime en pratique son intrigue personnelle.

Écris à maman ; je reçois à 4 h une lettre de mamé (29 septembre). Et je recopie encore les passages caractéristiques de Drieu La Rochelle-Pierre Dominique.

La préparation de mes cours me fait voir leurs lacunes : si je rédige le livre, il faudra y passer Maurras à sa place chronologique et peut-être Georges Sorel, que je connais pas.

L'Action publie mon article. Je vais à 4 h acheter un cadeau pour le bébé de Mme Lahaye.

De 5 à 6, cours de Dantès Bellegarde. Le soir, j'endosse mon smoking pour une agréable soirée au Moulin à Vent. Je suis à côté du P. Deschamps et non loin de Pouliot avec qui j'engage la bataille sur la question des chaires d'histoire : je crois que j'arrive à le convaincre, bien que je ne partage pas sa position de principe sur l'adoption des grades américains ; il me dit beaucoup de mal de la Faculté des Arts dont le doyen (l'abbé Savard) n'est même pas bachelier, et se plaint que notre Doyen ne nous ait défendu que timidement, disant que « personnellement il ne voyait pas d'objection » à la solution Maheux, mais qu'il « croyait traduire le sentiment de la Faculté... », etc.

Après les causeries de Bellegarde et de Maurice Hébert où mon nom revient souvent de manière flatteuse – plus un intermède musical de nulle valeur, inexpressif – on passe au petit salon où je converse surtout avec l'abbé Toussaint, Lemelin, et mon ancienne élève Pauline Schinck, non sans flirter quelque peu avec cette jolie fille. Un peu vexé que Lemelin oppose mon « austérité française » à la « légèreté québecoise » de cette dernière : j'ai une réputation bien établie, et pourtant ! Il est vrai que je n'ai pas le temps de flirter, qu'une liaison prolongée m'assommerait ; mais une aventure dont il serait entendu d'avance qu'elle n'aurait pas de lendemain ? Je déborde de sensualité, beaucoup plus qu'à vingt ans, et d'autant que je suis hanté par l'idée du peu d'années qu'il me reste à jouir de mes forces, empêché par la guerre de songer au mariage, privé d'une vie conjugale qui était nécessaire à mon équilibre moral...

10 novembre

Je note le matin quelques arguments supplémentaires sur la question des chaires d'histoire – ils me sont venus la nuit après ma conversation avec Pouliot – et je les remettrai à Lebel à 4 h.

Je vais à la Bibliothèque du Parlement chercher les ouvrages d'Alphonse de Chateaubriant et je converse avec J. Ch. Bonenfant. Puis je jette un coup d'œil sur les cours de la semaine (rapides à préparer, puisque je n'ai pas de mardis universitaires. – De 3 à 4, mon cours sur Boileau. – À 4 h je vais payer le téléphone.

Cours de Bellegarde de 5 à 6 1/2, sur la religion en Haïti. Il m'apprend que le gouvernement de la Province lui ayant offert un déjeuner d'État, j'y serai invité, mais dois changer l'invitation que je lui offrais pour demain. Des téléphones avec Onésime Gagnon et Beaulieu, ministre du Commerce, arrangent la chose ; Pierre Chalout me demande aussi de la part de ce dernier s'il convient de nommer le président Lescot et Toussaint-Louverture[41], « fondateur de l'indépendance d'Haïti ».

Soirée plutôt ennuyeuse chez le Dr Couture avec Bellegarde et sa bande. Je cause surtout avec Mgr Labrie – inaccessible à l'« obscurisme » en poésie – et avec cet homme distingué et un peu triste qui se nomme Maurice Hébert[42].

11 novembre

Je vais ce matin à la commémoration de l'Armistice, avec le groupe de la France qui dépose une couronne à la Croix du Souvenir : c'est Pacreau qui s'en charge. Causé avec Mme Moeneclaey, qui en dépose une de son côté : elle me demande d'observer l'attitude de Ristelhuber à ses conférences. Derrière nous, Bardou et Rossano, présentant la couronne de l'inexistante Société française... Vivès est tout fier de servir de page au Consul ; nous rentrons ensemble, et il me dit ses rancunes contre X et Y...

À 1 h., déjeuner du ministère à Dantès (au Cercle universitaire) ; je suis entre Ferland et Poznanski, en face d'Onésime Gagnon, du juge Sévigny et de Dantès... Les Haïtiens me valent ce plaisir naïf d'être traité en personnage important. On me traite, en fait, comme si j'étais le consul de France, et l'on m'adresse des paroles qui lui sont destinées sur la solidarité des peuples de langue française... J'ai conscience, tout de même, de l'immense portée de ce qu'on peut faire ici dans ce sens. Atmosphère très agréable, pas trop protocolaire. Pouliot me reparle de lord Semple qu'il invite à parler le 21 à l'Université sur la France et l'après-guerre et qui veut insister sur la nécessité de reconstituer intégralement l'Empire français.

---

41. Toussaint-Louverture (1743-1803). Général et homme politique haïtien, qui contribua à l'abolition de l'esclavage en collaboration avec le gouvernement révolutionnaire français. Ses intentions d'établir dans son pays une république noire lui attirèrent l'hostilité de Bonaparte. Arrêté, il fut emprisonné au fort de Joux, dans le département du Doubs, où il mourut. *Encyclopædia Universalis*.
42. Critique littéraire et fonctionnaire provincial québécois, auteur notamment d'un recueil de critiques intitulé *De livres en livres*, publié en 1929. Il est le père de l'écrivaine Anne Hébert. MICHON, *op.cit.*, passim.

Rentré vers 5 h je n'ai que le temps d'écrire à mamé; je voudrais me confesser mais il n'y a plus personne; et après 6 h je copie un peu de Rabelais, les enfants se disputant la tâche de secrétaire.

Enfin une soirée à la maison!

12 novembre

8h: messe; sermon sur le scandale «homicide spirituel», qui terrorise les enfants.

Au moment où je vais me raser, j'ai la surprise de la visite de Mgr Robert (des Gonaïves), avec un père de Montfort, de Lauzon, chez qui il loge: escapade à Québec malgré son médecin. Je l'invite pour midi; téléphone à Dantès Bellegarde pour prendre congé, chez Mme Lahaye pour savoir si elle reçoit, j'écris à Moeneclay ce qui l'intéresse de mes conversations d'hier; et j'ai à peine commencé de lire quelques pages de la thèse de Sœur Marie-Carmen lorsque Mgr Robert revient, à midi moins le quart. Agréable déjeuner, nous parlons d'Haïti, de la France; il se détend avec les enfants, il me dit l'évolution du clergé canadien en faveur du général de Gaulle depuis ses démêlés avec les communistes; je lui conseille de voir Moeneclaey.

Lu ce matin aussi un texte confidentiel polonais que m'a passé Poznanski et dont j'admire la sérénité et le sens du réel: aucune tentative pour assimiler le cas polonais et le cas yougoslave comme le voudraient les extrémistes, aucune propagande systématique. Mais je crains qu'il ne faille dire un «à quoi bon».

Après le départ de Mgr Robert vers 3 h et une tentative (avec Jules Simard) de rafistoler ma radio défaillante, nous allons à pied voir Mme Lahaye à l'hôpital du St-Sacrement: c'est la seule promenade possible par le froid qui devient vif malgré l'absence de neige. À la porte, l'avis «visite interdite» me fait hésiter: Mme Lahaye me dit être mise au repos par le Dr Garant à cause de son cœur et de ses insomnies. Ses petites sont là, avec une jeune Amyot: nous montons voir le bébé, qui porte bien sa marque de fabrique. «Encore une fille!» ç'ont été les premières paroles de sa maman; elle craint un peu la déception de son mari qui n'a pas les sourires de l'enfant pour la compenser. Elle me montre une dépêche, d'où il ressort qu'il n'a pas reçu de nouvelles depuis 35 jours, bien qu'elle écrive régulièrement; et la réciproque est vraie. Ineptie des administrations américaines qui devraient transmettre par voie spéciale.

Retour en tramway. De 5 à 6, je dessine des bonshommes du Dr Post, au salon, pour les enfants.

Puis je lis le *Times*. Bonne nouvelle: l'admission de la France à la commission consultative européenne.

13 novembre

Cours à Sillery sur Tartuffe. J'ai fini hier soir *St Pierre-et-Miquelon* d'Aubert de la Rüe, et commencé à parcourir le *Brésil* de Pierre [Deffontaines] (en espagnol) que je continue dans l'autobus.

Après-midi, de 2 à 3, puis de 6 à 7, je corrige les copies de Sillery (pour la première fois, Luce Turcot m'en remet une, faible) ; de 3 à 4 je vais acheter à Jean-Claude, rue St-Joseph, une casquette dont il est très fier, des bottines, des caoutchoucs, et pour moi-même je tente infructueusement d'avoir une chemise de nuit. De 5 à 6, cours sur la monarchie française (XVIIe et XVIIIe siècle).

Le soir, à l'Institut des Relations Internationales (qui se réunit pour la première fois à la Bibliothèque de l'Institut canadien), causerie de Ristelhuber sur la Bulgarie. J'y retrouve Poznanski, Patry, etc. Et aussi le Dr Simard (qui sait l'arrivée de sa femme en France) et P. Chaloult, et Mordret vieilli et accablé par une maladie récente de sa femme. Rentré en conversant avec Bilodeau.

Rien à reprocher à la causerie de Ristelhuber.

14 novembre

J'achève de corriger les travaux de Sillery, ce matin de 10 à midi, puis à 2 h. ; et ensuite, sauf l'interruption de mon cours sur Boileau (3 à 4) je corrige la thèse de Sœur Marie-Carmen. À midi, on m'apporte une dépêche (toujours un petit frisson) : c'est de Moeneclaey, qui s'excuse de ne pouvoir assister à la conférence de lord Semple, et me charge de féliciter l'orateur.

À 8 h 1/2, j'assiste au cours public de Ristelhuber sur les causes de la guerre de 1914 : irréprochable, avec un petit couplet sur la restauration de la puissance française et le chef énergique à qui elle est due. Mais dans l'assistance, tous les ex-vichyssois : Bruchési, Benoît, Bardou, la mine allongée ; le danger serait de le voir transformé malgré lui par eux en centre de ralliement s'il habitait ici. L'abbé Savard l'a présenté : quel imbécile ! Je souhaite que les chaires d'histoire ne tombent pas en de telles mains ; et c'est sans doute pour se pousser qu'il a pris sous son bonnet cette invitation.

Écrit à Roger Picard pour le remercier de son *Romantisme social*[43].

15 novembre

Journée employée tout entière à corriger la thèse de Sœur Marie-Carmen ; je ne sors, entre 4 et 5, que pour m'acheter une nouvelle monture de lunettes, Bernadette ayant cassé la mienne en voulant grimper à califourchon sur les épaules, et pour m'informer au secrétariat du destinataire d'une lettre que je reçois par erreur (adresse à « M. E. Viat, Université Laval, Montréal »), et qui doit concerner un professeur de médecine de Montréal.

Mgr Labrie me consulte sur le choix de l'abbé Félix-Antoine Savard qu'il veut nommer professeur à la Faculté des Lettres ; comme je suis professeur titulaire de littérature française, il tient à prendre mon avis. Satisfait de lui voir cette déférence

---

43. Ouvrage publié par Picard en 1944 à New York.

et aucune objection à l'abbé Savard, que je considère comme le meilleur écrivain canadien (s'il s'agissait de son homonyme l'historien, ce serait autre chose) et qui n'entre pas vraiment en concurrence, lui poète, avec mes cours d'historien. Je me dis au surplus que cela pourrait me faciliter des allées et venues comme j'en envisage pour l'avenir.

La radio annonce des météores pour minuit : je sors dans la cour pour les regarder, mais en vain.

16 novembre

Une demi-heure à la Bibliothèque, où je vais chercher un nouveau volume du *Journal des voyages* et les *Lettres de mon Moulin* pour les enfants ; j'en rapporte aussi des P. Adam arrivés d'Ottawa. – À l'École normale, salle des professeurs, je remets à Lebel une commande pour la bibliothèque (le *Ronsard* de Wyndham Lewis), échange des impressions sur les deux abbés Savard, sur les thèses d'Université passées « en contrebande » aux cours d'été, sur les thèses en cours, sur Ristelhuber : Bilodeau a remarqué la présence de tous les ex-Vichyssois.

Lettre d'Yves Simon, à qui je réponds [44] : le sénateur Bouchard lui a dépeint la situation du Canada comme « sinistre » ; je rectifie, mais Yves Simon, si américanisé, a-t-il le jugement assez sûr pour comprendre ?

Écrit à maman. Achevé de corrigé la thèse de Sœur Marie-Carmen. À 4 h je vais chercher mes nouvelles lunettes (dommage, je vois mieux avec celles qui me blessent le nez) puis je mène Jean-Claude chez le coiffeur. Je commence à relancer les collaborateurs de ma collection par une lettre à Vial et une autre à Clark. Et je commence aussi un article sur « les Écrivains nazis de France et le complot de 1940 », pour la *République française*, avant de terminer la journée par un peu de Rabelais avec Bernadette.

Soirée à la maison, comme hier : j'y aspirais après toutes mes sorties.

Dautry[45] est nommé ministre de la Reconstruction : excellent choix. Encore un « ami de mes amis ». Je puis du reste être fier du choix de mes vrais amis ; je les retrouve tous du bon côté, dans cette guerre. Notre esprit de la *Vie intellectuelle* et des Equipes (quoi qu'il en soit de Garric) a montré sa portée.

---

44. Yves Simon remercie Viatte de ses explications à propos du livre de De Koninck sur les personnalistes, mais n'est pas convaincu : « S'il voulait critiquer Gillet et Berdiaïeff (deux types assez distincts des " personnalistes ") il fallait qu'il se donnât la peine de les exposer ; s'il voulait critiquer certaines thèses de Maritain, il fallait lire les livres de Maritain, ce qu'il m'a déclaré n'avoir pas fait. Tout cela est de la légèreté. » ARCJ, 118 J 235, Corr. gén., Y. Simon à Viatte, 13.11.1944.
45. Raoul Dautry, proche ami de Robert Garric qu'il côtoie dans les Équipes sociales, a été marqué par les idées sociales de Lyautey développées dans *Le rôle social de l'Officier dans le service universel*. Nommé ministre de l'Armement le 20 septembre 1939, il s'engagera particulièrement dans les services d'aide sociale de la défense nationale et le Secours national, et poursuivra cette action sous le régime de Vichy. Son esprit critique envers l'Occupant augmentera lors du retour de Laval au pouvoir, et en 1943, Dautry prend ses distances avec un Garrric qu'il juge trop impliqué dans l'État vichyste. Traversant les régimes successifs, le « social » Raoul Dautry prendra dès 1944 la responsabilité de l'Entr'aide française pour la Libération. BAUDOUÏ, « Le social en action : Robert Garric, Lyautey, Georges Lamirand et Raoul Dautry » in : *Vie sociale*, n° 6, 1997, pp. 14-34.

Quant à Bidault, j'ai dû le rencontrer il y a vingt ans chez Gaëtan Bernoville, mais depuis je l'ai perdu de vue. Il était de ces réunions qui ont tourné court lorsque Bernoville fut piqué de la tarentule politique après les élections de 1924, d'où la décadence des *Lettres* tombées en quenouille, et leur disparition[46].

17 novembre

Je commence ce matin à préparer mes cours; passer une demi-heure à la Bibliothèque y chercher deux volumes; dès l'après-midi je puis me mettre à lire Alph[onse] de Châteaubriant. De 3 à 4, cours sur Boileau : Valin achève un très bon exposé, voilà un étudiant qui me plaît. De 4 à 4 1/2 j'indique à Sœur Marie-Carmen les modifications nécessaires de sa thèse. Ensuite je vais à la boucherie Bégin m'acheter du « filet mignon » dont j'ai été privé depuis longtemps. – Marguerite me demande une augmentation à 45 dollars par mois : c'est beaucoup ; mais il y a aurait de gros inconvénients à me séparer d'elle, les ennuis se succéderaient.

18 novembre

Je passe ce matin un moment à la Banque, pour rembourser Koyré d'un envoi en France dont il m'avait chargé et qui me revient : je lui écris ; j'écris aussi à mamé, et je lui envoie *Au pied de la Pente Douce*[47].

Après-midi, je reprends la lecture d'A. de Châteaubriant : encore frappé, en lisant *La Gerbe des Forces*[48], de voir combien Vichy n'a fait qu'appliquer un programme depuis longtemps concerté. – Frappé aussi que la dénonciation trop facile de la « bourgeoisie », aujourd'hui, concorde avec les sarcasmes nazis.

Téléphoné à De Koninck sur la demande de Marguerite : il me confirme qu'elle gagnerait aisément davantage, et que nos traitements, avec les impôts et le coût de la vie, deviennent très insuffisants ; car j'ai calculé qu'il me reste une marge minime, très insuffisante pour faire à mes frais le voyage d'Europe comme avant-guerre (sans compter l'hypothèque de Porrentruy) : raison de plus pour me chercher une « solution de Monléon » où je ne viendrais que pour un semestre avec mon centre d'activité là-bas. Pourquoi pas, même, en Espagne ? J'en dis un mot à Pierre. Parlé aussi à De Koninck du *Journal* de Gide.

Je n'ai vraiment plus assez suivi la production littéraire immédiatement avant la guerre.

À 3 h 1/2, je vais me confesser.

Prise de Montbéliard. Maman doit entendre le canon...

J'ai le temps ce soir de travailler à l'histoire de la famille (Victor Claro).

---

46. Voir l'introduction du premier volume.
47. Le roman de Roger Lemelin, qui sera un succès littéraire.
48. Alphonse de Châteaubriant (1877-1951). Romancier français, il est un admirateur d'Hitler et de son régime dès les années trente, comme le révèle son livre *La Gerbe des forces*, publié en 1937. Fervent collaborationniste, il œuvre pendant la guerre au rapprochement culturel franco-allemand sous la bannière nazie. COINTET, *op. cit.*, p. 151.

19 novembre

Plan pour mes *Écrivains nazis de France* si je les rédige[49] :

1. Précurseurs : Taine, Renan, Gobineau.
2. Georges Sorel.
3. Charles Maurras.
4. Montherlant ou le snobisme de l'énergie.
5. Le nihilisme nazi en France : Drieu La Rochelle, P. Dominique.
6. A. de Châteaubriant et l'idolâtrie nazie.
7. Pétain, la «Révolution nationale» et la réalisation du complot (Renan-Maurras-Pétain).

Appendice :

1. Giono et le Culte de la Vie.
2. Saint-Exupéry ou l'énergie à la française.

J'achève ce matin de lire A. de Châteaubriant et je commence à rédiger mon cours.

Après-midi, par un temps étonnamment doux pour la saison, je fais avec les enfants la promenade de Ste-Thérèse (ou plutôt de Chevalier) à Charlesbourg, par la route ; elle ne me prend pas plus de deux heures, et pourtant les enfants s'amusent comme des fous à se poursuivre aveuglés par leur coiffure sur les yeux. Nous trouvons l'autobus prêt à partir et nous sommes rentrés à 4 h 1/2. Mais c'est l'heure : ensuite le soleil tombe et l'air devient cru, en novembre.

Rentrés, nous jouons à collectionner des timbres une petite heure (les enfants que cela n'amuse pas énormément se poursuivent plutôt à travers le salon, demi-nus et déguisés). Puis je lis le *New York Times*.

Delle[50] est libéré : en vingt-quatre heures de Montbéliard, c'est une bonne trotte. On dit que les Allemands pillent et brûlent les villages. Que retrouverons-nous dans notre voisinage ?

Mais voilà qui ne rend guère vraisemblable un ralliement du Jura à la France, selon mon rêve tenace : lui, du moins, aura été épargné...

20 novembre

Ce matin, cours à Sillery.

De Koninck me téléphone les intrigues de l'abbé Savard (l'historien) qui menace de démissionner pour entrer dans la Faculté des Lettres si les chaires d'his-

---

49. Viatte se limitera semble-t-il à un article de revue sur ce thème, publié en février 1945 à New York dans *La République française*, sous le titre : « Les écrivains nazis de France et le complot de juin » (vol. II, n° 2, pp. 17-18). Il analyse effectivement dans cet article les tendances philonazies de Drieu la Rochelle, Pierre Dominique et Alphonse de Châteaubriant.
50. Petite ville française du Territoire de Belfort, située à la frontière jurassienne, non loin de Porrentruy.

toire lui sont attribuées. Ces intrigues cléricales me dégoûtent : des responsabilités du clergé dans le retard des Canadiens français. J'ai tort de les prendre si à cœur puisqu'après tout cela ne me regarde pas... Mais je ne puis me résoudre à dire un « tant pis pour les Canadiens, et puis zut ! » tant qu'il me reste la possibilité d'agir.

J'achève la rédaction de mon cours sur A. de Châteaubriant ; j'écris à Grégoire sur son volume de ma collection ; à 5 h., cours sur la première partie du XIXe siècle ; et le soir, j'achève mon article sur les « Écrivains nazis » pour la *République française*.

L'abbé Parent me demande par téléphone les diplômes exigés par les directeurs d'institution en France, pour les Sœurs de Marymount qui vont y rouvrir leur maison et qui voudraient y envoyer une religieuse munie du doctorat d'Université de Laval.

À 8 h Société du Parler français ; mais je quitte avant l'heure cette séance assez peu intéressante sur les expressions techniques des scieries, pour aller écouter les nouvelles. Les Français sur le Rhin, à Neuwiler et Hegenheim, peut-être à Mulhouse, Colmar, Belfort (plus, la prise de Metz) : cela me paraît une grosse victoire, c'est la percée, que j'aime à baptiser la « percée de Porrentruy » quoiqu'à vrai dire ce soit plutôt la percée de Montbéliard.

21 novembre

Écrit ce matin le résumé de mon cours ; puis écrit à Mirkine-Guetzévitch pour lui envoyer mon article.

Après-midi, cours à 3 h sur Boileau. Reçu une lettre du Dr Armand avec une invitation pour le Dr Simard, que je vais lui porter ; il me dit grand bien de Grousset, le dynamique ministre à la Havane, à qui je vais peut-être écrire. De 2 à 3 et après 5 h – malgré les devoirs des enfants qui viennent me consulter et me déranger un peu – je commence pour *La Nouvelle Relève* un article sur « les Problèmes de la France libérée »[51].

J'ai promis ce matin à Marguerite ses 45 dollars, sans lui cacher qu'ainsi elle fera plus d'économies que moi.

---

51. « Les problèmes de la France libérée » *La Nouvelle Relève*, III, n° 9, décembre 1944, pp. 556-562. Viatte se livre ici à un inventaire des difficultés surgies en France après l'accélération de l'histoire consécutive à la Libération. Sans dissimuler les problèmes, son message global demeure optimiste. La France doit reconstituer une armée forte et redevenir une grande puissance indiscutée : le général de Gaulle y pourvoiera. Le retour à la normale à l'intérieur est conditionné par plusieurs éléments : éviter les excès de l'épuration, même s'ils sont compréhensibles et excusables ; contenir la surenchère communiste en prolongeant les solidarités issues de la Résistance dans les grandes réformes socio-politiques nécessaires à l'avenir de la France ; accomplir un examen de conscience au sein de l'Église de France, et ainsi éliminer définitivement « le virus politique qui n'avait cessé, en contaminant une partie des catholiques, de fausser les consciences ». Tout cela pourra notamment se faire, selon Viatte, grâce à la jeunesse des nouvelles équipes dirigeantes françaises, mais aussi par l'élargissement de l'horizon qu'a provoqué la guerre, ouvrant des perspectives décolonisatrices en francophonie : « Moins que jamais, le Français ne verra un étranger ou un " sujet " inférieur dans le jaune ou dans le noir parvenus à la culture ; et c'est pourquoi, s'il reste des primitifs et des stades divers d'évolution qu'il serait utopique d'ignorer, les projets actuels de l'Assemblée consultative font un pas considérable dans la voie d'un fédéralisme impérial au bout duquel les citoyens français de toute race seraient associés en égaux dans le développement grandiose de leur civilisation. »

À 8 h., cours public sur A. de Châteaubriant. Conversé, avant, avec un monsieur qui me demande par quelle revue remplacer *Renaissance* devenu annuel (il songeait à *Lettres françaises*, dont je lui dit toutefois l'esprit antichrétien); avec un autre monsieur de Lévis qui s'attendait à me voir parler du grand Châteaubriand; et, après le cours, avec le P. Deschamps.

On se bat dans les rues de Mulhouse.

22 novembre

Je vais ce matin à la Bibliothèque, où Lebel m'apprend l'apoplexie de Mgr Labrie, frappé hier soir au cercle Laënnec, mourant, « il ne passera pas la journée »; et le Dr Blanchet rencontré en sortant m'apprend sa mort vers 11 h et demie. Lechevalier nous rencontrant à la salle des professeurs, je lui communique la nouvelle. Catastrophe pour la Faculté, en ce moment surtout où se discutent tant de problèmes; je cherche vainement « un bon doyen » parmi les prêtres de la Faculté des Arts; je crains l'abbé Savard, l'abbé Laliberté, l'abbé Maheux; ah! si Lebel pouvait être doyen, avec Lacourcière comme secrétaire! (Car moi, je ne veux pas me charger de nouvelles fonctions au moment où je songe à rentrer en France...) Pénurie du clergé canadien : situation de l'aristocratie au XVIIIe siècle, s'encroûtant sur les services passés, malgré les jeunes. – Lebel me confirme que l'abbé Aubert a fait sauter l'abbé Demers et l'a remplacé par un abbé Blanchet à son image...

Après-midi, je travaille à mon article sur la France, pour *La Nouvelle Relève*, dans lequel j'avance passablement (il s'agit de le terminer demain, car je vais être repris ensuite par mes cours du soir et ma chronique mensuelle); à 4 h je vais avec les enfants voir le « Père Noël », et ils sont déçus, car cette année il ne donne pas de cadeaux; du moins je m'achète des caleçons de laine, que je n'avais pas trouvés dans la Haute-Ville.

23 novembre

Ce matin, à la bibliothèque du Parlement, je discute avec J.C. Bonenfant et Pierre Chaloult la mort de Mgr Labrie. J'ai trois solutions pour son remplacement : si l'on cherche dans la Faculté, pourquoi pas Lebel avec Lacourcière comme secrétaire? Si l'on cherche au Séminaire, il faudrait se garder, comme la foudre, des abbés Maheux, Savard et Laliberté : mais peut-être l'abbé Talbot, ou l'abbé Beaudry? Mais le mieux serait d'en profiter pour une fusion en une « Faculté de Philosophie et de Lettres », qui grouperait tous ces enseignements connexes, au besoin chacun avec son secrétaire sous les noms d'École, Départements ou Sections, peu importe; ce qui permettrait d'y adjoindre la section d'Histoire puis celle des Langues modernes à mesure qu'elles se développeront...

Quel dommage d'avoir affaire, comme toujours au Canada, à des incompétents dans le domaine même qui est de leur ressort, – en la circonstance, l'éducation!

Rentré, j'écris à maman, je continue cette lettre à deux heures, puis mon article sur la France, que j'arrive à terminer pour le soir. – Achevé hier soir le *Romantisme social* de R. Picard. – Lettre de Raeders, qui me parle du passage du P. Ducattillon, suscitant des polémiques: encore! Ce pauvre Raeders, ex-vichyssois (au fait, ex-A[ction]-f[rançaise]), a eu des craintes bien vaines sur une révolution sanglante en France.

King se décide à envoyer des conscrits outre-mer: je m'attends à du grabuge. Mais aussi, les Canadiens admettraient-ils jamais cette nécessité? N'y a-t-il pas un parti pris de dire toujours non en toute circonstance? Ne taisent-ils pas les arguments adverses et l'état de l'opinion ailleurs n'est-il pas défiguré dans les journaux?

Le soir, je fais quelques pas dehors: manifestations de jeunes, panneaux et cris: «À bas la conscription!» devant la gare; une voiture brisée au bureau de conscription boulevard Charest; la radio annonce qu'une autre a été brisée au *Chronicle Telegraph*. Je ne puis m'empêcher de mépriser cette lâcheté qui s'étale toute crue.

24 novembre

Écrit aux Éditions de l'Arbre, pour leur envoyer mon article et une liste d'adresses en France[52]; je retrouve ainsi celle de Massignon qu'après mon cours je communique à Sœur Joseph-Mary qui s'en préoccupait pour sa thèse.

Je revois ce matin mes cours de la semaine et commence à lire Paul Adam[53]; je continue l'après-midi et après mon cours sur Boileau, à 4 h, je vais à la Bibliothèque voir si je n'en retrouvais pas quelque chose dans la collection de la Vie populaire à la salle de l'Index.

Bernadette rentre toute joyeuse d'être la première de sa classe et je téléphone le soir à Mlle Jobin pour m'assurer qu'elle pourra prendre part demain au concours des premières de classe à Radio-Canada.

25 novembre

Funérailles de Mgr Labrie. J'arrive après le départ du cortège, et ne puis trouver de toge; je me place toutefois aux premiers rangs des professeurs, entre De Koninck et A.O. Dufresne. Après, je serre la main à De Koninck, qui est rentré hier soir de Montréal et va voir le Cardinal; puis j'échange des vues avec Lebel sur la situation. Il m'apprend que l'abbé Parent sera probablement secrétaire-général: excellent choix; quant au doyen, il songe à pousser lentement l'abbé Félix-Antoine Savard, dont la nomination comme professeur sera sans doute annoncée la semaine prochaine; un doctorat d'honneur en janvier pourrait préparer les voies à sa nomination de doyen en mai. L'idée n'est pas mauvaise.

---

52. Claude Hurtubise souhaitait obtenir les adresses de Stanislas Fumet, Emmanuel Mounier et Daniel-Rops notamment. ARCJ, 118 J 235, Corr. gén., C. Hurtubise à Viatte, 9.11.1944.
53. Paul Adam (1862-1920). Romancier français influencé par Barrès et oscillant entre les courants symboliste et naturaliste. Ses ouvrages ont pour thèmes des épisodes historiques ou l'évocation de la société de son temps. LEMAÎTRE, *Dictionnaire Bordas de littérature française*, p. 9.

Lebel me communique le mémoire de Mgr Labrie sur les cours d'histoire[54]; d'autre part j'ai trouvé des arguments à utiliser dans le rapport des Universités canadiennes sur les problèmes d'après-guerre, dont j'ai pris connaissance hier soir.

Je vais à la banque toucher mon mois : il ne me reste que 50 dollars, et pourtant ce n'est pas un mois de grosses dépenses ! – J'écris à mamé. Puis je continue la lecture de P. Adam. À 4 h., confession.

À 7 heures, concours au Palais Montcalm entre les premiers de classe. Bernadette a la chance d'obtenir par tirage au sort un prix de présence, qu'elle va d'abord chercher sur la scène, nullement gênée, au beau milieu de la représentation ; il fallait attendre la fin. Elle reçoit la Sœur de Gribouille, que précisément elle convoitait depuis longtemps.

Jeanne Lapointe me téléphone au sujet d'une thèse ; je lui donne rendez-vous pour mercredi soir. Sœur Marie-Carmen m'envoie la sienne : c'est bien se presser ; je n'ai pas le temps de m'en occuper cette semaine.

26 novembre

Après la messe, je lis Paul Adam toute la matinée.

Après-midi, je fais avec les enfants l'ascension du Mont Saint-Castin par la piste de ski : panorama magnifique sur les Laurentides superposées, au fond les montagnes de Stoneham, le Lac Jaune et le lac Neigette sortis dans les bois, à l'extrême-droite le lac Beauport ; puis nous suivons la crête, rencontrons un oiseau de la taille d'une oie, pas farouche du tout ; au loin des coups de feu de chasseurs et le canon de Valcartier. Après avoir évité un ravin trop embroussaillé, nous rencontrons un chemin qui nous mène au fond d'un pré, puis retraverse un bois, aboutit à un autre chemin et finalement nous débouchons non sur notre but Notre-Dame-des-Laurentides, mais beaucoup plus près de Québec, vers le couvent de St-Pierre de Charlesbourg. Je cours, je chante avec le même plaisir que mes enfants. Nous avons manqué l'autobus de très peu et il faut l'attendre près d'une heure, par une température qui devient glaciale : je songe aux pauvres Juifs déportés par la même température dans leurs wagons à bestiaux. Au total un bon bain d'air. Mais Bernadette a fait son « cauchemar » une heure après s'être endormie ce soir, comme toujours lorsqu'elle a fait une trop longue marche.

---

54. Ce mémoire, rédigé le 6 novembre, expose en détails et une fois de plus les raisons qui plaident en faveur d'un rattachement de la section histoire et géographie à la Faculté des lettres de l'Université Laval : des raisons d'usage par imitation des modèles académiques existant sur les continents américain et européen (les exemples des usages en Suisse ont été fournis par Auguste Viatte), ainsi que des raisons d'ordre administratif, culturel et national. Mgr Labrie souligne en effet que « l'Université Laval est en grande partie française par son caractère, par sa structure. (...) Si l'Université Laval, parce que située en Amérique, doit abandonner son caractère pour s'adapter au milieu anglo-saxon, on ne voit pas très bien alors la raison d'être de son existence ; elle fait donc partie du " melting-pot " américain. Or, personne ne consentira à accepter cette démisssion. Du reste, nos relations intellectuelles sont plutôt avec la France qu'avec le monde anglo-saxon. » ASQ, Boîte 319/28, Deuxième mémoire de Mgr Labrie, 6.11.1944.

Je tente de téléphoner à De Koninck sur les affaires de la Faculté: mais il est occupé avec l'abbé Parent (qui répond d'abord) et sans doute d'autres.

Je ne laisse pas d'être préoccupé des contre-offensives allemandes en Alsace.

Indigestion ce soir.

27 novembre

Cours à Sillery.

Téléphoné à De Koninck pour discuter la situation universitaire. Il approuve la solution F.-A. Savard, ou à son défaut une solution Maurice Lebel; quant à une fusion des Facultés, il n'y faut pas songer, en raison des ennemis qui au Séminaire le jalousent et l'accusent de vouloir laïciser les Facultés, etc. L'abbé Parent lui a dit que l'autre abbé Savard convoite, non seulement une chaire d'histoire, mais l'organisation de ces cours, et qu'il sera difficile à déjouer parce que ses collègues du « Petit Comité » du Séminaire se croiront obligés de le soutenir. Du cléricalisme; de la Congrégation; du clergé devenu « société secrète ». Au besoin De Koninck interviendrait auprès du Cardinal. Et c'est celui-ci qui veut faire nommer l'abbé Parent secrétaire général, poste principal de l'Université.

« On parle toujours en mal du Séminaire de Québec: mais qui est-ce, le Séminaire de Québec? » me demandait de Monléon. Nous le voyons maintenant.

Invitation à un déjeuner-conférence de Maurice Lebel sur l'enseignement canadien-français pour mercredi: cela me tenterait assez. Lettre de Clark; et de Grégoire m'apprenant sa nomination à la présidence intérimaire de l'École, avec une lettre-suggestions d'Alvin Johnson qui ne me plaît pas en tout. (Je n'aimerais pas une adaptation de l'École au système américain.)

Je passe toute la journée et une partie de la soirée à finir mes lectures de Paul Adam. Cours de 5 à 6 sur la Troisième République. Il tombe une pluie continuelle, un moment mêlée de neige puis de brouillard.

28 novembre

J'écris ce matin mon cours, l'achève après-midi, puis en fais le compte rendu pour les journaux: cela me mène jusqu'à 3 heures. Cours sur Boileau de 3 à 4; puis conversation de cinq minutes avec Sœur Marie-Carmen qui me soumet les cinq propositions de sa soutenance. Je vais acheter mon journal chez Langlois, je commence ma chronique internationale. Les enfants, le soir, lisent entre eux la sœur de Gribouille, ce qui interrompt Tartarin. À 8 h 3/4, cours sur Paul Adam: je rencontre, avant, Lemelin, et après, le rédacteur de *L'Action catholique*, anticommuniste d'une façon bête qui rendrait communiste pour le plaisir de le contredire...

29 novembre

Pour la première fois de l'année, en me réveillant, je trouve les vitres de la salle de bains gelées. Le thermomètre n'est cependant qu'un peu au-dessous de 30° Fahrenheit.

Je commence la journée par un téléphone à la Société St-Jean-Baptiste, que je préviens de mon assistance à son dîner, et un autre à Mlle Langlois, au sujet d'une circulaire où il me déplaît que ne figure pas ma signature. Elle me donne des nouvelles de Mme Simard, qui trouve la vie à Paris effroyablement chère – 500 fr. un repas convenable – et a retrouvé son père malade et vieilli ; elle pense l'emmener au Canada...

Je continue ensuite ma chronique dans laquelle j'avance passablement au cours de la journée.

Déjeuner de la St-Jean-Baptiste : je fais bien d'y aller, car j'ai retrouvé toute la Faculté ; on me place à la table d'honneur près de Lechevalier et de Lacourcière. Conférence de Lebel, dont je ne savais pas qu'il fût influent dans ce groupe. En rentrant, je m'entretiens avec Lacourcière des intrigues de l'abbé Savard : il me dit la susceptibilité de ce dernier, qui traite en ennemis les contradicteurs ; et ne prend pas au tragique ce qui sera fait pour lui, qui ne sera que du provisoire. Mais l'exemple de l'abbé Aubert et de ses méfaits persistants me rend plus pessimiste. Rien de bien ne se fera tant que le clergé canadien sera dirigé à la manière d'une société secrète. Ce que les anticléricaux racontent de la « Congrégation » doit avoir été fondé à l'époque...

À 5 h visite de l'abbé de Smet qui prend rendez-vous pour une soirée jeudi prochain.

À 8 h 3/4 Mlle Lapointe vient me consulter sur un projet d'études linguistiques et de séjour en France comme boursière. Je lui conseille d'entrer en rapports avec Lévi-Strauss d'une part, de l'autre avec Bruneau et Cohen. Mais l'année prochaine ne sera-t-elle pas prématurée ? Voici que Churchill laisse entrevoir la prolongation de la guerre jusqu'en été...

30 novembre

Je vais à la Bibliothèque prendre les Saint-Exupéry ; après quoi je rencontre Lebel et discute de la situation universitaire. Il me passe un excellent mémoire qu'il destine au gouvernement pour en obtenir 125 000 dollars à la Faculté des Lettres, somme qu'Onésime Gagnon a promise à peu près ; le mémoire mentionne les chaires d'histoire (neuf) : il vaut mieux prendre ainsi les devants. De ces entretiens avec les jeunes, je sors réconforté, persuadé qu'il y a quelque chose à faire ; les autres décourageaient.

Lettre de Pierre (10 octobre) avec la copie d'une carte de Gérard – la première – me plaçant dans l'atmosphère de la libération près de Toulouse où il était en camp scout. Je la lis par téléphone à Mme Lahaye qui cherche à rejoindre Mme Georgeot installée provisoirement dans un garage : curieux mélange de non-conformisme et de bourgeoisisme chez cette jeune femme qui d'autre part ne fait pas de visite, qui est allée à Paris et à Naples, et quittera bientôt Agadir pour l'État-major en France.

Lettre de Vial sur son Voltaire. J'achève ma chronique mais ne puis la porter ce soir à l'abbé Bégin[55] : une violente tempête de neige souffle depuis ce matin ; à 4 h je suis allé réserver une place pour demain au cinéma Canadien, l'électricité ne marchait pas, le *New York Times* n'était pas arrivé, les journaux locaux n'ont eu qu'une édition, le vent manquait de me jeter par terre, rue Couillard, en rentrant, et me coupait la respiration, des aiguilles de neige me piquaient le visage...

À 6 h 1/2 la lumière s'est éteinte et en ce moment (9 h) elle n'a pas encore repris, pas plus que le souffleur du chauffage central et du frigidaire... Je n'ai jamais vu semblable incident depuis mon arrivée à Québec. Bernadette en fait une peur nerveuse. Vers la nuit, la pluie se substitue à la neige.

Téléphone de Moeneclaey qui m'invite pour demain soir avec Blanchard : rentré pour un mois, excédé des mesquineries montréalaises. Bellegarde a très bien parlé... devant un public « de bois ».

1er décembre

Chaudement enveloppé, je n'ai pas eu trop froid cette nuit ; mais toute la journée l'électricité manque ; on allume un feu de cheminée, qui ne suffit guère.

Corrigé mes devoirs de Sillery.

À 3h je vais pour donner mon cours ; les étudiants se plaignent de geler, dans leur salle glaciale et malgré l'atmosphère confinée et la fenêtre fermée depuis le matin ; je leur donne congé, d'autant que la Faculté de Médecine chôme aussi pour la même raison. – Le matin j'étais allé voir l'abbé Bégin, lui aussi grelottant dans sa chambre, pour lui porter mon article. Il me dit que la *Semaine religieuse* publie encore des extraits de Pétain ; que les recrues qui ne veulent pas partir sont en général des fanatiques de l'abbé Groulx ou de l'abbé Gravel[56] aux yeux desquels la province de

---

55. « Chronique internationale » *Le Canada français*, XXXII, n° 4, décembre 1944, pp. 266-274. Viatte se dit satisfait du résultat des élections américaines, qui démontrent par le choix de Roosevelt que les « citoyens des États-Unis ont délibérément subordonné tous les problèmes à la poursuite de la guerre ». Il ne cache également pas sa joie de voir l'Alsace-Lorraine libérée, qui plus est par les armées françaises : il y décèle une valeur symbolique et le signe que n'importe quel front tenu par les Allemands est susceptible d'être rompu. Le reste de la chronique est essentiellement consacré aux différents points de tension apparus dans les relations entre l'URSS ou les partis communistes d'une part, divers gouvernements d'autre part. Parmi ces derniers, Viatte donne l'exemple de la Suisse, qui « n'a jamais aimé les Soviets » et où le rétablissement de relations normales avec l'URSS a passé par le départ du Conseiller fédéral en charge des affaires étrangères, le vaudois anticommuniste Pilet-Golaz. En tous les cas, le professeur de Laval dédramatise et se refuse à distinguer des signes de complot communiste international dans ces diverses crises : « La Russie émet des revendications précises, territoriales ou diplomatiques ; ailleurs, elle professe officiellement un désintéressement total, et laisse l'extrême-gauche travailler pour elle. Partout en réalité, dans notre monde solidaire, des situations ressemblantes aboutissent à des effets parallèles. »
56. Vicaire de la paroisse Saint-Roch à Québec, l'abbé Pierre Gravel y prêche son attachement au régime de Vichy à l'automne 1941. Il sera remis à l'ordre par le cardinal Villleneuve quelque temps plus tard. AMYOT, *op.cit.*, pp. 172 et 198.

Québec seule est la patrie et non le Canada. Causé un peu aussi des chaires d'histoire, dommage qu'on ne puisse se fier en tout à ce médisant abbé Bégin, qui dit du mal des abbés Savard et Maheux dont selon d'autres il est copain...

Causé avec Lebel, après 3 h., des démarches faites par l'abbé Félix-Antoine Savard pour obtenir un octroi du gouvernement à la Faculté, et du bon accueil d'Onésime Gagnon. Cela me paraît le meilleur moyen d'éconduire les intrigues : prendre les devants ; dresser nous-mêmes notre liste de candidats, en laissant au P. Ledit, éventuellement, l'organisation des cours, non le choix des candidats ; jeter au besoin à l'abbé Georges Savard un os à ronger... J'attire l'attention de Lebel aussi sur notre situation financière qui devient précaire, et la nécessité de hausser les traitements : il y songe bien, c'est un des avantages qu'il attend de l'octroi gouvernemental ; Lechevalier survenu là-dessus calcule qu'en impôts directs seulement on nous ôte 34 % de notre revenu, il faudrait à ce taux du 50 % pour rétablir le niveau d'avant-guerre, je n'y compte pas... Aux cours d'été – pour lesquels j'insiste sur le fait que je puis être présent ici – on envisage de prévoir d'avance un traitement augmenté.

Le soir, je vais au film de Pierre Blanchar[57], dans la loge de Moeneclaey, avec le Dr Simard et Mme Lahaye. Discours ardent de Blanchar qui a pu faire faire la grimace à bien des «vichyssois» de Canada-France, de même que la vue représentant le portrait de Pétain foulé aux pieds... Film bouleversant ; j'aurais donné les quatre ans de servitude pour vivre cette heure ; cela me manquera toujours. Le deuxième film est d'un romanesque plus banal (Pontcarral[58]), intéressant seulement comme un «documentaire» de la façon dont on glissait des allusions politiques inaperçues...

Le Dr Simard a rencontré le Cardinal Villeneuve : celui-ci est venu à lui et, devant témoins, a tenu à lui dire que s'il n'était pas allé en France ce n'était pas mauvais vouloir du général de Gaulle, mais au contraire qu'après de longs entretiens avec Guérin et le P. Delos il a jugé un tel voyage embarrassant dans une situation encore instable : il a dû comprendre qu'il s'exposait à quantité de gaffes involontaires par le simple fait de recevoir ou de visiter tel ecclésiastique compromis...

On sort du cinéma à minuit et demi, et l'on se rend à une réception pour P. Blanchar au Clarendon : rencontré Tudor-Hart, Labouret, Bruchési, le Dr Perron et Madame, Després, Falardeau, etc. Labouret a des nouvelles des siens, attend que la crise du transport lui permette le départ. J'apprends que le *Châteauroux* a coulé par une fausse manœuvre, sans mort d'homme, en arrivant en Angleterre...

Je prolonge la soirée, me demandant si je vais retrouver une maison glaciale : mais l'électricité marche depuis 9 h.

---

57. Il s'agit certainement d'une avant-première du film *Bataillon du Ciel* d'Alexander Esway, sur un scénario de Joseph Kessel. L'acteur Pierre Blanchar (1892-1963) y incarne le commandant français du seul bataillon français de parachutistes lancé sur la Normandie lors du débarquement allié du 6 juin 1944.
58. *Pontcarral, colonel d'Empire* est un film de Jean Delannoy, réalisé en 1942, dans lequel joue Pierre Blanchar.

2 décembre

J'achève mes corrections; j'écris à maman dont une lettre du 20 septembre m'est arrivée hier. Lettre de Koyré. Ensuite je commence à lire Saint Exupéry. À 3 h confession. Le *NY Times* a encore un jour de retard et il fait froid dehors.

Les enfants vont glisser en traîneau une heure à la Citadelle. Ils me disent les ravages de la tempête sur la Terrasse du château, les toits des kiosques emportés...

3 décembre

J'achève – ce matin ou presque – de lire Saint Exupéry.

Comme il fait encore très froid, je téléphone chez les amis des enfants pour les leur faire rencontrer cet après-midi: mais Mme Lahaye est sans bonne (elle trouve mes 45 dollars à Marguerite excessifs, et connaît des cas analogues où l'on ne donne que 40...; Claudine se plaint de la partialité de Mademoiselle[59] envers Bernadette et le prix de celle-ci lui a valu de prendre l'école en grippe...); le petit Jean Demers va chez sa grand-mère; et Mme De Koninck m'apprend qu'Arthur a la scarlatine, maladie décidément beaucoup plus répandue ici que chez nous.

Après avoir commencé *L'Automobile de verre* de Paul d'Ivoi[60], dont la lecture va jusqu'à 3h car ils en sont insatiables, nous allons donc simplement faire un tour à l'Esplanade, la Citadelle, la petite place derrière le château où je laisse Bernadette avec son camarade Michel Gingras qu'elle a rencontré, et le Château dont je montre les salons à Jean-Claude... Traces de la tempête: arbres arrachés, toit du kiosque disparu sur la Terrasse. Le bleu métallique du fleuve annonce une prochaine congélation.

4 décembre

Cours à Sillery. J'ai le temps, avant, de passer à la Bibliothèque chercher un *Journal des Voyages* pour la suite du récit de Paul d'Ivoi que je lis aux enfants (*L'Automobile de Verre*). Et, en rentrant, je m'attarde à discuter avec la Sœur en lui montrant la lettre que j'ai reçue de Pierre ce matin avec la photo de Germain. Il n'a eu des nouvelles de Roger Pons que le 20 octobre, une semaine à peine avant moi!

Après-midi, j'écris mon cours sur Saint Exupéry. Je vais à 4h voir mon propriétaire M. Pâquet pour lui demander des réparations à la cuvette et à la ventilation du fourneau, qui marche mal: je crois que ce soir j'en ai trouvé la cause, une fuite d'air par le tiroir d'en bas.

À 6 h cours sur les institutions politiques de l'ancienne France.

---

59. Le nom de cette enseignante est (volontairement?!) omis par Viatte.
60. Paul d'Ivoi (1856-1915). Romancier populaire français, il est connu pour ses romans d'aventure, en particulier *Les cinq sous de Lavarède*, contant le tour du monde du jeune André Lavarède, cinq sous en poche... *Encyclopædia Universalis*.

5 décembre

J'écris ce matin le compte rendu de mon cours, pour les journaux, puis recopie quelques passages de P. Adam en vue de mon livre, avant de renvoyer ses œuvres à Ottawa. À midi je vais payer Mlle Jobin, puis je passe à la Banque pour y déposer le chèque du Centre de Documentation. Je commence à revoir une fois de plus la thèse de Sœur Marie-Carmen, où il y a encore quelques négligences. De 3 à 4, cours sur Boileau.

À 4h visite de Mme Georgeot, qui cherche un appartement, chassée par la tempête du hangar où elle avait trouvé un gîte provisoire. Elle va chercher au Manoir Hébert ; je téléphone à Mlle Langlois et à mon propriétaire M. Pâquet, qui chercheront aussi.

Je vais ensuite acheter des couvre-souliers à Jean-Claude ; et louer des places pour les Fourberies de Scapin qui se donnent bientôt, et où je veux mener les enfants.

Court-circuit dans le souffleur à midi : ce qui me vaut encore une journée sans chauffage. L'électricien n'envoie des hommes que le soir, au mécontentement justifié du vieux Pâquet qui attend presque toute l'après-midi.

Joie d'une lettre de Gérard Deryckère, et de le sentir avide de mes réactions : nous avions tort de craindre qu'on nous traite comme « ceux qui n'ont pas souffert ». Et très bonne lettre de mamé, avec des nouvelles de la rue Cassette. Mais comment m'y prendre pour réaliser ce rêve de mission en Espagne, dont on me reparle ?

À 8 h 1/4, cours sur Saint-Exupéry. En sortant une demoiselle me fait signer un album d'autographes, un frère de J.P. Tremblay se présente (il est maintenant à Rimouski) ; et Mlle Lapointe me dit avoir écrit, pour sa bourse, à l'École Libre des Hautes Études.

6 décembre

Saint Nicolas : les enfants se précipitent dans ma chambre, tout joyeux de leurs cadeaux : ils y croient encore ; il faut pourtant que bientôt je les détrompe. – Je vais en acheter pour Noël ; puis je corrige la thèse de Sœur Marie-Carmen et le chapitre de Sœur Joseph-Mary.

Je téléphone à Mme Lahaye ce qui peut l'intéresser dans mes lettres d'Europe ; à De Koninck (sa femme me répond, en son absence, que Dominique et Marie-Charlotte ont aussi probablement la scarlatine) ; à Moeneclaey, mais il est absent à Montréal, et là encore sa femme me répond.

Je vais à 4 h au Palais Montcalm où Mlle Langlois me remet des billets à distribuer pour la représentation du 27 au profit des enfants de France. Rencontré Sœur Marie-Carmen, que je ramène pour lui communiquer mes observations sur sa thèse.

Enfin j'ai terminé mes corvées, et je puis me mettre à ma correspondance : ce sont souvent les lettres qui constituent les vrais actes dessinant une carrière. Répondu d'abord à Koyré, à Grégoire et à Gosse.

Je commence le soir à raconter aux enfants *Donogoo-Tonka*[61].

On rétablit ce soir seulement l'éclairage de la rue interrompu par la tempête.

Six mois à peine depuis le débarquement en Normandie : voilà six mois bien remplis et qui m'ont paru longs, au point de vue de ma vie comme des événements ; six mois riches d'action, d'aventures, de réflexion ; voilà ce qu'il me faudrait pour que cette vie me paraisse suffisamment étoffée.

7 décembre

Je vais à la Bibliothèque où je converse avec Drolet, puis je rencontre Lebel à la salle des professeurs : il a écrit à l'École normale supérieure pour avoir des candidats aux chaires d'histoire et de géographie.

Circulaire de Koyré demandant les manuscrits de *Renaissance* pour le 22 : tuile ; j'espérais me mettre à ma correspondance. Je copie ce soir quelques pages du 4ᵉ chapitre (le Canada pays bilingue) puis me demande s'il n'est pas trop scabreux et s'il ne vaudrait pas mieux lui substituer le chapitre sur les Franco-Américains de Nouvelle-Angleterre[62].

J'écris cependant à mamé, à Élisabeth et au P. Delos.

Le petit poisson de Bernadette est mort à midi.

8 décembre

J'alterne, pendant la journée, entre la copie de mon chapitre sur les Franco-Américains, mes corrections de devoirs, et ma correspondance (écrit à Bonneau, à Gérard Deryckère).

À 1 h., déjeuner du Séminaire : je suis entre Mlle Lapointe et Mme Lacerte (à qui je montre la lettre de Ricard), et en face de L.-Ph. Pigeon avec qui je discute la situation générale : j'ai l'impression qu'il a été un « antigaulliste » accusant le général de faiblesse envers les communistes... Discours de Mgr Gagnon qui me fait plaisir par son insistance sur les besoins de la Faculté des Lettres : il semble adopter notre point de vue.

---

61. Ouvrage de Jules Romains écrit en 1920.
62. C'est effectivement sous ce titre que paraîtra l'article de Viatte dans le numéro de *Renaissance* daté de 1944/45 (pp. 322-335). Le professeur de Laval y brosse le portrait social d'une communauté d'un million et demi de personnes parlant français en Nouvelle-Angleterre et évoque leur histoire, leur organisation paroissiale, scolaire et associative. Il y voit des signes positifs de développement, tant au niveau démographique que sur le plan de l'ascension sociale d'une majorité de cette communauté, mais aussi des dangers liés aux tensions existant avec un clergé irlandais souvent assimilationniste et au risque d'un appauvrissement de la langue française. Suivant le principe d'unité dans la diversité qu'il affectionne, Viatte conclut : « Il nous suffira de constater l'existence bien réelle d'un nouveau peuple, qui dès maintenant a vécu assez longtemps pour compter dans l'histoire, et qui, demeuré français, peut ajouter des nuances fécondes à la grande République dont il fait partie et qu'il sert fidèlement. »

Moeneclaey me téléphone ce soir pour m'annoncer son retour, et je vais tâcher de combiner une soirée avec lui pour la semaine prochaine.

Bernadette ayant un peu d'eczéma, je demande l'avis du Dr Garant, qui lui interdit les tomates et le vinaigre, à son désespoir.

9 décembre

Je téléphone à Moeneclaey, qui paraît enchanté de rencontrer Onésime Gagnon, et non défavorable à l'idée de rencontrer le P. Ledit ; je lui dis mes impressions favorables, qu'il partage, sur Ristelhuber, et le renseigne sur l'Alliance française. – Ensuite vient Sœur Joseph-Mary au sujet de sa thèse : encore une qui brûle d'aller en France, pour y achever ses études ou se faire affecter à la reconstruction. – Téléphone de De Koninck : quatre de ses enfants ont la scarlatine ; il a reçu le compte rendu d'Yves Simon, dont il ne se fâche pas ; d'après l'abbé Parent, on songe sérieusement à l'abbé Laliberté comme doyen de la faculté des Lettres – l'abbé F.A. Savard qui n'est pas «du Séminaire» éveillerait de l'opposition – et comme il n'y tient pas, peut-être nous laisserait-il tranquilles en pavant les voies à une fusion des deux Facultés, les deux doyens s'effaçant...

Tout cela me mène presque jusqu'à midi. J'écris à maman ; puis, sauf une demi-heure (3 1/2 à 4) pour me confesser, que je ne tiens pas à prolonger parce qu'un demi-dégel fait patauger dans les rues, je travaille d'arrache-pied à recopier mon chapitre que j'arrive à terminer le soir auquel j'ajoute une lettre d'envoi à Koyré. Cela ne partira que lundi ; et j'ai encore mes dissertations à corriger ; mais pourtant j'espère activer bientôt ma correspondance, il le faut.

10 décembre

J'achève de corriger les dissertations de l'Université.

Après-midi chez Mme Lahaye. Causé d'un peu tout, notamment de mes projets de rencontres pour Moeneclaey ; elle trouve Mme Moeneclaey un peu déprimée : j'aimerais lui trouver des amies, mais un peu perdu de vue celles de Marie-Louise ; il paraît que Mme Adam notamment a été très «vichyssoise»... Le matin, j'avais téléphoné à De Koninck pour lui conseiller un compte rendu de Koyré ; il me dit que L. Ph. Pigeon n'a pas été du tout «vichyssois», ni étroit au point de vue social : comme quoi il ne faut pas se fier à une première apparence...

J. Simard m'annonce ce soir la nomination de l'abbé Laliberté comme vice-recteur : ce qui pourrait bien présager son choix comme doyen de la Faculté des Lettres ; Maurice Lebel, à qui je le téléphone, le pense aussi. La «société secrète» fonctionne à plein sous le règne de Mgr Gagnon.

11 décembre

Cours à Sillery (Tartuffe) de 11 à 12.

Après-midi, de 2 h à 2 h 1/2, je commence à établir ma bibliographie pour *Renaissance*; puis j'achève mes corrections de l'Université, je commence celles de Sillery; à 4h je vais à la poste – rencontré un P. Dominicain avec qui je bavarde – puis au comité de la France combattante où je rends les billets à Mlle Langlois et lui verse mon obole pour les aviateurs français. De 6 à 7, correction de devoirs.

Le soir, conférence du P. Ledit à l'Institut des Relations Internationales, sur la politique vaticane. S'y trouve le Dr Simard, qui vient d'apprendre la mort de son beau-père : ce dernier aura pu revoir du moins sa fille. La discussion dévie sur la guerre d'Espagne, etc. à la suite du groupe « de gauche » Roberge – Pierre Chaloult, etc. Ce groupe juge le P. Ledit très pro-fasciste ; il est surtout systématiquement antirusse, je crois, et très Jésuite... Il part demain, ce qui m'empêchera de l'inviter cette semaine ; et d'autre part Onésime Gagnon ne rentre que demain de Montréal.

12 décembre

J'achève mes corrections, je fais à 3 h mon cours sur Boileau, et je commence ma correspondance : écrit au général Vanier, au P. Maydieu[63], à Stanislas Fumet, pour reprendre contact.

Nouvelle tempête de neige : tourbillons blancs, jusque vers le soir ; pas de dégâts comparables à l'autre semaine, cependant.

À 5 h Lebel vient me dire le choix de notre nouveau doyen, l'abbé Maurice Laliberté, choix que nous devons ratifier demain en cinq minutes... C'est la carte forcée : je n'ai pas au surplus de raisons majeures de m'opposer comme ce serait le cas pour l'abbé Savard ; et même, puisque l'abbé Laliberté est si bien en cour, il est bien placé pour nous défendre au Séminaire s'il en a l'énergie. Il voit comme nous, me dit Lebel, sur les cours d'histoire ; et il a la réputation d'un homme qui ne nous embêtera pas.

Avec Mgr Roy, Mgr Robert, Mgr Vachon, l'Université à cependant perdu ses meilleures têtes ; et ce que je reproche à la « société secrète », puisqu'elle veut garder les leviers de commande, c'est de n'y préparer personne.

Soirée avec l'abbé De Smet : nous discutons de ces choses, et d'autres ; de la guerre, bien entendu ; des ex-vichyssois qui disparaissent, Kerhulu, dom Jamet...

---

63. Jean-Augustin Maydieu O.P. (1900-1955). Dominicain français ordonné en 1930, directeur de la revue *La Vie intellectuelle* au cours des années trente. Mobilisé en 1939, il est fait prisonnier en 1940, s'évade et met en sommeil *La Vie intellectuelle* pour lui éviter de tomber sous le coup de la censure. Résistant de la première heure par amour de la liberté et engagement chrétien, il est proche de l'équipe d'Uriage et participe au Comité national des Écrivains (GAILLARDON : *Jean-Augustin Maydieu. Actes des colloques*, passim). Le père Maydieu répondra à la lettre de Viatte en lui proposant de livrer un article sur le sujet qu'il lui plaira pour *La Vie intellectuelle* qui se relance. ARCJ, 118 J 235, Corr. gén., J.-A. Maydieu à Viatte, 3.2.1945.

Téléphoné, pour les inviter vendredi, à Onésime Gagnon (qui n'est sûr), Pouliot (idem), Ferland, le colonel Légaré, André Turcot... Maurice Hébert, Poznanski seront absents.

13 décembre

Réunion de la Faculté (l'abbé Bégin, Lechevalier, Lebel et moi) pour discuter l'accession de l'abbé Laliberté, préalable à sa nomination comme doyen. L'abbé Bégin, qui paraît avoir eu des ambitions pour lui-même – et qui reste mauvaise langue – rouspète contre cette habitude de chercher un doyen au dehors : il dépeint l'abbé Laliberté comme peu sérieux, et comme un avare. Mais du moins il nous épargne le pire – l'abbé Maheux est furieux – et peut nous gagner, s'il veut, la bataille des cours d'histoire.

J'écris quantité de lettres : à Grousset (de la Havane)[64], à Mme Mitard, à Mme Madelin, à Mlle Trentesaux ; et des cartes ou cartes de Noël, en général aux Antillais qu'il faut rejoindre plus tôt, mais aussi à Chérel, à Dermenghem[65] : demain, tout de même, j'espère en finir avec ma correspondance.

14 décembre

Bibliothèque. Après quoi je rencontre Lebel à la Salle des Professeurs : nous causons de notre nouveau doyen, et de la thèse de Sœur Marie-Carmen.

Après-midi, j'achève, ou peu s'en faut, ma correspondance : lettres à mamé ; à Lafourcade, Hadamard, Monglond, Seillière, Monneau, Chérel[66] (y a-t-il des pétinistes parmi eux ?), Mgr Beaupin, Siegfried, Robert de Caix, Mère Marie-Valérie ; cartes de Noël ; décrit, par téléphone à Moeneclaey ses interlocuteurs de demain ; et revu la thèse de Sœur Marie-Carmen qui me déçoit malgré tout pour son manque de synthèse.

Jules Simard me dit ce soir que l'abbé Parent est nommé secrétaire-général : voilà un bon choix, réconfortant après le reste : un ami, et un jeune, ouvert, intelligent, accusé de « laïciser ».

---

64. Grousset travaille à la Légation de France à Cuba ; il se montrera favorable à la proposition de Viatte de donner une conférence à La Havane lors de son voyage vers Haïti. ARCJ, 118 J 235, Corr. gén., P. Grousset à Viatte, 10.2.1945.
65. Émile Dermenghem répondra à Viatte en février 1945, évoquant ses malheurs depuis son arrivée en Algérie en 1942 : la perte de sa seule fille suite à une méningite, le décès de sa mère. Il fuit quelque peu dans le travail, se consacrant à l'étude du folklore kabyle et cherchant à rééditer son ouvrage sur les *Vies des Saints Musulmans* épuisé. ARCJ, 118 J 235, Corr. gén., É. Dermenghem à Viatte, 27.2.1945.
66. André Chérel lui répondra en février 1945 : « En décembre 40, nous quittions notre domaine de Candiran, où s'installaient 300 camions et 1800 soldats feld-grau. En juillet 43, j'étais appelé au rectorat de Poitiers. Comme mon prédécesseur avait été relevé par Abel Bonnard, la Libération lui a rendu son poste, qui était devenu le mien. Et nous vivons, depuis cinq mois, en " réfugiés ", chez les beaux-parents d'un de mes fils. » Et Chérel demande à Viatte, en lui rappelant qu'il connaît le cardinal Villeneuve, s'il ne peut lui trouver un poste au Québec, « dans cette Nouvelle-France qui peut nous donner tant de leçons, tant d'exemples, et nous aider à nous reconstituer ». ARCJ, 118 J 235, Corr. gén., A. Chérel à Viatte, 13.2.1945.

15 décembre

Préparé mes cours ; ajouté à mes lettres Gouhier, les Neff, tante Cécile, tante Anna, Dupont. – Lettre de Koyré me demandant un compte rendu de R. Picard, le *Romantisme social*.

Cours à 3h sur Boileau ; après quoi je rends sa thèse à Sœur Marie-Carmen avec mes observations.

Je réunis ce soir, autour de Moeneclaey, Pouliot, Antonio Langlais, le colonel Légaré, Ferland, André Turcot. Ils arrivent tard : mais la soirée est animée par la verve de Pouliot, qui « tient le crachoir » et intéresse beaucoup notre consul. Tous insistent sur la nécessité d'intensifier les contacts d'après-guerre avec la France non moins qu'entre les groupes de culture française sur le continent.

Patry m'envoie le « mémoire Kotowski » : je ne sais ce qu'il faut le plus admirer, l'impudence de ceux qui l'ont intitulé « document secret de la France combattante », ou la sottise de ceux qui l'ont cru ; alors que le contexte même indique un document remis au gouvernement canadien. Quant au fond, des observations justes voisinent avec des interprétations personnelles où se révèle une certaine confusion d'idées non moins que la déception d'avoir été lui-même éconduit.

16 décembre

La venue de l'ouvrier pour le souffleur me retarde ce matin ; il faut allumer, et je ne puis que commencer ma lettre à maman avant ma correction de devoirs à 11 heures. Je l'achève ce soir, et réponds à Mlle Cassal[67].

Après-midi aux *Fourberies de Scapin* : jeu alerte des Compagnons de St-Laurent dans le genre imagé de Copeau, très vivant ; je vais les féliciter dans la coulisse ; les enfants se délectent. Mais le public est un peu volé, car l'absence d'un acteur empêche de jouer les *Boulingrin* de Courteline, seconde pièce au programme.

Achats pour l'arbre de Noël, que nous ferons cette année grandeur nature, non plus le petit arbre des années précédentes.

17 décembre

Après la messe, j'achève ma correspondance par une lettre à Teilhac, et recommence la lecture du *Romantisme social* de R. Picard pour le compte rendu que me demande Koyré.

Après-midi, les enfants me font rester longtemps à leur lire les *Robinsons sous-marins* ; puis on fait un tour, d'une patinoire à l'autre, et au Château Frontenac dont je montre les deux premiers étages aux enfants ; on joue ensuite au Monopoly.

---

67. Celle-ci souhaite séjourner chez les Viatte durant les fêtes de fin d'année et obtenir éventuellement une carte d'entrée pour la messe de minuit à la Basilique de Québec. ARCJ, 118 J 235, Corr. gén., R. Cassal à Viatte, 10.12.1944.

Soirée au profit des enfants de France ; sketchs et chansons des artistes de la radio, reliés par des dialogues assez lâches. Je suis de nouveau invité dans la loge du consul, avec le Dr Simard, Mme Lahaye, le commandant Lenormand venu de Montréal ; je ne puis m'empêcher de me dire que sans le vouloir je suis parvenu aux honneurs, que « c'est nous les vainqueurs », – et l'aplatissement des ex-vichyssois doit leur être d'autant plus pénible qu'ils avaient généralement adopté leur position « pour garder les places »...

Je rappelle à Moeneclaey la question du prix de littérature française et celle de la messe de Jeanne d'Arc.

Ensuite, au Cercle universitaire, soirée offerte aux artistes : rencontré Lemelin, qui rêve à un roman pour lequel il se donne quatre ans, « posant le problème du Québec »...

Rencontré Tudor-Hart qui m'invite pour les Rois ; le matin, j'avais invité Mme Lahaye à un arbre de Noël, et j'ai essayé d'avoir les Georgeot, mais madame attend son accouchement vers cette date ; je ne le croyais pas si proche.

18 décembre

Offensive allemande un peu préoccupante[68].

À Sillery, avant mes corrections de devoirs, je remercie les élèves qui m'ont donné de quoi envoyer un paquet de Noël aux aviateurs français.

Après-midi, j'écris à Mirkine ; je me remets à mon compte rendu ; je vais au consulat américain en prévision de mon voyage de mars, et j'apprends qu'une autorisation de Washington n'est plus nécessaire. Voilà qui simplifie.

Cours de civilisation française à 5 heures

Bernadette s'énerve et pleurniche parce qu'elle ne comprend pas ses calculs : je la dispense de ses devoirs, il ne faut pas qu'elle se fatigue.

Le soir je leur lis Saint-Exupéry (*Terre des Hommes*, l'atterrissage dans le désert) qui prend bien.

Il y avait hier à la représentation un officier canadien, Chassé, qui faisait la liaison avec le maquis où il a vécu plusieurs mois, et lui attribue toute la gloire du débarquement en Méditerranée ; il a fusillé un jésuite qui venait espionner sous le prétexte de conseils spirituels. Il repart pour Chunking, afin de reprendre le même métier en Indochine avec trois officiers français.

Conférence, à l'Institut canadien, d'un certain Marquette sur l'Indo-Chine : curieux personnage qui, fixé à Tanger, pratique la recherche indépendante, s'est rendu trois fois aux Indes, au Tibet, au Cambodge ; athée à treize ans (dit-il à Monseigneur Gagnon) puis brahmaniste, puis bouddhiste, et retourné au christianisme ; naturiste, végétarien ; tant soit peu théosophe ; ami de Mme Robert-Le Braz, l'amie de Pierre... Causé d'Haïti (il a quelque peu le préjugé antinoir). Parmi les interlocuteurs, Antonio

---

68. Il s'agit de la contre-attaque des Allemands menée dans les Ardennes dès le 16 décembre.

Langlais, le colonel Légaré, Antoine Roy, Mme Bonenfant que le fard n'embellit pas...

19 décembre

L'offensive allemande, quoique partiellement enrayée, continue à rester préoccupante. Si elle pouvait enseigner aux Alliés à se concentrer contre l'Allemagne et à ne pas vendre la peau de l'ours avant de l'avoir tué, ce serait un bienfait.

Achevé le compte rendu de Roger Picard, que j'envoie à Koyré; écrit à R. Picard, et à Lévi-Strauss pour fixer mes cours de l'École libre.

À 3 h, dernier cours sur Boileau. Comme l'abbé Desgagné et d'autres doivent partir dès mercredi soir en raison de l'encombrement des trains, et que j'aborde un nouvel auteur, j'attendrai la rentrée pour un nouveau cours.

Je vais acheter des cadeaux aux petits Lahaye, à Mlle Cassal, et nous dressons l'arbre de Noël à la grande joie des enfants. Téléphoné à Mme Lahaye, à Mme Berger, pour les inviter, et ce soir, je téléphone à Lebel au sujet de la thèse que soutient demain une religieuse de Marymount afin d'éviter la «clandestinité» de l'été dernier.

20 décembre

L'offensive allemande reste inquiétante: première nouvelles militaires graves depuis deux ans; on n'y était plus habitué, et l'on frémit pour les populations exposées aux représailles.

J'écris le compte rendu de Koyré, que j'envoie à *La Nouvelle Relève*; et je commence mon article «Faillite de la bourgeoisie?» pour cette revue[69]. Après mon cours de 3 à 4 sur le romantisme, je perds du temps à chercher au Centre de Documentation un texte du *Populaire*, que je ne trouve pas; causé aussi avec Lechevalier à propos de trois enveloppes de prisonniers au sujet desquelles je téléphone à Mlle Langlois.

À 8h vient me voir un M. Louis Bilodeau, de Montréal, de retour du Mexique; il me demande d'être le correspondant de l'Université Laval à une revue interaméricaine que publie le gouvernement mexicain (questions de culture canadienne-française).

---

69. «Faillite de la bourgeoisie?» *La Nouvelle Relève*, III, n° 10, janvier 1945, pp. 599-602. Viatte se livre à un travail d'explication en profondeur sur l'idée de «faillite de la bourgeoisie» développée par Jacques Maritain dans *À travers le désastre*. Non pas qu'il soit en complète contradiction avec le diagnostic du philosophe, mais parce qu'il veut approfondir cette thèse dénigrée tant à l'extrême gauche qu'à l'extrême droite, et la traduire dans les faits. Doutant de la définition sociologique de «bourgeoisie», Viatte y préfère celle de «possédants», qui ont selon lui le plus facilement versés dans la collaboration durant la guerre. Et plutôt que d'incriminer la bourgeoisie, il juge que c'est la presse bourgeoise qu'il s'agit surtout de condamner: Georges Suarez, Paul Chack, qui «enflaient les querelles civiles pour masquer le péril extérieur» et ont ainsi précipité la défaite de juin 1940.

21 décembre

Bibliothèque ce matin.

Ensuite j'écris à mamé, et je me remets à mon article « Faillite de la bourgeoisie ? » sur lequel je tâtonnais hier et qui enfin vient à mon goût. Écrit aussi à Moreno, le fondateur de la revue mexicaine en question, et à Raeders. Je porte mes lettres à la poste, à 4 h., rencontre Bernadette avec laquelle je vais acheter des paquets de bonbons pour les petites Lahaye, et choisis à l'Atelier une ceinture qui sera leur cadeau pour Mlle Cassal.

À midi, visite de Mlle Pauly, la « nièce » de Mlle Perrin, tout à fait sympathique, très gaie.

Reçu un mot très chic de Durry, directeur de l'enseignement supérieur, sur mon retour en France[70]. Il y a décidément quelque chose de changé, quand je pense au « visage de bois » qu'avait Cavalier... Je récolte aussi le bénéfice de mon activité, et c'est légitime, puisque ce n'est certes pas ce bénéfice que j'ai cherché, à un moment où je risquais de me voir interdire pour jamais le retour.

Dîner de Faculté à notre nouveau doyen : Lebel me dit, consterné, que Mgr Gagnon lui a confié l'intention d'attribuer les chaires d'histoire à la Faculté des Arts ; il lui a répondu nettement ce que nous pensons, de cela et de sa façon de nous imposer un doyen, et l'a quitté furieux... J'exprime donc ma façon de voir au cours du dîner, puis nous en discutons, une fois l'abbé Laliberté parti. Ce dernier paraît rallié à la thèse de la Faculté des Arts... Nous envisageons toutes les procédures : appui de l'abbé Parent ; recours au Cardinal ; vœu collectif à exprimer en temps opportun... Je rentre avec Lacourcière.

22 décembre

Je vais à la Banque, où je rencontre Lacourcière, qui me demande ma signature sur la pièce concernant son voyage aux États-Unis (il se rend à la Modern Language Association) ; au Petit Lycée, où je paie Mlle Jobin (les enfants sont désolés du départ de leur institutrice Mlle Beaulieu, qui va se marier ; elle est très gentille, un soldat l'a trouvé telle...) ; à la Bibliothèque du Parlement où je reporte quelques gros volumes ; et je cours tous les magasins de la Haute-Ville, en vain, pour trouver aux enfants des bas et des culottes de laine...

Écrit après-midi une notice pour la *République Française*, et continué « La faillite de la bourgeoisie ? » Reçu une carte de Miss [Lincoln], qu'on reconnaît toujours à son bon goût. Me rendant au Petit Lycée, rencontré De Koninck, qui me présente le chef de l'Information néerlandaise au Canada, un catholique.

---

70. Le directeur de l'Enseignement supérieur auprès du ministère de l'Instruction publique français écrit : « Mon cher collègue, je ne vous ai pas oublié depuis votre candidature à Caen en 33, et je transmettrai à qui de droit votre désir de rentrer en France qui me paraît 100 fois légitime. Mes félicitations pour ce que vous avez fait pour notre pays... » ARCJ, 118 J 235, Corr. gén., Durry à Viatte, 14.11.1944.

Arbre de Noël des Pauvres, au Petit Lycée; causé avec Mlle Pauly, sous le charme du Canada vu de son côté français.

Téléphoné à De Koninck au sujet des cours d'histoire. Nous pouvons compter sur l'abbé Parent, me dit-il; il va en dire un mot au Cardinal; et il encourage une démarche collective. J'ai préparé un texte ou plutôt un brouillon, que je lis à Maurice Lebel en lui communiquant notre conversation. De Koninck songe à un article pour indiquer que les Facultés des Lettres ne sont pas des « Écoles de Grammaire »; moi-même j'en médite un sur l'enseignement de l'histoire, mais j'attendrai que la partie soit jouée; en cas d'échec, ce pourrait être un suprême recours contre les incompétents: et dans ce cas je préciserais, quitte à me faire des ennemis. Il faudra dire que c'est d'un âne bâté que de confondre (comme l'abbé Savard) la Diplomatique et l'Histoire diplomatique; que c'est d'un mauvais historien que de citer Hitler à propos de l'Acadie: les maîtres restent Fustel ou Sorel, dont on ne saurait – à lire seulement leurs écrits d'histoire – quelles étaient leurs convictions politiques; j'ai le droit d'exprimer les miennes, je les exprime, mais je ne les mêle jamais à mes cours, même pas à mon cours de Civilisation française.

23 décembre

J'écris ce matin à maman, je montre aux enfants quelques images dans le livre du Ciel, puis je me remets à mon article que j'ai presque fini ce soir.

À 1 h 35 nous allons chercher Mlle Cassal à son train, qui naturellement a une demi-heure de retard; Mlle Pauly s'y trouve aussi, nous causons, et j'apprends qu'elle est cousine du général de Gaulle, – milieu « petit-bourgeois bien-pensant ». Je m'indigne du sort que l'on a fait de la lettre pessimiste de P. Delos au P. Lévesque à son arrivée en Algérie, et que l'on colporte ou plutôt dont on parle partout avec une mauvaise fois caractéristique... – On ramène Mlle Cassal chez moi; elle est bien cousine de Mme Cassal de Porrentruy, sans l'identifier, car son grand-père, notaire à Ferrette[71], a eu 33 enfants.

À 4h je vais prendre place dans la longue file des pénitents au confessionnal de l'abbé Boutin, qui heureusement est expéditif; je le regretterai pour cette raison, si, comme Mlle Jobin le disait, il est nommé curé dans la Basse-Ville.

Le ton des nouvelles sur l'offensive allemande est plus optimiste, et elle n'avance pas avec la rapidité de 1940, mais pourtant elle progresse.

24 décembre

Après la messe, ce matin, j'achève mon article et commence à le corriger.

De 2 à 5, après-midi, avec Mlle Cassal et Pauly – la première massive, solide, tant soit peu impérieuse, avec sa pointe de chant alsacien, l'autre petite, basse sur

---

71. Localité alsacienne située non loin de la frontière suisse.

jambes, fantaisiste – nous faisons une promenade à la Patinoire de l'Esplanade, puis à la piste de ski au Parc des Champs de bataille; entrés au musée pour nous réchauffer, nous rencontrons Lemelin et sa blonde, qui font faire une promenade en traîneau aux enfants, et à Mlle Pauly, dans un charmant petit traîneau rouge à patins recourbés; nous allons ensuite chez Mme Lahaye, admirer le bébé, écouter Claudine à la radio (elle chante une chanson de Botrel[72], « Le petit Grégoire », à une séance du Père Noël); rencontré là Mlle Gaudry, les jeunes Amyot (France et Pierre), leur tante Mme Tremblay. Mme Lahaye a reçu une lettre assez ancienne du P. Delos qui a la nostalgie de Jean-Claude et se plaint d'être sans nouvelles de moi...

Veille de Noël: je converse avec Mlle Cassal jusqu'aux nouvelles de 10h qui sont meilleures, l'offensive allemande stabilisée; toute la poésie d'attente joyeuse et de mystère autour de l'arbre de Noël, des cadeaux, de la messe à venir... A 10 h 1/4 Mlle Cassal va se reposer, je vais à la chaudière de la cave, puis j'écris ceci.

25 décembre

À la messe de minuit, je communie de la main de mon Recteur à la chapelle du Séminaire; toujours cette émotion joyeuse des deux messes, la grand-messe puis celle de l'aurore avec ses Noëls: c'est là le côté sympathique du Canada, celui que je regretterai quand je n'y serai plus.

Joie des enfants ce matin en recevant leurs cadeaux de Noël, plus ceux de Mlle Cassal qui les a gâtés; il les attribuent encore au « petit Jésus »; eux-mêmes m'apportent une cravate et des mouchoirs.

J'achève de corriger mon article et j'écris à Charbonneau et Hurtubise pour le leur envoyer.

Déjeuner avec Mlle Pauly et Mlle Cassal; Mlle Pauly reste jusque vers trois heures. Ensuite je raconte la suite de *Miss Mousqueterr*[73] aux enfants; nous allons à la patinoire du Château, d'où un vent mêlé de neige nous fait déguerpir assez vite, je crains un début de tempête (le ciel est blanc) mais en ville on ne sent plus de vent et il ne s'agit que de la position déplorable du Château; j'achète mon *NY Times*, je rentre à 5 h.; écrit à Clark et commencé à lire son manuscrit, bien fait. Le soir je lis aux enfants du Henri Ghéon depuis quelques jours.

26 décembre

Lettre de Henry Dupont, m'apprenant la nomination de Laugier au Service des Œuvres; je lui écris, pour accélérer les démarches relatives aux questions universitaires dont je m'occupe; je crains qu'il ne soit homme de parti, bien qu'il puisse s'élever au-dessus de ses préférences, à l'exemple de Marx. Commencé aussi ma Chronique Internationale.

---

72. Théodore Botrel, chansonnier régionaliste français.
73. Récit pour enfants de Paul d'Ivoi.

Je réunis, autour de l'arbre de Noël, Mme Lahaye et ses enfants, Mlles Cassal et Pauly, les Georgeot (installés dans leur nouvelle maison), les Berger (le docteur décidément très anti-allemand) ; très bonne après-midi d'intimité française.

Il fait plus froid ce soir.

Déclaration du Cardinal Tisserand contre le Maréchal Pétain : elle fermera la bouche à ses derniers partisans. Les anticléricaux verront-ils de l'opportunisme dans l'attitude de l'Église ?

27 décembre

Je passe la matinée avec Mlle Cassal et la mène à la gare à 1 h 1/2 je l'installe dans le train et rencontre en sortant Mlle Pauly, qui a eu la naïveté de demander si l'on pouvait entrer sans ticket, et s'est vu refoulée...

Grand froid : 0°.

Je continue ma chronique assez lentement – et travaille à Rabelais. Il faudra me remettre à un travail plus suivi, ces prochains jours.

28 décembre

Avoir élevé son fils pour le voir fusillé comme otage ; sa fille pour la voir souillée et jetée aux abattoirs humains : tant d'enfants qui vivaient notre vie civilisée, si loin de pareilles horreurs... Mais ceci donne tout son sens à l'éducation. Nous devons élever nos enfants, non en vue d'une situation quelconque, mais afin que dans toutes les situations les plus tragiques ils sachent garder une âme d'hommes.

Lettre de Baldensperger[74].

À 10 h., banque et bibliothèque. Causé avec Drolet des impressions des manuels scolaires – adoptés sous pression des communautés religieuses qui s'en font un gagne-pain.

À 11 h je commence une lettre à mamé.

Après déjeuner, récit de Miss Mousqueterr aux enfants ; à 2 h j'achève ma lettre. Je continue ensuite ma chronique. Les enfants vont passer l'après-midi chez le Dr Gingras.

Au moment où je sors à 4 h, Mlle Langlois me téléphone pour me demander un message du Nouvel-An à la radio, Moeneclaey ne rentrant que samedi soir ; cela vient mal à propos – j'ai ma chronique à terminer – mais je m'y mets, et en écris assez vite la plus grande partie avant le soir. À 7 h moins le quart, je fais un peu de Rabelais avec Bernadette.

---

74. Il y précise notamment à Viatte ce qu'il entend par « esprit théologique » chez les directeurs des Éditions de l'Arbre : « un esprit surtout " égocentrique ", c'est-à-dire préoccupé d'un propos ne permettant pas ces vues, ces contacts, ces mouvements procédant d'une certitude contraire ». ARCJ, 118 J 235, Corr. gén., F. Baldensperger à Viatte, 20.12.1944.

De Koninck me téléphone une lettre de J. de Monléon rentré à Paris, 8 rue de la Motte-Picquet ; sa femme et ses enfants restent dans la Charente-Inférieure, à 30 milles des Boches. Six pages de philosophie, dont considérations sur Hitler non surhomme, mais suranimal traduisant l'instinct de la race.

Les nouvelles de la guerre se font décidément meilleures.

29 décembre

J'achève ce matin mon message de Nouvel An. Téléphone à De Koninck pour lui demander conseil sur la vente de la maison que projette M. Pâquet ; il juge qu'il n'y a pas péril en la demeure, et que le Séminaire pourrait l'acheter, ce qui me mettrait à l'abri.

Après-midi je continue ma chronique, qui vient bien. À 4 h je vais faire ajuster les skis des enfants ; je passe au Palais Montcalm chez Mlle Langlois pour lui porter mon texte ; j'achète de menus jouets pour les enfants De Koninck, Demers, Gingras, que je compte inviter la semaine prochaine.

Les *Jeux et Miracles*[75] d'Henri Ghéon sont le succès du soir pour les enfants.

30 décembre

Il fait toujours très froid, moins de 0° Fahrenheit.

J'écris ce matin à maman, puis reprends ma chronique.

À 2 h Roger Lemelin vient me demander quelques détails au sujet de mon *Victor Hugo* qu'il va présenter à Radio-Canada.

Dépêche de maman qui me souhaite la bonne année.

De Koninck me téléphone pour me demander mon avis sur une tournée de cours de Jean Wahl en avril, à la Faculté de Philo[sophie]. J'approuve bien sûr.

À 4 h confession ; puis je continue ma chronique.

À 6 h 1/2 je vais lire mon message de Noël à Radio-Canada ; quelqu'un me téléphone immédiatement après, mais on coupe la communication. Mme Lahaye, à qui je téléphone le soir, me félicite ; la petite réunion de l'autre jour lui a beaucoup plu ; je lui dis aussi mon jugement sur le livre du P. Delos, dont le second volume me paraît égal ou supérieur au premier.

Dimanche 31 décembre

Après la messe j'achève ma chronique, que je vais déposer chez l'abbé Bégin à midi[76].

---

75. « Jeux et Miracles pour le peuple fidèle », pièce de théâtre écrite par l'écrivain mystique français en 1924.
76. « Chronique internationale » *Le Canada français*, XXXII, n° 5, janvier 1945, pp. 370-378. Viatte ne cache pas ses inquiétudes devant la contre-offensive allemande dans les Ardennes : il agite même le spectre d'une possible reconquête de Paris par les nazis, mais plus probablement constate surtout le bouleversement des

Après-midi je joue au loto avec les enfants. Puis je vais assister à leurs ébats dans la neige (Jean-Claude à ski, Bernadette en luge) sur les pentes de la Citadelle.

Je vais avec le corps universitaire présenter mes vœux au Cardinal; plusieurs me complimentent sur mon message d'hier. Rencontré le Dr Simard : sa femme avait quitté son beau-père deux jours avant la mort subite de ce dernier; à Douai, il ne reste que 400 maisons debout, sur 10 000. Le cardinal fait allusion à la nécessité de former des Canadiens compétents dans les affaires internationales; j'opine du bonnet, il le remarque; et je téléphone la chose à De Koninck pour qu'il nous appuie dans cette discussion sur les cours d'histoire, qui me paraît tellement imbécile.

Le *NY Times* arrive en retard : celui d'hier seulement : les trains doivent avoir du retard, et je me félicite de passer ce Nouvel-An chez moi.

1er janvier 1945

Après la messe, écrit à Taupin pour fixer la date de mes cours à l'École libre, à Roger Picard, et à Roger Duhamel pour protester contre une affirmation de *L'Action nationale* d'après laquelle l'Allemagne n'aurait pas cherché à supprimer la langue des pays envahis…

Téléphone de Roger Lemelin au sujet de *Victor Hugo*.

Il pleut. Pour donner un but à une promenade, je mène les enfants près de St-François d'Assise, rapporter un porte-monnaie trouvé dans la rue au nom et à l'adresse d'une certaine Lise Brown : c'est pour apprendre qu'elle est maintenant notre voisine, 2 rue Hamel (chambre 2). Véritables marécages de neige fondante. Rentré, je mets mes pantoufles, ma robe de chambre – chose rare – et change de pantalon, car l'autre ruisselle; les enfants aussi se changent des pieds à la tête.

Mme Hogue me téléphone ses vœux, et, comme Lemelin, me félicite de mon message à la radio, qui a décidément attiré l'attention. Et Mlle Pauly me téléphone pour s'excuser de n'avoir pu me voir à cause de cet affreux temps et m'annoncer son départ demain matin.

2 janvier

Je vais ce matin chez mon vieux coiffeur, puis je me mets à ma conférence sur la « Position internationale de la France ».

---

plans alliés par cette attaque surprise. S'il faut rechercher un volet positif à l'événement, le chroniqueur le voit dans le fait qu'en Extrême-Orient, la plus forte concentration de troupes alliées provoque des défaites successives dans le camp japonais. Ailleurs en Europe, l'après-guerre se négocie peu à peu, et les tensions sont vives sur le sort à venir de la Pologne et de la Grèce, deux pays où la Grande-Bretagne de Churchill peine selon Viatte à tirer son épingle du jeu. Il n'en va pas de même des catholiques, qui alliés aux socialistes et/ou communistes en France comme en Italie, « préfigurent peut-être l'Europe de demain ». Et le professeur de Laval de se féliciter en rappelant que dans les négociations de paix, « une ligne de conduite morale reste nécessaire », ce que le Pape Pie XII a rappelé dans son discours de Noël, entendu par certains comme un « ralliement aux démocraties », par d'autres comme un signe « d'indulgence pour les fascistes »…

Lettre de l'abbé Le Maître qui mentionne les protestations de Montréal contre l'impartialité du jury dont le président loge au Collège Stanislas. Toujours l'atmosphère de clans et de médisances, propre à cette ville corrompue et corruptrice.

À 3 h Moeneclaey vient me voir 1° pour me dire que Paris a cinq candidats à nos chaires d'histoire et de géographie[77]; 2° pour me consulter au sujet d'une invitation de l'Institut franco-canadien à Louis Rougier. Je lui dis ce que je pense du type, alter ego de Chautemps; mais il voit difficilement comment dissuader l'Institut.

– Bonneau est malade; Hautecloque arrivera sans doute à la fin du mois. – Causé de Laugier dont je crains un peu les partis-pris politiques, tout en convenant que s'il les surmonte il peut devenir un très dynamique chef du Service des Œuvres.

À 5 h je vais chercher les enfants chez Mme Lahaye qui me lit certaines lettres du P. Delos; resté jusque vers 6 h moins le quart.

Rentré, continué à faire la toilette du Racine de Clark, écrit dans un français d'Anglais, mais intéressant.

3 janvier

Continué ma conférence; répondu à l'abbé Le Maître; travaillé un peu, le soir, à Rabelais.

Lettre de Panneton au sujet de ma série de conférences; j'y réponds.

À 4 h je vais voir M. Pâquet, qui me fait l'article sur sa maison (il me la laisserait à $ 7800 et à de bonnes conditions) en présence de son ancien propriétaire Benjamin Michaud. – Je fais ensuite divers achats, perdant du temps à chercher de menus outils pour le jeu que Mme Lahaye a donné à Jean-Claude.

Le soir, réunion chez De Koninck, avec Mlle Lincoln, un Américain professeur au Minnesota et venu ici pour deux ans prendre un grade en philosophie, la femme de ce dernier, et Labouret jauni et souffrant d'une gastrite; je lui suggère que Dautry, dont il est l'ami, pourrait lui donner une mission relative à la reconstruction et facilitant son retour.

Je ne vois pas de grand artiste qui ait été un saint – sauf Angelico, moine, et artiste « par accident »; ni de grand littérateur, à l'exception de ceux qui sont théologiens ou moralistes de profession. Le « proverbe satanique » de Gide dirait-il vrai? L'art est-il complice du péché? Ou si, dans notre nature imparfaite, la perfection dans un genre suppose l'imperfection dans l'autre?

---

77. Ce nombre se réduira à trois au début février, soit Bourd pour l'histoire moderne, Jean-Baptiste Duroselle pour l'histoire ancienne et Wolff, chartiste, pour celle du Moyen Âge. Le consul de France demande l'avis de Viatte sur ce choix et ajoute : « Ils sont tous catholiques, le dernier ferait un excellent chef d'équipe et il est déjà chargé de cours en Sorbonne mais ne pourrait être détaché que pour octobre prochain. » ASQ, Boîte 319/29, P. Moeneclaey à Bonneau, 7.2.1945.

4 janvier

Terminé ma conférence. Je téléphone au chanoine Bergeron, du Séminaire, au sujet de la maison, mais une maison de ce côté de la rue ne l'intéresse pas. Écrit à maman.

Les enfants reçoivent leurs petits amis De Koninck et Gingras.

De Koninck me téléphone une lettre d'Yves Simon, plein de reconnaissance pour la façon dont il a accepté ses critiques sans s'emporter...

Lettre d'une Haïtienne, Mlle Paret, que je me rappelle avoir rencontrée comme elle me le dit en attendant mon passeport, et qui voudrait une bourse à Laval. Mais l'abbé Parent, compétent en ces matières, est absent jusqu'à samedi.

Écrit aussi à Dartigue pour commencer à mettre sur pied mes plans de l'été prochain ; et à Baldensperger.

Je suis quelque peu inquiet de l'Allemagne, qui vise à rééditer 1939-40 : une nouvelle « guerre pourrie » ?

5 janvier

J'écris rapidement un article « Une autre "guerre pourrie" ? » pour *L'Action catholique*[78]. – À 10 h 1/2 M. Dumas vient me rapporter ma radio que je lui ai donnée à réparer. Écrit à Wencélius, envoyé un mot de remerciement à Maurice Hébert qui m'a fait honneur de poèmes. À 4 h je vais à la porte de la Basse-Ville et je porte mon article à *L'Action catholique* où L. Ph. Roy n'est pas venu cet après-midi. Rentré j'écris à Mme Dupuy au sujet de conférence à Montréal ; je prépare cette conférence, puis avec Bernadette je travaille à Rabelais.

Journée sans rien de remarquable peut-être, mais de ces journées studieuses où je ne perds pas de temps et comme il m'en faudrait beaucoup.

6 janvier : Épiphanie

Après la messe, je montre des images aux enfants, j'achève la conclusion de ma conférence de Montréal, et j'écris à maman.

Après le déjeuner, jusqu'à 4 h, je revois la plus grande partie du manuscrit A.F.B. Clark.

À 4 h l'autobus de Tudor-Hart vient nous conduire à son arbre de Noël, que les enfants attendaient avec joie, et avec l'inquiétude d'être malades comme l'année passée. C'est en effet toujours la même atmosphère de bienveillance et de bonté dans

---

[78]. « Une autre "guerre pourrie" ? » *AC* du 11.1.1945. L'article sonne comme un avertissement à se méfier de la propagande d'Hitler visant à diviser les Alliés et à tenter d'obtenir une « paix blanche » qui lui permettrait de rebondir ultérieurement. Viatte met principalement en garde le continent américain, premier visé par ce « pourrissement de la guerre » prêché par Goebbels, ainsi que l'opinion publique qui doit éviter tout relâchement ou attitude égoïste.

cette maison-musée. Avec nous, les Lahaye, les Moeneclaey, le docteur Couillard et sa femme, Mlle Langlois. On reste jusqu'à 7 h.

Il fait de plus en plus froid.

J'ai téléphoné ce matin à Lemelin mes félicitations pour sa causerie ; et ce soir, à Lebel, la possibilité de trouver cinq professeurs pour les chaires d'histoire, ce qui, avec la manœuvre auprès du Cardinal, l'appui de l'abbé Parent, une démarche possible au ministère, et un vœu de la Faculté, lui paraît de nature à rétablir la situation. Je lui parle aussi de Mlle Paret, étudiante haïtienne, qui cherche à venir ici.

Comme aux débuts de la France combattante, je savoure un certain plaisir à tirer les ficelles...

7 janvier

Toujours le grand froid. Après la messe j'achève la révision du manuscrit Clark ; puis j'écris à l'auteur, à Mlle Cassal, à miss O'Donovan.

Visites de Nouvel-An : chez Mme Adam, que je trouve encore remplie de préjugés contre de Gaulle ; j'en identifie la source, toujours la même, *Le Devoir*, et il est clair qu'il sème un état d'esprit faisant souhaiter la paix avec l'Allemagne contre la Russie et entretenant l'hostilité à l'Angleterre tout en aveuglant surtout un danger venu d'Amérique. Plus ennemis de l'Angleterre qu'amis de la France, voilà comme on définirait ceux des Canadiens qui adhèrent à ce « nationalisme » semi-maurassien.

De là aussi nous allons chez les Hogue : Mme Hogue nous reçoit en robe de chambre, elle s'est fait extraire les dents, ce qui l'enlaidit. Au retour (6 h), paysage de carte de Noël, la neige bleutée, le ciel de même couleur, les sapins, les maisons fraîchement peintes de ce quartier neuf...

J'essaie de téléphoner à Mme Lacerte, qui ne répond pas, et à Onésime Gagnon absent pour trois semaines ; à la réunion avec lui je vais donc substituer une réunion de jeunes. Et il faudra aussi que je pense aux Haïtiens ; et à nos étudiants.

8 janvier

Je vais ce matin à la bibliothèque avec Jean-Claude et Bernadette, chercher des livres pour eux. Commencé dans la journée mon article sur Saint Exupéry.

Visite de Lebel (à 1 h 1/2) qui me fait plaisir : l'abbé Parent est maintenant plein de confiance sur l'attribution des chaires d'histoire-géographie ; Lacourcière a découvert un nouvel argument, c'est que cette attribution est prévue en toutes lettres dans l'annuaire ; et Lebel pense que si je vais en Europe, cet été, je devrais être chargé par l'Université d'interviewer les professeurs avant leur engagement... Encore une raison supplémentaire d'obtenir une mission officielle.

À 4 h je retourne à la Bibliothèque où je m'entretiens avec Drolet d'un projet de catalogue général, où je voudrais mettre les catalogues des Facultés ; et avec le P. Deschamps. Je vais ensuite m'acheter un porte-monnaie.

Dépêche de Pierre, qui a rencontré Gérard.

Mon optimisme fait place au mécontentement en apprenant que Louis Rougier vient faire une conférence à l'Institut canadien. Le Canada deviendra-t-il le refuge des pécheurs vichyssois ? Que du moins nos représentants n'aient pas d'illusions sur ceux des ralliés récents – les Donohue, les Bruchési, etc. – qui sont restés, au fond, des ennemis.

Téléphoné en vain à Mme Lacerte, à Mme Moeneclaey, à l'abbé Parent... Onésime Gagnon est parti avec Paul Beaulieu, son collègue, pour le Mexique et Haïti ; ils feront meilleure impression qu'Oscar Drouin...

9 janvier

J'atteins ce matin Mme Lacerte au téléphone – et je renonce à inviter Moeneclaey ce mois : le concert Malcuzynsky, et celui de la pianiste argentine, me font trouver le temps mal choisi. Mme Moeneclaey y consent d'une façon qui me fait sentir qu'elle aimera passer ces deux soirées avec son mari.

J'atteins aussi l'abbé Parent et lui dis la lettre de Mlle Paret à qui je réponds en demandant des précisions ; cela semble pouvoir s'arranger. Je porte la lettre à l'abbé Parent.

Continué mon article sur Saint Exupéry. De 3 à 4, cours sur Turcaret. De 6 1/2 à 7 1/2 Rabelais (avec Bernadette comme secrétaire).

Le soir, pour la première fois, depuis assez longtemps, j'écoute les Concerts symphoniques de Toronto à la radio, je me berce à la Pastorale de Beethoven, lumière éteinte, devant la rue enneigée. Mélancolie de songer qu'il me reste vingt ou trente ans à peine pour profiter de la vie... Ce que je fais – et j'en ai vécu des expériences – c'est autant d'arraché pendant qu'il en est temps, pour m'incorporer des souvenirs, seul trésor qui reste, – si la mémoire matérielle subsiste dans la tombe... Si du moins je vieillissais à deux ! Sera-ce trop tard après la guerre pour retrouver une autre Marie-Louise, unie de cœur et d'esprit, bonne mère pour mes petits, vraie compagne pour moi, et jeune, et ayant de l'attrait ?

Mais à entendre certaines nouvelles, je me demande si je n'ai pas trop hâté mes démarches pour me rendre en France, et si le voyage ne sera pas périlleux ? Pourtant tout – et même la vente possible de la maison – tend à converger vers le retour. C'est le moment.

Téléphoné à l'abbé Georges, pour une réunion d'Haïtiens à la place de la réunion Moeneclaey cette semaine.

10 janvier

Antonio Langlais m'invite par téléphone à la conférence Rougier ; il voulait inviter Moeneclaey et me charge d'inviter sa femme, ce qui indique la part d'ignorance dans cette affaire, je m'en acquitte, mais bien entendu ni Mme Moeneclaey ni moi n'irons.

Continué mon article Saint Exupéry. À 2 h le jeune Després vient chercher les papiers du Centre de Documentation ; de 3 à 4, cours (historiens romantiques) ; j'accompagne Jean-Claude chez le coiffeur ; j'achète encore un porte-monnaie, et n'en trouvant aucun à mon goût, je fais raccommoder l'ancien par Marguerite. Je rejoins enfin Bellegarde, et l'abbé Georges, que j'invite pour samedi. Tandis que Jean-Claude, dans mon bureau, fait distraitement ses devoirs, je réponds à une dame de Montréal qui me demande un aperçu de ma conférence pour sa publicité[79]. Puis je fais du Rabelais avec Bernadette.

Le temps est redevenu très froid.

Je lis le *XVIIᵉ siècle* de G. de Reynold, livre intelligent.

11 janvier

Toujours le grand froid.

Le matin, bibliothèque, où je rencontre Laberge, et Lorenzo Masson, qui est maintenant à l'Information d'Ottawa et véhicule le chef de l'Information du Royaume-Uni.

Après-midi écrit à mamé ; puis je vais à St-Roch, m'acheter un bloc de 5 ct. au Woolworth pour mon jeu de « Chambre Internationale », et voir si Pâquet a des chemises de nuit pour hommes : la commande est faite, mais non encore livrée.

Je continue mon St Exupéry, presque achevé, et Rabelais.

Jean Bernier[80] est venu me trouver ce matin pour me demander des renseignements sur un voyage en France, car il vient d'obtenir la bourse Lévis-Mirepoix.

12 janvier

Il neige aujourd'hui ; mais le froid est à peine tempéré.

Marguerite cherchant à placer sa sœur Isabelle (probablement dans un atelier de tissage) je téléphone à Mme Lahaye pour savoir si elle cherche de l'aide : mais ce n'est plus le cas. Préparé mes cours. À 3 h cours sur Turcaret. Puis j'achève mon article sur Saint Exupéry (qu'il me reste à corriger).

En sortant de mon cours à 4 h mon étudiante miss Pfeiffer vient prendre congé avant de partir pour la Californie et me demande un certificat d'assiduité. Parmi les cours d'été, ceux de Bonenfant ou de Fontaine, trop *ex cathedra* l'ont déçue ; elle n'a goûté que ceux de Boulizon.

À 4 h 1/2 je vais payer le téléphone ; et après avoir terminé l'article Saint-Exupéry je fais du Rabelais avec Bernadette.

---

79. Il s'agit d'une conférence sur « Les précurseurs du nazisme en France : Taine, Renan, Gobineau », qu'Auguste Viatte prononcera le 23 janvier à la Société d'étude et de conférences de Montréal. ARCJ, 118 J 235, Corr. gén., Programme des conférences 1944/45.
80. Un élève de Viatte.

Georgeot me téléphone ce soir la naissance de sa fille Françoise. – Auparavant Moeneclaey m'a téléphoné : discuté Louis Rougier, et je lui dis aussi notre nouvel optimisme dans la question des chaires d'histoire-géographie, et la nécessité que les choix soient bien faits.

13 janvier

Écrit à l'École libre des Hautes études, qui me propose les mardis de mars pour mes cours (je propose les jeudis) ; Lévi-Strauss est bien en France. Écrit aussi à maman, et une carte à de Monléon.

Un employé du Séminaire vient visiter la maison, ce qui me donne toujours de l'émotion ; mais il n'y a pas péril urgent, et je ne puis pas vraiment m'attarder par un achat.

Corrigé mon Saint-Exupéry dont je refais la conclusion, et répondu à la secrétaire de la Société de Conférences de Montréal, qui me demande une liste d'invités. J'envoie le Saint-Exupéry à Guy Sylvestre[81].

Je vais à N.-D.-des-Victoires pour m'y confesser, ne trouve pas l'abbé Boutin, me rends à la gare de Montmorency, puis acheter une robe pour le bébé de Mme Georgeot.

Soirée haïtienne : les deux abbés Georges et Toussaint, Bellegarde, le docteur ; Lescouflair va bientôt venir gonfler pour quelques mois la colonie haïtienne de Québec. J'apprends que Mgr Robert a obtenu sa mission officielle et part pour la France, où le séminaire a été dévasté par les Allemands.

Inquiet de la campagne anticommuniste depuis le retour du Cardinal : certes le problème se pose en Europe, mais est-ce opportun ici d'y insister, alors que trop de gens pensent encore recourir un jour à l'Allemagne contre Moscou, et avalent les pires sornettes dans leur passion (article de L. Ph. Roy, hier, sur le Communisme et la famille) ? Répondre par la haine, ce n'est pas chrétien.

Excellent article de L'Heureux, en revanche, sur ou contre un certain nationalisme canadien.

---

81. « La montée de Saint-Exupéry » *Gants du ciel*, juin 1945, pp. 101-110. Viatte revient sur la mort de l'écrivain, qui « achève de sceller une destinée exemplaire », en évoquant son œuvre et son itinéraire. Il trouve des influences gidiennes et nietschéennes dans la « subordination de l'intelligence à des fins actives » qui a conduit Saint-Exupéry, à ses débuts, aux frontières du culte de l'énergie fasciste. Mais son humanisme à la française lui a servi de garde-fou, le poussant à rejeter « les idoles carnivores du totalitarisme, négatrices de la vie, dégradantes pour l'homme ». Inspiré par les philosophes chrétiens personnalistes, l'écrivain-aviateur a selon Viatte su redonner à la devise « Liberté, Égalité, Fraternité » un sens chrétien qui le rapproche sans pour autant l'inclure des hommes de foi : la « montée » de Saint-Exupéry est celle d'un « cheminement sans détours, sans réclame ni précipitation, dans une vie sans cesse élargie, à la façon de Barrès en effet, ou de Bergson. Et voilà en quoi, malgré son goût de l'énergie, il s'éloigne des fascistes (...) ; Saint-Exupéry s'est élevé à l'homme entier, de l'homme individuel à l'Homme en soi. »

14 janvier

Rentrant de la messe, nous trouvons le souffleur éteint : ce n'est heureusement qu'une affaire de carbone que Pâquet vient arranger avant la fin de la matinée.

Copié divers textes pour éviter de prendre trop de bouquins à ma conférence de Montréal.

Georgeot vient inviter Bernadette comme marraine au baptême de sa petite fille : elle est ravie. Georgeot a goûté mon topo du Nouvel-An pour son absence de polémiques.

Après-midi, le vent froid me fait décider à rester à la maison. Bernadette ayant une extinction de voix depuis avant-hier ; elle est maussade. Jean-Claude aussi, qui se plaint d'un mal de tête ; on abandonne le Monopoly à peine commencé, et je termine la journée par des dessins. – Téléphoné à Mme Lahaye qui me dit le « ralliement » de R.A. Benoît au gaullisme pour l'attitude du général de Gaulle à l'égard du maquis et de Henri Béraud[82].

15 janvier

Un faire-part m'apprend la mort de Mère St-Joseph.

Cours à Sillery. En m'y rendant, rencontré De Koninck qui me dit avoir rencontré Louis Rougier. Je lui téléphone après-midi à ce sujet : c'est chez Donohue, avec Bruchési et R.A. Benoît qu'a eu lieu la rencontre, visiblement dans le but de le faire inviter à la Faculté ; mais l'abbé Parent comme lui, qui le connaissaient comme un adversaire déloyal du thomisme, n'ont pas bronché. La preuve est ainsi faite, du moins, que le trio « vichyssois » poursuit ses machinations, malgré sa feinte conversion. – Je le téléphone à Mlle Langlois (espérant atteindre Mme Moeneclaey à défaut de son mari, car il faut que les représentants de la France soient au courant) ; puis Mme Moeneclaey étant à Toronto, au Dr Simard, qui va en écrire à Ottawa (sa femme devait rentrer vers la mi-janvier). J'ai un téléphone du « vieux monsieur » qui me félicite régulièrement sur mes articles ; et je veux téléphoner à L'Heureux pour le féliciter de son article de samedi : comme il n'est pas là, il me rappelle à 6 h et me demande au besoin une collaboration écrite lorsque j'ai des idées à lui suggérer.

Tous ces téléphones me prennent jusque vers 3 h ; je commence ensuite à corriger mes copies de Sillery ; à 4 h rentrant de chez Langlois, rencontré Vivès grognon comme de coutume et qui va être délogé de chez lui, malgré la loi, la propriétaire étant la maîtresse d'un juge contre qui nul avocat ne veut plaider…

De 5 à 6, cours sur la politique française. Corrigé encore des copies ; travaillé à Rabelais. – On est venu s'offrir à 15 dollars pour déblayer la neige, rue Couillard,

---

82. L'écrivain et journaliste Henri Béraud, fervent collaborationniste, a été condamné à mort en décembre 1944 après un procès qui a provoqué de grandes polémiques entre Mauriac (pour la clémence) et Camus. Il est finalement gracié par de Gaulle le 13 janvier 1945. COINTET, *op.cit.*, p. 74.

ce que je trouve exorbitant, car en pratique le vent s'en charge... Je commande aussi et l'on amène les quatre tonnes de charbon dont j'aurai besoin pour le reste de l'hiver si de plus grands froids ne me font pas dépasser la consommation de l'année passée.

Le journal d'hier m'arrivant en retard, avec celui d'aujourd'hui, je leur consacrerai la soirée, et je renonce à me rendre à la Société du Parler français.

16 janvier

Le charbon acheté hier me déçoit : il brûle comme paille ; plusieurs m'avaient déjà dit leurs embarras analogues.

Je continue à corriger mes copies, et j'achève.

Carte de cousin Marius (28 novembre) me donnant des nouvelles de tous les siens : notamment de nos cousins octogénaires Jules, Adèle et Jeanne, – évocations du passé, puisque je les retrouve sur des tableaux généalogiques dressés d'après Victor Claro, et que je me propose, si je les retrouve après-guerre, d'interroger sur le passé...

De 3 à 4, cours sur Turcaret.

5 à 7 au Cercle universitaire, sur l'invitation de Poznanski, pour rencontrer le ministre de Pologne, Babinski. Y sont présents, les Turcot, les Kuniholm, le groupe Donohue-Bruchési-Benoît, L'Heureux, L. Ph. Roy, etc. Babinski est d'un optimisme un peu forcé sur son pays... J'apprends de Poznanski que le recteur a conduit Louis Rougier chez le cardinal : outré des intrigues de ce personnage, je téléphone à De Koninck, qui préviendra Son Éminence de ce qu'il est ; et je le téléphone aussi au Dr Simard, en train d'écrire à Guy Vanier (de Montréal) là-dessus ; je lui suggère aussi de faire inviter au Canada Pierre Dénoyer, dont *Le Soleil* m'apprend l'arrivée à New York avec cinq autres journalistes de la résistance, et que je tâcherai d'atteindre par lettre.

Les enfants, à qui je lis les voyages de Peary[83], se sont amusés à se construire un igloo dans la neige de la cour.

Une tempête de neige recommence ce soir : quelle année !

17 janvier

Reçu ce matin mon chèque des Éditions de l'Arbre, – moins que je ne le pensais : je vais le toucher tout de suite. Téléphoné au sujet du charbon pour me plaindre de la qualité. Écrit à Dénoyer (aux bons soins de Valeur) pour tâcher de l'avoir ici.

Après-midi, fait un résumé de mes conférences pour les journaux. De 3 à 4, cours sur Turcaret, à l'issue duquel l'abbé Laliberté vient faire connaissance avec les élèves. Puis je vais acheter un joujou comme cadeau de baptême à la petite Georgeot. Et j'écris à cousin Marius. Plaisir de récrire enfin aux correspondants d'autrefois...

---

83. L'explorateur Robert Edwin Peary est le premier à être arrivé au Pôle Nord, le 6 avril 1909. *Encyclopædia Universalis*.

Varsovie et Cracovie sont pris : grosse victoire. Et peut-être vaut-il mieux que l'Allemagne soit conquise par les Russes, plus durs que nous. Et peut-être le châtiment de Dieu, pour ceux qui ont choisi Hitler contre le bolchévisme (qui ont cru que la fin justifie les moyens) sera-t-il de leur imposer ce bolchévisme, de faire que ces moyens aboutissent au contraire de la fin recherchée...

18 janvier

Bibliothèque.

À midi, en passant à la salle des professeurs causé avec Lebel du « prix du gouvernement français », que je dois choisir, des cours d'été (remarques de miss Pfeiffer sur Bonenfant et Henri Fontaine qui font des cours *ex cathedra* et non des explications de textes), des thèses ; il y aura réunion de la Faculté mercredi soir.

Écrit après-midi à mamé ; fait quelques révisions à mes conférences. Commencé le chapitre sur les Idées politiques de Chateaubriand, que me demande Mirkine-Guetzévitch. Je retourne à la bibliothèque chercher les *Mémoires d'Outre-Tombe* ; je passe ensuite chez Garneau pour choisir le « prix du gouvernement français » (il suggère l'*Histoire de la littérature française* de Thibaudet) et acheté les deux derniers volumes de J. Romains ; acheté mon billet au CPR, et des caoutchoucs.

Le courrier de 4 h m'apporte une lettre de Pattee,[84] et une autre, très intéressante, du P. Delos[85]. Je la lis par téléphone à Mme Lahaye, et à De Koninck, à qui je redis mes inquiétudes de la campagne antirusse qui s'étale partout : il préparera là dessus quelques idées pour les soumettre au Cardinal.

Soirée à l'hôtel York, avec les membres du Comité Canada-Haïti, et les étudiants haïtiens, auxquels s'est adjoint Lescouflair, qui fait un stage au ministère du Travail.

---

84. Richard Pattee est à Porto-Rico pour deux à trois mois et prépare son séjour en Haïti. ARCJ, 118 J 235, Corr. gén., R. Pattee à Viatte, 13.1.1945.
85. De Rome où il fait partie de la Délégation française auprès du Saint-Siège, le père Delos explique les difficultés qu'il a rencontrées à Alger, travaillant dans une situation de « provisoire » et d'incertitude par rapport à l'avenir, propice aux nervosités. Il s'exprime ensuite avec confiance sur l'avenir de la France et le rôle des catholiques dans la reconstruction de l'Europe qu'il voit poindre à travers la relance de *La Vie intellectuelle* entamée par le père Maydieu : « Je suis frappé de l'étendue des démolitions, – peut-être parce que je connais surtout des régions industrielles, – d'autre part, le bouleversement social est très profond ; enfin, une énergie extraordinaire, accompagnée parfois d'un esprit de violence ou de dureté que la réflexion ne tamise pas encore dans tous les cas. C'est à cette énergie qu'on doit en grande partie le relèvement politique à un rythme accéléré. – J'avoue du reste que j'aime cette énergie ; quoique le pays soit encore souvent dans un désordre marqué, j'ai l'impression de vivre dans une atmosphère saine et virile. (...) La *Vie intellectuelle* va reparaître aussitôt que possible ; elle est le centre d'aspirations qui me semblent en accord parfait avec la France ; elle groupe des équipes pleines d'intelligence, et la participation à la guerre et à la résistance a mûri et donné de l'expérience. (...) De fait, il faudra rétablir le plus tôt possible des rapports entre les catholiques des divers pays, du moins ceux qui sont capables de mouvement et qui ont compris la situation. » Le père Delos conclut sa lettre en demandant à Viatte s'il peut récupérer le manuscrit sur « Le problème de civilisation, la Nation, les Nationalismes » qui doit se trouver aux Éditions de l'Arbre et dont il n'a pas de copie. ARCJ, 118 J 235, Corr. gén., J. Delos à Viatte, 13.12.1944.

19 janvier

Le temps reste froid.

Préparé mes cours; écrit à l'École libre sur mon programme de février. Le soir, assez impatient d'être dérangé par les enfants faisant leur devoir – ce qui prouve de la fatigue – je continue un peu mon chapitre sur Chateaubriand.

Téléphoné à J.-P. Després la lettre du P. Delos; il venait de présenter Lescouflair aux fonctionnaires du ministère et notamment à Bonenfant pour la bibliothèque.

De 3 à 4, cours sur Turcaret. Après quoi je parle à Lebel : il me dit que l'abbé Maheux se flatte de l'amitié du Cardinal, et pourrait l'avoir influencé; je voudrais en téléphoner à De Koninck, mais ne l'atteins pas.

20 janvier. Grand-Mère[86]

Ce matin, le souffleur ne marche de nouveau pas. Écrit à maman. Continué mon chapitre sur Chateaubriand.

Départ à 1 h 35 pour ma tournée de conférences. Train bondé : je m'installe dans le parlor-car, où j'ai pour voisins le P. Alcantara Dion et l'évêque des Trois-Rivières. Autre train bondé de Trois-Rivières à Grand-Mère : plusieurs voyageurs debout; mais je suis à la fenêtre. Traîneaux dans la neige, et le grandiose Saint-Maurice, tantôt d'un côté tantôt de l'autre, avec des trous d'eau d'un vert intense. En route je lis *Naissance de la Bande*[87], de Jules Romains.

Reçu à Grand-Mère par le tout jeune M. Pellerin. Encore un lecteur du *Devoir* rendu antigaulliste par ce journal… Je crois que ma conversation à table, avec lui et M. Grimard, ne sera pas inutile. Après quoi, conférence, qui « prend », je pense, sur le public. Soirée à la mairie, avec le maire, les organisateurs du groupe, et divers messieurs, notamment un Frère (F. Dorothée) qui a suivi mes cours en 1935, et celui qui me présentera demain à Shawinigan.

21 janvier

Lever de bonne heure : mais à Grand-Mère on ne déjeune pas avant la messe de 9h. Attente de l'autobus dans la nuit : je vais à Shawinigan, où je change pour Trois-Rivières, dans un autobus aux vitres gelées où je me fais une vitre dégelée par un frottement en permanence.

À Trois-Rivières je téléphone à Panneton; je vais à la messe de 9 h 1/2 dans la crypte des Franciscains (impression, au sermon, d'une « industrie du Tiers-Ordre » à la façon que ridiculise Rabelais); je reviens à l'hôtel me raser, corriger un chapitre de Sœur Joseph-Mary, et commencer une lettre au P. Delos.

---

86. Ville de Mauricie.
87. Vingt-troisième tome de la grande fresque *Les Hommes de bonne volonté*. LEMAÎTRE, *op.cit.*, p. 738.

À midi Panneton vient me chercher ; je déjeune avec lui. Trottier, Deléans (né en France), Saint-Arnaud : ardent gaullisme de ces gens des Trois-Rivières, – un des foyers du gaullisme au Canada sans doute... Idée de Saint-Arnaud de faire une édition canadienne de *Temps présent*, si on pouvait l'obtenir en micro-photo ; et de faire une tournée à Dénoyer sous les auspices du *Nouvelliste* et journaux affiliés.

Conférence. Causé ensuite avec quelques frères. Puis remonté à Shawinigan par autobus en compagnie de Trottier. Dîner avec lui. De jolies filles à une table voisine attirent les regards des dîneurs solitaires. Nouvelle conférence : je me sens plus sûr de moi-même et mieux en forme chaque fois. Réception chez les Chevaliers de Colomb ; causé littérature. Rentré avec Trottier par l'autobus de 11 h 1/2, causé de Harvey, l'abbé Maheux, le fascisme du Bloc populaire (son candidat à Shawinigan est un disciple de Degrelle), etc.

Shawinigan donne l'impression d'une ville active et animée. Et j'admire le développement du groupe Reflets, imposé en quelque sorte par Panneton qui traite de crétins les récalcitrants... Cet essor intellectuel des petites villes, avec celui de l'édition, et tant de jeunes qui ont de l'avenir, est un des faits qui donnent de l'espoir. Ce qui est bizarre, c'est l'association de ces « gaullistes » avec des fascistes plus ou moins sincères comme Roger Duhamel ou Dostaler O'Leary[88].

22 janvier

Départ pour Montréal : autre train bondé ; on ajoute un wagon de seconde – sièges de paille – où je trouve place.

Lu en route *La sphère* et *La Croix*, de Chesterton.

Difficulté de se loger à Montréal : même à 1 h je ne trouve qu'un hôtel de troisième ordre, l'hôtel Russel près de la gare Bonaventure ; le New Carlton et le Queens sont au complet. Courses en ville dans la neige boueuse. À la fin de l'après-midi, n'ayant rien à faire, j'entre dans un cinéma, où l'on donne *The Princess and the Pirate* ; et je me couche tôt.

23 janvier

Commencé la journée par écrire au P. Delos et à Pattee.

Déjeuné au Cercle universitaire avec Hurtubise et Charbonneau : je leur remets le manuscrit de Clark ; ils sont partagés maintenant sur le Rabelais, que Hurtubise voudrait intégral, tandis que Charbonneau accepte l'idée de morceaux choisis ; on discute le Balzac, et un texte – probablement la *Recherche de l'absolu* – pour remplacer *Birotteau* que Variétés viennent de publier[89].

---

88. Engagé dès 1942 dans le Bloc populaire québécois, formation politique fondée contre la conscription des Canadiens français, O'Leary défendait déjà avant-guerre la création d'un État libre canadien-français, non sans faire montre également de tendances antisémites dans ses écrits. COMEAU, *Le Bloc populaire 1942-1948*, pp. 149 et 171.
89. *César Birotteau*, œuvre de Balzac, figure en effet au catalogue des Éditions Variétés en 1945.

À 3 h ma conférence au Cercle des Dames, qu'elle paraît impressionner. S'y trouvent notamment Houpert, dont dom James vient de baptiser le cinquième enfant (je remarque qu'il ne vient pas me féliciter après, et avant, il semble navré des victoires russes : ce sont là vraiment des ennemis, à écarter) ; Darbelnet, avec qui je discute de Laugier, dont il craint qu'il ne se comporte en radical-socialiste : le P. Albert ; l'abbé Lemoine, Mmes Ricour et Boulizon ; Mlle Thibaudeau, qui me demande des nouvelles de Pierre et des Jean-Brunhes-Delamarre ; les Moeneclaey, avec qui je cause un peu plus des récents événements.

Départ à 7 h pour rentrer à Québec à 11 h.

24 janvier

Courrier abondant : une lettre de Marguerite Trentesaux m'annonçant entre autre le décès de Mlle Havenne ; elle se sent isolée, la pauvre fille, se rejette sur ce simili-cousinage, et si cela peut lui faire du bien, tant mieux. Lettre de miss O'Donovan. Et, de France, de Mgr Beaupin, qui semble très bien avec le gouvernement actuel comme avec celui de Vichy naguère et auparavant avec ceux de Léon Blum ou de Poincaré... C'est une vocation...[90].

Achevé ma lettre au P. Delos que j'envoie pour transmission à Raoul-Duval ; écrit à ce dernier, sur Dénoyer, sur *Temps présent*.

Je suis furieux de recevoir la thèse de Sœur Marie-Carmen avec son « résumé » conformément aux règlements arbitraires du Dr P. E. Gagnon, et contrairement à nos vues.

Au moment où je vais faire mon cours (3 à 4, sur le drame romantique) on m'appelle au téléphone de Drummondville, pour me dire que ma conférence ne peut avoir lieu le dimanche après-midi, mais le soir, faute de salle disponible : rentré, je m'aperçois que cela m'obligerait à partir dès 9 h 20, ou à voyager de nuit, ou bien à attendre le lundi après-midi ; je retéléphone pour retarder la conférence d'une semaine, ce qui me permettra de voyager à des heures normales.

Continué mon article sur Chateaubriand.

Séance de Faculté le soir, très décevante : notre nouveau doyen est purement négatif, en même temps qu'autoritaire ; il se réfère systématiquement au recteur ; on comprend pourquoi le Séminaire l'a choisi... Cela rend anticlérical ; voilà comment les Garneau et autres sont devenus anticléricaux. Je téléphone mes impressions à De Koninck, afin qu'il alerte le Cardinal sur cette baisse très rapide de l'Université partagée entre l'américanisme et la routine...

---

90. Mgr Beaupin informe Viatte de la reprise de ses activités pour le Comité catholique des amitiés françaises à l'étranger et, en lien avec le Père Delos, de la relance de l'Union catholique d'études internationales, groupe de pression catholique à la Société des Nations qui souhaite jouer un rôle dans le concert diplomatique de l'après-guerre. Et Mgr Beaupin ajoute : « Je me tire sain et sauf de ces terribles quatre années. Ici, elles n'ont pas été matériellement trop dures, mais j'y ai vécu moralement bien isolé et condamné à un quasi-silence. J'envie ceux qui, comme vous, ont pu travailler à leur aise et librement. J'ai fait quand même ce que j'ai pu et je crois que cela représente encore un effort respectable. » ARCJ, 118 J 235, Corr. gén., E. Beaupin à Viatte, 11.11.1944.

25 janvier

Bibliothèque. J'y rencontre Lebel démonté, me disant que l'abbé Bégin et l'abbé F.A. Savard sont sortis hier soir dans le même état; à tout prendre, nous disons-nous, il vaudrait autant demander l'abbé Bégin comme doyen; l'abbé Laliberté s'est déclaré contre la création et l'attribution même des chaires d'histoire et de géographie...

En sortant, je vais toucher mes chèques dans les banques.

Téléphoné à De Koninck, qui conseille une démarche collective auprès du Cardinal.

À 2 h je vais chez l'abbé Parent avec la lettre de Mlle Paret, l'étudiante haïtienne qui veut venir ici; j'en profite pour discuter la question. Nous avons un chic secrétaire général! D'après lui, la démission de l'abbé Laliberté, si nous y tenons, n'étonnerait personne; et le recteur est décidé à nous donner les chaires d'histoire, il temporise seulement, en attendant le moment favorable...

Téléphoné à Roger Picard, qui m'avait demandé entre temps; je n'irai pas à sa conférence, cela me prendrait trop de temps. Écrit à mamé; à Mlle Paret, et à Drummondville. Commencé ma chronique internationale.

Téléphoné au P. Deschamps qui m'avait proposé un sujet de thèse, – inacceptable, car ce n'est qu'une dissertation d'ordre trop général.

Un quidam me téléphone des injures à propos du procès Maurras – comme si j'y étais pour quelque chose – et raccroche courageusement lorsque je lui demande son nom... Rappellant De Koninck ce soir, pour le consulter au sujet de Jean-Claude qui voudrait entrer chez les scouts, – Thomas y est et son père m'encourage, – je ne puis m'empêcher de lui dire que c'est manquer au devoir, pour l'épiscopat canadien, que de dénoncer le péril extérieur du communisme sans jamais rien dire du péril fasciste et maurrassien, qui est celui du pays même...

26 janvier

Téléphone du Dr P.E. Gagnon me disant que c'est par un malentendu que le résumé de Sœur Marie-Carmen a été remis aux examinateurs. L'incident est clos.

Visite de Sœur Marie-Carmen au sujet de sa thèse. Je prépare ensuite mes cours.

À déjeuner, les Roger Picard: R. Picard réintégré dans sa fonction, et devenu plus «gouvernemental» du fait même[91].

À 2 h De Koninck me téléphone pour me demander un «papier» sur le nazisme dans la revue que va publier la Faculté de philosophie, ceci pour équilibrer plusieurs articles contre le matérialisme dialectique[92].

---

91. Roger Picard est professeur à la Faculté de droit de l'Université de Paris.
92. On trouve notamment dans ce numéro de *Laval théologique et philosophique* (I, n° 1, 1944-45) un article d'Henri Legault sur «la critique marxiste de la religion», et un autre de Charles De Koninck intitulé «Notes sur le marxisme».

À 3 h cours sur Turcaret.

Après mon cours, causé un moment avec Lebel: Lacourcière et l'abbé F.A. Savard ont parlé à l'abbé Parent de notre déception. D'accord pour imposer à notre doyen, en «caucus», les décisions de notre majorité sur les chaires d'histoire et sur la bibliothèque; et pour mener campagne afin d'obtenir comme doyen l'abbé Bégin.

Vu ensuite Sœur Joseph-Arthur, sur sa thèse; et, à la maison (5 h), le P. Deschamps, à qui j'ai refusé un sujet de thèse, et qui me demande de présenter ses ouvrages à l'Académie française, pour une récompense, par l'intermédiaire de Moeneclaey.

Écrit ma chronique

Il fait toujours très froid.

27 janvier

Lettre de Dénoyer, grippé à New York: il compte venir fin mars, invité par le gouvernement canadien.

Écrit à maman. Puis je reprends ma chronique internationale.

Téléphoné au Dr Simard lettre de Dénoyer.

À 4 h je me confesse pour la première fois à l'abbé Boutin à la petite église de N.-D. des Victoires: à la Basilique, j'allais faire mon action de grâce devant la Vierge de Champlain; j'aime ces sanctuaires patriotiques d'un Canada qui se voulait français.

À 6 h 1/2 j'écoute à la radio le topo – assez quelconque – du neveu de sir E. First. – Bernadette, première de sa classe, se rend au concours du Palais Montcalm avec Marguerite et Isabelle, mais cette fois elle n'en rapporte rien. C'eût été grand hasard...

28 janvier

Je me réveille à 8 h mais j'arrive à avoir la messe.

Ce matin je continue ma chronique, sans grand entrain.

Après-midi, visite à l'hôpital d'où Mme Georgeot est partie hier, mais où reste sa petite fille, très mignonne et vive; je rencontre le père, en grande conversation avec la Mère Supérieure au sujet de la correction grammaticale du règlement, et sors avec lui. Puis je vais chez les Magnan, où ne se trouvent que Mme Gagnon et Isabelle, leur mère étant à Montréal.

On rentre ensuite, on joue au quartette; pas de *New York Times* cette après-midi. Le froid continue, et les accrocs du souffleur.

29 janvier

Cours à Sillery ce matin. Causé à Mère St-Rodriguez de la lettre de Mgr Beaupin.

Après-midi, achevé ma chronique internationale; fait mon cours sur la structure sociale de la France, et un peu de Rabelais avec Bernadette. Une tempête de neige commençant vers 4 h semble tourner cours. Le soir, Société du Parler français, avec l'abbé Maheux. Lacourcière, Antonio Langlais, Dulong, Raymond Parent, le Dr Gingras.

30 janvier

Journée de travail. Avec un léger mal de gorge, je suis resté ce matin à revoir ma chronique[93]; après mon cours sur Turcaret de 3 à 4, je la remets à l'abbé Bégin, j'échange quelques mots avec Lechevalier et lui à la salle des professeurs (Lechevalier à qui j'avais parlé de notre réunion de Faculté, en est ravi puisque rien n'est changé…); je donne des conseils à Sœur Joseph-Mary sur sa thèse; et j'ai le temps d'achever mon Chateaubriand et d'écrire la lettre d'envoi à Mirkine-Guetzévitch.

31 janvier

Encore une journée de travail. Écrit un article pour *L'Action catholique* sur la question « Justice, vengeance, charité »[94]. De 3 à 4, cours sur le drame romantique et les *Orientales*. À 4 h je vais chez M. Pâquet sans le trouver; je n'ai pas non plus mon journal. Mais une lettre de maman, vieille de trois mois (23 octobre) et qui m'effraie pour le retour par le rationnement (un œuf par mois!); à cette époque Porrentruy subissait des alertes continuelles.

Depuis quelques jours il m'arrive des journaux suisses; j'ai *La Liberté* jusqu'en décembre, ce qui me fait juger le courrier aérien plus long que le courrier normal…

---

93. « Chronique internationale » *Le Canada français*, XXXII, n° 6, février 1945, pp. 457-463. Alors que la contre-offensive allemande en Belgique s'est révélée n'être finalement qu'une « sortie » manquée, la poussée russe sur le front de l'Est se révèle foudroyante et rappelle à Viatte la défaite française de l'été 1940. Cette avancée militaire se doublera forcément d'une victoire politique dans la région, même si le chroniqueur doute que Staline imposera rapidement le communisme dans les territoires conquis : « Il ne placera pas les Alliés devant l'inacceptable ; en revanche il ne cédera rien, ou peu de chose, sur la frontière. » En plus des foyers de tensions européens habituels (frontières de la Pologne, sort politique de la Grèce et de la Yougoslavie), la prochaine rencontre au sommet des trois grands chefs alliés à Yalta devra débattre du sort de l'Allemagne, qui devient l'un des enjeux centraux de l'après-guerre.

94. « Vengeance, justice, charité » *AC* du 3.2.1945. Le professeur de Laval entame ses réflexions sur ce thème en rapport avec l'épuration en opposant la position des catholiques à celle des communistes, plus « enclins à la haine » selon lui. Il n'en réclame pas moins justice et fermeté face aux traîtres de la part des catholiques, tout en soulignant la grandeur d'âme des démocrates-chrétiens Francisque Gay et Georges Bidault, qui, dans la ligne du rassemblement national voulu par de Gaulle « n'ont pas voulu user de représailles en déposant contre Maurras ». À propos de ce dernier, Viatte lance un appel vibrant pour que l'on « sache tirer les leçons des événements » et que ses disciples reconnaissent leur trahison : « Voilà un penseur que la logique de son nationalisme politique aura rendu funeste à toutes les causes qu'il prétendait défendre : à l'Église, contre laquelle il a révolté ses disciples ; à la patrie, qu'il a sacrifiée au triomphe apparent de son idéologie ; à la monarchie enfin, car si elle avait des chances de retour lors du chaos de 1940 (…), son attitude, encore bien plus que l'indécision du prétendant, l'aura enterrée pour longtemps. On voudrait être sûrs que tous ont compris, et que même au Canada il ne subsiste pas de ces fanatiques étranges qui, le plus souvent sans l'avoir lu, proclament à priori comme les manifestants de Lyon, " Maurras innocent ", et malgré le Pape, Maurras grand maître en philosophie sociale. »

Mlle Langlois me téléphone une dépêche du ministère relative aux professeurs d'histoire et de géographie: ils sont quatre, tout à fait épatants, catholiques (on le précise)[95]; on ne se moque pas de nous; à l'Université de montrer qu'elle ne se moque pas du monde. Je téléphone là-dessus à De Koninck, qui n'a pas encore vu le Cardinal en voyage; et à Lebel, qui me dit notre nouveau doyen bien changé depuis l'autre jour par des remontrances du recteur alerté par l'abbé Parent. L'abbé F.A. Savard était outré et renvoyait De Koninck aux *Assis* de Rimbaud[96]... Et De Koninck se méfie du changement, qui peut être simple apparence.

1er février

Ce matin, me rendant à la Bibliothèque, l'abbé Dumouchel mon ancien élève me parle d'une attaque de Louis Rougier contre moi dans *Le Devoir*, à propos de Renan[97]; sera-ce l'occasion de river son clou à ce faux bonhomme? Après-midi Mlle Côté vient me porter l'article et m'offrir son journal pour une réfutation; je l'écris le soir, mais d'après le ton je m'en tiens au terrain des idées; De Koninck, alerté par téléphone, m'envoie une *Histoire de la philosophie* d'où je tire quelques citations antithomistes du personnage. – De Koninck verra probablement samedi le Cardinal qui était absent, et avec qui il aimerait discuter bien des problèmes, notamment celui de la Faculté.

Après mon travail à la Bibliothèque ce matin, j'écris à Trenteseaux puis à mamé.

Lettre de Pierre (19 décembre) arrivée via Roger Pons: embouteillage des courriers espagnols? Ou mauvaise volonté des autorités, à qui la saveur «maquis» ne plaît pas? Excellentes nouvelles de Gérard, qui enseigne la philosophie des sciences aux Facultés libres et est préparateur de biologie à la Faculté des sciences: très coté

---

95. La dépêche signée Moeneclaey rapporte le télégramme adressé le 30 janvier par les services diplomatiques français au commandant Bonneau, et dit ceci: « Dans le choix des professeurs destinés à l'Université Laval de Québec je m'efforce de constituer une équipe homogène et résolue à travailler en parfait accord. Les quatre noms actuellement retenus en vue d'une proposition sont ceux de MM. Neymuller (Géographie), normalien; agrégé Bourd (Histoire moderne); agrégé Durozel [*sic*, en fait Jean-Baptiste Durosselle] (Histoire ancienne); chartiste Wolff (Histoire du Moyen Âge), agrégé, thèse achevée. » ASQ, Boîte 319/29, télégramme du 7 février 1945.
96. Œuvre de jeunesse de Rimbaud (1870) que l'on peut assimiler à une caricature sociale. *Encyclopædia Universalis*.
97. « Lettres au " Devoir ". M. Louis Rougier à M. Auguste Viatte » *Le Devoir* du 31.1.1945. Rougier réagit fortement à la conférence de Viatte sur les précurseurs du nazisme en France, dont *Le Devoir* a rendu compte, et se lance dans une vibrante défense d'Ernest Renan et de ses idées, dont Viatte a fait l'une des sources du « collaborationnisme présent ». Pour Rougier, la pensée de Renan est tout sauf raciste et sa correspondance ne serait qu'une réfutation continuelle du déterminisme biologique et du matérialisme à la base de l'idéologie nazie. Il accuse donc Viatte de faire un faux procès au théoricien de la nation « à base spiritualiste », sous prétexte que celui-ci fut un farouche adversaire de l'Église catholique. Il faut ajouter que Louis Rougier est alors lui-même en train de donner un cycle de conférences autour du nazisme à Montréal, où il défend plutôt la thèse d'une origine essentiellement allemande du racisme hitlérien, opposant le « Volkstum germanique » fondé sur un nationalisme biologique à l'idée française de la Nation, « plébiscite de chaque jour » selon la célèbre formule de Renan. *Le Devoir* du 1er février 1945.

dans la Résistance. Pierre n'a pu encore parler de moi au Service des Œuvres, où reparaît Marx, conseiller technique (il n'est donc pas mort!)[98].

Je vais à la poste de la Basse-Ville mettre ma lettre – c'est là qu'on me parle de l'embouteillage à Lisbonne – puis chez L. Ph. Roy, à qui je remets mon article et avec qui je cause un moment. Puis chez mon propriétaire M. Pâquet, à qui je demande de me renouveler mon bail.

Le soir, commencé à annoter la thèse de Sœur Marie-Carmen. Téléphoné à Mme Lahaye pour lui lire la lettre de Pierre, mais elle n'est pas libre.

2 février

Commencé à préparer mes cours. Téléphoné à Mme Lahaye la lettre de Pierre. À midi, je vais payer Mlle Jobin – je rencontre la nouvelle institutrice des enfants, Mlle Tancrède – puis je passe à la banque. Cours sur Turcaret de 3 à 4. Rencontre de Sœur Joseph-Arthur. Je n'ai pas encore copie de la dépêche envoyée par Mlle Langlois : je lui téléphone là-dessus ; Stanislas Germain est venu l'agonir de sottises à propos de Maurras – sans se nommer, qu'à la fin et en hésitant : je me demande si c'est lui mon insulteur par téléphone de l'autre jour...

Écrit ma réfutation de Rougier, que ce soir je modifie encore[99]. – Après dîner, conférence, sur la politique française, de Beyer, professeur à Buffalo (Institut des Relations internationales) : très d'extrême-gauche, Alsacien, socialiste nuance Philip.

---

98. Outre des nouvelles de Gérard Viatte, professeur à Toulouse, Pierre Deffontaines donne à son beau-frère ses impressions après une rencontre avec l'intellectuel suisse Albert Béguin : « Je suis venu à Toulouse dans l'auto du consul général et nous avions avec nous Albert Béguin, le professeur de Bâle dont tu as été un moment le concurrent. Tu sais qu'il est le fondateur directeur des *Cahiers du Rhône* qui ont publié toute une littérature de la Résistance, du Pierre Emmanuel, du Aragon, du André Rousseaux, du Borne... Il a publié aussi toute une littérature de prisonniers qu'il a pu recevoir à la barbe de la censure, notamment de très émouvantes poésies de Pierre-Henri Simon (...). Tout cela t'intéresserait passionnément. Il faudrait que Roger Pons te les envoie. Ici j'en ai quelques exemplaires mais aucun double et la censure d'ici ne laissera pas passer ces publications teintées de maquis. (...) Pour une fois il n'y a pas eu trahison des clercs, et cette fois est grandiose. Béguin est venu en tournée en Espagne et Portugal, sous prétexte de convoyer une exposition de livres suisses, pratiquement il a fait ici une série de conférences sur les atrocités allemandes dans le Vercors. Il est allé en ce coin des Alpes faire une enquête pour la Croix-Rouge sitôt après la Libération et il revient avec des documents douloureux et effarants. » ARCJ, 118 J 213, Corr. Deffontaines, P. Deffontaines à Viatte, 19.12.1944.
99. « Lettres au "Devoir". M. Auguste Viatte à M. Louis Rougier » *Le Devoir* du 7.2.1945. Sur un ton académique mais non dénué d'esprit polémique, le professeur de Laval rappelle sa thèse globale qui est de montrer que « le nazisme représente l'exaspération d'une certaine philosophie allemande, [et que] chez les auteurs français qui se sont inspirés de cette philosophie, on peut rencontrer des infiltrations prénazies qui nous expliquent en partie le "collaborationnisme" récent ». Citant longuement les *Dialogues philosophiques* de Renan à l'appui de ses affirmations, Viatte conclut par une attaque directe : « Vous paraissez croire que, parce que catholique, j'ai nécessairement Renan en horreur : mais non, vous simplifiez. Vous vous êtes fait, je sais, une spécialité de l'antithomisme ; (...) vous lui reprochez surtout ce que vous appelez "le dogme de l'identité de l'esprit humain", auquel vous opposez votre conception personnelle de la raison, "résultante sociologique fort instable". Votre pensée s'apparente ainsi au relativisme renanien, et cela m'explique, peut-être, la vivacité de vos réactions. »

3 février

À l'École normale, ce matin, je rencontre Lebel, avec qui j'échange des vues sur la Faculté, la question du doyen, les chaires d'histoire et de géographie : il me dit que l'abbé Parent, quoique secrétaire général, n'est pas au Petit Conseil du Séminaire, où tout se prépare ; on y a mis à sa place l'insignifiant abbé Lelaidier. Je trouve la chose si forte que je la téléphone à De Koninck : vraiment il faut alerter le Cardinal sur la situation de l'Université, que l'on veut faire rétrograder de vingt ans en réagissant contre le grand recteur que fut Mgr Roy, dans tous les domaines...

Rentré, après avoir été à la bibliothèque, je refais la conclusion de ma réponse au faux bonhomme Rougier (mon étudiant Ouellet, rencontré, m'avoue l'avoir recommandé à l'Institut canadien ; je suppose que les Guignot sont là-derrière... Je trouve, ficelée entre deux paquets de coupures, la copie de dépêche que m'avait envoyée Mlle Langlois au sujet des professeurs d'histoire, et que je m'étonnais de ne pas recevoir ; je le lui téléphone ; mais il est vraiment trop tard pour m'en occuper mardi.

Écrit à maman.

Puis, à 3 h 1/2, je pars pour Drummondville. Longue attente en gare de Lévis : le train a une heure de retard, et que faire d'une heure à cette saison ? J'aurais si bien pu prendre le bateau suivant... Effet de soleil couchant, au départ, rosissant la glace du Saint-Laurent. Puis un trajet interminable pour arriver à 9 h, ou presque au lieu de 7 h 15. M. Elphège Simoneau m'attend à la gare ; il me mène dîner au restaurant, nous causons, puis je vais à l'hôtel. Un hôtel assez chic et une chambre à 4 dollars, prix dont je me serais passé.

4 février

Je vais à la messe, je me rase, puis je fais un petit tour de ville : il y a un joli coin, mais très américain d'aspect (on me dit qu'il est habité par des Anglais : si j'étais parachuté ici, sans savoir où je suis, je me croirais dans la banlieue de New York...)

Rentré à midi : Simoneau me rejoint pour déjeuner, avec le Dr Martin, qui se trouve l'interne qui a servi à la transfusion de sang pour Marie-Louise, en 1939 ; souvenir douloureux. Simoneau est le beau-frère de Panneton des Trois-Rivières. Ma conférence a lieu à 3 h, et est goûtée de ce public qui paraît assez difficile. L'abbé Houle, qui me remercie, ajoute que le Canada devrait réfléchir sur sa position sur la carte américaine...

Puis Simoneau m'emmène chez lui pour dîner : c'est amusant ; il m'a fait subir un examen d'où il résulte que je n'étais ni trop pontife ni trop barbant pour sa famille. Et je passe une soirée de gentille intimité dans cette famille très « jurassienne » de moyennes gens, bons catholiques, en conversation surtout avec une jeune fille, très remplie d'élan pour les œuvres catholiques, enchantée de l'aubaine (prestige du professeur à l'Université Laval) et cachant sa timidité sous le bavardage.

Départ à 10 h : le train n'est pas encombré, et il n'arrive pas trop en retard ; j'ai le bateau de minuit et demie à Lévis ; mais il m'a fallu me rendre au fumoir pour lire, car on met les lumières en veilleuse à 10 h 1/2.

5 février

Cours à Sillery ; puis je vais déposer à la banque mes derniers chèques ; j'ai maintenant 4200 dollars à mon compte. Enfin je me retape un peu.

Après-midi, la préparation de mes cours, et corrigé mes devoirs. De 5 à 6, cours sur l'Empire colonial.

À 6 h je téléphone à Lebel la dépêche relative aux professeurs français, qui lui semble épatante. Lettre de mamé (1er décembre) ; et du général Vanier.

6 février

Journée employée à corriger des devoirs : d'abord de l'Université, puis de Sillery ; à 3 h, cours sur Turcaret. À 4 h, je vais m'acheter un pantalon de rechange, et un coupe-vent à Jean-Claude.

Le P. Deschamps vient déposer chez moi ses livres qu'il aimerait voir couronner par l'Académie française. Lettre de Raoul-Duval : c'est enfin une réponse à la mienne, d'il y a plus de quinze jours[100].

7 février

Je vais ce matin donner la dépêche sur les chaires d'histoire et de géographie à l'abbé Parent, que je trouve un peu embarrassé : d'après lui, le recteur a ajourné la discussion en prétextant l'absence de locaux, et l'argument compte... Je veux ensuite aller voir le recteur, mais l'abbé Grenier, sa porte ouverte, me hèle au passage, pour me parler de ma réponse à Louis Rougier, que *L'Événement-Journal* vient de publier. Comme, à midi moins le quart, il y a quelqu'un chez le recteur, je préfère attendre, et comme il doit assister après-midi à l'ouverture de la session parlementaire, je remets la démarche à demain.

Lallier, de la Société St-Jean-Baptiste, m'a téléphoné ce matin pour me demander de remercier Lacourcière qui doit y faire une causerie sur la Tradition ; j'y vais donc ; suis assis entre Maurice Hébert et Maurice Lebel : on goûte ma réponse. Notre nouveau doyen est là, tout miel. Aussi, Stanislas Germain, que je soupçonnais d'être l'auteur du téléphone anonyme sur Maurras : mais il n'en témoignerait rien, et De Koninck, à qui j'en parle ce soir, n'en croit rien.

Redescendu jusqu'à la Basilique avec Mordret, rallié à de Gaulle, mais qui reste un assez pauvre type, avec un résidu d'AF.

---

100. Le diplomate français confirme à Viatte la venue au Canada d'un groupe de journalistes français en tournée aux États-Unis, sous la conduite des services d'information américains. Il se montre également favorable à l'idée de remplacer les *Cahiers français* par une nouvelle revue qui pourrait être une édition canadienne de *Temps présent*. ARCJ, 118 J 235, Corr. gén., G. Raoul-Duval à Viatte, 3.2.1945.

Cours sur le romantisme de 3 à 4. Ensuite, je vais signer mon bail avec M. Pâquet, et je passe chez Vivès avec des photos. J'achève mes corrections et je revois la thèse de Sœur Marie-Carmen.

Téléphone de Ch. De Koninck ; il a vu le Cardinal : d'accord avec nous sur les cours d'histoire et sur (ou contre) ceux qui les convoitent ici ; ouvert sur la question du doyen ; disposé à une déclaration antinazie pour faire disparaître toute équivoque sur la question anticommunisme ; De Koninck doit lui soumettre des idées et me demande les miennes. – Téléphoné à Lebel : celui-ci a trouvé l'abbé Parent soupçonneux (« sont-ils vraiment catholiques ? », etc.). Il se demande s'il n'y a pas le désir de faire passer avant le folklore, en cas de subside insuffisant ; et peut-être, sous roche, d'autres candidatures (l'abbé a mentionné Carrière pour l'histoire du Moyen Âge, ce qui serait saugrenu) ; il a aussi été question d'un professeur belge pour l'Histoire de l'Église, mais De Koninck n'est pas au courant, et de toute façon cela ne relèverait guère de la Faculté. Il ne faudrait pas qu'à la « coterie du Séminaire » succède une « coterie des cours d'été » : ce serait la toile de Pénélope.

8 février

Vu le recteur ce matin. Tout déconcerté de savoir qu'on avait écrit pour s'informer de professeurs étrangers : il n'a pas l'air d'avoir porté ses regards au-delà des petites combinaisons locales. Je constate, du moins, que la version de l'abbé Parent est fidèle : sous prétexte de manque de locaux, il voudrait ajourner la question jusqu'à ce qu'elle soit mûre, et que soit tranché le débat entre les Facultés des Arts et des Lettres. Je fais ce qui convient pour cet homme irrésolu, c'est-à-dire que je ne le presse pas, mais je me rends compte que par lui-même il ne prendra jamais la responsabilité d'une décision, et qu'une chiquenaude du Cardinal ne sera pas inutile. Je rentre cependant assez satisfait ; et le suis aussi lorsqu'un téléphone de Moeneclaey me fait voir que du côté Paris on patientera.

Discuté beaucoup d'autres choses au téléphone avec Moeneclaey : les ambitions académiques du P. Deschamps ; le prix du gouvernement français ; la venue éventuelle de Boutry, qui a écrit au consul dans ce but.

Le matin, bibliothèque (Balzac, salle de l'Index). Après-midi, écrit à mamé ; à Pattee ; à Simoneau pour le remercier ; une longue lettre à Mgr Beaupin[101]. Vu un peu la thèse de Sœur Marie-Carmen.

Le soir, j'assiste à une causerie du comte d'Elst sur l'Autriche-Hongrie : intéressant comme psychologie ; elle montre l'état d'esprit d'un gentilhomme autrichien en l'an de grâce 1945, si semblable à celui de nos émigrés après la Révolution, aux lettres de Bombelles[102] que j'ai lues ! Convaincu que ce qui a existé hier doit par le

---

101. Celui-ci a écrit à Viatte une lettre de soutien pour ses projets de retour en France, en lui indiquant qu'il est en contact suivi avec son frère Gérard qui lui rend de grands services depuis Toulouse où il se trouve. ARCJ, 118 J 235, Corr. gén., E. Beaupin à Viatte, 6.2.1945.
102. Chambellan de l'archiduchesse Marie-Louise, il en deviendra le troisième époux, après Napoléon et Neipperg. *Encyclopædia Universalis*.

fait même renaître demain, rejetant ou escamotant les faits contraires... En fait, son exemple montre bien pourquoi l'Autriche-Hongrie ne renaîtra pas. Taschereau-Fortier et Pierre Chaloult contredisent, et la discussion s'égare parfois sur des généralités. Mais je n'aime pas les manifestations de dames (Mme Schwartz et autres) en faveur de l'orateur, ni l'intervention de Mgr Gagnon pour la restauration « parce que le régime reposait sur de bons principes » : cela fausse l'atmosphère ; et je vois une fois de plus combien notre recteur est d'une culture insuffisante. Il doit trouver l'abbé F.A. Savard très bien : Directeur de séminaire, hier doublé d'un bon administrateur d'Université avec Mgr Labrie comme vice-recteur, mais aujourd'hui, avec l'abbé Laliberté, doublé de zéro.

On achève la soirée chez un des participants. Causé d'Haïti, de France, d'Espagne. Patry me dit que l'Université songeait à envoyer Lacourcière et l'abbé F.A. Savard en Haïti l'été prochain : il faudra que je m'assure que moi-même j'y aie ma place.

9 février

Je prépare aujourd'hui mes cours. Ch. Bilodeau me consulte par téléphone sur la venue à Québec de Kaufmann[103], rédacteur à *Combat* ; et Mme Georgeot nous invite au baptême pour demain : le parrain est un garçon de quatorze ans. À 3 h cours sur Turcaret.

Maurice Lebel est satisfait du recteur, qui se décide à envoyer en Europe Marcel Trudel et l'abbé Garneau pour étudier l'histoire ; il estime que mieux vaut attendre l'octroi du gouvernement pour aller voir le Cardinal si à ce moment le recteur ne montre pas de bonne volonté. Il espère aussi régler la semaine prochaine avec le doyen et Lacourcière la question de la bibliothèque.

De Koninck me téléphone que la visite de Boutry pourra s'arranger.

J'achète des masques à Jean-Claude et Bernadette, vu la proximité du carnaval ; aussi ce soir Bernadette me laisse-t-elle travailler seul à Rabelais.

10 février

Ce matin, de 10 à 11, corrections de devoirs. Puis j'écris à maman, à qui Bernadette écrit de son côté une lettre fort amusante. C'est une délicieuse petite fille que ma Bernadette.

Après-midi, baptême de la petite Georgeot : le parrain est un petit Fernand Lemay, dont le père assiste à la cérémonie, ainsi que M. Dubois dont la femme porte

---

103. Pierre Kaufmann (1916-1995). Journaliste, philosophe et psychanalyste, il fut écarté du concours de l'École normale supérieure par le régime de Vichy. Résistant, il s'engagea dans le mouvement *Combat*, et fut rédacteur dans le journal du même nom après-guerre (grand reporter et chroniqueur philosophique). Sa carrière universitaire le mena jusqu'à une chaire de philosophie à l'Université de Nanterre (1969). Membre de l'École freudienne, il se distingua notamment par ses travaux d'anthropologie psychanalytique et sa connaissance de l'épistémologie des sciences. *Encyclopædia Universalis*.

l'enfant. Le baptême a lieu dans la sacristie des Assomptionnistes ; Jean-Claude fait l'enfant de chœur, et, à sa grande joie, sonne les cloches. Il se plaint d'être engourdi et mal à son aise : couverait-il quelque maladie ? Goûter chez les Georgeot, jusqu'à 6 h, dans leur maison au toit très oblique construite sur les plans de M. Georgeot, avec vue au loin sur la cime indéfinie du bois Gomin, qui recule de plus en plus... La femme du directeur de leur entreprise a envoyé une robe de laine pour la petite, ce qui fait supposer aux parents qu'on ne les renverra pas en pays chauds...

11 février

J'achève ce matin la thèse de Marie-Carmen, j'écris mon rapport, puis commence mes lectures en vue de l'article que De Koninck m'a demandé sur la position philosophique du nazisme.

Après-midi, promenade à St-Émile, en vue de faire du ski. Incidents d'hiver sur le parcours de l'autobus : chemin barré par une autre voiture en panne ; course de chiens. L'attache des skis se révèle trop petite pour mes souliers, et Bernadette de son côté s'en tire mal : elle se contente d'arpenter la route pendant que Jean-Claude escalade le toit d'un château d'eau. Temps instable : giboulées de neige alternant avec du beau soleil, et faisant passer les teintes les plus diverses sur les sommets qui barrent l'horizon. Nous rentrons par l'autobus de 4 h 45, qui arrive à 5 h et demie.

Je veux téléphoner ce soir à De Koninck, mais l'abbé Parent est chez lui, ce qui me fait ajourner une discussion approfondie ; l'abbé Parent me demande de le voir demain, pour me dire quoi ?

Je dois assez gronder Jean-Claude ce soir pour ses étourderies, et pourtant je sens que dans son complexe de persécution il est sincère ; comment faire pour ne pas lui donner le sentiment d'une sévérité excessive, et pourtant le dresser à l'obéissance et à la réflexion ?

12 février

Cours à Sillery. À la sortie, la religieuse me parle du P. Beaulieu de l'Isle Verte, Franciscain, peut-être un frère de Mlle Beaulieu, l'institutrice de mes enfants, rescapé des camps de concentration, témoin des atrocités allemandes, enthousiaste du maquis dont il raconte mainte histoire : après avoir assisté au Te Deum du général de Gaulle à Notre-Dame, il se refait dans sa famille, et doit repartir à la fin du mois pour reprendre en France ses études.

À 2 h je vois l'abbé Parent : il me parle de la thèse de sœur Joseph-Mary, qui se décourage, bien à tort ; j'en profite pour lui préciser mes vues sur les cours d'été en Haïti et j'y gagne de savoir que pour Dartigue mon invitation va de soi : celle de Lacourcière serait en surnombre ; mais aucune nouvelle depuis le voyage de l'abbé. Nous ne disons rien des chaires d'histoire et de géographie.

À 3 h je vais chez mon dentiste le Dr Hamel : fort heureusement la dent déchaussée peut se remettre, et les autres vont bien ; je n'aurai qu'une autre séance pour le nettoyage, le 28. À 5 h je devrais avoir mon cours : personne ne vient ; anticipation à la journée universitaire ? Je continue mes lectures pour mon article sur le nazisme, et le soir je travaille un peu à Rabelais. Bernadette vient m'y aider, après avoir déblayé la neige devant la maison ; j'ai parlé de cette question à l'abbé de Smet qui a son école sur la même rue et pourra peut-être me trouver un auxiliaire…

Le soir, Société du Parler français (l'abbé Maheux, Antoine Langlois, Raymond Parent, l'abbé Beaudry, Lacourcière, le Dr Blanchet) : je propose avec succès d'y emmener Georgeot.

À 11 h je vais chercher à la gare le journaliste Kaufmann, de *Combat*, avec le Comité de la France combattante ; soirée jusqu'à 1 h, à lui entendre décrire les mouvements de résistance. Ne va-t-il pas trouver certains de nos « gaullistes » un peu primaires et agaçants ?

13 février

Commencé ce matin à écrire mon article sur le nazisme. Je préviens Mme Lahaye, par téléphone, de la conférence Kaufmann : elle attend son mari en mission à Washington, prochainement, qui lui demande de venir avec ses quatre fillettes… J'essaie aussi, sans succès, d'atteindre Georgeot.

Les enfants vont pour le carnaval chez les Lahaye et les Gingras. À 2 h, je vais au château Frontenac, d'où Masson me renvoie au Clarendon : j'y rencontre Kaufmann et Gérard Morisset ; puis un M. Lavoie, du bureau de tourisme, vient nous faire la visite de la ville par un temps radieux : la terrasse (d'où les Laurentides sont seulement un peu trop estompées) ; N.-D-des-Victoires ; le Cap Blanc ; la Basse-Ville jusqu'à la Pente Douce, le Parc des Champs de Bataille. On passe à *L'Action catholique* (entretien utile avec L.-Ph. Roy) puis à mon Centre de Documentation, qui intéresse Kaufmann. Je le laisse remonter à 6 h chez Willie Chevalier, et me remets à mon article.

Corrigé aussi les épreuves de ma conférence de *Reflets sur la littérature* ; rédigé une notice pour l'Association canadienne des Humanités ; et fait un peu de Rabelais après 6 h 1/2.

14 février

Je continue mon article sur le nazisme. À 3 h, cours sur Balzac, après quoi Sœur Joseph-Mary me remet un nouveau chapitre de sa thèse, pas mauvais. Lettre de Mlle Cassal, assez décourageante sur les possibilités de venir en France et la lenteur des démarches ; j'y réponds, j'envoie à Ottawa, pour être transmise par voie diplomatique, une lettre à sa sœur. Claudine vient faire ses devoirs avec Bernadette, ce qui dissipe Jean-Claude pour les siens.

À 6 h 1/2, dîner au Cercle universitaire avec Kaufmann ; je suis entre Doret et lui, en face de Kuniholm, parmi les présents, le Dr Simard, Pierre Chaloult, Taschereau-Fortier, Labouret, Bruchési, Poznanski, Raymond Parent, et naturellement Bilodeau. Longue conversation à l'Institut des Relations Internationales, où je retrouve, en plus, Mme Lahaye, Pacreau, Mme Tremblay et Amyot, Mlle Langlois, Georgeot... Kaufmann est normalien et philosophe, ce qui se sent dans sa méthode et son souci d'objectivité. Si j'avais su, je lui aurais fait rencontrer De Koninck.

15 février

J'écris à maman, en attendant Kaufmann.

À 11 h un téléphone de Masson me dit de le rejoindre chez le Cardinal. Attente dans le salon rouge, entre les portraits des évêques de Québec: longue, comme toujours. Le Cardinal parle beaucoup, comme toujours, et Kaufmann, un peu intimidé, répond à peine. Le Cardinal se donne beaucoup de mal pour expliquer qu'il n'a pas visité la France à cause de la difficulté des communications (Rome, à l'époque, était même sans nouvelles du nonce) et pour ne pas embarrasser dans les affaires du Cardinal Suhard et du nonce lui-même: version vraisemblable. Il regrette l'assouplissement des principes, « peut-être inévitable », dont la conférence de Yalta semble témoigner.

Je regrette que les invités d'Ottawa, tel Kaufmann, soient promenés toujours dans le même petit groupe, à la fois peu représentatif et gagné d'avance: J.L. Gagnon, René Garneau, l'abbé Maheux... Ce n'est pas là prendre contact avec le Canada français.

Je prends congé de Kaufmann à midi; après-midi je vais à la Bibliothèque, j'achève ma lettre à maman, j'écris à Dénoyer pour qu'il m'annonce à temps la date de sa visite. Je vais à la poste, chez Kerhulu, chez le cordonnier; je continue mon article sur le nazisme, et travaille à Rabelais.

Le Cardinal me dit que Rougier me réplique[104]: on n'a jamais le dernier mot avec les chicaneurs, et je n'ai pas le goût de la chicane. J'ai dit qu'il faudrait vingt pages pour traiter le sujet, et ne le promènerai pas dans les journaux, à moins bonne raison.

Je ne suis pas content des airs faussement paternels de Mgr Pelletier, rencontré à la sortie.

16 février

Je prépare mes cours; de 3 à 4, cours sur Turcaret. Après, je rends à Sœur Joseph-Mary le chapitre de sa thèse qu'elle m'a soumis, avec mes encouragements (elle craignait d'être tournée en ridicule par un membre du jury, comme il paraît que c'est

---

104. « Lettres au "Devoir". M. Louis Rougier à M. Auguste Viatte » *Le Devoir* du 10.2.1945. Rougier répond à Viatte en s'appuyant à nouveau sur des citations, qui démontrent selon lui que Renan a clairement rejeté toute doctrine raciste au nom de la philologie et de l'histoire. En forçant le trait de manière polémique, Rougier estime que traiter Taine et Renan de collaborationnistes serait jugé comme une attitude ridicule en France, et conclut en s'élevant contre les prétentions de Viatte à vouloir « purger » les lettres françaises à la manière des nazis eux-mêmes...

arrivé récemment...) Je vais au secrétariat porter un questionnaire envoyé par l'abbé Parent ; puis je vais en ville chercher des jouets pour Bernadette dont la fête tombe dimanche. Dans un bric-à-brac où j'achète *Mathias Sandorf*[105], on me montre des jumelles qui me tentent, mais coûtent 60 dollars...

Lettre de Bourde, un des candidats aux chaires d'histoire et de géographie[106] : détail ; l'initiative vient bien de Seyrig.

Achevé mon article sur le nazisme du point de vue philosophique[107].

Mgr Gagnon, rencontré, me dit que dans sa réponse Louis Rougier se borne à déclarer que les textes de Renan représentent une attitude de jeunesse : c'est faux, mais ne vaut pas une réplique. – Téléphone de Mgr Pelletier qui voudrait avoir l'adresse de Kaufmann pour envoyer par lui des messages en France ; je téléphone à De Koninck au sujet de mon article : il a eu, me dit-il, une altercation assez vive avec notre pauvre type de recteur. Que serait Cyrille Gagnon en Europe ? Peut-être en effet directeur de séminaire, dans un diocèse secondaire : mais à coup sûr, pas recteur d'Université.

17 février

Je vais à la bibliothèque du Parlement emprunter des ouvrages sur Racine – celui de Mauriac notamment, à défaut du Thierry Maulnier[108] ; Bonenfant me parle de la venue possible de Mauriac et de Duhamel, invités par l'Alliance française, et conclut par ce sarcasme : « Ils finiront par loger chez Ch. Donohue ! »

Écrit à maman.

Après-midi, téléphoné au Dr Simard sur cette visite Mauriac-Duhamel, et sur celle de Kaufmann.

---

105. Œuvre de Jules Verne en trois volumes.
106. André Bourde vient de terminer ses études d'histoire à l'Université d'Aix-en-Provence et souhaiterait venir enseigner au Canada français.
107. « La position philosophique du Nazisme » *Laval théologique et philosophique*, I, n° 1, 1944-45, pp. 124-128. S'appuyant sur les écrits d'Henri Heine, qui en 1878 mettait en garde contre les dérives des « philosophes de la nature » allemands, Viatte s'attache à démonter les mécanismes d'une conception du monde – le nazisme – qui se présente avant tout comme un moyen d'action accompagné d'une négation de l'Être. Dans ce sens et citant fréquemment le politicien nazi Walter Darré, il estime que le racisme ne représente qu'un aspect du nazisme, une idéologie « fille du vitalisme » : « La race conditionne toute culture ; son abâtardissement est à l'origine de toute décadence. » Viatte établit ensuite une comparaison entre marxisme et nazisme en les qualifiant de « frères ennemis issus d'un même courant philosophique » : d'un côté le matérialisme scientiste, le déterminisme économique et l'athéisme, de l'autre la biologie vitaliste et l'idôlatrie. Ce constat, largement inspiré d'un ouvrage sur les *Idoles allemandes* publié en 1935 chez Grasset par Max Hermant, amène Viatte à souligner l'incompatibilité évidente entre nazisme et christianisme, et la nécessité pour les chrétiens de combattre ce Mal contemporain, en priorité : « Il se peut qu'immédiatement après la guerre, le marxisme représente, au moins en Europe, un problème plus actuel ; mais nous serons exposés à voir renaître le nazisme tant que nous n'en aurons pas approfondi le contenu, et faute de cet approfondissement nous risquerons toujours des confusions dont le marxisme lui-même, en réaction, n'a pas peu bénéficié. Telle est la grave responsabilité de l'homme d'études. Il ne pourra " démobiliser " sa plume lorsque les soldats poseront les armes. Sur les ruines, il lui faudra restaurer l'esprit. »
108. Maulnier a publié une biographie de Racine en 1935.

Écrit à Michel Dumont à ce sujet[109]; et à André Bourde, le candidat à une chaire d'histoire, ainsi qu'un mot de condoléances à Victor Henry. Nous allons nous confesser chez l'abbé Boutin, à N.-D.-des-Victoires. Je commence le soir mes lectures sur Racine. Jean-Claude va chez les scouts, d'où il me rapporte une formule d'acquiescement à signer; mais je désirerais faire changer la promesse au Roi et au Canada.

Mécontentement français sur l'exclusion par les grandes puissances. Le mot de Roosevelt, « there is no France », prend une signification sinistre; et les responsabilités des États-Unis paraissent les plus graves.

18 février

Je continue ce matin, après la messe, mes lectures sur Racine; Lacourcière à qui je téléphone, pourra me procurer le *Racine* de Thierry Maulnier (j'en profite pour préciser avec lui les limites exactes des sujets qu'il envisage pour les cours d'été). Je montre aussi aux enfants quelques images d'histoire de France.

Après-midi, promenade à l'Ancienne-Lorette, les enfants à ski, et moi je m'essaie aux raquettes, assez fatigantes au haut des cuisses une première fois. Nous avançons dans la neige virginale jusqu'à une côte, menant à un pont, où les enfants s'en donnent à cœur joie, malgré les fréquents pleurs de Bernadette toutes les fois que quelque chose va mal. Le temps, radieux au départ, se couvre : bourrasques de neige; même il me semble qu'il refroidit; en tout cas, simultanément, nous grelottons, nous nous sentons les pieds glacés, et nous prenons le chemin du retour.

Arrêt à un restaurant où les enfants goûtent sommairement; mais attente pénitentielle de l'autobus par le froid. Il est encombré; mais nous pouvons nous asseoir; et bientôt une réaction bienfaisante fait circuler le sang dans nos veines.

De retour à 6 h, je porte à De Koninck mon article : causé de l'Université; le Cardinal partage nos vues sur la nécessité de mettre fin à l'omnipotence du Séminaire tout en évitant de brusquer un état de choses qui dure depuis trois cents ans. Mais le Cardinal est-il éternel? Nous avons vu tant de morts subites désastreuses... l'Université me paraît entre deux périls, la routine, et l'américanisation (la Faculté des Sciences devenant une « École technique supérieure »...). En revanche, bonne nouvelle : le gouvernement se propose de spécifier la destination de son octroi à chaque Faculté; cela tuerait les intrigues au sujet des chaires d'histoire.

Réflexions de Mauriac, dans son *Racine*, sur les faiseurs de journal, qui écrivent pour poser devant les autres ou devant eux-mêmes, et même sincères, se perdent en

---

109. Viatte explique au directeur du Service d'information français à Ottawa sa déception quant au programme du voyage de Kaufmann, pas assez mis en contact avec la véritable société québécoise selon lui. Dumont abonde dans le même sens, mais ne peut intervenir, vu que ces visites françaises sont gérées par le gouvernement canadien. Dans le même temps, Michel Dumont informe Viatte qu'il trouve très intéressante son idée de remplacer les *Cahiers français* par une réédition de *Temps présent* au Canada. ARCJ, 118 J 235, Corr. gén., M. Dumont à Viatte, 2.3.1945.

notations contradictoires; vraiment, sommes-nous tous si compliqués? Et ne peut-il y avoir, comme ici, le seul désir de retracer fidèlement sa vie et ses impressions, pour la revivre plus tard, et pour survivre avec ses enfants, comme survit avec moi le vieil arrière-grand-père Victor Claro?

Soif de vie, d'une vie pleinement vécue; et de survie: mon trait dominant. Angoisse nerveuse le soir, malgré ma conviction chrétienne de l'au-delà, à la pensée de cesser d'être; avidité de savourer chaque minute, sous tous ses aspects.

19 février

Ce matin cours à Sillery.

À midi, De Koninck me téléphone sur une de mes phrases touchant l'« américanisme » du marxisme; on change le mot. Après-midi, cours sur les colonies françaises. À la sortie, un frère de J.L. Gagnon se présente avec une demoiselle Donohue, qui désirerait suivre régulièrement ce cours et les autres. Corrigé les copies de Sillery.

Une lettre de Dartigue me confirme qu'il désire me revoir l'été prochain, plutôt qu'un autre: reste à faire régler la chose par Seyrig, ce qui doit être facile.

Georgeot vient le soir: je vais l'amener à la Société du Parler français; mais une conférence à l'Institut canadien a fait supprimer la réunion. Il reste à causer quelques instants.

20 février

Je passe au consulat américain, sans m'y attarder, la secrétaire étant occupée: elle fera mes papiers aujourd'hui et je n'aurai qu'à les chercher demain. Ensuite, j'achève mes corrections; après-midi je me remets à Racine.

L'abbé Bégin me dit sa colère contre notre doyen qui se mêle à présent des cours d'été – notamment du salaire des professeurs –; je lui suggère que nous pourrions lancer sa propre candidature; il ne dit pas non.

Je vais acheter un canif à Jean-Claude, et n'en trouve nulle part. Je me remets à Racine; fais mes plans pour les cours d'été; et je fais un peu de Rabelais.

Étant allé, après dîner, à l'Université vérifier un mot dans le dictionnaire, j'y rencontre Lebel: je lui lis la lettre de Bourde, et le renseignement de De Koninck sur les intentions gouvernementales; il me raconte les indécisions du doyen, qui toutefois s'est rapproché de nous.

J'écoute ensuite le concert à la Radio.

21 février

Lettre de Mlle Cassal. Écrit à Mme Soutine, à la Martinique, et à Mme Briggs. À 11 h je vais chercher mon visa américain. Je lis les *Racine* de Mauriac, de G. Truc et de Thierry Maulnier ; ce dernier me faisant mieux comprendre sa *Phèdre* qui pourtant y ajoute beaucoup. Je vais voir l'abbé Parent au sujet de mes cours d'été.

À 3 h cours sur Balzac et Stendhal.

Téléphoné ce soir à De Koninck au sujet de l'exposé que je voulais faire à la Faculté de philosophie : mais, les professeurs de science n'y paraissent plus, il préfère attendre l'année prochaine pour recommencer sur d'autres bases... Danger que ce ne soit un pas en arrière de plus. On a peut-être trop fait de métaphysique pure... Et il y a beaucoup de soirées prises, pour chacun, ces temps-ci.

22 février

Je vais ce matin à la bibliothèque, d'où plusieurs George Sand ont disparu ; et Bonenfant ne les a pas davantage. Écrit ensuite à maman.

À 2 h 1/2 soutenance de Sœur Marie-Carmen : nous voilà dans le grand salon de l'Université, affublés de nos toges ; je préside, avec à mes côtés l'abbé Bégin, Lacourcière, l'abbé Gosselin ; nous turlupinons la bonne sœur, mais nous nous trouvons d'accord pour lui conférer son grade « avec très grande distinction » et le vœu que sa communauté lui laisse poursuivre ses recherches plutôt que de l'affecter à l'administration comme elle l'appréhende.

Il pleut ; chemins glissants ; en me rendant ensuite chez Langlois, je manque de tomber.

Sœur Marie-Carmen a fait une surprise aux enfants : un globe terrestre, qui les ravit ; heureusement on ne me le dit qu'après la soutenance, sans quoi cela rappellerait trop « les épices ».

Jean-Claude va ce soir à une réunion scoute et revient à 9 h très content.

23 février

Lettre des Éditions de l'Arbre, à laquelle je réponds ; je suis encore en retard pour mon article. Je prépare ensuite mes cours.

Téléphonant au Dr Simard à propos de la prochaine venue du P. Miville : il me demande d'en parler au Cardinal. En sortant de mon cours à 4 h, j'en discute avec Maurice Lebel, qui me suggère de demander la présidence d'honneur du Cardinal pour une conférence à la salle des promotions sous les auspices de la Fédération des Universitaires catholiques. De Koninck trouve l'idée bonne ; j'en reparle au Dr Simard, qui approuve. – Mgr Lahaye m'a aussi téléphoné : je lui annonce la prochaine visite de P. Couturier.

À 4 h je vais porter au consulat les volumes du P. Deschamps avec sa lettre – naïve et dont les Académiciens souriront – à l'Académie française ; j'y trouve Labouret, toujours empêtré de son retour, et à qui je conseille d'écrire à Dautry par voie diplomatique.

Le soir, visite du chef de la meute Notre-Dame à laquelle est entré Jean-Claude : il entend le scoutisme comme moi, avec coopération de la famille, et sans lui soustraire trop de moments libres. Je lui décris le caractère de Jean-Claude tel que je le vois, et les défauts à corriger, sa tendance aux phobies, son complexe d'infériorité, sa difficulté à se concentrer, joints à la turbulence et à l'imprudence de son âge.

L'homme maître de la nature, quelle blague ! L'homme prisonnier de sa planète, à la merci du choc stellaire qui le détruirait... Les autres mondes voisins, inhabitables. À quand les navigations libératrices, d'un système solaire à l'autre ?

24 février

Lettre de Geneviève (21 janvier) : Pierre se rendait à Paris ; il allait parler de ma visite, mais les transports restent mauvais. Je me demande si j'ai bien fait de pousser ce voyage et si Haïti ne devait pas suffire ? J'espère encore combiner les deux...

Mot amusant de Germain devant la neige qu'il croit avoir vue « au Canada quand il était petit ».

Je cherche à voir le Cardinal au sujet du P. Miville : mais il est à une ordination ; lundi c'est moi qui vais à Sillery ; mardi il y a réunion d'évêques. J'écris donc un mot, que je vais porter à l'Archevêché. En rentrant, je passe à la banque, et j'y rencontre Gagné, de la Fédération des Universitaires catholiques : le projet lui va tout à fait ; il pense faire suivre la causerie d'une collecte en faveur des étudiants français, qu'il cherche à ravitailler, et dont 3000 ont été chassés de la Cité universitaire prise par l'armée américaine. Le soir, Lucien Lortie, président de la Fédération, me téléphone à ce sujet. Je téléphone ce résultat du Dr Simard, et à Mme Lahaye, les questions générales contenues dans la lettre de Geneviève. Elle a elle-même un mot du P. Delos, et un autre d'Élisabeth, que ce dernier veut faire entrer à *La Vie intellectuelle*.

Après-midi j'écris à maman. Nous passons chez l'abbé Parent, remettre les épreuves corrigées de mon article ; à la Bibliothèque, chercher des livres pour Jean-Claude ; à N.-D.-des-Victoires pour nous confesser, mais un confesseur étranger remplace l'abbé Boutin... Puis je continue ma chronique internationale.

25 février

Après la messe – assez bon sermon, pratique, sur l'observation du dimanche, travaillé toute la journée à ma chronique.

Après avoir hésité à me rendre à Breakeyville, je crains qu'il ne fasse trop froid, et me rends à pied vers Sillery pour aller voir les Georgeot. À la hauteur de Spencerwood, les enfants en ont assez, et nous prenons l'autobus. Photographié Bernadette avec sa filleule dans ses bras ; visité cette maison assez vaste, aménagée en vue d'une location ou d'une vente, qui serait une ressource si nous étions chassés de chez nous au moment où les propriétaires s'en iront, et si je ne devais pas rentrer tout se suite en France... Georgeot avait voulu s'engager dans les Français libres en Syrie, mais on a jugé sa présence plus utile comme technicien dans son métier; Vichy et de Gaulle s'accordaient à vouloir maintenir des Français au poste.

26 février

Cours à Sillery. Je parle d'une visite possible du P. Miville, ou de la demoiselle?.

Après-midi, continué ma chronique internationale. Je vais à 4 h porter des photos à Vivès, et au C[anadian] P[acific] R[ailway] où l'on me dit que pour New York il faut partir à 1 h 35 si l'on veut être sûr de la correspondance; j'en suis ennuyé. À 5 h, cours sur la langue française dans le monde. Je fixe le suivant à samedi.

Embêté de n'avoir pas de réponse du Cardinal, ni de téléphone de Lucien Lortie, bien que tout cela n'ait rien d'étonnant; mais Mlle Langlois, et Ch. Bilodeau, voudraient fixer un programme. Les journaux américains aussi ont du retard...

Lettre de Mirkine, qui me demande ma collaboration à une revue l'*Union latine*[110]: un article sur le Canada, ou sur Haïti, ferait bien.

27 février

Carte de Pierre Viatte. Lettre de Marie Voisard. Rien du Cardinal.

J'achève ma chronique. À 3 h cours sur Victor Hugo.

L'abbé Bégin me fâche en me disant que *Le Devoir* attaque le P. Miville et ses compagnons et que ses confrères du Séminaire font chorus: en pareil cas le Canada me dégoûte, et son clergé. Je me demande si la lenteur du Cardinal a des rapports avec cette polémique, et si cet homme courageux contre un péril communiste inexistant aura jamais le même courage contre le péril très réel du nazisme et du maurrassisme... Je note aussi, dans *Le Devoir*, une adresse insultante de la Société St-Jean-Baptiste de Montréal au sujet des exécutions de collaborationnistes français. Ces gens-là sont des ennemis... Mais d'autre part Gagné, rejoint ce soir, me dit que tout ses collègues sont enthousiastes d'une conférence du P. Miville[111] à la Salle des Promotions, et qu'il ira dimanche soir à la gare le recevoir; je sais par Mlle Langlois que Moeneclaey sera de retour depuis le matin, ce qui me soulage un peu, car j'étais ennuyé de m'absenter dans la circonstance. De Koninck part le même jour pour une quinzaine aux États-Unis. Ainsi mes réactions évoluent du pessimisme à l'optimisme...

---

110. Il s'agit en fait des *Cahiers latins*, qui serait la revue de l'« Union latine », regroupant des professeurs, écrivains et érudits. ARCJ, 118 J 235, Corr. gén., B. Mirkine à Viatte, 23.2.1945.
111. Très probablement le père Roméo Miville, qui deviendra dans les années 1950 doyen de la Faculté des arts de l'Université Laval. HAMELIN, *Histoire de l'Université Laval*, p. 221.

28 février 1945

Je vais porter ma chronique à l'abbé Bégin[112] : longue conversation. Ensuite je vais à la causerie de l'abbé Félix-Antoine Savard, beau morceau de poésie : je suis à la table d'honneur, entre l'abbé Parent et le sous-ministre de la Colonisation M. Brown ; Gagné et Lortie, de la Fédération des Universitaires catholiques, viennent me parler de la conférence du P. Miville, sur laquelle ils « marchent à fond », mais pour laquelle il se produit une confusion d'heures ; je règle cela par des téléphones à Mlle Langlois et au Dr Simard. – À 4 h cours sur G. Sand. – En sortant, trouvé une lettre de Geneviève (Pierre était à Paris) et une autre du Cardinal, avec un refus ou un demi-refus[113] : pauvre Cardinal, je lui applique le mot des siens sur le général de Gaulle, ; il est un brave homme, mais combien mal entouré ! Je vais chez le Dr Hamel qui me trouve deux autres dents à soigner ; je lui raconte les prétentions de l'abbé Maheux, qui l'indignent. – De retour, je travaille à mes cours de New York, et à 7 h je téléphone au Dr Simard la lettre du Cardinal, à qui je réponds ce soir ; Taschereau-Fortier, qui est là, me rassure sur le français du P. Miville, qui est chargé d'un message de l'Église de France pour Son Éminence.

1er mars

Bibliothèque où je rencontre Lebel ; causerie sur l'abbé F.X. Savard, l'abbé Maheux, et autres.

---

112. « Chronique internationale » *Le Canada français*, XXXII, n° 7, mars 1945, pp. 530-539. Écrite quelques jours après la conférence de Yalta, cette chronique est imprégnée du ton assez euphorique qui est celui aussi bien des acteurs que des commentateurs de l'événement. Euphorie explicable tout d'abord par la situation sur le terrain, où « des noms germaniques remplacent enfin dans les communiqués les noms français ou slaves » : le front est au cœur de l'Allemagne, Hitler aux abois et Viatte l'imagine déjà se repliant en Autriche pour mieux conspirer, selon les projets de *Mein Kampf*... Euphorie ensuite car les dissensions idéologiques entre Alliés, qui vont bientôt se traduire concrètement par l'établissement du « rideau de fer », ne sont pas encore tout à fait perçues par le chroniqueur : celui-ci minimise le rôle de Berlin, dont la chute aux mains des Russes « aurait un retentissement moral immense, et voilà tout » ; il constate qu'en Europe occidentale aussi, les Alliés avancent et vont atteindre le Rhin ; il prédit enfin un désastre pour l'Allemagne si celle-ci refuse toute capitulation : « la paix, c'est Hitler lui-même qui se la façonne, plus dure que ne la lui eussent imposée ses pires ennemis : aucun d'entre eux n'aurait proposé de lui démolir sa capitale jusqu'à la rendre impossible à reconstruire ; il se charge en personne d'anéantir son industrie, et de rendre indispensable une occupation totale et prolongée ». Quant aux résultats de la rencontre de Yalta – dont la France a malheureusement été exclue... – Viatte les voit surtout comme une victoire pratiquement complète du point de vue et des exigences russes. D'autant que Staline domine déjà politiquement les pays d'Europe orientale qui avaient soutenu les nazis, et qu'il est difficile de savoir si les plans signés à Yalta seront appliqués dans ces pays qui font partie de la zone d'influence soviétique. Incontestablement, le monde de l'après-guerre s'annonce bipolaire, ce qui inquiète l'esprit fédéraliste de Viatte plus favorable au rôle des petites et moyennes puissances.

113. Le cardinal Villeneuve se montre sceptique à l'idée d'une conférence du Père Miville, qu'il ne connaît que de nom et dont on lui a dit que, d'éducation américaine, il peinait à s'exprimer en français. Le prélat met également des réserves quant à sa présence à cette éventuelle conférence, de peur qu'on puisse lui prêter « quelque signification trop politique ». Et il ajoute ces propos très clairs sur sa position face à l'épuration française : « Je vous avoue que je vois avec regret qu'on transporte sur nos bords des controverses qui ne devraient pas être exportées. Aimer la France importe plus pour nous que le procès de Vichy. » ARCJ, 118 J 235, Corr. gén., R. Villeneuve à Viatte, 26.2.1945.

Écrit à mamé, à Roger Pons, à Mme Chapman (ces deux dernières lettres pour condoléances).

Bernadette m'apporte les bulletins de classe : elle est première ; Jean-Claude dernier, ce qui me navre. – Je vais faire copier chez Vivès une photo qui les représente, pour tante Anne, et retenir ma place pour mon voyage de lundi ; je prends un siège au wagon-parloir à côté de De Koninck, au moins je le supporte.

Rencontré Gagné ; Lortie m'avait téléphoné auparavant ; je lui dis ma lettre au Cardinal. Tout marche bien pour la conférence annoncée.

2 mars

Ce matin je vais d'abord à la banque m'acheter de l'argent américain.

Les Éditions de l'Arbre m'annoncent la décision d'interrompre la collection des classiques[114] ; je réponds en demandant grâce pour les travaux de Vial et de Grégoire, qui doivent être presque achevés.

À midi, je vais payer Mlle Jobin : elle me dit son mécontentement de Jean-Claude ; j'en suis à me demander si cette absence de concentration est physique et morbide ? Secoué, il fait mieux aujourd'hui. Quant à Bernadette, c'est une crise de larmes avant son examen de catéchisme...

Préparé mes cours ; aussi ceux de New York. Répondu à l'Université McGill qui me demande d'étudier une de ses thèses. Commencé un article documentaire pour *La Nouvelle Relève*.

Prise de Trèves et de Grefeld ; la fin approche.

Dépêche de Dénoyer m'annonçant sa présence au Canada « du 11 au 20 mars » : pour une fois que je m'absente dans l'année, il faut que tout s'accumule sur cette période...

3 mars

Invitation du Dr Couture pour une fête haïtienne jeudi : mon impression d'accumulation redouble. – Je téléphone après-midi au Dr Couture, ainsi qu'au Dr Simard (Sillery désirant le Père Miville pour mardi matin).

---

114. Charbonneau et Hurtubise commencent à ressentir les effets de la reprise du marché éditorial en France, et de la concurrence qui s'ensuit pour les autres maisons d'édition francophones qui se sont développées durant la guerre. Ce d'autant plus qu'au Québec, le retour de Duplessis au pouvoir, en 1944, prive les Éditeurs de l'Arbre de leurs appuis dans les milieux politiques libéraux ; enfin, Henri Laugier, directeur général des affaires culturelles au ministère français des Affaires étrangères, et traditionnel soutien des éditeurs montréalais, poursuit sa carrière aux Nations Unies dès 1946. MICHON, « Les Éditions de l'Arbre » in : *Éditeurs transatlantiques*, pp. 28-33.

Écrit à maman. Travaillé à mon article documentaire de *La Nouvelle Relève*[115]. Je retourne à la Bibliothèque des Enfants, chercher pour Jean-Claude les œuvres de la comtesse de Ségur; rencontré Pacreau, passé chez Vivès. Cours de civilisation française, de 5 à 6.

Souligner le côté positif du gaullisme avant tout, soit: mais peut-on parler du Christ sans dire un mot de Caïphe et de Pilate? Et avec tout le respect qu'on a pour les autorités religieuses et civiles, ne faut-il pas indiquer que la conduite de leurs représentants Caïphe et Pilate n'a pas été tout à fait satisfaisante?

4 mars

À la messe, une chipie nous déloge de notre place en feignant de l'avoir occupée avant nous: à la réflexion, je suis sûr du contraire, mais j'y ai pensé trop tard.

Le matin, en travaillant d'arrache-pied, j'arrive à terminer mon article documentaire, qu'ainsi je remettrai à mes éditeurs si je les rencontre demain.

Après-midi, il fait beau: je songeais à une promenade à Breakeyville; sur les instances des enfants, je me contente de les accompagner à la citadelle où ils vont faire de la traîne sauvage, après leur avoir raconté *Mathias Sandorf* jusqu'à la fin. Je ne le regrette pas; un vent froid rendrait difficile de prolonger le séjour au grand air; et après la fonte d'hier, les rives sont transformées en patinoire. J'ai la déception qu'une fois de plus le *New York Times* n'arrive pas. Le soir je m'amuse avec les enfants, à cacher mon trousseau de clefs, puis à des charades; je vais encore infructueusement à la gare voir si j'y trouve le *Times*; et après dîner je corrige un chapitre de Sœur Joseph-Mary.

5 mars

Je reçois un billet du Cardinal; sa carte, avec de bonnes paroles pour la mission française; j'ai le temps d'en prévenir Lortie; mais le cardinal est décidément plus diplomate que courageux.

À 1 h 35, départ pour Montréal et New York: les enfants m'accompagnent à la gare; comme je l'avais cherché, je me trouve à côté de De Koninck, et, d'une

---

115. « Documents sur la France libérée » *La Nouvelle Relève*, IV, n° 3, juillet 1945, pp. 205-222. Viatte établit un bilan des controverses de l'épuration et focalise son attention sur le rôle des catholiques durant la guerre à partir d'articles de la presse suisse. À propos du premier sujet, il évoque les débats pour ou contre l'épuration entre François Mauriac et le journal résistant *Combat*, concluant après avoir longuement cité le général de Gaulle: « Si certains de ceux que la répression offusque, au Canada, avaient connu ces textes, ils se seraient épargné, peut-être, quelques indécences. Ils auraient vu que la certitude de la justice légale était la condition même de l'ordre public, qu'en fait l'indulgence l'a emporté sur la rigueur, et que la peine de mort n'a frappé que très parcimonieusement des hommes qui ont vainement cherché à transformer en procès politiques leurs procès de droit commun. » Concernant l'attitude de l'Église et des catholiques, Viatte suit l'opinion des articles de *La Liberté*, « journal catholique d'un pays neutre qui ne peut être suspecté de partialité pour le gaullisme », suivant lesquels l'Église de France s'est assez rapidement ralliée aux positions résistantes, et qui soulignent que, plus que jamais peut-être, les catholiques ont une chance d'accéder au pouvoir et de faire valoir leurs vues « à la fois audacieuses et justes, permettant d'éviter de graves luttes sociales » en se regroupant derrière le Mouvement républicain populaire.

manière imprévue, de Poznanski; Bruchési, et le ministre Saint-Laurent sont aussi dans le compartiment. De Koninck couche à Montréal et part le lendemain pour New York, par avion. Il est presque aphone, au moment où il aurait besoin de sa voix... Conversation intéressante sur tous les sujets; j'apprends incidemment que le boursier du Minnesota, qui suit les cours de l'Université Laval, est un boursier de miss Lincoln qui lui donne 3400 dollars, et qui décerne encore d'autres bourses: admirable générosité. Un incident de route: nous tamponnons un traîneau chargé de foin, et nous avons une roue aplatie.

À Montréal je comptais trouver Hurtubise et Charbonneau, mais ils n'y sont pas; je dois me contenter de mettre à la boîte mon article. J'ai d'ailleurs une demi-heure de retard.

Départ à 10 h pour New York; passage aisé de la frontière (bien que sur l'absence de cachet dans mon passeport, le douanier me donne des inquiétudes pour le retour); et bonne nuit.

6 mars

Arrivé à New York par le brouillard et la pluie. Je m'installe au Flanders où l'on me donne la chambre 700, du type que j'ai toujours. Je descends le matin à l'École et prends des rendez-vous.

Au bar, au Fifth Avenue Playhouse, séance de films surréalistes; j'y vais l'après-midi; il n'y a que de rares spectateurs; public bien différent des Ursulines et du Studio 28 au temps des films d'avant-garde.

Nous sommes des raffinés; trop, peut-être; un autre type d'hommes que celui qu'engendre la mécanisation et la socialisation de l'existence. Dans un monde où elle s'achèverait, trouverais-je l'atmosphère respirable? Est-ce donc que notre espèce d'hommes devra disparaître? Et pourtant, n'avons-nous pas hérité de choses irremplaçables, et ne devrons-nous pas au contraire les communiquer aux autres? N'y aurait-il pas fusion des deux types humains?

Je vais chez Stocher, puis chez Croffts, commander des Balzac pour l'Université; et je retourne donner mon cours. Mais je n'ai qu'un étudiant pour le cours fermé, et je reporte celui de 7 à 8, sans plus de succès; l'assistance au cours public est assez nombreuse. Entrevu Peyre, Mendizabal, Benoît-Lévy, Spire; causé avec Mirkine, notamment de la revue latine pour laquelle il me demande un article sur le romantisme méditerranéen; téléphone de Grégoire, qui me reproche de ne pas lui avoir annoncé le passage de De Koninck, à qui il va demander une conférence à l'École; il me dit les dévastations des villes belges, Bruxelles, Anvers, par les avions-robots. Je cause avec l'étudiant, qui est de la Guadeloupe, et a préparé la licence avec Mlle Trentesaux, qu'il estime beaucoup. Croisé aussi Vigneaux, et une dame québécoise avec Mlle Dorval.

À 8 h je vais dîner au restaurant grec; téléphone à Brodin et à Vial qui me rappelle ensuite à l'hôtel.

Je dois avoir vraiment bonne mine, car De Koninck, et un monsieur d'ici qui a suivi mes cours il y a trois ans, en ont été frappés au point de m'en faire l'observation. De Koninck me rassure aussi sur Jean-Claude, par comparaison avec ses enfants : son Dominique a été 35ᵉ en classe, sur 35, et le trouve tout naturel.

7 mars

Longue conversation, ce matin, avec Guédinet : je lui expose tout au long les projets qui m'intéressent : celui d'Espagne-Portugal ; celui d'Haïti ; et celui des chaires d'histoire-géographie. Pour le projet d'Haïti, il prend copie de la lettre de Dartigue ; et dans l'incohérence des bureaux qui se reconstituent par morceaux, il croit qu'on ne s'y prend jamais trop tôt.

Déjeuner avec Mendizabal ; lui aussi doit rentrer en France bientôt ; son procès en Espagne a été révisé, et il est libre ; il croit que les cours là-bas prennent fin en mai, ce qui ne me laisserait guère de temps...

Après-midi, je passe au consulat d'Haïti, où je trouve le numéro des *Cahiers d'Haïti* dont j'ai besoin pour mon cours ; reprise de contact avec les gratte-ciels et les fissures du bas Manhattan. Je vais à 4 h voir Koyré, qui trouve trop élogieux mon compte rendu de R. Picard ; Morize lui en a envoyé un sur les Salons, qui le convainc de plagiat ; je vérifierai les sources possibles, quoique ayant plutôt l'impression, en ce cas, de vulgarisation, et répugnant à servir des rancunes personnelles ou politiques. – Frankel, le secrétaire de l'École, a réglé au mieux la question de ma rétribution.

Je cherche à voir le P. Ducattillon, que je ne trouve point à son presbytère, où je suis reçu par une fille de couleur (Martiniquaise ? Haïtienne ?) qui parle à merveille le français. Je passe le reste de mon temps à la Bibliothèque de la ville (où le service est lent) et, le soir, encore au cinéma surréaliste.

8 mars

Je me fais couper les cheveux ; j'écris à mamé ; je commence à préparer mes cours sur Racine.

Déjeuné avec Grégoire, et les Polonais Mulheim et Turyn. Grégoire me dit ses projets sur l'École, qui me semblent raisonnables : il faut conserver, non une Université, mais au moins un centre de culture sur une base internationale, dépassant le niveau du simple « département de français » des Universités américaines. Excellente cuisine au restaurant belge Brussels.

À 4 h rencontre avec Vial : il serait consterné que les Éditions de l'Arbre ne prennent pas son *Voltaire*, achevé, soumis à la censure de son doyen, et écrit spécialement en vue des Undergraduate Schools catholiques américaines ; on lui a promis le titre de « Full Professor » lorsqu'il paraîtra. À mon avis, on devrait même lui demander un Rousseau dans le même esprit, et il n'y aurait pas d'inconvénient à poursuivre la collection de classiques pour les ouvrages n'ayant pas de réplique en France.

De là je monte en haut de la ville, pour un dîner et une soirée chez les Neff, qui sont dans une maison comme à la campagne ; je suis d'humeur à parler anglais toute la soirée. Téléphoné à De Koninck que Grégoire a essayé d'atteindre inutilement : et il n'est pas, en effet, au Mc Alpin. J'essaie aussi en vain d'appeler le P. Ducattillon.

Passage du Rhin. Je ne puis croire que la guerre dure longtemps encore... Que ferai-je l'été prochain ?

12. Auguste Viatte, Jean-Claude et Bernadette à Sainte-Anne-des-Monts, avec les sœurs de Saint-Charles (août 1940).

13. Le monastère de Sainte-Anne-des-Monts en 1943.

14. « Plan sommaire de Tadoussac » dessiné par Auguste Viatte dans ses Cahiers, en date du 23 juin 1943.

15. Paysage du Bic, au-delà du Cap-à-l'Orignal, en juillet 1943.

16. Jean-Claude Viatte a photographié son père et sa sœur à la pointe à l'Islet (Tadoussac) le 20 juin 1943.

17. Les jumeaux Viatte en excursion au Saut-à-la-Puce, à Château-Richer (7 mai 1944).

18. Bernadette et Jean-Claude, accompagnés de Marguerite Champagne, font du canotage sur la rivière Chaudière, en 1944.

9 mars 1945

Je passe la matinée à mon hôtel, où j'achève de préparer mes cours. Un téléphone me mande à l'École où je trouve mes chèques : me voilà avec un total de $ 390. De là je vais à la Bibliothèque publique ; j'ai téléphoné au P. Ducattillon, sans encore pouvoir l'atteindre.

Dîner avec Roger Picard et sa femme. Tonger lui a dit que je lui avais fait un compte-rendu aimable ; impossible de revenir là-dessus. Causé du Canada, de France. Toujours cet état d'esprit « Troisième République » qui reproche au général de Gaulle de n'avoir pas convoqué les Chambres, d'être maladroit en diplomatie, de le soupçonner d'ambition, tout en convenant que s'il disparaissait ce serait le chaos. Madame est plus acerbe, désagréablement.

Soirée chez Pierre Brodin, avec les Langellier d'Adelphi College. Causé aussi de France et du Canada, naturellement. Beaucoup d'élèves du Lycée ont été tués dans la bataille de France.

10 mai

J'écris à maman.

À déjeuner, au Champlain, toujours bondé et où l'on mange d'excellente cuisine française, je me trouve en face d'un marin (marine marchande) originaire de Huningue, engagé parmi les combattants en 1941 en Syrie, et qui depuis court toutes les mers, torpillé une seule fois ; il est venu à Montréal, pour l'instant il est un mois à New York : que d'existences aventureuses dues à cette guerre ! À la table voisine se mêle à la conversation un vieux ménage français du Chili.

Après-midi, je vais à la Bibliothèque de la ville ; je me confesse en français à Saint-Vincent de Paul ; je demande encore une fois en vain le P. Ducattillon, et le P. Piscatello me conseille de l'accrocher après son sermon demain.

À 5h, réception de Henri Bonnet par la République française aux salons Wildenstein ; quantité de gens, dont quelques jolies femmes aux beaux bras. Rencontré Mendizabal, Mme Focillon, Bos-Grundt ; Mme Dupont toujours un peu agitée, qui me donne des nouvelles de son mari ;

Mes Cahiers IX

9 mars 1945 – 4 août 1945

9 mars 1945

Je passe la matinée à mon hôtel, où j'achève de préparer mes cours. Un téléphone me mande à l'École où je touche mes chèques : me voilà avec un total de $ 170. De là je vais à la Bibliothèque publique ; j'ai téléphoné au P. Ducattillon, sans encore pouvoir l'atteindre.

Dîner avec Roger Picard et sa femme. Tenger[1] lui a dit que je lui avais fait un compte rendu aimable ; impossible de revenir là-dessus. Causé du Canada, de France. Toujours cet état d'esprit « Troisième République » qui reproche au général de Gaulle de n'avoir pas convoqué les Chambres, d'être maladroit en diplomatie, de le soupçonner d'ambition, tout en convenant que s'il disparaissait ce serait le chaos. Madame est plus acerbe, désagréablement.

Soirée chez Pierre Brodin, avec les Langellier[2] d'Adelphi College. Causé aussi de France et du Canada, naturellement. Beaucoup d'élèves du Lycée ont été tués dans la bataille de France.

---

1. Robert Tenger, critique littéraire, est notamment l'éditeur du livre de Léon Brunschvicg intitulé *Descartes et Pascal, lecteurs de Montaigne*, paru à New York chez Brentano en 1944.
2. Alice et Paul Langellier, enseignants, sont notamment les auteurs d'un manuel de français pour anglophones paru à New York sous le titre *Ces gens qui passent*.

10 mars

J'écris à maman.

À déjeuner, au Champlain, toujours bondé et où l'on mange d'excellente cuisine française, je me trouve en face d'un marin (marine marchande) originaire de Huningue, engagé parmi les combattants en 1941 en Syrie, et qui depuis court toutes les mers, torpillé une seule fois ; il est venu à Montréal, pour l'instant il est un mois à New York : que d'existences aventureuses dues à cette guerre ! À la table voisine se mêle à la conversation un vieux ménage français du Chili.

Après-midi, je vais à la Bibliothèque de la ville ; je me confesse en français à St-Vincent-de-Paul ; je demande encore une fois en vain le P. Ducattillon, et le P. Piccirillo me conseille de l'attendre après son sermon demain.

À 5 h, réception de Henri Bonnet[3] par la *République française* aux salons Wildenstein : quantité de gens, dont quelques jolies femmes aux beaux bras. Rencontré Mendizabal, Mme Focillon, Grundt ; Mme Dupont toujours un peu agitée, qui me donne des nouvelles de son mari ; Blanche Dalleine toujours « jeune fille » bien que devant approcher de la quarantaine ; Henry Torrès ; surtout Maritain, qui me demande si je ne vais pas moi-même rentrer en France où « l'on manque d'hommes ». Je saisis la balle au bond ; je crois que cette conversation aura de l'importance ; et maintenant, que Dieu me donne l'avenir le plus fécond pour les autres, le meilleur pour moi et les miens ! Dans cette confusion, Lui seul sait ce qui vaut mieux.

Après dîner, chez Koyré, rencontré Jacobson, Mme Seyrig (dont le mari est à Lisbonne), Pelliot qui va repartir ; je redescends jusqu'à la 50e Rue avec ce dernier, ce qui me permet de faire allusion à mon retour éventuel.

Que le Canada me paraît étranger aux réalités mondiales, quand on voit la façon dont se posent vraiment les problèmes !

11 mars

Messe à St. Malachie, église que j'ai découverte plus proche que St. Patrick. Corrigé ensuite mes devoirs de l'Université Laval.

À 11 h, sermon du P. Ducattillon sur le Scandale de l'intransigeance. Je vais ensuite l'attendre, longuement, au presbytère, et nous déjeunons ensemble. Il juge que je devrais avoir une chaire en France en octobre, et va en parler à Seyrig... Cela m'arrangerait bien les choses, et permettrait aussi le voyage d'Haïti, et celui d'Espagne ; mais il me faudrait un bon remplaçant. Fatigué après six mois de pérégrinations sud-américaines, le P. Ducattillon a coupé court, rappelé en France par le P. Gillet, mais en raison des lenteurs, il fait encore ce séjour à New York, puis vient au Canada

---

3. Spécialiste de droit international, il présida l'Institut de coopération intellectuelle de la Société des Nations. Enseignant à l'École libre de New York, il rejoint le gouvernement provisoire à Alger en 1942. Il deviendra ambassadeur de France à Washington après la guerre. RUTKOFF-SCOTT, « The French in New York : Resistance and Structure » in : *Social research*, 50, n° 1, 1983, pp. 192-193.

quêter pour les Dominicains de France. Maritain pense faire du P. Delos un conseiller d'ambassade... Le P. Ducattillon est assez emballé de l'Argentine qu'il trouve toute puissante en Amérique latine, orientée vers la France, et, malgré un gouvernement fâcheux, plus démocratique que le Brésil par exemple, et par le fait même, moins docile au Département d'État.

Après-midi je vais à la Bibliothèque ; téléphoné à Vignaux, sans pouvoir prendre un rendez-vous, et à Paul Grund et Mlle Arnaud qui ne répondent pas.

Le P. Ducattillon est pessimiste sur la situation religieuse en France et sévère pour les évêques qui veulent faire les élections sur la question des subsides à l'école libre et réveillent ainsi, croit-il, l'anticléricalisme.

12 mars

Visite, ce matin, à Torrès (France-Amérique). Il me raconte le complot contre le président Lescot à l'instigation de Trujillo[4] ; le président lui a montré toutes les pièces, ce qui, à mon avis, lui donne en Haïti un rôle énorme ; le colonel Armand en était. – Causé de diverses choses, notamment, avec son gérant, de la diffusion de son journal au Canada.

Je commence mon article sur la « Montée du Socialisme ».

Déjeuné avec Spire, à un restaurant italien où nous mangeons un excellent plat. Lui aussi est en partance, mais un peu inquiet des conditions matérielles qu'il trouverait au retour. Nous nous promenons ensuite ensemble jusqu'à la 59e Rue, à bavarder sur le problème de la moralité américaine – si difficile à juger –, sur ce qui nous choque dans l'« american way of living », etc.

Je vais ensuite chez Macy, où j'achète des bérets pour les enfants, et un moment à la bibliothèque ; je rentre continuer mon article, et dîne au restaurant chinois Mu Lan.

Après dîner, visite de Mlle Arnaud, toujours aigrelette, un peu moins podagre[5] ; causé des amis, de nos projets, etc. Mlle Gobert a mal réussi à Mexico où elle tient une pension de famille.

Hier j'ai terminé la soirée dans un « Newsreel »[6] où l'éditorial était – enfin ! – un réquisitoire contre une « paix douce » envers l'Allemagne.

---

4. Probablement le complot contre la vie d'Élie Lescot qui fut révélé en octobre 1944, et dont les instigateurs furent jugés suite à une instruction secrète et condamnés par une cour martiale. Le président de la République dominicaine, Rafael Trujillo, y aurait été mêlé. BELLEGARDE, *Histoire du peuple haïtien*, passim.
5. Littéralement, « qui a la goutte au pied ».
6. Bande d'informations projetées dans un cinéma.

13 mars

Je m'amuse, ce matin, à la bibliothèque, à noter les dates de naissance de mes « sénateurs internationaux »[7]. Puis je revois mes cours.

Déjeuner avec Mirkine, qui compte transférer la *République française*, à Paris ; toujours plein de projets, mais pas encore sur son départ. Il me demande un Maurras pour son volume des « doctrines politiques », des articles sur les écrivains « collaborationnistes » pour la *République française*, un « Romantisme méditerranéen » pour l'Union latine. Pessimiste sur la situation intérieure de la France, dont, homme de gauche, il craint qu'elle ne soit une « contre-révolution préventive » discréditant les ministres catholiques qui l'opèrent. Intime de Bayet et d'Aulard, il ne peut croire Yves Bayet coupable.

Je rentre à l'hôtel où je travaille un peu à mon *Socialisme*, puis je vais faire mes cours de 6 à 8, après avoir signé le contrat des *Doctrines politiques*. Toujours la même assistance à mon cours public, et le seul Duflos, de la Guadeloupe, au cours fermé.

Au Champlain, je me trouve cette fois à la table voisine de deux marins français arrivés la veille ; ils découvrent qu'ils sont nés le même jour, en 1910 ; le jour de la comète de Halley ; un d'eux, Niçois, a vécu au Canada, comté de Terrebonne, et, à 35 ans, sa femme en ayant 34, est père d'un garçon de seize ; son beau-père, tireur avec lequel il ne fallait pas badiner, l'a contraint au mariage.

Parti le soir en couchette du haut, pour rentrer à Québec.

14 mars

Passé la frontière sans incidents. Longue attente au wagon-restaurant entre Québec et Montréal ; je suis à la même table que deux messieurs de Valleyfield et qu'une dame Lachance, belle-sœur de René Garneau.

Tout un courrier : mes « Perspectives sur l'avenir intellectuel de la France » ; un gros paquet de l'*Information française*, – enfin des journaux français, je crois ! Et surtout des lettres : de mamé (15 janvier), de maman (11 février) ; deux de Gérard, novembre, février, intéressantes mais pessimistes, et corroborant jusqu'à un certain point les alarmes du P. Ducattillon (et de Mirkine) sur la situation de l'Église[8]. Une

---

7. Allusion au « monde cerféen », un jeu utopique où Viatte donne libre cours à son imagination débordante en créant de toutes pièces, sur la base de faits et de personnages réels, une société mondiale dont il organise tous les détails et les rouages. Voir à ce sujet l'article de sa fille Bernadette, « L'empire cerféen : jeux d'utopie et réorganisations fictives du réel » in : HAUSER-LAMONDE, *Regards croisés entre le Jura, la Suisse romande et le Québec*, pp. 77-86.

8. Dans une lettre datée du 15 janvier 1945, Gérard Viatte confie à son frère depuis Toulouse où il enseigne à l'Institut catholique : « Je ne sais si ma dernière lettre ne t'a pas paru bien sombre. Il est certain que des bouleversements tels que ceux que nous traversons ont pour effet de faire remonter à la surface tout ce qu'il y a de plus ignoble et de plus inquiétant dans les tendances d'un peuple. La guerre aboutit toujours à une chute catastrophique de la moralité – du moins l'apparence de la moralité – pour qu'il en soit autrement il faudrait la force spirituelle d'un Gandhi. L'épiscopat français, le clergé n'a pas cette force spirituelle. D'autre part, il est certain que mon ambiance immédiate m'influence, je veux dire l'Institut catholique, avec sa spiritualité à la *Gringoire*. Tu peux t'imaginer quelles sont ses réactions à

autre du P. Delos, partagé entre ses fonctions et le retour en France[9]; une du baron Seillère.

Téléphoné au docteur Simard et à sa femme, rentrée hier : elle a vu Pierre, deux fois dîné avec lui ; il est plein de projets sur moi, dit-elle ; mais elle aussi n'est pas optimiste sur la situation, ni sur l'inexpérience des dirigeants.

Téléphoné à Mlle Langlois une dépêche au P. Miville que m'a transmise le secrétaire du Cardinal Villeneuve, et que je la prie de faire parvenir ; ainsi que les demandes de *France-Amérique* pour la distribution.

(Le Dr Simard me dit que Dénoyer a gaffé, à Toronto, en blâmant la position des Canadiens français sur la conscription. Il arrive dimanche et reste jusqu'à mardi.)

Cours sur Lammenais et Michelet. Après quoi, un peu inopportunément, le jeune Ouellet vient me consulter sur le plan de son Alphonse Daudet.

Je vais chez Vivès : chez Langlois, qui avait vendu à J.P. Després mon *NY Times* en mon absence ; chez le coiffeur avec Jean-Claude.

Georgeot me téléphone : sa compagnie lui propose l'Argentine, climat tempéré[10] ; il se demande si les États-Unis accorderont facilement le transit.

Téléphoné à Mme Lahaye les lettres de Gérard qu'elle trouve un peu trop pessimistes. Elle part demain pour Washington ; et la voilà devant un problème semblable au mien : on offre à son mari un séjour d'un an à Washington ; cela, ou la France ?

15 mars

À la bibliothèque ce matin, vu Maurice Lebel, à qui je donne des renseignements sur ce que je sais des Universités françaises. Écrit à mamé ; préparé ma correction de devoirs.

À 3 1/2 je vais chez le dentiste. Rencontré Lebel : il m'apprend que notre doyen ne voulait pas me confier la thèse de Marcel Trudel, en représailles, les abbés Maheux et Savard ayant eu vent de mon intervention au sujet de la connexion entre l'histoire et les lettres, et ayant porté plainte au conseil du Séminaire... Singulière conception des études universitaires, et singulier niveau de pensée !

---

l'heure présente. Tu sais que je suis contre la peine de mort, comme contre tout le système pénal en vigueur dans les pays soi-disant civilisés. Mais s'il faut grâcier Béraud, alors il faut à fortiori grâcier tous ceux qui n'ont fait qu'agir sous l'impulsion qu'il leur a donnée. » ARCJ, 118 J 212, Corr. G. Viatte, Gérard à Auguste, 15.1.1945.

9. Le père Delos se plaît en effet dans ses fonctions diplomatiques à Rome, d'autant plus qu'il se réjouit de la prochaine arrivée de Jacques Maritain, nouvel ambassadeur français auprès du Saint-Siège. Pourtant, il regrette parfois sa vie « lente et patiente » d'enseignement et de recherche. Il s'efforcera de faciliter le retour de Viatte en France, en intervenant notamment auprès d'Henri Laugier, au Service des Œuvres, lors d'un prochain passage à Paris. Enfin, le père Delos s'avoue choqué des méthodes des Éditions de l'Arbre, qui ne l'ont pas averti de la parution de son livre sur les nationalismes, ce qu'il apprend par l'intermédiaire de Viatte ! ARCJ, 118 J 235, Corr. gén., J. Delos à Viatte, 3.2.1945.

10. R. Georgeot travaille pour la compagnie américaine Schlumberger Well Surveying Corporation, dans le domaine de l'électricité.

À midi, Moeneclaey m'avait téléphoné, à propos de la Ste-Jeanne d'Arc, et pour me demander si j'acceptais de parler des Antilles françaises, en avril, à l'Union des Latins d'Amérique. D'accord. L'ambassadeur, M. de Hautecloque, viendra ici aussi en avril.

Rentré du dentiste, je paie le téléphone, l'électricité, et j'écris à Ricard, d'Alger, qui s'est informé de l'état des études hispaniques au Canada. L'abbé Parent me téléphone au sujet de Mlle Paret-Linardo, dont l'emploi semble l'embarrasser. Je commence une lettre à Gérard : mais Bernadette vient se proposer pour faire Rabelais, et j'accepte.

Après dîner – et après un peu de géographie avec les enfants – conférence Ernout sur les Universités françaises et la résistance[11]. Tendance, au début, à s'écarter du sujet, à se perdre en généralités sur l'hitlérisme ; heureusement il en revient ensuite aux faits concrets. Soirée au Cercle universitaire, où le juge Lactare Roy lui pose les questions « brûlantes » : exécution des traîtres, etc. Sont aussi là les Moeneclaey, Lortie, Raymond Parent, Felteau, etc. Bon visage et aménité de cet homme fin et distingué. Il reste au Canada au moins jusqu'en juillet.

Rentré avec Bilodeau. Dénoyer arrive dimanche soir, aura un programme chargé lundi ; je tâcherai tout de même de le revoir un peu.

L'abbé Laliberté se décide le soir à me parler de la thèse Trudel, avec le désir visible que je n'accepte pas. Mais, en dépit du travail que cela suppose, j'y tiens, tant pour elle-même que pour marquer un point. Ce zéro en chiffres qu'est notre nouveau doyen – confondant le consul général de France et l'ambassadeur, ignorant tout des travaux en cours, etc. – trouve quand même le moyen d'être désagréable en insistant pour que je lui fasse part de mes absences.

16 mars

Ce matin je prépare mes cours.

À 2 h André Després vient chercher mes documents ; il me dit que les deux jeunes du maquis ont choqué en s'affirmant communistes et athées ; ils ont montré des photos de mutilés que le sous-ministre du Travail, Tremblay, a contestées, en les attribuant aux bombardements alliés…

Écrit à Gérard, au Cardinal Villeneuve (pour le remercier de son mot à mamé), à cousin Marius (sur la succession de Marie-Louise).

Après mon cours, Charles (le Noir de Trinidad) vient m'interroger sur Giraudoux, pour sa dissertation de maîtrise, et je rends à Sœur Joseph-Mary un chapitre de sa thèse.

Je vais chez mon aimable propriétaire payer le loyer de la maison.

---

11. Alfred Georges Ernout (1879-1973). Professeur d'histoire de la langue latine au Collège de France depuis 1944, président de l'Association Guillaume Budé, il voyagea au Canada en 1939, retourna en France pour reprendre son enseignement à la Sorbonne et fut incarcéré à la prison de Fresnes avec 12 membres de l'Institut en avril 1942, pour hostilité envers l'occupant. CHARLE, *Les professeurs de la Faculté des lettres de Paris*, vol. 2.

17 mars

Ce matin, corrections de devoirs : puis je passe à la Banque et au Canadien Pacifique. J'écris à maman, à Marie Voisard, au curé de Cusance, à Charrière, à Dufay. Je vais me confesser au confesseur étranger, rapide, mais qui donne de fortes pénitences. Le soir, je travaille à mon article, et à Rabelais.

Visite de Savatier[12], professeur de droit à Poitiers, qui vient de faire une conférence à la Faculté de droit sur la procédure pénale de la purge en France ; je me suis d'abord méfié de lui, et j'ai téléphoné à Mme Simard, sans l'atteindre ; mais il est très bien, en mission du gouvernement. Causé de choses et d'autres. Il me confirme que bien des chaires sont vacantes en France, plus qu'il n'en faut pour les prisonniers et pour les autres, et que la situation alimentaire ne serait dangereuse pour les enfants que dans les pays de vignobles et les très grandes villes. À Montréal, Roumefort, en présence d'Alaterre qui approuvait, a déversé ses calomnies sur les relations d'Élisabeth de Miribel avec le P. d'Argenlieu : je trouve ignoble cet acharnement, à distance, sur une jeune fille, et je le dis. Ragots canadiens : André Després m'avait répété que deux maquisards de la semaine dernière, Roussel et la jeune fille, s'étaient déclarés communistes et athées ; or Savatier, qui a fait voyage avec eux, m'affirme qu'elle assistait à la messe tous les jours sur le bateau, et que s'il a des sympathies pour le communisme, il n'est nullement embrigadé dans le parti.

À mesure que nous avançons en âge, notre individualité se précise, nous tire davantage de la masse, et nous isole, au moins nous qui nous exerçons à réfléchir. La sclérose arrive lorsque nous devenons imperméables.

18 mars

Vraie journée de printemps. Après la messe, ce matin, je continue mon article sur le socialisme.

Après-midi, promenade à la Citadelle, d'où, à travers la neige en partie fondante, je cherche et trouve trop tard une descente vers l'escalier du Cap Blanc. Près de l'observatoire, il y a de véritables mares ; un vent d'ailleurs tiède souffle au point de m'abasourdir. Nous rentrons en ville, où ce vent ne souffle pas ; et j'achève l'après-midi en jouant avec les enfants au croquet et en faisant quelques dessins.

Le soir, j'essaie la nouvelle radio que me propose Jules Simard ; meilleure que l'autre, évidemment : faut-il pourtant m'engager dans cette dépense si je pars bientôt ? J'entends aussi une conférence de Savatier sur son Comité de Libération ; c'est bien le catholique, presque mystique, dont me parlait Weiller. – Je joue avec les enfants aux dominos et leur fait faire un peu de gymnastique, car je ne voudrais pas que Bernadette se courbe. Je lui trouve aussi trop peu d'appétit.

---

12. René Savatier est parmi les rares intellectuels catholiques à faire partie d'un Comité de libération clandestin, en l'occurrence celui de la Vienne. FOUILLOUX, *Les chrétiens français entre crise et libération*, p. 209.

Arrivée le soir, de Pierre Dénoyer que je vais chercher à la gare ; il me consacrera demain tout son temps libre ; c'est le premier de mes très bons amis que je revois, ayant passé la guerre en France. Un beau-frère fusillé, un frère déporté, un autre qui a pu fuir la déportation... Salué au passage Jean-Paul Sartre[13], et la dame qui représente un journal de Toulouse et me dit de Gérard qu'on « n'entend parler que de lui ».

19 mars.

Cours à Sillery ce matin.

Dénoyer vient déjeuner chez moi : nous faisons ensuite un tour de ville (mon Centre de Documentation, N[otre]-D[ame]-des-Victoires) et à 4 h nous allons chez Mme Simard où nous rencontrons les Vézina ; excellente après-midi d'amitié et de conversations d'où résulte de l'optimisme sur la France malgré la connaissance des difficultés ; je crois tout de même Gérard exagérément pessimiste. – Lettres de France : Moreau qui me dit la facilité du retour, et m'indique les postes bientôt vacants, Grenoble, Lille, Strasbourg[14] ; également tentants. Lille pour la proximité de Paris, Strasbourg pour celle de Porrentruy et mon retour à mes origines, Grenoble pour son programme qui permettrait mieux les contacts extérieurs... Les perspectives se rapprochent ; Dénoyer pense que l'hiver prochain, on souffrira encore du froid, mais non de manière dangereuse pour la santé des enfants. Monglond chassé de sa maison, sa bibliothèque dispersée par les Allemands, malade après ce désastre[15]. Cherel, recteur de Poitiers sous Abel Bonnard, maintenant « réfugié » à la campagne, et dans l'attente d'un poste ou d'une mission ; le Canada ne lui déplairait pas, mais cela sent assez mauvais, malgré l'héroïsme de ses fils, dont il me parle.

Cours de 5 à 6, sur les Universités françaises, corrigé ensuite des copies de Sillery.

---

13. Invité par l'Office of War Information de Washington et la Commission d'information en temps de guerre d'Ottawa en compagnie de sept autres journalistes, Jean-Paul Sartre représente les journaux français *Combat* et *Le Figaro* lors de ce voyage québécois de mars 1945. Voir à ce sujet l'article d'Yvan CLOUTIER : « Sartriana québécoise. Chronologie, bibliographie et médiagraphie commentées », *Philosophiques*, XVI, n° 2, automne 1989, pp. 374-375.
14. Pierre Moreau cherche également de son côté des candidats valables pour la chaire d'histoire de l'Université Laval. Il revient sur les quatre années de guerre durant lesquelles il est resté sans nouvelles de Viatte et évoque son parcours : « Figurez-vous que, le 15 juin 1940, quand j'ai quitté Besançon, je croyais bien être en route vers vous. Je me disais que vous arriveriez bien à me faire, à côté de vous, une petite place pour subsister jusqu'à la saison nouvelle. J'ai attendu un mois à Montpellier, trois autres mois à Lons où j'étais le délégué de mon recteur dans la partie de notre académie qui restait en " zone libre ". Puis j'ai été détaché à la Faculté de Lyon, où j'ai mené la vie précaire du réfugié jusqu'en janvier 1943 : car il nous a fallu attendre jusque là nos laissez-passer. À mon retour, je me suis démis de mes fonctions de doyen que, maintenant encore, je ne désire pas reprendre. J'ai eu, et j'ai toujours, le sentiment qu'il est dans ma vocation de servir la France comme professeur, et non un régime comme administrateur. » ARCJ, 118 J 235, Corr. gén., P. Moreau à Viatte, 5.2.1945.
15. Ami de l'historien Lucien Febvre, André Monglond s'informera auprès de ce dernier des candidats français potentiels à la chaire d'histoire de l'Université Laval. ARCJ, 118 J 235, Corr. gén., A. Monglond à Viatte, 12.2.1945.

Le soir, causerie de Dénoyer à l'Institut des Relations Internationales, très bien quoique improvisée, discutant les problèmes économiques et sociaux auxquels s'intéressent le plus les Canadiens. Je l'accompagne jusqu'à sa chambre pour avoir l'adresse de Stanislas Fumet[16].

Mgr Pelletier m'a donné une émotion en me téléphonant à propos de la venue de Robert Garric qu'aimerait rencontrer Boulizon; renseignements pris, il ne s'agit que d'un homonyme, Robert Garrigue.

20 mars

Achevé ce matin mes corrections.

Téléphone d'Eugène L'Heureux, qui aimerait avoir, par Dénoyer, des lettres de France à insérer dans sa chronique; je le lui dirai au départ, à 1 h 35. Je vais à la gare: il est très déçu de l'entrevue de ce matin avec Duplessis, qui s'est comporté comme un goujat. Revu J.-P. Sartre, et Mme Bonnichon. Taschereau-Fortier et P. Chaloult me reconduisent.

Il pleut toujours; fonte des neiges.

Après-midi, écrit à Savatier pour avoir des renseignements sur Chérel[17], et à Pierre Moreau. Cours de 3 à 4 sur Napoléon II; l'abbé Desgagné commence la tristesse d'Olympia. Causé avec Charles, de Giraudoux, et avec Ouellet, du plan de son Alphonse Daudet.

Téléphone de O'Leary qui me demande une conférence sur les Antilles françaises pour le 20 avril. Téléphoné à Moeneclaey à ce sujet; j'en profite pour lui dire le mal que je pense du vicomte de Roumefort, que j'aimerais autant avoir parmi nos ennemis; mais il paraît que dans le «désert» de Montréal il faut en passer par lui.

Téléphone de l'abbé Bégin pour me demander, en tant que docteur, de présider la thèse de Marcel Trudel; j'achève de prendre ma revanche.

---

16. Viatte propose au directeur de *Temps présent* de lui fournir des articles sur la situation canadienne, ce que Fumet acceptera avec joie, ajoutant: «Comme vous le savez, *Temps présent* marche très bien aujourd'hui, nous avons un gros tirage et une influence chaque jour grandissante.» ARCJ, 118 J 235, Corr. gén., S. Fumet à Viatte, 25.6.1945.

17. Savatier, membre du Comité de libération et responsable direct de la séance de la commission d'épuration dans lequel le cas d'André Chérel a été traité, lui répond longuement de Montréal: il confirme d'une part que Chérel a surtout eu le tort d'accepter le rectorat de l'Université de Poitiers suite à la mise à pied d'Hubert par son rival Abel Bonnard, même s'il est vrai que Chérel n'a pas fait preuve de sectarisme, cherchant mollement à défendre les intérêts professionnels de ses collègues recherchés par les Allemands; par contre, «il croyait en Pétain, alors qu'il était devenu inadmissible d'y croire. (...) Sa femme était certainement plus ardente que lui. (...) Dans son salon, elle soutenait avec passion, et d'ailleurs, avec habileté, Vichy et ses institutions... jusqu'à la milice elle-même.» Savatier se dit donc peu surpris que Chérel cherche ailleurs un poste qu'il aura du mal à trouver en France; il laisse à Viatte le soin d'apprécier sa situation et ses souhaits de venir à Montréal. Viatte laissera visiblement lettre morte les demandes de Chérel, celui-ci tentant encore une fois, à la fin avril 1945, de le solliciter en lui précisant que le Comité d'épuration de Poitiers présidé par Savatier l'avait déclaré «irréprochable»... ARCJ, 118 J 235, Corr. gén., R. Savatier à Viatte, 21.3.1945 et A. Chérel à Viatte, 30.4.1945.

21 mars

Je continue mon article sur le socialisme, moins vite que je ne voudrais, car j'ai encore beaucoup de pain sur la planche pour le prochain mois. Je continue aussi à lire tout un lot de journaux nord-africains reçus d'Ottawa.

À 3 h, cours sur Musset. Puis je vais à la poste, comptant envoyer mes ouvrages à Moreau : mais le service, contrairement à ce qu'on m'avait téléphoné n'est pas encore rétabli.

Le soir, Société du Parler français, où l'on s'aperçoit enfin que l'on fait fausse route et que l'on perd son temps à dresser des vocabulaires.

22 mars

Plan de travail sur la *Religion de la Renaissance* :

Lectures préalables (La Pré-Renaissance ; le double archaïsme antique et chrétien) :

Érasme.

Lefèvre d'Étaples

Aggripa (Paracelse, etc.)

Les conteurs italiens

Les romans d'aventures (Arthur)

Le *Roman de la Rose*

Farces, *Roman de Renard*, etc.

La théologie post-scolastique (Occam, etc.)

I. Rabelais et la pré-Renaissance

II. Marot, Marguerite de Navarre et le pré-Calvinisme

III. Des Périers, Étienne Dolet et le pré-libertinage

IV. Le dogmatisme de Calvin

V. Le catholicisme de Ronsard
   La muse chrétienne de Du Bellay

VI. L'Encyclopédie de Du Bartas

VII. Le théâtre religieux (Des Mesures, Garnier, etc.)

VIII. Montaigne fidéiste ou sceptique

IX. La tradition religieuse de Montaigne chez Pierre Charron

X. La tradition catholique de la Renaissance chez saint François de Sales et Pierre Camus

XI. Descartes, dernier apologiste chrétien de la Renaissance, premier annonciateur de la philosophie moderne.

Mais c'est la mer à boire ; ce serait l'œuvre de ma vie, qui me consacrerait, m'ouvrirait l'Institut, etc. ; ne serai-je pas débordé par l'actualité, et trouverai-je le temps d'y travailler, même si je rentre en France ?

Ce qui me plaît en de Gaulle, c'est que je lui trouve bien des traits communs avec moi : l'amour passionné de la France ; l'intérêt pour son expansion culturelle ; la subordination de la politique intérieure à la politique extérieure ; même sa lacune dans le domaine économique...

Bibliothèque ce matin. Conversé avec Drolet et Jean Bernier sur l'attitude des Canadiens français. Puis j'écris à mamé.

Lettre de l'Union latine (à laquelle je réponds) pour m'inviter à une conférence ; et de Marcel Panneton, qui me dit l'obstruction des « vichyssois » contre mes conférences[18]. Dieu sait pourtant que je ménage les susceptibilités ! Mais on perdrait son temps à vouloir convertir les inconvertissables. – Je la lis au Dr Simard et à sa femme.

Achevé, non sans peine, mon article sur le socialisme. Le temps refroidi, et un tout petit rhume de gorge peuvent nuire à mon tonus.

Téléphoné à Mme De Koninck, qui a des enfants malades, et attend son mari pour samedi ou dimanche.

23 mars

Je vais ce matin me faire donner mon visa au consulat américain (où pour la première fois on estampe mon passeport) ; puis je me mets en quête d'œufs de Pâques, inutilement.

Préparé mes cours.

Déjeuné chez les Simard : Mme Simard est pessimiste sur les catholiques, sur les politiciens qui se retrouvent politiciens plutôt que Français, sur l'exclusivisme de la résistance métropolitaine, et son incompétence. La mission en Espagne prend forme : il serait question que Mme Simard s'y rende avec moi ; cela me permettrait de me rendre à Paris pour un tour d'horizon ; Pierre semble aussi se préoccuper beaucoup de mon avenir familial, de me voir fonder un nouveau foyer, et il est évident que ce serait souhaitable si les enfants n'en souffrent pas dans leur affection, si je puis retrouver une femme assez jeune pour me plaire et pourtant non disproportionnée à mon âge, si tant de choses... Impossible de me poser ce problème sans

---

18. Le président de la Société de conférences « Reflets » de Trois-Rivières confie à Viatte : « Des organisations rivales, et surtout pieuses, ont saboté notre travail. Je n'ai plus à vous cacher que vous n'étiez pas reconnu comme un ami de Pétain, et qu'à leurs yeux vous étiez indésirable. Partant, même à Trois-Rivières, mais surtout à Shawinigan, j'ai dû vous imposer d'autorité. Reflets est un mouvement d'éducation, et n'a pas à flatter les sentiments populaires. Chose curieuse tout de même, vous avez converti beaucoup plus de gens que je n'osais le désirer. J'ai quand même le regret de vous annoncer que votre tournée <u>pour cette raison</u> se trouve terminée. Mais nous avons l'intention de renverser les obstacles et de nous reprendre dans les villes où nous avons échoué. » ARCJ, 118 J 235, Corr. gén., M. Panneton à Viatte, 21.3.1945.

d'abord regrouper mes enfants. Et je ne voudrais pas être le veuf donnant une planche de salut aux vieilles filles. Mais dans dix ans Bernadette en aura vingt, et moi cinquante-quatre à peine, et je risque d'être seul prématurément.

Mme Simard ne conseille d'ailleurs pas le retour avec des enfants avant un an ; mais il n'est pas trop tôt pour les premières démarches.

L'idéal : mon point d'attache en France ; un retour alternativement ici et en Haïti trois mois chaque année ; et après mes *Peuples de langue française en Amérique*, mes *Écrivains nazis de France*, une œuvre de maître, comme *La religion des romantiques*, au bout de laquelle serait l'Institut, peut-être l'Académie (si elle n'est pas trop discréditée).

Causé avec Lebel des intrigues de l'abbé Maheux, qui cherche maintenant à créer un Institut d'histoire à la Faculté des Sciences sociales, et voudrait envoyer Beaupray[19] étudier l'histoire... à Toronto.

Vu aussi Vivès un moment.

Dégel ; neige ; temps à s'enrhumer.

24 mars

Écrit à maman ; envoyé ma conférence de *Reflets* à Pierre, à Maurice Hébert ; écrit à M. Panneton.

Après-midi, travaillé à mon cours de New York. Cours sur Vigny de 3 à 4. Puis je m'achète un chapeau, et un manteau à chacun des enfants, mais je prends celui de Jean-Claude trop grand, découragé par ses insistances, et par la difficulté de trouver.

Beau temps doux ; dégel.

25 mars

Achevé, après la messe, mon cours de New York, et préparé ma chronique internationale.

Téléphoné au Dr Simard au sujet de Roger Picard, qui a fait une démarche auprès du P. Levesque pour être nommé à la Faculté des Sciences sociales. Il me rassure là-dessus, mais ignore le projet d'« Institut d'histoire » dont me parlait Maurice Lebel, et qui marquerait une nouvelle forme des intrigues de l'abbé Maheux.

Promenade du Lac St-Charles à N.-D.-des-Laurentides, par un très beau temps.

Téléphoné à De Koninck – qui est rentré hier soir – sur l'invitation de Grégoire à lui faite, le mariage manqué de la petite Françoise Cohen, et le projet d'Institut d'histoire, dernier avatar des projets de l'abbé Maheux.

---

19. Probablement Charles-Henri Beaupray, né en 1919, auteur de contes et romans publiés par les éditions de *L'Action catholique* à Québec.

Gustave Cohen m'a écrit que sa fille Françoise était fiancée[20]. Mais, me raconte Mme Simard, le mariage a été rompu le jour de la célébration, le fiancé, officier juif américain, n'ayant pas consenti à laisser élever ses enfants dans la religion catholique. Trait piquant, et louable, quand on s'appelle Françoise Cohen ; mais, comme le dit son père, « je pensais qu'ils n'auraient pas attendu le jour du mariage pour en causer... »

26 mars

Cours à Sillery.

Après-midi, Després vient chercher les documents du Centre de documentation et je discute avec lui ; je câble à mamé des vœux de Pâques en échange des siens reçus avant-hier ; je continue ma chronique. À 4 h je vais prendre mon billet pour New York au CPR ; je passe chez le vétérinaire pour m'informer de ses conditions pour garder le chien pendant les vacances, j'achète des ampoules électriques ; cours de 5 à 6 sur les Académies.

Marche foudroyante du général Patton sur Würzbourg et Francfort : c'est la fin de la guerre.

27 mars

Tous ces jours sont des jours de travail en prévision de mon voyage...

Aujourd'hui je parviens à terminer ma chronique[21], après dîner, Bernadette n'ayant pas voulu de géographie.

---

20. Le médiéviste français est arrivé à Paris en octobre 1944, et raconte la reprise de ses cours en Sorbonne : « Il est bien vrai que mes étudiants m'ont fait le 7 novembre à ma rentrée en Sorbonne, un accueil bouleversant. J'ai eu la joie de revoir ma femme, dont j'avais été séparé pendant trois ans et quart... » Il promet à Viatte de l'appuyer dans ses démarches en vue de trouver un poste dans l'enseignement supérieur français. ARCJ, 118 J 235, Corr. gén., G. Cohen à Viatte, 13.2.1945.
21. « Chronique internationale » *Le Canada français*, XXXII, n° 8, avril 1945, pp. 622-629. La progression des Alliés occidentaux en Allemagne se poursuit, et Viatte s'en félicite : « Au moment où les deux théâtres de guerre vont fusionner les lauriers seront à peu près égaux de part et d'autre. Cela vaut mieux pour la paix... » Mais le chroniqueur demeure inquiet devant la possible résistance souterraine d'Hitler, et souhaite qu'autant que la bataille de Berlin, celle de Vienne soit gagnée, afin d'empêcher le chancelier nazi de se replier sur ses dernières bases. Partout, l'après-guerre se met en place : en Extrême-Orient, la France joue en Indochine une carte qui réjouit Viatte, en reconnaissant au territoire nouvellement libéré le statut de Dominion : « conception nouvelle dans les systèmes français, et qui tend à prévenir, du même coup, une internationalisation des domaines coloniaux, dont la rumeur veut que les trois puissances aient caressé l'idée ». Mais les sujets d'inquiétude se multiplient également, à commencer par l'application difficile des décisions de Yalta, et les divergences profondes qui apparaissent entre Alliés, par exemple sur l'interprétation de la démocratie. Viatte donne ainsi un éclairage lucide à propos du cas polonais : « pour les Occidentaux la démocratie se reconnaît avant tout à la libre expression des opinions, réserve faite peut-être (et encore tous ne la font-ils pas) de celles qui détruiraient la démocratie elle-même ; au lieu que pour les Russes la démocratie signifie le gouvernement des classes populaires ou des partis qui prétendent les exprimer, sans tenir compte de leur force numérique ou des méthodes qui leur assurent le pouvoir. Entre ces deux façons de voir, un *modus vivendi* s'établira-t-il ? Les mois qui viennent apporteront la réponse. »

J'ai la surprise de recevoir un chèque de 170 dollars en remboursement d'impôts payés en trop ; il me semblait aussi que je calculais un excédent déraisonnable. Mais je ne sais où je me suis trompé dans mes calculs. Je vais à la Banque, où je retire aussi mon permis de voyage ; et comme en rentrant je trouve chez Kerhulu des œufs en chocolat, je colorie ce soir quelques œufs durs avec les décalcomanies qui me restent de l'année passée. Rencontré Mordret avec qui je bavarde.

Cours de 3 à 5 sur Victor Hugo.

Le *New York Times* n'est encore pas arrivé, comme la veille de mon précédent voyage ; j'enrage.

28 mars

Je revois mon « Socialisme » et l'envoie aux Éditions de l'Arbre[22] ; j'envoie à l'Union des écrivains d'Amérique les renseignements biographiques qu'ils me demandaient sur moi.

Après-midi, départ pour Montréal, où je trouve une chaleur surprenante ; voyage et passage de la frontière sans incidents, bien que dans une couchette du haut, moins agréable, et bien que l'immigration ait toujours des fantaisies non prévues.

29 mars

Arrivée à New York par une chaleur d'été, où je me sens comme un poisson dans l'eau. Je passe aux bureaux de Seyrig, qui n'est attendu que demain ou après-demain ; à ceux de Valeur, où je rencontre mon ancienne élève de Hunter College Martha Levitt, et où je m'informe en vain de films sur les Antilles (ceux de la Transat ont été confisqués en 42, et non encore restitués) ; à l'École, où je touche mes chèques.

Déjeuné au Harvard Club, avec Dénoyer qui va partir d'un jour à l'autre. Causé du Canada. J.-P. Sartre se réserve de parler plus tard de Duplessis et de son étrange accueil[23] ; Dénoyer, à la radio, a mentionné particulièrement Mme Simard. Il ne croit pas à des desseins américains contre les colonies françaises, sauf tout au plus un désir de négocier l'internationalisation de certaines bases.

Écrit à mamé ; et commencé à lire la thèse de Marcel Trudel sur *Voltaire au Canada*, qui est vraiment très bien.

---

22. Un article destiné à la *Nouvelle Relève*.
23. La délégation de journalistes dont Sartre fait partie sont invités par Duplessis à un dîner officiel dans un club de Montréal. L'écrivain et philosophe français, reçu auparavant par quelques intellectuels québécois « réfractaires », dont Jean-Louis Gagnon et Jean-Charles Harvey, posa comme condition à sa participation à la réception de Duplessis la présence de ses récents amis québécois. Devant le refus du Premier Ministre, seuls cinq des huit journalistes de la délégation se rendirent à ce dîner devenu fameux. Le lendemain de la réception, un article vengeur de *Montréal-Matin* dénonçait les « gauchistes » et les « maudits français »... CLOUTIER, *art.cit.*, pp. 374-375.

Dîner avec Grégoire, sa femme et Mme Hermann, dans une cafétéria ; causé de nouvelles qu'il a eues, par Isidore Lévy, sur la défaillance de Carcopino, etc. On se rend ensuite à un Newsreel. Mais Grégoire s'attarde à l'entrée devant les bulletins, et nous ne le retrouvons pas à la sortie. Je rentre par tramway avec Mme Hermann.

30 mars

À mes moments libres, je continue à lire la thèse de Marcel Trudel.

À midi, vu rapidement Valeur, optimiste sur la situation en France : optimisme de commande ? Mais il a raison de souligner que des pays libérés, c'est la France qui se comporte le mieux, avec le moins de secousses.

De là, déjeuné avec Vignaux, au contraire pessimiste, surtout du point de vue diplomatique : influence américaine ? Inquiet des restes de vichysme, et de l'incompétence, et des conséquences pour les catholiques au pouvoir : « dans trois ans, nous assisterons à la liquidation de la démocratie chrétienne en France ». Inquiet de l'influence russo-communiste. Lui aussi souhaite que je parte là-bas pour y apporter des vues sur le monde extérieur.

J'ai oublié mon porte-monnaie au téléphone, et l'y retrouve, tout juste découvert par un employé qui me le rend après m'en avoir fait dire le contenu.

Après-midi, je passe à la Bibliothèque de la ville, pour vérifier des citations relatives à mon explication de textes sur Racine. Rencontré Roger Picard ; et Grégoire, qui m'explique son départ brusqué d'hier soir par un rendez-vous qui lui est brusquement revenu à l'esprit. Mme Régine Hubert-Robert s'interpose un instant pour lui parler de son prochain livre sur la Louisiane[24].

Dîner au Steack de Paris où je suis servi par une Guadeloupéenne.

Le soir visite à Mlle Arnaud. Je lui parle de mon vague projet sur la Religion de la Renaissance. Elle me montre, dans le sens de mes vues, le deuxième appendice d'*Héloïse et Abélard*, de Gilson, et le livre de Huizinga sur le *Déclin du Moyen Âge*. Que de choses à lire si je persévère !

31 mars

Ce matin, au moment où je vais me mettre au travail, un téléphone m'appelle chez Seyrig. Je le trouve assez fatigué du voyage ; il m'apprend que le Dr Mabille est nommé attaché culturel en Haïti, qu'il en était aussi question pour Cuba, mais qu'à Paris on a jugé le cumul inopportun (préjugé antihaïtien de Marx ?). Il me demande une note sur le clergé d'Haïti, pour Maritain. Guédenet[25] me dit que le compte rendu

---

24. Il s'agit de son ouvrage *La Louisiane française*, publié à New York en 1947, qu'Auguste Viatte estimera être une étude « documentée mais hâtive » donnant parfois « l'impression de lectures mal vérifiées ». VIATTE, *Histoire littéraire de l'Amérique française*, p. 6.
25. Pierre Guédenet, professeur de littératures romanes au Hunter College de New York, est également l'un des fondateurs des rencontres intellectuelles de Mount Holyoke College auxquelles Viatte a participé.

de notre conversation est parti par la valise, et qu'il n'y aura pas de difficulté à mon voyage d'Haïti ; pour celui d'Espagne, il faudra sans doute attendre la rentrée.

Écrit à maman ; corrigé un peu de la thèse Marcel Trudel ; je vais me confesser à St-Vincent-de-Paul ; auparavant, je passe à la Bibliothèque où je rencontre de nouveau Grégoire.

À 5 h je passe chez Wildenstein à la *République française*, où Mirkine m'improvise un entretien public sur le Canada. Vu Mme Dupont dont le mari rayonne beaucoup et qui va le rejoindre enfin munie de son diplôme en nutrition.

De là je vais dîner chez un autre mécène, le diplomate polonais Anatole Mühlstein, avec Grégoire qui m'avait invité le matin. Jakobsohn, Bickermann, Turynn... Beaux appartements de la Cinquième Avenue. Distinction et bon ton. Mais cette fréquentation des « maîtres » me rappelle les *Maîtres* de Duhamel[26] ! Je suis prédestiné à éveiller la sympathie des hommes de bon cœur à mauvais caractère, de l'abbé Aigrain[27] à Grégoire.

1ᵉʳ avril. Pâques

Après la messe, je corrige la thèse de Trudel, jusqu'à midi. Écrit le rapport que me demandait Seyrig[28].

Déjeuné avec le sentimental Norvégien Grundt. En entrant chez lui je me trompe d'ascenseur et pérégrine sur le toit pour retrouver l'autre... Les restaurants français où il me mène sont bondés, nous mangeons très tard, à 2 h 1/2, et le service est très lent, jusque vers 4 h ; après quoi nous nous promenons au Parc Central. Verdure naissante ; temps radieux ; « parade de Pâques », jolies filles, souvent attifées comme des gâteaux de confiseur. Avec cela le temps passe et je ne puis faire d'autre visite cet après-midi... Grundt a maintenant une fonction importante, directeur de la « Reference Division » à l'United Nations Bureau. Il me parle de Ristelhueber, qui lui demande des comptes rendus sur son Nanssen, mais qu'il trouve superficiel, et que Valeur ne lui a pas recommandé.

---

26. Un des volumes de la *Chronique des Pasquier* de Georges Duhamel, paru en 1937.
27. René Aigrain (1886-1957). Ecclésiastique français auteur de nombreux ouvrages théologiques et collaborateur notamment à *La Vie spirituelle* (à l'origine des Éditions du Cerf) durant la guerre.
28. Il s'agit du rapport sur le clergé haïtien destiné à Maritain. Viatte y expose la situation juridique du clergé haïtien, réglé par un concordat de 1870 qui confie le recrutement des prêtres au petit séminaire breton de Saint Jacques près de Vannes. Ce fonctionnement a été bouleversé par la guerre, qui a provoqué une réorientation du recrutement du clergé en direction des États-Unis, soutenue par le président Lescot, hostile aux prêtres bretons et à Mgr Le Gouaze. Les vives tensions qui en ont résulté entre 1941 et 1943 – expulsion du nonce apostolique en Haïti, coups de feu tirés par la garde d'Haïti dans les églises, etc. – se sont apaisées depuis la visite du président Lescot au Canada, sa rencontre avec le cardinal Villeneuve, et l'intervention modératrice de Mgr Ready aux États-Unis. Viatte énumère les griefs faits au clergé breton : politiques d'abord, car les tendances vichyssoises s'y sont manifestées en 1940, mais ont disparu en 1943 ; sociologiques ensuite, car le monopole breton s'est traduit sur le terrain par un certain exclusivisme et une inaptitude missionnaire, en particulier dans le milieu urbain haïtien. Pour remédier à ces problèmes urgents, Viatte recommande de pousser à la fondation d'un enseignement supérieur franco-haïtien, et surtout de donner comme auxiliaire au clergé d'Haïti une congrégation missionnaire française, « capable de fournir à la fois un grand nombre de sujets pour la brousse et quelques prêtres très cultivés pour l'élite urbaine ». ARCJ, 118 J 235, Corr. gén., Viatte à H. Seyrig, 1.4.1945.

Je n'ai le temps, après, que d'une heure à la Bibliothèque, et je me décide à dîner à la ville chinoise. Je découvre d'ailleurs le vrai moyen d'accès ; le B.M.T de Canal Street[29]. Mais ce dimanche de Pâques, la ville chinoise est submergée de touristes américains. Des incendies y ont fait des trous noirs ; en revanche elle a conquis tout Mott Street jusqu'à Canal Street, où l'on voit même des enseignes chinoises isolées. Je retrouve mon gros bistrot qui ressemble à Feng Yu-Siang et me choisis des plats sur la carte en chinois, à la surprise des garçons (cela se trouve être une soupe aux vermicelles, et un foo-young-dan). Puis je m'achète deux livres de litchis[30].

2 avril

Je veux porter à Mme Lang, pour copie, mon rapport à Maritain ; je l'y laisse, bien que les bureaux soient fermés.

Visite à Huguenin, à qui je trouve bonne mine ; il a pris sa retraite, vendu sa bibliothèque aux enchères, dont ma thèse, qui a rapporté 35 dollars.

Je rentre corriger la thèse Trudel, moins bonne, plus hypothétique, en approchant de l'âge récent. Vu à 4 h Vial, avec qui je vais prendre un petit verre ; il souhaite ma chaire si je retourne en France... Il me dit le tort fait à l'Université Laval par des thèses qui ont pris un an à des bonnes sœurs qui se voyaient refusées à Fordham ; le doyen de Fordham refusant d'y envoyer des boursiers sous prétexte que l'enseignement n'y vaudrait rien ; et les chances, pourtant, si les cours d'été offraient des noms connus, d'y attirer par exemple les bonnes sœurs qui ne peuvent plus suivre les cours de Western Reserve...

À 8h, mon cours : Grégoire y assiste et me remercie. Puis le cours de licence avec le seul Duflos.

3 avril

J'achève de corriger la thèse de Trudel. Passé chez Mme Lang (au bureau de Seyrig) où je signe le rapport à Maritain, dont j'emporte copie ; et chez Stechert[31], en vue de dresser mon programme : mais bien peu des auteurs à expliquer y figurent en nombre suffisant.

À 4 h je passe une dernière fois à l'École pour y rencontrer Peyre : il me dit que plusieurs chaires de littérature comparée vont être vacantes, notamment Strasbourg, d'où l'on passerait vite à Paris ; il en écrira à Carré. Décidément mon retour approche : « tout vient à point à qui sait attendre ».

Temps radieux ; temps de victoire.

---

29. Ligne de métro new-yorkaise.
30. Fruit sucré d'un arbre chinois, habituellement servi en dessert.
31. Éditeur new-yorkais.

Mon optimisme sur les événements est à base de pessimisme psychologique : je n'attends pas trop des hommes (ni de moi-même qui suis homme) et je ne suis jamais trop déçu...

4 avril

Voyage sans incidents de la frontière canadienne à Québec. Je retrouve le froid et ce soir une pluie neigeuse.

Deux lettres de Geneviève, un peu décevantes, parce que je sens les réticences de Laugier sur le voyage d'Espagne ; mais il a été très content de Mme Simard, et du général Vanier. Carte de Raoul Blanchard, au sujet des chaires d'histoire-géographie[32].

Cours à 3 h sur Lamartine. Visite du P. Pauzé qui s'inquiète (à tort) de ses aptitudes à l'examen de licence. Je prépare ensuite mon rapport sur la thèse Trudel, et les envois de mes « Perspectives sur l'avenir intellectuel de la France ».

Le soir je mène Georgeot à la Société du Parler Français, où nous sommes peu nombreux (une conférence de l'abbé Maheux a partagé le public). Il raconte ensuite quelques-unes de ses impressions de Russie.

5 avril

Je porte à l'abbé Parent la thèse de Marcel Trudel, causé des critiques de Vial sur l'Université. J'apprends que Gilson va revenir prendre la direction de l'Institut franco-canadien de Montréal[33]. Causé à Maurice Lebel.

Après-midi, j'écris à mamé. Puis je fais les envois de ma conférence (« Perspectives sur l'avenir intellectuel de la France ») et je commence une lettre à Baldenne.

Téléphoné à Mme Simard, pas trop étonnée de la froideur de Laugier sur le voyage en Espagne, et qui me dit qu'il regarde le Canada comme sa chasse gardée : chose regrettable, car il n'y comprend rien... Téléphoné aussi à Mme Lahaye, qui a demandé son rapatriement pour juin : avec des enfants, n'est-ce pas trop tôt ? Mais le milieu militaire de Washington l'a déçue. Son mari vient dimanche.

6 avril

J'écris à Moreau (Mme Simard remettra la lettre par voie diplomatique) et ce soir je lui câble pour l'autoriser à poser ma candidature[34]. Le Dr Couture me télé-

---

32. Professeur à l'Institut de géographie alpine de l'Université de Grenoble, Raoul Blanchard se propose pour la chaire de géographie de Laval et se renseigne : « Préfère-t-on des prêtres aux laïques ? Le traitement est-il suffisant pour un homme qui serait marié et père de famille ? L'exercice de la religion catholique est-il, comme je le suppose, nécessaire ? » ARCJ, 118 J 235, Corr. gén., R. Blanchard à Viatte, 21.2.1945.
33. Il s'agit certainement d'Étienne Gilson, qui fut le premier président de cet institut dans les années vingt.
34. Au poste vacant à l'Université de Strasbourg.

phone au sujet de Mlle Paret-Linardo; je vais voir l'abbé Parent, à qui elle a envoyé sa photo en annonçant sa venue pour le 25 juin; j'y trouve Maurice Lebel, assez perplexe que la Faculté des Lettres ne figure pas au budget.

Après mon cours (sur V. Hugo, de 3 à 4), revu Lebel: l'abbé F.-A. Savard, me dit-il, est aussi démonté; on tâchera de savoir s'il y a anguille sous roche, et ce que signifient les bruits d'Institut d'Histoire à la Faculté des Sciences sociales... Le P. Lévesque se concilie les politiciens et les vieux du Séminaire en leur attribuant des postes.

Préparé mes cours; et corrigé des travaux d'élèves. Achevé ma lettre à Baldenne.

7 avril

Le matin, j'écris à mamé. Cours à 11 h sur Victor Hugo. Je rencontre Maurice Lebel à qui je parle d'une interview du chanoine Sideleau dans *L'Action nationale*, où il prend pour la Faculté des Lettres de Montréal nos propres projets de Québec. Il me dit que Lacourcière et l'abbé F.A. Savard en sont furieux, et qu'il s'en servira à l'appui de notre thèse.

Après-midi, écrit à Dartigue, et à Mlle Francès qui me propose de collaborer à ma collection de classiques. Passé à la Bibliothèque chercher des ouvrages sur *Eugénie Grandet*, à la poste, à la Bibliothèque enfantine où je rencontre le colonel Légaré et Dulong avec qui je cause, puis chez Mme Simard: je lui remets ma lettre à P. Moreau et mes brochures à faire passer par la valise diplomatique.

Reçu une lettre de Max Wilson, étudiant haïtien, qui voudrait poursuivre ici des études de philosophie; téléphoné à son sujet à René Bellegarde, et écrit à Cantave, car il me semble qu'il pourrait avoir la bourse de R. Bellegarde[35]; celui-ci compte se marier en octobre et me demander pour témoin. Téléphoné à De Koninck sur Max Wilson; l'abbé Parent et lui espèrent que les crédits pour la Faculté des Lettres seront ajoutés à ceux de la faculté de Médecine et votés à part; il demandera au ministre Talbot ce qu'il en est; Lacourcière et l'abbé Savard sont particulièrement déçus parce qu'ils attendaient mieux d'un ministère «de leur parti».

Conférence Lionel Roy à l'Institut des Relations internationales, ce soir: Lionel Roy qui rentre de Londres expose la conférence à laquelle il a pris part sur la politique des Dominions; impression de chaos. Lebel, rencontré là, me parle des facilités plus grandes de retour en France, qu'annoncent les journaux: si j'en profitais, pour les vacances, même en dehors des missions officielles? On dit que les bateaux anglais ne sont pas beaucoup plus chers qu'avant guerre.

---

35. Max Wilson étant déjà bénéficiaire d'une bourse aux États-Unis, il n'en obtiendra pas une au Canada français; celle-ci reviendra à Édouard Tardieu, journaliste à *La Phalange* en Haïti, qui viendra étudier les sciences sociales à l'Université Laval. ARCJ, 118 J 235, Corr. gén., P. Cantave à Viatte, 17.4.1945.

8 avril

Je prépare ce matin mes explications de textes sur *Eugénie Grandet*.

Après-midi, à 3 h, réunion scoute autour de Jean-Claude ; promesse de trois louveteaux ; on nous expose les plans de camp pour l'été. Je suis assis à côté de Pâquet.

De là je me rends chez les Lahaye : le commandant, qui part pour la France dans une dizaine de jours, se charge de ma lettre et de mes livres pour Moreau. Il ne peut d'ailleurs me conseiller sur le retour en France ; à ses yeux, l'existence pour des enfants n'est encore possible qu'à la campagne ; on y verra clair à l'automne... Mais je n'aurai sans doute pas à me décider jusque là ; des vacances ne sont pas à recommander, dit-il. Il est inquiet du maurassisme persistant qui mène d'anciens gaullistes à un gaullisme excessif et à la politique de la « France seule ». De Koninck, qui est là, m'apprend la prochaine venue de Monléon, en juillet sans doute ; le général de Gaulle déclare en revanche le P. Delos « indispensable et irremplaçable » à Rome. Lahaye décrit l'esprit profondément religieux du général et sa méditation à l'église avant l'exécution de Brasillach ; la purge, dit-il, n'agite que très peu les esprits.

Je devais retrouver Lahaye le soir chez De Koninck, mais il y renonce, étant retenu ailleurs.

Ma vie se divise en cycles de sept ans, sauf les deux premiers : mon enfance, 1901-1914 ; la guerre de 1914-1918 ; mes années d'études universitaires, 1918-1925 ; mes débuts dans l'enseignement et mes voyages, 1925-1932 ; Marie-Louise, 1932-1939 ; et maintenant, la guerre au Canada, 1939-1946 ?

9 avril

Écrit ce matin à Max Wilson. Cours à Sillery.

Après-midi, je vais à la bibliothèque pour mes explications de textes de Balzac ; puis chez le dentiste, qui renonce à me plomber la dent, et me la laisse, jusqu'à ce qu'elle tombe de sa mort naturelle... Rencontré le supérieur des Dominicains et bavardé avec lui, notamment du P. Delos. Il me dit que Mgr Bernier devait rencontrer le général de Gaulle à Ottawa, et que le cardinal Villeneuve, ce jour-là, s'était trouvé assez malade ; en somme l'incident de l'été dernier n'avait aucune signification politique...[36] ?

Passé chez mon propriétaire Arthur Pâquet en rentrant du dentiste, puis à la poste, au Syndicat du Combustible ; donné mon cours (il faut changer de salle, celle

---

36. Le cardinal Villeneuve n'a en effet pas rencontré de Gaulle lors de son passage au Québec les 11 et 12 juillet 1944. Maladie effective... ou diplomatique, comme le laissent entendre les sources diplomatiques : il apparaît que le prélat ait cédé aux multiples pressions de son clergé lui demandant par lettre de ne pas rencontrer de Gaulle, suite à l'affaire Kotowski et aux tensions politiques régnant alors parmi les clercs du Québec. Officiellement, le cardinal Villeneuve se trouvait donc en tournée pastorale lors de la visite du général de Gaulle. Il ne le rencontrera pas plus lors de sa tournée européenne à la fin de la même année. AMYOT, *op.cit.*, pp. 315-320.

de Droit ayant été attribuée par mégarde au Dr Cruchet) ; continué mes préparations de cours et mes corrections.

Je suis inquiet des radicaux-socialistes, ces opportunistes, hier vichyssois, et aujourd'hui partisans de la soumission devant les Alliés...

10 avril

Chaleur d'été.

Je vais ce matin à la Bibliothèque ; j'y rencontre Jean Bernier à qui je parle des facilités plus grandes de séjour en France : il ne voudrait pas attendre trop pour utiliser sa bourse, car il songe à se marier.

Écrit à Forest, de l'Union des Latins d'Amérique[37], le soir, je commence le compte rendu de Reynold. À 4 h, après mon cours sur V. Hugo, causé avec Charles (de Trinidad) et avec Ouellet, de leurs thèses ; porté ma conférence à Mlle Langlois ; passé chez le coiffeur.

11 avril

Toujours l'été.

Lettre du P. Rouziès, avec des nouvelles des Oratoriens de l'Institut catholique. De vieux Pères sont morts : le P. Lehaut, le P. Segons, le P. Bourdon, trois sur mes cinq commensaux de la rue de Fleurus ; le P. Rouziès et le P. Lefauqueur sont à Auteuil avec trois autres[38].

J'écris mon compte rendu de G. de Reynold et du P. Delos. À 4 h cours sur Montalembert et Lacordaire. Ensuite, je vais au Centre de Documentation, puis acheter un tapis de salle de bains, et, en vain, chercher des sous-vêtements à Jean-Claude. On perd beaucoup de temps ainsi.

Le soir, Société du Parler français. Raymond Parent propose et fait décider l'envoi d'une lettre au gouvernement canadien relativement à l'emploi du français à la conférence de San Francisco.

12 avril

Bibliothèque. Je vais ensuite toucher 30 dollars que m'envoie l'Union des Latins d'Amérique pour mes frais de voyage à Montréal la semaine prochaine. Écrit à mamé, à Seillières, puis à Raoul Blanchard et à Carré sur mon retour en France... Fais-je bien ? À Dieu vat !

---

37. Jean-Paul Forest préside à Montréal l'Union des Latins d'Amérique, qui aimerait inviter Viatte à présenter une conférence sur Haïti ou les Antilles dans le cadre d'une soirée consacrée à l'Amérique française. Le public attendu serait d'environ 300 personnes. ARCJ, 118 J 235, Corr. gén., J.-P. Forest à Viatte, 21.3.1945 et 23.3.1945.

38. Le père Rouziès se réjouit que Gérard Viatte ait été nommé à l'Institut catholique de Toulouse, tout en déplorant au sujet de cette institution : « Vous savez sans doute que son Recteur, Mgr de Solages, a été déporté en Allemagne. La liste des victimes de ces misérables est infinie ; dans tous les milieux, dans tous les coins de France, d'une manière ou de l'autre ils en ont fait. Le bon Dieu leur pardonnera peut-être ; mais les Français ne le devraient pas. » ARCJ, 118 J 235, Corr. gén., U. Rouziès à Viatte, 12.3.1945.

De 5 à 7 je repasse à la bibliothèque, pour deux volumes du P. Lecanuet, *L'Église de France sous la [Troisième] République*, instructifs à lire en ce moment ; je commence à lire Maurras au Petit Parc où j'accompagne Bernadette bien qu'il fasse encore assez froid. Printemps trop précoce, été humide et froid... ou bien ?

Mort subite du président Roosevelt. De Koninck me téléphone la nouvelle en même temps que Jules Simard la téléphone à Marguerite : les nouvelles courent vite aujourd'hui... À cette disparition de l'homme le plus puissant du monde – Staline l'est davantage chez lui, non au dehors – on verra que les fortes personnalités comptent encore...

13 avril

Je prépare aujourd'hui mes explications de textes sur Eugénie Grandet, matière plus riche que je ne le pensais. De 3 à 4, cours sur *Eugénie Grandet*. Ensuite, je passe au consulat, où pour renouveler mon passeport, je dois inscrire sur une formule l'indication haïssable : « nationalité d'origine, suisse » ; vérité administrative, mensonge de fait, car je suis Français d'origine, et Jurassien, l'un étant identique à l'autre ; ardemment Français, ardemment Jurassien ; mais comment le faire comprendre, même à ses enfants ?

Si la guerre de 1939 avait pu corriger la frontière de 1815 ! Mais rien à faire : l'attitude suisse a été irréprochable, il faut en convenir ; et le Jura doit à son annexion d'avoir été la seule terre française à vivre librement sa vie française tandis que le reste de la France était occupé.

Bonne soirée chez De Koninck avec l'abbé De Smet.

14 avril

J'écris à maman : de 11 à 12, correction de devoirs. Causé avec Roch Valin de ses projets : il songe à s'expatrier en Californie d'abord, puis en Amérique latine... Terrible manque de débouchés, dans l'enseignement, pour les jeunes Canadiens.

Achevé la préparation de mes devoirs. À 4 h 1/2 je vais rejoindre Jean-Claude et Bernadette qui sont allés lire Bayard à la bibliothèque des enfants ; je descends à Notre-Dame-des-Victoires pour me confesser, mais n'y trouve pas de confesseur ; je remonte par la Bibliothèque.

Von Papen prisonnier. Inquiétudes sur Truman[39] et son amitié pour Wheeler[40]. L'homme des politiciens de clocher et des boss de l'industrie ?

15 avril

Dimanche. Je commence à préparer mes conférences sur les Antilles.

---

39. Harry Truman, vice-président jusqu'alors, succède à Roosevelt.
40. Sénateur américain, avec lequel Truman, comme vice-président, mis sur pied le Transportation Act de 1940.

J'étais invité à une séance scoute après-midi : deux dimanches de suite, cela ne rentre pas dans les prévisions. Il fait de nouveau froid (il gèle), mais beau : nous partons donc pour les environs de St-Gérard et nous faisons une randonnée sous des bois assez marécageux à cette saison, bien que dans la région sablonneuse de Valcartier ; rencontré un écureuil ; et comme il arrive facilement, tourné en rond presque sans nous en apercevoir.

Jean-Claude s'effraie de ce que son chef ait téléphoné pour s'informer de lui. Il se plaint de maux de tête, malgré une grande gaieté intermittente : sinusite ?

Mme Lahaye me téléphone : elle demande son rapatriement pour le 15 juillet ; les documents confidentiels de son mari sur le procès Brasillach et la répression sont chez le Dr Simard où je vais les chercher. Il s'agit d'un article du procureur général dont le Dr Simard aimerait garder copie ; du plaidoyer ; et de poèmes, fort beaux, mais point à répandre en ce moment. Je téléphone à Mme Simard et à Moeneclaey sur leur renvoi par voie diplomatique, et j'en profite pour faire inviter les Tudor-Hart au déjeuner de l'Ambassadeur, où je ne pourrai me rendre moi-même, puisque c'est le jour où je vais à Montréal.

16 avril

Cours à Sillery. Après-midi, j'achève ma conférence.

Téléphone de l'abbé Le Maître, qui s'inquiète du jury du bachot, et d'un congé militaire pour d'Hauteserve[41] ; à 4 h je vais porter mes documents au consulat (plus tard je téléphone à André Després qui aura le temps de les recopier avant que Savatier ne les emporte le 20) et je lui dis un mot de la question bachot. Duplessis, me dit-il, se plaint que les représentants de la France « marchent avec les libéraux » : il y a bien quelque chose à dire ; mais à qui la faute ? Duplessis me paraît le type du politicien taré, à courtes vues.

Le *NY Times* de dimanche n'est pas encore arrivé : j'en suis outré ; je descends jusqu'à la gare, où l'on m'assure qu'il n'est pas encore venu, mais qu'il viendra.

17 avril

Je passe ce matin aux banques, et l'après-midi au CPR prendre mon billet ; et je liquide l'arriéré de ma correspondance. Écrit à Mlle Monnier, à Mlle Trentesaux, à R. Picard[42], à Ricard (d'Alger). Fait la bibliographie de mes articles récents que je porte à l'abbé Parent pour l'annuaire de l'École des Gradués.

---

41. L. d'Hauteserve est un professeur français installé à Washington. Il est membre du jury du baccalauréat français.
42. Celui-ci le félicitait quelques jours auparavant pour son étude sur les *Perspectives de l'avenir intellectuel de la France*, en particulier pour l'opinion exprimée sur Maurras qu'il partage totalement : « La dernière fois que je suis allé à Montréal, le procès de ce mécréant était précisément en train de se juger et j'ai eu une chaude discussion avec deux Montréalais qui l'admiraient encore, mais qui n'avaient pas compris ni sa méchanceté foncière, ni le rôle néfaste qu'il avait joué, pendant 40 ans, comme désagrégateur de notre esprit public et diffamateur de notre pays. » ARCJ, 118 J 235, Corr. gén., R. Picard à Viatte, 14.4.1945.

Le soir, réception de l'ambassadeur au Comité France Libre du Palais Montcalm : Marie-France Lahaye remet une gerbe de fleurs à Mme de Hautecloque. Vu J.P. Després, qui me parle des impressions pessimistes de certains de ses amis, retour de France ; Thériault, toujours optimiste au contraire ; Labouret ; le P. Jacques, Marianiste, ancien élève de Moreau dont il me parle ; etc. Puis on se rend au Cercle universitaire où l'on se rencontre avec un autre groupe : les Donohue, Mordret, Mme Moreux, puis Bardou et Vanhoutte qui retiennent ensuite ce pauvre Moeneclaey à revendiquer l'exclusivité de la messe de Jeanne d'Arc.

18 avril

Écrit une note pour moi sur le bachot de Montréal.

À 11 heures, réception à l'Université pour l'Ambassadeur : on m'a fait l'honneur de m'inviter avec les doyens et directeurs d'écoles. Puis réception beaucoup plus nombreuse à l'Hôtel de Ville, où je retrouve les Turcot, le Dr Couture, Poznanski, De Koninck bien entendu, Mme Lahaye, Tudor-Hart ; celui-ci a demandé à rentrer en France, ce qui serait facile, mais on ne lui garantit pas le retour. Mme Lahaye qui n'en peut plus va interroger Mme de Hautecloque sur les conditions d'existence là-bas.

De Koninck a un septième enfant, une troisième fille, que sa mère tient à baptiser Maria, malgré tous les arguments y compris le fait qu'il a aimé avant elle une jeune fille de ce nom...

Lettre de maman, émue du projet de voyage en Espagne qu'elle a interprété comme un projet de nomination là-bas. Je télégraphie pour la rassurer. Elle doit déclarer notre argent déposé à Bâle : qu'y faire ? Ce n'est pas en raison des impôts qu'il a été dissimulé à l'origine.

Cours sur George Sand, de 3 à 4. Travaillé ensuite à Maurras. Un vent violent m'empêche d'aller au Petit Parc comme je comptais le faire.

19 avril

Bibliothèque. Écrit à mamé.

Je prends à 1 h 1/2 le train pour Montréal ; je lis en route Ch. Maurras en vue de préparer mon étude, et le livre du P. Morlion sur la propagande religieuse[43] qui ne me plaît qu'à moitié par l'emploi de méthodes rabaissant le niveau de l'intelligence. Qu'en penserait un incrédule ? Et si ces méthodes ont réussi aux adversaires – à Hitler – n'est-ce pas au détriment de l'esprit, que nous avons le devoir de protéger ?

À Montréal je suis accueilli par Dostaler O'Leary ; la chambre promise au New Carlton n'est pas retenue, et je descends à côté chez ma brave savoisienne. Dîner avec O'Leary : encore quelqu'un qui revient de loin, et l'avoue : « Je plaindrais celui qui n'aurait rien appris depuis six ans... »

---

43. Il s'agit de l'ouvrage *L'apostolat de l'opinion publique*, publié en 1944 aux Éditions Fides de Montréal par l'abbé Félix-A. Morlion, collaborateur du Centre d'information Pro Deo.

Il compte se spécialiser dans les relations interuniversitaires entre le Canada et l'Amérique latine. Bien, pourvu cette fois encore que ce ne soit pas au détriment de la culture; il faudrait que ces relations soient insérées avec celles de la France dans un cadre commun.

À 8 h 1/2 je fais ma conférence sur les Antilles françaises et Haïti; causé auparavant avec un jeune homme de Jacmel[44], et le colonel Mitchelle qui me présente, encore un Anglo-Saxon d'origine assimilé par les Canadiens français. Salle bien garnie. Je retrouve au premier rang Nelly Bayot (du maquis), vraiment jolie fille, et sympathique, restée pour l'emprunt de la victoire, mais qui a l'air lassée du Canada: il est vrai qu'elle se trouve à Montréal...

En rentrant, j'écris un résumé de ma conférence, pour la Presse.

20 avril

Retour à Québec par le train de 9 h: lu en route Lecanuet, *L'Église de France sous la Troisième République*.

Préparé mes cours. De 3 à 4, cours sur Balzac. Maurice Lebel me fait rencontrer ensuite le professeur Mc Kinnon venu pour une enquête sur les humanités dans les Universités canadiennes; Mme Lacerte vient après moi, elle vient de lire mon article sur la littérature canadienne reproduit dans *Le Devoir*. Tout est possible...

Bibliothèque. Puis je vais retirer mon passeport, renouvelé jusqu'en 1947, chez Mlle Langlois.

Téléphoné le soir à De Koninck mes impressions sur le P. Morlion, qu'il partage.

21 avril

Écrit à maman, à de Sauzé[45], et ce soir à Peyre. Achevé la préparation de mes cours: lu Ch. Maurras.

Après-midi, ballet russe: Coppélia, l'Oiseau bleu, et les Danses polovtsiennes du Prince Igor, toujours d'un mouvement étonnant.

Téléphoné à Mme Lahaye. Son mari est parti hier; Élisabeth se rend à San Francisco, débarquant à Halifax, mais probablement n'aura pas le temps de s'arrêter ici. De plus en plus il est question pour Lahaye d'un poste d'attaché à Washington; sa femme l'y rejoindrait, mais elle tient à rentrer d'abord en France.

Les Russes entrent à Berlin. J'espère que les atrocités constatées par les Américains en Allemagne leur ouvriront les yeux, à eux et aux isolationnistes survivant partout ailleurs.

---

44. En Haïti.
45. E. B. de Sauzé dirige l'enseignement des langues étrangères au Board of Education de Cleveland, dans l'Ohio. Il avait demandé à Viatte de contacter des professeurs d'anglais au Canada français afin de développer des échanges de correspondances entre collégiens de langue anglaise et française. ARCJ, 118 J 235, Corr. gén., E. B. de Sauzé à Viatte, 12.4.1945.

22 avril

De la neige ce soir ; partout des routes blanches, et bientôt ruisselantes.

Après la messe, écrit à Seyrig une longue lettre à propos des examens de Montréal, d'Haïti, et des rapports culturels Canada-Amérique latine. Puis je lis du Maurras.

Visite à Mme Lahaye, qui dorlote son bébé. Parlé des projets de retour... Les enfants s'amusent si bien que je les laisse là sans me rendre chez les Georgeot comme j'en avais l'intention : j'ai du reste beaucoup à lire, puisque le *New York Times* d'hier n'arrive qu'avec celui d'aujourd'hui dimanche.

23 avril

Cours à Sillery.

Téléphone de Mme Lepage, de Rimouski, qui aimerait des leçon sur Richepin, Verhaeren, Marie Noël ; je m'intéresse de ces auteurs aux bibliothèques, et trouve à celle du Parlement un peu des deux derniers.

Lettre de Baldenne qui me promet son appui pour Strasbourg, en termes flatteurs[46] ; je réponds. Écrit aussi à Mirkine pour le rassurer au sujet de Maurras. De Koninck m'a procuré la *Seule France*.

Cours de 5 à 6 sur l'art français. Corrigé ensuite quelques devoirs de Sillery.

Lebel, à la Bibliothèque, me parle des intrigues pour rattacher l'Institut d'histoire à la Faculté des sciences sociales ; je lui téléphone là-dessus ce soir, ainsi qu'à De Koninck : mais il croit que l'abbé Parent manœuvre habilement, pour obtenir une subvention à l'Institut sans nommer de Faculté, à l'insu du P. Lévesque et de l'abbé Maheux (celui-ci se flatte pourtant de manœuvrer le recteur[47], et me regarde comme son ennemi numéro un, Lebel comme l'ennemi numéro deux, ce qui n'empêche pas les bonnes relations personnelles...) Nous projetons une démarche générale de la Faculté auprès du Cardinal, après les examens ; tout le monde est également monté ;

---

46. « Votre candidature éventuelle à la chaire de littérature comparée de Strasbourg recevrait un appui justifié par les circonstances mêmes. (...) votre présence et votre succès au Canada garantissent semblable heureuse activité entre Ill et Rhin : pays qui n'aiment pas se payer de brillante rhétorique et qui souhaitent aussi que l'homme, et pas seulement le professeur, tienne dans la société une place qui ne déçoive pas les notions directrices du pays ». Baldensperger achève sa lettre en déplorant la disparition de la collection des classiques de l'Arbre, qui ne le surprend cependant qu'à demi : il doutait fort du sérieux des Éditions de l'Arbre, et n'imaginait pas qu'elles puissent mieux que d'autres s'imposer par leur dynamisme face à la reprise de l'édition française. ARCJ, 118 J 235, Corr. gén., F. Baldensperger à Viatte, 18.4.1945.

47. C'est effectivement le cas, puisque quelques jours auparavant, l'abbé Maheux enjoignait le recteur Mgr Gagnon d'organiser les études d'histoire dans le cadre de la Faculté des Arts, comme, selon lui, le voulait Mgr Roy. Et l'abbé Maheux d'argumenter : « Le retard qu'on apporte au règlement de cette affaire cause un grave préjudice à la jeunesse. Une foule d'emplois du service civil fédéral exigent des qualifications en histoire, en histoire politique, en histoire constitutionnelle. Et la porte reste fermée parce que nos jeunes n'ont pas la préparation voulue. La jeunesse nous demandera compte des retards inutiles. L'Université d'Ottawa nous devance. Montréal s'organise. Nous, nous désautons [ndlr : " sautons par-dessus ", littéralement]. » ASQ, Boîte 319/32, A. Maheux à C. Gagnon, 5.4.1945.

Belleau en veut à cet imbécile de Laliberté de l'avoir accusé d'enseigner le communisme...

24 avril

Achevé mes corrections de devoirs.

À 2h, je donne à Mme Lepage une leçon sur le symbolisme.

De 3 à 4, cours sur Eugénie Grandet. Continué ensuite à lire Maurras.

À 6 h 1/2, dîner avec Jacques de Lacretelle[48]; je suis à la table d'honneur avec Bruchési, le secrétaire provincial; y assistent aussi les «femmes savantes», Mme Malouin, Mme Boivin, Mlle Bundock – qui m'horripilent par leur bêtise –, puis Gérald Morisset, Roger Lemelin, Lucien Lortie, et naturellement Gérard Martin. Je reste longtemps à causer avec Lacretelle, sympathique; mais je regrette qu'il paraisse entre les mains des «adversaires» type Bruchési. Téléphoné ensuite à Lacourcière, pour m'informer de l'abbé F.-A. Savard, que j'aimerais faire rencontrer à l'académicien.

Il me semble que j'ai un peu la grippe ce soir.

25 avril

Je téléphone à Lacretelle pour lui faire rencontrer Mme Simard et l'abbé F.-A Savard (ce dernier vient me voir; nous parlons de la Faculté et de son inimaginable doyen...). Mme Simard m'explique la réserve observée envers Lacretelle, contrairement à Duhamel qui viendra le semaine suivante; le P. Ducattillon est aussi attendu la première semaine de mai.

Commencé ma chronique internationale. À 2 h je donne à Mme Lepage une leçon sur Verhaeren et F. Jammes; à 3 h, cours sur Balzac; à 4 h, sœur Joseph-Mary me soumet un nouveau chapitre de sa thèse, et je mène Finette chez le vétérinaire, car elle paraît souffrir de la gorge, avec des étouffements.

De 5 à 7, chez André Patry, réception où je rencontre notamment les André Turcot, Poznanski, et le «consul» de Dominicanie[49], très antiaméricain, et qui paraît assez admirateur de l'Allemagne...

26 avril

Je vais rapidement à la bibliothèque, puis à la Banque.

À 11 h avec Lacretelle, visite de Mme Simard; cela se passe bien : mais Mme Simard, parlant du Comité Canada-France, donne trop l'impression qu'elle s'intéresse à l'arrivée des colis en France moins qu'à la personnalité de l'expéditeur.

---

48. Jacques de Lacretelle (1888-1985). Critique littéraire proche de l'Action française, académicien en 1936, il collabore notamment au journal de la Milice *Combats* durant la guerre.
49. Probablement la République Dominicaine.

Écrit à mamé. Lettre de Seyrig à laquelle je réponds[50]; écrit aussi à Mlle Bellec, qui, se réclamant de J. de Monléon, s'informait des postes libres au Canada dans l'enseignement[51].

À 3 h Mme Lepage vient pour une dernière leçon ; puis je corrige des dissertations pour les cours d'été, et le chapitre de Sœur Joseph-Mary qu'elle m'a remis. Après quoi je fais un peu de Rabelais.

Le front d'Italie s'effondre à son tour ; Vonnete va sans doute être libérée[52]. Mais l'affaire Pétain est embêtante. Rencontré Bouffard, le pilote, tout prêt à l'excuser.

27 avril

Téléphoné à Mme Simard pour avoir son avis sur son visiteur d'hier : elle l'a trouvé « amorphe » : il a été chambré, non seulement par Bruchési, mais par Donohue.

Préparé mes cours. À 3 h explication d'*Eugénie Grandet*.

Sœur Joseph-Mary, à qui je remets son chapitre, me parle des reparties de Jean-Claude. La petite Lilia Chaoult ayant demandé l'explication du mot « suffire », il a répondu : « Voir Lilia suffit à mon bonheur ». Bernadette a la réputation de pleurer pour rien. Mais elle arrive deuxième ce mois, et Jean-Claude sixième. « J'ai besoin qu'on me fasse peur pour travailler », confesse-t-il bravement.

Après dîner, conférence du colonel Tchou, Chinois, à l'YMCA : beaucoup de lieux communs, et quelques utopies (la World Citizenship) exposé avec talent et esprit. Je rentre avec Fontaine, que je trouve mûri et devenu plus sympathique.

Pluie.

Lettre d'André Bourde, très désireux de venir.

28 avril

Capitulation de l'Allemagne. Jules Simard me l'annonce ce soir. Les enfants bondissent de joie : « Nous allons pouvoir rentrer l'été prochain ? »

Travaillé toute la journée à ma chronique – qu'il va falloir refaire : si cet événement avait eu lieu trois ou quatre jours plus tôt ! Écrit le soir à maman.

À 4 h je vais à la Bibliothèque des Enfants ; puis, me confesser, puis, au Petit Parc.

Je téléphone la grande nouvelle à Mme Lahaye, qui va donner à ses filles les injections préalables au voyage ; mais on dément, à la radio de 10 heures.

---

50. Le conseiller culturel de l'Ambassade de France à New York lui demande des nouvelles et des précisions à propos du projet de création d'une chaire d'histoire à l'Université Laval. ARCJ, 118 J 235, Corr. gén., H. Seyrig à Viatte, 23.4.1945.

51. Yvonne Bellec enseigne les lettres au Collège de Saint-Servan-sur-Mer, dans l'Ille-et-Vilaine en France. ARCJ, 118 J 235, Corr. gén., Y. Bellec à Viatte, 23.3.1945.

52. Yvonne Claro, sœur de Marie-Louise Viatte et Geneviève Deffontaines, religieuse en Italie. Renseignement aimablement transmis par Jean-Claude Viatte.

29 avril

Travaillé ce matin à ma chronique.

Le temps est à la pluie ; bien qu'il s'éclaircisse après-midi, le sol reste humide ; au lieu de la promenade à la campagne que je prévoyais, je me décide à faire le tour du port : vrai « documentaire » de cinéma, qui me paie de ma résolution. Un bateau yougoslave (l'Alexander de Split) au pavillon tricolore avec l'étoile rouge de Tito, embarquant du papier ; un garde qui nous introduit près du Magog éventré par une torpille ; une barge d'invasion, à l'île d'Orléans, envoyant des signaux lumineux ; un cargo grec, l'Elleni, et un anglais, embarquant du grain qui ruisselle de l'élévateur sur les quais et submerge les hangars au point de déplacer la cabane de l'homme de poste d'une vingtaine de pieds.

Rentré, je joue au binocle à trois avec les enfants.

30 avril

Après un long retard sous prétexte d'accident d'imprimerie, je reçois une *Nouvelle Relève* singulièrement réduite : est-ce que les affaires iraient mal ?

Circulaire de Seyrig, indiquant que le *Sagittaire* de juin aura un certain nombre de places pour rapatrier des professeurs et leur famille : ce « rapatriement » pourrait-il me concerner ? Ou seulement ceux qui rentrent définitivement ?

Cours à Sillery. Achevé ensuite ma chronique, que je porte à l'abbé Bégin ce soir[53]. À 5 h, cours sur la science française : je trouve la salle envahie, et la demoiselle du secrétariat, qui va s'en aller, ne met aucune complaisance à m'en trouver une autre. Manque d'esprit d'entr'aide...

L'œil de Finette suppure.

1ᵉʳ mai

Corrigé ce matin les dissertations de Sillery.

Écrit à Bourde, à Dénoyer. Cours sur Eugénie Grandet.

Les *Lettres françaises*[54] ont un commentaire, méchant sur mon style, à propos de mon article sur le panaméricanisme. Il est vrai que je suis obligé d'écrire trop vite ; est-ce que j'écris si mal ? Les phrases censurées, ne sont-ce pas des peccadilles ?

---

53. « Chronique internationale » *Le Canada français*, XXXII, n° 9, mai 1945, pp. 704-710. La déroute de l'Allemagne est patente, et selon Viatte, « il ne s'agit plus de défendre une race ou son habitat, mais une bande : voir les *Brigands* de Schiller ». L'Allemagne d'après-guerre sera donc occupée militairement suivant la disposition actuelle des armées alliées, très vraisemblablement. Dans le Pacifique, Viatte note également avec satisfaction le net recul du Japon, menacé qui plus est par la dénonciation de l'accord de neutralité entre Tokyo et Moscou : le chroniqueur prédit une offensive russe possible en Mandchourie « où le tsar rouge a une revanche à prendre des échecs qu'a subis le tsar blanc »... ; elle aura lieu au mois d'août. Le monde se divise peu à peu en deux grandes sphères d'influence, et Viatte déplore, inquiet, que Roosevelt ne soit plus là pour mener les négociations de paix : « Aussi longtemps qu'[Harry Truman] se mouvra sur un terrain préparé par Roosevelt, nous n'aurons sans doute pas de surprise ; les difficultés peuvent commencer lorsqu'il devra faire face à des problèmes nouveaux. »
54. Hebdomadaire littéraire de la Résistance, fondé en 1942, d'obédience communiste.

À 4 h, je conduis Finette chez le vétérinaire : j'ai cru qu'elle n'y arriverait pas ; à la côte du Palais, elle retourne ; devant le magasin Dominion elle se repose, attirant la commisération d'une vieille dame : elle y met du caprice, car elle rentrera allègrement à la maison. Le vétérinaire diagnostique la gourme.

Chez Langlois, j'apprends la mort de Hitler, que la radio confirme ce soir.

Malgré un vent assez froid, de 5 à 6, je vais avec les enfants au Petit Parc, et lis Maurras.

Vers 7 h Rabelais, avec Bernadette. Le soir, joli concert à la radio : Beethoven-Haydn.

Nostalgie des tropiques. M'en passerai-je, rentré en France ? Ce sera le moment de visiter les colonies et la zone du franc...

2 mai

Visite, ce matin, de Georgeot, installé au Château Normandie, et de Marcel Trudel à la veille de sa soutenance.

Écrit à Raeders, à Guédenet (au sujet du bachot de Montréal). Cours sur Sainte-Beuve de 4 à 5. Puis je vais à la poste, et paye le Dr Hamel avec qui je cause ; lu Maurras tandis que les enfants me demandent mon aide pour leurs devoirs.

Téléphoné à Mme Simard à propos de la Société française de bienfaisance ; elle me dit les ennuis de Moeneclaey à Montréal au sujet de Roumefort[55] – je comprends qu'un homme propre ne veuille pas figurer à côté de ce dernier – et nous sommes d'accord sur l'intérêt de le voir se fixer ici. Je suis ennuyé de ne rien recevoir de Barcelone, de ne savoir que projeter pour mes vacances ; s'il y avait possibilité normale de rentrer en France, comme je n'hésiterais pas ! Mais, sinon, Haïti est bien tentant...

3 mai

Lettre de maman.

Bibliothèque.

Écrit à mamé, et à l'abbé Le Maître sur le bachot de Montréal.

À 3 h soutenance de Marcel Trudel, que je préside : bonne thèse sur l'*Histoire du voltairianisme au Canada*.

À 8 h séance de Faculté, moins décevante peut-être que la précédente ; mais Lacourcière, que je vois ensuite, est tout de même d'avis que notre doyen devrait changer.

---

55. Constamment en position de dissidence par rapport aux Français libres de Montréal, Roumefort s'est notamment signalé en protestant par écrit contre la nomination de Marthe Simard à l'Assemblée consultative d'Alger. Début 1945, les déchirures entre Français de Montréal s'amenuisent au fur et à mesure que la reconnaissance internationale du général de Gaulle augmente. La nomination de Roumefort à la tête de l'Union nationale française, association jusqu'alors dévouée au maréchal Pétain, marque le rapprochement des diverses tendances politiques sous une même bannière gaulliste. AMYOT, *op.cit.*, pp. 304-305.

Le P. Ducattillon me téléphone : je le verrai après-demain ; j'ai hâte de prendre ses conseils pour mon retour.

4 mai

Pluie et vent.

Trudel vient prendre congé ce matin.

À l'École normale, je rencontre Lacourcière, qui me dit la venue de Charbonneau l'été prochain : je lui suggère de plaider la cause de la Collection des Classiques, dont l'abandon me semble prématuré, car il n'y a pas à craindre, d'ici quelque temps, la concurrence de l'édition française.

Préparé mes cours. Expliqué *Eugénie Grandet* de 3 à 4. Ensuite, les enfants restant à l'école, vu mon propriétaire M. Pâquet, et cherché en vain du coaltar pour Finette, dont l'état paraît s'améliorer.

Lu Maurras.

5 mai

Banque. Écrit à maman, à Seyrig.

Le P. Ducattillon vient déjeuner : il n'aurait pas reconnu les enfants tant ils ont grandi. Sa conversation m'aide à prendre mes décisions pour l'été : rester ici – un aller et retour, sans mission officielle, est encore difficile – et tâcher d'avoir une nomination définitive pour la rentrée. Lui-même ne se presse pas trop.

Je le retrouve à 5 h chez Mme Lahaye avec le P. Couturier qui lui aussi envisage le retour dans les mêmes conditions. Un peu inquiet de la censure des papiers, qui paralyseraient les contacts intellectuels si elle se prolonge : moi qui voyage toujours avec une malle pleine de livres et de cahiers ! Et ma Chambre internationale, et mes Cerféens, comment expliquer ces jeux aux douaniers ?

Pluie à torrents, au retour. Passé chez le vétérinaire, pour avoir des remèdes pour Finette.

6 mai

Après la messe, lu Maurras.

Je crains la pluie ce matin ; puis le temps s'éclaire, et nous allons en promenade au-dessus de l'Ange-Gardien. Monté jusqu'à des pâturages au-dessous des premiers sommets ; premières fleurs du printemps (la Claytonie, l'Érythrone, des violettes blanches ou violettes...). Un orage gronde à l'horizon, mais nous épargne, et nous ne sommes arrosés qu'un peu, au moment de retourner au village par une route bien entretenue mais barrée – une « route privée » – au delà de laquelle se profilent des Laurentides.

Depuis deux jours, je cherche en vain à rejoindre mon vétérinaire pour lui demander des pastilles pour Finette dont l'état tourne à la paralysie.

7 mai

Au moment où je vais partir pour mon cours de Sillery, Mme Lahaye me téléphone la fin de la guerre en Europe. Voilà donc comment devait s'achever ce drame inauguré le 1er septembre 1939 ; pouvons-nous espérer la paix durant le reste de notre vie ? Quelle nouvelle perspective ! Songer que ce pouvait être celle de la défaite, comme ce sera maintenant celle des Allemands !

Mère St-Rodriguez est émue d'une dépêche sur une manifestation communiste à Paris ; je la rassure, car vraiment, tel ne me paraît pas le péril immédiat.

À 2 h, manifestation des étudiants devant la Basilique ; Te Deum chanté par le Cardinal ; pancartes, parmi lesquelles Vive de Gaulle, même Vive Staline (et le drapeau soviétique), et aussi deux ou trois plus malsonnantes, Démobilisez le COTC[56], La guerre finit, le chômage commence. Dans l'ensemble, atmosphère de monôme joyeux, démonstrations contre la taxe de luxe, etc. On entonne spontanément « O Canada » puis « La Marseillaise », – pas le « God save the King ».

Je me rends ensuite au Petit Parc avec les enfants, dans l'intention d'y étudier Maurras : mais nous rencontrons les Georgeot, et leur bébé ; ils partent jeudi pour Houston.

On me téléphone de la citadelle pour un cocktail avec Jean-Pierre Aumont[57] : c'est pour demain, mais j'ai compris que c'était pour aujourd'hui ; je monte donc là-haut, je cherche au mess des officiers sans qu'on puisse me renseigner, puis au Manège où un officier anglais qui a déjà trop fêté la victoire ne me renseigne pas davantage… Mlle Langlois, au retour, me donnera le mot de l'énigme.

Le soir, je sors dans les rues : beaucoup d'animation, trois ou quatre fois plus qu'un samedi, mais rien de particulier, les vestiges du cortège, beaucoup de soldats…

Mme Lahaye, qui se sent un peu seule, me retéléphone « pour dire bonsoir, en ce jour, à un Français ». Elle trouve que Mme Simard la néglige un peu.

Finette, immobilisée, donne un triste spectacle.

8 mai

Le matin, je lis Maurras au Petit Parc. Puis la pluie vient, et règne l'après-midi.

À 5 h 1/2, à la Citadelle, thé-cocktail pour Jean-Pierre Aumont : puis on passe au Cercle Universitaire où l'on dîne, et de là chez Mme Simard. Je célèbre ainsi la victoire en compagnie de généraux (Blais et Tremblay), de héros (Dollard Ménard et Aumont lui-même), d'un millionnaire (Amyot) ; plus les Boisvert, les Guimont, et naturellement les Pierre Chalout, Pacreau, Mlle Langlois, etc. Bel album rapporté par

---

56. Canadian Officer Training Corps. École d'officiers pour la région de Québec.
57. Célèbre acteur de cinéma français.

Mme Simard sur Paris occupé : cette juxtaposition d'images – Paris et les Allemands. Cette « surimpression » que je ne parviens pas à faire...

Le P. Ducattillon déjeune aujourd'hui chez Tudor-Hart et fait le tour de l'île d'Orléans après avoir visité hier le Manoir de Vincennes ; De Koninck est à Saint-Paul du Minnesota chez un ami gravement malade, et ses six aînés ont la varicelle...

9 mai

Travaillé ce matin à Maurras, après être allé à la bibliothèque et en avoir rapporté un volume de Dupanloup pour mon cours de Sillery.

Déjeuné avec le P. Ducattillon, qui raconte ses impressions d'Amérique latine, et Mme Lahaye ; Georgeot vient nous rejoindre au café. Nous voilà entre Français, l'un revenu d'Argentine, un autre de Bornéo, un autre de Tahiti, et moi de tant de lieux divers... Et l'on dit que les Français ne voyagent pas !

À 3 h je vais faire mon dernier cours sur le romantisme, et Georgeot va enregistrer ses malles : il part demain à 7 h par le même train que le P. Ducattillon. Après mon cours, je vais chez le vétérinaire, pensant qu'il m'annoncera la mort prochaine de Finette, mais il paraît que son état peut se prolonger assez longtemps ; et mon projet de l'achever s'ébranle... Elle boit avec avidité le lait que je lui donne, Marguerite ayant négligé hier de lui offrir des aliments liquides.

Lettre de Marie-Hélène Pauly, primesautière comme sa personne, m'annonçant qu'elle se fait rapatrier par Seyrig et qu'elle aurait plaisir à faire la traversée avec nous.

Le *NY Times* annonce la libération de Joseph Joos qui était à Dachau avec Schussnigg, Blum, Daladier, etc.

10 mai (Ascension)

Après la messe, écrit à mamé, et à Mlle Pauly : mais les enfants qui tournent autour de moi me retardent dans mon travail.

Télégramme de Moeneclaey à propos du bachot de Montréal[58].

Jean-Claude devrait prendre part à une excursion scoute : je finis par me décider à une promenade avec Bernadette ; et comme nous partons à 2 h nous rencontrons Jean-Claude qui par un malentendu assez inexplicable, n'a trouvé personne au rendez-vous. Nous allons ensemble au-dessus de St-David, région généralement plate et monotone, mais où je découvre une charmante rivière et un chemin – le « chemin du Mystère » – qui la suit à travers bois et clairières, au pied d'une crête que nous gravissons ensuite et d'où la vue porte au loin vers Québec comme dans l'autre direction. Rentrés à travers champs ; longue et ennuyeuse attente au tramway, si bien que nous n'arrivons que pour sept heures.

---

58. Le jury de l'année précédente est reconduit et les sujets d'examen seront choisis par le conseiller culturel de l'Ambassade de France Henri Seyrig. ARCJ, 118 J 235, Corr. gén., P. Moeneclaey à Viatte, 9.5.1945.

Marguerite, entre-temps, a tenu d'une de ses amies l'efficacité du coaltar pour remède à la gourme de Finette. On essaiera...

Téléphone de Mme Simard au sujet de la visite de d'Harcourt qu'elle voudrait faire rencontrer à des jeunes : mais c'est le temps des examens ; je pourrais seulement réunir chez moi quelques collègues.

11 mai

Je reçois plusieurs communications au sujet du bachot de Montréal, notamment une de Moeneclaey, et une du F. Soffray. Je vais à l'École normale, et je rencontre Lebel, toujours découragé de notre doyen ; je le pousse à la démarche collective auprès du Cardinal. – De là je vais chez Mlle Langlois, d'où je téléphone à Moeneclaey ; discuté du renouvellement de la Société française de Bienfaisance ; vu le prix de littérature française, qui fait un bon effet.

Après-midi je retourne à la bibliothèque, chercher des textes parmi ceux que me propose le F. Soffray ; puis je fais des achats pour les enfants (chaussures) et je passe chez le coiffeur. Encore aujourd'hui je ne puis travailler à Maurras – puis à Rabelais – que vers le soir.

Journée de courses et d'emplettes diverses.

12 mai

Cours à Sillery sur Dupanloup.

À grand-peine et à coup de téléphone, je parviens à réunir quelques jeunes pour ce soir.

Écrit à maman ; et à Moeneclaey, au sujet du bachot.

À 4 h je vais acheter des petits fours chez Cassulo, puis avec les enfants, je vais lire Maurras au Petit Parc.

Soirée autour du lieutenant d'Harcourt, qui me connaît depuis 41 par Élisabeth de Miribel sa cousine : je groupe J.P. Després, L. Ph. Pigeon, J. Ch. Falardeau, les abbés De Smet et Parent, le P. Lambert O.P., André Turcot : bons échanges de vues dans l'intimité.

13 mai

Travaillé ce matin à Maurras

Messe de Sainte Jeanne d'Arc au St-Cœur-de-Marie, – la messe de la Victoire. Puis défilé des troupes devant la statue : grande assistance ; vente d'insignes tricolores ; quelle différence par rapport aux maigres cortèges de 1940 ! J'y assiste avec le Dr et Mme Couillard (celle-ci sœur du Dr Vallée) et Mme Lahaye qui entre mardi à l'hôpital pour une opération au nez.

Mme Moreux, rencontrée en sortant de l'église, me fait inviter à un 5 à 7 chez Michel Rossano. Auparavant je me promène dans les prés en-dessous de Ste-Foy, où je cueille la Sanguinaire. Dans cette résidence en vue d'un magnifique paysage, et dont la basse-cour (qui tient du jardin zoologique) enchante les enfants, ex-Vichyssois modérés et combattants se rencontrent : j'y retrouve d'Harcourt, et le Dr Simard. Rentré avec le colonel Légaré, et Mordret.

14 mai

Dernier cours à Sillery.

Lettres de Dénoyer, qui va rentrer pour la première communion de son petit garçon, et de Teilhac, qui, si les communications restent difficiles, ira cet été à Jérusalem[59].

Je lis Maurras, et commence à m'occuper du bachot de Montréal ; écrit à l'abbé Le Maître, et téléphoné à Mlle Langlois à ce sujet[60].

Examen de civilisation française. Conversation avec le dernier de mes candidats, Clark, à propos d'une lettre qu'il a reçue de Camille Chautemps sur le rôle de Pétain.

Finette a été trouvée morte ce matin. Les enfants, heureusement, avaient eu le temps de se faire à cette perspective, et n'ont pas trop réagi.

15 mai

Deux téléphones à Moeneclaey achèvent de régler la question des sujets pour l'examen du bachot. Je préviens André Després, et je parle aussi à Moeneclaey de la Société française de bienfaisance.

Le P. Albert m'envoie son panégyrique de Jeanne d'Arc, qu'il n'a pas prononcé à Montréal, et qu'il aimerait publier avec l'imprimatur de Québec.

Travaillé à Ch. Maurras, matin et soir.

16 mai

Examen de licence. Je le surveille de 8 à 9, de 11 à 12 1/2, et j'écris pendant ce temps à Teilhac, à mamé dont je viens de recevoir une lettre, et je corrige les épreuves de mon Saint-Exupéry. Entre temps je vais au consulat porter les sujets de dissertations à copier ; j'y rencontre Moeneclaey, qui a eu la visite récente de Jean Bernier à qui il a dit que son voyage en septembre sera possible, mais que la vie sera dure… Après-midi je corrige les copies ; puis je vais faire des achats pour les enfants

---

59. Teilhac est professeur à l'École française de droit de Beyrouth, tout en occupant diverses charges culturelles dans le milieu français au Liban. Il envisage un séjour à Jérusalem, entre autres pour étudier de près l'économie sioniste, qui l'intéresse beaucoup. ARCJ, 118 J 235, Corr. gén., E. Teilhac à Viatte, 18.3.1945.
60. Il s'agit de régler les derniers détails pratiques des examens de baccalauréat de Montréal.

à St-Roch, et je remonte au Palais Montcalm où je rencontre Mme Simard : celle-ci me dit que nous sommes dans les pires six mois au point de vue transports. Je vais enfin porter mes copies à l'abbé Bégin, et je lui parle de la crise de la Faculté et de la démarche projetée auprès du Cardinal.

Mme Lahaye m'annonce son entrée à l'hôpital, avec Nicole que l'on opérera des amygdales et Marie-France qui souffre d'une otite ; entretemps Claudine viendra déjeuner chez moi.

Le P. Albert m'écrit pour me demander de faire imprimer ici le panégyrique de Jeanne d'Arc qu'il n'a pu prononcer à Montréal. Il faudra solliciter l'imprimatur.

17 mai

De nouveau la pluie, après le beau temps d'hier. Il a fait chaud trop tôt.

Commencé à écrire mon article sur Maurras.

Après-midi, je vais payer l'électricité à la gare de Montmorency ; puis, remettre le manuscrit du P. Albert à *L'Action catholique*, où L. Ph. Roy me parle des pressions qu'il a subies pour écrire en faveur de Pétain lorsque celui-ci est rentré : tenons compte de ces pressions quand nous jugeons *L'Action* trop ambiguë... Puis chez Pollack, acheter des chemises pour Jean-Claude ; chez Pâquet, échanger ses vêtements contre la taille au-dessus ; au boucher de St-Sauveur acheter du filet mignon...

Ces noms de Québec, même ces quartiers tristes, cette familiarité avec St-Sauveur ou St-Roch, cela aussi fait partie de ma personnalité... En rentrant, passé au Palais Montcalm pour remettre à Mlle Langlois les sujets d'espagnol. Je trouve au retour ceux d'anglais, et j'écris à Darbelnet, ainsi qu'au P. Albert, et à Michel Dumont pour lui demander son bulletin d'informations que je ne reçois plus – et si possible des journaux de France.

18 mai

Je fais porter ce matin à Mlle Langlois les sujets d'anglais, et ce soir André Després me rapporte les copies polycopiées, sauf le grec ; et il a fait la sottise de reporter la machine à écrire chez l'abbé Parent, ce qui nécessitera de nouveaux dérangements.

Il pleut toujours.

Continué mon Charles Maurras. Bibliothèque.

Lettre de D'Harcourt, très gentille, me promettant des journaux français[61].

Charles, de Trinidad, vient me parler de ses projets : études à Oxford, thèse sur Nerval.

---

61. Emmanuel d'Harcourt (1914-1985). Engagé de première heure dans les Forces françaises libres, Emmanuel d'Harcourt fait partie en juin 1944 de la délégation du Comité français de libération nationale à Ottawa. Il est nommé attaché d'Ambassade à Ottawa la même année. Il vient ici de faire la connaissance de Viatte et se réjouit d'intensifier des contacts avec lui. ARCJ, 118 J 235, Corr. gén., E. d'Harcourt à Viatte, 17.5.1945.

19 mai

Je vois l'abbé Parent qui pourra me faire copier ma version grecque. Téléphoné à l'abbé Bégin, avec qui je me mets d'accord sur l'écrit de licence; il y avait peu d'écart entre mes notes. Écrit à maman.

Claudine Lahaye passe la journée chez nous; le soir elle s'amuse si bien qu'elle a peine à s'en aller; cela me rappelle les Madelin le jour de la naissance de la petite Jeanne Béchaux. Jolie fillette, Claudine, agréable à regarder, et bien élevée. Les miens ne deviennent-ils pas un peu rudes, faute d'éducation féminine?

Continué Maurras l'après-midi. Je vais achever mes achats pour Jean-Claude et me confesser à l'abbé Boutin.

20 mai

Écrit le matin mon Maurras.

Promenade avec les enfants aux chutes de la Chaudière, et dans les bois de Charny: marécages, troncs abattus, nombreuses fleurs (notamment une Dentaire odoriférante, que je n'avais pas, et une Uvulaire que je n'avais cueillie qu'une fois).

Soirée à la Salle paroissiale St-Cœur de Marie, représentation du Petit Lycée: les rhétoriciennes jouent la *Critique de l'École des Femmes*, choix bizarre; Jean-Claude figure le roi de la chanson *Sont trois tambours*, Bernadette une suivante de la reine, puis Jean-Claude reparaît en moine dans *Frère Jacques*, et Bernadette dans une danse chinoise. On se couche à minuit.

21 mai

Séance de faculté; tous admissibles. Je relance ensuite Lebel à propos de notre démarche chez le Cardinal; je le sens un peu effrayé.

Travaillé ensuite à Maurras. Écrit à l'abbé Le Maître. Je voudrais achever Maurras pour mercredi; et je vois que je n'y parviendrai pas, ce qui me retardera d'un mois entier sur la date prévue.

Toute l'après-midi, examens de licence: Valin brillant, le F. Norbert-Paul aussi, le P. Bauzé mauvais, le F. Léon-François entre deux...

Visite de «Dodette»[62] avec son mari et sa petite.

De Koninck et l'abbé F.-A. Savard sont élus à la Société royale du Canada.

22 mai

De 9 à 10, dernier examen (le F. Léon-François). Passé au consulat; je ne retrouve plus, ensuite, les sujets de français: heureusement l'abbé Parent a la complaisance de les faire reproduire. La version grecque – un texte d'E. About blessant pour

---

62. Surnom affectueux donné à Bernadette Racine.

les Grecs – paraissant indésirable à Moeneclaey, j'en choisi une autre, assez difficilement ; je me décide pour un passage d'*Un Cœur simple* de Flaubert.

Travaillé à Maurras.

À 5 h séance de Faculté : que notre doyen est un âne bâté ! Et quelle grave indication sur le niveau des dirigeants de l'Université, que son choix !

Téléphoné à De Koninck pour le féliciter de son élection.

23 mai

Continué Maurras, sans le finir. Vu à l'Université Valin, à qui je parle de son avenir.

Lettres de maman.

Départ pour Montréal ; à la gare, je rencontre l'abbé Maheux. Trajet monotone comme toujours ; arrivé pour 10 h à Stanislas, où m'accueillent Le Maître et l'abbé Lemoine.

24 mai

Surveillance de l'écrit. D'Hauteserve, qui en a marre des bureaux militaires de Washington et s'y prend trop tard pour rentrer à McGill cette année, me demande conseil : je lui suggère la carrière nouvelle d'attaché culturel... Causé aussi avec Darbelnet, qui approuve mon nouveau texte, et a répondu à Mme Sourine[63] ; et surtout, après déjeuner, longue et cordiale conversation avec tout le jury, y compris cet ami de dom Jamet qu'est Houpert. Il est agréable de se trouver entre universitaires français.

Écrit à mamé, et à Hubert Gillot (au sujet de ma candidature à Strasbourg).

25 mai

Retour à Québec. Lu dans le train les journaux français, tous intéressants, *Le Monde* par l'excellence de son information européenne, les autres par la variété de leurs opinions ; mais les campagnes de *L'Humanité* sont inquiétantes, et son parti témoigne d'un dynamisme que l'on cherche vainement ailleurs.

Lettre de Pierre (5 avril), très barbouillée par la censure[64] ; est-ce que l'intermédiaire du P. Delos nous ferait gagner du temps ? De la liberté, en tout cas. Cours

---

63. Professeure au Lycée Schoelcher à Fort-de-France, cette Haïtienne souhaiterait enseigner dans une école de langue anglaise à Montréal. ARCJ, 118 J 235, Corr. gén., Y. Sourine à Viatte, 8.3.1945.
64. De ses vacances catalanes, Deffontaines donne à Viatte des nouvelles du petit Germain, « enthousiaste de la belle nature et charmant dans sa joie ». Il souhaite que son père puisse le rencontrer le plus rapidement possible et l'encourage à organiser un voyage en Europe pour l'été prochain, d'autant qu'il semble que les projets de retour professionnel de Viatte en France prennent une tournure positive. Le directeur de l'Institut français de Barcelone rencontre certaines difficultés dans la gestion de son personnel enseignant, dont de nombreux éléments sont rappelés en France. Il espère que les relations franco-espagnoles iront en s'améliorant, tout en ne cachant pas que l'évolution vers la fin de la guerre est problématique pour l'Espagne. ARCJ, 118 J 213, Corr. Deffontaines, P. Deffontaines à Viatte, 5.4.1945.

à Sillery. Il a vu Seyrig, dont il n'a pas l'air de savoir que le connais. Je suis inquiet pour mes projets d'Haïti, de savoir qu'il n'obtient pas de réponse des Œuvres.

Téléphoné à Mme Lahaye : son mari lui écrit le crescendo d'atrocités allemandes que racontent les déportés, et le triste spectacle des mutilés que l'on commence à voir dans les rues. Elle compte prendre place sur un cargo, au départ de Montréal. C'est plus facile, dit-elle : mais il faut toujours un visa...

Écrit à Montglond, à Baldenne, au sujet de mes candidatures, et à d'Harcourt pour le remercier des journaux français. Commencé à corriger les copies de bachot.

26 mai

Séance de Faculté : malgré le doyen nous décidons d'éliminer le P. Pauzé. Conversation avec Lebel sur notre prochaine démarche chez le Cardinal.

Je vais à la Banque où j'apprends que je puis obtenir sans difficulté l'argent nécessaire pour me rendre aux États-Unis avec les enfants. Puis Sœur Louis de Gonzague vient me demander un sujet de thèse ; je lui suggère Corneille et les jésuites, qui paraît lui plaire malgré la difficulté.

Après-midi, j'accompagne les enfants au Cirque. Je manque ainsi la visite de Mlle Pauly qui vient se reposer à Beaumont ; je lui téléphone ce soir ; elle a son visa de retour ; devrais-je quand même essayer, moi aussi, des vacances en France ?

Corrigé les copies de bachot.

Long téléphone à De Koninck, qui s'est rendu ce matin chez le Cardinal avec Lacourcière, l'abbé F.A. Savard et l'abbé Parent, pour obtenir du gouvernement des subsides pour nos Facultés ; à l'instigation de l'abbé Parent, on a raconté certaines gaffes de notre doyen ; une démarche collective de la Faculté des Lettres serait la bienvenue. Tout espoir n'est pas perdu pour les chaires d'Histoire et de Géographie. Je parle à De Koninck du livre du P. de Lubac[65], *Le Drame de l'humanisme athée*, dont j'ai lu un compte rendu d'André Rousseaux dans *Le Figaro*, et que je voudrais faire venir, par de Monléon ou par Vanier.

27 mai

Jean-Claude qui devrait aller en excursion avec les louveteaux, mais dont l'enthousiasme faiblit, se décide à rester à la maison...

Je continue à corriger ce matin les copies du bachot.

Après-midi, ascension de la montagne à gauche de la route Québec-Laval, une des plus hautes des Laurentides au voisinage immédiat de Québec (1600 pieds). Grimpade. Vue sur la forêt et ses lacs ignorés, le Lac Monette, le Lac des Chicots.

---

65. Henri de Lubac (1896-1991). Ce théologien jésuite enseigne à Lyon et durant la guerre, rejoint la Résistance spirituelle notamment en collaborant activement aux *Cahiers du Témoignage chrétien*. Son ouvrage sur le *Drame de l'humanisme athée*, qui fera date, a paru en 1944. *Encylopædia Universalis*.

J'avais l'intention de suivre la crête et de redescendre sur le Lac Beauport, mais nous rencontrons des taillis impraticables, puis un extraordinaire chaos d'arbres déracinés : et nous redescendons, après une belle vue sur le Nord et ses fermes, jusqu'à notre point de départ.

Au retour, la mère de Marguerite et ses enfants de l'âge des miens – Gaston et Anita – sont à la maison pour s'amuser avec Jean-Claude et Bernadette (ils sont venus pour un baptême chez Yvonne).

28 mai

Achevé mes corrections ; puis travaillé toute la journée à ma chronique internationale.

Téléphoné à Mme Simard, qui m'encourage cette fois aux vacances en France : il part des transports ; les Moeneclaey comptent s'y rendre en août-septembre. Que ne puis-je savoir ce qui m'attend, – nomination à Strasbourg, voyage d'Haïti, mission en Espagne, tout ce qui conditionne mes projets ! Je puis toujours demander un visa et une réquisition ; cela n'engage à rien.

Téléphone du P. Le Roy, que j'invite pour demain, ainsi que Mme Lahaye.

29 mai 1945

Pluie.

Achevé ma chronique[66].

Lettre d'Em[manuel] d'Harcourt me promettant des revues françaises[67].

Soirée avec le P. Le Roy et Mme Lahaye que j'ai à dîner. Le P. Le Roy va bientôt partir pour quatre mois en France et en Europe : mais le voyage reste difficile en dehors des missions officielles et des rapatriements ; en France même il faut une

---

66. « Chronique internationale » *Le Canada français*, XXXII, n° 10, juin 1945, pp. 765-774. La défaite de l'Allemagne est consommée, « certains de ces chefs nihilistes qu'étaient les chefs nazis – parmi lesquels Himmler, et peut-être Hitler – ont trouvé dans le suicide leur fin pour ainsi dire naturelle ». Et pour la première fois dans ses chroniques du *Canada français*, Viatte évoque le « spectacle des atrocités dans les camps de concentration [qui] a été pour les Américains, longtemps incrédules, le choc physique qu'a représenté l'invasion pour les peuples d'Europe, et qui les dispose à se montrer sévères ». La guerre semble aussi toucher à sa fin en Extrême-Orient, où la Birmanie a été reconquise et où l'on se trouve à une étape de « synchronisation des offensives alliées ». L'occasion pour le chroniqueur de s'attarder plus longuement sur la situation politique intérieure des pays sortant du conflit, en reprenant notamment les informations diffusées par le journal résistant *Combat* et *Le Monde*, « journal parisien qui vient de nous parvenir ». Le retour à la normale sera ainsi difficile à l'Est de « l'ancien axe Rome-Berlin », où « tout est remis en cause, les frontières et les régimes ». Autant de zones de tension entre alliés que Viatte passe en revue et qui ne manqueront pas de rendre délicates les discussions de la Conférence de San Francisco, où devrait pouvoir s'établir un « organisme de sécurité internationale » et être signée une Charte ; même imparfaite, celle-ci « vaudra en définitive ce que vaudront ces réalités encore en gestation auxquelles elle s'appliquera ».

67. Notamment *Esprit*, *La Vie intellectuelle*, *Études*, *Renaissance*, *La Nef*, *Les Cahiers politiques*, *Temps présent*, *Les Nouvelles littéraires*, etc. D'Harcourt ajoute : « Il est inexact que Robert d'Harcourt ait été exécuté par les Allemands ; mais ses deux fils avaient été arrêtés (le premier en juillet 1941) et ils viennent de rentrer de Buchenwald. » ARCJ, 118 J 235, Corr. gén., E. d'Harcourt à Viatte, 28.5.1945.

autorisation pour circuler. On verra. Il serait temps pourtant de revoir maman, de reconstituer mon foyer... confiance en la Providence. D'ici quelque temps il y aura du neuf peut-être. Le P. Le Roy me dit combien la jeunesse française est mûrie dans l'épreuve tout en gardant sa fraîcheur.

30 mai

Porté mon article à l'abbé Bégin. Écrit à maman, à Cherel.

Nouvelle joie : un paquet de revues françaises envoyées par l'Ambassade.

Causerie avec le P. Patrice Robert, qui, rencontré à la bibliothèque de l'École normale, m'interroge... sur les possibilités d'une guerre contre la Russie !

Carte de Monléon annonçant sa venue probable en juillet. Mes journaux, mes amis : c'est une résurrection.

Voyage Québec-Montréal : je corrige en chemin un chapitre de Sœur Joseph-Mary, et lis en partie le Voltaire de Vial, intéressant, mais avec des anglicismes. J'arrive à 10 h ; trouve le Collège Stanislas désert (ces messieurs sont allés pendre la crémaillère chez Champroux) sauf le vieux concierge qui me fricasse des œufs ; d'ailleurs l'abbé Le Maître ne tarde pas, et nous préparons ensemble la suite des examens.

31 mai

Pris ce matin mes rendez-vous, et achevé de préparer l'examen.

Après déjeuner, réunion du jury : trois recalés seulement en philosophie ; une proportion plus grande en première.

Je vais ensuite chez Ernout, qui aura les Brouillette et Mme Briggs, me fait visiter son collège, agréable villa dans les fleurs.

Je rentre une heure travailler.

Dîner chez Darbelnet avec les Labarre (lui, professeur à l'Université de Montréal) qui ont bien connu Marie-Louise. Causé de L. Rougier qui va partir pour témoigner dans le procès Pétain (agira-t-il contre moi à Besançon ? Il m'a attaqué jusque dans ses cours) et qui, dit-on, serait invité à l'Université de Montréal pour l'année prochaine ; de Prat[68], qui va revenir ; et de mille autres choses. Très bonne soirée.

1er juin

Examens oraux. Je fonctionne de 9 h à 6 h 1/2, pour en finir.

À midi seulement, je vais déjeuner au Cercle universitaire avec Hurtubise et Charbonneau. Si je veux me rendre en France, ils me chargeront volontiers de les

---

68. Henri Prat, professeur de biologie végétale à l'Université de Montréal.

représenter, ce qui me vaudrait une priorité de passage... Je suis bien tenté! Mais il me faudrait laisser là les petits, et je ne pourrais les mener à leur famille; ce serait là le rêve.

Le soir, dîner chez Mme Briggs: Valérie grandie... Je rencontre Mme Droux, et un avocat égyptien et sa femme.

2 juin

Le matin je commence à relever les totaux des examens. Girard, ancien professeur à Stanislas, père d'un élève recalé, me demande: en larmes, ce persécuté accuse les élèves de Stanislas de connaître par avance les sujets d'examen, et me demande le silence. Mais son fils, que j'avais pris pour une fille et que j'ai classé avant-dernier, a de toute façon l'esprit bien peu philosophique.

Déjeuné avec Ernout. Je lui parle de Rougier; de mes projets en France. Il me conseille le voyage prochain.

Après-midi, réunion de jury. Fort déchet en première série; en philosophie, il n'y a que deux recalés à l'oral après deux à l'écrit mais ce sont des drames. En particulier une Alice Howland, qui paraissait rire de ses examinateurs, et qui ne rit plus.

Rentré par le train de minuit à Lévis, celui de 11 h ne circulant pas le samedi; lu en route des journaux français.

3 juin

Toujours le froid; mais beau temps.

Procession de la Fête-Dieu: après l'avoir vue de mes fenêtres, je la suis avec Bernadette.

Déjeuner et après-midi chez Tudor-Hart, avec les Lahaye, Blanche Boëtte, et deux jeunes filles du maquis, Colette Langlois et Hedwige Gillet (nièce de Louis Gillet): la première, grande, nerveuse (incarcérée deux mois avec une folle par les Allemands), toutes deux bien sympathiques, et de «mon milieu»: Équipes sociales, scoutisme... Plaisir de retrouver des jeunes filles françaises saines et sérieuses et non des poupées flirteuses comme au Canada.

À 6 h chez Mlle Langlois, je les retrouve ainsi que Moeneclaey, qui lui aussi me conseille le voyage en France et pourrait me faire donner une mission; il applaudit à l'idée que j'y représente les Éditions de l'Arbre. Je le reverrai mercredi à ce sujet.

4 juin

Lettre de mamé (8 mai): elle n'envisage pas la réunion de famille avant l'automne. Je lui réponds longuement; écris à Mme Boivin (pour le mariage de sa fille) à Seyrig, à Louis Bilodeau, d'Ottawa (qui m'envoie un manuscrit)[69], à Mme Sourine. Je vais payer Mlle Jobin, qui est plus contente de Jean-Claude (il a bien réussi ses concours). J'attends en vain Mlle Paul, qui devait venir après-midi; téléphoné à De Koninck à propos de Louis Rougier.

Mlle Chalufour, du Service d'information d'Ottawa, rentrée en France, n'a pu supporter les privations, et est malade; Mme Bonneau a quitté Paris pour Monaco avec ses enfants. Cela donne à réfléchir.

5 juin

Le temps a passé aujourd'hui je ne sais comment.

Ce matin, je vais chez l'abbé Parent, lui porter mon rapport sur la maîtrise de Raë Charles; je lui parle de mes projets, et il m'assure que j'obtiendrais sans difficulté un congé pour me rendre en France à la rentrée.

Même son de cloche chez Lebel, rencontré à la Bibliothèque de la Faculté, et à qui je passe les *Nouvelles littéraires*; nous n'irons trouver le Cardinal que lors des cours d'été, Lacourcière étant absent; causé aussi de Henri Fontaine qui est chargé d'un cours de français aux Américains, et que je persiste à trouver antipathique.

De là je vais au consulat américain, où j'obtiens immédiatement les papiers pour les enfants; et à la Banque.

Après-midi, visite de Raë Charles qui me demande conseil pour ses travaux à Oxford; chez Vivès, causé de Bardou et du renouvellement de la Société française qu'il se prépare à convoquer comme vice-président. Enfin, à 5 h, adieux de Mlle Pauly que je charge de voir de ma part Gérard Deryckère: de Messières, qui me remplace cette année aux Antilles, lui a dit que ceux qui partent en France ne peuvent encore revenir à temps pour la rentrée; elle m'invite à rencontrer le général de Gaulle au thé chez sa tante...

Écrit à Mme Cassal. Et je me remets à mon Charles Maurras, qu'il est temps d'achever...

6 juin

J'achève mon article sur Maurras.

À déjeuner, les Moeneclaey. Moeneclaey va demander mon visa d'entrée en France et une mission pour représenter les Éditions de l'Arbre auprès des éditeurs et, éventuellement, l'Université Laval auprès des candidats en histoire et géographie. Il me passe une dépêche officielle à ce sujet: on fait bien les choses; on nous présente

---

69. Louis Bilodeau, né en 1919 à Ottawa, travaille comme traducteur principal au ministère canadien des Affaires extérieures; il écrit des recueils de poèmes et en propose un, intitulé « Ferveurs », à Viatte, afin que celui-ci le soutienne auprès d'un éditeur. C'est notamment suite à l'article de Viatte dans *Le Devoir* sur la littérature canadienne-française que Bilodeau s'est enhardi à demander l'appui du professeur de Laval. ARCJ, 118 J 235, Corr. gén., L. Bilodeau à Viatte, 28.5.1945.

deux candidats supplémentaires, pour nous donner le choix. Quant à mon voyage, je le ferai au moment voulu, à mon gré. Une dépêche de Pierre me dit bien aléatoire une mission en septembre...

Téléphoné à L. Ph Roy à propos d'une lettre du P. Albert (à qui je réponds)[70], et de L. Rougier, sur qui je renonce à écrire davantage. Écrit aussi aux Éditions de l'Arbre.

À 4 h je vais au Château Frontenac prendre des billets de bateau Québec-Montréal ; et au CPR, commander un billet circulaire Montréal-New York-Boston.

Le soir, téléphoné à Lebel la dépêche de Moeneclaey au sujet des chaires d'histoire et de géographie. Il me dit l'abbé Parent sûr du succès, pas avant 1946, mais en 1946, et à la Faculté des Lettres ; l'abbé Parent, désormais au « Petit Conseil », prend toujours plus d'influence au Conseil universitaire, et sur le recteur. Bonnes nouvelles.

Vu Roch Valin que j'envoie chez Moeneclaey pour le mettre en rapport avec l'Institut français du Mexique.

7 juin

J'achève enfin mon Ch. Maurras (dont je refais la dernière partie) et l'envoie à Mirkine.

Écrit, pour annoncer la suppression des Classiques de l'Arbre, à Gautheron, Bonno, Boorsch, de Messières.

Écrit aussi à maman.

À 4 h 1/2 je vais au consulat pour ma demande de rentrée en France : c'est bien la demande de « rapatriement » qui me paraît la bonne. Rencontré Lionel Ray, qui m'agace un peu – et m'inquiète – en me disant la difficulté du retour d'Europe.

8 juin

Achevé mes lettres pour l'Arbre en écrivant à Carrière.
Commencé un article sur la Russie pour *L'Action catholique*[71].

---

70. Le père Albert s'inquiète du silence de l'imprimerie de *L'Action catholique* par rapport à son texte, *Trois panégyriques*, envoyé il y a quelque temps pour impression. ARCJ, 118 J 235, Corr. gén., A. Albert à Viatte, 4.6.1945.

71. « Face à la Russie » *AC* du 12.6.1945. Devant le danger communiste qu'il ne nie pas mais nuance (les victoires de la Russie sont autant de défaites pour une Allemagne nazie qui ne s'en relèvera pas, et les Soviets n'ont aucun intérêt à attaquer les Alliés), Viatte plaide pour une politique de fermeté qui, à l'image de celle de la France combattante, prenne pour référence infranchissable les « bases mêmes de la morale internationale ». Il cherche à faire admettre à ses lecteurs le fait que la Résistance en France se soit bâtie sur la solidarité entre chrétiens et marxistes, et qu'à présent, chaque mouvance doit s'efforcer d'affirmer clairement son identité afin de voir clairement « ce qui nous distingue inévitablement des autres et ce qui nous en rapproche ». Seul un front uni entre les Alliés et cette clarification des positions permettra à son avis de « réaliser l'harmonie entre nous face à la Russie, en vue de la rendre possible avec la Russie ». Une main fermement catholique pourrait ainsi peut-être se tendre vers les communistes...

Téléphoné à Moeneclaey au sujet des chaires d'histoire et géographie ; il m'apprend d'autre part que la France offre quarante bourses à des étudiants canadiens ; De Koninck me suggère, et je lui répète, qu'il faudra surtout y intéresser les scientifiques, qui vont au plus facile, aux États-Unis.

Après-midi de courses : la bibliothèque du Parlement, où J.-C. Bonenfant me parle de Louis Rougier, dont il a repéré qu'il était à la tête de la collection *Christianisme* ; le Palais Montcalm où Mlle Langlois me remet les formulaires d'entrée en France ; les magasins Pâquet, le Syndicat de Québec, où je m'équipe pour mon voyage ; le coiffeur où je mène Jean-Claude.

En rédigeant mes formulaires, j'hésite sur la formule concernant ma nationalité d'origine : il me répugne de dire « suisse », et ce ne serait pas vrai ; dire « suisse de naissance, français d'origine (grands parents alsaciens), nationalité française récupérée par naturalisation », ce serait vrai, mais long, compliqué, et incomplet (je ne parlerais pas du Jura) ; je me contente d'indiquer « français », en réponse générale aux deux questions. Après tout ces paperasses n'ont guère d'importance...

Lettre d'Yves Simon qui se plaint de n'avoir pas le sou, de ne pas vendre ses livres, et me demande d'y intéresser le grand public[72] ; je réponds.

9 juin

Lettre de Baldenne : il soupçonne Himmler de la mort de sa fille ; c'est divaguer un peu.

Achevé ma lettre à Y. Simon, écrit à mamé ; Roch Valin vient me demander une recommandation écrite pour Moeneclaey, que je lui donne, et je lui recommande aussi de s'adresser à Richard Pattee.

Écrit mon article sur la Russie.

Après-midi je vais avec les enfants chez le cordonnier, puis acheter un gilet à Bernadette, puis à Notre-Dame-des-Victoires, puis à la Bibliothèque ; il fait beau et il commence à faire chaud ; mais, à 70° Fahrenheit, moi « l'homme des tropiques » je me sens encore frileux...

10 juin

Écrit à Baldensperger[73], à Mme Emmanuelli[74], au P. Maydieu.

---

72. Yves Simon s'avoue être « dégoûté des handicaps résultant du sérieux de mes travaux et de l'austérité de ma vie ». Il demande à Viatte, dont il admire l'autorité intellectuelle et l'audience dont il dispose auprès du grand public, de rendre compte dans *L'Action catholique* de ses ouvrages *Prévoir et Savoir* (aux Éditions de l'Arbre) et *Par delà l'expérience du désespoir* (chez Lucien Parizeau). Il précise : « Je ne dis pas un compte rendu ordinaire, mais un article qui attire l'attention. Rappelez-vous ce que Léon Daudet a fait autrefois dans *L'Action française* pour lancer Maritain, et bien d'autres auteurs. Pourriez-vous faire pour moi quelque chose du même genre ? » ARCJ, 118 J 235, Corr. gén., Y. Simon à Viatte, 4.6.1945.
73. Celui-ci appuie avec conviction la candidature de Viatte à la chaire de littérature comparée de l'Université de Strasbourg. ARCJ, 118 J 235, Corr. gén., F. Baldensperger à Viatte, 3.6.1945.
74. Française longtemps établie en Martinique, Madame Emmanuelli est désormais employée aux archives de l'Ambassade de France à Washington. ARCJ, 118 J 235, Corr. gén., S. Emmanuelli à Viatte, 6.6.1945.

Par un très beau temps, promenade à St-Jean de l'île d'Orléans, sur la grève, en face de ces immenses horizons possibles, et du fleuve avec ses nombreux cargos...

11 juin

Je vais voter ce matin sans embarras, pour Power[75] : l'échec des libéraux déchirerait le Canada en factions ingouvernables... Puis je vais acheter mes billets (moins chers que je ne le croyais), je vais à la Banque, puis chez L. Ph. Roy à qui je porte mon article. « Arguments électoraux », dit-il à propos de l'affirmation : l'Angleterre va nous entraîner dans une guerre contre la Russie aux côtés de l'Allemagne. Soit : mais malfaisante.

Lettre de maman, qui paraît se faire des illusions sur la facilité du voyage ; de Mlle Cassal qui ne sera pas à Boston[76] ; et d'Élisabeth de Miribel, qui me donne rendez-vous à New York, où elle a dû arriver dimanche ; je lui télégraphie, et s'il faut je partirai un jour plus tôt.

Après-midi je lis le *Voltaire* de Vial ; j'attends la seconde partie pour le remettre à l'éditeur, étant donnée la disproportion entre l'introduction et le texte.

Vu l'abbé Parent avec qui je discute la question des chaires d'histoire et de géographie : il espère que l'âge éliminera les abbés Savard et Maheux ; mais le cas de l'abbé Aubert indique à quel point ces « moribonds » peuvent obstruer longtemps une décision... J'en reparle à Lebel, rencontré à la bibliothèque.

Après-midi une lettre de mamé me donne des nouvelles sur Durry et mes candidatures ; deux lettres de cousin Marius. – Écrit un compte rendu du livre utopique de Marquette[77].

Les libéraux gagnent les élections canadiennes. Québec leur est fidèle : le Canadien français a du bon sens. Et en revanche, l'Ontario a voté – en partie – contre Québec.

12 juin

Lettre de Roger Pons[78] ; et un mot de Maritain, transmis par Panneton de *Reflets*, qui me demande un Cahier, et à qui je réponds.

---

75. Candidat du Parti libéral : les élections du 11 juin 1945 sont un succès pour le gouvernement de Mackenzie King et une défaite pour le Bloc populaire. COMEAU, *op.cit.*, pp. 318-329.
76. Lorsque Viatte y passera : il avait souhaité la rencontrer à cette occasion.
77. Il s'agit de l'ouvrage *Une France nouvelle pour le monde nouveau*, publié par Jacques Marquette aux Éditions de la Maison française à New York, en 1944.
78. L'ami de Viatte lui donne des nouvelles de Pierre Deffontaines, et le renseigne sur les candidats potentiels à la chaire d'histoire de l'Université Laval : il connaît notamment Jean-Baptiste Duroselle, « garçon très chic, très actif, actuellement professeur d'histoire au lycée de Chartres. (...) Tala [étudiant catholique pratiquant] de première classe ; d'une grande distinction intellectuelle. Je sais qu'il hésite un peu à partir, parce qu'il a peur que la situation matérielle qu'il trouverait à Québec ne soit précaire. » Roger Pons termine en évoquant la fin de la guerre en Europe : « Paris éclate de drapeaux. Mardi et vendredi, il y avait grande foule, grande joie. Une joie assez grave cependant. Nous sommes loin des illusions de 1918 ; et le retour des déportés révèle trop d'horreurs accablantes. Il y a tous ceux qui attendent dans l'angoisse, une angoisse que chaque jour accroît. » ARCJ, 118 J 235, Corr. gén., R. Pons à Viatte, 14.5.1945.

Visite d'une religieuse qui me demande un sujet de thèse et que j'oriente sur l'abbé Bernard.

Mme Lahaye me téléphone : elle est prévenue de rentrer par New York, et se plaint que le consul ne soit jamais là lorsqu'on a besoin d'information ; c'est bien vrai ; il ne peut se partager entre Québec et Montréal, il y a là du travail pour deux hommes.

Écrit à Brodin[79].

Commencé un article pour *La Vie intellectuelle* ; le soir, travaillé à Rabelais.

À 4 h je vais porter à De Koninck deux numéros de *La Vie intellectuelle*, mais il est à la pêche ; je vois sa femme, et son bébé. Je laisse chez eux les enfants jusqu'au soir.

13 juin

Le P. Gaudron, Franciscain, me propose par téléphone le compte rendu de deux livres qu'il m'apporte dans l'après-midi et que je compte lire en voyage.

Je continue mon article pour *La Vie intellectuelle*.

Panneton me demande, pour *Reflets*, un cahier sur le livre de L. Rougier, ou la crise du Levant, ou autre sujet utile à la France : après ma quinzaine de vacances, si possible.

Départ le soir pour Montréal par bateau : joie des enfants ; beauté de ces paysages tranquilles sur lesquels tombe le soir. À la gare, causé avec Maurice Boisvert venu accompagner un ami, et vu Jean Bruchési. Conversation sur le bateau avec un français du Mexique, commerçant, venu mettre sa fillette en pension au Canada, très en méfiance contre la politique et tenant d'une réforme morale, sympathique au total.

14 juin

Nous descendons du bateau ; je vais chez ma brave logeuse française, Mme Bernard, retenir une chambre pour le retour, au 24 ; j'ai le temps de faire une promenade rapide et de montrer aux enfants les escaliers roulants de la nouvelle gare centrale ; puis c'est le voyage, lent et fatigant par cette chaleur, le lac Champlain, l'Hudson que les enfants finissent par regarder distraitement, remarquablement sages au demeurant ; on arrive à 9 h., une grève d'autobus accaparant les taxis nous oblige à un subterfuge (je sors de la gare par l'hôtel Roosevelt où le portier, me prenant pour un de ses clients, hèle un taxi qui nous conduit au gîte) ; je ne trouve d'autre part au Flanders que des chambres séparées par quatre étages. Nous allons manger au restaurant grec.

---

79. Celui-ci venait de l'informer des lauréates du concours pour la bourse d'études au Canada offerte par la Société des professeurs français en Amérique : Mlle Audrey du Buc et Mlle Clémentine Bamonte. ARCJ, 118 J 235, Corr. gén., P. Brodin à Viatte, 28.5.1945.

15 juin

Bronx Park ; le jardin zoologique, visité de 11 à 3 h ; soif des enfants ; leur cavalcade à dos de cheval ou de poney ; les négrillons en bande ; les animaux rares, oiseaux-mouches, ours d'Alaska, l'orang-outang paraissait se moquer de son public...

Une dame française, dans le Subway, repère immédiatement Jean-Claude et Bernadette pour de petits Français : ce qui me fait plaisir.

À 4 h visite à Élisabeth de Miribel, installée à l'hôtel New Weston chez Mme Heinzen : toujours la même, affectueuse et droite ; nous nous retrouvons « en famille », d'autant que chez les siens, sans tiraillements graves, elle vit « comme à l'hôtel ». Bonne conversation ; je lui confie mes projets d'avenir, qu'elle approuve. À 6 h nous nous quittons avec l'espoir de nous revoir dimanche soir, avec le P. Ducattillon, que j'atteins au téléphone.

J'ai encore le temps, avant dîner, de mener les enfants au sommet de l'Empire State d'où je leur explique la topographie new-yorkaise ; je comprends pour la première fois l'intérêt d'orientation que peut avoir une visite à la tour Eiffel.

16 juin

Journée à Coney Island[80]. Je vais d'abord chez Seyrig, prendre un rendez-vous pour lundi ; puis, la chaleur new-yorkaise étant accablante, je mène les enfants à la plage. Déjeuner aux spaghettis à un restaurant italien dont la patronne est née à Bordeaux ; déshabillage dans un établissement de bains où je cherche vainement un « locker » et où la nudité complète des messieurs américains choque beaucoup Jean-Claude ; Bernadette n'a pas eu les mêmes mésaventures et s'ébat sur la plage, de bon cœur. Puis ce sont les amusements : Jean-Claude s'amuse à conduire sa petite automobile en évitant les collisions. – Au retour, nous remontons à pied Broadway de Whitehall à la ville chinoise, et nous allons dîner à cette dernière où j'achète une flûte à Jean-Claude.

17 juin

Après la messe, promenade en autobus, à l'Est du Parc Central, jusqu'à l'Hôpital presbytérien à la hauteur duquel nous nous arrêtons un moment sous les ombrages ; puis nous redescendons par Riverside Drive, et je cherche à déjeuner non loin du Musée d'histoire naturelle. Après-midi, visite à ce musée, jusqu'à sa fermeture à 5 h ; les étonnants panoramas amusent naturellement beaucoup les enfants. De 5 à 6, séance au Planétarium. Nous allons ensuite rencontrer le P. Ducattillon, qui nous emmène dîner au Greenwich Village, dans un restaurant assez « villageois » et sympathique d'aspect ; les enfants s'amusent de voir les peintres en plein air, et deux artistes en découpage qui sont manifestement des Français. Après les avoir couchés, je vais

---

80. Plage et parc d'attractions de New York.

passer la soirée avec le P. Ducattillon chez Élisabeth de Miribel. Le P. Ducattillon est déçu – et m'inquiète – de n'avoir obtenu ni mission pour la France malgré tout ce qu'il aurait pu dire après sa tournée en Amérique latine, ni visa de retour, pas plus que le P. Couturier, malgré ses insistances ; et ils me confirment que les voyages dans l'autre sens sont encore plus difficiles. Inquiétudes sur l'évolution de la situation en France et en Europe, avec l'échec et les imprudences des démocrates chrétiens, et le danger communiste si de Gaulle n'arrive pas à faire prévaloir un programme de réformes hardies.

18 juin

Vu ce matin Seyrig, – qui n'a pas de nouvelles au sujet d'Haïti, malgré son télégramme du 11 réitérant sa demande ; et, en sortant, Guédenet et Mme Focillon. Cette paralysie générale des bureaux désole tout le monde. – Auparavant le matin j'étais allé au musée d'Histoire naturelle, où je retourne l'après-midi avec les enfants, après un déjeuner mexicain ; à 5 h je vais infructueusement à la recherche des sacs de toilette et d'une agence de voyages, et m'assieds au parc de la bibliothèque, non loin d'un charmeur de pigeons, pour laisser les enfants se détendre. Dîner au « Marco Polo Spaghetti ».

Écrit à mamé.

19 juin

Réception à New York du général Eisenhower.

Le matin en sortant du breakfast, montré aux enfants un dirigeable ; puis nous allons au Newsreel. Croisé la foule en sortant ; nous allons au musée des Beaux-Arts, qui est ouvert, et de là pour déjeuner les restaurants convenables les plus proches nous situent dans Yorkville, quartier allemand : je note un café Hindenburg, je vais à Heidelberg, étonnamment « Europe centrale » aux serveurs d'ailleurs corrects. Retour au Musée pour toute l'après-midi : Jean-Claude s'enthousiasme des instruments de musique, et des armes. À 5 h il pleut : je vais en vain chez le Dr Mabille à son modeste hôtel St-James, je laisse un mot ; puis à une agence de voyages je prends la liste des hôtels de Boston ; et la pluie nous rabat sur le restaurant chinois Mu Lan, tout près de notre hôtel.

20 juin

Je passe la matin à l'agence de voyage Ardel ; on me donne des renseignements sur quelques villégiatures au Vermont ; mais décidément je préfère en chercher par moi-même : mon Baedeker m'indique des séjours dont l'agence ne m'a pas parlé.

Déjeuné avec le Dr Mabille : j'ai l'explication du silence des bureaux ; devant les contradictions des rapports individuels, il a demandé de tout arrêter jusqu'à ce qu'il ait donné un signal ; mais il a pleins pouvoirs, et me promet d'agir vite. Il fait d'ailleurs congédier l'incapable Millon de Peillon : ce dernier ne m'a-t-il pas dépeint à lui comme ayant été envoyé la première fois par le State Department ! Mabille espère faire aboutir le projet d'École normale supérieure pour laquelle le Service des Œuvres met à sa disposition six professeurs ; et sur le rayonnement possible d'Haïti, sur les rapports avec Lhérisson, etc., il voit tout à fait comme moi.

Avant et après le déjeuner, j'ai achevé avec les enfants la visite du Musée des Beaux-Arts ; les costumes féminins les intéressent beaucoup, mais à la longue les peintures les fatiguent. Nous rentrons en flânant à travers le Parc Central : il s'amusent du canotage, du zoo ; des canards ; et après dîner à un restaurant français 56ᵉ Rue, d'une démonstration publique de scaphandre au profit de l'Emprunt de la Victoire, 6ᵉ Avenue, – Très new-yorkais.

21 juin

Départ pour Boston – par le train de 3 h, après avoir attendu et hésité à la gare, ce qui me vaut de passer un des premiers et d'avoir une bonne place. Tout va bien : voyage agréable dans un train réfrigéré, avec sur la droite des échappées de mer, plus nombreuses (et plus brumeuses) entre Newhaven et Providence : côte qu'il me semble bien n'avoir vue qu'une fois. Puis, à l'hôtel, je trouve tout de suite une chambre satisfaisante en face de la gare (Hôtel Essex) à des prix raisonnables ; voilà toute la première partie de mon voyage achevée en d'excellentes conditions. J'ai le temps de promener les enfants au Cormenon, et dans les rues montantes qui, avec les arbres couverts de feuilles, donnent une impression d'intimité, et non point d'ennui comme j'en avais gardé l'impression. – Il faut voir une ville l'été pour bien la goûter ! Et il faut dire que c'est ma troisième visite à Boston seulement (si je ne compte pas mon arrêt d'une nuit lors de mon voyage chez les Franco-Américains).

22 juin

Deuxième journée à Boston. Pris ce matin le système complexe des subways-tramways jusqu'au Musée des Beaux-Arts, qui me remet sous la fascination de la Chine (ah ! Les pays civilisés, où l'on n'a pas seulement à donner, mais à recevoir !) mais qui en dehors de sa belle collection d'Extrême-Orient, est moins riche que celui de New York. Après quelques pas ensuite dans le parc voisin, nous rentrons au centre de la ville, et après déjeuner rôdons sur Atlantic Avenue – encombrée des camions du port, genre boulevard Charest à Québec – pour voir s'il ne s'offrirait pas quelque excursion par bateau ; nous franchissons le pont de South Boston, rentrons par le pont suivant ; et nous aboutissons à un cinéma où les enfants s'égaient au Grand Dictateur de Charlie Chaplin, – bien faible et bien utopique auprès de la grande tragédie dont il parodiait les débuts.

Nous dînons ensuite, et en rentrant c'est Jean-Claude qui découvre la ville chinoise, deux ou trois rues typiques non loin de la gare ; c'est lui aussi qui a le coup pour me signaler les animaux dans la forêt, siffleurs, écureuils ; il a l'esprit d'observation.

23 juin

Départ de Boston, par la jolie contrée vallonnée de Fitchburg – Below Falls – Rutland que j'ignorais, puis les Montagnes Vertes de Rutland à Burlington, que je n'avais vues qu'une seule fois en 1934 avec Marie-Louise; on a le temps d'un tour de ville à Rutland. Puis, sur les instances de Jean-Claude qui veut « la campagne », nous nous arrêtons, au hasard, sur une île du lac Champlain, North Hero : menés par le courrier de la poste, à un camp de touristes, Bird Land, en un décor magnifique, sur une pointe du lac, face aux Montagnes Vertes sur lesquelles – grands horizons bleus – je regarde le soir monter le clair de lune... Joie de la découverte et de l'aventure imprévues. Merci, mon Dieu, d'avoir créé la terre si belle ! Et si diverse – souvenir du lever de soleil sur Belgrade qui m'a valu les mêmes enthousiasmes.

24 juin

Journée à North Hero. Messe à la petite église catholique ; sermon trop long, – cinq ou six sermons en un seul. – Puis les enfants se baignent ; et ils recommencent l'après-midi, s'amusant aux canots, – Jean-Claude se faisant deux fois piquer par une sangsue – jusqu'à ce qu'à 5 h, ponctuel, le « mail carrier » nous ramène à la gare. – On passe les derniers bras du lac Champlain ; plus de contrôle américain à la sortie, ce qui signifie que j'aurais pu combiner mon trajet autrement ; le contrôle canadien est lui-même presque inexistant. Et notre logeuse, à Montréal, nous a réservé deux chambres : et après un repos au restaurant du Vieux Moulin où nous sommes voisins, d'un côté des musiciens, de l'autre de deux messieurs parlant bon allemand, je fais le soir un bout de causette avec son mari, brave homme, mais influencé par les réflexes anti-anglais des Canadiens, et par la théorie absurde d'une guerre que les Anglais mèneraient contre la Russie en prenant l'Allemagne pour alliée...

25 juin

Voyant qu'il y a de nombreux autobus pour Sorel, j'ai décidé de laisser les enfants dormir tranquilles ; nous passons la matinée à Montréal, où je change de l'argent, envoie ma lettre à maman, et grimpe au Mont Royal avec les enfants. Chaleur accablante ; des nuages orageux, et un instant de pluie, viendront l'après-midi. Partis à 1 h par autobus : belle descente en suivant le Saint-Laurent ; à Sorel, qu'envahissent des Égyptiens (?) noirauds, à fez, – probablement l'équipage du bateau *Serrasen* que je vois dans le port – nous flânons sur la grève, nous revenons à la rivière Richelieu enlaidie par ses usines et celles de St-Joseph-de-Sorel, et après ce tour de ville nous allons nous coucher tôt.

Coucher de soleil écarlate sur le Saint-Laurent.

26 juin

Je quitte Sorel à 9 h 1/2 par train ; plaine ; lac St-Pierre dont les lieux habités fuient les rives marécageuses ; et je m'arrête à Ste-Angèle, face aux Trois-Rivières mais en pleine campagne, dans un petit hôtel. Journée au bord de l'eau : les enfants se baignent et font du canotage, tandis que je lis les journaux français. Cheminer ainsi de village en village, découvrir le Canada français dans sa complexité, ce pourrait être un programme de vacances.

Stimulant des lectures françaises, auprès desquelles les écrivains français d'Amérique paraissent vivre sur leur acquis...

27 juin

Départ par chemin de fer ; arrêt de deux heures à Aston Junction, patelin assez insignifiant où nous mangeons quelques sandwichs sur le pouce et dont nous faisons le tour à travers les champs ; puis je prends place dans un train bondé qui nous ramène à Lévis, le bateau étant non moins rempli et les taxis devant être enlevés de vive force. Je trouve en rentrant tout un courrier : lettres de maman, de Pierre Viatte, de Gérard... Long téléphone à De Koninck qui me parle de la réfutation « foudroyante » de son *Personnalisme* par le P. Eschmann, enfin parue, et qu'il dit à la fois pleine d'ignorance et d'arrogance (le P. Ducattillon, lors de son passage chez les Dominicains de Montréal, en avait entendu parler d'avance...).

28 juin

Visites d'élèves.

Je téléphone à Sœur Marie-Anne-Cécile au sujet de sa thèse ; je fais signe à Roch Valin, vu dans la rue, et lui dis ma conversation avec le P. Ducattillon à son sujet : Mlle Parent, Haïtienne (jolie sauf ses grosses lèvres et son soupçon de moustache) vient me demander conseil pour ses études ici, et n'en finit pas. L'après-midi je vais à la banque ; j'écris à mamé, à Pierre Viatte ; je rencontre Lechevalier à l'École normale et nous parlons de mes vacances ; je monte à la Bibliothèque, à la poste, chez Mme De Koninck (son mari est au lit, épuisé de fatigue, ses enfants chez les Germain ; elle m'apprend que Mme Lahaye va partir ce soir ou demain), chez les demoiselles Marcel pour acheter un cadeau de fête à Jean-Claude ; de retour, je trouve un Père Jésuite de Fordham qui me demande aussi conseil pour ses études.

Téléphoné à Mme Lahaye : elle part en effet, mais d'abord à la Malbaie ; son départ définitif sera vers le 5 juillet, mais elle ne restera qu'une demi-journée ici. Me voici le dernier de notre groupe de guerre ; chose normale au surplus.

Écrit à G. Cohen au sujet de mes candidatures en France. Avec tout cela, la journée passe, et je n'ai rien fait. J'ai hâte de recevoir une lettre du Dr Mabille : mais il n'a pu m'écrire, au plus tôt, que le 23.

29 juin

Premier cours d'été ; beaucoup d'auditeurs. Rencontré Boulizon, Mordret, Mme Briggs.

Vu Moeneclaey : il n'a pas de réponse au sujet de mon voyage, ni du sien ; il craint du retard pour Mme Lahaye à New York et se demande si les règlements pratiques sont judicieux[81]. Causé des élections canadiennes, et de *Reflets*. Je lui montre aussi la lettre de Gérard.

Écrit aux Éditions de l'Arbre (au sujet de L. Bilodeau)[82] ; à cousin Marius (au sujet du compte de Marie-Louise) ; à Emmanuel d'Harcourt[83] ; à Mme Lahaye, pour lui donner les adresses de Roger Pons et de Gérard Deryckère. – Comme il fait très beau, j'accompagne un moment les enfants aux Petit Parc où je lis les revues canadiennes. – Il me faudrait des journées doubles. J'arrive pourtant à travailler un peu mon article pour le P. Maydieu.

Téléphoné au Dr Simard dont la femme est revenue avant-hier soir.

30 juin

Cours. Puis je parle à Trudel de ses projets ; et je vois Raë Bernard Charles à propos des siens : ce dernier, ayant eu l'imprudence de demander un permis d'immigration permanent à la place de son permis temporaire, a reçu un ordre de déportation... Je lui écris une recommandation pour Oxford.

Écrit à maman ; à Gérard. À Vial ; à Dartigue ; pour lui envoyer mon programme et lui demander de s'entendre avec Mabille au sujet de mon passage. Ensuite je travaille à mon article pour le P. Maydieu.

Il fait très chaud : 90° ; c'est la température que j'aime.

1er juillet

Écrit à Yves Simon[84], à Koyré, à Georgeot. Et continué mon article de *La Vie intellectuelle*.

Après-midi, baignade à Cap-Rouge. Il fait un temps couvert qui n'aboutit à la pluie qu'après notre retour. Nous allons au-delà du terminus de l'autobus.

Longue conversation téléphonique avec Mme Simard, qui m'encourage à publier la lettre de Gérard dans *France-Canada*. Je lui dis tout ce qu'il y a de neuf depuis son départ.

---

81. Moeneclaey précise par écrit que « les professeurs français qui désirent revenir prochainement en France doivent solliciter du chef de la Mission diplomatique l'obtention d'un passeport de service pour eux et leur famille ». ARCJ, 118 J 235, Corr. gén., P. Moeneclaey à Viatte, 27.6.1945.
82. Viatte soutient auprès des Éditions de l'Arbre la publication des poèmes de Lucien Bilodeau.
83. Celui-ci lui demandait une liste de noms de personnalités intellectuelles canadiennes susceptibles de recevoir une médaille du Gouvernement français, en récompense de leur « sympathie pour la France et pour sa culture ». ARCJ, 118 J 235, Corr. gén., E. d'Harcourt à Viatte, 16.6.1945.
84. Viatte lui a promis de faire un compte rendu de *Par delà l'expérience du désespoir* dans la revue *France-Amérique*. Simon l'a également sollicité pour qu'il fasse pression sur le *Canada français* afin d'y obtenir un écho positif de ses ouvrages. ARCJ, 118 J 235, Corr. gén., Y. Simon à Viatte, 12.6.1945.

2 juillet

Cours. Puis conversation avec Sœur Marianne sur sa thèse. Je veux aller à la bibliothèque, et à la banque, mais l'une et l'autre sont fermées à cause du Jour de la Confédération.

Écrit à Hautecloque, à Vernerey, à Mlle Boëtte. Continué mon article.

À 4 h, je vais payer Mlle Jobin : conversation avec elle. Puis je vais chez Mme Simard où je trouve Mme Briggs.

Dîner avec Seznec et les professeurs de la Faculté des Lettres au Cercle universitaire : causé de ses thèses, de la condition de professeur aux États-Unis... rentré avec Boulizon ; je lui raconte nos débats de la Faculté, et ce que je sais de l'actualité politique française. L'abbé Le Maître et l'abbé de Vaumas sont partis pour la France : que ne puis-je en faire autant ! Ils ont dû s'y prendre assez tôt pour leurs papiers...

3 juillet

Encore rien d'Haïti. J'envoie une lettre à Mabille. Écrit à Roger Pons.

Cours. Direction d'élèves. – Mlle Paret, puis deux religieuses – qui me demandent des thèses. Continué mon article. Une heure (de 5 à 6) au Petit parc avec les enfants.

Après dîner. Soirée au Cercle des Étudiants autour de Seznec. Causé avec ce dernier, ainsi qu'au F. Antoine Bernard, l'historien de l'Arcadie, et à Marcel Trudel, au sujet de ses études et des ressources qu'offre Paris pour l'histoire du Canada.

4 juillet

Je m'impatiente de ne toujours rien recevoir, d'Haïti ni de France.

Cours. Puis j'achève mon article de *La Vie intellectuelle*, qu'il me reste à revoir.

Après-midi, promenade aux bords marécageux du Saint-Laurent, où les enfants se baignent. En rentrant, rencontré successivement le P. Bernard, l'abbé Cannon, Lechevalier, qui conversent aimablement.

Depuis plusieurs jours les livreurs new-yorkais du *New York Times* sont en grève, et je dois le remplacer par le *Statesman*, qui ne le vaut de loin pas, malgré des correspondants communs.

Beau temps persistant.

5 juillet

Cours. Une étudiante vient me dire, après, qu'elle est d'origine roumaine et connaît intimement la famille de Sainéan[85] que j'ai cité. La branche française de cette famille (juive ?) a été exterminée pendant cette guerre.

---

85. Lazare Sainéan, critique littéraire, auteur d'un ouvrage sur *La langue de Rabelais* paru en 1923.

Écrit à maman. Je m'informe au consulat suisse, à l'immigration, au CPR, des modalités d'un voyage en France. Toujours rien de France ni d'Haïti, et le courrier m'est distribué avec une telle négligence que je m'en inquiète.

Je corrige mon article de *La Vie intellectuelle* et j'en refais la fin.

Toujours le beau temps.

6 juillet

Cours. Moeneclaey m'envoie un chèque de 60 dollars pour le bachot – à la bonne heure, cela compense la corvée – que je vais toucher à la banque.

La religieuse à qui j'avais conseillé une thèse sur Corneille préfère Léon Bloy; je lui conseille les *Sources littéraires* de Léon Bloy.

J'achève enfin mon article de *La Vie intellectuelle* – j'en refais la dernière page – et je l'envoie à Emmanuel d'Harcourt pour transmission. Transcrit la lettre de Gérard pour *France-Canada*.

J'ai des idées sur la transformation de notre Centre de documentation qui pourrait peut-être devenir l'endroit, à Québec, où l'on consulterait les journaux et les revues françaises, chose que l'Université ne réalisera pas, et que les particuliers n'auront pas non plus les moyens de réaliser. En parler à Moeneclaey lorsqu'il rentrera.

Je vais à l'immigration, sans y trouver les formulaires de sortie; je n'ai pas non plus le *New York Times*, et dois faire dix magasins avant de trouver la *Gazette*, médiocre ersatz; je cherche en vain des pommes de terre: un M. Morin, oncle de René Garneau et de Charles Bilodeau, rencontré au sortir d'une épicerie, me mène au Clarendon, où moyennant quatre verres de bière, un garçon me promet cinq livres pour demain: comment naissent les marchés noirs.

7 juillet

Encore et toujours rien, sauf une lettre de Moeneclaey à propos des boursiers, que je communique à Marcel Trudel[86]. Écrit à maman, J'envoie à Michel Dumont copie de la lettre de Gérard, pour *France-Canada*. Et à Torrès un article non signé sur les réformes canadiennes.

La pluie m'empêche de me rendre à la plage. Au Clarendon, le garçon M. Guay ne peut me trouver que quelques pommes de terre. Je vais me confesser à Notre

---

86. Le Consul de France à Montréal informe Viatte que la Direction générale des relations culturelles françaises se montre favorable à la venue en France de boursiers de l'Université Laval, comme Jean Bernier, Marcel Trudel, Maurice Barbeau ou Henri Ouellet. Il conseille à Trudel de venir en France avant sa famille, afin d'y préparer concrètement l'arrivée de celle-ci et d'éviter le plus possible les problèmes liés au rationnement en France. ARCJ, 118 J 235, Corr. gén., P. Moeneclaey à Viatte, 4.7.1945.

Dame des Victoires. Et je passe un moment au Petit Parc, où j'achève le livre de R. Lacour-Gayet, dont j'écris un compte rendu pour *Culture*[87].

Je voudrais commencer mon cahier sur les Familles spirituelles de la France libérée, mais la Faculté des Sciences Sociales, où je voudrais consulter le Centre de documentation, est fermée.

8 juillet

J'écris ce matin le début de mon cahier *Reflets*.

Après-midi, temps orageux, mêlé d'averses et d'éclaircies. Partie de monopoly avec Jean-Claude et Bernadette, coupée à 4 h par une course chez Langlois, où je ne trouve toujours aucun journal; la pluie nous y retient un moment, pendant lequel je feuillette *La Bataille*, désormais en vente, et, qui, me dit-il, se vend bien. À 6 h petit tour sur la terrasse au-dessus de l'ascenseur incendié, avec les enfants.

Corrigé le *Voltaire* de Vial; si j'avais été tenté de céder à ses invites pour ma succession éventuelle, ses anglicismes, et certaine médiocrité critique, m'en dissuaderaient.

Visite d'un bon vieux qui me demande l'adresse du consul de France; désolé de la mort de son fils tué en Normandie – un autre étant déserteur – il en veut à la fois aux Allemands, aux Anglais qui l'ont embrigadé dans un régiment de l'Ouest, et aux libéraux qui n'ont rien fait pour lui parce qu'étant «bleu» il n'est pas du parti...

9 juillet

Lettre de Duroselle, type épatant, à qui je réponds; une autre de maman, une de Seillière. Mais rien de ce qui m'intéresse le plus immédiatement.

Bibliothèque; centre de Documentation; mais les journaux sur lesquels je comptais le plus sont restés en possession de Mme Lahaye; je téléphone chez M. Amyot pour tâcher de les ravoir.

Vu à 2 h. une sœur de Marymont pour son diplôme de maîtrise.

Causé avec De Koninck de J.-P. Sartre, et du P. Eschmann qui, me dit-il, se rend compte qu'il a fait une gaffe en l'attaquant.

Je passe au Service sélectif pour mon visa de sortie: je m'aperçois qu'en théorie il serait nécessaire même pour se rendre aux États-Unis; comme on ne l'exige jamais, ni pour Haïti, et que mieux vaut ignorer les complications réglementaires lorsqu'on le peut, j'attendrai pour le demander que mon voyage en France se précise. On me dit qu'il ne mettra pas longtemps, de toute façon.

---

87. Dans cette revue québécoise dirigée par le Père Laval, Viatte recense le livre intitulé *Les grandes crises de l'histoire de France*, écrit en septembre 1944 par Lacour-Gayet. Il n'y voit guère d'allusions à l'actualité, mais distingue surtout la volonté de l'auteur de montrer «l'effort constant de la France vers la continuité, et l'unité».

Dîner au Cercle universitaire avec le chanoine Sideleau, l'abbé Parent, Lebel et un certain nombre de professeurs des cours d'été. Sortant avec le F. Antoine Bernard et Boulizon, nous sommes surpris par la pluie : nous nous réfugions sous un porche, où le F. Bernard me parle des relations avec la Louisiane ; finalement Boulizon perd patience, court vers un tramway ; le F. Bernard et moi nous frappons à la porte du Dr Simard qui est fermée, nous retournons de guerre lasse au Cercle universitaire. Là une auto veut bien nous reconduire au Séminaire, pour rien, le patron étant frère d'un confrère du F. Bernard…

10 juillet

Cours.

Lettre de Blanche Boëtte, qui m'envoie régulièrement ses bulletins ; de même, mon article de *L'Action catholique*, quoiqu'expédié ne m'est pas arrivé ; je m'inquiète de ces lacunes : se pourrait-il que des lettres importantes s'égarent aussi ?

Téléphone de Mlle Langlois, qui me demande un topo pour le 14 juillet. Le consulat déménage après demain 5 rue de la Tour.

Visite d'un marchand d'estampes, Français venu d'Edmonton ; je lui en prends une.

J'achève ma lettre à Duroselle ; écrit à Grégoire ; écrit une notice nécrologique sur son gendre pour les journaux[88] ; commencé mon topo de la radio. Je vais porter chez les louveteaux l'équipement de Jean-Claude ; à la bibliothèque ; chez le coiffeur.

Soirée chez De Koninck avec miss Lincoln. Thomas part demain pour le même camp de louveteaux que Jean-Claude.

11 juillet

Jean-Claude ne part pas pour le camp scout, les pluies ayant détrempé le terrain.

Téléphoné à Mme Lahaye qui reste ici jusqu'à son embarquement le 18, elle ne sait encore si c'est de New York, de Boston et de Baltimore, ni où, ni à quel port elle arrivera.

Cours. Continué mon topo du 14 juillet. Après-midi, Henri Ouellet vient me montrer le plan de son cours sur Flaubert. Visite, à 6 h, du Dr Couture au sujet de Mlle Paret. Causé d'Haïti – dont je suis toujours sans nouvelles, comme de France.

12 juillet

Lettre de maman, la dernière du 22 juin : cela va mieux.

Cours. Puis assez longue conversation avec Mlle Paret sur ses études. Puis photographie des cours d'été : vu Ricour, Mme Briggs, que j'invite pour samedi.

---

88. Raoul de Keyer, gendre d'Henri Grégoire, est décédé le 14 juin 1945, victime de l'explosion d'une mine dans les Ardennes, en Belgique.

À 2 h visite de Labouret qui part enfin samedi, après toutes sortes de retards dans ses papiers, qui me donnent à réfléchir (l'autorisation de visa est restée un mois à Montréal sans qu'on l'en prévienne...). Je lui donne l'adresse de mamé ; il verra certainement avec plaisir la veuve de son camarade de lycée, Charles Claro.

J'achève mon topo du 14 juillet, mais avec toutes ces interruptions je ne suis pas en train. Jean-Claude est parti ce matin à son camp de louveteau, Marguerite et Bernadette sont allées à l'hôpital du St-Sacrement voir le petit garçon de « Dadette ». Comme j'attends Mme Lahaye et les journaux que lui ai prêtés, j'enrage de ne pas les voir revenir, car le consulat de France déménage et je voudrais porter mon texte au Palais Montcalm plutôt que rue de la Tour... Enfin Mme Lahaye arrive, en même temps que Marguerite. J'arrive encore à temps au Palais Montcalm, puis je vais payer mon propriétaire, et j'écris à mamé.

Une lettre de Moreau me montre que je puis compter sur son appui pour revenir : il a parlé de ma candidature à Besançon, où cependant l'on m'objecte que je ne suis pas agrégé ; il l'a posée officiellement à Strasbourg, où décidément j'ai de nombreux appuis pour la littérature comparée ; et il sonde le terrain à Lyon où l'on crée une chaire d'histoire littéraire du XVIe et du XVIIe siècle[89].

Je me décide à télégraphier à Dartigue et à Mabille au sujet de mon voyage.

13 juillet

Lettre de mamé et de Geneviève à Jean-Claude et Bernadette : d'après ma dépêche, elles me croient en route pour la France ; j'en suis loin ; je vois d'ailleurs qu'eux-mêmes, de Barcelone, ont les mêmes difficultés.

Cours. Puis un élève me parle d'une thèse sur Saint-Exupéry (pour la maîtrise). Puis, bibliothèque.

Après-midi, écrit à Moreau. Je me remets ensuite à mon cahier *Reflets*. Et le soir je fais un peu de Rabelais.

Lebel m'apporte deux lettres, une de Mme Sourire de la Martinique, l'autre de l'Ambassade à propos de mon passeport de service. Cette dernière me paraît reposer sur une confusion.

14 juillet

Cours. Bibliothèque.

Écrit à Seyrig et à André Liautaud au sujet de mon voyage en Haïti. Puis je vais faire mon topo à la radio pour le 14 juillet, dans les nouveaux studios du Palais Montcalm.

Dernier déjeuner avec Mme Lahaye, et aussi Mme Briggs.

---

89. Pierre Moreau enseignera lui-même à Lyon, et souhaiterait que si un choix est possible, Viatte soit à ses côtés pour développer des collaborations. ARCJ, 118 J 235, Corr. gén., P. Moreau à Viatte, 17.6.1945.

Examens de 4 à 6.

Écrit à maman, je reviens sur la dette d'oncle Émile : ai-je tort ? Il vaudrait peut-être mieux lui éviter ce qu'elle prend pour une émotion. Mais oncle Émile ne manquerait pas de lui en parler. Et je ne crois pas qu'un homme sur dix n'aurait imité ou même compris le silence que j'ai observé jusqu'ici. Je viens de revoir le compte dressé par mon cher papa : la somme est plus considérable encore que je ne croyais.

15 juillet

Écrit à oncle Émile, en me reprochant beaucoup de n'avoir pas assez veillé aux intérêts familiaux qui me sont confiés, et à Bl. Boëtte pour lui accuser réception d'informations enfin arrivées grâce à elle. Je continue mon cahier *Reflets*.

Je vais voir Jean-Claude à son camp louveteau de Stoneham, à l'ancienne extrémité de l'autobus, en face d'une montagne que nous avons gravie naguère ; on voit les tentes de loin ; trois scouts descendent aussi, et toute une bande de parents, qui disparaîtront ensuite, arrivent simultanément.

Rencontré d'abord Jean-Claude en caleçons de bains, qui se rend à la rivière avec toute une bande de camarades ; puis ils dînent, à 4 h (3 h à l'heure solaire), n'ayant déjeuné ce matin qu'à 11 h 1/2. Jean-Claude est ravi, et l'on est content de lui ; je crois que ce camp sera bon pour son éducation. On a donné à Jean-Claude pour sizainier le plus rude de la troupe, André Fournier, et ils s'entendent à merveille, on ne les voit pas l'un sans l'autre, malgré leur différence, ou peut-être à cause d'elle. – Il pleuvait ce matin, pas après-midi ; mais si le mauvais temps continue, peut-être abrégera-t-on le camp.

Je téléphone ce soir à Mme De Koninck que j'ai vu au camp son fils Thomas.

16 juillet

Cours. Je passe la journée à continuer mon cahier *Reflets*. Sœur Marianne vient me soumettre le début de sa thèse sur Huysmans.

Moeneclaey m'invite à dîner avec M. Bavigne, attaché aux Musées nationaux, qui vient organiser une série d'expositions des chefs-d'œuvre français en Amérique depuis la guerre. Je lui parle de la lettre de l'ambassade, qu'il suppose basée en effet sur un malentendu ; il tâchera d'accélérer les démarches pour mon voyage en France. J'apprends de Bavigne que Seyrig est en tournée, ce qui me fait récrire ce soir à Guédenet ; causé de l'incompatibilité des cultures française et américaine, des conceptions « racistes » et purement économiques des États-Unis sur les colonies, de l'impossibilité du peuplement blanc en Afrique équatoriale...

17 juillet

Cours. Puis je continue mon cahier *Reflets*.

Il fait très beau temps, pour la deuxième fois. Bernadette passe l'après-midi chez les De Koninck.

Moeneclaey me téléphone une dépêche du Service des Œuvres me donnant une mission en Haïti et de là en France si j'en ai le temps. Me voilà au bout de mes peines, quoiqu'il en résulte beaucoup de travail pour moi cette quinzaine ; j'écris d'abord à la Commission des changes et à l'Arbre. Je suis ravi. Et cependant, maintenant seulement la contrepartie m'apparaît : la séparation des enfants, avec l'incertitude du retour. Pourtant la marche à suivre m'apparaît claire : avant de partir je pourrai voir le cardinal s'il est rentré, lui demander ses commissions, lui parler de la question chaires d'histoire-géographie (sur laquelle j'ai un mot de Blanchard[90]). De France, il faudra bien que je revienne chercher mes enfants et régler mon départ, même si je suis nommé à Strasbourg comme je le souhaite ; mais quelques mois de plus au dehors me pèseront moins après avoir revu la France et les miens, ne fût-ce que quelques jours ; et je pourrai mieux ainsi, sans doute, préparer le retour définitif dans les conditions rêvées. Tout vient à point ; ai-je tort d'y reconnaître une protection d'en haut ? Même du point de vue vie morale...

18 juillet

Carte un peu décevante de Carré : il faut me faire inscrire d'abord sur la liste d'aptitude en littérature comparée, et Strasbourg comme Lyon seront bientôt pourvus[91]...

Après mon cours, je vais au Service sélectif, demander mon permis de sortir ; puis, après-midi (après avoir écrit à Guédenet et à Vial), au consulat, pour obtenir copie de la dépêche – ordre de mission. Ensuite je commence à recopier mes cours d'Haïti.

La réquisition des chemins de fer par l'armée américaine, et la date tardive pour l'avion, me laissent encore des inquiétudes ; j'espère pourtant que le principal est réglé. Pour le voyage d'Europe, on verra en Haïti même, et je demande à Guédenec si le retour serait possible en novembre : peut-être faudrait-il alerter d'avance le gouvernement à ce sujet ?

19 juillet

Cours. Une religieuse me demande un sujet de thèse, sans avoir apparemment la moindre notion du sujet ou de la littérature en général.

Continué mes copies pour Haïti.

Après-midi à Spencer-Wood. Je prends Lebel à part et lui expose mes projets : il ne croit pas impossible du tout, au contraire, de prendre un congé jusqu'à novem-

---

90. Également doyen de la Faculté des lettres à Grenoble, Raoul Blanchard explore le terrain pour trouver des candidats à la chaire d'histoire de Laval. ARCJ, 118 J 235, Corr. gén., R. Blanchard à Viatte, 13.6.1945.
91. Jean-Marie Carré (1887-1958) est professeur de littérature moderne comparée à la Faculté des lettres de Paris depuis 1938. Ce catholique engagé fut un résistant de la première heure. CHARLE, *op. cit.*, pp. 49-51.

bre – il en a parlé avec l'abbé Parent – et l'année prochaine il tâchera tout doucement de terminer les examens vers le 15 mai.

Mlle Paret trouve le moyen de s'insinuer en tête à tête avec la lieutenante-gouverneur, et Belleau… Un orage se montre vers St-Romuald, mais n'atteint pas Québec, ni Lévis où Bernadette a passé la journée, emmenée par ses deux grandes amies, la timide Louise Carrier et la bavarde Pierrette Bélanger.

Vivès, chez qui je vais porter des photos, se plaint de l'arrogance de Mlle Paret et du Dr Saint-Amand, que d'ailleurs il confond avec des Martiniquais. Mais n'est-il pas lui-même de ce type de « petit-blanc » qui se fait haïr des indigènes ?

Soirée chez le Dr Couture, en l'honneur d'Édouard Estève, le commerçant haïtien, qui me salue avec effusion. Outre le groupe haïtien de Québec, il y a là Poznanski, qui vient d'être rassuré sur sa femme et son enfant, sains et saufs en Pologne. Je laisse au Dr Couture mon passeport pour le visa haïtien.

Malgré les instances de l'abbé Toussaint pour attendre un taxi avec lui, remonté à pied, en une demi-heure.

20 juillet

Cours. Encore une sœur qui me demande un sujet de thèse sur un thème baroque, accepté, dit-elle, par Boulizon.

Lettre de l'ambassade d'Haïti, qui m'a retenu une place sur l'avion ; et de Mme Minot, du service Seyrig, qui a obtenu 500 dollars pour mon voyage d'Haïti, – sommes nettement insuffisante. Guédenet m'ayant télégraphié au sujet de ma lettre, je lui soumets en détail les questions qui restent à trancher, et je réponds aussi à l'Ambassade. Écrit à Blanchard, et à Baldenne.

Continué à relever mes cours.

Jean-Claude rentre du camp, dont il a la nostalgie : c'est pour lui la liberté, sans être grondé, sans devoir ranger, ni se tenir propre… Le scoutisme est-il fait pour le corriger de ses défauts particuliers ?

Mme Lahaye me téléphone, découragée des lenteurs qui l'obligeront à faire rentrer ses deux aînées du camp ; je lui offre de prendre chez moi Nicole et le bébé si elle doit s'absenter.

21 juillet

Cours. Écrit à maman, envoyé mon passeport au consulat suisse pour renouvellement. Dépêche de Mme Minot : on me retiendrait une place sur le train du 7 ; les Haïtiens me parlaient de celui du 9 ; qu'on se mette d'accord ! Si mon billet est en dehors de mon crédit de 500 dollars, alors ce dernier est insuffisant.

Relevé mes cours d'Haïti. Nouveaux téléphones à Mme Lahaye sur ses projets ; et un téléphone de Mme Briggs. Je pense tout d'un coup aux vaccinations exigées pour se rendre en Europe, et auxquelles je voudrais bien « couper », de même qu'au retour définitif je voudrais bien ramener les histoires, conférences et autres jeux analogues sans éveiller les suspicions des censeurs.

22 juillet

Je continue ce matin à recopier mes cours, et vois Sœur Marianne à propos de sa thèse.

Promenade et baignade au bout du lac St-Joseph, avec les enfants. L'autobus va maintenant sur la rive sud, et la même compagnie a repris celui de la Ville-du-lac-St-Joseph ; cela s'améliore chaque jour. Un orage monte au moment où nous rentrons, mais ne se traduit que par quelques gouttes.

Je n'ai encore pas mon *New York Times*: c'est assommant.

Mme Lahaye a obtenu un nouveau sursis pour ses filles ; espérons que d'ici là elle partira.

Écrit ce soir mon formulaire d'impôts ; j'ai moins à payer que je ne le craignais... si je calcule juste, car c'est un vrai casse-tête.

23 juillet

Lettre d'une religieuse qui s'informe de mon article sur St Exupéry[92] ; de Mlle Cassal ; de Bourde ; de Henry Torrès qui publie mon article sur les élections canadiennes et en accepte un sur Yves Simon[93]. Écrit à ce dernier ; à Mlle Cassal ; à la religieuse ; à Beard.

Je voudrais voir l'abbé Parent, mais il n'est pas seul ; il faudra pourtant que je lui parle, ainsi qu'au Cardinal, dont le journal me fait constater le retour.

Continué à copier mes cours.

Visite à Moeneclaey qui me remet copie de sa dépêche à propos de mon ordre de mission[94], et qui me visera pour demain mon passeport. Il commence à n'être pas mal installé. De retour, j'écris à Guédenet de qui je reçois encore ce soir une dépêche « notant » que l'Ambassade d'Haïti m'a retenu mon passage. Espérons qu'il n'y a là pas de nouveau malentendu. Et la priorité, dont il était question dans la dépêche précédente ?

---

92. Sœur Mary Loyola, de Mount Mary College à Milwaukee, dans le Wisconsin, s'intéresse à la spiritualité dans l'œuvre de Saint-Exupéry. ARCJ, 118 J 235, Corr. gén., Sœur Loyola à Viatte, 19.7.1945.
93. Henry Torrès est le directeur de l'hebdomadaire français de New York *France-Amérique*. Viatte y rend compte du livre d'Yves Simon intitulé *Par-delà l'expérience du désespoir* dans l'édition du 10 février 1946.
94. La dépêche adressée à Henri Laugier est ainsi libellée : « Reconnaissant envisager donner mission à Professeur Viatte pour se rendre France cet été et y prendre contacts avec éditeurs pour Éditions de l'Arbre et éventuellement avec professeurs d'histoire et géographie STOP. » ARCJ, 118 J 235, Corr. gén., P. Moeneclaey à Laugier, 18.7.1945.

24 juillet

Après mon cours, vu l'abbé Parent, au sujet de mon congé (qu'il croit facile jusqu'en novembre, et dont il parlera au recteur) ainsi que des candidatures aux chaires d'histoire-géographie, et de Mlle Paret. Téléphoné pour obtenir une audience du Cardinal.

Après-midi, recopié mes cours ; bibliothèque. Lettre de Raoul Blanchard recommandant trois candidats dont le plus jeune fils de Péguy[95].

Ce soir, visite de Mme Lahaye qui va repartir pour la campagne, en attendant ; et du jeune André Patry, qui vient me parler avant mon voyage d'Haïti. Il me dit qu'Haïti est mal vu des Latino-Américains, au moins des Mexicains ; raisons personnelles ? Roumain, Armand ?

Les enfants ont adopté un jeune pigeon depuis deux jours.

25 juillet

Je vais au consulat américain pour mon visa de transit. Au moment où je m'y rends, je rencontre l'abbé Dahyot[96], qui vient de la part de Gérard dont il est le collègue et le commensal à Toulouse ; jeune et sympathique. Plusieurs ecclésiastiques sont ainsi en contact avec les dignitaires de l'Église canadienne ; le Cardinal l'a invité à St-Anne-de-Beaupré pour rencontrer plusieurs évêques. Je suis outré que Roumefort ait profité de son passage pour baver sur Élisabeth, qui heureusement est très estimée à Paris. Laugier, me dit-il, a été mis à son poste parce que Bidault se propose d'intensifier l'aide aux mission et œuvres catholiques, et ne veut pas être accusé de cléricalisme.

Lettre de Mme Minot à qui je réponds (c'est une andouille) ; aussi longtemps que je n'aurai pas mes papiers pour Haïti j'aurai peur d'un accroc ; envoyé d'autre part au lieutenant Bach les formules pour priorité. Répondu aussi au consulat suisse.

L'abbé Parent me téléphone qu'il a parlé de mon voyage au recteur, et m'envoie son appariteur à qui je donne en outre à copier les dossiers fournis par Blanchard. Mme Lahaye me demande aussi par téléphone l'adresse de l'hôtel, à Beaumont, où avait séjourné Mlle Pauly, celui où elle voulait se rendre à l'île d'Orléans étant fermé. Je voulais me rendre au bord de l'eau ; tout cela me retarde assez pour qu'un orage éclate ; je passe à la banque, je téléphone à Mme Simard, et j'emploie le reste de la journée à copier mes cours. – Je suis fatigué de ce travail, et encore plus de me débattre avec la bureaucratie. Ah ! Si je pouvais combiner mes voyages moi-même, comme au bon temps !

---

95. Raoul Blanchard propose à Viatte Charles-Pierre Péguy (son favori), l'abbé Gaillard et Jean Demangeot. ARCJ, 118 J 235, Corr. gén., R. Blanchard à Viatte, 6.7.1945.
96. Jehan Dahyot est un missionnaire oblat qui réside alors à Montréal.

26 juillet

Cours. Je cherche à voir Mgr Gagnon, il est « en ville » : peut-être aux frères de Ste-Anne, pour rendre grâces d'avoir échappé à la mort (il a failli se noyer en Gaspésie) ? J'ai besoin de son autorisation pour obtenir mon permis de sortir.

Rencontré l'abbé Bégin qui me demande une chronique, ou un Paul Valéry, pour septembre.

Bibliothèque. J'apprends la défaite de Churchill : pas vers la socialisation de l'Europe. Si le travaillisme est anodin, quelle sera la répercussion en France ? Et la Grèce, et l'Espagne, vont tout de suite sentir les conséquences.

Écrit à mamé, à l'Ambassade d'Haïti (pour activer la venue de mon billet) ; et recopié des cours.

Le soir, Jules Simard emmène Marguerite et les enfants à Ste-Anne-de-Beaupré.

Téléphoné à l'abbé De Smet qui a passé huit jours à New York, s'y rendant par avion (une vraie aventure pour lui !) et à qui je demande une messe anniversaire pour Marie-Louise la semaine prochaine.

27 juillet

Après mon cours, je vais au consulat américain retirer mes deux visas de transit ; puis je cherche à voir Mgr Gagnon, encore absent, rencontré l'abbé Dahyot que j'invite pour demain. Ensuite, photo des professeurs de français au cours d'été. L'abbé Nicole a téléphoné que le Cardinal me recevra demain ou lundi ; j'attendrai jusque-là pour voir Mgr Gagnon.

Je termine presque la copie de mes cours d'Haïti. À 4 h j'accompagne les enfants chez De Koninck et je porte à ce dernier le Platon de Koyré qu'il ne connaissait pas ; causé avec Babin et avec lui.

Mauvais articles de *L'Action catholique* sur le procès Pétain[97]. Je me promettais de n'en rien dire avant sa conclusion : je me demande si j'ai raison. Si l'on se tait ce sont les autres qui allument les querelles.

28 juillet

Journée intéressante, Après mon cours, je vais voir le Cardinal. Longue conversation, où c'est moi qui parle, et qui me permet, sous prétexte de mon voyage, de

---

97. L'un est une dépêche française relatant le témoignage d'accusation de Léon Blum contre un Pétain qui « n'a pratiquement pas dormi et dont l'appétit diminue », l'autre signé par André Roy qualifie ce procès de disgracieux et ridicule, donnant au monde une mauvaise image de la France, par trop désunie. Le journaliste insiste sur la partialité et le souci de vengeance mêlés à une volonté de se protéger de la part de Reynaud et Daladier, et conclut sur la difficulté de juger, même historiquement, l'attitude de Pétain en juin 1940. « Le procès de Pétain » *L'Action catholique* du 27.7.1945.

discuter toutes les questions universitaires pendantes; n'y eût-il que cela, mon projet aurait servi à quelque chose. Je suis ravi de le trouver de mon avis, notamment sur la question des chaires d'histoire, et sur celle de notre doyen, à propos duquel il me dit que le régime est « transitoire »; comme j'ai mentionné occasionnellement le nom de l'abbé Parent et qu'il le relève, je me demande si là ne serait pas la solution... Mais que je désire, après cela, faire effectivement le voyage, et en rapporter un nouvel entretien!

J'écris à maman. Puis Tudor-Hart et sa femme viennent nous chercher. Déjeuner dans l'intimité, gâté par la pluie, mais à la campagne, et avec je ne sais quel air d'Europe chez ces excellentes gens. Tudor-Hart me dit la façon dont Duplessis a laissé tomber son plan d'embellissement accepté par Godbout: ce Duplessis est vraiment un sale politicien. Tudor-Hart a demandé à se rendre en Europe: mais on a voulu lui faire signer l'engagement de ne pas solliciter son retour avant dix-huit mois à deux ans, le gouvernement déclinant toute responsabilité quant à un retour ultérieur...

Je vais me confesser; j'achève presque de copier mes cours; et le soir, j'ai à dîner l'abbé Dahyot qui a vu l'après-midi Mme Simard. D'un enthousiasme un peu juvénile pour les démocrates-populaires, voyant ce qui est désirable plutôt qu'il ne se demande ce qui se passera en fait... Je lui donne des indications pour sa randonnée projetée du lac Saint-Jean et de Gaspésie.

29 juillet

Je copie enfin mon dernier cours d'Haïti, et je commence un article sur les élections britanniques pour *L'Action catholique*.

Promenade à Stoneham: on se bouscule de façon sauvage à l'autobus, sans aucun service d'ordre; je me fâche, et vais me plaindre à la police, qui ne bouge pas; le résultat est du moins de faire venir un jeune employé qui m'annonce le départ d'un autre autobus. On se baigne à la plage, et je cherche des fleurs dans la forêt.

30 juillet

Après mon cours, vu Mgr Gagnon, à qui je demande congé jusqu'au 1er novembre: il se fait un peu tirer l'oreille, mais consent, sur le précédent de Gaillard de Champris qui l'a fait plusieurs fois. Il me raconte l'accident où il a failli se noyer à Restigouche[98]. Surtout, je trouve, dans la conversation, à propos des chaires d'histoire et de géographie, qu'il a fait un grand pas dans notre sens; il s'indigne des refus du gouvernement; il a reçu la candidature d'un M. Lhéritier présentée par Mgr Calvet, et il fait venir un autre Français. M. Gagné, présenté par Brouha, pour la nouvelle École d'Hygiène.

Après-midi, je vois la Sœur Dominique qui projette une thèse sur l'influence de Taine; je passe à la Bibliothèque. Écrit à Raoul Blanchard.

---

98. Village situé à l'extrémité sud-ouest de la Gaspésie.

Ensuite, Service sélectif, où l'on me remet mon permis de sortie et où je rencontre Charles, le Noir de Trinidad, qui se dispose à partir pour Cambridge.

Le soir, visite de l'abbé De Smet à qui j'ai demandé une messe pour Marie-Louise qu'il dira vendredi.

31 juillet

Lettre de maman (6 juillet) : Gérard, sans mission spéciale, ne pourra la voir ; le pourrai-je moi-même, si je fais le voyage ? Écrit au général Vanier au sujet du retour ; et aux Éditions de l'Arbre.

Dîner des cours d'été au Château Frontenac ; je suis à côté de l'abbé Félix-Antoine Savard avec qui je parle de la Faculté, et de ma conversation avec le Cardinal. Je vois à la sortie l'abbé Laliberté et lui parle de mon congé : mais ces esprits mesquins n'y auraient pas consenti d'eux-mêmes.

Préparé les textes de Montaigne pour l'année scolaire ; et les questions d'examens pour demain.

À 4 h je vais porter mon article au Dr. L. Ph. Roy avec qui je m'entretiens longuement[99]. J'ai l'idée de lui demander de couvrir les élections françaises pour *L'Action catholique* et de m'écrire une lettre ad hoc, qui pourrait faciliter mon passage aller et retour.

Écrit au ministère pour solliciter mon inscription sur la liste d'aptitude en littérature comparée ; et à J.M. Carré à ce sujet.

1ᵉʳ août

Après mon cours, je passe à la banque. Mis ma correspondance en ordre : écrit à Roger Picard (de qui j'ai une lettre)[100], à Mlle Balthazard (qui m'invite à une conférence à Toronto), aux Éditions de l'Arbre, etc.

---

99. « Les répercussions internationales des élections britanniques » *AC* du 2.8.1945. Viatte débute son article commentant la défaite de Churchill face aux travaillistes par une phrase qui lui vaudra une remarque négative de son recteur (voir en date du 2 août) : « Le labour Party, malgré des doctrinaires comme Harold Laski, représente en général une forme de socialisme acceptable ; les catholiques anglais, dit-on, votent en plus grand nombre pour les travaillistes que pour les conservateurs. » La suite de sa réflexion porte plutôt sur les risques de voir le virage à gauche amorcé en Grande-Bretagne se diffuser et surtout s'accentuer ailleurs en Europe, à tel point que la France et son gouvernement deviendrait « le plus conservateur d'Europe ». L'occasion pour Viatte de revenir sur la politique intérieure française et de répondre indirectement aux articles de *L'Action catholique* jugés mauvais sur le procès Pétain. Selon lui, ce procès, s'il n'était peut-être pas souhaitable, devenait inévitable du moment que Pétain se présentait sur le sol français. S'imaginant alors « avocat du diable », Viatte explique que s'il avait dû défendre Pétain, il aurait fait remarquer que la collaboration était d'ores et déjà condamnée, et que la politique du double jeu était en elle-même, à ne pas juger en elle-même, mais sur les intentions et les actes du Maréchal. C'est surtout par rapport aux risques d'anarchie encourus par la France d'après-guerre que Viatte désapprouve a contrario les positions et tactiques de l'accusé Pétain et de ses avocats face aux juges : récuser le tribunal, porter le débat sur le terrain politique, c'est attiser les rancunes et risquer à terme de faire le lit des extrémismes en France, surtout de gauche...

100. De retour à New York, Picard s'inquiète des nouvelles qu'il reçoit de France et de l'incapacité de ses chefs politiques à prendre le destin du pays en mains. Il demande à Viatte de pousser les Éditions de l'Arbre à propos de la publication d'un de ses manuscrits demeuré depuis trop longtemps en souffrance. ARCJ, 118 J 235, Corr. gén., R. Picard à Viatte, 30.7.1945.

Une lettre de l'Ambassade d'Haïti me confirme mon départ par l'avion du 11; c'est-à-dire que je partirai d'ici dimanche. Bernadette se désole; et j'ai le cœur un peu serré. Je me demande si du côté France, je ne me lance pas dans une aventure. Pourtant le voyage aurait son utilité, ne fût-ce que d'y voir clair sur les décisions à prendre. La réponse de Vanier décidera, soit qu'il me dise le retour impossible en temps utile, soit le contraire.

Je reprends mes Familles intellectuelles de la France libérée: aurai-je le temps de finir?

Mme Simard, à qui je téléphone, m'encourage encore au voyage. Elle me dit que le P. Dahyot est Oratorien: si j'avais su, je lui aurais demandé des nouvelles de beaucoup d'autres... Elle a aussi l'impression de chances communistes aux élections d'octobre.

2 août

Déjeuner avec les professeurs des cours de français, au Cercle universitaire; je cause surtout avec Mme Briggs ma voisine (qui me donne l'adresse de sa mère pour la cas de mon voyage en France) et Lechevalier mon vis-à-vis.

De là je vais prendre le café chez Mme Simard avec Mme Lahaye, qui part seulement le 18; Mme Simard m'encourage toujours autant au voyage d'aller et retour en France qu'elle me découragerait d'un établissement définitif avec les enfants. Elle raconte des choses effarantes du peu de valeur qu'a pris l'argent et des difficultés de l'éducation morale après une époque où la fraude et la désobéissance étaient un mérite. Pessimisme sur les résultats des élections d'octobre (extrême-gauche); elle n'aurait pas répugné à voir de Gaulle user de la force, «mais aller le dire en France, vous vous ferez écharper».

Pendant que les enfants passent l'après-midi chez De Koninck, j'avance dans mes *Familles spirituelles*, que je voudrais bien finir avant mon départ. Téléphone du Recteur qui me tient au courant d'une lettre reçue de Pierre Péguy, et de sa réponse. J'en profite pour me faire autoriser à acheter des bouquins pour l'Université si besoin est. Il me signale l'emploi de l'expression «une forme de socialisme acceptable» dans mon article sur le travaillisme, toute forme de socialisme étant condamnée par le Pape; je rectifierai, mais le vocabulaire évolue, et si le socialisme vient à la mode on verra bien des prétendus «socialismes» qui n'auront pas plus de rapport avec Marx que le libéralisme de Mackenzie King avec le libéralisme condamné de 1850...

Soirée chez les De Koninck: Mme De Koninck veillera les enfants s'il leur arrive quelque chose en mon absence. Lui prépare sa réfutation écrasante du P. Eschmann. Il attend prochainement de Monléon et le chanoine De Coene[101].

---

101. Un ami belge de Charles De Koninck.

3 août

Je vais ce matin à la Banque me munir de mon argent pour le voyage ; une ondée me retarde. Puis au CPR.

À la Bibliothèque de la Faculté, causé ce matin des événements de France avec Trudel, Vallin, Ouellet (ce dernier visiblement effrayé de l'Europe et du communisme) ; et cette après-midi, avec Lebel, de mes conversations Recteur-Cardinal, ainsi que de l'idée de fusionner les deux Facultés sous la direction de l'abbé Parent...

J'avance encore dans mes *Familles spirituelles*.

Visite de Roger Lemelin, qui me demande une lettre d'introduction pour la Fondation Guggenheim, et qui se propose un nouveau roman.

4 août

Lettre de mamé me confiant son rêve de me voir épouser Mlle Derkenne. Je suis réceptif : l'affection déjà existante pour Germain est un grand point. Mais l'attrait y sera-t-il ? quel âge a-t-elle ? ne sera-t-elle pas trop masculine (puisque le mot s'y trouve) ? Le bon Dieu, et Marie-Louise pour qui hier j'assistais à la messe de l'abbé De Smet à la chapelle St-Louis, m'inspireront...

Je continue mon Cahier ; je ne finirai pas tout à fait, mais si je n'y parviens pas demain matin, il est du moins tel désormais qu'il peut s'achever à New York. *La Nouvelle Relève* publie ma « Montée du socialisme » : en la relisant, j'en suis content[102].

Je vais à 4 h à Notre-Dame-des-Victoires où le remplaçant de l'abbé Boutin enlève d'autorité Jean-Claude et Bernadette pour les confesser...

---

102. « La montée du socialisme » *La Nouvelle Relève*, IV, n° 3, juillet 1945, pp. 228-234. Dans cet article programmatique, Viatte établit tout d'abord un constat, celui de la poussée irrémédiable du socialisme en Europe depuis la fin du XIXe siècle. Il attribue en premier lieu cette réussite à l'adéquation entre le marxisme et l'époque de la Révolution industrielle, et voit surtout dans l'aspect doctrinaire de la pensée de Karl Marx le revers de la médaille socialiste. D'après Viatte, les limites de cette idéologie sont aussi à rechercher dans son impuissance à résoudre les questions liées au monde paysan et aux professions libérales. C'est ce qui selon lui donne une chance aux valeurs humanistes et spirituelles plutôt que technocratiques ou socialistes : l'ancien militant des Équipes sociales croit à la possibilité « d'une formule adéquate qui exprimerait mieux la société dans son ensemble, et non une seule de ses composantes ». Une utopie qu'il n'estime possible qu'après un rapprochement des diverses « formations spirituelles », effectué par un travail d'ordre culturel, puis social, et enfin seulement politique.

19. Germain Viatte

20. Avril 1940 : Bernadette et Jean-Claude place d'Youville à Québec. Au fond, la porte Saint-Jean.

21. Bernadette et Jean-Claude Viatte au parc de Montmorency, Québec, en juin 1944.

22. La nouvelle maison des Viatte à Sillery, 1601, côte de l'Église, en janvier 1948.

23. Germain Viatte photographié par les Deffontaines à Barcelone, en juin 1943.

24. Les enfants d'Auguste Viatte réunis autour de leur grand-mère à Porrentruy, lors des fêtes de Noël 1946 (de g. à dr. : Bernadette, Germain et Jean-Claude).

25. En bateau sur l'Atlantique en 1946, durant un exercice de sauvetage.

26. Auguste et son frère Gérard lors du mariage d'Albert Joos.

27. Jean-Claude Viatte devant le domicile familial des Viatte à Sillery, de 1946 à 1949 (photo réalisée en septembre 2000 par Roseline Courtois).

Postface

J'ai eu ce que ma jeunesse désirait – mais jamais de la façon que j'envisageais. Un excellent mariage – pas celui de mon premier rêve amoureux. Des enfants qui occupent tout mon cœur – mais que je dois élever seul, ayant perdu leur mère. Une carrière de professeur, la renommée – mais pas la France. Que sera demain ? Me ramènera-t-il en France ? Me rendra-t-il pour mes enfants une seconde mère, ou non ? Et ces enfants, vers quoi s'orienteront-ils ?

« Mes Cahiers », 30.7.1943.

La fin de la Seconde Guerre mondiale marque une évolution dans les « Cahiers » tenus par Auguste Viatte. Jusqu'alors majoritairement tournée vers l'extérieur, stimulée par l'observation d'événements dramatiques et le souci d'être en prise directe sur l'actualité québécoise et européenne, l'écriture quotidienne du diariste se réoriente désormais vers les sphères plus personnelles et intimistes de la vie professionnelle et familiale. Dès le 22 octobre 1944, il change volontairement de calligraphie et détache chaque lettre de son écriture pour la rendre plus lisible, densifier ses notes et en « reconstituer plus tard toute leur saveur ». Espoir d'un futur passage de ses « Cahiers » du domaine privé à la sphère publique ? Prise de conscience de ses engagements et de l'utilité de son journal pour l'hypothétique rédaction de ses « Mémoires » ? Probablement un peu des deux, mais surtout, le contexte précis de cette mutation scripturale – la récente Libération de la France et celle de l'Europe en cours par les Alliés – révèle chez Viatte le sentiment plus ou moins net qu'une page de l'Histoire se tourne : elle dégage ainsi dans ses « Cahiers » plus d'espace aux réflexions personnelles et aux menus faits du quotidien familial et social.

Plutôt que de poursuivre la transcription intégrale du *Journal* d'Auguste Viatte après-guerre, il a paru plus judicieux d'en résumer les éléments principaux dans une postface qui s'achève avec le retour du diariste en Europe, au cours du mois de novembre 1949. L'épilogue qui clôt la présente publication donne quant à lui un aperçu du parcours socio-professionnel d'Auguste Viatte, jusqu'à son décès survenu en 1993.

Retrouvailles familiales

Au printemps 1945, l'Allemagne capitule sans conditions. Dès lors, Viatte songe au regroupement familial qui devient envisageable. Il prend contact avec son beau-frère Pierre Deffontaines, dans l'espoir de revoir au plus vite Germain, son troisième enfant demeuré à Barcelone durant toute la guerre. La rencontre semble possible à l'automne 1945, lorsque le professeur de Laval se rend en France pour une courte mission culturelle, mais échoue finalement devant l'incertitude des communications. Elle se fera une année plus tard, à Paris, où Viatte note pudiquement et affectueusement en date du 9 novembre 1946 : « Mon petit Germain est un bel enfant aux grands yeux bleus ourlés de cils noirs. » Geneviève Deffontaines-Claro, qui a accompagné les arrivants québécois de Cherbourg jusqu'à la capitale, relate quant à elle : « Je fais connaissance avec les chers petits et leur papa raconte ses voyages. Émotion de se revoir. À Paris, émotion heureuse de Mamé de recevoir ses petits-enfants et Auguste. Dîner en famille, tous réunis. Gérard est arrivé de Toulouse. Cette réunion, nous la possédons pour quelques heures. Dès le lendemain, Pierre et les enfants regagnent Barcelone[1]. »

De façon symptomatique, ces retrouvailles sont donc aussi celles du « clan » Viatte-Claro-Deffontaines, resté en communication constante durant tout le conflit, uni par les liens du sang, des alliances et la fraternité communautaire des Équipes sociales. Fort cultivé chez les Viatte, l'esprit de famille, souvent assimilé par atavisme culturel à une éducation française et catholique, explique que le retour de Germain dans le cercle familial va accentuer les interrogations paternelles d'Auguste, tiraillé dès l'année 1943 entre ses ambitions professionnelles et ses devoirs parentaux. Jugée peu satisfaisante financièrement, la solution moyenne du voyage estival et familial en France ne sera retenue qu'une année, Viatte retournant seul en Europe à l'été 1948. La période québécoise d'Auguste Viatte se prolonge ainsi jusqu'à l'automne 1949, date de son retour dans le monde académique français comme maître de conférences à l'Université de Nancy. Émaillée de nombreux projets professionnels plus ou moins ambitieux et réalistes dont les « Cahiers » représentent le chantier quotidien, l'après-guerre du professeur de littérature à Laval n'en est pas moins marquée par certains engagements culturels et socio-politiques d'autant plus dignes d'intérêt qu'ils interviennent dans une société québécoise en pleine mutation.

Premier choix : observateur participant d'un Québec en mutation

Lorsqu'il retrouve le Québec après une longue série de voyages qui l'ont conduit entre août et novembre 1945 d'Haïti à New York, puis en France, à Porrentruy

---

1. Livre de raison Deffontaines, 11.11.1946.

et à Londres, Viatte apparaît peu enclin à envisager un retour en Europe. Il note le 1ᵉʳ décembre 1945 :

> *Je reprends mon journal après mon retour de voyage. Enfin me revoici avec un travail bien défini et fécond : je ne suis pas en humeur de me plier aux caprices administratifs pour un retour en Europe ; qu'on se donne la peine de me faire revenir si on le juge utile, ou bien...*

Il faut dire que son séjour européen n'a pas été à la hauteur de ses espérances. Bien qu'auréolée dans son esprit d'une affection et d'un prestige inégalés, la France libérée lui laisse une impression de relèvement quelque peu chaotique : « Beaucoup de ruines (...), beaucoup de privations (...), surtout une dépréciation pratique de la monnaie qui aboutit à des prix fabuleux pour tout ce qui n'est pas la nourriture de chaque jour[2]. » Dans le domaine culturel, la reprise est encore plus difficile : pénuries d'ouvrages, Service des Œuvres désorganisé, centralisation d'un appareil académique ministériel qui privilégie les titulaires d'agrégation, primauté accordée aux intérêts économiques dans le domaine de l'édition. Autant de signes qui n'incitent pas Viatte à tenter un retour immédiat. En fait, même s'il s'est appliqué à affirmer son identité française dans les formulaires de visa[3], le professeur de Laval apparaît bien alors comme un ambassadeur culturel et acculturé du Canada français. C'est en cette qualité première qu'il se présente, renoue et négocie avec les réseaux intellectuels catholiques les plus actifs du moment, qui portent d'ailleurs un intérêt croissant à cette terre francophone d'Amérique assimilée à un bastion clérical[4]. Viatte promet des articles sur la société canadienne-française – et parfois Haïti – à Hubert Beuve-Méry pour *Le Monde*, aux pères Maydieu et Chaillet pour *La Vie intellectuelle* et les *Cahiers du Monde nouveau*; il s'engage à soutenir la diffusion québécoise d'ouvrages du père Sertillanges ou de la collection *Esprit* que lui propose Emmanuel Mounier. Enfin, c'est bien pour plaider la cause de l'édition transatlantique, dont il est partie prenante à la tête de la collection des « Classiques de l'Arbre », qu'il s'entretient longuement et successivement avec Georges Duhamel, André Siegfried, Henri Laugier, le père Maydieu ou le responsable du Syndicat des Éditeurs français[5]. De retour à Québec, il a ainsi peu de peine à se convaincre que sa « tâche est bien ici », dans ce pays d'Amérique pragmatique, épargné par les destructions de la guerre, « où chaque acte

---

2. AUL, Boîte Université 294, n° 15, Causerie radiophonique « Actualités universitaires » par Auguste Viatte, 9.12.1945.
3. « En rédigeant mes formulaires, j'hésite sur la formule concernant ma nationalité d'origine : il me répugne de dire « suisse », et ce ne serait pas vrai ; dire « suisse de naissance, français d'origine (grands-parents alsaciens), nationalité française récupérée par naturalisation », ce serait vrai, mais long, compliqué, et incomplet (je ne parlerais pas du Jura) ; je me contente d'indiquer « français », en réponse générale aux deux questions. Après tout ces paperasses n'ont guère d'importance... » ARCJ, 118 J 30, Mes Cahiers,, 8.6.1945.
4. MEUNIER-WARREN : *Sortir de la « Grande noirceur »*, p. 116.
5. Pour une vue d'ensemble des rapports entre Viatte et les Éditions de l'Arbre, voir l'article de Martin DORÉ : « Les " Classiques de l'Arbre ", une collection à l'intersection de deux champs éditoriaux », *Deux littératures francophones en dialogue. Du Québec et de la Suisse romande*, Actes du colloque de Lausanne à paraître en 2003.

porte immédiatement son fruit[6] ». Misant sur une amélioration rapide des communications transatlantiques pour se rapprocher quand bon lui semble de la France, Viatte semble alors bien résolu à poursuivre sa vie et sa carrière sur les bords du Saint-Laurent.

Enseignement et recherche : l'émergence de l'intellectuel catholique

À l'Université Laval, le professeur de littérature française perçoit également les signes de changement qui orientent cette institution encore très marquée par l'emprise cléricale vers des choix de formation davantage pluralistes et plus proches des réalités de la société québécoise[7]. Viatte s'en réjouit et y amène sa contribution. Comme d'autres intellectuels et non sans difficultés, doutes ou déceptions, Viatte participe ainsi de l'intérieur du catholicisme à la préparation d'une « Révolution tranquille » qui émancipera le Québec de l'emprise clérico-nationaliste au tournant des années soixante[8]. En 1947, il facilite la venue à Laval de ses amis André Latreille et Pierre Deffontaines pour mettre sur les rails un enseignement de l'histoire et de la géographie renouvelé et enfin intégré à la Faculté des lettres. Poursuivant ses tâches d'enseignement régulièrement interrompues par des missions à l'étranger, Auguste Viatte s'attire certaines antipathies de collègues qui l'estiment trop souvent absent[9]. Il peut pourtant s'abriter derrière une réputation qui a crû parallèlement à son rayonnement à l'extérieur de Laval, que ce soit par son enseignement à l'École libre de New York ou au travers des efforts de rapprochement qu'il mène avec Haïti en organisant la venue de nombreux étudiants boursiers de ce pays à Québec. C'est également cette aura qui fait de lui un des porte-parole de l'Institution académique lors de l'action « L'Aide à Laval », qui vise à obtenir le soutien des Canadiens français pour permettre l'extension matérielle d'une université en pleine croissance. Viatte s'adresse ainsi par deux fois aux auditeurs de la radio locale, au printemps 1948, pour leur expliquer les bienfaits de l'enseignement supérieur et le « rôle mondial » que sont appelées à jouer les universités canadiennes-françaises pour sortir le pays de l'isolement et de l'esprit de la survivance[10].

Les activités de recherche du professeur de littérature pâtissent des incertitudes liées à la suite de sa carrière et aux nombreux voyages aux Antilles et en France qu'il effectue entre 1945 et 1949. Ces derniers apparaissent pourtant comme un

---

6. ARCJ, 118 J 30, *Mes Cahiers*, 10.12.1945.
7. HAMELIN, *Histoire de l'Université Laval*, pp. 184-185.
8. Voir à ce propos les thèses récentes et stimulantes de E.-Martin MEUNIER et Jean-Philippe WARREN, *op.cit.*
9. On note par exemple cette demande dans un procès-verbal académique : « D'agréer au sujet d'Auguste Viatte, faculté des Lettres, dont les absences sont fréquentes et prolongées, les décisions suivantes : a) qu'il ne recevra pas de rémunération pour les mois où il sera absent (...) ; que désormais il devra être à son poste durant toute l'année académique ». ASQ, Boîte 110, documents microfilmés, référence à Viatte, 16.9.1946.
10. AUL, Boîte Université 355, n° 24 et 48, Causeries radiophoniques « Qu'est-ce que l'enseignement supérieur ? » et « Le rôle mondial des universités canadiennes-françaises », mai 1948.

investissement à moyen terme si l'on considère que Viatte en profite pour écumer les bibliothèques et librairies de ces pays francophones. Dans cette optique, il remet à l'automne 1948 à son ami Maurice Lebel un plan détaillé d'une *Histoire littéraire de l'Amérique française* pour laquelle il espère bénéficier d'une bourse substantielle de la fondation Rockefeller. L'heure est au lancement d'entreprises éditoriales d'envergure, puisque Viatte accepte en juin de la même année de rédiger l'*Histoire de la Congrégation de Jésus-Marie* que lui commande la supérieure Mère Marie-des-Anges[11]. À côté de ces deux chantiers majeurs, le professeur de Laval poursuit ses activités de chroniqueur politique et culturel international, en publiant une centaine d'articles entre l'issue de la guerre et la fin de l'année 1948. Il est intéressant de relever qu'un quart de ceux-ci paraissent dans des revues ou journaux français, auxquels Viatte avait complètement cessé de contribuer depuis la défaite de juin 1940[12]. Signe du rétablissement d'un courant normal dans les relations culturelles franco-québécoises, ces contributions marquent également l'intérêt croissant de Viatte à participer au renouveau intellectuel catholique qu'on observe alors dans l'Hexagone. Cette ouverture se fait aussi par rapport au type de collaborations choisies et marque une certaine émancipation de l'intellectuel catholique laïc vis-à-vis du milieu presque exclusivement dominicain dans lequel il évoluait avant-guerre. Sans renier ses origines et comme d'autres « théologiens en veston » qui ont le vent en poupe dans la France libérée, Viatte ne se contente plus d'envoyer ses billets à *La Revue des Jeunes* et à *La Vie intellectuelle*, qui accueillaient avant la guerre la quasi-totalité de ses contributions périodiques. Il signe à présent dans des revues ou organes de presse moins marqués par l'empreinte cléricale, pour la plupart issus de la mouvance de la Résistance, très souvent spirituelle : *Le Monde*, le bulletin du *Centre d'information catholique* – auquel il envoie des billets réguliers sur la vie de l'Église au Québec – *Temps présent* et enfin *Témoignage Chrétien*, qui agace Viatte par ses positions de gauche en matière sociale. À n'en pas douter, le professeur de Laval récolte ainsi les fruits de son voyage en France de 1946, et bénéficie à distance de l'émancipation des intellectuels catholiques, longtemps freinés par l'Institution ecclésiale, dans la société française de l'après-guerre[13].

Édition : entre L'Arbre et l'écorce française...

De la même manière qu'en Suisse romande, la fin des hostilités coïncide au Québec avec l'apparition rapide de problèmes économico-financiers et des

---

11. Ces deux projets aboutiront à des ouvrages importants, publiés en 1952 et 1954. L'*Histoire littéraire de l'Amérique française*, dont les recherches furent finalement subventionnées par des organismes de recherche canadiens et français, fera date dans le domaine. Voir à ce propos l'article de Marie-Andrée BEAUDET : « La contribution d'Auguste Viatte au domaine de l'histoire des littératures de langue française », *Regards croisés entre le Jura, la Suisse romande et le Québec*, pp. 101-116.
12. Une seule exception à relever : un petit compte rendu de la nomination de Mgr Vachon à l'archevêché d'Ottawa paru dans la revue *Paris-Canada* en septembre 1940.
13. À ce sujet, voir FOUILLOUX, « La naissance des intellectuels catholiques », *Vingtième siècle*, 53, janvier-mars 1997, pp. 13-24.

réajustements délicats dans le domaine de l'édition. Bénéficiant notamment de licences d'impression temporaires de livres français durant le conflit, les professionnels du livre québécois se sont appuyés durant la guerre sur cette situation avantageuse, en prenant le relais de l'édition française réduite au silence ou à la Collaboration. Dès 1947, les éditeurs d'outre-atlantique, qui escomptaient bien assurer leur place conquise sur le marché du livre francophone, acceptent d'autant plus difficilement la relance rapide de leurs collègues et concurrents français que ces derniers manifestent à leur égard plus de condescendance que de reconnaissance. Il est vrai que l'édition canadienne-française n'a pas toujours fait preuve de professionnalisme dans sa gestion d'entreprise[14], ni de tact dans l'approche des rapports culturels et commerciaux avec la métropole, qui tournent rapidement à l'aigre entre « la France et nous », pour reprendre le titre d'un célèbre pamphlet de Robert Charbonneau publié en 1947. Une fois de plus, Auguste Viatte va jouer les médiateurs, quelque peu obligé cette fois-ci. Il a en effet dirigé jusqu'en mars 1945 la collection des « Classiques de l'Arbre », rassemblant de nombreux auteurs français établis sur le continent américain et parfois en métropole. Bien placé pour connaître les raisons et les torts de chacun dans le conflit, il tente d'apaiser les passions et de mettre à plat les enjeux dans un article publié par *Le Monde* en mars 1948 sous le titre « Édition canadienne et livre français ». Après un historique du problème où il met l'accent sur les services rendus par l'édition canadienne-française à la cause de la France combattante, Viatte déplore les polémiques et appuie favorablement la proposition de la Société des éditeurs canadiens de mettre sur pied une chambre de compensation qui réglemente équitablement l'import-export d'ouvrages entre la France et le Canada. Son article résonne comme un appel au bon sens de chacun. Il révèle aussi chez le professeur de Laval, pourtant très francophile, un effort de compréhension de la cause québécoise stimulé par la vision de ce que devraient être selon lui les rapports politico-culturels au sein de la francophonie :

> *Notre culture est trop battue en brèche dans le monde (...) ; et si nous voulons lui garder son caractère d'universalité, nous ne devons pas laisser des intérêts sordides et mal compris ou je ne sais quel amour-propre de gérontes contrarier la montée des cadets dont l'attachement touchant et le développement original illustrent la vitalité de la famille*[15].

L'appel sera pourtant suivi de peu d'effets. Une fin de non-recevoir qui s'explique par le fait que du côté français, l'animosité contre certains ténors de l'édition québécoise tient aussi à des arguments idéologiques que Viatte s'est gardé de mettre en évidence. Le critique et éditeur Albert Béguin, gardien vigilant d'un certain esprit de la Résistance, ne lui confiait-il pas quelques mois plus tôt au détour d'une correspondance :

---

14. Les exemples donnés par Martin DORÉ à propos de la Collection des « Classiques de l'Arbre » sont éloquents à cet égard.
15. « Édition canadienne et livre français », *Le Monde* du 20.3.1948.

Il faut dire, cependant, qu'on a été assez irrité, ici, par l'obstination de certains critiques canadiens à faire l'éloge des écrivains vichyssois et à déprécier la littérature de Résistance. Et la politique des éditeurs canadiens n'est pas non plus faite pour gagner des sympathies en France : leurs contrefaçons du temps de guerre (j'en sais quelque chose, ils ont édité plusieurs de nos Cahiers du Rhône pour lesquels nous n'arrivons pas à toucher nos droits) et leurs éditions plus récentes de tous les écrivains qui ont triomphé pendant l'occupation ont fort indisposé, et légitimement je crois, l'opinion française[16].

Épuration : l'amertume d'un Saint-Laurent au goût de Vichy

De façon évidente, les enjeux liés à l'épuration jouent un rôle déterminant sur l'ensemble des rapports franco-québécois d'immédiat après-guerre. Comment Auguste Viatte, compagnon de route, puis militant déclaré de la France combattante, se positionne-t-il dans les quelques affaires retentissantes qui portent au tournant des années cinquante les débats de l'épuration jusque sur les rives du Saint-Laurent? Quels effets ces événements ont-ils sur sa perception de l'opinion canadienne-française, dont il côtoie surtout une frange de tendance clérico-nationaliste et nostalgique de Vichy qui gravite autour du journal *L'Action catholique*? Dès les premières escarmouches du printemps 1947, qui ont pour objet une campagne de presse anti-française menée à propos de la censure du film *Les Enfants du Paradis* par l'administration Duplessis[17], le professeur de Laval qualifie dans le secret de ses «Cahiers» les admirateurs québécois invétérés de la cause pétainiste d'«ennemis», voire de «roquets vichyssois»[18]. La tension monte d'un cran à l'automne 1948 lorsque le maire de Montréal, Camilien Houde, lance une campagne publique visant à empêcher l'extradition de quatre vichyssois dont un ex-chef de la Milice réfugié incognito depuis une année au Québec: Jacques Dugé de Bernonville[19]. Celui-ci dispose évidemment de fervents supporters à Québec, à commencer par le dentiste de Viatte, Philippe Hamel, si marqué idéologiquement à l'extrême droite qu'il a réussi à se marginaliser des milieux politiques duplessistes pour lesquels il s'était un temps engagé. À nouveau, Viatte fulmine contre ces «ennemis» qui le courroucent tant par leur «campagne anti-française», et il n'hésite pas à les taxer cette fois-ci de «pro-nazis canadiens»[20]. La coupe est pleine, et après une première réaction d'humeur qui le pousse à envisager un retour en France pour «cesser d'être dans cette atmosphère irritante»,

---

16. ARCJ, 118 J 235, Corr. gén., A. Béguin à Viatte, 17.8.1947.
17. En 1947, le film de Marcel Carné est interdit des écrans québécois par le Bureau de censure, et le restera pendant près de vingt ans, pour cause d'immoralisme. Viatte qui a pu visionner le film incriminé, estime que cette censure est peut-être un «coup monté par Hollywood», et que de toute manière, l'œuvre de Carné, si elle est amorale, l'est «comme la vie» ou «comme Racine»... (6.4.1947).
18. ARCJ, 118 J 30, Mes Cahiers, 21.3. et 14.4.1947.
19. Sur toute cette affaire et ses développements dans l'opinion québécoise, voir l'ouvrage d'Yves LAVERTU : *L'affaire Bernonville. Le Québec face à Pétain et à la Collaboration (1948-1951)*, Montréal, VLB Éditeur, 1994.
20. ARCJ, 118 J 30, Mes Cahiers, 9.9.1948.

le militant de la France Libre, encouragé par son amie et conseillère politique Marthe Simard, repart en guerre ouverte contre les reliquats de pétainisme au travers d'un article que *Le Monde* fait paraître dans son édition du 4 novembre. S'il fait encore preuve d'une certaine compréhension vis-à-vis des Canadiens français qui, comme André Laurendeau, estiment que l'«affaire Bernonville» n'est qu'une querelle intérieure, Viatte s'en prend surtout aux «agitateurs qui ont traîné et sali gratuitement la France dans leurs querelles», au travers de «factums haineux qui ne le cèdent en rien à ce qu'ont imprimé de pire Berlin ou Rome aux plus beaux temps de l'Axe»[21]. La charge est d'importance et vaudra à son auteur d'être pris à partie par un lecteur français partisan de Vichy. Le diariste peut ainsi déplorer dans ses notes personnelles «qu'il y a encore une sorte de conspiration vichyssoise ou pro-nazie qui chevauche la mer»[22]... Au total, les impressions contemporaines de Viatte rejoignent les analyses historiographiques qui montrent la continuité au Québec, depuis les années trente jusqu'à l'après-guerre, d'un courant de pensée réactionnaire propagé par les milieux clérico-nationalistes, et qui manifeste son soutien au maréchal Pétain comme à la Révolution nationale lors de l'épuration[23]. L'autre intérêt du témoignage et de l'action de Viatte est de montrer qu'une nette opposition à ce courant idéologique trop facilement qualifié de «monolithique» s'est manifestée autour des réseaux québécois de la France Libre. On savait que la liberté, la démocratie et l'antifascisme étaient des valeurs défendues durant la guerre en premier lieu par la presse libérale canadienne-française[24]. On voit que les milieux nationalistes et cléricaux québécois pouvaient quant à eux être influencés, de l'intérieur, par des opinions qui détonnaient avec les fondements de leur culture politique. Passé l'armistice, Auguste Viatte tente encore de convertir la frange de l'opinion, groupée autour de *L'Action catholique*, qui réaffirme avec force ses affinités idéologiques avec la France de Pétain. Si le professeur de l'Université Laval n'y parvient pas véritablement, il confirme ainsi tout de même son opiniâtreté diplomatique de médiateur, démontrée durant tout le conflit.

Les constats amers de Viatte sur l'efficacité de son action politique le poussent un peu plus à remettre en cause son établissement durable au Québec, d'autant que les excès du duplessisme lui font craindre pour ses enfants «l'influence d'un cléricalisme haïssable qui n'est qu'une caricature du christianisme»[25]. Il faut dire que le moral du professeur de Laval, touché également par quelques déconvenues dans ses plans de carrière, n'est alors pas au plus haut. La Légion d'honneur qui lui a été remise au printemps 1948 par l'ambassadeur de France à Ottawa Francisque Gay «pour les services éminents rendus à la cause française au Canada»[26], l'a certes touché

---

21. LAVERTU, *op.cit.*, pp. 106-107.
22. ARCJ, 118 J 30, Mes Cahiers, 9.12.1948.
23. Continuité soulignée dans le bilan historiographique établi par Éric Amyot sur la période : « Vichy, la France libre et le Canada français : bilan historiographique » in : *Bulletin d'histoire politique*, 7, n° 2, hiver 1999, pp. 9-17.
24. Voir à ce sujet l'article de Lise Quirion : « La presse québécoise d'expression française face au procès du maréchal Pétain, 1945 » in : *Ibid.*, pp. 56-57.
25. ARCJ, 118 J 30, Mes Cahiers, 10.12.1948.
26. ARCJ, 118 J 30, Mes Cahiers, 20.3.1948.

positivement. Ceci d'autant plus que le diplomate-journaliste français avait cultivé le symbole en ponctuant sa première visite à Québec, fief des partisans de Bernonville, par la remise de cette distinction de premier plan au professeur de Laval[27]. Viatte n'en demeure pas moins lucide sur les manœuvres politiques qui ont entouré sa décoration. Dans l'air depuis décembre 1947, l'idée est venue de l'ambassadeur français Jean de Hautecloque et de son attaché culturel à Ottawa, René de Messières. De son côté, le consul français de Québec Paul-Pierre Lorion a soutenu la candidature Viatte en cherchant ainsi surtout à se prémunir de toute hostilité de la part des gaullistes québécois, alors qu'il espère également accrocher la rosette aux vestons « couleur Vichy » du Dr Berger et de Jean Bruchési[28]… Ce même Bruchési qui aurait déclaré au père dominicain Jean-Augustin Maydieu, en visite à Québec, que s'il « avait été en France pendant la guerre, il aurait collaboré avec les Allemands »[29]… Viatte a beau se convaincre qu'il n'en est que plus gaulliste et que ce sont ses mérites de Français Libre qui ont été récompensés par la Légion d'honneur, les calculs politiques du consul sont pour lui d'autant plus difficiles à accepter sereinement qu'il se sent quelque peu en concurrence avec Bruchési dans la fonction enviée de « représentant culturel » du Québec auprès de l'Ambassade de France[30]. Une charge honorifique qui sera finalement décrochée par l'incontestable père Georges-Henri Lévesque, à la satisfaction de son ami et collègue Viatte, dont les regards sont alors de plus en plus tournés vers la France…

L'éternel retour : France rêvée et réalités de la carrière

Omniprésente, avec des variations d'intensité selon les périodes, l'idée d'un retour en France et d'une carrière parisienne, au pire provinciale, hante l'esprit d'Auguste Viatte depuis son arrivée au Québec en 1933. Rien d'étonnant en somme pour ce professionnel de la littérature française qui s'est formé à la Sorbonne, ne manque pas d'ambition et se considère à la fois « ardemment jurassien et ardemment français »[31]. Au sortir de la guerre, la douzaine d'années bien remplies passées à Laval ont cependant produit chez lui une acculturation québécoise qui, jointe à son éloignement du champ académique hexagonal, brouille un peu plus les pistes d'une carrière qu'il voyait a priori culminer en France. Appuyé par son collègue et ami Pierre Moreau, qui vient d'être nommé à Lyon, Viatte pose à l'automne 1945 une double candidature en littérature comparée et en littérature française à l'Université de Strasbourg. Dépourvu d'agrégation, il échoue face à un candidat issu de la « rivale » École normale supérieure. Les réactions de son proche entourage sont révélatrices des enjeux et perceptions liés à ses difficiles choix de carrière. Pour son beau-frère Pierre

---

27. SAVARD, « L'ambassade de Francisque Gay au Canada en 1948-49 », *Revue de l'Université d'Ottawa*, 44, 1974, p. 27.
28. ARCJ, 118 J 30, Mes Cahiers, 13.12.1947 et 2.1.1948.
29. ARCJ, 118 J 30, Mes Cahiers, 27.10.1948.
30. ARCJ, 118 J 30, Mes Cahiers, 26.2.1949.
31. ARCJ, 118 J 30, Mes Cahiers, 13.4.1945.

Deffontaines, l'échec de Strasbourg est une « déception qui prouve la difficulté de son retour », lequel n'était pas non plus sans inquiéter un Viatte qui possède « son vaste horizon de travail en Amérique »[32]. L'équipier social Roger Pons tente quant à lui de consoler son ami en prenant de la hauteur : « La vraie cause de cette décision ridicule, c'est la muraille de Chine qui a coupé le Nouveau-Monde de l'Ancien pendant près de 6 ans. Tu es le héros d'une planète inconnue »[33]. Enfin, l'influent Mgr Beaupin lui conseille de tenter sa chance dans d'autres fiefs académiques catholiques, à Dublin ou Nimègue[34]. Ces perspectives ne réjouissent pas le professeur de Laval, plutôt déprimé, qui pense que « les Irlandais ont les mêmes défauts que les Canadiens, avec en moins la tradition française et moins de contacts internationaux »[35].

Au sortir de l'hiver, décidément plus Québécois qu'il ne prétend l'être, Viatte rêve de chaleur et de soleil et décide de jouer sa seconde carte, celle de la diplomatie culturelle aux Antilles françaises. Il s'en ouvre à Jean Marx, responsable du Service des Œuvres à l'étranger, en sollicitant la création d'un poste d'attaché culturel français en Haïti qui lui reviendrait et servirait à contrer l'influence américaine croissante sur les élites du pays[36]. Mais la centrale parisienne des services culturels ne perçoit pas les rapports franco-haïtiens avec les mêmes lunettes grossissantes que porte Viatte, et se contente de lui confier une mission exploratoire en Haïti qu'il mènera de juillet à octobre 1946, sans ses enfants restés à Québec. Parcourant l'île en tous sens, multipliant les contacts, le professeur-diplomate s'occupe des besoins des lycées en livres français et autre matériel d'enseignement, rencontre de jeunes intellectuels susceptibles d'obtenir des bourses d'études à l'étranger, sonde les représentants diplomatiques français en place sur les possibilités de développer un Institut français à Port-au-Prince, auquel il se verrait bien collaborer. Mais Viatte n'a pas que des amis sur place, certains représentants français de la Légation jugeant son militantisme catholique excessif. Et lorsque Pierre Deffontaines, à l'automne 1946, se renseigne une nouvelle fois auprès du Service des Œuvres pour calmer les inquiétudes de son beau-frère, il faut déchanter : Jean Marx l'informe « que la décision est prise de se contenter de missions temporaires à Haïti, sans créer de poste d'attaché culturel »[37].

Avec l'évaporation du mirage haïtien et la tension croissante dans les rapports politico-culturels franco-québécois au cours de l'année 1947, la cote du « come-back » français remonte sérieusement dans les projets de carrière d'Auguste Viatte. Il est soutenu dans ce sens par l'attaché culturel français au Québec, René de Messières, qui tout en ne cachant pas son irritation devant les récriminations des Éditions de l'Arbre vis-à-vis de la France, conseille au professeur de Laval d'intégrer les cadres de l'ensei-

---

32. Livre de raison Deffontaines, 7.1.1946.
33. ARCJ, 118 J 235, Corr. gén., R. Pons à Viatte, 6.2.1946.
34. ARCJ, 118 J 235, Corr. gén., Mgr Beaupin à Viatte, 29.1.1946.
35. ARCJ, 118 J 30, Mes Cahiers, 14.2.1946.
36. ARCJ, 118 J 30, Mes Cahiers, 18.4.1946.
37. Livre de raison Deffontaines, 14.9.1946.

gnement supérieur français, comme maître de conférences, pour obtenir un poste en métropole[38]. C'est la voie de la raison, comme l'indiquent à Viatte les encouragements reçus de divers côtés : Pierre Moreau et Pierre Deffontaines, mais aussi Jean Marx, estiment qu'ainsi il aura les meilleures chances de poursuivre sa carrière en France. Pour Viatte aussi, l'heure des bilans et des choix a sonné, non sans tourments face aux décisions qu'il sent proches et inévitables au début de l'année 1948. Au printemps, il pèse lucidement les avantages et les inconvénients que lui procure sa condition d'intellectuel périphérique à Québec :

> *Décevante, ma tâche du Canada, cette impression que le jour où je m'en irai il ne restera rien de mon œuvre. À Haïti, je crois que je bâtirais plus solide... Non, ce n'est pas seulement la volupté qui m'attire là-bas, c'est mon besoin d'action, et ma curiosité passionnée des hommes. Et pourtant, lâcher cette tâche du Canada, sachant cela ? Que pèseront mes avis, de retour en France ? Je serai au mieux, un universitaire entre des centaines, aussi intelligents que moi ; je n'aurai aucune influence sur la destinée générale du pays et du monde. Ici, « dans mon royaume », ce que je dis compte, même parmi les professeurs français je suis primus inter pares, et ce que je dis en France compte aussi. En Haïti, bien davantage. Trouverai-je la formule qui me fera rentrer sans me diminuer ? Contradictions violentes où je me débats, à ce tournant de ma carrière. Et pourtant maman, mes enfants, cette carrière même, mes travaux personnels... Que j'ai fait de choses dans ma vie ! qu'elle a été intéressante ! Pourquoi choisir*[39] *?*

Comme souvent dans ce cas, le choix se fera sur une opportunité. Des bruits de vacance de poste à Lyon lui parviennent à la fin de l'année de la part de Pierre Moreau, et l'accompagnent alors qu'il entame son huitième séjour en Haïti au mois de mai 1949. C'est pourtant d'un autre côté que viendra l'ouverture décisive, deux jours après l'arrivée de Viatte à Paris en juillet 1949. Il est contacté par Jacques Schérer, professeur de littérature à l'Université de Nancy qu'il a soutenu lors de ses démêlés financiers avec les Éditions de l'Arbre à propos de son volume sur *Beaumarchais*[40]. Le rendez-vous demandé par Schérer ne peut se faire pour des raisons pratiques, mais quelques jours plus tard, les choses se précisent et l'horizon s'éclaircit :

> *22 juillet 1949*
>
> *Journée peut-être décisive ? Après une matinée à la Bibliothèque Nationale, je vais après-midi à la Sorbonne voir Moreau et Charles Bruneau qui m'avait donné rendez-vous. Celui-ci m'offre pour ainsi dire sur un plateau la Faculté de Nancy pour laquelle Schérer lui avait demandé conseil et me montre une liste de candidats établie par la Sorbonne, où je figure avec un point d'interrogation*

---

38. ARCJ, 118 J 235, Corr. gén., R. de Messières à Viatte, 27.3.1947.
39. ARCJ, 118 J 30, Mes Cahiers, 12.5.1948.
40. À ce propos, voir DORÉ, *art.cit.*, p. 12.

> *à cause du doute sur mes intentions... Est-ce la réponse aux prières que j'ai demandées à Élisabeth pour que Dieu m'éclaire ? Ce serait une porte imprévue qui s'ouvrirait où toutes les autres se sont fermées, – comme à Québec. Et je pense que ma carrière deviendrait rapide. À Nancy, me dit Bruneau, les logements ne sont pas introuvables ; ils sont pourtant assez rares pour que l'on tolère une résidence à Paris. Je pense que je débuterais ainsi, à cause de la vie de famille des enfants, de l'aide que cela vaudrait à mamé pour son loyer et pour se faire aider, des facilités de mon activité et de réception pour mes amis canadiens... Mais il faudra que je retourne à Québec liquider mes affaires, et que je m'arrange pour achever mon* Histoire littéraire de l'Amérique française[41].

Le retour de Viatte en France s'esquisse donc non pas vers le centre parisien longtemps convoité, mais par un « boulevard académique périphérique » somme toute classique. Dès lors, les choses ne vont plus traîner. Ce n'est en effet pas « la Faculté », comme Viatte le note dans un lapsus scriptural révélateur de ses ambitions, mais un poste de maître de conférences en littérature française à l'Université de Nancy qui lui est octroyé par décision de la Direction de l'enseignement supérieur du ministère de l'Éducation nationale, en date du 14 septembre 1949[42]. Viatte apprend la nouvelle dans sa maison de Porrentruy où il séjourne, et ne cache pas sa satisfaction de voir son projet de retour en France enfin se concrétiser. Certes, la notoriété qu'il escomptait jusqu'à parfois envisager l'Académie ou le Collège de France n'est pas assouvie, mais à ses yeux, le poste de Nancy ne représente qu'une étape. De retour à Québec, il en informe Mgr Alphonse-Marie Parent, doyen de la Faculté des lettres, qu'il « voit blêmir sous le choc, puis se reprendre »[43]. Il lui reste dès lors à régler les détails de sa propre succession à Laval, qui se fera dans un premier temps par une série de suppléances. À nouveau optimiste, Viatte peut se projeter dans ce nouveau monde qu'est pour lui la vieille Europe d'après-guerre :

> *Réussirais-je en France comme j'ai réussi partout où j'ai passé, au Canada, en Haïti ? Pourquoi pas, si je m'y taille mon domaine propre, celui des pays de langue française ? Je me sens poussé ; en somme, cette année, ma carrière s'est précipitée, – nomination de maître de conférences, Légion d'Honneur, puis Nancy : il y a eu aussi ma reprise de contact avec les Jurassiens ; à moi de continuer avec ténacité dans ma ligne*[44].

Dans le port de New York, le 18 novembre 1949, un paquebot appareille avec à son bord un père et ses trois enfants, heureux quoique un peu nostalgiques. Sur les flancs du bateau, on peut lire : « *L'Île de France* »...

---

41. ARCJ, 118 J 30, Mes Cahiers, 22.7.1949.
42. ARCJ, 118 J 235, Corr. gén., Donzelot à Viatte, 14.9.1949.
43. ARCJ, 118 J 30, Mes Cahiers, 1.10.1949.
44. ARCJ, 118 J 30, Mes Cahiers, 1.11.1949.

Épilogue helvétique et francophone

Auguste Viatte occupera son poste de maître de conférences à Nancy durant deux ans et demi. Une expérience en demi-teinte, si l'on en croit le peu de détails touchant ce bref épisode de sa carrière dans les notices biographiques qui lui sont consacrées. En 1952, il s'engage en Suisse dans la succession du professeur Charly Clerc et décroche le 15 juillet la chaire de littérature française de l'École polytechnique fédérale de Zurich. Il a pu bénéficier dans cette nomination du soutien non négligeable du chef du Département fédéral de l'Intérieur, le conseiller fédéral catholique-conservateur Philipp Etter, qui « souhaitait que dans cette unique chaire fédérale de Littérature française un catholique succédât à un réformé »[45]. Curieuse destinée, a priori paradoxale, pour ce professeur binational qui plus d'une fois, au détour de ses « Cahiers », est allé jusqu'à renier son identité helvétique. La nomination dans une université suisse alémanique aurait ainsi pu correspondre à un déracinement pour celui qui aimait à répéter : « Je ne suis en exil ni en France, ni dans aucun pays de langue française ».

Pourtant, par son caractère plus représentatif que pédagogique, la chaire du Polytechnicum de Zurich va permettre à son détenteur de rayonner hors de l'institution dans son domaine de prédilection, celui des littératures francophones hors de France. Directeur et fondateur d'associations comme France-Québec ou France-Haïti, animateur de Culture française ou France-Canada[46], Viatte développe également une sociabilité culturelle et scientifique foisonnante en prenant part à des congrès, colloques, conférences et autres jurys de prix littéraires qui lui font parcourir le monde francophone jusqu'à la fin des années quatre-vingts. La période de son professorat zurichois est aussi celle des synthèses, comme en témoignent les nombreux articles de cette nature qu'il publie dans des encyclopédies, dictionnaires ou autres ouvrages de référence. L'intellectuel Viatte a ainsi acquis une notoriété, et accède à la catégorie bourdieusienne de « notable » non pas dans le centre académique parisien qu'il rêvait d'intégrer, mais grâce à son omniprésence dans les périphéries francophones, où il obtient la reconnaissance de ses pairs. Cultivant jusqu'au terme de sa vie les nombreux liens qui le rattachent aux sphères académiques et littéraires québécoises, Auguste Viatte demeure également attentif aux événements jurassiens qui vont conduire sa région d'origine à l'indépendance cantonale au milieu des années soixante-dix. Se plaisant à souligner la culture française du Jura, Viatte évolue au soir de sa vie vers une synthèse identitaire qu'il projette sur ce qu'il considère comme la double vocation de sa petite patrie : « incarner en Suisse une tradition

---

45. AMAE, Fonds Z-Europe, Échanges culturels 1948-1955, Rapport trimestriel d'Henri Guillemin, attaché culturel auprès de l'Ambassade de France à Berne, au Quai d'Orsay, 31.7.1952.
46. Pour plus de détails à ce propos, voir l'article de David TREMBLAY : « Le fonds Auguste Viatte : une source d'informations de choix sur la francophonie et la littérature » in : *Regards croisés entre le Jura, la Suisse romande et le Québec*, pp. 42-45.

authentiquement française tout en servant d'intermédiaire entre elle et les autres composantes de l'âme helvétique[47] ».

Auguste Viatte s'est éteint à Paris le 21 novembre 1993. Cinq ans avant son décès, ayant perdu une grande partie de son acuité visuelle, il rédigeait encore quotidiennement des notes personnelles dans ses « Cahiers »…

Claude Hauser, 1er mars 2003

---

47. VIATTE, « Jura et culture française », *Le Jura des Jurassiens*, Lausanne, 1963, p. 122.

Bibliographie

Les sources et la bibliographie utilisées pour la réalisation de ce second volume sont identiques à celles du premier. Je me permets simplement d'y ajouter les quelques références suivantes :

LATREILLE, André : *De Gaulle, la Libération et l'Église catholique*. Paris, Cerf, 1978.

LEMIEUX, Denise (sld. de) : *Traité de la culture*. Sainte-Foy, Les Éditions de l'IQRC, 2002.

MEUNIER, E.-Martin et WARREN, Jean-Philippe : *Sortir de la « Grande noirceur ». L'horizon personnaliste de la Révolution tranquille*. Sillery, Éditions du Septentrion, 2002.

PRÉVOST, Philippe : *La France et le Canada d'une après-guerre à l'autre 1918-1944*. Saint-Boniface, Éditions du Blé, 1994.

SAPIRO, Gisèle : *La guerre des écrivains 1940-1953*. Paris, Fayard, 1999.

SAVARD, Pierre : « L'ambassade de Francisque Gay au Canada en 1948-49 » in : *Revue de l'Université d'Ottawa*, 44, 1974, pp. 5-31.

Index des noms de personnes, revue et journaux

Cet index, composé en collaboration entre l'auteur et l'éditeur, ne se veut pas exhaustif. Les noms des membres de la famille d'Auguste Viatte (son épouse Marie-Louise née Claro, ses enfants Bernadette, Germain et Jean-Claude) n'ont pas été retenus, de même que ceux des personnes apparaissant exceptionnellement et dont le rôle dans les «Cahiers» est secondaire.

Pour les noms cités dans l'index, n'ont été indiqués que les numéros de page des «Cahiers» (texte ou notes) comprenant des éléments significatifs, historiquement ou sociologiquement.

A

Abadie, D^r: 163, 183
Abel, abbé: 38
Action catholique (L'): x, 1, 2, 15, 25, 49, 54, 58, 69, 90, 114, 137, 146, 165, 179, 189, 191, 223, 255, 268, 276, 302, 334, 335, 354, 356
Action française (L'): xvi
Adam, abbé: 23
Adam, Paul: 233
Aigrain, René: 306
Alabrunne: 138
Alaterre: 297
Albert, P.: 37, 44, 212
Alexis, Stéphen: 106
Allard, Louis: 101
Allard, P.: 38
Amyot: 21
Amyot, Mlle Alice: 32
Antoine, Jacques: 201
Aragon, Louis: 157
Aranian: 186
Argelieu, père d': 297
Armand, Maurice: 99
Arnaud, Mlle: 15
Arsenault, P.: 110
Asselin, M.: 176
Asselin, Paul-Émile: 176
Astier de la Vigerie d': 119
Athaÿde, Tristan d': 136
Aubert, abbé: xv
Aubert de la Rue, Edgar: 142, 222
Aubier, Mme: 161, 169
Audet, D^r: 131
Aumont, Jean-Pierre: 322

B

Babin, P.: 160
Babinski: 261
Bachand, Léonidas: 58-59
Badoglio, Pietro: 162
Baldenne: 118, 187
Baldensperger, Fernand: xiii, 126, 141, 156, 187, 217, 220
Balthazar, A.: 8
Balthazard, Mlle Isabelle: 171, 356
Bamonte, Clémentine: 337
Barbeau, Marius: 140
Barbeau, Maurice: 345
Bardou: 85, 87-88
Barrès, Maurice: 88
Barrès, Philippe: 105
Barzin: 177
Baudrillart, cardinal: 36-37
Bavigne, M.: 349
Bayet, Yves: 294

Beaudry, abbé: 120, 232
Beaudry, Maurice: 81, 82
Beaudry, Pierrette: 82
Beaulieu: 106
Beaulieu, Mme: 101
Beaulieu, Mlle: 248
Beaulieu, Paul: 275
Beaumarchais: 20, 70
Beaupin, Mgr Eugène: 265, 368
Beaupray: 302
Beauvais, Mgr de: 173
Béchaux, Henri-Dominique: 20
Bédé, Jean-Albert: 59, 145
Bégin, abbé Émile: 2, 26, 36, 238, 244, 266, 280, 283
Béguin, Albert: 270, 364
Belleau, Joe: 9, 129
Bellegarde, Dantès: 39, 46, 180, 223-225
Bellegarde, René: 28, 125, 128
Belloch, M.: 203
Benjamin: 148
Benoît, abbé: 26
Benoît, major: 69
Benoît, Réal-André: 148, 260
Benoît-Levy, Jean: 19
Béraud, Henri: 260
Berdiaïeff: 228
Berger, D^r: 21, 157
Bergeret, général Jean: 26
Bergeron, chanoine: 255
Bergson: 259
Berle, Adolf: 19
Bernanos, Georges: x, 37, 52
Bernard, F. Antoine: 344
Bernier: 120
Bernier, Jean: 167, 258, 301, 311
Bernoville, Gaëtan: 229
Bernus, Alexander von: 116
Bertrand, Louis: 123
Béthouart, général: 17
Beuve-Méry, Hubert: 361
Beyer de: 270
Bézuquet, saint: 24
Bidault, Georges: 268
Bieler: 104, 221
Bienvenue, Valmont: 3
Biezuner, D^r: 179
Bilodeau: 46
Bilodeau, Louis: 333
Blais, garde: 23

Blanchar, Pierre: 238
Blanchard, Raoul: 308, 350
Blanchet, André: 219
Blanchet, D^r: 23, 27
Bloy, Léon: 107, 345
Blum, Léon: 323
Bluteau, abbé: 68, 192
Boëtte, Blanche: 59, 175
Boileau: 84, 214
Boisvert, Maurice: 337
Boivin, Mme: 146
Bombelles: 273
Bonenfant, Jean-Charles: 1
Bonier, Mlle: 7
Bonnafous, Henri: 163
Bonnard, Abel: 298
Bonneau, Gabriel: xi, 22, 26, 29, 35, 38, 47, 49, 61-63, 71, 85, 89, 97, 101, 107, 116, 135, 142, 148, 170-171, 178, 181, 183, 191
Bonnet, Henri: 97, 292
Bonno: 77
Boorsch: 19
Borne, Lucien: 4
Bossuet: 56
Botrel: 250
Bouchard: 63
Bouchard, Paul: 150, 228
Bouffard, P.: 137
Bouffard, pilote: 7
Boulet, Pauline: 224
Boulizon: 165
Bourd: 254
Bourgeoys, Marguerite: 52
Boussole (La): 66
Boutin, abbé: 45
Boyer, Charles: 166, 177
Brand, P.: 3
Brasillach, Robert: xvi, 310, 313
Braud, P.: 13
Briggs, Mlle: 44
Brito, M.: 212
Brodin, Pierre: 19, 291
Brouillette: 140, 165, 202
Broussiloff: 172
Browder, Earl Russel: 189
Brown: 284
Bruchési, Jean: xvii, 5, 31, 58, 107, 148, 367
Bruneau, Charles: 30

Brunhes, Jean: 54
Brunschvicg, Léon: 291
Buc, Audrey de: 337
Bulletin des Études françaises (Le): 144
Buré, Émile: 137, 161

C
Cahiers d'Haïti (Les): 288
Cahiers de Civilisation (Les): 76
Cahiers du Monde nouveau (Les): 361
Cahiers français (Les): 171
Cahiers latins (Les): 283
Campino, Jérôme: 305
Canada français (Le): *2, 4, 6, 8, 9, 13, 18, 30, 31, 41, 42, 52, 53, 58, 66, 68, 102, 103, 112, 113, 126, 129, 133, 134, 146, 147, 155, 157, 159, 170, 195, 205, 219, 252, 268, 284*
Candide: 146
Cantave, Philippe: 9-10, 27, 37, 41, 94, 101
Cantin: 128
Capitant: 119, 164
Carabin-Laval (Le): 6
Carcopino, Jérôme: 305
Carné, Marcel: 365
Carnot: 172
Carré, P.: 350
Carrière, P.: 116, 149
Casgrain, Mme: 25, 178
Cassal, Mlle Renée: 160
Cattala, P.: 101-102
Céline, Louis-Ferdinand: 220
Césaire, M.: 202
Chalifoux: 4, 7, 10
Chaloult, Mme: 176
Chaloult, Pierre: 29, 61, 206
Chalufour, Mlle Aline: 155-157, 333
Champagne, Marguerite: 153
Champris, Gaillard de: 355
Chaplin, Charlie: 340
Chapman, Mme: 77
Charbonneau, Robert: xvii, 33, 364
Chardonne: 219
Charles, Raë: 333
Charpentier, Fulgence: 152
Chartier, chanoine: 60
Chassé: 246
Chateaubriand, François-René de: 36
Châteaubriant, Alphonse de: 229
Chérel, Albert: xvi

Chérel, André: 244, 298
Chevalier, Willie: 276
Churchill, Winston: 66, 95, 236, 354, 356
Clark, A.F.B.: 84
Claro, Charles: 4
Claude, D^r: 161
Claudel, Paul: 33, 167
Clémenceau: 182
Clerc, Charly: 371
Cohen, Françoise: 75
Cohen, Gustave: 1, 3, 6, 8, 14, 21, 26, 59, 66, 74-76, 97, 118, 173, 211, 216, 303
Collignon, Mgr: 94, 98
Combat: 286, 298
Côté, Mlle: 190
Couillard, D^r: 256
Couture, abbé: 86, 212
Couture, D^r: 308
Couture, P.: 212
Couturier, Marie-Alain: 172, 175, 181, 281, 321, 339
Craig, H.G.: 29
Crammer, Gladys: 66
Crespin, Vitalis: 75
Crevoiserat, Anne: 5, 44
Culture: 8, 346

D
D'Hauteserve: 328
Dagenais, Gérard: 105, 112
Dahyot, abbé Jehan: 353, 355
Daladier, Édouard: 324
Dalbernet: 35
Dalleine, Blanche: 292
Dandurand: 163
Danis, P.: 200
Darbelnet: 35, 265
Darlan, François: 3, 11, 154
Darré, Walter: 278
Dartigue, Maurice: 8-10, 99, 107, 122, 141, 151, 202
Daudet, Alphonse: 11, 24
Daudet, Léon: 335
Dautry, Raoul: 228
Daviault, P.: 189
De Coene: 357
De Gaulle, Charles: x, 9, 15, 23-24, 35, 46-48, 50, 54, 56, 63, 75-76, 90-91, 110, 119, 122, 151, 162, 185, 207, 210, 212, 226, 238, 256, 260, 291, 301, 310, 339

De Koninck, Charles: xv, 3, 4, 12, 17, 23, 26, 27, 30, 31, 36-41, 43-45, 47, 49, 50, 53-55, 57, 60, 62-64, 66-75, 77, 81, 83, 89-95, 101, 104, 105, 109, 111, 121, 130, 131, 136, 141-143, 145, 147, 149, 150, 153, 157, 160, 175-179, 183, 186, 188, 191, 192, 195, 208, 212-216, 219, 220, 224-230, 233, 235, 239, 240, 242, 248, 249, 252, 254, 260-263, 265, 266, 269, 271-275, 277, 278, 280, 281, 283, 285-289, 301, 302, 309, 312, 314-316, 323, 327, 329, 333, 335, 337, 342, 346, 347, 349, 354, 357
De Koninck, Thomas: 44
De Rooy, P.: 52-53
De Smet, abbé: 4, 243
Déat, Marcel: 16
Deffontaines, Pierre: xii, 28, 43, 73, 102, 160, 204, 211, 328, 360, 363, 368-369
Défly, ministre: 46
Degoumois, Léon: 46
Delage, Cyrille: 207
Delattre: 58
Delos, Joseph-Thomas: xii, 1, 3-5, 7-8, 24, 139, 173, 195, 262, 310
Demartre, Mlle: 161
Demers, Jean: 153, 182
Dennis: 138
Dénoyer, Pierre: 203, 261, 295, 298-299, 304
Derkenne, Françoise: 141
Dermenghem, Émile: 244
Deryckère, Gérard: 203
Deschamps, P.: 144, 216, 232
Désilets, Alphonse: 5, 23
Després, Jean-Pierre: 7, 25, 31, 44-45, 53
Desrochers, F.: 212
Deval, Jacques: 76
Devoir (Le): xvi, Devoir 2, 7, 43, 44, 50, 55, 60, 64, 67-69, 74, 77, 115, 209, 212, 256, 263, 269, 270, 277, 283, 315, 333
Dewey: 223
Didier, éditeur: 21
Dion, abbé: 52
Dion, P. Alcantara: 263
Dionne, abbé: 30, 71, 160
Documents de la France combattante (Les): 168, 175
Dolbec, abbé Robert: 33
Dominique, P.: 215
Dominique, sœur: 355

Doncœur, P.: 43
Donohue: 148, 164
Donyon: 139
Doré, Victor: 214, 216
Doriot, Jacques: 16
Dravet: 102
Drieu La Rochelle, Pierre: 215
Droit (Le): 95
Droite (La): 110
Drolet: 122
Drouin, Oscar: 107, 131, 178, 257
Droux, Mme: 164
Du Bellay, Joachim: 117
Ducattillon, Joseph-Vincent: 15, 18, 66, 73, 292-294, 321, 323, 338-339
Dufrenne, Jean-Marc: 131
Dufresne, A.O.: 233
Dugé de Bernonville, Jacques: 365-367
Duhamel, Georges: 306
Duhamel, Roger: 55, 115, 264
Dumas, Alexandre: 207
Dumond, abbé: 27
Dumont, Michel: 159, 279, 326
Dumouchel, abbé: 269
Duplessis, Maurice: xv, 285, 299, 304, 313, 355, 365
Dupong: 39
Dupong-Bech: 39
Dupont: 14, 56
Dupont, Henri: 14-15
Dupuis: 28, 47
Durand, René: 217
Duroselle, Jean-Baptiste: 254
Durry: 209
Dussault: 80

E
Éclaireur de Beauceville (L'): 150
Eisenhower, Dwight: 9, 48
Elst, comte d': 273
Ely, comte d': 195
Emmanuelli, Mme: 335
Éon, Mme: 74
Ernout, Alfred Georges: 296
Escayrac, d': 76
Eschmann, Ignatius: 342
Esprit: xv, 361
Estève, Édouard: 351
Etter, Philip: 371
Événement-Journal (L'): 3, 157

Eylan, Claude: 63

F
Faber, Hector: 107
Falardeau, abbé: 217
Fatton: 144
Febvre, Lucien: 298
Ferland, Philippe: 5, 46
Fernandez, Ramon: 220
Feuerbach: 31
Figaro (Le): 298
Fiset, Mlle: 186
Fontaine, Henri: 46, 71, 126
Force: 76
Forest, Jean-Paul: 311
Forestier, Marcel-Denys: 132
Forestier, P.: 132
Foucher, Brito: 214, 21
Fournier, André: 349
France-Amérique: 137, 146, 177, 352
Francès, Mlle: 309
Francis-Louise, sœur: 48
Franco, Francisco: 66
Frégault, Guy: 140
Freggett, Miss: 14
French Review (The): 167
Fumet, Stanislas: 243, 299

G
Gagnon, Mgr Cyrille: xv, 64. 79, 88, 101, 108, 118-119, 210, 242, 248, 278, 354, 355
Gagnon, Dr P. E.: 265
Gagnon, Jean-Louis: 71, 304
Gagnon, Onésime: 5, 178, 236, 242
Gandhi: 14
Gants du ciel: 103
Garant, chanoine Charles-Omer: 40-41
Garant, D^r: 65
Garneau, abbé: 274
Garneau, René: 63
Garric, Robert: 228
Garrigue, Robert: 299
Gaudron, P.: 8, 337
Gautheron, René: 82
Gauthier: 80
Gay, Francisque: 268, 366
Gay, Mgr: 203
Georgeot: 186, 276, 282, 295, 308
Georges: 209
Georges, sœur: 11
Georget: 141

Germain, Ernest: 62, 63
Germain, Stanislas: 105, 270
Ghéon, Henri: 250
Gide, André: 167, 210
Gillet, Hedwige: 332
Gillet, Louis: 228
Gillet, P.: 292
Gilson, Étienne: 63, 308
Gingras, abbé: 107
Gingras, Michel: 65
Gingras, Roland: 10, 101, 108
Giono, Jean: 220
Girard: 332
Giraud, Henri: ix, 12, 17-19, 23-24, 26, 35, 46-47, 50, 54-56, 63, 76, 88, 90, 93, 121, 130
Giraudoux, Jean: 296
Giroux: 26
Glarner, André: 222
Gobert, Mlle: 293
Gobineau: xvi
Godbout, Adélard: 88, 107, 114, 124, 142, 146, 355
Goebbels, Joseph: 35
Goethe: 217
Gorgé, Camille: 104
Gottmann, Jean: 139
Gouhier, Henri: 245
Gounouilhou, colonel: 22
Goyau, Georges: 36-37
Gravel, abbé Pierre: 237
Greenwood, Thomas: 161
Grégoire, Henri: 21, 76, 104, 109, 130, 173-177, 179, 182, 288, 305
Grenier, abbé: 4, 28, 73, 272
Gringoire: 294
Groulx, abbé Lionel: 140, 237
Grousset, M.: 97, 231. 244
Grundt: 16, 20, 102-104, 306
Grzezinski, abbé: 21
Guédenet, Pierre: 305
Guerdan, Léon: 161, 187
Guignet, Mlle Géraldine: 119, 147, 152
Guignet, M.: 162
Guillemin, Henri: 371
Guimont, Paul-Henri: 72, 217
Guinard, M.: 126
Guivremont, Mme: 159
Gurian, Valdémar: 76

H

Hack: 57
Hadamard, Jacques: 15, 19, 46, 60, 75, 112
Hadamard, Mme: 19
Halecki, Oscar: 15, 17, 23-24, 125, 131, 142
Halifax, lord Edward: 46, 70, 150
Hamel, Dr Philippe: 146, 275, 365
Hammay, abbé: 153
Hammond, Francis: 89, 91, 94
Harcourt, Emmanuel d': 324
Harcourt, Geneviève d': 10
Harcourt, Robert d': 324
Hardy: 90
Harvey, Jean-Charles: 119, 167
Harvey, Mme: 23
Harvitt, Mlle Hélène: 78
Hautecloque, Jean de: 254, 296, 314, 367
Hauteserve, d': 328
Hazard, Paul: 84, 187, 220
Hébert, Maurice: 44, 105, 140, 224-225
Helleguen, aviateur: 91
Henriot, Philippe: 203
Henry, Victor: 104, 279
Héricourt, Pierre: 73
Hermant, Max: 278
Hertz: 76
Himmler, Heinrich: 335
Hippolyte, Dominique: 180
Hitler, Adolf: 159, 320
Hoffherr: 79, 162
Hogue, Mme: 95
Hoppenot, Henri: 117
Houde, Camilien: 365
Houpert, Jean: 114
Howard, Miss: 45
Huard: 76
Hubert-Robert, Régine: 305
Hughes: 9
Hugo, Victor: 10, 309
Huguenin, Charles: 17, 307
Hugues, Everett C.: 9
Huizinga: 305
Humanité (L'): 328
Hurtubise, Claude: xvii, 22, 64, 74, 94, 108, 116, 140, 144, 163, 192, 194, 233, 250, 264, 285, 287, 331
Huysmans: 27, 94

I

Istel, Mme: 111
Ivoi, Paul d': 239

J

Jacob, Paul: 137, 163
Jacobson, Lucille: 66
Jacquinot: 119
Jaloux, Edmond: 220
James, dom: 265
Jamet, dom Albert: 4-5, 7, 16, 43, 64, 69, 74
Jamet, Mlle: 139
Jansé, Olav: 29
Jeanneney, Jules: 207
Jobin, Mlle: 9
Johnson: 88
Joos, François: 100
Joos, Joseph: 133, 324
Joseph-Arthur, sœur: 24
Joseph-Hermann, sœur: 111, 179
Jouhandeau, Marcel: 220
Jour (Le): 31
Journal de Genève (Le): 144, 170
Jouvet, Louis: 201
Juin, Alphonse: 17
Jura (Le): 144

K

Kaufmann, Pierre: 274, 276-277
Kerhulu (restaurateur): 32
Kérillis, Henri de: 11, 162
Kotowski, abbé: 188, 245
Koyré, Alexandre: 21, 54, 75-76, 108, 136, 177-178
Krappe: 144
Krzezinsky, abbé: 39-40
Kucharzewski, Jan: 20
Kuniholm: 216

L

L'Heureux, Eugène: 39, 63, 146, 299
La Bruyère: 71
Labarre: 331
Labouret: 2, 4, 14, 52-53, 57, 85, 254, 348
Labrecque, chanoine Cyrille: 73
Labrie, abbé: 2, 36, 40, 69, 79, 101, 107, 109, 113, 118, 121, 123, 127, 131, 232-234
Labrie, Mgr: xii
Lacerte, Mme: 5
Lacombe, Olivier: 38
Lacour-Gayet, Jacques: 346
Lacourcière, Luc: 5, 7, 157, 219, 232, 248, 256, 309
Lacretelle, Jacques de: xvii, 219, 317

Lafleur, Bruno: 68
Lafourcade: 244
Lagrevol, abbé: 63
Lahaye, commandant: 47-48, 52-55, 115, 164, 310, 315, 329
Lahaye, Mme: 2-3, 5, 7, 226, 313
Lahaye, Nicole: 52
Laliberté, abbé: 43, 232, 242, 243-244, 266, 296
Laliberté, Julie: 153
Lallier: 272
Lamarche, P.: 151
Lamartine, Alphonse de: 101
Lammenais: 295
Langellier Alice/Paul: 291
Langlais, Antonio: 23, 35, 38
Langlois, Colette: 332
Lapointe, Ernest: 163
Lapointe, Jeanne: 234
Latreille, André: 362
Lattre de Tassigny, Jean de: 18
Laugier, Henri: 14, 34, 141, 156, 162, 164, 250, 254, 285, 308, 353
Laurendeau, André: 366
Laurent, Edmond: 146
Laval, père: 346
Laval, président: 47
Laverdière, abbé: 131
Le Bray, Robert: 105
Le Braz, Mme: 126
Le Dantec, général: 201
Le Floch, P.: 87
Le Gouaze, Mgr: 16, 138, 150
Le Roy, P.: 48, 330
Le Roy, père: 119
Léautaud, ambassadeur: 106
Lebel, Maurice: xii, 5-6, 23, 38, 40, 43, 232, 235, 309, 363
Leblond: 75
Lecanuet, P.: 312
Lechevalier, Jean: 69-71
Ledit, P.: 29, 31-32, 161, 243
Lednicki: 157
Légaré, colonel: 107
Legault, Henri: 266
Léger, Abel: 98
Léger, Alexis: 151
Lehmann, Lotte: 143
Lelaidier, abbé Philippe-Auguste: 94, 271
Lemaigre-Dubreuil: 17, 130
Lemaître, abbé: 8, 163

Lemelin, Roger: xvii, 28, 30, 64-65, 94, 108, 116, 187, 221, 224, 246
Lemieux: 31
Lemoine: 162
Lemoine, abbé: 21
Lénine: 172
Lenormand: 246
Léopold III: 90
Lepage, Mme: 316
Lescot, André: 204
Lescot, Élie: xiii, 46, 49, 58, 62, 65, 94, 99, 101, 103, 105-107, 122, 145, 150, 225, 293
Lescot, Roger: 101
Lescouflair: 259
Lettres françaises: 232, 319
Lévesque, Georges-Henri, P.: 27, 309, 316, 367
Lévi-Strauss, Claude: 21, 99, 259
Lévine, Mlle: 193
Levitt, Martha: 304
Lewis, Joe: 77
Lhérisson, D^r: 99
Liautaud, André: 348
Liberté (La): 126
Life: 14
Lignot-Roux, Mme: 165
Lincoln, Miss: 10
Loew, P.: 72
London Times: 156
Louis de Gonzague, sœur: 329
Loyola, Mary: 352
Lubac, Henri P. de: 329
Ludwig, Emil: 123
Ludwig, Louis: 123
Lyautey, Louis: xiii

M

Mabille, D^r: 138, 162, 305, 339-340
Mac Key: 127
Macan, Miguel A.: 221
Mackenzie King, W. L.: 106
Maeterlinck, Maurice: 119
Magnan, Mme: 23, 113
Magnan, Marguerite: 102
Maheux, Arthur: xii, 2-3, 26, 36, 165, 224, 232, 238, 244, 263, 295, 302, 316
Maistre, Joseph de: 39, 56
Malègue: 107
Malherbe, François de: 130
Malouin, abbé: 135
Malouin, M.: 210

Marie-Carmen, sœur: 11
Marie des Anges, mère: 124
Marie-Valérie, mère: 12
Marin: 100
Marion, père: 54
Marion, Séraphin: 218
Maritain, Jacques: xiii, 69, 73, 179, 292
Marlio, Louis: 16, 79, 162
Marquet, Adrien: 16
Marquette: 246
Marquis, colonel: 1
Martin, Gérard: 159
Marx, Jean: 368
Marx, Karl: 358
Massigli: 119
Masson, Lorenzo: 258
Maulnier, Thierry: 278
Maurault, Mgr Olivier: 212
Mauriac, François: 167, 278, 286
Maurois, André: 162, 201
Maurras, Charles: xvi, 165
Maydieu, Jean-Augustin: 243
Mendizabal, Alfredo: 16, 177, 179, 288
Menthon, F. de: 125
Mespoulet, Mlle: 42
Messières, D^r: 161
Messières, René de: 80, 367-368
Métraux, Alfred: 171
Miaja, Josée: 216
Michel, Mlle: 70
Michelet, Jules: 295
Minot: 351
Miribel, Élisabeth de: 1, 3, 5, 7, 22, 25, 29, 32, 34-35, 37-38, 43, 61, 66, 73, 83, 105, 111, 115, 117, 297, 315, 336, 338, 353
Mirkine-Guetzevitch, Boris: 14, 294
Mitard, Mme: 244
Miville, P.: 282-284
Miville, père: 282
Mizaël, frère: 34
Moeneclaey, consul: 204, 206, 242, 320
Mommersteeg, Peter: 27
Monde (Le): 328
Monglond, André: 298
Monléon, Jacques de: 85, 318
Monneau: 244
Monnier, Mlle: 15, 55, 137
Monnier, M.: 198
Montaigne, Michel Eyquem de: 52
Montesquieu, Charles de: 69
Monteux: 213

Montfort, de: 226
Montherlant, Henri de: 210
Mordret, Jacques: 9, 13, 85, 272
Moreau, Pierre: xvii, 298, 299, 348, 369
Moreno: 248
Moreux: 117
Morin, Gérard: 5
Morisseau Leroy: 201
Morisset, Gérald: 113, 317
Morize, André: 153
Morlion, P.: 189, 314
Mounier, Emmanuel: 361
Mouton, Géraldine: 84
Muller: 138
Musset, Alfred de: 300
Mussolini, Benito: 91, 108
Mühlstein, Anatole: 306

N

Nangis, Guillaume de: 207
Neff, Emery: 15, 138
Neff, Mme: 15
Nehru: 14
Nemours, général: 60
New York Times: 32, 54
Neymuller: 269
Nio, R.: 200
Nodier, Charles: 208
Noguès, Charles: 17
Nouvelle Relève (La): 6, 13, 29, 36, 38, 43, 55, 56, 57, 78, 106, 115, 116, 118, 144, 165, 166, 168, 199, 217, 231, 232, 247, 285, 286, 304, 319, 358
Nouvelles littéraires (Les): 333
Nouvelliste (Le): 149, 264
Nova et Vetera: x

O

O'Donovan, Miss: 13
Œil (L'): 146
O'Leary, Dostaler: 264, 299, 314-315
Oligny, P.: 192
Orlemanski: 191
Osorio, Miguel Angel: 137
Ouelette: 10
Ouellet, Cyrias: 40

P

Pagès: 76
Painchaud, D^r: 65
Pakstas, Karyz: 41, 160

Panneton, Marcel: 110, 112, 301
Papen, von: 312
Pâquet, Arthur: 48, 310
Parent, Mgr Alphonse-Marie: 4, 43, 53, 93, 177, 233, 235, 244, 256, 269, 271, 273, 309, 311, 316, 334, 336, 370
Parent, Raymond: 29
Paret, Mlle: 266, 351
Patry, André: 205, 317
Pattee, Richard: xiii, 8, 15, 72, 90-91, 159, 202, 262
Patton, général: 303
Pauly, Marie-Hélène: 141, 175, 323
Pauzé, P.: 329
Pavlof: 157
Peary: 261
Péguy, Pierre: 357
Peillon, Millon de: 340
Pellerin, M.: 263
Pelletier, abbé Georges-Léon: 6
Pelletier, Albert: 94
Pelletier, Mgr François: 40-41, 60
Perrier, M.: 28, 29, 94
Perron, Marc: 95
Pétain, Philippe: x, 75, 77-78, 87, 100, 114, 122, 162, 185, 200, 251, 318, 326, 331, 354, 366
Peyre, Henri: 132
Pfeiffer, Miss: 258
Philip, André: 1, 3, 19, 73, 75, 151, 163
Philippon: 184
Piatigorsky, Gregor: 159
Pic de la Mirandole: 37
Picard, Philippe: 107
Picard, Roger: 32, 52, 67, 75, 117, 123, 125, 138, 169, 207, 266, 302, 356
Pie XII: 253
Pierrené, Martin-Prével, Jacques-Émile dit: 35
Pigeon, Louis-Philippe: 241-242
Pilet-Golaz, Marcel: 237
Pitoëff, Mme Ludmilla: 32
Poésie 1941: 154
Pompée, Arsène: 103, 158
Poncins, Gontran de: 76
Pons, Roger: 43, 205, 336, 368
Populaire (Le): 247
Potvin, Pascal: 114
Poulin, Bernadette: 6
Poulin, P.: 219
Pouliot, Adrien: 26, 47, 105

Pour la Victoire: 25, 130
Poznanski, Tadeusz: 12
Prat de: 331
Presse (La): 141
Price-Mars: 137
Pruneau, Mme: 84
Pucheu, Pierre: xii
Putman, Henri: 47

Q
Quillet, Jacques: 102
Quinet, Edgar: 186

R
Rabelais, François: 1
Racine, Albert: 11, 178
Racine, Bernadette: 38
Rageot: 63
Rainville: 63
Raoul-Duval, Claude: 172, 184, 188, 218
Rasetti, France: 47
Ray, Lionel: 334
Raymond, Louis-Marcel: 26, 140
Readers, Georges: 32, 49, 233
Reflets: 302
Reifenacht: 15
Relations: 154
Renaissance: 104, 173
Renan, Ernest: xvi, 269
République française (La): 137, 292
Reves: 40
Review of Politics: 212
Revue Dominicaine: 6, 8
Revue Moderne (La): 105, 141
Reynold, Gonzague de: 166, 311
Ricour, Pierre: 182, 221
Rimbaud, Arthur: 42
Risi, Joseph: 6
Ristelhueber, René: 85, 142, 172, 227, 242
Rivet, Paul: 64, 74
Roberge, Guy: 29
Robert, amiral: 199
Robert, F.: 38
Robert, Mgr: 201, 226, 259
Robert, père Patrice: 331
Robespierre, Maximilien de: 172
Romains, Jules: 241
Rommel, Edwin: 35
Roosevelt, Franklin D.: ix, 95, 151, 162-163, 223, 279, 312

Rossano, Michel: 225, 325
Rosselli: 203
Rougier, Louis: xvi, 18, 152, 254, 257, 261, 269, 271, 277-278, 331, 335
Roumefort, Roger de: 116, 149, 297, 299, 320, 353
Rousseau, Jean-Jacques: 75
Rousseaux, André: 329
Rouzier, Gontran: 101
Rouziès, Urbain P.: 203, 311
Roy, André: 354
Roy, Antoine: 10, 39
Roy, Ferdinand: 24
Roy, Gabrielle: xvii
Roy, Lactare: 296
Roy, Lionel: 309
Roy, Louis-Philippe: x, 23-24, 49, 215, 326, 330, 336
Roy, Mgr Camille: 2, 5-6, 11, 23-24, 28, 36-38, 40, 43-44, 50, 52-54, 57-59, 61-62, 65, 70, 81, 83, 109
Roy, Norbert: 117
Rubinstein, Arthur: 166

S

Sainéan: 344
Saint-Arnaud: 264
Saint-Exupéry, Antoine de: 17
Saint-Laurent, Louis: 90, 106
Samson, W.: 219
Sartre, Jean-Paul: 298, 304
Saussure, F. de: 19
Sauzé, E. B. de: 315
Savard, abbé Georges: xii, 131, 165, 224, 227, 230, 232, 235-236, 238, 249, 295
Savard, Félix-Antoine: xvii, 209, 227-228, 233, 235, 238, 242, 266, 284, 309
Savatier, René: 297, 299
Savioz, Raymond: 28
Scapini, Georges: 19
Schérer, Jacques: 15, 369
Schinck, Pauline: 223, 224
Schussnigg, Kurt von: 324
Scott, Frank: 146
Semaine religieuse (La): 69, 237
Semple, lord: 225
Sertillanges, Antonin: 361
Sévigny, juge: 225
Seyrig, Henri: 100, 123, 138, 181, 329
Seznec: 56

Shakespeare, William: 25
Shaw, Mrs.: 93
Sideleau, chanoine Arthur: 58, 63, 114
Siegfried, André: 15
Simard, D^r: 172
Simard, Jules W.: 65, 189, 297
Simard, Marthe: xi, 3, 85, 87-88, 114-115, 118, 125, 131, 138, 142, 145, 208, 301, 317, 357
Simard, Yves: 59
Simon, Pierre-Henri: 270
Simon, Yves: 39, 72, 160, 212, 228, 242, 255, 335
Simoneau, Elphège: 271
Smith, Horatio Elwin: 35
Socrate: 57
Soffray, F.: 187, 324
Solages, Mgr Bruno de: 100, 202
Soleil (Le): 3, 109
Sonntag: 202
Sorel, Georges: 224
Soustelle, Jacques: 73
Spire, André: 15, 18, 123, 160
St-Charles Borromée, mère: 7
St-Phalle: 76
Staline, Joseph: xv, 110, 119, 150, 223, 311
Statesman: 7
Strong: 89
Strowski, Fortunat: 35, 60
Suhard, cardinal: 223
Sylvestre, Guy: 95, 103

T

Tabouis, Geneviève: 151, 169
Taine, Hippolyte: xvi, 227
Talbot, abbé: 2, 26, 232
Taupin, René: 118, 253
Tchou, colonel: 318
Teilhac, E.: 5, 105, 325
Témoignage chrétien: x, 363
Temps (Le): 39
Temps présent: 264, 363
Tenger, Robert: 291
Tessier, abbé: 158
The Voice of Austria: 31
Thérèse-Madeleine, sœur: 193
Thérive, André: 39
Thibault, Mlle: 11
Thorp: 114, 202
Tisserand, cardinal: 251

Tixier, Andrien: 186
Torrès, Henri: 137, 140, 161, 201, 293
Toussaint: 209
Toussaint-Louverture: 225
Tremblay, Jean-Paul: 57
Trentesaux, Mlle: 203
Trentesaux, Marguerite: 244, 265
Trudel, Jean-Paul: 110
Trudel, Marcel: 31, 89, 274, 295
Trujillo, Rafael: 293
Truman, Harry: 312
Tudor-Hart, Percyval: 1-4, 7, 314, 355
Turcot, D^r: 41
Turgeon, Mme: 168

U
Undset, Sigrid: 20

V
Vachon, Mgr Alexandre: 101
Valéry, Paul: 61
Valeur, Robert: 54, 66, 117, 305
Valin, Roch: 229, 312
Valiquette, Bernard: 31
Vallat, Xavier: 203
Van Cauwelaert, Frans: 15-16, 175
Van Houtte: 22, 88
Van Sickle: 149, 202
Vanier, général Georges: 3, 29, 38, 124
Vanier, Guy: 261
Varney, Mme Jeanne: 61
Vaumas, abbé de: 164, 344
Veilleux, abbé: 176

Venturi: 16
Verlaine, Paul: 121
Vial, Fernand: 17, 163, 288
Viatte, Charles: 87
Viatte, Gérard: 43, 100, 269
Viatte, Marie: 27
Viatte, Paul: 87
Viatte, Pierre: 6, 34, 60, 73, 78, 100, 190, 269-270, 295
Vignaux, M. Paul et Mme: 18
Vignaux, Paul: 18-19, 54, 62, 150-151, 305
Vignaux-Roux, Mme: 146
Vigny, Alfred de: 25, 33
Villeneuve, cardinal Jean-Marie-Rodrigue: x, 38, 238, 284, 310, 354-355
Vincent, Sténio: 10, 21
Vivès: 13, 351
Volontaire: 73
Voltaire, François Marie Arouet, dit: 167

W
Waddington: 52
Weiller, Jean-Sylvain: 140
Welles, Sumner: 151
Wencélius, Léon: 16-18, 56, 76
Wheeler: 312
Wilson, Gérard: 108
Wilson, Max: 148, 309
Winslow, Rollin: 3, 90
Wolff: 254
Woolley, Edouard: 26
Worker (The): 189

Table des matières

Avant-propos vii

Introduction ix

Mes Cahiers (VI) – 26 novembre 1942 – 6 août 1943 1

Mes Cahiers (VII) – 20 septembre 1943 – 31 mai 1944 97

Mes Cahiers (VIII) – 26 septembre 1944 – 8 mars 1945 197

Mes Cahiers (IX) – 9 mars 1945 – 4 août 1945 291

Postface par Claude Hauser 359

Bibliographie 373

Index 375